Die echte Landfrauenküche

Horst Scharfenberg

Die echte Landfrauenküche

Aus Deutschlands Küchen

Weltbild

Genehmigte Lizenzausgabe für Verlagsgruppe Weltbild GmbH,
Steinerne Furt, 86167 Augsburg
Die frühere Ausgabe ist im Hallwag Verlag, Bern erschienen.

Umschlaggestaltung: Atelier Seidel – Verlagsgrafik, Teising
Umschlagmotiv: StockFood GmbH, München (© StockFood.com / Shaun Cato-Symonds / Harry Bischof / Hans Gerlach / L. Ellert)
Gesamtherstellung: Clausen & Bosse GmbH, Leck
Printed in the EU

978-3-8289-1357-8

2011 2010 2009
Die letzte Jahreszahl gibt die aktuelle Lizenzausgabe an.

Einkaufen im Internet:
www.weltbild.de

Widmung

Es war einmal ein Brüderpaar,
das vor weit über hundert Jahren durch die deutschen Lande zog
und aufschrieb, was Mütter und Muhmen zu erzählen wussten,
ihre »Kinder- und Hausmärchen«.
Heute gehört abendliches Erzählen kaum noch zum Familienleben,
aber das Buch der Brüder Grimm gibt es noch immer,
es gehört zum Deutschen Hausschatz
und erfreut kleine und auch große Leute.
Mich hat es dazu gebracht, über viele Jahrzehnte hin
auf all meinen Reisen durch heimatliche Landschaften
fleißig zu sammeln – auf meine Art.
Ich habe Müttern und Großmüttern in die Töpfe geguckt,
ihre Lieblingsrezepte aufgeschrieben,
die Sütterlinschrift abgegriffener Küchenhefte entziffert
und stockfleckige Kochbücher aufgestöbert.
Die beiden Märchen sammelnden Brüder waren bedeutende Gelehrte
und unerreichte Meister einer Sprache, die einfach zu Herzen geht.
Nie könnte ich so vermessen sein, es ihnen gleichtun zu wollen.
Nur im Nacheifern habe ich mich bemüht.
Aus vollem Herzen danke ich Jacob und Wilhelm Grimm
für die Anregung zum Sammeln von Gedanken,
Gefühlen und Erfahrungen früherer Generationen,
um sie Mitmenschen und Enkeln weiterzugeben –
und so wage ich es,
ihnen dieses deutsche Küchenbuch zu widmen.

Horst Scharfenberg
Baden-Baden, 2004

Inhalt

Vorwort 7
Was ist traditionelle Landesküche? 12
Die kulinarische Landkarte Deutschlands. . . 13
Kulinarische Eigenheiten der verschiedenen Regionen 21

Rezepte

Suppen. 113
Salate und kleine Gerichte 161
Fisch 231
Geflügel 285
Essen – Speisen – Tafeln 319
Schlachtfleisch 323
Wild 415
Saucen 447
Klöße, Knödel und andere Beilagen 467
Gemüse, Kartoffeln und Eintöpfe 525
Nachspeisen 609
Eingemachtes 647
Allerlei Backwerk 663
Getränke. 727
Alphabetisches Gesamtverzeichnis der Rezepte 759
Rezeptverzeichnis nach der Speisenfolge. . . 767

Vorwort

Dieses Buch wurde 1980 zum ersten Mal der Öffentlichkeit, den deutschen Genießern, vorgestellt. Und zum ersten Mal tat das ein Bundespräsident unseres Landes mit einem sehr persönlichen Vorwort.

Bald wurden Neuauflagen nötig. Übersetzungen sowie nationale und internationale Preise kamen dazu. Ergänzungen wurden aufgenommen, besonders nach der Wiedervereinigung. Die Hoffnung, die alle Beteiligten in dieses Werk gesetzt hatten, wurde erfüllt: die immer weiter um sich greifende Wertschätzung deutscher Küche kommt einer Renaissance gleich. Daraus ergibt sich diese stark erweiterte Neuauflage, die hiermit allen Genießern, Kennern und kulturhistorisch interessierten Mitbürgern übereignet wird.

Aus Deutschlands Küchen wurde um viele Rezepte erweitert und vor allem kamen zahlreiche Ergänzungen dazu, die erzählen, wie es einst in unseren Küchen zuging und was sich auf Märkten und Esstischen tat. Alle Erinnerungen an das Leben von gestern, die ernsten und fröhlichen, werden hoffentlich dazu beitragen, dass wir die Speisen, die es schon damals gab, auch heute noch oder wieder gerne genießen.

An dem, was vorwörtlich zu diesem Buch zu schreiben ist, hat sich seit der ersten Auflage nichts geändert, so dass ein Absatz aus dem Vorwort von Walter Scheel wiederholt werden kann:

»Gutes Essen und Trinken beeinflusst durchaus nicht nur das leibliche Wohlergehen. Selten verfehlt es seine entspannende Wirkung auf Geist und Seele … Einem Freund oder Fremden die Gastfreundschaft gewähren, heißt immer den Tisch mit ihm teilen. Darauf habe ich auch bei Staatsbesuchen stets Wert gelegt. Die politische Wirkung einer guten Küche soll man nicht unterschätzen.

Horst Scharfenberg verbindet Küche und Politik in eigener Weise: kulinarische Traditionen seien dauerhafter als politische Grenzen; das habe die deutsche Geschichte bewiesen. Die deutsche Kleinstaaterei sei zwar überwunden, aber eine einheitliche deutsche Küche habe sich nie entwickelt … Die deutsche Küche, das sei nach wie vor die Vielfalt der deutschsprachigen Landesküchen, der vielen lokalen und regionalen Kochtraditionen. Sie haben sich ihre Originalität erhalten können, drohen nun aber in Vergessenheit zu geraten. Denn, statt sich dieses Küchenföderalismus zu besinnen, glaubt man heute, dass die besseren Kirschen in Nachbars Garten wachsen … Doch Europa heißt nicht, zugleich die nationale Tradition, das kulturelle Erbe über Bord zu werfen, zu vergessen. Jedes Land, jede Nation soll die eigene Kultur mit nach Europa einbringen. Die kulturelle Vielfalt muss erhalten bleiben, das gilt auch für die Küche. Dass wir uns der Vielfalt und Köstlichkeit der deutschen Küchen bewusst bleiben, dazu will dieses Buch beitragen.« – So weit der damalige Bundespräsident Walter Scheel.

Im Vorwort zur 4. Auflage, die durch die neuen Bundesländer eine erfreuliche Bereicherung erfuhr, schrieb der deutsche Staatsmann, dessen Tatkraft entscheidend zur Wiedervereinigung beigetragen hatte, der damalige Aussenminister Hans-Dietrich Genscher: »Schon seit anderthalb Jahrzehnten ist dieses Buch auf dem Markt. Und es wurde zu einem der wichtigsten Marksteine der deutschen Kochbücher … Horst Scharfenberg gehörte zu den ersten Gourmets, die für die Renaissance der heimatlichen Küchen eintraten. Landauf, landab hat er jahrzehntelang gute bodenständige Rezepte gesammelt. Die Hintergründe kulinarischer Entwicklungen konnte er aufspüren, und er fand unterschiedliche Zubereitungsvariationen, die er minutiös beschrieb. Amüsante Geschichten oder nachdenkliche Geschichten kamen als Garnierung dazu. So dass dieses Kochbuch auch zur unterhaltsamen Lektüre über die kulturhistorischen Entwicklungen der deutschen Kochkunst wurde …

Bereits 1980 schrieb Horst Scharfenberg: Kulinarische Traditionen sind dauerhafter als politische Grenzen. – Den Beweis hat die Geschichte schneller als erwartet geliefert. Heute erheben die neuen Bundesländer auch auf kulinarischem Gebiet stolz das Haupt … Auf den folgenden Seiten sind alle diese Köstlichkeiten nachzulesen … Noch größer wird dadurch die Vielfalt der deutschen Küchen. Freuen wir uns darüber und genießen wir sie!« – So Hans-Dietrich Genscher im September 1994.

Natürlich gibt es überall in deutschen Landen noch zahlreiche Spezialitäten, die unvergesslich sind und doch nicht in diesem Buch erwähnt wurden. Der Autor weiß das, bedauert es, kann aber nur um Entschuldigung bitten; auch ein dickes Buch hat eine begrenzte Seitenzahl. Und was die Auswahl betrifft, so kann sie – soweit es sich nicht um allbekannte Speisen handelt – immer nur subjektiv sein; darf also angezweifelt werden.

Der Autor kann sich allenfalls trösten mit den Anerkennungen, die seinem Buch zuteil wurden. Bereits 1982 erhielt es den Prix international de la Litterature Gastronomique de la Fiprega, der jedes Jahr nur einem einzigen in Europa erschienen Buch verliehen wurde. »Aus Deutschlands Küchen« ist das einzige deutsche Buch, das die FIPREGA (Internationale Föderation gastronomischer [kulinarischer] Fachjournalisten) je derart ausgezeichnet hat. Dazu kommt der Preis der Gastronomischen Akademie Deutschlands. In den USA reichte es nur zum 2. Platz bei der Ehrung der besten bei amerikanischen Verlagen erschienenen Kochbücher ausländischer Autoren. Dieser Award wird verliehen von der International Association of Culinary Professionals. In amerikanischen Gourmetmagazinen wird »Aus Deutschlands Küchen« als das »authoritative«, also grundlegende, maßgebliche Werk bezeichnet.

Da dieses Buch weitgehend auf Erinnerungen beruht, werden Sie, verehrte Leserinnen und Leser, hoffentlich so gütig sein, auch dieses Vorwort der Erinnerungen zu tolerieren. Dafür weisen die letzten Sätze dann aber in die Zukunft:

Vergessen wir nicht die gemeinsamen Mahlzeiten im Kreis der Familie und mit Freunden.

Lasset uns frohgemut speisen.

Mögen heimatliche Genüsse dabei stets den angestammten Platz auf unseren Esstischen finden.

Herzlichen Dank

allen, die mir bei diesem Buch geholfen haben! Es sind Hunderte von Hausfrauen, Köchen und Genießern, deren Küchenerfahrungen mir als Anregungen und Unterlagen dienten. Wo immer ich meine kulinarischen Wohltäter persönlich kenne oder kannte oder wenigstens ihre Namen weiß, habe ich diese bei den jeweiligen Rezepten vermerkt. Allen unbekannten Verfasserinnen handgeschriebener Rezepte danke ich mit diesem bescheidenen Hinweis. Herr Walter Putz vom Brenners Park-Hotel (Baden-Baden) und Herr Ernst Birsner, viele Jahre Chef des Burda-Kochstudios (Offenburg), haben aus ihren wunderbaren Kochbuchsammlungen einmaliges Bildmaterial beigesteuert, wofür ich ihnen ebenso zu Dank verpflichtet bin wie der Verlegerfamilie Graff-Hädecke und den Mitarbeitern des Walter Hädecke Verlags, die so viel Liebe und Mühe und Können auf dieses Buch verwandt haben.

Dank und Anerkennung meiner lieben Frau Rossenka, die, aus einem fremden Kulturkreis kommend, tapfer die deutschen Spezialitäten verkostete, verspeiste und mir beim Probekochen half.

Der innigste Dank jedoch gilt meinen lange verstorbenen Eltern. Mein Vater kannte die Genüsse der weiten Welt wie kaum ein anderer seiner Zeitgenossen. Trotzdem oder gerade darum liebte er die Küche seiner Heimat so sehr, dass er keine Gelegenheit versäumte, sie mir mundgerecht zu machen. Meine Mutter war eine jener wunderbaren Köchinnen, für die das Wohlergehen der Familie und deren Zufriedenheit bei Tisch der schönste Lohn ihrer Kunst ist. – Dank euch beiden Lieben, dass ihr mich zum guten Geschmack erzogen habt! Euer kostbar-köstliches Erbe möge durch dieses Buch weit in die Lande getragen werden, damit wir uns das Gestern und Vorgestern auch heute und morgen noch schmecken lassen können.

Gesegnete Mahlzeit und angenehme Erinnerungen

Was ist traditionelle Landesküche?

Was sind deutsche Spezialitäten?

Die einfachste Antwort wäre: Alles, was man seit langem isst – Speisen, Zubereitungsarten, Essgewohnheiten. Wie lange schon? Jahrzehnte sind in den meisten Fällen zu wenig. Jahrhunderte klingt zwar sehr anspruchsvoll, ist aber immer zutreffend.

Eine weitere entscheidende Frage ist: Woher stammen die traditionellen Rezepte? Sicher nicht von den Berufsköchen, abgesehen von ganz wenigen Ausnahmen. Die Traditionsküche ist die Küche der Mütter. Speisezubereitungen, die Generationen von Müttern immer wieder weiter gereicht haben, werden zur heimischen Spezialität. Für sie kann es nie das eine verbindliche Rezept geben. Unterschiede in der Zubereitung sind geradezu Beweise für die Echtheit.

Mütter müssen Haushälterinnen sein und haushalten können, greifen also vorzugsweise zu Produkten ihrer Umgebung. Das schloss noch nie fremdländische Zutaten aus. Denken wir nur an Gewürze oder Sago oder Stockfisch von dermaleinst und an jüngere Importe wie Paprikaschoten und Auberginen, die schon fast so eingebürgert sind wie Tomaten.

Die deutsche Küche ist – wie andere Landesküchen auch – kein Museum und keine Antiquitätenschau, sondern pralles, genüssliches Leben. In ihrer Vielfalt liegt ihr besonderer Reiz. Wie allerdings ihre Zukunft aussehen wird, ist ungewiss. Immer häufiger stehen Mütter im Berufsleben und daher seltener am häuslichen Herd. Sie können den ererbten Wohlgeschmack nur noch unter erschwerten Bedingungen weiter entwickeln und weiter geben. Umso wichtiger ist es, die überlieferten Essfreuden wenigstens in Rzepten zu bewahren, wozu dieses Buch seinen Beitrag leistet.

Die kulinarische Landkarte Deutschlands

Geht es um Essgewohnheiten, so sind die Außengrenzen der Bundesrepublik weniger bedeutsam als die innerdeutsche Aufteilung in kulinarische Regionen. Mit allen ausländischen Nachbarn bestehen, zumindest in den Grenzgebieten, vielfältige Übereinstimmungen in Geschmacksvorlieben und Verzehrsgewohnheiten. Andrerseits konnten zum Beispiel ostpreußische und schlesische Spezialitäten trotz der politischen Abtrennung nie aus dem kulinarischen deutschen Bewusstsein gelöscht werden.

Während der Trennung Deutschlands in zwei auch innerlich grundverschiedene Staaten blieb die gemeinsame kulinarische Basis erhalten. Selbst erfolgreiche Modeerscheinungen wie der DDR-Broiler-Kult begannen bald nach der Wiedervereinigung dem gemeinsamen Hähnchengeschmack zu weichen. Andrerseits hielten Erinnerungen an die guten Thüringer Würste oder die köstlichen sächsischen Blechkuchen die Nation zusammen. Pommersche Spickgans und Rügenwalder Teewurst sorgten dafür, dass die Ostseeregionen im Westen nicht vergessen wurden. Ähnliche segensreiche Wirkungen hatten zum Beispiel auch Teltower Rübchen, Thüringer Klöße, Leipziger Allerlei, Märkischer Aal grün mit Dillsauce oder Dresdner Stollen. Sicher gibt es heute viele junge Leute, die Ostpreußen auf einer Landkarte nicht finden können und auch nicht wissen, dass Kant einst in dessen Hauptstadt gelehrt hat – Königsberger Klopse jedoch, die kennen sie, vielleicht sogar Königsberger Marzipan.

Die regionalen Unterschiede

Ergänzen wir die bisher genannten Speisen mit westdeutschen Spezialitäten, so offenbaren sich vielfältige Unterschiede. Wer etwa von Oberbayern kommend über München nach Bremen fliegt, um von dort nach Ostfriesland zu reisen, was leicht an einem Tag zu schaffen ist, der isst innerhalb von zwölf Stunden in völlig verschiedenen Welten. Fährt er in andere Landschaften und Städte, macht er immer wieder ähnliche Erfahrungen. Überall wird er deutsche Gerichte finden, jedoch nicht *die* deutsche Küche.

Unsere nationale Speisekarte setzt sich aus vielen Landesküchen zusammen. Jede Region hat eigene Gewohnheiten und Spezialitäten entwickelt. Die basieren auf dem Klima und den hauptsächlichen Produkten der Gegend, pflanzlichen und tierischen. Aber auch die Stammesunterschiede, die sich ja nicht nur in Dialekten manifestieren, spielen eine große Rolle, gleichermaßen die vorherrschenden religiösen Bekenntnisse, wobei zu bedenken ist, dass früher die Fastengebote viel bedeutsamer waren. Auch die soziologische und wirtschaftliche Struktur schafft Unterschiede, denn in einem Industriegebiet wird man anders essen als in einer Bergbauernregion. Leicht übersieht man dabei Einflüsse historischer Art, wie etwa die lange Zugehörigkeit Südbadens und Schlesiens zu Österreich oder Schleswigs zu Dänemark, die sich kulinarisch vielfältig nachweisen lässt – ganz zu schweigen von den durchziehenden fremdländischen Soldaten und den Besatzungstruppen. Das begann mit den Römern; sie brachten uns nicht nur den Wein, sie benutzten auch schon helles Mehl, so dass bis heute die Teigwaren da eine beherrschende Rolle spielen, wo in den ersten Jahrhunderten unserer Zeitrechnung Römer herrschten.

Ein Kapitel wird in diesem Zusammenhang fast immer übersehen, obwohl es gerade gegen Ende des Jahrtausends in Deutschland so sehr aktuell geworden ist: Gastarbeiter, Asylanten und Flüchtlinge. Polnische Bergarbeiter befruchteten einst die Küche des Ruhrgebietes, und Erntekolonnen aus dem gleichen Land hinterließen kulinarische Spuren im Osten Deutschlands. Einwanderer aus Holland schufen die Saure-Gurken-Kultur im Spreewald. Schwedische Soldaten brachten die Vorliebe für Zucker als allgemeine Speisewürze in den Norden unseres Landes. Vor allem kreierten die französischen Religionsflüchtlinge, die in Scharen schon zu Zeiten Friedrichs des Großen nach Berlin strömten, eine verfeinerte Küche. Schweizer Fachleute brachten Berliner Konditoreien zur Blüte.

Heute haben türkische Gastarbeiter das Lammfleisch wieder populär gemacht; sie führten Fladenbrot und Kichererbsen ein. Griechen und Balkanbewohner brachten ihre schnittfesten weißen Käse, eingelegte Paprika und Knoblauch. Im chinesischen Restaurant erfahren deutsche Normalbürger, wie gut Reis schmecken kann. Und vergessen wir nicht jene ausländischen Gäste (inzwischen meist schon Mitbürger), die es bereits geschafft haben, dass man Spaghetti und Pizza fast als deutsche Nationalgerichte bezeichnen kann. Einbürgerungen neueren Datums sind Döner Kebab, Tzatziki und Hamburger.

Fremdländische Restaurants gibt es in jeder deutschen Stadt in großer Zahl und Vielfalt. Selbst in Dörfern findet man sie. Keines beklagt sich über mangelnden Zuspruch deutscher Gäste. Erstaunlich ist allerdings folgendes: Bei einer neueren Umfrage wurde nach Lieblingsgerichten gefragt. Nur eine ganz kleine Minderheit erklärte sich dabei für eine ausländische Spezialität.

Dazu kommt die deutsche Reiselust, die jährlich Millionen in ferne Länder treibt, aus denen sie immer wieder neue kulinarische Anregungen mitbringen. Dieser Austausch funktioniert inzwischen weltweit. Die entlegensten Winkel Asiens oder der Südsee sind längst einbezogen. Alle Bevölkerungsschichten und Altersgruppen nehmen daran teil. Man muss sich geradezu wundern, dass immer noch Appetit auf deutsches Essen besteht, Interesse an einheimischen Spezialitäten. Dabei gibt es natürlich auch Einschränkungen. Bei Innereien fallen sie besonders auf. Kutteln spalten den deutschen Appetit. Es ist rätselhaft, warum sie in Bayern und Baden-Württemberg so beliebt sind, während eine Hanseatin sie nicht einmal ihrem Schoßhündchen vorsetzen würde. Niemand konnte bisher eine Begründung dafür finden. Eine andere Einschränkung neuer Art ist dagegen klar zu begründen: Sie betrifft das Rindermark und wurde durch BSE nötig. Lange Zeit mussten wir hausgemachte Markklößchen vom Speisezettel streichen.

Renaissance der deutschen Küche

Überlieferte Rezepte, traditionelle deutsche Gerichte werden heute mehr und mehr gefragt … und gekocht. Selbst die Gourmetpäpste haben begonnen, diese Wende mitzumachen. Manch einer weist schon stolz darauf hin, dass er Großmutters Küche in seinem Nobelrestaurant zu neuen Ehren bringt. Das könnte eine ganz natürliche Gegenbewegung sein, wie sie vielfältig in menschlichen Verhaltensweisen auftritt. Somit wäre allerdings die derzeitige Hinwendung zu traditionellen deutschen Gerichten nur eine Modeerscheinung. Auch das wäre nur natürlich. Einem überwältigenden nationalen Bedürfnis entspringt die deutsche Küchenrenaissance sicher nicht. Allenfalls unterschwellig gibt es derartiges in Teilbereichen; verbunden mit Neugier, erwachte Interesse für Spezialitäten der neuen Bundesländer. Bei allen Hürden, die dem Zusammenwachsen manchmal immer noch entgegenstehen: Das Zusammenrücken am gleichen Esstisch scheint am einfachsten und erfolgreichsten zu sein.

Es wäre schön, wenn dieses Buch dazu beitragen könnte! Gegenüber der ersten Ausgabe wurde der Anteil der Spezialitäten aus den neuen Bundesländern beträchtlich erweitert. Der Autor muss bekennen, dass die Vorarbeit dazu Freude machte und sowohl Überraschungen als auch erstaunliche Genüsse brachte. Es waren Entdeckungsfahrten in wieder gefundene Heimatgebiete – unvergesslich dabei auch Begegnungen mit vielen Menschen aus Ost- und Mitteldeutschland, die beim gemeinsamen Essen und bei den Gesprächen darüber auf einmal aus sich herausgingen. Fand man eine ihrer Spezialitäten oder auch ein einheimisches Produkt besonders gut, so fühlte man echten Stolz bei ihnen aufkeimen. Die Bewohner der neuen Bundesländer fühlen sich durch gute traditionelle Speisen in ihrem Selbstwertgefühl gehoben. In jeder deutschen Region isst man anders, in denen der neuen Bundesländer auch, jedoch bestimmt nicht schlechter als andernorts. Wir können froh sein über die Bereicherungen, die sie unserem Speisezettel bringen.

Essgewohnheiten – Essenszeiten

Die Essgewohnheiten haben sich in den vergangenen Jahrhunderten geändert, die Essenszeiten kaum.

Grundlage aller Essgewohnheiten war immer die verfügbare Nahrung. Einst waren das – von wenigen Ausnahmen abgesehen – die Produkte des eigenen Landes, vielfach sogar des eigenen Hofes. Dadurch war man an die jahreszeitlichen Bedingungen, Ernte und konservierende Kälte, gebunden. Verbesserung der Transportmöglichkeiten und Entwicklung von neuen Konservierungs- und Kühltechniken erweiterten das Nahrungsangebot ständig, führten in den Küchen zu einer Revolution nach der anderen. Am bedeutsamsten war dabei sicher die Einführung der Kartoffel. Oder: Was machten heutige Hausfrauen ohne Tomaten? Veränderte Sozialstrukturen und Arbeitsverhältnisse führten zu anderen Essenszeiten. Dann gab es einerseits immer weniger Bauern und andererseits immer mehr Arbeiter und Dienstleister. Dazu kamen längere Wege zur Arbeit; Pendler konnten zum Mittagessen nicht mehr nach Hause kommen. Trotzdem ist, wenigstens statistisch, die Struktur der drei Mahlzeiten erhalten geblieben. Allerdings könnte eine obligatorische Ganztagsschule sie ändern.

Nach einer Umfrage, veröffentlicht Januar 2003 im Wissenschaftlichen Pressedienst Prof. Matissek, wurde werktags ein zweites Frühstück meistens außer Haus eingenommen; fand jedoch – wenn überhaupt – an Wochenenden daheim statt. Nachmittagskaffee war und ist fast immer eine Familienangelegenheit. Gleiches gilt für das erste Frühstück, während bei der nächsten der drei Hauptmahlzeiten, dem Mittagessen, der Außer-Haus-Anteil über ein Drittel beträgt, und das bei steigender Tendenz. An Wochenenden setzen sich fast alle an den heimischen Mittagstisch. So ist es die ganze Woche über beim Abendessen, das nur etwa 2 % aller Bundesbürger nicht daheim zu sich nehmen. Die Essenszeiten liegen traditionsgemäß mittags zwischen 12.00 und 13.15 Uhr und abends von 18.00 bis 19.30 Uhr.

Bei den Verzehrgewohnheiten bleibt es dabei, dass mittags warm und abends kalt gegessen wird. Im Ausland ist das längst nicht überall so; vielfach bestehen dort auch die Mittagsmahlzeiten aus mehr Gängen als bei uns.

Der Hang zum Schnellimbiss, fast food, der früher nur gelegentlich zur Würstchenbude führte, wächst zur europaweiten Gewohnheit an, die befriedigt wird von amerikanischen Hamburger- und Fried-Chicken-Ketten sowie südöstlichen Schaschlik- und Döner-Bratern. Bodenständige Esstraditionen werden dadurch zurückgedrängt.

Bei der sehr geringen Zahl von auswärts eingenommenen Mahlzeiten, muss man zu dem Schluss kommen, dass an der deutschen Küche Restaurants und Berufsköche nur einen kleinen Anteil haben. Unsere regionale Küche wird von Hausfrauen beherrscht.

Eine weltweite Entwicklung bewirkt außerdem die drastische Verkürzung der Zeit, die für die Zubereitung von Speisen aufgewendet wird. Vorgefertigte Nahrungsmittel und immer perfekter werdende Hilfsgeräte erleichtern den Hausfrauen die Arbeit so sehr, dass sie das Los ihrer Großmütter als Fron empfinden müssen. Allerdings stellt sich die Frage, ob heute besser gegessen wird als damals. Glaubt man den Lebensmittelerzeugern, die Gesundheit zum Werbeargument erkoren haben und es durch bunte Bilder strahlender Familien unterstützen, so müsste man laut »ja« schreien. Ich habe da so meine Zweifel, weil ich zu oft erfahren habe, dass der Wohlgeschmack unter die Räder der Werbekarren gekommen ist.

Wir essen jetzt abwechslungsreicher als je zuvor. Es ist erfreulich, dass die ganze Welt sich auf unseren Tellern ein buntes Stelldichein gibt. Bei allen, denen das zu bunt geworden ist, kommen dann auch öfter wieder Gerichte aus Großmutters Rezeptbuch auf den Tisch. Es kann einfache Hausmannskost sein oder eine Köstlichkeit aus dem wohl gefüllten Schatzkästlein unserer kulinarischen Tradition. Ergibt das nicht eine delikate Mischung?

Vielleicht nennt man sie in hundert Jahren »Die Deutsche Küche 2000« !

Hinweis auf die Gliederung dieses Buches

Gewiss richten sich die Essgewohnheiten in Deutschland nicht nach den Verwaltungsgrenzen. Eher ist es so, dass man sich bei der Gliederung unseres Landes und der Länder bemüht hat, den Eigenheiten der Bevölkerung Rechnung zu tragen. Es kamen dabei Einteilungen heraus, die sogar kulinarisch recht brauchbar sind. Da die Ländergrenzen auch jenen Mitbürgern einigermaßen geläufig sind, die mit der Geographie auf Kriegsfuß stehen, wurden sie für die Gliederung dieses Buches übernommen. Da innerhalb vieler Bundesländer deutliche landsmannschaftliche und kulinarische Unterschiede bestehen, wurde, wo es bedeutsam schien, bei den einzelnen Rezepten darauf hingewiesen. Das trifft zum Beispiel in Niedersachsen für Ostfriesland oder in Bayern für Franken zu. Die Franken sind ein liebenswerter Volksstamm und ihrer Küche kann niemand den Wohlgeschmack absprechen. Bei der geografischen Zuordnung aber verursachen sie Bauchgrimmen. Schon vor 1500 Jahren wurde der Stamm der Franken so mächtig, dass er sein Siedlungsgebiet weit ausdehnen konnte. So finden wir heute die fränkische Küche nicht nur im bayerischen Frankenland, sondern in Teilen Schwabens und Badens, ja bis nach Hessen und Thüringen hin. Also bitte nicht irritiert sein, wenn in all diesen Regionen immer wieder fränkische Spezialitäten auftauchen.

Den Hansestädten am Meer, die durch ihre weltweiten regen und engen Verbindungen ganz eigene kulinarische Traditionen entwickelt haben, wurde ein eigenes Kapitel zugestanden. Schließlich trägt selbst die Politik dem Rechnung.

Ostpreußen und der größte Teil Schlesiens passen nicht in dieses Schema. Deshalb wurden sie in kleinen Sonderkapiteln zusammengefasst. Niemand kann bei der Darstellung der deutschen Küchen auf die bekannten und sehr beliebten Spezialitäten aus diesen Gebieten verzichten. Jahrhundertealte kulinarische Traditionen verschwinden nicht in wenigen Jahrzehnten aus dem Gedächtnis der Völker. Mit politischem Anspruchsdenken hat das nicht das Geringste zu tun.

Einige Probleme ergaben sich bei der Reihenfolge der dargestellten Gebiete. Die alphabetische Gliederung wäre widersinnig. So versuchen wir es mit einer Art Rundreise. Sie beginnt in Bayern und endet in Baden und Württemberg, die getrennt behandelt werden, ohne dadurch irgendwelche Spaltungstendenzen innerhalb des Bundeslandes auch nur andeuten zu wollen. Die Trennung beruht auf rein kulinarischen Erwägungen. Wird andrerseits Berlin zusammen mit Brandenburg behandelt, so soll das keinem politischen Zusammenschluss der beiden das Wort reden.

Kulinarische Eigenheiten der verschiedenen Regionen

Bayern 21
Hessen. 29
Sachsen 33
Thüringen 39
Sachsen-Anhalt 44
Berlin und Brandenburg 48
Schlesien 56
Ostpreussen 60
Mecklenburg-Vorpommern 64
Schleswig-Holstein 69
Hansestädte 73
Niedersachsen 77
Westfalen 85
Rheinland mit der Mosel 89
Pfalz, Rheinhessen und Saarland 93
Baden 100
Württemberg 105
Rezepte aus ganz Deutschland 110

Bayern

Die Eigenständigkeit der bayerischen Küche geht eindeutig aus der Tatsache hervor, dass es im deutschen Sprachgebrauch eine kulinarische Grenzlinie gibt, den Weißwurst-Äquator. Eine innerdeutsche Nord-Süd-Grenze, der eine bayerische Spezialität den Namen gegeben hat. Die Achtung vor dem Weißwurst-Äquator ist es, die mich dazu geführt hat, hier einmal der politischen Ländereinteilung zu folgen.

Auch für Bayern umgrenzt sie kein Gebiet einheitlicher Koch-, Ess- und Trinkgewohnheiten. Im Norden des Bundeslandes führt Franken teilweise ein kulinarisches Eigenleben. Auch innerhalb der urbayerischen Landschaften gibt es erhebliche geschmackliche Unterschiede zwischen armen Gegenden und solchen, die von der Natur verwöhnt sind. So mussten sich in der kargen Oberpfalz andere kulinarische Gewohnheiten entwickeln als etwa im reichen Niederbayern. Die Stadt München hat aber nie den gesamtbayerischen Boden der Gaumengenüsse verlassen. Dieser Boden ist bäuerlich. An Hauptgerichten hat die bayerische Bauernküche keine gesamtdeutschen Leistungen hervorgebracht, wohl aber bei dem, was man unter dem Begriff »Schmankerl« zusammenfassen kann, bei den kleineren Genüssen, die man besonders zwischendurch gern verzehrt. Was dem Schwaben sein Vesper, das ist dem

Der Marktplatz in München

Die Küche im Wittelsbacher Palast zu München

Bayern die Brotzeit. Bei der allerdings ist entscheidend, was es alles zum Brot gibt.

Da sind zunächst einmal die Würste. Voran die bereits zitierte Weißwurst, die ihre Entstehung einem Zufall verdankt und nach guter alter Sitte das Zwölf-Uhr-Läuten nicht hören darf, also frisch verzehrt werden muss und ohne viel süßen Senf undenkbar ist. An Ruhm stehen ihr die »Nürnberger Rostbratwürste« kaum nach, die sowohl gebraten mit Kraut als auch gekocht in saurer Brühe als »Blaue Zipfel« vorzüglich schmecken. Die dickeren »Regensburger« können die Ehre für sich in Anspruch nehmen, die ältesten urkundlich belegten deutschen Würste überhaupt zu sein.

Dann kommen noch die anderen Wurstkonsorten hinzu:

»Bauernseufzer«, »Stadtwürste«, »Gelegter«, »Presssack«, »Milzwurst« und die »Leoni« bei der unsere bajuwarischen Landsleute sich unbekümmert die Stadt Lyon mundgerecht machen, indem sie sie in ein Dorf am Starnberger See umtaufen. Auch beim »Leberkäs« stört es niemanden, dass kein Gramm Leber drin ist. Nun hat aber in Bayern – und das trifft hauptsächlich auf Gewohnheiten vergangener Jahrzehnte zu – die Wurst nie die einzige Hauptrolle beim zweiten Frühstück, bei der Brotzeit, gespielt. Hier mussten die Lehrbuben auch zusammengekochte Voressen vom Metzger holen, wie etwa »Lüngerl«, »Saure Leber« oder »Eingemachte Kutteln«.

Wir sehen, beim Weißwurst-Äquator spielen nicht nur die Weißwürste eine Rolle, sondern auch die Innereien. Südlich davon isst man sie lieber. Bayern gar hat eine wahre Leidenschaft dafür entwickelt. Nirgendwo sonst verspeist man so gern Milz oder Herz oder Lunge. Bei Leber, Nieren und Kutteln müssen sich die Bayern die Genüsse mit ihren südwestlichen Nachbarn in Schwaben und Baden teilen. Vergessen wir nicht, dass Bayern auch Käseland ist. Ureigen sind ihm der »Allgäuer Emmentaler« oder der »Backsteinkäs«, verschiedene »Bierkäse« und vor allem der »Weißlacker«. Es ist unbegreiflich, dass der »Weißlacker« nie über die weiß-blauen Grenzpfähle hinaus populär wurde. Vor allem haben wir in diesem würfeligen, pikanten Käse eine echte deutsche Spezialität; er war immer bodenständig und ist es noch heute.

»Schweinshaxen« und »Wammerl« sind inzwischen bundesweit bekannt und gelten als Zeugen für die bajuwarische Liebe zu Schweinernem. Da trügt allerdings der Schein: Bayern scheint mir viel stärker dem Rindfleisch zuzuneigen, jedenfalls was die Häufigkeit des Verzehrs betrifft. Früher sagte man, das haben mir viele urbayerische Freunde bestätigt: werktags Rind, sonntags Schwein. Noch immer ist der Schweinsbraten als köstlicher und festlicher Fleischgenuss in hohem Ansehen. Die Gemüseplatte wird eindeutig vom Kraut beherrscht. Kraut, eingesalzen, frisch als Salat oder geschmort, gekocht oder gedünstet, ist des Bayern Freude und – Alltagskost. Selbst zu »Reiberdatschi« (Kartoffelpuffer) isst er zuweilen Sauerkraut. Zum Bier und zwischendurch schwärmt er auch für einen Rettich, den er liebevoll »Radi« nennt und sehr kunstgerecht aufzuschneiden weiß. Weil die vielen Brotzeiten natürlich nicht ohne Brot oder Brötchen auskommen, wurde, ihrer Häufigkeit entsprechend, auch eine Vielzahl von Gebäck erfunden:

»Eierweckel«, »Kaisersemmeln«, »Maurerloabe«, »Mohnweckerl«, »Rasperl«, »Semmeln«, »Römische«, »Salzstangen« und »Brezn«.

Bei allen bayerischen Spezialitäten ist, so scheint mir, die Größe der Portion mindestens so wichtig wie die Geschmacksqualität. Der Bayer liebt's halt groß. Bei den Bierkrügen ebenso wie beim Essen. Einer der Münchner Künstler – und Künstler

Partenkirchen

Ingolstadt

sind natürlich immer ein wenig suspekt – hat mir verraten, dass selbst die vielen Köchinnen, die sich die Münchner hundert Jahre lang aus Böhmen holten, die Kochkunst nicht mit irgendwelchem Raffinement hätten ausstatten können. Und er müsste es eigentlich beurteilen können, er ist einer von der immer seltener werdenden Spezies der Ur-Münchner.

Die bayerische Küche ist selbstverständlich eine Bierküche, obwohl man im Norden Deutschlands sehr viel mehr mit oder in Bier kocht als an der Isar. Aber »Bayerisches Bier« hat nun wirklich Weltruhm. Echte Biergeschworene bedauern allerdings den Niedergang, den sie in der aussterbenden Vielfalt der Biere sehen. Früher hatte jedes Dorf seine eigene Brauerei; von den wenigen, die noch existieren, gehören die meisten Großkonzernen, oft sogar internationalen. Vielerorts (nicht nur in Bayern) werden Kleinstbrauereien gegründet, die ihren eigenen Ausschank betreiben.

Gegen Ende des vorigen Jahrhunderts versuchte die Brüsseler EU-Behörde der deutschen Bierqualität den Todesstoß zu versetzen, indem sie europaweit das Reinheitsgebot außer Kraft setzte. Dieses bayerische Gesetz von 1516 ist das älteste Lebensmittelgesetz der Welt. Bier darf nur aus Hopfen, Gerste und Wasser gewonnen werden. Keine Zusatzstoffe sind erlaubt. Die Europabürokraten setzten sich durch, aber der deutsche Biertrinker siegte. Zwar dürfen nun auch in Deutschland Biere aus den verschiedensten Getreidesorten mit erheblichem Chemiezusatz verkauft werden – zu Billigpreisen, versteht sich. Aber, oh Wunder, daraus wurde kein Geschäft. In Deutschland wird weiter Bier nach

Regensburg

dem uralten Reinheitsgebot gebraut und die Biertrinker zahlen, ohne mit der Wimper zu zucken, den höheren Preis dafür.

Nun kommen wir zur Weinküche in Bayern genauer in Franken. Weinküche, das trifft in reiner Form nur für die nördlichen Teile Frankens zu. Weiter nach Süden trinkt man wieder mehr Bier. Und was für Bier! Aus Franken stammen solche Berühmtheiten wie das »Bamberger Rauchbier« oder der »Kulmbacher Eisbock«, beide einzigartig, das eine wegen seines aromatischen Rauchgeschmacks, das andere als stärkstes Bier überhaupt.

Es gibt einige kulinarische Gemeinsamkeiten zwischen Franken und Alt-Bayern. Bei den Würsten haben wir sie schon erwähnt. Die Knödelleidenschaft ist ebenfalls gesamtbayerisch, wenn man auch in Franken mehr Kartoffeln dafür verwendet.

In der fränkischen Küche schätzt man zwar das Kraut auch, setzt aber noch eine größere Fülle frischer Gemüse zusätzlich auf den Tisch. Ohne die Liebe zu Gemüsen hätte – und damit wird eine der großen deutschen Spezialitäten angesprochen – »Pichelsteiner« nie geschaffen werden können. Franken gehört zu den wichtigsten Gemüsegärten Deutschlands. Beim Knoblauch und Meerrettich steht es einsam an der Spitze der Erzeugung. Unbestreitbar ist die fränkische Küche abwechslungsreicher, ja fast ein wenig moderner als die altbayerische. So wie Menschen und Landschaft etwas leichter im Charakter sind, so ist es auch die Küche. Wie wichtig man schon immer die Gaumengenüsse nahm, bezeugt eine Briefstelle: »Jede Dame aus unserem Kreis muss allabendlich ein Gericht in meiner Küche kochen, die ich reizend eingerichtet habe.«

Geschrieben 1732 von der Markgräfin Wilhelmine von Bayreuth an ihren Bruder Friedrich den Großen.

Zu den echten Genüssen Frankens zählen auch die Fische aus Flüssen und Seen, vor allem die Karpfen. Die Alt-Bayern können allerdings auch vor den verwöhntesten Feinschmeckern mit ihren Trüschen und Renken bestehen, ganz zu schweigen von der seltenen Spezialität »Isar-Huchen« und den Saiblingen aus dem Königssee. Bei den »Schwammerln« (Pilzen) liegen Franken und Alt-Bayern ebenfalls gleichauf.

Ebenso bei Wild, dessen Genuss in unzähligen Wilddiebromanen beschrieben wird. Einmalig sind dann wieder die fränkischen, die »Nürnberger Lebkuchen«. Alte Kaufmannstradition half dieses würzige Gebäck schaffen, das noch immer eine der ganz großen deutschen Spezialitäten ist. Die Küche Bayerns ist eine Bauernküche mit einiger Weltgeltung. Meine geschätzte Kollegin Erna Horn glaubte nachweisen zu können, dass Bayern die erste »Hochküche« Mitteleuropas besaß, deren Grundideen aus Italien importiert wurden, so wie das später auch am französischen Hof geschah.

Rezepte

Suppen

140 Käsesuppe (Allgäu)
141 Milzschnittensuppe oder Milzschöberlsuppe
133 Rumford-Suppe

Salate und kleine Gerichte

179 Blaue Zipfel (Franken)
175 Fränkischer Ochsenmaulsalat (Franken)
164 Gebrühter Weißkrautsalat
164 Gebrühter Rotkrautsalat
200 Grütze
202 Kässpätzle, Allgäuer
163 Krautsalat
196 Obatzter
163 Roher Krautsalat
173 Schtorzenärla-Salat (Franken)
167 Waldorfsalat

Fisch

267 Karpfen
Gebackener Karpfen (Franken)
279 Meefischle (Würzburg/ Franken)
277 Steckerlfisch
271 Waller/Wels (Voralpenseen)

Schlachtfleisch

324 Bifflamott
383 Bratwürste mit Champagnerwein
357 Fränkisches Majoranfilet
370 Gebratene Schweinshaxe
349 Kalbshaxn
397 Lüngerl
339 Ochsenfleisch sehr saftig zu kochen
368 Schweinshaxen mit Kraut

Wild

424 Gamsrückenbraten

Saucen

450 Apfelkren
449 Sauerkirschsauce
463 Chokoladesauce
464 Kalte Johannisbeersauce
460 Morchelsauce
457 Schnittlauchsauce
450 Warme Meerrettichsauce

Klöße, Knödel und andere Beilagen

516 Allgäuer Käsespätzle
476 Baumwollne Klöße (Franken)
481 Fränkische Klöße/ Bayreuther Klöße (Franken)
490 Bauren-Knöpflein (Augsburg)
481 Halbseidene Klöße (Franken)
492 Hochzeitsknödel
493 Kartäuserklöße, Gefüllte Kartäuserklöße

482 Kartoffelklöße halb und halb / Glitscher (Franken)
486 Knödel aus Semmeln
518 Salbey zu backen
479 Schupfnudeln (Franken)
487 Semmelknödel
488 Speckknödel
509 Zwetschgenknödel

Gemüse, Kartoffeln und Eintöpfe

580 Altes Pichelsteiner Rezept
586 Krautkrapfen
578 Pichelsteiner
553 Steinpilze Försterinart

Nachspeisen

636 Ausgebackene Holunderblüten (Franken)
639 »A Schmarren!«
620 Backobst – Dörrobst (Franken)
613 Bayrische Creme
636 Rohrnudeln

Eingemachtes

659 Kräuteressig

Allerlei Backwerk

712 Ausgezogene Küchle
724 Bratäpfel mit Lebkuchenfüllung
724 Lebkuchenauflauf (Franken)
722 Nürnberger Eierzucker
723 Nürnberger Lebkuchen (Franken)

Hessen

Es gibt eine hessische Spezialität mit Namen »Dorchenannergekochtes«, und damit haben wir gleich die Zusammenfassung dessen, was ich mich bemühen werde, als die Küche Hessens darzustellen. Die Spezialitäten wechseln mit den Landschaften und dem Klima, das an der Bergstraße nicht mit dem der Rhön zu vergleichen ist. Wie in fast allen deutschen Landesküchen spielt Schweinernes eine große Rolle. Aber Rezepte, die man auch anderswo schätzt, haben in Hessen oft einen besonderen Pfiff. Ja, sollte ich einen Oberbegriff prägen müssen, so würde ich mich für »Koch-Pfiffigkeit« entscheiden. Diese aber kommt geradewegs aus dem Charakter der Bevölkerung. Man sagt in Hessen nicht ohne einen kleinen Schuss Bewunderung, dass jemand »vigilant« sei, und meint damit eine gewisse Cleverness. (Womit wir gleich zwei ausländische Wörter zu Hilfe nehmen müssen, was bezeichnend sein dürfte.) Die Hessen haben sich gegen so mancherlei Herrschaftsformen und fremde Besatzer sowie einheimische Despoten behaupten müssen. Wären sie nicht »vigilant« gewesen, hätten sie es nicht geschafft. Kommen wir wieder auf die Küche zurück. Da gibt es beim Schlachten Wellfleisch, Solber, Haspel und Leiterchen, womit man sich nicht nur sprachlich von anderen

Wiesbaden

deutschen Regionen unterscheidet. Und erst die Krönung aller hessischen Schweinespezialitäten, das »Rippche«, Mehrzahl »Rippcher«! Sie unterscheiden sich eindeutig in Saft und Dicke von ihren Namensvettern in anderen Regionen. Ein echt hessisches Rippchen darf nur als ganzes Rippenstück heiß gemacht werden. Zum Verzehr erst wird es dann herunter geschnitten, sehr dick geschnitten, und es strotzt nur so von Saft. Bei den Würsten, für die Oberhessen berühmt ist, habe ich das Gefühl, man nehme ein bisschen mehr kernigeres Fleisch als anderswo, denn knickerig sind die Hessen nicht, besonders dann, wenn es um was Gutes zu essen geht. Und dann lässt man die Würste auch noch so lange hängen, bis alles überflüssige Wasser verdunstet ist. So entsteht die »Alte Wurst« (»Aahle«), die man auch »Dürre Runde« nennt. Sogar die einfachen Blutwürste lässt man austrocknen. In ganz dünne Scheibchen geschnitten und auf Butterbrot gelegt, werden sie zu einer wahren Delikatesse. Das Brot muss natürlich oberhessisches Bauernbrot sein, das ist kernig, ohne einem den Gaumen zu zerreißen.

Zwei weitere hessische Lieblingslebensmittel sind Quark und Kräuter. In Hessen sagt man natürlich nicht Quark, sondern »Schmierkäs« oder auch »Matte«, und man genießt ihn süß und pikant und angemacht mit allem, was man sich nur denken kann. Kräutersaucen und Kräutersuppen gehören in vielen Teilen des Landes zur alten Tradition. In Frankfurt entstand daraus die inzwischen berühmt gewordene »Grieh Soos«. Sie war einstmals ein Frühlingsessen, das es, je nachdem, wie früh die Feste fielen und das Wetter war, zu Gründonnerstag oder Himmelfahrt gab. Heute bekommt man die Kräuter in Hessen das ganze Jahr über fertig gemischt und abgepackt, und »Grüne Sauce« ist zu einer bundesdeutschen Spezialität geworden. Aufgestiegen oder abgesunken?

Bleiben wir noch kurz in der Frankfurter Küche, die zu den meistgenannten kulinarischen Namen zählt. Da gibt es die Frankfurter Würstchen mit weltweitem Ruhm – die in Neu-Isenburg, einem Vorort in der Nähe des Flughafens, gemacht werden. Ursprünglich waren die »Frankfurter Würstchen« übrigens Bratwürste, und ganze Armeen wurden damit versorgt.

Die »Frankfurter Rindwürste« sind nie so bekannt geworden wie ihre dünneren Schwestern, erfreuen jedoch den Kenner durch ihren außergewöhnlichen Wohlgeschmack. Als bekanntes Gebäck gibt es die »Bethmännchen« und die »Brenten«, die beide den Namen ihrer Geburtsstadt tragen, während der »Frankfurter

Frankfurt am Main

Kranz« zwar bekannt und wohlschmeckend ist, jedoch nicht zur bodenständigen Küche gehört. Dazu sind die »Hartekuchen« zu zählen, ein trockenes Gebäck, das vorzüglich zum »Äppelwoin« schmeckt. Abgerundet werden die Spezialitäten der Main-Metropole durch den »Handkäs mit Musik«.

Damit der heitere Unterton der hessischen Küche noch ein bisschen fröhlicher wird, kommt zum Apfelwein noch jener aus Trauben, die von den berühmtesten deutschen Lagen des Rheingaus stammen und somit hessische Gewächse sind. Gerade beim Wein zeigen die Hessen, was in ihrer Küche steckt. Vigilant, wie sie stets in der Küche sind, wissen sie auch noch aus den sauersten Tropfen köstliche Genüsse zu machen, wie etwa »Wipp«. Da haben sie, weltoffen und clever, ein italienisches Rezept genommen, das der Zabaione, und ihm einen unschlagbar treffenden eigenen Namen gegeben, den sie aus dem Englischen holten, nämlich »*Wipp*«. *Und nimmt man »Wipp« mit em »Schepper« aus'm »Kumpe«, dann werd »geachelt«**. Das letzte Wort kommt aus dem Jiddischen, und der ganze Satz ist ein Beispiel für Gaumengenuss auf hessisch.

---

* Und nimmt man Wipp mit einem Schöpfer aus der Schüssel, dann wird gegessen.

Rezepte

Salate und kleine Gerichte

198 Eingelegte Handkäse
210 Eier mit Sauerampfer (Bergstraße)
178 Feldkieker
199 Handkäs mit Musik
193 Kochkäse
208 Zwiebelkuchen

Geflügel

303 Gänsebraten, Hessisches Füllsel

Schlachtfleisch

363 Weckeweck
356 Paniertes Schweinekotelett

Saucen

449 Amerellen Salsen
451 Grüne Sauce / Grieh Soos (Frankfurt)
452 Grüne Sauce, Modernes Rezept

Klöße, Knödel und andere Beilagen

491 Brotklias mit Pilzen
479 Buwespitz, Schupfnudeln
483 Diebchen (Nordhessen)
493 Kartäuserklöße / Gefüllte Kartäuserklöße
484 Kartoffelsäck oder Beulches
479 Schupfnudeln
491 Weckklöß, Brotklias mit Pilzen

Gemüse, Kartoffeln und Eintöfe

555 Rotkraut bessere deutsche Art
594 Krautwickel

Nachspeisen

611 Großmutters Schokoladenspeise

Eingemachtes

650 Zwetschgenmus

Allerlei Backwerk

697 Bethmännchen (Frankfurt)
692 Brenten (Frankfurt)
679 Käsekuchen vom Blech
684 Kirschenmichel
681 Streuselkuchen

Getränke

753 Äppelwoi
757 Heißer Äppelwoi

Sachsen

Die Sachsen haben der deutschen Küche das wohl stolzeste Gebäck geschenkt, den »Dresdner Christstollen«. Ein deutsches Weihnachten ohne Christstollen wäre gar nicht mehr denkbar. Ausgewanderten Deutschen kann man die größte Freude machen, wenn man ihnen zum Fest einen echten Stollen aus der Heimat schickt. Ist er wirklich echt, so kommt er aus Dresden und trägt ein Gütezeichen. Seine Bezeichnung ist von der Europäischen Union geschützt und seine Qualität wird örtlich streng kontrolliert. Das Originalrezept ist ein streng gehütetes Geheimnis der rund 150 Bäcker, die dem Schutzverband angehören. Was sie gern verraten: Der »Original Dresdner Christstollen« hält sich vier Monate lang und am besten schmeckt er, wenn man einen zwei Kilo schweren Laib kauft. Traditionell wird er auf dem ältesten Weihnachtsmarkt feil geboten, der allerdings »Striezelmarkt« heißt, gemäß der alten regionalen Bezeichnung für Stollen.

Die sächsische Küche hat ein janusköpfiges Gesicht: einerseits ist sie üppig, andererseits karg. Im »Leipziger Allerlei« haben wir eine der aufwändigsten (und köstlichsten) deutschen Spezialitäten. Aber auch dünner Mehl- oder Hirsebrei gehörte lange zum sächsischen Kü-

Dresden, Stich von Albert H. Payne

Leipzig, Stich von Georg M. Kurz

chenalltag weiter Landesteile. In den sächsischen Industrierevieren waren Salzheringe und Fleisch alter Hämmel Leckerbissen. Leinöl, das man anderswo kaum kennt, wird heute noch gebraucht, um einfache Speisen zu »verfeinern«.

Merkwürdigerweise hat die blendende Residenz Dresden die sächsische Küche viel weniger befruchtet als die geschäftige Handels- und Messestadt Leipzig. Während Dresden seine ganze Energie auf die anerkannten schönen Künste konzentrierte, wandte sich Leipzig der zehnten Muse zu und – ließ es sich gut schmecken. Alle Welt spricht heute noch von den vielen ausgezeichneten Gasthöfen. Die Herren Studiosi haben kräftig mitgeholfen, deren Ruhm zu verkünden. Vielleicht trieb sie das schlechte Gewissen zu dieser billigen Wiedergutmachung für nicht bezahlte Rechnungen. So kamen auch die Keller ins (rühmliche) Gerede. Nachdem Goethe seine Studienerinnerungen an »Auerbachs Keller« im »Faust« dramatisch aufleben ließ, spricht man nur noch von diesem einen unter vielen Leipziger Kellern, in denen man vorzüglich speist(e) und auch nie durstig zu bleiben braucht(e). »Auerbachs Keller« wurde 1530 eröffnet, mehrfach umgebaut und ist noch immer ein – inoffizielles – Weltkulturerbe.

Für das Durstlöschen haben die Leipziger übrigens ein besonderes Bier erfunden, die »Gose«, ein lieblich-säuerliches Gebräu obergäriger Art. Es handelt sich um ein obergäriges Weißbier, das es schon im frühen Mittelalter gab. Ursprünglich kam es vom Harz und erhielt seinen Namen von dem Flüsschen Gose. Bald wurde es in vielen sächsischen Kleinbetrieben gebraut. Die Gose war leicht moussierend und hat einen schwach salzig-säuerlichen Geschmack. An ihrem aparten Aroma lag es sicherlich nicht, dass ihr Absatz stark schwankte. Sie geriet sogar in Vergessenheit, weil sie nicht trinkfertig geliefert wurde. Händler oder Wirte, ja sogar die Fuhrleute mussten dafür sorgen, dass die Gose in ihren Fässern reifte. In den 20er Jahren des vorigen Jahrhunderts florierten in Halle und Leipzig Kneipen und Biergärten, die sich auf Gose spezialisiert hatten. Sie konnten den Niedergang nicht aufhalten. Nun finden Wiederbelebungsversuche statt. Sogar in den USA wird Gose gezapft, u. a. im »Waldorf-Astoria«. Wer nach Leipzig kommt, sollte daher nach einem Gose-Ausschank fragen – vor allem im Vorstadtgebiet. Es lohnt sich, denn nicht ohne Grund reimten die alten sächsischen Bierfreunde: »Was unter den Blumen die Rose – ist unter den Bieren die Gose«.

Zu den Gasthöfen und Kellern kommen die Kaffeehäuser der Stadt. Nicht umsonst sagt man »Kaffeesachsen«. Ursprünglich war das ein Wort, voller Neid von den umwohnenden Untertanen knausriger Potentaten geprägt, weil sie selbst unter Kaffeeverbot litten. Kaffee und Kuchen gehen in Sachsen die innigste aller Geschmacksverbindungen ein, weil dort nämlich »geditscht« wird. Seit Ende des 20. Jahrhunderts gibt es in Leipzig wieder Deutschlands ältestes Kaffeehaus »Zum Arabischen Coffe Baum«, gegründet 1694, einst Treffpunkt vieler berühmter Künstler, heute Erlebnisgastronomie mit Kaffeemuseum. Vergessen wir nicht, dass aus Sachsen die feinsten Unterlagen für kulinarische Köstlichkeiten kommen: Geschirr aus edlem Porzellan, »Meißner«. Oder aus Thüringen das kaum noch erhältliche »Henneberger«; und wundervolle Gläser dazu. Für die gibt es sogar edlen Inhalt, der aus den steilen Weinlagen der Elbe zwischen Dresden und Meißen stammt. Sachsen hat den Feinschmeckern Deutschlands vielerlei zu bieten, wozu wahre Glanzlichter von internationalem Rang gehören. Bäckereien und häusliche Backkünstlerinnen sind höchsten Lobes wert. Mag Thüringen das »grüne Herz« Deutschlands sein, so bildet es mit Sachsen das »Kuchenherz« der Nation.

Kulinarische Streiflichter

Süße Spezialitäten: Meißener Fummel (ein Gebäck), Leipziger Lerchen (kleine Kuchen mit Marzipanfüllung), Pulsnitzer Pfefferkuchen (seit 1558 belegt. »Pfefferküchler« ist ein eigenständiger Beruf, wahrscheinlich die kleinste Handwerkerzunft), Bienenstich (von einem sächsischen Konditor erfunden).

Deftiges: Sachsen ist ein Zentrum der stark aufblühenden Zucht von

Stören. »Sachsenstör« liegt im Gebiet von Eula bei Leipzig. Aus den kargen Landstrichen, in denen Holzschnitzerei und Weberei in Heimarbeit betrieben werden, stammt die »Tuchmacherforelle«. Weithin beliebt sind die Zwiebeln aus Borna. Die Stadt Bautzen bekam durch ihr Zuchthaus einen so schrecklichen Ruf, dass man darüber den Ruhm des Bautzener Senfs beinahe vergisst. In der deutschen Bierlandschaft nimmt Radeberg einen herausragenden Platz ein, denn dort braute man erstmals nach Pilsener Art und somit wurde der Ort zum Ursprung des heute beliebtesten deutschen Biertyps.

Rezepte

Suppen
156 Bornaer Zwiebelsuppe
126 Karpfensuppe

Salate und kleine Gerichte
185 Schusterpastete sächsische Art

Fisch
241 Fisch-Pichelsteiner
243 Gedünsteter Stör
265 Hecht gebacken
270 Karpfen blau, sächsische Art
269 Karpfen in Biersauce
268 Karpfen in Essig
240 Kohlrouladen mit Dorsch
265 Schüsselhecht (Hecht gebacken)

Schlachtfleisch
394 Frikassee von Kaninchen
393 Hammelfleisch mit grünen Bohnen
408 Sächsische Klopse
328 Sächsischer Sauerbraten
358 Schweinebauch Altsächsisch

Klöße, Knödel und andere Beilagen
486 Erzgebirgische Klöße
480 Feinere Kartoffelklöße
483 Gubener Klöße (Niederlausitz)
480 Kartoffelklöße aus dem Vogtland
477 Kartoffelnudeln
482 Klump – Krautklump (Vogtland)
510 Kohlklöße
507 Quarkkeulchen
505 Schälklöße andere Art
505 Schälklöße – Schlitzchen
478 Speckklöße
478 Wickelklöße

Gemüse, Kartoffeln und Eintöpfe
567 Buttermilchgötzen aus dem Erzgebirge
540 Leipziger Allerlei
545 Negenschöne
569 Pellkartoffeln mit Quark und Leinöl
553 Pilzkoteletts
528 Schwarzwurzel dermaleinst

Nachspeisen

637 Fürst-Pückler-Eis
628 Kirschspeise mit Quark

Allerlei Backwerk

682 Bienenstichkuchen
689 Dresdner Eierschecke
701 Fischla-Tunke
704 Liegnitzer Bombe
709 Mohnstriezel
718 Pfefferkuchenmann »Gotthold Ephraim Lessing«
702 Stollenrezept von einst

Getränke

732 Gose

Thüringen

Mit Thüringen verbinden mich besonders viele Jugenderinnerungen; meine Großeltern lebten dort. Den Inbegriff thüringischer Genüsse sehe ich in folgendem Erinnerungsbild: Sommerabend in Ilmenau. Am Bahnhof »Ilmenau-Bad« berührte der mächtige Thüringer Wald die kleine Stadt. Blumenrabatten, eingefriedete Rasenflächen, Kieswege und eine Konzertmuschel bildeten die Zwischenzone. Und sobald die Klänge einer Kapelle am Waldrand entlangwehten, zog es die Familien dorthin. Bier wurde im Freien ausgeschenkt, Tische und Bänke gab es auch. Niemand hielt es lange beim Promenieren aus, denn es standen allenthalben Holzkohlenroste in der Gegend, von denen stiegen Rauchschwaden auf und ein köstlicher Duft, der für mich immer der Lebenshauch Thüringens sein wird: Bratwurstduft. Vom Rost hob der Metzger die leicht braungekohlten Würste mit einer Zange ab und legte sie in eine aufgeschnittene, längliche Semmel. Die Bratwurst war natürlich viel länger und hing an beiden Seiten darüber hinaus. Aufgeplatzt war sie auch an einigen Stellen, so dass sich der Mostrich, den man darauf strich, mit dem Wurstsaft wunderbar vermischte. Und dann wurde geschmaust, dass das Fett nur so tröpfelte. Bier gab es dazu, von dem auch wir Kinder nippen durften. Blasmusik und Waldluft rundeten die wunderbare Sinfonie Thüringer Lebens ab. In der Zeit der tiefsten Trennung hatte ich mit einem alten Metzger, der aus Thüringen zu Besuch gekommen war, Hausschlachter-Wurst gemacht; er hat mir erzählt, dass noch immer die Bratroste in den Straßen und Anlagen stehen. Wie gut die Thüringer Würste sind, das hat er mir gezeigt, hat kräftig gewürzt mit Kümmel, Majoran und Koriander: Knackwürste, Leberwürste, Blutwürste und Mett. Sozialistische Mangelwirtschaft und westliche Raffsucht haben inzwischen die Thüringer Bratwurst ramponiert. Von ihrer einstigen Herrlichkeit ist buchstäblich nur ein Hauch geblieben, der Bratduft, der noch immer von vielen Holzkohlenrosten in thüringischen Städten und Dörfern aufsteigt. Die Würste aber sind so fein gemahlen wie die billigsten Wessi-Bratwurst-Missgeburten. In der Mangelzeit hatte man gelernt, zum Brät Fleischabfälle und Teile von Innereien so lange durch den Cutter zu jagen, bis deren Minderwertigkeit nicht mehr zu sehen war. Selbst die beachtliche Würzkunst der Thüringer Metzger konnte – und kann – da keinen Geschmack mehr hineinzaubern. Nur ganz wenige Idealisten haben inzwischen wieder begonnen, edlere und natürlich teurere Fleischstücke vom Schwein ebenso wie Zugaben von Kalb und Rind zu verarbeiten. Die werden dann auch so grob gemahlen, wie sich's gehört. Jeder Biss in eine solche Wurst wird dann wieder zum Genuss. Man kann nur auf die guten Marktkräfte, die es ja auch gibt, hoffen, dass schmackhafte Produkte die schlechte Konkurrenz selbst dann von den Bratrosten vertreiben, wenn sie teuerer sind. Deutsche Feinschmecker dürfen nur nicht müde werden, das Ehrgefühl der Thüringer Wurstmacher so anzustacheln, dass deren Produkte wieder zu Köstlichkeiten werden. Es gibt hoffnungsvolle Anfänge. Eine ganze Reihe von Metzgereien konnte bereits als Wurstversender in den westlichen Bundesländern zahlreiche Kunden finden. Besonders beliebt sind Thüringer Blut- und Leberwurst. Neben der an anderer Stelle in diesem Buch behandelten Spezialität aus dem Eichsfeld, dem Kieker, kann man noch andere wohlschmeckende Wurstentdeckungen machen. Dazu gehört eine ausgezeichnete Salami aus der Gegend von Erfurt. Sie trägt den Namen des Ortes Greußen. Seit etwa hundert Jahren wird sie dort schon hergestellt. Für den vollen Geschmack sorgen handwerklich zusammengestellte Gewürzmischungen, zu denen auch ein ganz dezenter Hauch Knoblauch gehört, mit einer Beimischung von Rinderhack, sowie langsame Naturreifung und schonendes Räuchern.

Mit kulinarischem Überfluss allerdings scheint Thüringen nie gesegnet gewesen zu sein. Wie hätte es sonst sein können, dass der Herr Minister Goethe aus Weimar der Mutter und Freunden so viele Bettelbriefe um Zusendung von Speisen und Getränken schrieb?! Die Kartoffel vertrieb den Hunger aus den armen Landstrichen. Sehr bald wurde der Thüringer Kloß das heißgeliebte Kartoffelgericht in weitem Umkreis. Dazu gab es Wild und Waldbeeren in Hülle und Fülle; besondere Zubereitungsarten wurden dafür nicht entwickelt. Darob sollte man den Thüringern keinen Vorwurf machen, denn gerade Pilze und Beeren sind frisch von so köstlichem Eigengeschmack, dass alles erfindungsreiche Zutun eigentlich Verfälschung sein muss. Ähnliches gilt für das Wild des Landes und dessen Genuss. Dafür haben die Thüringerinnen ihre Backkunst mit Eifer und

Eisenach

Erfolg geübt. Nirgendwo gibt es so große, saftige Blechkuchen mit Obst und schmackhaftem Guss, wie sie in Thüringen gang und gäbe sind. Eine besondere Spezialität ist der »Huckelkuchen«, auf dem Blech gebacken mit einer Oberfläche voller kleiner Hügel (Huckel). Während die thüringische Küche einerseits der fränkischen verwandt ist, hat sie natürlich andererseits auch viel mit der sächsischen gemeinsam. Die herrlichen Kuchen gehören dazu, aber auch die Pilze und die Klöße.

Anschließend noch ein kurzer, zusammenfassender Überblick über das Land, das man mit Fug und Recht »das grüne Herz Deutschlands« nennt. Es hat vier grundverschiedene Gesichter: Da ist einmal der Thüringer Wald, eine herrliche Ferienlandschaft, aber recht karg. Fröhliches Schlemmen kannte die Bevölkerung dort niemals. Wichtig war, dass man sich ausreichend ernährte. Zum Braten musste es immer viel Sauce geben, damit man sich an vielen Kartoffelklößen satt essen konnte. Und die Klöße brauchten halt, um zu schmecken, Sauce. Reichlich gab es zudem allenfalls Pilze und Waldbeeren.

Das strahlend heitere Gesicht bietet die Goldene Aue, die tiefer gelegene Region, zu der auch das fruchtbare Becken an der Unstrut gehört. Eine besondere Stellung nahmen immer schon Erfurt und seine Umgebung ein. Fast vergessen ist die Tatsache, dass dort schon gleich nach dem Dreißigjährigen Krieg, also um 1650, eine blühende Salat- und Kräuterkultur bestand, die nirgendwo in der Welt ihresgleichen hatte. Es handelte sich um die Brunnenkresse. Eine kühle Quelle mit besonders mineralhaltigem Wasser machte den Anbau möglich. In Gräben und auch in kleinen Seen, die von Laufstegen überspannt waren, wurden über sechzig Hektar Fläche mit Brunnenkresse angepflanzt. In den sechziger Jahren des vorigen Jahrhunderts war die Herrlichkeit zu Ende, denn eine Brauerei der Umgebung grub ihr buchstäblich das Wasser ab: Die Brunnenkressekulturen trockneten aus, weil ein neuer Tiefbrunnen der Bierbrauer deren Wasserversorgung zum Erliegen brachte. Andere Länder wie Frankreich und England förderten ihre Kressekulturen. Neuerdings gibt es auch bei Erfurt wieder Versuche, die alte Vormachtstellung der dortigen Brunnenkresse zurückzuerobern. (Brunnenkresse ist nicht zu verwechseln mit der kleinblättrigen und milderen Gartenkresse; sie ist außerdem ein begehrter Grundstoff für die Heilmittelherstellung.) Bis die Brunnenkresse wieder ein Marktfaktor von Bedeutung werden kann, pflegen die Erfurter Gärtner ihre Tradition als Blumeninsel. Als landwirtschaftlicher Produzent, besser gesagt: Handelsplatz, hat auch eine Stadt einen Ruf, von der es die meisten nie erwartet hätten, nämlich Weimar mit seinem Zwiebelmarkt. Majoran ist nicht nur ein typisch thüringisches Wurstgewürz, in Aschersleben gibt es auch ein Anbauzentrum, das nach dem ersten Weltkrieg sogar einen blühenden Export nach Amerika betrieb.

Gesicht Nummer drei – dazu gehört Weimar auch als Residenz des Dichterfürsten Goethe, zu der die Musensöhne der Zeit in Scharen strömten. Und da gibt es noch Eisenach und Jena und Mühlhausen, Städte, mit denen sich viele große Namen verbinden wie etwa Luther, Bach, Lucas Cranach und die von einem guten Dutzend Dichtern. Dort und in den anderen Residenzen des Landes speiste man natürlich immer höfisch; die Bürger taten es dem Adel nach. Allzu üppig schien es aber nie hergegangen zu sein. Man verbrauchte halt zu viel Geld für Kunst und Kultur, was man gewiss nicht beklagen sollte.

Das vierte Gesicht ist vielleicht für das Land selbst das wichtigste – nämlich die Industrie. Bei einem kulinarischen Überblick könnte man leicht vergessen, dass es dort Zeiss in Jena gibt, die Waffenherstellung in Suhl, die Sonneberger Spielwaren und die vielen geschickten Glasbläser. Vergessen wir auch nicht die Spielkarten- und Skatmetropole Altenburg, in deren Umgebung einst der Bergbau blühte und die »Bergmanns-Kühe« (Ziegen) schon im 19. Jahrhundert die Basis für einen einzigartigen deutschen Käse schufen, den »Altenburger Ziegenkäse«. Zum Abschluss könnte man schließlich einen »Nordhäuser Korn« kippen. Aber zuvor noch einen anderen kleinen Vierbeiner erwähnen, das Schaf. Es kommt nicht unter dem Namen Lamm oder Hammel in die Küche, sondern schlicht und einfach als »Rhönschaf«. Das genügsame, schwarzköpfige Tier drohte Mitte des vorigen Jahrhunderts auszusterben. Die Vorliebe von Feinschmeckern für den wildbretartigen Wohlgeschmack seines Fleisches bewirkte, dass inzwischen immer mehr Schafherden über die Hänge der Rhön ziehen. Die Heidschnucke bekommt Konkurrenz.

Rezepte

Suppen

150 Blaubeer-Kaltschale
129 Kartoffelsuppe mit Fisch

Salate und kleine Gerichte

178 Feldkieker

Fisch

241 Fisch-Pichelsteiner

Schlachtfleisch

390 Osterlamm
387 Thüringer Leberwurst
377 Topfbraten
388 Thüringer Rostbratwurst

Saucen

455 Kümmelsauce
458 Thüringer Zwiebelsauce

Klöße, Knödel und andere Beilagen

502 Diebichen (Thüringen)
510 Kohlklöße
470 Thüringer Klöße – Hütes

Gemüse, Kartoffeln und Eintöpfe

567 Buttermilchgötzen aus dem Erzgebirge
602 Linsengemüse mit Thüringer Rotwurst
595 Rotkohlrouladen

Nachspeisen

640 Bamser

Allerlei Backwerk

683 Mohnkuchen
671 Schietchen

Sachsen-Anhalt

Wer über dieses neue Bundesland schreiben will, der tut sich schwer, weil es im Bewusstsein der deutschen Bevölkerung erst nach und nach Fuß fasst. Als politisches Gebilde existiert es in den heutigen Grenzen erst seit der Wiedervereinigung. Im Land selbst habe ich bei meinen kulinarischen Erkundungsreisen in Dorfgasthöfen gehört, wie die Einheimischen ganz selbstverständlich Formulierungen gebrauchten wie »unsere thüringische Küche«.

Sachsen-Anhalt reicht von Mecklenburg-Vorpommern südwärts bis nach Sachsen und Thüringen hinein.

Die nördlichste Landschaft ist die Altmark mit Salzwedel, das sich der Erfindung des Baumkuchens rühmt und damit beachtliche Exporterfolge verbuchen kann. Die Landesmitte wird von der Magdeburger Börde kulinarisch beherrscht. Sie ist das Land der Zuckerrüben und des Weizens.

Dazu kommen viele Gemüse und im Süden jede Menge Zwiebeln, die man dort »Seppeln« nennt. Die Metzger wurden inspiriert, eine besonders schmackhafte Zwiebelwurst herzustellen.

Karger geht es in der Küche des Harzes zu. Das raue Bergland gibt nicht soviel her wie die fruchtbaren Ebenen. Der Reichtum aus dem Bergbau schwand dahin, und während der DDR-Zeit wurde der Tourismus aus sicherheitspolitischen Gründen weitgehend unterbunden. Erst jetzt wurde der sagenumwobene Brocken wieder erschlossen. Selbst der Harzer Käse ist, wie an anderer Stelle dargelegt, nicht mehr das, was er einst war. Allerdings ist er weiterhin der wichtigste Werbeträger für den Namen Harz. Vergessen ist das wohl berühmteste Gewürz der Gegend, der Bärlauch. Wild wächst er, ähnelt in Geschmack und Geruch dem Knoblauch und soll noch viel gesünder sein. Die Köchinnen des Landes schätzen ihn noch immer; er wird nicht nur in der Küche verwendet, sondern auch gern klein geschnitten auf das Butterbrot gestreut. Als Wurstspezialität darf eine nicht vergessen werden, die gebraten oder heiß gemacht ausgezeichnet schmeckt und zu den besten gehört, die unser Land zu bieten hat; sie trägt den ausgefallenen Namen »Stolberger Lerchen«. So leicht er zu merken ist, der Popularisierung hat er leider nicht

Stolberg/Harz

geholfen. Schade. Ein wenig besser konnte sich ein Harzer Sauermilchkäse gegen die Mainzer Konkurrenz durchsetzen. Gemeinhin nennt man ihn einfach »Harzer«. Sein voller Name ist »Olmützer Quargel«. Kommt er mit einem Loch in der Mitte zum Verkauf, dann wird er zum »Krensitzer Ring«. Zerbst kann sich seiner Gemüse und eines sehr schmackhaften Spargels rühmen. Im nahen Dessau wird ein dunkles, recht bitteres Bier gebraut, das unter der Bezeichnung »Kuckuck« angeboten wird. Die Zerbster haben mit ihrer bitteren Bierspezialität, die auf eine alte Brautradition zurückgeht, weniger Glück, da sie mit dem Reinheitsgebot nicht zurechtkommen. Dafür sind die dortigen Metzger mit einer Sonderform der Brägenwurst, die anderweitig nur im Grünkohl gegessen wird, viel erfolgreicher, weil sie nämlich streichfähig ist.

Halle wurde durch seinen Salzreichtum groß. Man rühmt sich dort der Erfindung des Soleis und möchte gern auch noch das Pökelfleisch als heimische Spezialität deklarieren, was jedoch bisher nicht gelungen ist. Dafür wird von Bäckern und Hausfrauen eine andere Salztradition gepflegt, die süß ist: der »Hallorenkuchen«, der weiß überzuckert wird, um so auf die salzige Geschichte der Stadt hinzuweisen. An der Unstrut und an Teilen der Saale hat Sachsen-Anhalt seine eigene Weinstraße, von der auch »Rotkäppchen« kommt, der berühmteste mitteldeutsche Sekt. Die Kellerei in Freyburg a. d. Unstrut hat das spektakulärste Wirtschaftswunder im Zuge der Wiedervereinigung vollbracht. Obwohl sie zu einer Miniproduktion schrumpfte, allen denkbaren Standortnachteilen unterworfen war und dazu noch ihre langjährigen Ostblock-Weinlieferanten verloren hatte, schaffte sie den Aufstieg zu einem der ganz großen Sekthersteller Deutschlands, der sogar mehrere bedeutende Traditions-Sektkellereien aufkaufen konnte. Ein Geheimtipp sind die wenigen Weine, die am Süßen See wachsen und zu denen einige der unbekanntesten Spitzengewächse Deutschlands zählen. Da dies ein kulinarisches Buch ist, können die vielen Großen der Kunst und Wissenschaft nur mit einem Hinweis bedacht werden, ebenso der Sohn des Landes, der die Welt verändert hat: Martin Luther.

Abschließend noch einmal zurück in die prosaischen Gefilde von Küchen und Tafeln: Der Bericht wäre unvollständig, wenn man nicht die regionale Vorliebe für Birnen erwähnte, die tatsächlich einzigartig ist. Man schätzt Birnen nicht nur frisch, gekocht und eingemacht oder zu Mus verarbeitet, sondern füllt Klöße damit, legt sie auf Kuchen und reicht sie als Beilage zu Fleisch; um sich von den Berlinern zu unterscheiden und diese auch zu übertrumpfen, haben die Anhaltiner die gebratene Leberschnitte mit Birnen erfunden.

Rezepte

Suppen

152 Braunbiersuppe

Salate und kleine Gerichte

178 Feldkieker

Fisch

246 Heringskoteletts

Geflügel

316 Ente mit Pomeranzensaft

Schlachtfleisch

325 Bœuf à la mode
340 Haschee von Rindfleisch
408 Sächsische Klopse

Wild

423 Hirschrücken krustiert
420 Rehpfeffer

Saucen

459 Stachelbeersauce zu Huhn

Klöße, Knödel und andere Beilagen

499 Halberstädter Birnenklöße

Gemüse, Kartoffeln und Eintöpfe

536 Dillklump
590 Pürree von Grünkohl und Wirsing
554 Rotkraut mit Speckäpfeln
533 Schmorgurke

Eingemachtes

651 Ingwerbirnen

Allerlei Backwerk

674 Baumkuchen

Getränke

732 Gose

Berlin und Brandenburg

Brandenburger Tor

Berlin kulinarisch – das ist lange kunterbunte Weltstadt gewesen, im besten Sinne des Wortes. Heute pflegen viele internationale Nobelhotels und Gourmetlokale die so genannte »große Küche«, bei der alles groß ist, nicht nur die Qualität, sondern auch Namen, Teller und Preise. Ansonsten haben sich Kneipiers aus allen Ecken der Welt angesiedelt. Da jedoch der Berliner in allem Gewoge immer den Kopf (und die Schnauze) oben behalten hat, kann man in den Millionen Küchen tatsächlich ganz bestimmte Grundzüge erkennen: Berliner Luft, Berliner Küchenduft. – Bei Zille hat er natürlich ein anderes Aroma als in Zehlendorf. Aber ich habe schon so manchen vornehmen alten Herrn im Gehpelz beobachtet, der eben mal in einer Eckkneipe mit Vergnügen eine Bulette verspeiste.

In Berlins Töpfen haben immer viele Fremde herumgerührt. Am wenigsten fielen dabei die Schlesier auf, die mit ihren heimatlichen Spezialitäten Berliner wurden. Erdverbundene Einflüsse vornehmer Art strömten aus den Schlössern der Mark Brandenburg in die Hauptstadt. Französische Hugenotten brachten etwas Eleganz in den Berliner Küchenalltag. Schweizer Zuckerbäcker versüßten ihn. Die größten Küchenchefs des Landes empfanden es als eine Ehre, die Spree-Athener bekochen zu dürfen und nebenbei den Herren Diplomaten aus aller Welt zeigen zu können, dass Berlin halt »doch keen Dorf is«. Fix, wie die Berliner nun mal sind, nahmen sie auch alle kulinarischen Anregungen und Neuerungen freudig auf und waren gleichzeitig großzügig genug, sie – als Berliner Spezialitäten anzuerkennen.

Fragt man jemanden, welche Gaumengenüsse ihm bei Berlin einfallen, so wird er wahrscheinlich antworten: »Weiße mit Schuss«, »Berliner Pfannkuchen«, »Molle und Korn«, »Harzer mit Gänseschmalz«, »Bockwurst«,

»Bulette«, »Löffelerbsen mit Speck« und »Aschinger«. Alles einfache, volkstümliche Speisen und eine der ersten deutschen Billig-Schnell-Gaststätten mit vielen Filialen, die ihren Ruf nicht zuletzt dadurch begründete, dass man zum einfachsten Gericht so viele Schrippen, wie man wollte, kostenlos verzehren durfte. Auch hier bewies Berlin seine Fähigkeit zum Großen. Als man in Amerika von Imbissketten noch nicht einmal träumte, wuchs Aschinger seit 1892 zu einem Gastro-Imperium heran mit vielen Dutzenden Bierquellen, Konditoreien, Schankstätten und Hotels, mit eigenen Bäckereien und Metzgereien und bis zu 6000 Mitarbeitern. Man speiste bei Aschinger nicht großartig, aber man wurde auf angenehme Art satt. 1976 schloss der letzte Ausschank, 25 Jahre später wurde der erste neu eröffnet. Neben den oben erwähnten gibt es aber auch vornehme, aufwendige Spezialitäten: »Berliner Hühnerfrikassee«, »Aal grün mit Gurkensalat«, »Kalbsleber Berlinerart«, »Schnitzel à la Holstein« und »Schüsselhecht«.

Dazwischen liegen dann so herzhafte Köstlichkeiten wie: »Hackepeter«, »Sülzkotelett«, »Falscher Hase«, »Saure Eier mit Specksauce«, »Pökelkamm mit Sauerkohl«, »Stolzer Heinrich«, »Schmorgurke« und »Napfkuchen«. Wem läuft da nicht das Wasser im Munde zusammen?

Die Berliner Spezialitäten hätten ohne die Gemüse, das Fleisch und die Fische seiner Umgebung nie entstehen können. Früher als anderswo pflegte man von Berlin aus auch kulinarische Kontakte zum Umland. Man fuhr hinaus zum Krebsessen, ließ sich die Spreewälder Gurken schmecken und den Johannisbeerwein in Werder, wozu im Frühling die Baumblüte als Gratiszugabe kam. Einigen Spezialitäten sieht man die Berliner Herkunft nicht an: »Kasseler Rippenspeer« hat nichts mit der Stadt Kassel zu tun, er ist benannt nach einem Schlachtermeister namens Cassel, der seinen Laden in der Potsdamer Straße 15 hatte; und die Wiener Würstchen kann ein Berliner auch ohne Verletzung des Lokalstolzes verzehren, denn sie sollen – wofür ich mich nicht verbürgen kann – von einem Berliner Metzger Wien(er) erfunden worden sein; sicherer schon ist die Herkunft der Bockwürste aus der Schlachterei Niquet am Gendarmenmarkt. (Allerdings wurden die »Frankfurter Würstchen« nicht von einem an der Spree wohnenden Metzger namens Frankfurter erfunden. Das hat auch in Berlin noch niemand behauptet.) Dafür wurde in einer Würstchenbude am Charlottenburger Bahnhof 1949 eine sensationelle Erfindung gemacht; die Currywurst. Sie eroberte in Windeseile die Imbissstände überall in Deutschland. Hertha Heuwer hieß die »Mutter« der Currywurst, der anno 2003 sogar ein Denkmal gesetzt wurde.

Der neueste Renner ist »Döner Kebab«. Von dieser türkischen Spezialität wurden schon 1992 fast fünfzig Tonnen pro Tag verkauft.

Ganz Deutschland kann stolz darauf sein, dass Berlin in den ersten Jahrzehnten des vorigen Jahrhunderts eine Weltklassegastronomie hatte mit Feinschmeckerrestaurants wie »Hiller«, »Dressel«, »Ewest« oder »Borchardt« und Weinstuben wie »Lutter und Wegener« und Kaffeehäusern wie »Kranzler«, »Wien« oder »Café des Westens«, das wie das »Romanische« ein echtes Künstlercafé war. Eine kulinarische Premiere gelang schon zur Kaiserzeit im Weinhaus Kempinski. Dort wurden die Schoppenweine und die halben Flachen »erfunden«. Bei Kempinski wurde die große Welt zu zivilen Preisen geboten. Erlesene Eleganz herrschte in allen Teilen des verwinkelten Etablissements. Alles kostet 75 Pfennige, das Glas Sekt ebenso wie das halbe Dutzend Austern. Die Gäste kamen in Scharen und ihre Herkunft war für die damalige Zeit revolutionär: Offiziere, Bühnenstars, Bankiers, Bürogehilfen, Ladenschwengel, Künstler und Politiker.

Westberlins kulinarische Gegenwart: Glücklicherweise ist eine Reihe von Traditionslokalen wieder zugänglich oder sogar stilecht neu herausstaffiert. Das älteste ist über 370 Jahre alt und so geblieben wie damals, als Zille noch hier zeichnete. Es heißt »Zur letzten Instanz«, und dort führt die Bundesregierung sogar Staatsgäste hin. Neu aufgebaut wurde der »Nußbaum«, in dem es sich einst Theodor Fontane und Wilhelm Raabe gutgehen ließen. Von den Ausflugslokalen existiert noch der »Alte Fritz«, in dem dieser schon als Kronprinz einkehrte. An der Spree gibt es wieder das »Zenner« (seit 1727), in dem die Berliner Sitte kreiert wurde: »Hier können Familien Kaffee kochen.« Andere anheimelnde Lokale sind im Nikolaiviertel geradezu massiert. Die Berliner Eckkneipe ist ein einfaches Lokal ohne aufwendige Ausstattung. Blickfang ist allenfalls die Zapfsäule in der Mitte der Theke. Daneben stehen Buletten auf einer Schale oder Platte und Soleier im Einmachglas. Sicher serviert man dann noch Stullen, bei denen Harzerkäse mit Gänseschmalz nicht fehlen darf. Man trinkt Bier und Schnaps, jedoch keine »Berliner Weiße«, die es im Café oder Gartenlokal gibt. Zum »Milljöh« gehört da schon eher der Rollmops, eine geniale Erfindung der Hering-liebenden Berliner, die ihren Bismarckhering um eine kleine Spreewälder Salzgurke rollten.

Königliche Schlossküche Berlin

Das appetitliche Endergebnis erinnert an den Mops, den kurzen, rundlichen Hund mit platt gedrückter Nase, der damals im 19. Jahrhundert groß in Mode war.

Mit ihrem Umland war die Millionenstadt immer innig verbunden. Von dort kamen viele der besten Nahrungsmittel, und dort genoss man seine Freizeit. Dieses Umland ist Brandenburg, flächenmäßig das größte der neuen Bundesländer. Dort gibt es die vielen kleinen Seen in den kieferbestandenen Sandflächen, aber auch – kulinarisch bedeutsam – die ausgedehnten Weideflächen im Luch und nahe der Grenze zu Mecklenburg-Vorpommern. Stadtnäher liegen die Obst- und Gemüsegärten im Havelland und auch die Gemüsefelder im Oderbruch. Auf den Sandböden der Uckermark gedeihen ausgezeichnet die in Berlin so sehr geliebten Kartoffeln, und aus dem Spreewald kommen Meerrettich und saure Gurken. Dabei vergisst man gern den Wildreichtum der endlosen, noch weitgehend unberührten Waldgebiete um die Schorfheide. Was die Jagd liefert, wird in Eberswalde veredelt durch die wahre Kunst beim Zerlegen und Zurichten, die dort noch zum Handwerkerstolz gehört.

Neugierige Feinschmecker informieren sich am besten bei dem berühmtesten aller Kenner des Landes, bei Theodor Fontane. Auf seinen »Wanderungen durch die Mark Brandenburg« hat er stets auch die kulinarischen Eigenheiten liebevoll beachtet. Er schrieb: »Dill, Morcheln und Rübchen aus Teltow, Oderkrebs, Hecht und Zander aus brandenburgischen Seen, Gänse aus dem Oderbruch, Honig aus Kienbaum, Milch und Butter aus dem Havelland, Gurken und Leinöl aus dem Spreewald und außerdem Werdersche Kirschen, Äpfel und Aprikosen.« Das war vor über hundert Jahren – geändert hat sich kaum etwas bis auf das Aussterben der Krebse. Neu hinzugekommen sind Karpfen- und Störzuchten. Karpfen allerdings werden schon seit 300 Jahren von Peitz aus nach Berlin geliefert. Es ist eine wahre Sensation, dass nun in Deutschland Störe frisch aus dem eigenen Land zu haben sind. Zu danken ist das vor allem der Kreuzung von Wolga-Beluga mit Sterlet aus der Donau. Bis über zwei Kilo schwer sind die stromlinienförmigen Fische mit dem grätenlosen Fleisch, die heute als heimische Delikatesse Gourmetbüffets zieren. Und vergessen wir im Zeitalter der italienischen Eisdielen auch nicht den Fürsten von Pückler-Muskau. Er war Gartenarchitekt von Weltruf, aber auch Schriftsteller und Feinschmecker. Seine Gastmähler im Schloss Branitz bei Cottbus waren berühmt. Noch immer sind Schloss und Park eine Reise wert; die Unsterblichkeit des Fürsten allerdings gründet sich auf das Fürst-Pückler-Eis. Vergessen ist allerdings der Name des Mannes, der es schuf und ihm widmete; das war Konditormeister Schultz aus der Lausitz; 1820 soll ihm der große, süße Wurf gelungen sein. Im Rahmen einer Würdigung der deutschen Küchen muss man sich seiner erinnern.

Noch zwei regionale Hinweise. – Der eine betrifft die Teltower Rübchen, die als glasierte Gemüse zu den weltweit besten Beilagen gehören. Es gibt sie noch immer, allerdings wird die Sorte mehr und mehr durch die »Gatower Kugel« ersetzt, die gleich schmackhaft ist, wahrscheinlich jedoch bis in weite Zukunft hinein unter dem Namen ihrer Schwesterpflanze segeln muss.

Der zweite Hinweis bezieht sich auf die einmalige Landschaft des Spreewaldes, südöstlich von Berlin. Einmalig für Europa sind die vielen Wasserläufe zwischen Weiden, Äckern und Waldstücken. Flache Kähne sind Transportmittel und Touristenattraktion, die Stocherer stehen den Gondolieri an Geschicklichkeit nicht nach, können allerdings nicht so gut singen. Kein Fremder kann jedoch widerstehen, wenn sie zum Gurkenimbiss auffordern. Salzgurken sind neben Meerrettich die Spezialität des Spreewaldes; sie heißen dort »saure Gurken« und schmecken am besten, wenn man sie vor einem Marktstand aus der Hand isst. Dabei sollte man ein Dankeschön-Erinnern den holländischen Einwanderern widmen, die schon vor Jahrhunderten die Gurkentradition entwickelten. Außerdem halfen sie große Teile Brandenburgs zu Obst- und Gemüseparadiesen zu machen, was mit dem Trockenlegen der Überschwemmungsgebiete begann. Man sieht, Europa funktionierte schon zur Zeit Friedrichs des Großen. Kleine Minderheiten wie die Sorben konnten dabei ihre Eigenarten bis auf den heutigen Tag bewahren. Wer es vergessen hat, der sollte es schleunigst in Brandenburg lernen. Vielleicht merkt er dabei auch, dass die Spreewalder Küche wohl eine der modernsten Deutschlands ist: Sie basiert traditionell auf frischen Gemüsen und gewinnt ihren besonderen Wohlgeschmack durch sehr reichliche Verwendung frischer Kräuter.

Der Spreewald ist schon lange ein beliebtes Ausflugsziel. Vor ein paar Jahren kam eine neue Attraktion hinzu – das Gurkenmuseum in Boblitz, einem romantischen kleinen Dorf bei Lethe. Besucher können kostenlos die »Spreewälder Gurke« versuchen, die nur dann so heißen darf, wenn sie wirklich daher kommt. Andernfalls ist es nur eine Gurke »nach Spreewälder Art«. Als man das Wort Werbeslogan noch gar nicht kannte, gab es schon einen: »Was schmeckt dem Mann und auch der Frau? – Saure Gurken aus Lübbenau.« Lübbenau ist der bekannteste Markt im Spreewald.

Rezepte

Suppen

143 Krebssuppe
153 Weißbiersuppe

Salate und kleine Gerichte

216 Hoppel-Poppel
212 Saure Eier mit Specksauce
212 Soleier

Fisch

261 Aal grün
266 Altberliner Fischgericht
269 Karpfen in Biersauce

Geflügel

293 Bremer Kükenragout
314 Ente mit Rüben (Mark Brandenburg)
317 Geschmorte Täubchen
311 Magenspielereien für verwöhnte Zungen

Schlachtfleisch

411 Buletten
366 Eisbein, Erbsbrei und Sauerkohl
409 Falscher Hase
408 Hackepeter
393 Hammelfleisch mit grünen Bohnen
376 Krautklump
401 Leber Berliner Art
337 Rindersteaks, geschmort, mit Garnitur
346 Schnitzel Holstein
379 Stolzer Heinrich
380 Sülzkotelett

Wild

419 Frischlingsrücken Schorfheide

Saucen

459 Rosinensauce zu Rindfleisch und Zunge
454 Sauerampfersauce
454 Senfsauce

Klöße, Knödel und andere Beilagen

480 Feinere Kartoffelklöße
522 Hirsebrei

Gemüse, Kartoffeln und Eintöpfe

537 Bollenfleisch
603 Erbspüree – Erbsenpüree
604 Erbswurst
596 Löffelerbsen mit Pökelfleisch
569 Pellkartoffeln mit Quark und Leinöl
533 Schmorgurke (Mark Brandenburg)

593 Sellerie im Hemd
530 Teltower Rübchen

Nachspeisen

624 Berliner Luft
643 Fürst-Pückler-Eis
630 Hirsebrei
616 Soufflé mit Aprikosen

Eingemachtes

653 Salzgurken / Saure Gurken (Spreewald)

Allerlei Backwerk

674 Baumkuchen
676 Baumkuchen als Torte gebacken
725 Eberswalder Spritzkuchen
666 Napfkuchen

Getränke

734 Knickebein
751 Hoppelpoppel
751 Muckefuck
735 Weiße mit Schuss

Schlesien

Lassen Sie mich gleich mit dem kulinarischen Grundakkord beginnen: Die schlesische Küche ist eine Heimwehküche. Ich kenne keinen deutschen Volksstamm, der mit einer so schwärmerischen Liebe an der Küche seiner Heimat hängt wie die Schlesier. Bei allen Flüchtlingen merkt man das doppelt stark, aber auch entlang der Oder habe ich früher eine still-bescheidene Verzückung gespürt, wenn die Einheimischen von ihren Spezialitäten sprachen, sie bekamen einen träumerischen Blick und leckten sich genüsslich die Lippen, auch wenn man nur Heringskartoffeln oder Leinöl erwähnte. Wahrscheinlich ist diese Heimatliebe, die auch durch den Magen geht, aus jahrhundertelangen Bedrohungen erwachsen. Da waren Polen, Böhmen, Habsburger und Preußen, die sich immer wieder um Schlesien schlugen. Alle erhoben Ansprüche und drückten dem schönen und so arg geschundenen Land ihre Brandzeichen auf. Die Menschen haben darunter gelitten, ihre Küche hat davon profitiert. Polnische, böhmische und österreichische Einflüsse sind in die schlesischen Spezialitäten eingeflossen. Die mitteldeutschen Nachbarn machten sich ebenfalls kulinarisch bemerkbar. Nur vom alten Preußen nahmen die Schlesier kaum etwas, dafür exportierten sie ihre Gaumengenüsse verschwenderisch nach Berlin.

Wie fest und treu die Schlesier an ihren bodenständigen Genüssen hängen, selbst wenn die gar nicht so genussreich sind, beweisen sie mit ihrem Wein. Welchen Spott haben sie sich anhören müssen über die Säuerlinge aus Grünberg und Bomst!?

Doch während die Winzer in allen anderen nördlichen schlechten Weinbaugebieten, die sich einst bis Tilsit erstreckten, aufgaben, bauten die Schlesier unbeirrt ihre Rebstöcke. Wenn das keine Heimattreue ist! Und sie wurden belohnt. Der »Grünberger Sekt« ist sehr anständig gewesen. Er wird noch immer gemacht; leider hatte ich nie Gelegenheit, eine Flasche aus Polen zu bekommen und zu verkosten.

Da wahre Heimatliebe keine Klassenunterschiede kennt, gibt es in der schlesischen Küche auch keine Kluft zwischen Arme-Leute-Küche und Herrschaftsessen. In beiden galten immer die gleichen Vorlieben. Ob arm, ob reich, beim Essen sind beide

Liegnitz, Stich von Johann G. F. Poppel

gleich. Der schlesische Dichter Friedrich Bischoff war nach dem Krieg Intendant des Südwestfunks. Er war Schlesier und einst auch Intendant des Senders Breslau gewesen. Ich war im Schwarzwald jahrelang einer seiner Mitarbeiter und erlebte ihn stets als Superästheten; geschliffenes Bildungshochdeutsch und stäubchenfreie Maßanzüge. Sprach oder schrieb er von Schlesien, seiner Heimat »hold in Wiesen«, so wurde er erdhaft wie ein Bunzlauer Krug. Die schlesische Küche besang er:

»Meiner Heimat gute Gaben:
Striezel, Streuselkuchen, Baben!
Schlesisch lecker, saftdurchkräuselt,
butterknusprig, duftumsäuselt –
Ach, wie hat es uns geschmeckt!
Kringelsorten gab es sieben,
Ostern, Pfingsten, nach Belieben.
Pfeffermänner, Anissterne
Schenkte uns das Christkind gerne.
Doch das Schönste waren Klöße
von Kanonenkugelgröße
aus dem erdgewürzten Mohne,
Sankt Sylvester stets zum Lohne …«

In diesem kurzen Gedichtausschnitt haben wir zwei der herausragenden schlesischen Spezialitäten, nämlich Mohn und Klöße. Um den Unterschied zwischen anderen Klößen oder Knödeln und den schlesischen Gebilden zu erkennen, muss man nur das Dialektwort hören: »Kließla«. Und Kließla gibt es in schier unübersehbarer Vielfalt in der schlesischen Küche.

Dann wollen wir die Würste des Landes nicht vergessen. »Wellwurst« ist eine Spezialität, die man nirgendwo sonst trifft. Dafür kennen die Schlesier auch Weißwurst, die sie allerdings in süßsaurer Pfeffergurkensauce zubereiten; die Würste haben wahrscheinlich die fränkischen Einwanderer mitgebracht, während die Sauce aus Polen stammt. »Schömberger« und »Jauersche Würste« waren einst weit berühmt. Kleine Brühwürste aus Oppeln begründeten 1843 eine urdeutsche Esstradition: sie waren die ersten Bahnsteigwürstchen. Wir sollten gelegentlich daran denken, wenn es in Bahnhofshallen schallt: »Heiße Wüüürstchen!« Bei dieser Gelegenheit ist ein historischer Hinweis auf Bahnhofsgaststätten angebracht: Bis zum 1. Weltkrieg genossen sie ein großartiges Renommee. Wer in einen fremden Ort kam, gut speisen wollte und nicht wusste, wo, ging ins Bahnhofsrestaurant. Er wurde sicher nicht enttäuscht, denn die Bahn kündigte jedem Pächter, dessen kulinarische Leistungen nicht überzeugten. In den Speisewagen ging man früher nicht nur um Hunger und Durst zu stillen, sondern auch zum Dinieren. So ändern sich die Zeiten.

Nahe der schlesischen Grenze, in Reichenberg (Böhmen), entstand der Ausdruck »Tuchmacher Forelle« für die Bockwurst. Echt schlesisch sind die süßsauren Saucen, die es nicht nur für Weißwurst oder Bratwurst gibt, sondern auch für Fleisch oder Zunge oder den berühmten Weihnachtskarpfen des Landes. Er hat als »Karpfen, polnisch« Eingang in die gesamtdeutsche Küche gefunden; und aus Polen ist er sicher auch gekommen, um eine schlesische Spezialität zu werden. Was schmeckt sonst noch schlesisch? Nun, vor allem das Weihnachtsgebäck. Welch köstlicher Dreiklang: »Neißer Pfefferkuchen«, »Liegnitzer Bomben« und »Striezel«!?

Den schlesischen Berggeist Rübezahl kann ich mir immer nur vorstellen mit einer Wurstkette um den Hals, in der einen Hand einen Kuchenteller und in der anderen als riesengebirgischen Reichsapfel ein Kließla. In seinem Ränzlein aber trägt er saftige Blaubeeren und gelbe »Galuschel« (Pfifferlinge), während oben die Läufe eines Rehbocks herausschauen. Ich glaube nicht, dass Rübezahl böse wird, wenn man ihn so nahrhaft ausschmückt. Er ist doch Schlesier.

Rezepte

Suppen

137 Hanfsuppe (Oberschlesien)

134 Wassersuppe

Salate und kleine Gerichte

188 Heringshäckerle

Schlachtfleisch

350 Schwärtelbraten

Saucen

461 Häringsauce

Klöße, Knödel und andere Beilagen

491 Brotklias mit Pilzen (Erzgebirge)

483 Gubener Klöße (Niederlausitz)

506 Mohkließla

Gemüse, Kartoffeln und Eintöpfe

598 Schlesisches Himmelreich

Allerlei Backwerk

704 Liegnitzer Bombe

Ostpreußen

Es ist ein wahrer Jammer, dass, wer an Ostpreußen denkt, gleich von Tannenberg und Ordensrittern spricht. Alle jene, die mehr als eine Stippvisite im Land zwischen Memel und Weichsel gemacht haben, wissen es besser. Sie denken an die hinreißenden Sandküsten, die weiten Ebenen mit dem großen Himmel, die stillen Wälder, Seen wie riesige Urweltaugen und ostpreußische Gastfreundschaft.

Ostpreußische Küche, das war immer eine Küche der Begegnung zwischen West und Ost. Einwanderer aus dem alten Reichsgebiet brachten ihre Spezialitäten mit, während vom slawischen Nachbarn und Mitbürger osteuropäische Rezepte einflossen. Typische Beispiele dafür sind einerseits die vielen Klöße, Keilchen und andererseits die Rote-Rüben-Gerichte wie der »Beetenbartsch«, der natürlich ein Ableger des Borscht ist – auch sprachlich.

Zur ostpreußischen Küche nehme ich hier auch die aus den Grenzgebieten zum Baltikum und aus Westpreußen hinzu, da keine grundlegenden Unterschiede bestehen. Die Grundfesten dieser Küche sind »Schmant«, »Glumse« und große Portionen. Zur Sahne (Schmant) und zum Quark (Glumse) gehören natürlich wie überall noch Fleisch und Fische, in Ostpreußen besonders viele Fische und herrliche Räucherwaren daraus. Die vorherrschenden Ge-

Königsberg, Stich von H. Winkles

Der Hafen zu Danzig

würze sind für mich Dill – in dem die Nachbarschaft zu Finnland zu erkennen ist – und Majoran, den die Ostpreußen »Meiran« nennen. Untrennbar von den festen Genüssen Ostpreußens sind die flüssigen Hochprozentigen. In der Erfindung von Schnäpsen haben die Ostpreußen Einfallsreichtum und Genialität entwickelt, wie man sie in keinem anderen Landesteil trifft.

Die Hauptstadt Königsberg gehört zu den kulinarisch erfolgreichsten deutschen Städten. Sie kann nie vergessen werden, denn in drei beliebten Speisen ist sie stets lebendig, allgegenwärtig im deutschen Sprachraum und in aller Munde: »Königsberger Klopse«, »Königsberger Fleck« und »Königsberger Marzipan«. Von anderen Städten dieser Ostregion sind an der Aktion »Nievergessen« noch beteiligt: Tilsit mit seinem Käse, Pillkallen durch seine Schnaps-Leberwurst-Kombination und Danzig mit »Goldwasser«. Andere Verbindungen wie »Nikolaiker Maränen« oder »Flundern aus Cranz« oder »Kurenkaffee« (auch »Masurenkaffees«) sind von geringerem Bekanntheitsgrad und können also in der Öffentlichkeitsarbeit nicht für Ostpreußen wirken. – Das Namensglück, das der Hauptstadt durch die »Königsberger Klopse« widerfahren ist, kam gänzlich ohne Zutun der Königsberger, denn die sprechen nur von »Sauren Klopsen«. Teilweise verloren sind die vielen Wildgerichte, die man immer nur in Ostpreußen selbst genießen konnte, oder auch die rauchwarmen Fische am Kurischen oder Frischen Haff. Schwer wird es, auch im Bundesgebiet solche deftigen Genüsse nachzuvollziehen wie »Grue Afte«, weil man die grauen Erbsen kaum finden kann.

Börse und Post zu Memel

Mit dem »Schmant« sieht es besser aus. Sahne gab es schon immer überall. Wem der hiesige Sauerrahm nicht ostpreußisch fett genug ist, dem liefern unsere französischen Nachbarn Ersatz mit ihrer Crème fraîche. So kann sich jedermann einen echten »Schmantschinken« schmecken lassen, der seinen Namen auch so behalten sollte.

»Glumse«, also Quark, ist nie westdeutsche Mangelware gewesen. Eher fehlte es uns in der Bundesrepublik an abwechslungsreichen Quarkrezepten. Die ostpreußische Küche hat sie: »Glumskeilchen«, »Glumsnudeln«, »Glumsflinsen«, »Glumskäschen«, »Glumstorte« oder »Butterglumse«.

Ohne hochprozentige Vorbereitung und ebensolchen Abschluss ist keine ostpreußische Mahlzeit denkbar. Neben dem »Danziger Goldwasser« mit seinen Rauschgoldblättchen gibt es da auch noch den »Danziger Lachs«, nach dem gemeinsamen Stammhaus »Lachs« in der Nähe des Krantors genannt; beide Liköre sind, wie das Krantor, Wahrzeichen Danzigs. In der alten Handelsstadt selbst galt stets der »Machandel« (Wacholder) als Nationalgetränk, der dort schon gern mit Backpflaumen genossen wurde. Ostpreußische Likörspezialitäten wie die genannten und dazu »Kosakenkaffee« oder »Kurenkaffee« sowie »Bärenfang« (heute auch »Bärenjäger« und dermaleinst »Meschkinnes« genannt) werden in der Bundesrepublik nach Originalrezepten hergestellt. »Bärenfang« kann man sich auch aus Honig und Alkohol selbst ansetzen. »Pillkaller« und »Nikolaschka« sind sowieso nur Zusammensetzungen, die überall für einen Erinnerungsschluck zur Verfügung stehen.

Rezepte

Suppen

143 Krebssuppe
148 Pflaumensuppe mit Keilchen

Salate und kleine Gerichte

203 Kurländer Speckkuchen
192 Schmant mit Glumse
186 Schusterpastete

Fisch

257 Räucherfische aus Ostpreußen

Schlachtfleisch

404 Königsberger Fleck
406 Königsberger Klopse
374 Schmantschinken

Wild

441 Rebhühner in Linsen

Klöße, Knödel und andere Beilagen

507 Glumskeilchen
474 Kartoffelkeilchen

Gemüse, Kartoffeln und Eintöpfe

582 Beetenbartsch

Nachspeisen

632 Schaltenoses

Allerlei Backwerk

669 Anhalterkuchen
698 Königsberger Marzipan
695 Thorner Kathrinche

Getränke

741 Bärenfang Meschkinnes
743 Deputatchen
743 Klarer mit Punkt
744 Krambambuli
739 Nikolaschka
743 Ostpreußischer Maitrank
740 Pillkaller
741 Rußer Milchpunsch (Memel)

Mecklenburg-Vorpommern

In Westdeutschland kannte man beide Landschaften kaum. Höchstens, dass man einmal von Hinterpommern sprach. Das geschah aber meist symbolisch und bedeutete am Rande der Zivilisation, in der Nachbarschaft von Walachei und Bodokudien. Für Berlin und Mitteldeutschland waren die beiden Ostseeprovinzen, die heute zu einem Bundesland zusammengefasst sind (das übrigens das am dünnsten besiedelte ist), immer bedeutsamer: als Gemüsegarten und Badestrand. Traditionelle kleine Badeorte haben sich wieder herausgeputzt und beginnen ihre Namen aufzupolieren. Nach Familienpensionen haben auch wieder gediegene Hotels und Restaurants geöffnet. Mit dem Tourismus steigen auch die Küchenleistungen. Hoffentlich bleiben sie bei der engen Verbindung zu Land und Meer. Urlaubsparadies ist auch die Mecklenburgische Seenplatte mit über 600 Seen. Beachtlich sind Wälder und unberührte Heidelandschaften. Eine große Touristenattraktion ist die Insel Rügen. Dort wurde eine Käsespezialität entwickelt, ein Camembert unter dem Namen »Inselkäse«. Fruchtbare Böden waren der Reichtum zahlreicher Güter. Der feudale Lebensstil führte dazu, dass man viel auf gutes Essen hielt und selbst in verschlafenen Landstädtchen gastronomische Perlen finden konnte. Die Fische der Ostsee und der Seen füllten zusammen mit Gemüse, Vieh, Wild und Geflügel die mecklenburgischen Tische reichlich. Eine Landesspezialität sind die Kompottbeilagen zu Fleisch und Wurst. Spezialitäten jedoch, die über die engeren Landesgrenzen hinaus Ansehen oder gar Ruhm erworben haben, gibt es in Mecklenburg nicht. Da sieht es in Pommern schon besser aus. Die dortige Küche ist der Mecklenburgs ähnlich, trägt aber stärkere östliche Züge, was nicht verwundert, da Pommern ja schließlich im Osten an Polen anschließt.

Es ist ein flaches Küstenland beiderseits der Oder. Lange Sandstrände liegen an der Ostsee. Auch die drei deutschen Ostseeinseln Rügen, Usedom und Wollin sind pommersches Gebiet, trotz der heute anderen Verwaltungsgrenzen. Stettin wurde nach dem Krieg die Hauptstadt des heute polnischen Gebietes. Früher wurden die riesigen Flächen von sehr großen Gütern aus bewirt-

Schloss Schwerin, nach einer Zeichnung von Krüsi

schaftet. Die kleinen Landstädtchen dienten preußischen Regimentern zur Garnison; auf dem platten Land wuchsen die besten Gänse des Reiches heran. »Pommersche Gänse« hielten früher die Gegenwart und halten heute noch die Erinnerung an Pommern lebendig. Sogar stärker als der Vorwurf »pommerscher Dickschädel«. Ganz oben in der Hit-Liste der Wurstsorten steht immer noch die »Rügenwalder Teewurst«, die eine echte pommersche Spezialität ist, woran hiermit das pp. Feinschmeckerpublikum wieder einmal erinnert sei!

Trotz lauter Klagen ortsansässiger Landwirte über schlechte Böden muss Pommern stets ein blühendes Agrarland gewesen sein. Hier ist der Reisebericht eines Kirchenmannes aus dem Jahre 1159:

»… Denn es herrscht dort ein unglaublicher Überfluss an Fischen, sowohl aus dem Meere wie aus Gewässern, Seen und Teichen, und für einen Pfennig würdest du einen ganzen Wagen frischer Heringe bekommen; und wenn ich über den Geschmack und die Dicke derselben sagen dürfte, was ich denke, so würde ich der Gefräßigkeit beschuldigt werden. An Wildbret von Hirschen, Büffeln und wilden Pferden, Ebern, Schweinen und anderem Wild hat das ganze Land Überfluss; Butter von den Kühen und Milch von den Schafen mit dem Fett der Hammel und Böcke, mit Überfluss an Honig und Weizen, mit Hanf und Mohn und jeder Art von Gemüse.« Das stimmte auch für die späteren Jahrhunderte; mit Ausnahme der Büffel und wilden Pferde natürlich. Dafür

Stettin, Stich von H. Winkles

kamen jedoch die Kartoffeln dazu. Und weitgehend stimmte es auch für Mecklenburg. Die Gänse lieferten eine andere weltberühmte Spezialität, »Spickgans«. Heute ist sie unter dem Namen »geräucherte Gänsebrust« von ihrer pommerschen Heimat losgerissen und führt ein heimatloses Delikatessengeschäftsdasein. Wie in Pommern die weißen Schnattervögel bis zum letzten Zehennagel verwertet wurden, ist bei den Rezepten erwähnt. Leider scheinen die geräucherten Rehkeulen, so wie ich sie einst bei Stargard gegessen habe, unwiederbringlich verloren. Ich kann mich nur mit den Gedanken trösten, dass heute die französischen Feinschmecker auch auf die frischen Oderkrebse verzichten müssen, die einst jeden Tag mit einem »Krebszug« via Berlin herangekarrt wurden. Im Lande selbst bezahlte man vor hundert Jahren (nach Fontane) für ein Schock (sechzig Stück) einen Pfennig …

Glücklicherweise kann inzwischen wieder ganz Deutschland an den Fischköstlichkeiten Mecklenburg-Vorpommerns teilhaben. Heute haben sich Sauerkonserven und Räucherfische aus dem neuen Bundesland wieder einen beachtlichen Namen gemacht. Groß war schon früher der Ruf, den der geräucherte Aal der Region genoss. Eine landwirtschaftliche Vertriebsgesellschaft »Pommerland« setzt sich sehr rührig für die Genüsse aus dem Land ein; sie hat auch ein lesenswertes Rezeptbuch unter dem Namen »Pöttenkieker« herausgebracht. Auch darin wird die pommersche Vorliebe für Suppen, Kartoffeln und Fisch offenbar.

Bei den Fischen nehmen die aus der Peene eine Sonderstellung ein, denn sie stammen aus noch wirklich sauberem Wasser. Dorther kommen Schnäpel (Blaufelchen), Barsch, Brachse und Karausche.

Erwähnen muss man noch die Würste, für die Ludwigslust zum Erzeugerzentrum wurde. Auch die Rostocker bereichern mit ihren Wurstwaren den Feinschmeckermarkt. Einen guten Ruf haben die Räucheraale aus der gleichen Stadt und der Honig aus Usedom.

Mit vielen Landesspezialitäten tut sich der landfremde Genießer allerdings schwer. Das sind die Blutspeisen. In Mecklenburg ist es vor allem das »Schwarzsauer« vom Schwein, in Pommern steht das »Gänseschwarzsauer« im Vordergrund. Dazu kommen noch Klöße, Würste, Saucen und »Tollatschen«. Zusammenfassend könnte man sagen: Durch die Küchen Mecklenburgs und Pommerns zieht sich eine Blutspur, die durch Zucker und Spezereien schmackhaft gemacht wird; und aus den Küchen heraus dringt vernehmlich Geschnatter der Gänse, die in ihrer sprichwörtlichen Dummheit nie stolz waren auf die postmortale Karriere ihrer geräucherten Brüste.

Rezepte

Suppen

158 Herzhafte Buttermilchsuppe

Salate und kleine Gerichte

183 Pommerscher Kaviar
215 Rührei mit Bücklingen

Fisch

234 Braden Maischull
249 Hering in Sahnstipp
269 Karpfen in Biersauce
237 Schellfisch oder Kabeljau in Senfsauce
236 Steinbutt mit jungen Gemüsen
242 Teig mit Fischen und Blumenkohl (Mecklenburg)

Geflügel

299 Gänsebraten
313 Gänseleberwurst (Mecklenburg)
306 Gänseschwarzsauer (Pommern)
304 Gänsesülze oder Gänseweißsauer
308 Gänsezungen-Imbiss (Pommern)
310 Gefüllter Gänsehals
311 Magenspielereien für verwöhnte Zungen
309 Spickgans (Pommern)

Schlachtfleisch

365 Bunter Reistopf
375 Klopfschinken
403 Pommersche Leberklöße
334 Rindfleisch un Plummen (Mecklenburg)

Wild

439 Wilde Enten (Mecklenburg)

Saucen

453 Sahnensauce

Klöße, Knödel und andere Beilagen

508 Tollatschen (Pommern)

Gemüse, Kartoffeln und Eintöpfe

600 Bohnen und Äpfel
538 Schnippelbohnen
583 Kohlrüben-Eintopf (Steckrüben)

Nachspeisen

618 Apfelcreme (Pommern)
612 Götterspeise (Pommern)

Eingemachtes

648 Kreude (Pommern)

Getränke

742 Vorpommerscher Umtrunk
742 Kardinal und Bischof

Schleswig-Holstein

Der meerumschlungene Nordzipfel Deutschlands ist ein Musterbeispiel dafür, wie Klima und bodenständige Produkte die Küche einer Landschaft prägen. Und zu dieser Landschaft gehört in Schleswig-Holstein das Meer; genauer gesagt sind es zwei Meere, die Nord- und die Ostsee. Aus den Fluten, die immer wieder das Land mit ihrer Urgewalt bedrohen, kommen viele Genüsse, die auch in anderen Teilen Deutschlands einen guten Ruf haben:

Bücklinge, Kieler Sprotten und zahlreiche pikante Heringszubereitungen. Viele Jahrzehnte lang hatte man vergessen, wie bedeutsam einmal die Austern waren. Es ist überliefert, wie reich die Fänge noch im Jahre 1835 ausfielen und dass damals der Inselpastor von Amrum von jeder Tonne Austern zwei Stück bekam und dafür die Austernfischer und die Austern in sein Gebet aufnehmen musste. Im Inselbereich hat man später immer wieder versucht, die Austernzucht zu beleben. Seit 1975 ist es gelungen, die Austern erneut zur Spezialität Schleswig-Holsteins zu machen. Als »Sylter Royal« sind sie heute ein europäisches Spitzenprodukt. Die Austernzucht geht auf einen Dänenkönig zurück. Unentwirrbar verknotet sind die Essgewohnheiten zwischen den Menschen, die diesseits und jenseits der Nordgrenze leben. So kann man viele Rezepte, die in diesem Buch als deutsche Spezialität genannt sind, auch in Zusammenstellungen der dänischen Küche finden. Vielfach tragen sie sogar die gleichen Namen.

Das Land selbst nennt sich gern »große grüne Speisekammer«, und das nicht zu Unrecht. Die Wirtschaftsstatistik weist aus, dass fast ein Drittel des gesamten Umsatzes auf die Ernährungswirtschaft fällt, und das ist für deutsche Verhältnisse enorm viel. An der Spitze stehen dabei Fleisch und Wurst sowie Milch und Milcherzeugnisse. Wer durch das Land fährt, sieht auf den endlosen saftigen Weiden die gehörnten Fleisch- und Milchlieferanten. In den Metzgereien wird er dann gewahr, dass auch Borstenvieh reichlich vorhanden sein muss und sich nach einer köstlichen Metamorphose als Schinken und Würste präsentiert. Holsteiner Katenrauch-Schinken ist eine der größten Berühmtheiten. An Wohlgeschmack stehen ihm die geräucherten Frischwürste nicht nach.

In der bodenständigen Küche hat der Speck allerdings stets die Hauptrolle gespielt.

Die vielen Urlauber, die jährlich Schleswig-Holstein besuchen, lernen meistens nur Randgebiete der Landesküche kennen, da sie vor allem Badefreuden suchen und vollauf beschäftigt sind, jeden Sonnenstrahl auszunutzen. Dabei meint es der Himmel gut mit der Landesküche, denn er beschert den Feriengästen zwischendurch auch kühle und trübe Tage, an denen man sich nichts Angenehmeres denken kann, als die kulinarischen Genüsse des Landes zu entdecken. Man isst kräftig dort. An Fett wird nicht gespart. Das Klima mit seinen rauen Winden von der See her verlangt reichlich Brennmaterial für den Organismus. Vielleicht ist es auch der Salzgeschmack, der sich einem ständig auf die Zunge drängt, der die landestypische Geschmacksvorliebe geschaffen hat: »broken söt«, wie man im Dialekt sagt, was »gebrochene Süße« oder süß-sauer bedeutet. Da, wo eine binnenländische Hausfrau den Zucker knapp teelöffelweise verwendet, wird er im Norden in gehäuften Esslöffeln gemessen. Für Fremde ist das anfangs ein Schock, aber man kann sich daran gewöhnen.

Raues Klima, fettes Essen und getreulich befolgte Altvätersitte haben den flüssigen Spezialitäten zu hohem Ansehen verholfen. Sie sind alle hochprozentig. Man erkennt auch bei den meisten die enge Verbindung mit dem Meer und der Schifffahrt. Daher kommen die Gewürze, die dem Aquavit sein Aroma geben. Und dem Meer ist es zu danken, dass Flensburg die Rum-Metropole Europas wurde. Vom Rum wiederum ist es nur ein ganz kleiner Schritt zum Grog oder Pharisäer. Und dann kommt die Wechselbeziehung: Nach fettem Essen braucht der Mensch einen hochprozentigen Verdauungsschluck, der seinerseits energisch nach einer deftigen Begleitung verlangt. So hat sich die Küche Schleswig-Holsteins entwickelt. Moderne Ernährungsberater bemühen sich, die Getränke zu verwässern und die Speisen zu entfetten. Sie haben dabei schon Erfolge erzielt, aber die bedächtige, konservative Art der Schleswig-Holsteiner verhinderte, dass die Grundfesten erschüttert wurden.

Noch liebt man die dicken Mehlklöße, den Speck und die Backpflaumen, die Würste und Schinken mit dem einmaligen Rauchduft, die weißen Saucen für Gemüse und Eintöpfe, die Fische springfrisch oder im Goldgewand, das sie im Räucherofen bekamen; ja man macht sogar noch immer Klöße und Pfannkuchen aus Buchweizenmehl und hat die vielen Grützen aus Urgroßmutters Zeit noch nicht vergessen. Eine der alten Sitten scheint allerdings ausgestorben oder nur noch in böswilligen Witzen zu leben: das Grasessen – welches man den Ostfriesen in die Schuhe schiebt, während es doch bei den nördlichen Inselfriesen Sitte war. Ausdrücklich wird von Sylt darüber berichtet. Der Strandwegerich befestigt mit seinen Wurzeln das Erdreich der Deiche; im Mai und Juni wurden seine Blätter geschnitten und genüsslich verzehrt. Man nannte sie »Suden«, und die Marschbewohner fuhren mit Pferd und Wagen familienweise hinaus, um den Schafen, die es ebenfalls gern fressen, das zarte Grün rechtzeitig wegzuschnappen. Und sie ließen sich für den vegetarischen Genuss auch gern »Sudenbieter« schimpfen. Vor 200 Jahren waren derartige Schmäuse auf den Inseln noch groß im Schwange. Ich habe einige alte Leute getroffen, die sich gern daran erinnern. Nach Landessitte wurde der Strandwegerich immer in einer weißen Milchsauce zubereitet. Wer seiner heute noch habhaft werden kann, der hat das Glück, wirklich ganz landesecht nach alter Art zu essen. Er lasse sich nicht lange nötigen. – Und mit dem »Nötigen« wären wir bei der letzten hier zu erwähnenden Essgewohnheit Schleswig-Holsteins. Man wird bei aller sonstigen Zurückhaltung nicht müde, den Gast immer wieder zu bedrängen, ja zu nötigen, doch kräftig zuzulangen. Ein wohlerzogener Gast lässt sich lange nötigen – langt dann aber immer wieder kräftig zu.

Rezepte

Suppen

153 Fliederbeersuppe
116 Frische Suppe
118 Schnüsch auch Schnusch oder Snusch
123 Sylter Austernsuppe
124 Verlorene Aalsuppe / Specksuppe

Salate und kleine Gerichte

215 Rührei mit Bückling

Fisch

263 Aal in Gelee
274 Austern
255 Granatschnitte / Krabbenbrot
235 Pfannfisch (Ostfriesland)

Schlachtfleisch

343 Gefüllte Kalbsbrust
359 Gefülltes Schweinekarree
378 Pökelfleisch (Ostfriesland)
364 Schwarzsauer

Saucen

461 Holsteiner Fischsauce

Klöße, Knödel und andere Beilagen

495 Mehlbeutel oder Großer Hans
497 Schwarzer Mehlbeutel

Gemüse, Kartoffeln und Eintöpfe

601 Birnenbeschlag
585 Birnen, Bohnen und Speck
581 Plockfinken

Nachspeisen

624 Apfelgrütze
621 Quittenschnee
622 Rode Grütt, Rote Grütze

Allerlei Backwerk

700 Rumkugeln

Getränke

730 Angler-Muck
730 Angler-Muck, kalt
729 Deutscher Rum aus Übersee
750 Pharisäer

Hansestädte

Bürgerstolzer Hansegeist und weltweite Beziehungen haben in den Städten Bremen, Hamburg und Lübeck viele Gemeinsamkeiten geschaffen. Natürlich kann man ihre Küche nicht von den Gewohnheiten der Umgebung in Schleswig-Holstein, Niedersachsen und Ostfriesland trennen; trotzdem hat sie eine erstaunliche Zahl eigener Schöpfungen herausgebracht. Und – was bemerkenswert ist – eine ganze Reihe der hansestädtischen Speisen haben einen guten, ja in einigen Fällen sogar internationalen Ruf. Denken wir nur an das »Lübecker Marzipan« oder die »Hamburger Aalsuppe« und das »Bremer Kükenragout«! Dazu kommt noch anderes: »Hamburger Rauchfleisch«, »Stubenküken«, die einzige echte deutsche Steakkultur mit ihrem berühmten »Kluftsteak«. Erweisen wir auch dem »Bremer Klaben« Reverenz und der kulturhistorischen Leistung, aus dem bäuerlichen »Braunkohl mit Pinkel« eine Festbankett-Delikatesse gemacht zu haben. In Lübeck serviert man den »Labskaus« sogar zu offiziellen Anlässen. Außerdem wurden Bremen und Lübeck wahre europäische Weinmetropolen; in ihren Kellern reiften Frankreichs junge Rotweine zu vollen »Rotsponen« heran und

Bremen

Speisekarte aus Hamburg, 1894

gingen dann vor allem nach Russland. Im rebenfernen Bremen wurde der Ratskeller zu Deutschlands größter, vor allem vollständigster Weinstube, von Dichtern besungen, von Gästen aus aller Welt besucht.

Eine sehr bedeutsame Gemeinsamkeit der drei Hansestädte sehe ich in der Tatsache, dass jede ihren Dichter hatte, um ihre kulinarischen Tugenden zu preisen. Für Bremen war das, wie schon angedeutet, vor allem Wilhelm Hauff mit seinen »Phantasien im Bremer Ratskeller«. Thomas Mann ließ es sich nicht nehmen, in den »Buddenbrooks« die Familienessen in seiner Vaterstadt Lübeck eingehend zu würdigen, Heinrich Heine erlebte in Hamburg zwar bittere Enttäuschungen durch seinen knauserigen Onkel Salomon, trotzdem erkannte er an: »Hamburg ist die beste Republik. Seine Sitten sind englisch, und sein Essen ist himmlisch. Die Hamburger sind gute Leute und essen gut.«

In allen drei Hansestädten findet sich eine kulinarische Urbanität wie in keiner anderen Landschaft Deutschlands. Leider hat der Kaufmannsgeist in den letzten Jahrzehnten zu wenig Nachdruck auf den Wortteil »geist« gelegt und den Kaufmann überbewertet, was sich kulinarisch in einer Ebbe der Gastronomie ausdrückte. Seit den achtziger Jahren setzte dann wieder die appetitliche Flut ein.

In der Bevölkerung ist die Feinschmeckerei, die sich auf drei Säulen gründet, nämlich bestes Fleisch, fangfrischen Fisch und Gewürze aus aller Welt, immer lebendig geblieben. Man kann es daraus ersehen, dass in Hamburg und Bremen seit vielen Jahren einige der besten und erfolgreichsten deutschen Hobbyköche werkeln und genießen. In Hamburg ist zudem die größte Dichte kulinarischer Fachzeitschriften, die sicher nicht ohne einen vertrauenswürdigen *genius loci* dort bleiben würden. Zahlreiche Gourmetrestaurants mit gediegener hanseatischer Atmosphäre gibt es natürlich auch. Einmalig ist, wie es den Hansestädten gelang, örtliche Feste zu national berühmten Ereignissen zu machen, wie die »Eiswette« oder »Schaffermahlzeit«, alljährlich am zweiten Freitag im Februar in Bremen. Die fettglänzenden Genüsse der Umgebung strahlen natürlich auch in die Hansestädte hinein. Sie werden jedoch durch weitläufiges Gewürzraffinement gemildert. Den süß-sauren Geschmacksvorlieben stehen einerseits süße Weine zur Seite, es stehen ihnen aber auch die kenntnisreich ausgewählten (trockenen) Rotweine Frankreichs gegenüber. Und vergessen wir nicht, dass vor den Toren Hamburgs die Obstgärten des Alten Landes und die fruchtbare Marschlandschaft Vierlande liegen, deren Qualitätsprodukte großen Ruf genießen. Außerdem lagern in den Speichern aller Hansestädte schon seit jeher Köstlichkeiten kulinarischer Art, die wagemutige Seefahrer über alle Meere heranbringen. Und so sture Kaufleute sind die Hanseaten nun wieder nicht, dass sie alles weiterverkaufen, sie genießen auch selber reichlich davon. So kam es, dass Deutschland auf seine hanseatische Küche stolz sein kann.

Lübeck

Rezepte

Suppen

121 Alt-Hamburgische Aalsuppe
120 Hamburger Aalsuppe
157 Milchsuppe mit Tapioka oder Perlsago
156 Weinsuppe (Lübeck)

Salate und kleine Gerichte

201 Gerstengrütze

Fisch

233 Schollen gebraten, Finkenwerder Art
235 Pfannfisch

Geflügel

293 Bremer Kükenragout
296 Hamburger Stubenküken

Klöße, Knödel und andere Beilagen

516 Eierkuchen zum Rinderbraten

Gemüse, Kartoffeln und Eintöpfe

601 Birnenbeschlag
585 Birnen, Bohnen und Speck
597 Erbsen mit Snuten und Poten (Hamburg)
588 Grünkohl mit Pinkel (Bremen)
572 Labskaus
591 Pinkel

Nachspeisen

614 Plettenpudding

Allerlei Backwerk

708 Klaben

Getränke

731 Eierbier
731 Eiergrog

Niedersachsen

Ein viel genannter und wenig bekannter Landesteil Deutschlands ist Ostfriesland. Dessen Bewohner werden gerne bewitzelt, wer sie aber einmal kennen gelernt hat, lässt nichts mehr auf sie kommen. Ich habe einen Sommer dort gelebt, den schlimmen von 1945, und habe das Land und seine Menschen lieben gelernt. Ich war einer jener entwurzelten Städter, die häufig auf dem Land nicht viel besser behandelt wurden als die Schmeißfliegen; aber in Ostfriesland habe ich nie ein harsches Wort gehört, sondern, wie es dort Sitte ist, nur wenig Worte und kurze Sätze, doch die waren ehrlich und gut. Tee war damals rar, dafür habe ich um so mehr Buttermilch genossen, die eine noch ältere kulinarische Tradition in Ostfriesland hat als der Tee oder der »Landwein« (klarer Kornbranntwein). Die ostfriesischen Frauen verstehen es auf dem Lande immer noch, köstliche Breie und Suppen mit Buttermilch zu kochen. Vielleicht hat der Dichter des Deutschlandliedes, Hoffmann von Fallersleben, dort die Erfahrungen gemacht, die ihn zu den Versen anregten: »Die Buttermilch, mein Leibgericht, die Buttermilch, mein Leben! / Frau Nachbarin kann Besseres nicht mir zum Geschenke geben.« Allerdings war früher ein mächtiger Schinken ein berühmtes ostfriesisches Geschenk, der Hochzeitsschinken, der so um die 25 bis 30 Pfund gewogen haben soll. Praktisch, wie die Ostfriesen trotz gegenteiliger Witzbehauptungen sind, wurde er oftmals vom Brautpaar verkauft und der Erlös für Hausrat ausgegeben.

Ich habe nach dem Krieg noch viele der großen Bauernhöfe erlebt, in denen auf offenem Feuer gekocht wurde. Und dabei ging es nach dem alten Küchenmotto »ein bisschen viel und ein bisschen fett« zu. Wohl waren die Ostfriesen auch die letzten, die noch am alten Zinnlöffel und dem gemeinsamen Mahl mit Familie und Gesinde festhielten.

Trotz ihrer alten Bauerntradition – und es gab wohl nirgends stolzere, freiere, fast königliche Bauern als in Ostfriesland – haben sie der deutschen Küche wenig übermittelt. Nur für ihren Tee, ihr Bier aus Jever und ihren Doornkaat haben sie gesamtdeutschen Ruhm ernten können. Während z. B. ihre Krabben (Granat) meist nach dem schleswig-holstei-

Wangerooge

nischen Büsum genannt werden. Dabei haben die Ostfriesen durchaus gute Spezialitäten. An erster Stelle würde ich die Pfannkuchen nennen, Pfannkuchen jeder Art. Früher hat man sogar gespöttelt, dass die Emsländer einen Zaun aus lauter Pfannkuchen um ihr Land gezogen hätten. Und dann sollten wir das Pökelfleisch nicht vergessen, das in Ostfriesland wohl deshalb eine so alte Tradition hat, weil man es in früheren Jahrhunderten als Proviant für die Schiffe benötigte. Das schwarze ostfriesische Brot sollte sich kein Besucher entgehen lassen. Die vierkantigen 8-Pfünder sind so massiv, dass man sie meist in geschnittenen Scheiben verkauft.

Der längst verstorbene Großvater meiner Freunde aus Jever hat mir erzählt, was es in seiner Jugend so auf dem Bauernhof zu essen gab: Morgens um 7 Uhr Buttermilchbrei und Schwarzbrot oder auch Spiegeleier und Bratkartoffeln; das Mittagessen wurde mit aufs Feld genommen und war meist »dörstampt Eeten«, durcheinandergestampftes Essen, Eintopf; abends kamen dann riesige Pfannkuchen auf den Tisch, mit viel Speck natürlich, oder man schüttete auch gewaltige Mengen Pellkartoffeln auf die Platte, zu denen es Specksauce gab und nachher Brot und gesalzene Butter; dazwischen gab es noch »Melkenkofje«, Milchkaffee aus selbstgebranntem Roggen. War die Arbeit besonders hart, stärkte man sich mit Stuten und Schinken; Stuten ist hausgebackenes Weizenbrot.

Zur ostfriesischen Tafeltradition gehören zwei uralte Feste: »Theelacht« und »Leegmoorschmuus«. Bei der »Theelacht« treffen sich 30 Männer der ältesten in Deutschland nachweisbaren Bauerngenossenschaft.

Sie hatte schon 1542 ihre eigene Kammer im Rathausneubau zu Norden, und die Mitgliedschaft kann nur vererbt werden. Bei den Zusammenkünften wird mehr Warmbier und »ostfriesischer Landwein« getrunken als Tee. Sehr viel üppiger geht es bei den Festmählern der »Leegmoorgesellschaft«, dem »Leegmoorschmuus«, zu. Er findet an Maria Lichtmess, jeden 2. Februar, in Norden statt. Teilnehmer sind 85 Löffel, was soviel wie löffelbewaffnete Männer heißt. Seit 150 Jahren bedeutet jeder Löffel einen Anteil an einem gemeinschaftlichen Landbesitz, dessen Jahreszins zu besagtem Fest verteilt und verspeist wird. Jeder Teilnehmer trägt eine Umhängeserviette aus Packpapier, und jedes Jahr werden die gleichen Speisen aufgetischt: graue Erbsen mit zwei Saucen, von denen die erste klar, die zweite mit Zwiebeln gekocht ist. Neben Doornkaat gibt es Burgunderwein dazu. Rinderbraten mit Backpflaumen und Roten Beten folgt. Den Abschluss bildet Korinthenzwieback mit Käse. Und Tee wird natürlich auch getrunken. Zu dem Essen gehören – und das ist bei den sonst so wortkargen Ostfriesen eine Überraschung – sehr viele und lustige Tischreden, die natürlich nur auf Platt gehalten werden. Und dazu zerknüllt man schließlich die Papierservietten zu Kügelchen, mit denen sich die würdigen Herren eine muntere Schlacht liefern.

Ostfriesland wurde seiner eigenständigen Küche wegen gesondert behandelt. Auch sonst weist der großflächige niedersächsische Raum noch beträchtliche unterschiedliche Küchen auf, wie etwa im Harz und in der Heide. Insgesamt jedoch leidet der kulinarische Ruf Niedersachsens unter den Sünden der Landeshauptstadt Hannover. Zu viele Fremde lernen die Stadt alljährlich nur als Messebesucher kennen – und ihre Küche hassen. Dabei darf man natürlich die messezeitliche Küchenmisere nicht der bodenständigen Kochkunst anlasten und die hohen Preise nicht allein mit Gastronomenhabsucht begründen. In allen Messestädten führt der Massenan-

Norderney

sturm zu derartigen Unzuträglichkeiten. Ich will versuchen, der echten niedersächsischen Speise- und Getränketradition einigermaßen gerecht zu werden. Einen Namen haben sich die Würste aus Braunschweig, der Käse aus dem Harz, das Bier aus Einbeck und eine Süßspeise gemacht. Bei den Wurstwaren spricht man vor allem von den Braunschweiger Mett- und Leberwürsten. In Deutschland ist Braunschweig heute nur noch die Gattungsbezeichnung; die so benannten Würste, die man bundesweit zu kaufen bekommt, haben Braunschweig nie gesehen. Wer sie tatsächlich dort kauft, wird feststellen, dass die Stadt ihren Wurstruhm verdient. »Braunschweiger« ist in den USA das Wort für Leberwurst. Die oben erwähnte Süßspeise ist auch mit Braunschweig verbunden, mit der Welfenresidenz, die »Welfenspeise«. Mit bodenständiger Küche hat diese nichts zu tun, oder höchstens soviel wie die »Mozartkugeln« mit Mozart oder Salzburg. Noch immer wird in Einbeck Bier gebraut, seine Fachwerkhäuser sind sehenswert, aber Ruhm erworben hat sich das Einbecker Bier als Bock-Bier, welches eben nichts mit einem Geißbock zu tun hat, sondern auf die mittelalterliche Brautradition der Stadt Einbeck zurückgeht und heute fröhliche Urstände in Bayern feiert. Ein anderes niedersächsisches Bier, das einstmals großen Ruf genoss, ist weitgehend aus dem Bewusstsein der Biertrinker verschwunden: die Braunschweiger Mumme, ein dunkles, obergäriges Bier.

In gewisser Hinsicht ist Braunschweig immer noch die kulinarische Hochburg Niedersachsens, denn zu den genannten Genüssen kommt ja noch der Braunschweiger Spargel, dessen Namen einen so guten Klang hat wie sein Aroma auf Feinschmeckerzungen. Überstrahlt wird alles – wenn man vom Bekanntheitsgrad ausgeht – von den Harzer Käsen, kurz auch nur »Harzer« genannt. Sauermilchkäse sind sehr alt, ihrer Fettarmut haben sie eine moderne Karriere zu verdanken. Es gibt zwei Sorten, von denen man die eine als normalen Handkäse bezeichnen könnte, während die andere eine echte Spezialität aus dem Harz ist und auf einen Schweizer zurückgeht, der 1787 bei Dagmarsfeld eine bernburgische Meierei übernahm und auf die Idee kam, den Sauermilchkäse mit Edelschimmel zu impfen. So entstand das einzigartige Aroma des »echten« Harzers. So hat Herr Sommer aus der Schweiz eine Niedersachsen-Spezialität geschaffen. Im Harz werden übrigens die Käse gebacken, wenigstens sprachlich; man spricht von »Käsebäckerei«.

Hameln

Die Forellen und anderen Fische aus den Harzbächen sind der Zivilisation zum Opfer gefallen, auch Pilze gibt es kaum noch, allenfalls Waldbeeren bekommt man in guten Jahren als Spezialität des Harzes angeboten. Wer Fischspezialitäten sucht, der tut sich gütlich an der Erzählung Theodor Fontanes von der Schmerle oder bestelle sich – außerhalb der Messezeit – einen Maschseekarpfen.

Die wohl größte Köstlichkeit Niedersachsens, die nicht den Namen des Landes trägt, kommt aus der einmaligen Heide. In dieser Urlandschaft mit der herben Lieblichkeit weiden die Heidschnucken, kleine Heideschafe, deren Fleisch auf eine Stufe mit dem besten Wildbret gestellt werden kann. Heidschnuckenbraten ist eine echte Delikatesse. In der Lüneburger Heide bekommt man sie noch in einfachen Gasthäusern, während sie sonst nur für viel teures Geld in der Nobelgastronomie zwischen Nordsee und Alpen angeboten wird. Heidschnuckenkeule und Heidschnuckenrücken gehören zu den ganz großen Fleischspezialitäten. In einem Atemzug mit ihnen zu nennen wäre der Heidehonig. Allerdings sind Imkerei und Honigqualität mit dem Ansteigen der künstlichen Düngung erheblich zurückgegangen.

Mit den Rübeneintöpfen und der guten Kartoffelqualität hat der Feinschmecker nicht viel im Sinn, obwohl ein guter Steckrübentopf mit reichlich Fleisch nicht zu verachten ist. Und er gehört zur Landschaft und ihren Menschen, hat Generationen von ihnen erhalten.

Beenden wir die kulinarische Blitztour durch Niedersachsen an dem flachen See, der sich stolz »Steinhuder Meer« nennt und sich seiner Aale rühmt. Als Räucheraale sind sie mit einem »Klaren« genossen wahrlich eine Delikatesse. Schade, dass Wilhelm Busch uns keinen Vers darauf gemacht hat. Der hintersinnig-humorvolle Wilhelm Busch war nicht nur ein echter Sohn Niedersachsens, er hat auch die kulinarischen Genüsse seiner Heimat sehr wohl zu schätzen gewusst: Ich kenne keinen, der mehr Verse aufs Essen gemacht hat. Und diese gehören auch zum kulinarischen Ruhm der niedersächsischen Gefilde.

Rezepte

Suppen

158 Buttermilchsuppe mit Graupen (Ostfriesland)
153 Fliederbeersuppe
158 Karmelkbree – Buttermilchbrei

Salate und kleine Gerichte

221 Bookweetenschubber (Ostfriesland)
222 Bookwetepfannekoke
221 Buchweizenpfannkuchen, Grundrezept
178 Feldkieker
201 Heidegrütze gemein, wie sie im Wendischen bräuchlich ist
172 Kartoffelsalat mit Speck
217 Kiebitzeier (Ostfriesland)
172 Mayonnaise-Kartoffelsalat
216 Rührei mit Krabben (Ostfriesland)
222 Speckendicken (Ostfriesland)

Fisch

238 Fischklopse, gebraten (Niedersachsen)
253 Granatschnitte

Geflügel

315 Ente in Wirsing (Niedersachsen)

Schlachtfleisch

359 Gefülltes Schweinekarree
379 Harzer Schwärchen (Niedersachsen)
391 Heidschnuckenbraten (Niedersachsen)
342 Kalbsschulter auf Hannoversche Art (Niedersachsen)
400 Leberragout mit Kräutern (Niedersachsen)
378 Pökelfleisch (Ostfriesland)
354 Spanferkel

Wild

426 Gefüllter Wildschweinkopf
433 Kalter Hasenrücken

Saucen

456 Kapernsauce
456 Wacholdersauce (Niedersachsen)

Klöße, Knödel und andere Beilagen

502 Diebichen (Niedersachsen)
503 Grießklöße
497 Jan im Hemd (Ostfriesland)
504 Kehdinger Klöße (Niedersachsen)
498 Klütje (Ostfriesland)
497 Mehlpütt (Ostfriesland)

Gemüse, Kartoffeln und Eintöpfe

546 Bärlauch
588 Grünkohl / Braunkohl mit Pinkel (Ostfriesland)
587 Grünkohl-Tradition
591 Pinkel
582 Selleriekartoffeln (Niedersachsen)

Nachspeisen

615 Errötendes Mädchen des 19. Jahrhunderts

Allerlei Backwerk

678 Butterkuchen
690 Kalter Hund / Schwarzer Peter

Getränke

732 Braunschweiger Mumme (Niedersachsen)
730 Grog
736 Karsenbranntwein (Ostfriesland)
752 Ostfriesentee (Ostfriesland)
734 Sinbohntjesopp (Ostfriesland)

Westfalen

Alle Verwaltungsbeamte und Historiker mögen dem Feinschmecker bitte verzeihen, wenn er mit den ihnen geläufigen Begriffen sehr großzügig umgeht. Westfalen ist ein Begriff, der seine Umgrenzung, bedingt durch vielerlei Herrschaftsformen, oft geändert hat. Als kulinarische Einheit hat er immer bestanden. Gut essen und trinken hält eben nicht nur Leib und Seele zusammen, sondern auch Landschaften und Volksstämme. Bei den westfälischen Rezepten werden nicht selten die genaueren Ursprungsgebiete angegeben, wie Münsterland, Sauerland oder Bergisches Land. Diese drei sind nur einige der westfälischen Landschaften, allerdings kulinarisch besonders ergiebige.

Ganz Westfalen war schon immer ein Schlemmerparadies, keines von der besonders feinen Art, aber ein gehaltvolles. Kaum einer hat es besser beschrieben als Christophel von Grimmelshausen, alias »Simplicissimus« und später Stadtschultheiß im badischen Renchen. Er schrieb im Dreißigjährigen Krieg: »Das Paradies fanden wir, wie wir's begehrten – und noch darüber: anstatt der Engel aber schöne Jungfrauen darinnen, welche uns mit Speise und Trank also traktierten, dass ich in

Opladen

Kürze wieder einen glatten Balg bekam; denn da setzte es das fetteste Bier, die besten westfälischen Schinken und Knackwürste, wohlgeschmack und sehr delikat Rindfleisch, das man aus dem Salzwasser kochte und kalt zu essen pflegte. Da lernte ich das schwarze Brot fingerdick mit gesalzenem Butter schmieren und mit Käs belegen, damit es desto besser rutschte.«

Etwas zurückhaltender schrieb wenig später ein Päpstlicher Nuntius, der im Frieden durch Westfalen reiste:

»Kein lukullisches Mahl, mit apollinischen Künsten bereitet,

Bietet die Tafel, denn Schlemmen und eitle Kniffe der Kochkunst

Sind im Herzen verhasst Westfalens tapferem Sohne.

Alles Gemüse mengt dieser in deftiger Schüssel zusammen …«

Ob die Westfalen wirklich stur sind, wie man ihnen zuweilen nachsagt, vermag ich nicht zu entscheiden; traditionsbewusst über die Jahrhunderte hinweg sind sie allerdings, wie die Verse des römischen Nuntius beweisen.

Zu den Leuchttürmen westfälischer Gaumengenüsse zählen zweifellos: Bier, Schinken, Pumpernickel und Steinhäger. Über die beiden Getränke braucht der Chronist kaum ein Wort zu verlieren, es sei denn, dass er auf die Stärke des Biers hinweist und anfügt, dass auch die alte obergärige Braumethode noch immer mit Erfolg gepflegt wird. Der Steinhäger hat das Glück, dass ein weiser Gesetzgeber ihn vor ortsfremden und schlechten Nachahmungen schützt: Nur was in Steinhagen gebrannt ist und vom würzigen Wacholder veredelt wurde, darf den berühmten Namen tragen. Der Pumpernickel wird gesondert gewürdigt, weshalb nur noch ein Wort zum Schinken gesagt werden müsste. Der westfälische Schinken hat eine außergewöhnliche Erfolgsgeschichte hinter sich und eine ebensolche Gegenwart. Seinen Ruf gewann er, weil die Schweine dermaleinst in den großen Eichenwäldern Westfalens weideten. Die Eichelmast und der Weidebetrieb gaben ihrem Schenkelfleisch eine besonders kräftige Struktur. Dann kam noch die Räucherkunst dazu und machte sie zu einem der sehr frühen deutschen Markenartikel. Allerdings spielten die Mainzer den Westfalen einen schlimmen Streich. Sie nutzten ihre Beziehungen zu Frankreich und stillten den Schinkenhunger der Franzosen mit den deftigen Keulen aus Westfalen, die fortan in Frankreich berühmt wurden als »Mainzer Schinken«. Heute gibt es keine Eichelmast mehr, aber der gute Ruf hat sich trotzdem gehalten. Bei Schweinernem ist der gute Ruf anscheinend

Solingen

robuster als auf gesellschaftlichem Parkett. Neben diesen Weltberühmtheiten aus Westfalen gibt es noch eine beachtliche Menge von lukullischen Lokalmatadoren, wie da sind: Töttchen, Pfefferpotthast, Grünkohl, Dickmusik, Blindhuhn, Dicke Bohnen, Panhas, Pickert oder Bergische Kaffeetafel. Sie finden sich unter den Rezepten.

In dieser Zusammenfassung muss ich nur noch meiner großen Kollegin namens Henriette Davidis Reverenz erweisen. Sie ist die Ahnherrin der modernen Kochbuchschreiber. Ihr »Man nehme« wurde zum kulinarischen Imperativ. Henriette Davidis stammte aus einem Pfarrhaus in Wengeren an der Ruhr. Ihr Buch erschien 1844 in Bielefeld und trug den Titel: »Praktisches Kochbuch für die gewöhnliche und feine Küche«. Es hat viele Übersetzungen und noch viel mehr Auflagen erlebt und kann heute noch als Standardwerk der deutschen Küche bezeichnet werden. Es wäre interessant, einmal zu untersuchen, welche der beiden westfälischen Frauen heute noch bekannter ist, die adlige Dichterin Annette von Droste-Hülshoff oder Henriette Davidis, die aus bescheidenem, kinderreichem Hause stammende Köchin.

Rezepte

Suppen

142 Königin-Luise-Suppe

Salate und kleine Gerichte

173 Angebratener Kartoffelsalat
223 Bookweten-Janhinnerk
214 Marinierte Eier
175 Salat von Rindsgaumen / Ochsenmaulsalat
210 Wurstbrötchen

Fisch

275 Sauerkraut mit Austern

Schlachtfleisch

333 Ochsenfleisch in Bier
362 Panhas
330 Pfeffer-Potthast
373 Schweinefleisch in Schwarz gekocht (Münsterland)
368 Schweinsfüße mit Speck und Thymian (Münsterland)
363 Stipp-Grütze
396 Töttchen (Münsterland)

Gemüse, Kartoffeln und Eintöpfe

584 Blindhuhn
598 Dicke Bohnen mit Speck
588 Grünkohl / Braunkohl mit Pinkel
568 Lappenpickert, Pickert

Nachspeisen

617 Pumpernickel Pudding

Rheinland mit der Mosel

Auch beim Rheinland bitte ich um geographische Großzügigkeit. Ich fasse unter diesem Begriff die Küchen vom Mittelrhein bis zum Niederrhein zusammen und beziehe noch die Seitentäler mit ein. Während Westfalen immer standhaft an seiner überkommenen Kochtradition festhielt, blieb auf der großen Völkerstraße Rhein so manches aus dem Speisevorrat von durchziehenden Heeren und Kaufleuten liegen. Die Küche des Rheinlandes ist etwas buntscheckig. Im äußeren Erscheinungsbild wirkt sie sogar etwas effekthascherisch, wofür jedoch allerhöchstens Schnörkel über einer ehrlichen Basis verantwortlich sind. Die Küche des Rheinlands hat – das muss man nüchtern sehen – die deutsche Küche in Verruf gebracht. Schuld daran ist auch der englische Dichter Lord Byron. In seinem Buch »Childe Harolds Pilgrimage« schrieb er Strophen über den Rhein, die überall in Europa, und besonders natürlich in England, einen Überschwang der Rheinbegeisterung entfachten. Als Napoleon besiegt war, ergossen sich Touristenströme an den deutschen Strom. Der Rheinreiseboom dauerte bis in die dreißiger Jahre des 19. Jahrhunderts. Will man zeitgenössischen Karikaturen glauben, nahm er groteske Ausmaße an. Bei aller Begeisterung aber klag-

Der Marktplatz zu Aachen

ten die Reisenden immer wieder über das Essen, das ihnen vorgesetzt wurde, es sei viel zu sauer und viel zu fett. Und weil diese Touristen nur den Rhein bereisten, war dessen Küche eben für sie die deutsche Küche.

Ist es nicht geradezu ein Treppenwitz, dass der einst geschmähte »Rheinische Sauerbraten« später zu einem der deutschen Lieblingsbraten wurde und erst durch das »Zigeunerschnitzel« (Gott sei's geklagt!) von Platz 1 der Hitliste verdrängt werden konnte!

Wirklich große Namen haben sich außerdem noch die Reibekuchen gemacht, die Moselaale in Dillsauce, das »Neuenahrer Rauchfleisch« (dessen Qualität wirkungsvoll geschützt wird) und die Muscheln auf rheinische Art. Außerdem muss man noch die großartigen »Aachener Printen« nennen. Damit sind natürlich noch längst nicht alle Spezialitäten aufgezählt. Allein an den verschiedenen Arten Kartoffelkuchen, die dann auch »Döppches-Koche« oder so ähnlich heißen, könnte man sich etwa zwei Wochen lang satt essen und dabei niemals das gleiche Rezept vorgesetzt bekommen. Feiner – und teurer – sind die Wildbraten aus der Eifel. Sehr urwüchsig ist die Spezialität »Himmel und Erde«. Mancher ortsunkundige Reisende ist in Köln schon sehr enttäuscht worden, wenn er einen »Halve Hahn« bestellte und an Stelle des halben Hähnchens nur ein Röggelchen (Roggenbrötchen) mit Käse bekam. Wenn er ein »Kölsch« dazu getrunken hat, ist er sicher schnell über die Enttäuschung hinweggekommen. »Kölsch«, das ist wie »Düssel« ein Alt-Bier, also obergärig gebraut, und eine Spezialität, die sich immer mehr Freunde in anderen Teilen Deutschlands erworben hat.

Und dann gehört zur Rheinlandküche natürlich noch der Wein, richtiger die Weine von der Ahr und Mosel und vom Mittelrhein. Der Wein aber hilft der Küche. Wer auf einem Rheindampfer sein Touristenmenü mampft, der kommt gar nicht dazu, sich über mangelnden Wohlgeschmack zu beklagen, denn die Zunge wird vom Wein getröstet und das Auge von den Bergen und Burgen der Rheinufer beglückt. Man schwelgt in rheinischer Fröhlichkeit und singt: »Ich weiß nicht, was soll es bedeuten, dass ich so traurig bin« … und weiß es wirklich nicht.

Des Rheines kleine Schwester wurde weit über tausend Jahre früher schon als »Mosella« vom römischen Dichter Ausonius besungen. Danach kam aber nicht mehr viel, obwohl an der Mosel mehr edle Weine wachsen als am mittleren Rhein. Diese wurden ebenso weltberühmt wie die großen Rheingauer Gewächse und waren gegen Ende

Köln, nach einer Zeichnung von B. Foster

des 19. Jahrhunderts teurer als die besten Bordeauxweine. Nach dem zweiten Weltkrieg entwickelten viele Moselwinzer eine schlimme Zuckersucht, so dass bald überall in Deutschland Kellner bei der Weinbestellung fragten: »Darf's ein liebliches Möselchen sein?« – Diese Zeiten sind vorbei. Jetzt ist nur noch das Moseltal lieblich, die Weine haben zum Riesling-Ruhm zurück gefunden.

Bei den Speisen beeindrucken neben dem Aal die Forellen- und Wildgerichte aus der Eifel. Diese stehen auch an der Ahr ganz oben auf der Werteskala. Dazu trinkt man den berühmten Ahrburgunder. Auch hier geschah Schlimmes in der Nachkriegszeit. Wie Heuschreckenschwärme fielen Touristenbusse aus dem Ruhrgebiet ein. Sauftour war das Schlagwort und Gesang aus gröhlenden Männerkehlen das Sonntagskonzert. Obwohl damit viel Geld in die romantischen Weindörfer kam, wurden deren Bewohner des fragwürdigen Segens überdrüssig. Schließlich erschienen an den Wirtshaustüren Schilder »Keine Busse« – und heute können Weinfreunde wieder unvergessliche Stunden an der Ahr verbringen.

Das Ahrtal ist landschaftlich weltweit einmalig: ein Flüsschen, das sich zwischen Felsen durchzwängt, unter steilen Rebhängen entlang windet und an die Grundmauern alter Bauernhäuser plätschert. Am Unterlauf, da wo die Wein-Ahr in offenem Gelände ausufert, sprudelt dann noch eines der berühmtesten deutschen Mineralwässer aus dem Boden.

Rezepte

Salate und kleine Gerichte

222 Bookwetepannekoke (Niederrhein)
223 Heensch-Kuchen (Eifel)
168 Rettichsalat (Hunsrück)

Fisch

279 Meefischle
262 Moselaal in Weinsauce
256 Muscheln in Weißwein

Geflügel

298 Gans mit Graupen
292 Gefülltes Brathuhn (Mittelrhein)

Schlachtfleisch

382 Himmel on Aed met Blootwoosch
385 Leberwurst
385 Niederrheinische Leberwurst nach von Rumohr
326 Rheinischer Sauerbraten
351 Spießbraten Idar-Oberstein (Hunsrück)
353 Spießbraten nach August Görg (Hunsrück)

Wild

428 Wildschweinkeule (Eifel)

Saucen

457 Deftige Specksauce

Klöße, Knödel und andere Beilagen

493 Kartäuserklöße

Gemüse, Kartoffeln und Eintöpfe

565 Döbbekoche (Rheingraben, Mittelrhein)
573 Kartoffelwurst (Hunsrück)
533 Stielmus
565 Topfkuchen
592 Weincräwes (Mosel)

Nachspeisen

642 Bergische Kaffeetafel
642 Waffeln

Allerlei Backwerk

694 Aachener Printen

Getränke

753 Trierer Viez

Pfalz, Rheinhessen und Saarland

Die Pfalz und Rheinhessen liegen zwar miteinander in hartem Wein-Konkurrenzkampf: Welches ist das größte deutsche Weinbaugebiet? Seit einiger Zeit hat Rheinhessen die Nase vorn, denn seine Weinbaufläche ist größer als die der Pfalz. Nach Gründung der Bundesrepublik wurde von Amts wegen die Bezeichnung »Rheinpfalz« für das Weinbaugebiet eingeführt. Im Alltag wurde sie nie benutzt, und so trabte der Amtsschimmel gegen Ende des Jahrhunderts wieder in die »Pfalz« zurück.

Was die Küche betrifft, so herrscht zwischen Bingen und Ludwigshafen weitgehend Übereinstimmung. Ja, man kann sogar das Saargebiet

Titelblatt des Dürkheimer »Wurstmarkt-Anzeigers«

noch mit einbeziehen. Überall sind Kochen und Essen mit Wein verbunden. Wird Wein nicht zu Marinaden und Saucen verwendet, so sind die Speisen doch geschmacklich derart abgestimmt, dass ein echter Pfälzer »Trobbe« unbedingt dazugehört. Wie sehr Essen und (Wein-) Trinken miteinander verbunden sind, das beweisen allein schon die Namen, die man dort den Weinfesten gibt: Dürkheimer Wurstmarkt, Speyrer Brezelfest, Deidesheimer Geißbockversteigerung oder Wormser Backfischfest.

Die Küche in Rheinhessen und der Pfalz hat zwei Grundtugenden: Sie ist ehrlich und naiv. Die Ehrlichkeit erkennt man z. B. im berühmten Pfälzer Saumagen. Anderswo hätte man einer so köstlichen Ballotine (was sie küchentechnisch durchaus ist) sicher einen gestelzteren Namen gegeben, wie etwa »Gefüllter Schweinemagen«. Jedoch nicht so in der Pfalz. Dort heißt es kurz und bündig »Saumache«, und jeder weiß, was gemeint ist. Selbst das allgemein gebräuchliche Wort Kartoffel ist für die Menschen am Rhein viel zu gekünstelt, sie ersetzen es durch das erdverbundenere »Grumbeere«. Und wo andere deutsche Volksstämme von Kartoffelklößen sprechen, sagen sie bildhaft und ehrlich »Hoorische Knepp«. Ebenso ehrlich sind die Pfälzer und Rheinhessen in ihren Beziehungen zum lieben Gott, wenn sie schlicht sagen:

»Ich lobe dich, Herr,
mit Esse und Trinke,
mit Hoorische Knepp,
Saumage, Worscht, Weck
und Wein!«

Die linksrheinische Weinküche kann man an einem Käsebeispiel ganz deutlich erkennen. In Rheinhessen gibt es als angemachten Käse den sogenannten »Spundekäs«. Vergleicht man nun diesen mit der entsprechenden bayerischen Zubereitung, dem »Obazten«, so hat man den Unterschied zwischen Wein- und Bierküche: dezentpikant die rheinische Mischung und derbkräftig die bayerische.

Damit keine falschen Vorstellungen aufkommen, sei betont, dass weder die Pfalz noch Rheinhessen durch ihre bodenständigen Käse glänzen. Man kennt dort neben dem Handkäs nur noch Quarkzubereitungen. Beide Gebiete sind viel eher Wurst und Kartoffellandschaften. Hausschlachterwürste und einfallsreiche Kartoffelzubereitungen spielen eine wichtige Rolle im Alltag.

Vergessen darf man dabei nicht die feineren Genüsse: Gemüse und Wild. Auf den fruchtbaren Ebenen und im sanft geschwungenen Hügelland wachsen zahlreiche Gemüsesorten in verschwenderischer

Bingen, nach einer Zeichnung von Abresch

Fülle. Weil es die Sonne sehr gut mit diesen Landschaften meint, konnten sich ihre Bewohner auch den Luxus leisten, zum jungen, noch ungestüm schäumenden Wein die Marone, die Edelkastanie, als Zukost zu wählen. »Neie un Keschte« sagt man in der Pfalz dazu, was »Neuer Wein und Esskastanien« heißen soll. Das ist eine der naiven und gleichzeitig köstlichen Zusammenstellungen, auf die jedes Volk stolz sein kann. Weil man, wenn man von Rheinhessen oder der Pfalz spricht, zuerst an Wein denkt, vergisst man allzu leicht, dass es noch andere Landschaftsformen gibt. Der Pfälzer Wald ist westliches Randgebirge der Oberrheinischen Tiefebene und gleichzeitig das größte zusammenhängende Waldgebiet der Bundesrepublik. In ihm können sich nicht nur Nato-Lager verstecken, sondern auch viel Wild. Nimmt man noch die Tatsache dazu, dass rings um die Weinberge und in den Flussauen ideale Lebensbedingungen für Niederwild herrschen, so erklärt sich der beachtliche Anteil von Wildgerichten. Wer sich eine Reise in die Pfalz oder nach Rheinhessen sparen will, um die Küche dieser Landschaften kennenzulernen, dem entgehen zwar Gaumengenüsse, er kann sich jedoch ein sehr gutes Bild von ihnen machen, wenn er sich ländliche Szenen naiver Maler anschaut mit ihren kraftvoll bunten Farben der prallen Lebensfreude. So meinte ich es auch, wenn ich die pfälzisch-rheinhessische Küche im besten Sinne naiv nannte.

Rheinhessen hat seinen Sänger der Lebensfreude, Carl Zuckmayer. Er ist mit dem »Fröhlichen Weinberg« berühmt geworden, und was er sagt, kann Wort für Wort auch für die Pfalz gelten:

»Welch ein entzücktes Spiel:
zu hohen Festen erles'ner Bissen
Liebreiz zu erfleh'n, und welche Lust:
sich mächtig voll zu mästen, satt
und mit Saft gefüllt vom Hals bis zu
den Zeh'n!«

Die berühmteste Pfälzer Spezialität hat in den vergangenen neunziger Jahren ihren Ruf weit über die deutschen Grenzen hin ausgedehnt. Sie dürfte inzwischen sogar den internationalen Bekanntheitsgrad des Sauerbratens erreicht, vielleicht sogar übertroffen haben. Dafür sorgte einst Bundeskanzler Helmut Kohl, der Pfälzer ist und den Saumagen so sehr schätzt, dass er die meisten seiner Staatsgäste zu einem Abstecher in das heimatliche Weinland brachte und in Deidesheim mit Saumagen bewirtete, zubereitet von einem der berühmtesten Küchenchefs der Bundesrepublik und aufgetischt in einem stimmungsvollen Nobelrestaurant. Viele lobten das deftige Gericht, bei einigen war das sogar nicht nur diplomatische Höflichkeit. Die englische »eiserne Lady« Thatcher lehnte den Saumagen standhaft ab, was deutlich zu Spannungen zwischen Bonn und London beitrug.

Die Spezialität hat eine lange Geschichte. Wahrscheinlich geht sie auf die Römer zurück. Im Kochbuch des Apicius findet sich ein sehr ähnliches Rezept. Die Pfälzer Version dürfte vor etwa 300 Jahren in der Westpfalz als Schlachtessen entstanden sein. Inzwischen haben kleine und große Metzgereien eine Produktion daraus gemacht. Den guten alten Saumagen haben sie zwecks Arbeitserleichterung in Kunststoffhüllen gestopft oder füllen ihn in Dosen. Die Qualität der Zutaten wird durch sehr feines Mahlen (Cuttern) unkenntlich gemacht. Die Kartoffeln werden als Streckungszutat armer Bauern verleumdet und mengenmäßig reduziert. Dabei geben gerade sie, die von Gewürzen, Fett und Fleischsäften durchzogen werden, den einzigartigen Wohlgeschmack. Es lohnt sich, ihn in der heimischen Küche zu kreieren. Das macht viel weniger Mühe, als man denkt.

Hier muss noch auf eine bedeutsame kulinarische Entwicklung hingewiesen werden. Bis in die achtziger Jahre des vorigen Jahrhunderts waren die Pfalz und Rheinhessen berühmt (und durchaus geschätzt) ob ihrer deftigen Kost und der dazu passenden, herzhaften Schoppenweine. In wenigen Jahren gelang es den Regionen, in sehr viel höhere kulinarische Regionen empor zu klimmen. Selbst in Weinwirtschaften änderten sich die Speisekarten: Kleinere, leichtere und elegantere Zubereitungsarten tauchten auf. Nach manchen anfänglichen Ausrutschern hat die Gastronomie des Lan-

Geisenheim, Stich von Johann G. F. Poppel nach einer Zeichnung von L. Rohbock

des Tritt gefasst. An ihrer Spitze stehen heute einige Chefs, die zur Elite der Bundesrepublik zählen. Parallel dazu verlief die Weinentwicklung. Immer schon gab es gute und edle Tropfen in der Pfalz und in Rheinhessen, die von einigen renommierten Gütern erzeugt wurden. Inzwischen sind Dutzende von kleineren Betrieben und Winzern dazugekommen, deren Spitzenweine die Fachwelt erstaunen lassen. Bei internationalen Proben landen sie auf den ersten Plätzen. Die Preise, die dafür erzielt werden, lassen es fröhlich in den Erzeugerkassen klingeln.

Abschließend noch ein Blick auf die westlich anschließende Region. Sie ist ein eigenes Bundesland, kulinarisch jedoch mit der Pfalz und auch ein wenig mit der Mosel verbunden. Mehrere politische Tändeleien mit dem französischen Nachbarn haben – und das wurde zu einer Besonderheit des Saarlandes – eine ganze Reihe französischer Einflüsse gebracht.

Das Gesicht der Landschaft ist viel schöner, als man es sich anderswo vorstellt. Nur in einer kleinen Region verstellen Zechen den Blick und verqualmen den Horizont. Sonst aber fährt man durch liebliche Landschaft und kann das teilweise atemberaubende Flusstal der Saar bestaunen. Der berühmte Saarwein allerdings wächst jenseits der Ländergrenze in Rheinland-Pfalz. Die Küche ist kräftig und – sagen wir es vornehm – sättigend. Der recht elegante Löwenzahnsalat kam aus Frankreich ins Land. Dabei hat man die französische Benennung übernommen, die dann allerdings auf Saarländisch reichlich derb klingt: »Bettseichersalat«.

Dabei lieben die Menschen dieser Region durchaus auch feinere Genüsse. Die aß man jahrelang jenseits der Grenze. Die saarländischen Gastronomen waren darüber gar nicht erfreut, und sie fanden inzwischen einen Weg, wie sie die Essensgäste und deren Geld im Lande halten können: Sie kochen feiner, raffinierter, pikanter – französischer. Es lohnt sich, im Saarland auf Gourmetreise zu gehen.

Rezepte

Suppen

119 Franzosesupp

Salate und kleine Gerichte

198 Eingelegte Handkäse
199 Handkäs mit Musik
193 Kochkäse
197 Spundekäs (Mainz)
208 Zwiebelkuchen (Rheinhessen)

Schlachtfleisch

403 Lewwerknepp
372 Pfälzer Saumagen (Rheinpfalz)

Wild

435 Hasenpastete
431 Hasenpfeffer / Dippehas
436 Kurpfälzer Jagdpastete

Saucen

451 Grüne Sauce / Grieh Soos
452 Grüne Sauce, Modernes Rezept

Klöße, Knödel und andere Beilagen

479 Buwespitz, Schupfnudeln
485 Gefillte Knepp
493 Kartäuserklöße, Gefüllte Kartäuserklöße

Gemüse, Kartoffeln und Eintöpfe

576 Backesgrumbeere
556 Glasierte Maronen
594 Krautwickel
562 Majorankartoffeln

Nachspeisen

616 Errötendes Mädchen des 20. Jahrhunderts

Eingemachtes

655 Eingelegte grüne Nüsse
651 Marmelade von blauen Trauben
657 Süß-saure Gurken

Allerlei Backwerk

669 Scherben
638 Zwetschgenkuchen

Baden

Lange Zeit war der Südwestzipfel Deutschlands als »Musterländle« bekannt, heute schätzt man ihn noch mehr als das Schlemmerparadies. Die kühne Behauptung, Baden habe die beste aller deutschen Landesküchen, ist leicht zu beweisen: Entweder man fährt hin und überzeugt sich selbst, oder man blättert die gängigen bundesdeutschen Restaurantführer durch und erkennt, dass in Baden mehr hochgelobte Küchen sind als in allen anderen Landschaften. Woher kommt die vielgerühmte Qualität der badischen Küche? Ich glaube, sie hat drei Quellen.

Da ist einmal die sonnengesegnete Landschaft mit ihren reichen Fluren im Oberrheintal, die eine Fülle bester Gemüse, Früchte und Salate hervorbringt; Beeren, Pilze und Wild der Schwarzwaldberge kommen hinzu. Zweitens – und sehr bedeutsam – sind die fremden Einflüsse. Aus Frankreich brachten sie die Gevattern Elsässer über den Rhein; von den alemannischen, in der Schweiz ansässigen Brüdern kamen nicht nur deren eigene kulinarischen Spitzenleistungen, sondern auch italienische Anregungen; aus Österreich kam etwas fernere Verwandtschaft und setzte sich als fremde Herrschaft in Südbaden für eine Weile fest. Was nach ihrem Abzug blieb, waren einige Perlen ihrer Kochkunst (so betrachten die Badener z. B. heutzutage die »Linzer Torte« als regionale, eigene Spezialität). Wer gehässig sein will, kann sagen, dass man in Baden immer die Verwandtschaft ausgenutzt hat. Die meisten Menschen waren jedoch freundlicher – und vernünftiger – und kamen von allen Ecken Deutschlands, um die Früchte dieser Nachbarschaftshilfe zu genießen – und sich dabei auch noch der herrlichen Landschaft zu erfreuen. Der Schwarzwald wurde zum frühesten deutschen Urlaubsgebiet, was dazu führte, dass im kulinarischen Wettkampf um den Gast die anspruchsvolle Küche bis ins letzte Dorf vordrang. Der jüngste derartige Import sind »Spareribs«, die kanadische Fliegersoldaten an den Oberrhein brachten. Die Badener gaben ihnen den Namen »Lattehag« (Lattenzaun).

Die dritte Quelle der viel gelobten Kochkunst der Badener – den Namen Badenser lehnen sie empört ab – sprudelt ständig aus ihnen selbst, und sie sprudelt fröhlich. Es ist die

Baden-Baden, Stich von Johann G. F. Poppel nach einer Zeichnung von R. Höfle

heitere, genussfrohe Lebensart der Menschen am Oberrhein, die immer Zeit finden, mit Freunden und Fremden zu »schwätze«, und dabei »ebbes Guts« essen und trinken. Dafür nimmt man sich Zeit, ganz bestimmt ein bisschen mehr als in allen anderen deutschen Provinzen. Natürlich ist die badische Küche auch eine der deutschen Weinküchen. Sie ist aber noch mehr; mir scheint sie die eleganteste aller deutschen Landesküchen zu sein. Nehmen wir nur ihre Spezialitäten, als da sind Schnecken, Froschschenkel, Flussfische in Wein und Sahne, Rehrücken Baden-Baden, Spargel, Löwenzahnsalat oder Schwarzwälder Kirschtorte. Selbst wenn letztgenannte nicht zu den bodenständigen Spezialitäten zählt, sondern eine neuere Erfindung der Konditoren ist, so waren es immerhin badische Backkünstler, die sie als Ausdruck heimischen Wohlgeschmacks schufen. Eine andere der badischen Spezialitäten, die zu den wenigen gehört, die zu den anderwärts vorherrschenden deftigen gehört, das »Schäufele«, ist ein bisschen weniger robust als ähnliche Pökelfleischgerichte. Dieses Stück aus der Schulter, das man auf Sauerkraut reicht, hat auch etwas von der Eleganz der Landesküche, und das begleitende Sauerkraut ist natürlich mit Wein gekocht. Oder: Sogar beim bäuerlichen Einsalzen des Krautes haben die Badener eine kleine, aber köstlich Spezialität entwickelt, die »Gumbistöpfel«; durch das Liegen im Sauerkraut werden diese Äpfel pikant säuerlich und wunderbar mürbe. Wo andere Landesküchen in Schmalz und Speck schwelgen, ergeht sich die badische in Sahne und Butter. Vergessen wir nicht die Getränke des Landes, die neben dem »Schwarzwälder Schinken« wohl am meisten zum kulinarischen Weltruf beigetragen haben: »Schwarzwälder Kirschwasser«, »Zwetschgenwasser« und »Himbeergeist«. Im Lande selbst trinkt man eher »Obstler«, der aus einer Obstmischung gebrannt wird, und »Topinambur«, der neben »Erdäpfler« noch viele regionale Namen hat, in der Ortenau vorherrscht und aus einer anderswo kaum noch angebauten Erdknolle stammt. Diese badische Spezialität hat leider den Nachteil, dass sie anfänglich etwas streng schmeckt. Das wird jedoch durch den Vorteil ausgeglichen, dass »Topinambur« der wohl beste bodenständige Verdauungsschnaps sein dürfte und außerdem dank seiner besonderen Inhaltsstoffe ein echtes Elixier für Diabetiker ist. Natürlich gibt es in Baden zahlreiche – und sehr renommierte – Brennereien, dazu kommen jedoch noch viel mehr kleinbäuerliche Brennblasen, aus denen echt hausgemachter Schnaps fließt. Viele Kenner haben ihre speziellen Quellen, deren Adresse sie oft besten Freunden nicht verraten. Meinen Lesern verrate ich jedoch gern, dass der seltenste und beste Obstbrand »Zibärtle« heißt. Er wird aus Zibarten, einer wilden Zwetschgenart gebrannt, ist zart und sehr rein im Aroma – Schwarzwälder Spezialität und Geheimtipp zugleich.

Der badische Wein hat nach dem Krieg eine unglaubliche Karriere gemacht. Vom bäuerlichen Hausgetränk wurde er zu einem der bekanntesten Spitzenweine des Landes. Baden kann sich der wohl größten Kellerei Europas – in Breisach – rühmen sowie einer traditionsreichen Sortenvielfalt. Außerdem werden in keinem anderen deutschen Weinbaugebiet so viele trockene Weine angeboten wie in Baden. Was schließlich auch für den guten Geschmack spricht.

Rezepte

Suppen

144 Forellensüpple
125 Gekühlte Sauerampfersuppe
135 Grünkernsuppe
128 Kartoffelsuppe badische Art
128 Kartoffelsuppe mit heißer Wurst
150 Quittensuppe
139 Schneckensüpple

Salate und kleine Gerichte

184 Alemannische Schneckengenüsse
180 Falsche Gänseleber
174 Herrensalat mit Brombeeren
167 Löwenzahnsalat / Seicher
206 Muultäschli
184 Schnecken in Brotteig
184 Schnecken in Kräuterbutter
185 Schnecken aus dem Schweinefutter
184 Schneckenmaultaschen
185 Schneckensalat
176 Straßburger Wurstsalat
167 Waldorfsalat
207 Zwiebelkuchen

Fisch

254 Aschermittwoch-Stockfisch
277 Eglifilets in Sahne (Bodensee)
275 Falsche Austern
273 Felchen Müllerinart (Bodensee)
264 Gespickter Hecht
276 Kretzer Reichenauer Art
252 Stockfisch

Geflügel

302 Gänsebraten, Steinbacher Füllung
302 Gänsebraten, Füllung »Testament«

Schlachtfleisch

347 Eingemachtes Kalbfleisch
348 Gebackene Kalbsfüße im Teig
344 Gefüllte Kalbsbrust
402 Leberknödel
395 Röschele (Schwarzwald)
398 Saure Nierle
369 Schäufele
341 Schwarzwälder Hochzeitsfleisch

Wild

434 Eingemachter Haas (Schwarzwald)
438 Hasenkuchen
432 Hasenpfeffer
418 Kaltes Rehfilet (Schwarzwald)
440 Markgräfler Fasan
416 Rehrücken Baden-Baden

Klöße, Knödel und andere Beilagen

517 Hausgemachte Nudeln
521 Hügelsheimer Pfannkuchen
520 Kratzete
519 Quellende Küchle (Schwarzwald)
479 Schupfnudeln

Gemüse, Kartoffeln und Eintöpfe

543 Endiviengemüse
552 Pfifferlinge in Butter
529 Pikantes Kürbisgemüse
543 Salatgemüse
607 Schinkennudeln
528 Sure Wäschbauna (Baar)

Nachspeisen

638 Auflauf mit Kirschwasser (Schwarzwald)
635 Freiburger Waffeln
644 Holunderblüten-Sorbet
631 Pfitzauf

Eingemachtes

655 Eingelegte grüne Nüsse
660 Kirschen in Essig

Allerlei Backwerk

665 Gugelhupf
706 Hutzelbrot
684 Kerscheplotzer / Kirschenmichel
721 Scherben
696 Schmalzplätzchen (Schwarzwald)
714 Springerle
672 Schwarzwälder Kirschtorte

Getränke

745 Wässer und Geiste

Württemberg

Der vielen geläufigere Begriff ist Schwaben. Die Schwaben sind Nachbarn der Badener – beide können sich in die Kochtöpfe gucken. Allerdings muss man dabei bedenken, dass zu den Schwaben auch die bayerischen Familienmitglieder zu rechnen sind, die in Augsburg anders kochen, als man das in Heilbronn gewöhnt ist. Trotzdem gibt es neben den Ähnlichkeiten zur badischen Küche auch sehr deutliche Grundzüge der schwäbischen Kochkunst.

Wahrscheinlich haben die landeskundlichen Feinschmecker-Leser schon längst das Wort »Spätzle« vermisst, das man natürlich mit gutem Grund als Überschrift über jede Betrachtung Schwabens setzen könnte. Nur dann, wenn es sich um eine kulinarische Betrachtungsweise handelt, sollte man die schwäbische Nationalspeise nicht allzu einsam in den Vordergrund stellen. Neben ihr gibt es nämlich noch die vielen und ständig aufgetischten Suppen. Man spricht vom Schwaben in zwei nahrhaften Ergänzungsformen: »Spätzles-Schwab'« und »Suppen-Schwab'«. Geographisch kann man zwischen beiden keine genaue Trennungslinie ziehen. Was die Spätzle betrifft, so sind sie nur eine Erscheinungsform der hausgemachten schwäbischen Teigwaren. Und diese Teigwaren sind die eigentliche Grundlage der schwäbischen Küche. Sie tauchen auch in den Suppen auf. Ja man kann sogar konsequenter sein und behaupten, dass der Oberbegriff noch weiter gefasst werden muss und man am besten vom »Mehl-Schwaben« spräche. Ich wage es. Denn eindeutig ist die untergeordnete Rolle, die das allgemeine deutsche Grundnahrungsmittel Kartoffel bei den Schwaben spielt. Dafür haben sie die unendliche Vielfalt von Speisen, die aus Mehl hergestellt werden. Wenn in Baden die Sahne den Ton angibt, dann ist es in Schwaben das Mehl. Köstlich sind die immer wieder anderen Gebäckarten, die man an Neckar und Donau daraus zaubert. Welche einmalige Harmonie zwischen knusprig und mürbe weisen zum Beispiel die schwäbischen Laugenbrezeln auf! Isst man sie gar noch mit reichlich frischer Butter, so ist das ein Genuss für Götter. Allerdings ist er dann nicht mehr so ganz schwäbisch, da Butter zu Brezeln von vielen als Verschwendung betrachtet wird. Die

Brezeln aber sind nur ein Gebäck unter vielen, dazu noch eines, das man auch anderwärts kennt. Ganz schwäbisch jedoch sind »Seelen«, »Mutscheln«, »Horaffen«, »Wibele«, »Ulmer Brot«, »Ulmer Spatzen« oder »Straubeze«, um nur die bekanntesten zu nennen und auf die vielen Fasnets-Küchle gar nicht einzugehen.

Bei aller Betrachtung schwäbischer Kochkunst darf man nicht außer acht lassen, dass es äußerst fruchtbare Landstriche gibt, wie etwa zwischen Donau, Lech und Iller, denen arme Berggegenden in der Alb oder Baar gegenüberstehen. Reichtum und Armut spiegeln sich in den betreffenden Regionalküchen wider, ohne die Gemeinsamkeiten zu vergessen. Zu diesen gehört die »saure Brühe«, mit der man Spätzle, Kartoffeln, Würste und Gemüse anrichtet.

Ein exklusiv schwäbisches Essen wird von Arm und Reich gleichermaßen geschätzt: Linsen, Spätzle und Saiten(wurst). Das Linsengemüse wird dabei natürlich mit Essig gesäuert. Etwas kostspieliger ist der schwäbische Rostbraten, dem es an Zwiebeln und herzhafter Sauce nicht mangeln darf. Und schließlich noch ein Hinweis auf ein im Grunde ganz einfaches und billiges Gericht, das, richtig zubereitet, zum kulinarischen Hochgenuss wird und die Ehrenbezeichnung »schwäbisch« trägt – der schwäbische Kartoffelsalat. Wenn er so richtig saftig, glitschig ist und die Kartoffelscheibchen nicht zermatscht sind, dann werden alle anderen Zutaten außer etwas Würze aus Zwiebeln, Salz und Pfeffer unnötiger Ballast.

Ich habe zuvor von Wein- und Bierküchen gesprochen. Nun ist das Schwabenland in weiten Landstrichen ein gesegnetes Weinland. Vor allem Rotweinland. Dort wird mehr Rotwein gebaut und getrunken als sonst wo in Deutschland. Das »Viertele« wird im urwüchsig anmutenden stiellosen Rundglas mit Henkel (wie ein Bowlenglas) angeboten. Es ist echtes Volksgetränk und von manchen Speisen gar nicht zu trennen. Trotzdem würde ich Schwaben nicht als Land einer Weinküche einstufen wollen; es nimmt eine eigenartige Zwischenstellung zwischen Wein- und Bierküche ein, wobei beide Formen miteinander vermischt und nicht so sehr geographisch getrennt sind.

Größten Ruhm haben sich die Schwaben mit ihrem sprichwörtlichen Fleiß erworben. Doch beim näheren Hinsehen ist es nicht Fleiß allein, der sie zu Erfolgen bringt, sondern ein sehr reger unternehmerischer und vor allem auch erfindungsreicher Geist. Er hat die hochspezialisierten mittelständischen

Heilbronn

Unternehmen geschaffen, ohne die der Wohlstand des Landes undenkbar wäre. Die großen Unternehmen sind aus ihm ebenso erwachsen. Und in der schwäbischen Küche finden wir eine verblüffende Parallele. Die handwerklich als Tüftler berühmten Schwaben haben Frauen zur Seite, die in den Küchen ebensolch erfolgreiche Tüftlerinnen sind. Sie haben die schwäbische Küche abwechslungsreich gemacht. Noch mehr: Sie haben ihren Erfindungsreichtum eingesetzt und die erstaunlichsten Kompositionen geschaffen. So gibt es Linsen mit Spätzle oder Kartoffeln mit Spätzle und Sauerkraut zusammen; oder Spätzle mit Käse und zur Abwechslung in saurer Brühe; schließlich ist die Füllungsvielfalt für Maultaschen ja auch recht abenteuerlich. So ist die schwäbische Küche eigentlich eine Tüftlerküche, in der das Mehl in Hunderten von Arten gebraucht wird. Und sie ist eine der abwechslungsreichsten des ganzen Landes. So wie die Schwaben arbeiten, so kochen sie auch, und sie sagen dazu: »Wie oiner isst, so schafft er.«

Beides ist echt schwäbisch. Und dazu sagte Goethe: »*… mir behagt die Landesweise: Hilf Himmel, was gibt's da für Speise!*«

Rezepte

Suppen

117 Feine Brotsuppe
145 Flädlesuppe
140 Käsesuppe
146 Mutschelmehlklöße

Salate und kleine Gerichte

171 Geriebener Kartoffelsalat
202 Kässpätzle
204 Maultaschen
191 Nitzle – Doppekienzle
175 Ochsenmaulalat
174 Rindfleischsalat
202 Saurer Käse
171 Schwäbischer Kartoffelsalat
176 Wurstsalat Variationen
207 Zwiebelkuchen

Fisch

273 Felchen Müllerinart (Bodensee)
271 Waller, Wels (Voralpenseen)

Schlachtfleisch

347 Eingemachtes Kalbfleisch
344 Gefüllte Kalbsbrust
402 Leberknödel
406 Saure Kutteln
398 Saure Nierle
338 Schwäbischer Rostbraten
384 Tellersulz

Wild

418 Kaltes Rehfilet

Klöße, Knödel und andere Beilagen

514 Abgeschmälzte Spätzle
516 Allgäuer Kässpätzle
514 Brägelte Spätzle
512 Handgeschabte Spätzle
517 Hausgemachte Nudeln
514 Knöpf, Knöpfle
515 Leberspätzle
516 Rehleberspätzle
513 Saure Spätzle
479 Schupfnudeln/Bauchstecherle
511 Spätzle
514 Spätzle in der Brühe

Gemüse, Kartoffeln und Eintöpfe

606 Gaisburger Marsch
534 Hopfensprossen (Bodensee)
552 Pfifferlinge in Butter
607 Schinkennudeln

Nachspeisen

633 Apfelküchlein
638 Mostküchle
637 Pfitzauf

Allerlei Backwerk

712 Ausgezogne Küchle
685 Bettelmann – Apfelbettelmann
665 Gugelhupf
706 Hutzelbrot
684 Kirschenmichel
688 Ofenschlupfer
698 Omas Schlosserbuben
714 Springerle

Getränke

753 Schwäbischer Most

Rezepte

aus ganz Deutschland, die nicht den einzelnen Ländern (Regionen) zuzuordnen sind

Suppen

147 Baumwollsuppe oder Einlaufsuppe
154 Biersuppen
130 Erbsensuppe
134 Geröstete Grieß-Suppe
136 Hochzeitssuppe
127 Kartoffelsuppe
138 Königinsuppe
132 Linsensuppe
148 Markklößchen-Suppe
124 Sauerampfersuppe
151 Zitronensuppe

Salate und kleine Gerichte

547 Bärlauchbutter
165 Blattsalate deutscher Art
225 Currywurst
224 Delikatessbrot
218 Eierpfannkuchen, Einfacher Eierpfannkuchen
219 Feiner Eierpfannkuchen
182 Flomen
181 Grieben – Grammeln – Schriewen – Spirkeln – Krappen
200 Grütze
187 Heringssalat
169 Kartoffelsalat
170 Kartoffelsalat Walterspiel
195 Liptauer
175 Ochsenmaulsalat
189 Quark
194 Kochkäse heute
166 Selleriesalat
227 Toast Hawaii

Fisch

239 Fischpudding, bürgerlich
272 Forelle blau
245 Gebratene Heringe zum Marinieren
280 Krebse kochen – Grundrezept
244 Hering
247 Hering Hausfrauenart
281 Krebsbutter
280 Krebse
282 Krebssuppe, einfach aber fein
250 Matjesfilets mit grünen Bohnen

Geflügel

297 Braunes Geflügelragout
301 Gänsebraten (Apfelfüllung, Apfel-Maronenfüllung, Kartoffelfüllung)
292 Gefülltes Brathuhn
290 Huhn mit Reis
287 So briet Großmutter Federvieh

Schlachtfleisch

332 Braten auf teutsch
352 Moderner Spießbraten
335 Rindsrouladen
360 Schlachtplatte
336 Steak nach Un-Art des Hauses

Wild

442 Gebratener Auerhahn
430 Hasentopf auf deutsche Art

Saucen

462 Einfache Weinsauce
462 Weinschaumsauce

Klöße, Knödel und andere Beilagen

503 Allerlei Klöße und Knödel
494 Brot, die beiden Enden
500 Hefeklöße
522 Hirsebrei
495 Klöße und Knödel aus Mehl
468 Klöße und Knödel nebst ihrer zahlreichen Sippschaften
475 Kloß- und Knödel-Knigge
148 Markklößchen

Gemüse, Kartoffeln und Eintöfe

548 Bärlauchsauce
547 Bärlauchsuppe
547 Bärlauchbutter
560 Bratkartoffeln
575 Eintopf
544 Gemüse aus Wildkräutern
532 Grüne Bohnen / Veitsbohnen (Schnittbohnen)
564 Grundrezept für Kartoffelpfannkuchen
559 Kartoffelgemüse
561 Kartoffelkroketten
563 Kartoffelpfannkuchen
539 Kohlrabi Hausfrauenart
549 Knoblauch
550 Sauerampfer
550 Sauerampfergemüse
551 Sauerampfer mit Rosinen
526 Schwarzwurzeln
527 Schwarzwurzeln mit Fleischklößchen
535 Spargelgemüse

Nachspeisen

619 Bratäpfel
634 Dampfnudeln
627 Hagebuttensuppe
641 Mandelmilch
625 Rhabarbergrütze
625 Stachelbeergrütze
629 Tuttifrutti

Eingemachtes

652 Chinois
658 Pilze in Essig
649 Quittenpaste
656 Süß-saurer Kürbis

Allerlei Backwerk

716 Berliner Pfannkuchen
712 Christbaumkonfekt
691 Einfacher Honigkuchen
715 Falscher Ingwer
691 Heidesand
672 Kartoffeltorte
710 Knusperhäuschen
668 Königskuchen
667 Marmorkuchen – Marmorkranz
721 Marzipankartoffeln
680 Rahmkuchen
686 Zwetschgenkuchen

Getränke

746 Bowlen
748 Grundregeln zur Bowlenbereitung
747 Holunderwein
746 Maibowle / Waldmeisterbowle
737 Ratafia
742 Vorpommerscher Umtrunk

Vermischtes

312 Gänsespielzeug
758 Serviettenfalten – Serviettenbrechen

Rezepte

Alle Rezepte sind, wenn nicht ausdrücklich anders vermerkt, für vier Personen gerechnet.

Suppen

Zweifelsohne sind Suppen die erste zubereitete Nahrung der Menschen gewesen. Das alles begann mit der Erfindung des Suppentopfes aus Ton; die Gelehrten streiten sich darum, ob das erst vor 7000 oder schon vor 8000 Jahren war. In der deutschen Küche hat die Suppe ein wechselvolles Schicksal. Sie war immer Grundbestandteil der bäuerlichen Küche. Bis zu Beginn unseres Jahrhunderts wurde sie nicht selten dreimal am Tag auf den Tisch gebracht. Vor allem die Morgensuppe war allgegenwärtig. Unsere Märchen haben uns gelehrt, die Suppe als Armeleutemahlzeit zu betrachten. So hatte sie es recht schwer, ihre neuzeitliche Rolle als Vorgericht zu übernehmen. Strenges Erziehungsgeschütz musste aufgefahren werden, um sie wieder essenswert zu machen; denken wir nur an die Geschichte vom Suppenkaspar aus dem Struwwelpeter-Buch!

In Frankreich – wo man heutzutage übrigens die Suppe vorzugsweise am Abend isst – hat man viele Namen dafür. Wir begnügen uns mit Suppe und lassen daneben höchstens noch die Brühe als klare Suppe gelten. Auf deutschen Esstischen hat die Suppe traditionsgemäß die Mittagszeit gepachtet. Neuerdings erst weiß man sie als mitternächtlichen Muntermacher zu schätzen. Letzte Reste der Morgensuppentradition finden wir in der Brühe mit oder ohne Ei, die zuweilen noch während Geschäftsbesprechungen im Laufe des Vormittags gereicht wird. Die Grenzen zwischen Suppen und Eintöpfen oder auch Grützen und Breigerichten sind nicht immer genau zu bestimmen. Alles, was den Namen Suppe trägt, findet sich in jedem Fall in diesem Abschnitt. Milch-, Bier-, Frucht- und Weinsuppen sind ganz bewusst in der Zusammenstellung berücksichtigt, da es sehr alte Suppen sind, die vor dem Vergessenwerden bewahrt werden sollten.

Frische Suppe

Das Gemüsesuppenkochen haben die Norddeutschen von alleine – und nicht wie am Rhein von den französischen Besatzungstruppen – gelernt.
Ursprünglich wurde die »Frische Suppe« nur mit dem darin zur Aromatisierung gekochten Suppengrün angereichert. Die Veredelung durch Gemüse begann im vorigen Jahrhundert, so kann man sie getrost altehrwürdig nennen. Bei offiziellen Anlässen oder zu privaten Festessen ist in Schleswig-Holstein heutzutage die »Frische Suppe« nicht wegzudenken.

750 g Suppenfleisch
Einige Markknochen
1 bis 2 Bund Suppengrün (Petersilie, Möhre, Sellerie)
Salz
750 g feine Gemüse wie grüne Bohnen, Erbsen, Kohlrabi, Möhren, Spargel
1/4 l Wasser
Salz
1 Essl. Butter
Knapp 200 g Mehl
1 Ei
1 Eigelb
Etwas geriebene Muskatnuss

Fleisch und Knochen nach gründlichem Waschen in etwa 1 1/2 l kaltem Wasser mit dem Suppengrün aufsetzen und 1 1/2 Stunden schwach brodelnd kochen. Abseihen und salzen. Auf gut 1 l Brühe einkochen. Eventuell entfetten. Gemüse klein schneiden, waschen und in der Brühe gerade eben gar kochen. Zu Suppenklößchen (in Schleswig-Holstein und gerade für die »Frische Suppe« auch »Mehlmusklößchen« genannt) den Viertelliter Wasser mit etwas Salz und der Butter zum Kochen bringen. Mehl hineinschütten, rühren, bis sich ein Kloß gebildet hat. Vom Feuer nehmen, leicht abkühlen lassen und dann erst das ganze Ei, anschließend noch das Eigelb in den Teig rühren. Mit Muskatnuss abschmecken. Mit zwei Teelöffeln kleine Klößchen abstechen und in etwa 5 Minuten auf der leicht siedenden Suppe gar ziehen lassen.

Feine Brotsuppe

In Schwaben ist (und isst) man solide und bescheiden; Großmutters Kochkunst wird überall in Ehren gehalten. Selbst moderne Großunternehmer machen da keine Ausnahme. So hat Rolf-Dieter Krauth von »Bizerba« in Balingen beispielsweise ein altes Brotsuppenrezept so verfeinert, dass er seine Brotsuppe mit Stolz in- und ausländischen Gästen vorsetzen konnte. Es muss halt nicht immer Filetsteak sein!

- 1 kg Rindfleisch zum Kochen
- 6 Stück Markknochen
- 2 Zehen Knoblauch
- 1 Lauchstange
- Einige Sellerieblätter
- ½ Sellerieknolle
- 2 kleine gelbe Rüben
- Salz, Pfefferkörner
- 4 Zwiebeln
- 3 Essl. Butter
- Einige Scheiben Bauernbrot
- 2 Essl. gehackte Petersilie
- 4 bis 6 Essl. saure Sahne

Fleisch mit Knochen, Suppengrün und Gewürzen in gut 1 ½ l Wasser zum Kochen bringen. Gut 1 Stunde schwach sieden lassen. Dabei am Anfang abschäumen.

Zwiebeln halbieren und in dünne Scheibchen schneiden, die in halbe Ringe zerfallen. Diese in der Butter dunkelbraun rösten; bei nicht zu großer Hitze dabei ständig rühren, damit sie nicht schwarz werden. Die Hälfte davon zur Suppe geben und mitkochen lassen. Den Rest auf Küchenpapier entfetten und aufheben.

Bauernbrot, das in möglichst dünne Scheiben geschnitten sein sollte, im Backofen goldbraun rösten. In knapp streichholzschachtelgroße Stücke brechen.

Fleischbrühe abgießen. Brotstücke und geröstete Zwiebeln auf die Suppenteller verteilen.

Burg Hohenzollern mit Hechingen

Brühe darüber gießen. Mit Petersilie bestreuen und jeweils einen kleinen Klecks Sahne in die Mitte setzen. Angegebene Mengen reichen zum Nachfüllen.

Schleswig-Holstein

Schnüsch

(Auch Schnusch oder Snusch)

Weil »Schnüsch« wahrscheinlich im Angelland entwickelt wurde, in dem es ausgezeichnetes Milchvieh gibt, ist es eine Gemüsesuppe mit Milch.

- 250 g Möhren
- 250 g Erbsen
- 250 g Brechbohnen
- 250 g Kartoffeln
- Salz, Zucker
- 1/2 l Milch
- 3 Essl. gehackte Petersilie
- 60 g Butter

Alle Gemüse putzen. Erbsen und Möhren zusammen in nicht zu viel Wasser mit etwas Salz und Zucker weich kochen. Sie sollen aber noch ein wenig Biss haben.

Brechbohnen gesondert und nur mit Salz in wenig Wasser garen. Pellkartoffeln kochen, schälen und in Scheiben schneiden. Milch zusammen mit der Petersilie und der Butter aufsetzen. Sobald sie kocht, Gemüse mit jeweils nur 1 bis 2 Essl. Kochbrühe hineinschütten. So lange erhitzen, bis alle Einlagen heiß sind. Abschmecken.

Als Beilagen sind möglich: roher Schinken, geräucherter Speck, Salzheringe, Matjesfilets oder Rollmops.

Hinweis: Wer »Schnüsch« richtig angelländisch machen will, der spare nicht am Zucker. (Süß-pikante oder süße Suppen sind eine Spezialität der Norddeutschen.)

Dies war ein Rezept für »dünnen Schnüsch«. Der »dicke Schnüsch« wird ebenso zubereitet, nur tritt an Stelle der Milch eine helle Milch-Mehl-Sauce auf der Basis von in Butter angeschwitztem Mehl.

Franzosesupp

Diese Gemüsesuppe kennt man in Hessen auch als »Französische Suppe«. Sie wurde während einer der zahlreichen französischen Besetzungen – von welcher ist nicht mehr genau nachzuweisen – von den fremden Soldaten übernommen und zur einheimischen Spezialität gemacht. Sehr oft erhöht man die Menge des Fleisches und isst es anschließend oder auch später zusammen mit »Süß-saurer Gurke« (siehe S. 657).

- 500 g Kochfleisch (Flach- oder Querrippe)
- Eine gehörige Portion Suppenknochen
- 2 Zwiebeln
- 2 Nelken
- 2 Lorbeerblätter
- 10 Pfefferkörner, Salz
- 1 bis 2 Lauchstengel
- 1 bis 2 Kohlrabi
- 2 Möhren (gelbe Rüben)
- ½ Sellerieknolle
- 4 Kartoffeln
- 1 Tasse grüne Bohnen, in Stücke gebrochen
- ½ Tasse Erbsen
- Einige Wirsingblätter
- 1 Tasse Blumenkohlröschen
- Petersilie oder Schnittlauch

Fleisch und Knochen gründlich waschen und in Wasser schnell zum Kochen bringen. In ein Sieb abgießen, kalt abspülen und in etwa 1¼ l Wasser erneut aufsetzen. (Durch das kurze Vorkochen bleibt die Suppe klar, ein Küchentrick, den altgediente deutsche Hausfrauen natürlich kennen – und Küchenchefs ebenso.)

Schwach perlend eine gute Stunde lang das Fleisch allein kochen (was noch zu dem eben genannten Trick gehört). Nach 20 Minuten die Zwiebeln, auf die jeweils mit 1 Nelke 1 Lorbeerblatt festgesteckt wurde, sowie Pfefferkörner und 1 Teel. Salz zugeben. Abschließend die Suppe durch ein Haarsieb seihen und etwa gut 1 l davon in einen anderen Topf gießen. Noch besser ist es, wenn man die Brühe nach dem Seihen auf die gewünschte Menge einkocht.

Die in Ringe geschnittenen weißen Teile der Lauchstangen, gestiftelte Kohlrabi, Möhren und Sellerieknolle sowie die in kleine Stückchen geschnittenen Kartoffeln zugeben und zum Kochen bringen. Nach 10 Minuten die Bohnen, Erbsen, den streifig geschnittenen Wirsing sowie die Blumenkohlröschen zugeben. Wenn alle Gemüse gerade gar, aber noch nicht zerkocht sind, ist die Suppe fertig; sie wird mit Petersilie oder

Schnittlauch bestreut, nachdem sie abgeschmeckt ist. Oft schneidet man auch das Fleisch in kleine Streifchen und erhitzt es nochmals in der Brühe, in der man es serviert.

Es müssen nicht alle angegebenen Gemüse verwendet werden. Immer schon nahm man das, was gerade frisch zur Hand war.

Apropos: Bei der Auswahl der frischen Gemüse und beim Kochen, wobei die Hausfrau schon immer darauf achtete, dass sie knackig blieben, wurden seit mindestens 150 Jahren die Grundsätze der »Nouvelle Cuisine« von den Hausfrauen praktiziert. Womit wieder mal bewiesen sein dürfte, dass die »Neue Küche« ein alter Hut ist.

Hansestädte

Hamburger Aalsuppe

In der Hansestadt ist diese Suppe heute fester Bestandteil
von Imponier-Essen. Sie wird überall in Schleswig-Holstein
und auf der Insel Fehmarn geschätzt.
Die Aalsuppe war ursprünglich keine Suppe, sondern ein Eintopf und
sie enthielt auch keinen Aal, sondern alles, was gerade so da war.
In Norddeutschland dehnt man das »a« gern;
anstatt »alles« sagt man »aahl« und so wurde aus
»Alles-Suppe« eben »Aalsuppe«.
Eine Suppe mit Aal ist nahe liegend,
da es in den holsteinischen Flüssen immer viele Aale gab.
Das älteste mir bekannte Rezept stammt aus dem Jahre 1854.
In allen alten Rezepten werden die Zutaten in großen Mengen
angegeben; bei der Aalsuppe sollte man auch heute noch
große Portionen kochen, sonst lohnt sich die viele Arbeit nicht.
Die folgenden für vier Personen berechneten Mengen
müssen dann entsprechend erhöht werden.

Alt-Hamburgische Aalsuppe

Für 8 Personen:
- 1 Schinkenknochen (oder Stück davon)
- 500 g Hühnerklein (Backs and Necks, tiefgefroren)
- 1 1/4 kg mageres Rindfleisch zum Kochen
- 1 Bündel Suppengrün (Sellerie, Petersilienwurzel, Lauch, Möhre)
- 10 Pfefferkörner
- 1 Lorbeerblatt
- 1 kg Gemüse der Saison (Erbsen, Möhren, Spargel – in kleineren Mengen auch Blumenkohl, Kohlrabi, grüne Bohnen)
- 250 g Dörrpflaumen ohne Stein
- 150 g getrocknete Äpfel (auch frische möglich)
- 150 g Birnenschnitze (getrocknete Birnen; auch frische möglich)
- Gut 1/4 l Weißwein
- 1 kg Aal (wenn weniger genommen wird, evtl. ein Stück Räucheraal-Haut im Sud aufkochen und dann entfernen)

Schinkenknochen (am besten zersägt) über Nacht in kaltem Wasser einweichen.

In frischem Wasser (gut 2 l) zusammen mit dem Hühnerklein und dem Rindfleisch zum Kochen bringen. Etwa 2 Stunden sacht köcheln lassen. Dabei sorgfältig abschäumen. Suppengrün zugeben, vorsichtig salzen und pfeffern.

Nach einer weiteren halben Stunde durch ein Sieb gießen, das man am besten noch mit einem ausgewaschenen Mulltuch ausgelegt hat. Brühe erkalten lassen, entfetten. Brühe erneut erhitzen und die geputzten und vorbereiteten (gestiftelt, geschnitten) Gemüse darin knapp gar kochen. Die einzelnen Sorten entsprechend ihrer Garzeit nacheinander zugeben. Inzwischen alles Obst in Wein kochen; es darf dabei keineswegs zerfallen.

Aal enthäuten, in Stücke schneiden und in Wasser, in dem man vorher die Sudzutaten aufgekocht hat, vorsichtig gar ziehen lassen. Auch die Aalstücke dürfen keineswegs zerfallen.

Für die Schwemmklößchen kocht man Wasser (oder Milch) mit Butter auf, schüttet das Mehl zu und rührt so lange kräftig, bis sich ein Klumpen gebildet hat und auf dem Boden des Topfes ein weißer Belag sichtbar wird. Vom Feuer nehmen, abkühlen lassen und nacheinander die Eier gut damit verrühren. Dabei abschmecken mit Salz und etwas geriebener Muskatnuss. Wasser zum Sieden bringen, ganz kleine Klößchen (am besten mit Mokkalöffeln) aus dem Teig abstechen und im schwach siedenden Wasser gar ziehen lassen. Herausnehmen und abtropfen lassen.

Jetzt kommt die Endmontage: Brühe zusammen mit den Aalkräutern, die alle fein gerebbelt sein müssen, wieder erhitzen. Rindfleisch, in fei-

Essig, 1 Zwiebel, 1 Lorbeerblatt, Salz, Pfeffer, 1 Prise Zucker
4 Pimentkörner zum Fischsud

Für Schwemmklöße:
1 Tasse Wasser oder Milch
1 Essl. Butter
1 Tasse Mehl
1 bis 2 Eier
Salz
Muskatnuss

Zum Abschmecken:
»Aal-Kräuter« bestehend aus Petersilie, Thymian, Majoran, Bohnenkraut, Salbei, Kerbel, Basilikum, Estragon, Selleriekraut, Zitronenmelisse – oder auch eine Auswahl daraus; nach alter Tradition sollen es sieben verschiedene, geschnittene Kräuter sein.
Salz, Pfeffer, Zucker, Weinessig

ne Streifen geschnitten, zufügen. Kochflüssigkeit des Obstes zugeben. Dann noch Obst, Aalstücke und Schwemmklößchen in der Brühe heiß werden lassen.

Abschmecken mit etwas Essig. Die Aalsuppe muss kräftig schmecken und dabei leicht süß-sauer sein.

Bitte beachten! Alle Zutaten der Aalsuppe müssen noch eine gute Konsistenz haben, sie dürfen nicht zerkocht werden. Hat man Gelegenheit, die einzelnen Zutaten getrennt voneinander warm zu halten, so legt man in die angewärmte Terrine zuunterst die Aalstücke, gibt dann die Obststücke darauf, füllt mit der Brühe auf, in der sich Gemüse, Kräuter und Fleisch befinden, schmeckt ab und gibt zuletzt die Schwemmklößchen darauf. Etwas gehackter Schnittlauch kann dann beim Servieren noch über die Suppe gestreut werden.

Rezeptvariationen: Als Ersatz für den Schinkenknochen kann man auch Pökelfleisch verwenden. Zugabe von anderen Fleischsorten ist ebenfalls möglich. Dörrpflaumen (Backpflaumen) müssen unbedingt in der Suppe sein, die anderen Obstsorten können auch fehlen.

Früher wurde die Suppe, um als Eintopf besser zu sättigen, mit einer hellen Mehlschwitze gebunden. In ländlichen Gebieten macht man das heute noch.

Hamburg – das Blockhaus

Sylter Austernsuppe

Jahrzehntelang hat dieses Rezept als regionale Spezialität in tiefem Schlummer gelegen, da es seit dem Ende des Ersten Weltkriegs keine einheimischen Austern mehr gab. Die importierten waren den Gourmetrestaurants vorbehalten. Erst Mitte der achtziger Jahre tauchten die Sylter Austern wieder auf. Als »Royal« oder Felsenaustern machten sie sich schnell einen Namen … und ließen auch eines der alten Austernsuppenrezepte wieder aufleben.

- 3/4 l kräftige und gut geklärte Fleischbrühe
- 12 Sylter Royal-Austern (Felsenaustern)
- 1 gehäufter Essl. Butter
- 1 gehäufter Essl. Mehl
- 2 Eigelb
- 1 kleines Glas (1/10 l) herber Weißwein
- Salz, weißer Pfeffer und geriebene Muskatnuss
- Evtl. noch kleine Klößchen aus Kalb- oder Rindfleisch als zusätzliche Einlage
- Etwas Fenchelgrün, wenn vorhanden, zum Aufstreuen als Garnitur

Die Brühe aufkochen.

Austern aufbrechen. Das Austernwasser aufheben. Die frischen Austern in die Brühe geben, nur ganz kurz darin belassen, bis sich die Ränder wellen. Sofort herausnehmen und auf einem vorgewärmten Teller warmhalten.

In einem zweiten Topf die Butter zergehen lassen und das Mehl darin sehr hellblond anschwitzen. Ablöschen mit der Brühe und etwa 5 Minuten durchkochen.

Die Eigelbe zusammen mit dem Weißwein und dem Austernwasser (durch ein ausgekochtes Mulltuch gießen!) verquirlen. Dabei vorsichtig mit Salz, Pfeffer und Muskatnuss würzen.

Die Austernsuppe mit der Eigelbmischung legieren. Nicht mehr kochen, nur heiß halten. Austern und alle Flüssigkeit, die sich eventuell gesammelt hat, zugeben. Würzung prüfen. Nachdem die Austern heiß geworden sind, verteilt man sie und die Suppe auf vier vorgewärmte Teller und bestreut mit wenig Fenchelgrün (so man hat).

Als Beilage nur Toastbrot oder Chester-Stangen.

Verlorene Aalsuppe

Specksuppe

Bei dieser Zubereitung geht der teure Aal »verloren«. Er wird oft durch einige Räucherspeckscheiben ersetzt. Die Zubereitung ist sonst wie beim Grundrezept, S. 121.

Diese Suppe wird zuweilen auch als »Specksuppe« bezeichnet. Dabei kann auch die knappe Hälfte der Flüssigkeit aus Buttermilch bestehen. Immer wird diese Buttermilch-Specksuppe mit Stärkemehl angedickt.

Ganz Deutschland

Sauerampfersuppe

- 500 g Sauerampfer
- Salz
- 1 großes Bündel Petersilie
- 1 Bündel gemischte Suppenkräuter
- 1 Essl. Butter
- 1 l klare Fleischbrühe
- Pfeffer aus der Mühle
- 1 Essl. Zitronensaft
- 1 Prise Zucker
- 1 gehäufter Teel. Stärkemehl
- 1/4 l Schmant (saure Sahne)
- 4 verlorene oder hartgekochte Eier

Sauerampfer verlesen, entstielen, waschen und in reichlich Salzwasser 1 bis 2 Minuten kochen. Einige Minuten ziehen lassen, dann abgießen und ausdrücken. Zusammen mit den Kräutern durch den Fleischwolf drehen.

Butter in einem großen Topf zerlassen. Durchgedrehten Sauerampfer unter Rühren darin einige Minuten angehen lassen.

Fleischbrühe zugießen. Abschmecken mit Pfeffer, Salz, Zitronensaft und ganz wenig Zucker. Gut 10 Minuten alles zusammen kochen. Stärkemehl in der sauren Sahne verrühren und mit einem Schneebesen in die Suppe rühren. Noch einmal aufkochen lassen und mit je einem Ei (verlorenes oder hartgekochtes) servieren.

Rezeptvariation: In Ostpreußen hat man zuweilen das Rindfleisch, aus dem die Brühe gekocht worden war, in Streifen geschnitten und ebenfalls in der Suppe serviert.

Zusammen mit Salz- oder Pellkartoffeln wird so die Suppe zu einer vollwertigen Mahlzeit. Wer die Suppe noch verfeinern will, der kann sie zusätzlich mit 1 bis 2 Eigelb legieren und vor dem Servieren auch noch einen Stich Butter einrühren.

Wer die saure Sahne durch eine Crème fraîche ersetzt, der erzielt ebenfalls eine Geschmacksverfeinerung, muss dabei allerdings auch eine Kalorienanreicherung in Kauf nehmen. Und echt ostpreußisch ist es natürlich auch nicht.

Baden

Gekühlte Sauerampfersuppe

- 500 g Sauerampfer
- 1 Bund Petersilie
- 25 cm entkernte Gurke
- 1/4 l saure Sahne
- 3 hartgekochte Eier
- Salz, weißer Pfeffer
- 1 Prise Zucker

Die Kräuter werden natürlich vor dem Hacken gründlich gewaschen. Dann kocht man sie in gut 1 l Wasser etwa 15 Minuten lang. Zum Schluss die Sahne einrühren und vom Feuer nehmen. Mit den Eigelben legieren. Auf Eis stellen und immer wieder mit dem Schneebesen durchschlagen. Salzen.

Hartgekochte Eier grob hacken. Gurke entkernen und in Streifchen schneiden. Die Gurke in die kalte Suppe rühren, die gehackten Eier leicht unterheben. Abschmecken und mit Eiswürfeln servieren.

Es wird empfohlen, in diese Suppe noch Reste von Braten oder gekochtem Fleisch oder gekochtem, filetiertem Fisch in Streifen einzulegen.

Karpfensuppe

Oft firmiert diese feine Fischsuppe als »Moritzburger Karpfensuppe« und weist damit auf höfischen Ursprung (Jagdschloss bei Dresden) hin. Heute liegt ein Schwerpunkt der Karpfenzucht bei Cottbus. Die Anlage bei Peitz dürfte inzwischen einer der größten Teichwirtschaftsbetriebe in Deutschland sein.

- 1 Karpfen (etwa 800 g)
- 1 Bund Suppengrün und noch 1 Zwiebel
- 2 Lorbeerblätter
- 8 Pimentkörner
- 4 Pfefferkörner
- Salz
- 2 mittelgroße Zwiebeln
- 2 mittelgroße Karotten, geschrappt
- 150 g geschälte Sellerieknolle
- 2 Essl. Butterfett
- 1 ganz kleine Prise Zucker
- 1 Tasse kleine, enthäutete Tomatenwürfel
- 1 Zitrone, Saft und Abrieb

Karpfen enthäuten und filetieren. Kiemen entfernen.

Kopf und Flossen sowie die Gräten mit den Gewürzen in gut $^1/_2$ l Wasser ansetzen und leise köchelnd einen Fischsud ziehen.

Zwiebeln, Karotten und Sellerie in feine Streifen schneiden und im Butterfett auf nicht zu großer Hitze angehen lassen. Dabei salzen und die kleine Prise Zucker zufügen. Durch ein feines Sieb die Fischbrühe zugießen. Tomaten zufügen, mit Zitrone (Saft und Abrieb) sowie eventuell Salz und Pfeffer abschmecken. Kurz aufkochen. Karpfenfilets einlegen und auf kleiner Hitze in wenigen Minuten gar ziehen lassen.

Beim Anrichten – möglichst in Tellern – mit Zitronenscheibe und glatter Petersilie garnieren.

Kartoffelsuppe

Diese urdeutsche Suppe ist nicht sehr alt.
In einem mitteldeutschen Kochbuch aus dem Jahre 1792
gibt es unter 121 Rezepten für Suppen und Potagen zwar solche
aus Artischocken oder Austern, jedoch keine Kartoffelsuppe.
Erst wenige Jahre vorher tauchte das Wort
»Erdäpfel« in einem Lexikon auf,
in dem das Stichwort Kartoffel allerdings noch fehlte.
Das wahrscheinlich älteste Rezept für Kartoffelsuppe
steht unter dem Namen »Erdbirensuppe«
in einem Göppinger Kochbuch aus dem Jahre 1787.

GANZ DEUTSCHLAND

Kartoffelsuppe

Nach der Art, wie sie in der Familie meiner Großmutter gekocht wurde.

1 kg Kartoffeln
1 Bund Suppengrün
1 große Zwiebel
2 Essl. Schmalz
Fleischbrühe
Salz
Weißer Pfeffer aus der Mühle
1 Spritzer Essig
2 Essl. gehackte Petersilie

Kartoffeln schälen, nochmals waschen und in nicht zu dünne Scheiben schneiden.

Suppengrün putzen und ebenso wie die Zwiebel in kleine Würfelchen schneiden. Alles zusammen im Suppentopf in heißem Schmalz anrösten, bis die Zwiebelwürfelchen hellgelb sind. Kartoffeln dazuschütten und so viel Fleischbrühe zugießen, dass alles gut bedeckt ist. Etwas Salz und Pfeffer dazu, umrühren und so lange zugedeckt kochen, bis die Kartoffeln ganz weich und schon etwas abgekocht sind. Etwa 1/3 der Kartoffeln herausnehmen, zerstampfen und zur Bindung der Suppe wieder einrühren.

Würzung prüfen, mit ganz wenig Essig abrunden, mit Petersilie bestreut anrichten.

Kartoffelsuppe mit heißer Wurst

Zutaten und Zubereitung wie Grundrezept (voriges Rezept). Zusätzlich noch beliebige Siedwürstchen oder 300 g Fleischwurst, die in Scheiben geschnitten mit der Suppe serviert wird.

Baden

Kartoffelsuppe badische Art

Dies ist eine besonders feine Kartoffelsuppe, die heute sehr viel auch in anderen Landesteilen zubereitet wird.

- 1 kg Kartoffeln
- 1 Möhre
- 1 Stück Sellerieknolle
- 1 Lauchstange (nur das Weiße)
- 1 Zwiebel
- Salz
- Weißer Pfeffer aus der Mühle
- Geriebene Muskatnuss
- 1/2 Tasse kleingewürfelte Zwiebel
- 1 Essl. Butter
- 1 bis 2 Tassen süßer Rahm
- 1 Tasse kross in Butter gebratene Weißbrotwürfel
- 1 bis 2 Essl. gehackter Schnittlauch

Kartoffeln schälen, nochmals waschen und in Scheiben oder Würfel schneiden. Suppengemüse putzen, waschen und in dünne Scheiben schneiden. Zusammen mit den Kartoffeln in den Suppentopf geben und mit kaltem Wasser bedecken. Salz, Pfeffer und Muskatnuss zufügen. Auf schwacher Hitze so lange kochen, bis die Kartoffeln weich sind.

2 Tassen voll Kartoffelwürfel aus der Suppe herausfischen und beiseite stellen. Die Suppe durch ein Haarsieb treiben. Zwiebelwürfel in einer Pfanne in der Butter hellgelb werden lassen und dann den gesamten Pfanneninhalt in die passierte Suppe gießen. Rahm einrühren, Kartoffelwürfel zufügen. Würzung prüfen und alles zusammen wieder erhitzen.

Mit Brotwürfelchen und Schnittlauch bestreut anrichten.

Kartoffelsuppe mit Fisch

Zutaten und Zubereitung wie im Rezept »Kartoffelsuppe« (S. 127), allerdings ohne Essig. Dafür werden noch 250 g Fischreste (von Kochfisch) oder gewässerter und entgräteter Stockfisch in der Suppe gegart.

Stadt Blankenburg und Ruine des Schlosses Greifenstein

Erbsensuppe

Auch die Erbsensuppe gehört zu den deutschen Heimweh-Essen. Wer sie lange nicht gegessen hat, träumt von ihr. Dabei geschieht etwas sehr Ungewöhnliches: Erbsensuppe ist stets eine – und oft die einzige – angenehme Erinnerung des deutschen Mannes älterer Jahrgänge an seine Soldatenzeit.

Die beste Erbsensuppe wird in der Gulaschkanone gekocht. Vereine und Verbände machen sich diese allgemeine Überzeugung zunutze, mieten für ihre Feste eine Gulaschkanone (z. B. vom Roten Kreuz oder Technischen Hilfswerk) und lösen so das Bewirtungsproblem auf einfache und zugleich köstliche Art und Weise.

Auch daheim kann man sich Erbsensuppe von Gulaschkanonen-Qualität kochen – im Dampfdrucktopf. Allerdings sollte man nicht mit kleinen Mengen anfangen; deshalb gebe ich das Rezept für 8 Portionen.

- 400 g grüne Trockenerbsen (noch besser: 200 g halbe und 200 g ganze Trockenerbsen)
- 200 g durchwachsener Speck
- 1 klein geschnittene Zwiebel
- 1 Stück Speckschwarte
- 1 Schinkenknochen (mit noch was dran)
- 3 Kartoffeln
- 1 Prise gerebbelter Majoran

Erbsen über Nacht in 2 l Wasser einweichen. Am nächsten Tag in einem großen Dampfkochtopf den in kleine Streifchen geschnittenen Speck kurz auslassen und dann die klein geschnittene Zwiebel zugeben und gut glasig werden lassen. Die Erbsen mitsamt dem Einweichwasser zugeben. Speckschwarte und Schinkenknochen einlegen.

Die Kartoffeln schälen, nochmals waschen und in kleine Würfelchen schneiden. Wenig Majoran und Basilikum zufügen, Deckel verriegeln, abdampfen und auf mittlerer Garstufe gut 15 Minuten kochen. Warten, bis der Topf drucklos ist, und den Deckel öffnen.

Speckschwarte und Schinkenknochen aus der Suppe nehmen; alle Fleischreste vom Knochen lösen und klein schneiden. Die Hälfte der Erbsensuppe herausschöpfen und durch ein feines Sieb wieder in die Suppe pressen.

Fleischteile des Schinkenknochens zufügen. Abschmecken und mit Brotwürfelchen bestreut anrichten.

Hinweis: In vielen Rezepten wird empfohlen, die ganze Suppe zu passieren. Dadurch verliert sie meiner Ansicht nach viel von ihrem Wohlgeschmack, zu dem es auch gehört, dass man noch Erbsen auf der Zunge spüren muss. Außerdem habe ich nie einen »Küchenbullen« getroffen, der seine Erbsensuppe passierte.

Schinkenknochen ist die beste Erbsensuppeneinlage. Man muss sich allerdings rechtzeitig einen beim Metzger bestellen. Als Ersatz muss notfalls Speckschwarte allein dienen. In diesem Fall sollte man dann jedoch Siedwürste in der Suppe erhitzen und in Scheiben geschnitten darin servieren.

Sollte die Suppe einmal zu dünn geraten sein, so dicke man sie nicht mit Mehlschwitze an, sondern mit einem Stück »Erbswurst«. Diese Erbswurst ist ihrerseits ein Stück deutscher Küchentradition. Schon 1870 bekam ein Berliner Metzger das Patent auf getrocknete Erbsmischung; die Fa. Knorr kaufte es, irgend jemand hatte die geniale Idee mit der Wurstform, und so entstand eine der erfolgreichsten Spezialitäten der deutschen Nahrungsmittelindustrie. Wahrscheinlich ist es auch die älteste. Ganze Generationen deutscher Buben konnten durch die Erbswurst ihre Kochprobleme lösen, wenn sie kreuz und quer durch ihre Heimat wanderten oder radelten. Ein dreifach Hoch der guten alten Erbswurst!

1 Prise gerebbeltes Basilikum
Salz
Pfeffer aus der Mühle
4 Essl. geröstete Weißbrotwürfel

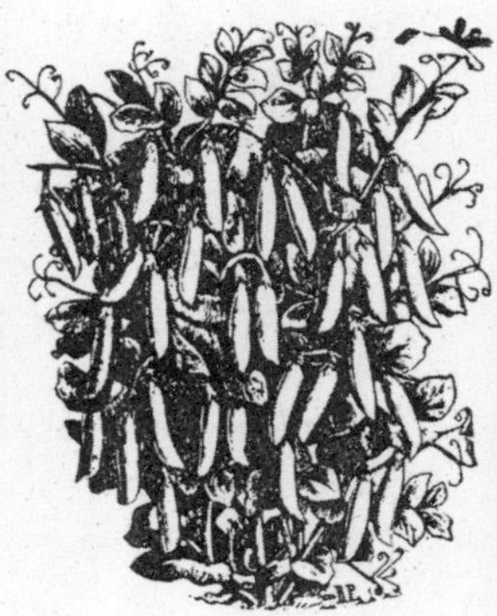

Linsensuppe

250 g Linsen
1 große Zwiebel
1 Essl. Schmalz
1 Bund Suppengrün (Lauch, Sellerie, Möhre, Petersilie)
1 Möhre
1 Kartoffel
200 g geräucherter, durchwachsener Speck
Salz
Pfeffer aus der Mühle
Einige Essl. Essig

Linsen verlesen, waschen und über Nacht in reichlich Wasser weichen lassen.

In einem großen Topf die klein geschnittene Zwiebel im Schmalz gelb werden lassen. Linsen mitsamt ihrem Einweichwasser dazuschütten. Geputztes Suppengrün beigeben. Möhre schrappen, Kartoffel schälen, beide in Würfelchen oder Blättchen schneiden und in die Suppe geben. Ebenso den Speck, der am Stück bleibt. Alles zusammen eine gute Stunde kochen, bis die Linsen weich sind. Nach der Hälfte der Garzeit mit Salz und Pfeffer würzen. Vor dem Anrichten den Speck herausnehmen und entweder in vier Portionsstücke oder in kleine Streifchen schneiden. Sollte die Suppe zu dünn sein, so passiert man einige Essl. Linsen durch ein Haarsieb und kocht damit noch einmal durch. Die gesamte Suppe wird mit wenig Essig abgeschmeckt.

Ein kleines Kännchen mit Essig kommt zusätzlich auf den Tisch, damit sich jeder seine Suppe selbst nochmals abschmecken kann. Essig wirkt Blähungen entgegen.

Man kann zusätzlich noch Würstchen in der Suppe heiß machen und damit servieren. Dann wird der Speck auf jeden Fall in kleine Streifchen geschnitten.

In Norddeutschland schmeckt man die Linsensuppe gern mit ein bisschen Zucker ab.

Rumford-Suppe

Zwei Amerikaner haben erfolgreich die Not in unserem Lande besiegt. Der eine, George C. Marshall, 1947 als US-Außenminister durch den Marshall-Plan; obwohl er mit Milliarden von Dollars unsere Wirtschaft wieder in Gang brachte, ist heute sein Name schon fast vergessen. Er hätte lieber eine Suppe erfinden sollen. Das tat ein Landsmann von ihm vor über 200 Jahren – und wurde dadurch unsterblich. Wenigstens für gut 150 Jahre. Zu Lebzeiten wurde er vom bayerischen Landesherren in den Grafenstand erhoben. Er konstruierte auch Küchengeräte, verfasste wissenschaftliche Arbeiten über Kanonen und schuf eine der schönsten Parkanlagen Münchens. Benjamin Graf Rumford war Physiker. Seine größte Tat war eine Suppe, mit der die hungernden Massen gesättigt werden konnten; 1797 in Bayern, 1800 auch in Berlin. Damals wurde anstelle von Speck nur Speckschwarte verwendet. Erst bei ihrem späteren Einzug in alle Kochbücher wurde die »Rumford-Suppe« mit Speck veredelt.

- 200 g gelbe Erbsen
- Gut 1 l Wasser oder Brühe
- 1 Bund Suppengrün (Möhre, Sellerie, Lauch)
- 50 g fetter Speck
- 1 Zwiebel
- 30 g Graupen
- 2 Kartoffeln
- Salz

Erbsen über Nacht einweichen, dann mit der Einweichflüssigkeit kochen. Dabei gewaschenes Suppengrün zugeben.

Speck in Würfelchen schneiden, auslassen und in seinem Fett die klein gewürfelte Zwiebel glasig werden lassen. Bratfett zur Suppe gießen. Wenn die Erbsen nach etwa $1^1/_2$ Stunden gar sind, streicht man sie mitsamt Brühe und Einlagen durch ein feines Sieb. – Wieder aufsetzen, Speckwürfelchen dazu, ebenso Graupen und die geschälten, gewürfelten Kartoffeln. Mit Salz abschmecken und bei schwacher Hitze kochen, bis die Einlagen gar sind.

In den späteren Rezepten wurde die Suppe verfeinert: – mehr Speck – legieren mit Eidottern – bestreuen mit in Butter gerösteten Brotwürfelchen.

Geröstete Grieß-Suppe

Dies war einmal eine in allen deutschen Landschaften beliebte Suppe, die millionenfach aufgetischt wurde. Heute ist sie fast vergessen.

- 70 g Schmalz oder Butter
- 1 Tasse Grieß
- Salz
- 3 Eigelb
- 4 Scheiben weißes, in wenig Butter beidseitig geröstetes Brot

Schmalz in einem großen Topf erhitzen und den Grieß darin unter ständigem Rühren hellgelb rösten. Etwa 1 l kochendes Wasser zugießen, salzen und so lange kochen, bis der Grieß gequollen ist.

Vom Feuer nehmen und mit den verklepperten Eidottern legieren.

Über die Brotscheiben, von denen eine in jeden Teller gelegt wird, anrichten.

Rathaus zu Breslau

Schlesien

Wassersuppe

Diese Armeleutesuppe war eine Feiertagssuppe. In einem handgeschriebenen Familienrezept aus dem vorigen Jahrhundert steht darüber folgendes:

„Schneide von einem Laib Brotschnitten ab,
reibe sie kräftig mit Knoblauchzehen, lege sie in eine
Suppenschüssel und streue Salz darüber.
Setze dann noch kleine Butterstückchen darauf
und gieße kochendes Wasser darüber."

Grünkernsuppe

Diese Suppe war früher in vielen Teilen Deutschlands sehr beliebt, trotzdem kann man sie Baden zuordnen, weil das einzige große Anbaugebiet des Dinkels und die letzten Röstereien im badischen Frankenland liegen. Diese Suppe erlebt seit einigen Jahren – wenigstens in Südwestdeutschland – eine erstaunliche Wiedergeburt als wohlschmeckende deutsche Spezialität. Ich habe ihren Erfolg bei mehreren internationalen Festessen miterlebt.

- 125 g Grünkerngrütze (im Reformhaus zu haben; aber kein Grünkernmehl kaufen)
- 1 Essl. ganz fein gewürfelte Karotte
- 1 Essl. ganz fein gewürfelte Schalotte
- 1 Essl. ganz fein gewürfelte Sellerieknolle
- 2 bis 3 Essl. Butter
- 1 1/2 l kräftige Fleischbrühe
- 1/2 altbackenes, abgeriebenes Brötchen
- Salz
- 1 bis 2 Eigelb
- 6 Essl. süße Sahne
- Einige Markklößchen
- Evtl. 2 bis 4 Essl. Grünkernmehl

Grünkerngrütze zusammen mit den Gemüsen, deren Würfelchen nicht größer als 4 mm sein sollen, in der Butter auf dem Boden eines Suppentopfes anrösten, bis die Schalotten – die man auch einen Augenblick später zugeben kann – goldgelb sind. Mit der Fleischbrühe ablöschen. Brötchen in dünne Blättchen schneiden und in die Brühe geben. Noch etwas nachsalzen. Alles zusammen unter öfterem Umrühren etwa 1 1/2 Stunden kochen. Wird etwas Grünkernmehl mitgekocht, entsteht eine samtige Bindung.

Eigelbe mit der Sahne verrühren, Brühe vom Feuer nehmen und damit legieren. Markklößchen einlegen und heiß werden lassen. Sind die Markklößchen größer oder noch nicht gegart, so kann man sie vor dem Legieren einlegen.

Apropos: In früheren Jahrhunderten hat man in der feinen Küche diese Grünkernsuppe stets passiert, sie sollte möglichst glatt und samtig werden. Es gibt sogar eine Reihe von alten Rezepten, in denen man allen Grünkern abseihte und nur den Grünkernschleim aß. In der Küche vornehmer Leute, wohlgemerkt. Die Bauern haben ihn immer so gegessen, wie ihn moderne Genießer, die nicht von der Püree-Unsitte verdorben sind, heute genießen.

*Historisches Menü:
Das Menü des Prunkmahls
am 23. Januar 1893 zur
Feier der Vermählung der
Prinzessin Margarethe von
Preußen mit dem Prinzen
Friedrich Karl von Hessen*

Hochzeitssuppe

Derartige Namen tauchen in zahlreichen deutschen Landschaften auf. Ein Spezialrezept aber gibt es nicht. Hochzeitssuppen sind bäuerliche Festsuppen. Und da Hochzeiten früher auf dem Lande sehr viel größere Feiern waren, als das heute der Fall ist, kam in die Hochzeitssuppe alles, was in der betreffenden Gegend gut und teuer war. Grundlage bildete fast immer eine kräftige Fleischbrühe. In Bayern mussten natürlich Weißwürste in der Hochzeitssuppe sein. Grieß- und Leberknödel gehörten unbedingt zur Hochzeitssuppe der Schwaben, während die Friesen es nicht an saftigem Fleisch fehlen ließen.

So wie es dereinst dörflicher Brauch war, ist die Hochzeitssuppe heute noch eine besonders reichhaltige Suppe, die man aber längst nicht mehr auf Anlässe beschränkt, bei denen ein Brautpaar der Mittelpunkt ist. Unter dem Namen Hochzeitssuppe kann mancherlei in den Topf mit Fleischbrühe wandern, nur reichlich und vielfältig muss es sein.

Hanfsuppe

Keine Angst, die braven Oberschlesier waren nicht dem Rauschgift verfallen! Aus dem bei ihnen angebauten Hanf kann man nämlich kein Haschisch gewinnen; das geht nur mit den asiatischen Arten.
Europäischer Hanf ist eine Faserpflanze, mit der Heimwerker heute noch zu tun haben, wenn sie Werg verwenden. In Oberschlesien wurden die ovalen, aschfarbenen Körnchen mit dem süßen Mark zu einer Suppe verwendet, von der alte Leute noch immer schwärmen. Sie wurde nur am Heiligabend gekocht.

- 1 große Tasse Hanfkörner
- 1 bis 2 Essl. Hirsemehl
- Salz
- 1 kleine Prise Zucker

Körner waschen und mit frischem Wasser gut bedecken. Etwa zwei Stunden kochen. Kochbrühe in einen Suppentopf abgießen. Körner zerstampfen, wieder frisches Wasser darüber gießen und etwa eine Viertelstunde kochen. Brühe zu der ersten abseihen. Neues Wasser auffüllen und die Kerne damit kochen, abseihen. Dies insgesamt vier- bis fünfmal wiederholen. Körner anschließend wegwerfen. Die Kochbrühe erhitzen und mit Salz und einer kleinen Prise Zucker abschmecken. Binden mit kalt angerührtem Hirsemehl.

Apropos: Hanfkörner dienten auch zur Bereitung von vielgepriesenen Hausmitteln. In einem alten Gesundheitsbuch steht: »Eine Milch von Hanf-Samen wird mit Rosenwasser oder Hollundersaft vermischet; mit Tüchlein über die Stirn gebunden stillet sie in hitzigen Fiebern das Hauptweh und befördert den Schlaf, eingenommen lindert sie den Husten.«

Bitte keine Fleischbrühe verwenden, denn sie verfälscht den Hanfgeschmack.

Königinsuppe

Während der ersten drei Jahrzehnte unseres Jahrhunderts hat man sie noch auf den Speisekarten aller Restaurants gefunden, die auf das Renommee ihrer Küche Wert legten. Wenn sie jetzt verschwunden ist, dann ist dafür einzig und allein der Personalmangel (verbunden mit hohen Löhnen) verantwortlich. Diese Suppe ist sehr aufwendig. Trotzdem sollte sie nicht vergessen werden. Ich gebe ein Originalrezept aus dem Jahre 1773, veröffentlicht in der Gleditschen Handlung zu Leipzig.

„Man nehme weiß Brod, schneide die braune Kruste oder Rinde ganz dünn ab, zertheile das Brod in 4 bis 6 Stücken, thue es in einen Kessel, werfe einige kreuzweise geschnittene gelbe und weiße Rüben wie auch Petersilienwurzeln dazu, schütte recht gute kräftige Fleischbrühe daran, und lasse es damit sieden, bis das Brod ganz verkocht und die Brühe etwas sämig ist; alsdann hacke und stoße man ein halb Pfund Mandeln, ein wenig gebratenes Kalb- ober Hühnerfleisch, nebst zween hart gesottenen Eyerdotteren, zu einem Teige, thue dieses alles zu der Brühe, und rühre es darinnen recht unter einander; jedoch darf es mit den Mandeln nicht kochen, sondern nur ein wenig gegen dem Feuer stehen. Hierauf kann alles, was man durchbringen kann, durch ein feines Sieb gestrichen werden, damit es eine weiße sämige Brühe wird, ferner mit Salz und Muscatenblüthen recht gewürzt, und bis zum Anrichten ans Feuer gestellt werden, daß es siedend heiß bleibt; aber kochen darf es nicht, indem es sonst etwas käsig und unansehnlich werden möchte. Wenn man nun die Suppe anrichten will, wird das Brod mitonnieret (= die Terrine mit gerösteten Brotstücken auslegen); alsdann kann man in dieselbe legen, was man will, Hühner, Markknochen, farcierten oder ordinairen Kalbsknochen, oder auch nur ein wenig Farce, und solches um einen Kalbsknochen schlagen, oder es sonst in beliebige Form bringen, ferner fein glatt machen, mit einem Messer zierlich einkerben, in einer Tortenpfanne backen lassen, und so in eine Schüssel anrichten, so giebt es eine herrliche Suppe."

Schneckensüpple

In Baden sind Schnecken eine Bauernmahlzeit. Man findet sie auf der Karte der Dorfgasthäuser. Kein Wunder, dass es eine Fülle von Zubereitungsarten gibt. Diese Schneckensuppe ist in den letzten Jahrzehnten erfolgreich in die Edel-Gastronomie vorgedrungen.

- 1/4 l Kalbsbrühe (oder Fleischbrühe)
- 1/4 l herber Weißwein
- 1 Karotte
- 1 Zwiebel
- 300 g Sellerieknolle
- 1 Lorbeerblatt
- 1 Dose Schnecken (24 Stück Inhalt)
- 1/2 Teel. Basilikum
- 1/2 Teel. Stärkemehl
- 1 bis 2 Tassen saure Sahne
- Knoblauchsalz
- Weißer Pfeffer aus der Mühle
- Geriebene Muskatnuss
- 2 Essl. gehackte Petersilie

Brühe, Weißwein, Gemüse und Lorbeerblatt 15 Minuten lang zusammen kochen. Schnecken mitsamt dem Konservierungssaft zufügen und nochmals 15 Minuten kochen. Abseihen. Die Hälfte der herausgeklaubten Schnecken klein hacken, Rest halbieren. Die Hälfte von Karotte und Sellerie sehr fein stifteln. Alles wieder in die abgeseihte Brühe schütten. Basilikum zufügen. Wieder erhitzen. Stärkemehl in der Sahne verrühren, zur Schneckensuppe gießen, darin verquirlen und aufkochen.

Abschmecken mit Knoblauchsalz, Pfeffer und Muskatnuss. Petersilie zur Hälfte unterrühren, Rest auf die Tassen oder Teller beim Servieren streuen.

Hinweis: Wer sich vor einem intensiveren Knoblaucharoma nicht scheut, nimmt frisch gepresste Knoblauchzehen und Salz.

Zur Verfeinerung verzichte man auf das Stärkemehl und legiere nach dem Aufkochen mit zwei Eigelben.

Käsesuppe

Käsesuppen oder Suppen mit Käse spielen in der deutschen Küchentradition nur eine kleine Nebenrolle (ganz im Gegensatz zu Frankreich und Italien). Nur im Allgäu findet sich eine volkstümliche Suppe dieser Art, aber auch sie ist wahrscheinlich erst kurz vor der Jahrhundertwende entstanden. Schon 1581 erwähnt Marxen Rumpolt in seinem »New Kochbuch« »Käß Suppen mit verlorenen Eyern« und »Ein Käßsuppen von einem Parmesankäß gemacht« oder »Kapaunen in einer Suppen und mit Parmesan Käß uberstrewt«. Aber das waren alles Speisen aus der Fürstenküche.

50 g Mehl
50 g Butter
1 l kräftige Fleischbrühe
200 g geriebener Emmentaler
1 Eigelb
2 Essl. süße Sahne
Weißer Pfeffer aus der Mühle
4 Essl. Weißbrotwürfel, die in Butter geröstet wurden
2 Essl. angeröstete Zwiebelringe

Mehl und Butter in einem Suppentopf mit dickem Boden erhitzen und verrühren. Bevor das Mehl Farbe annimmt, wird mit der Brühe aufgegossen. Alles zusammen verrühren und 15 Minuten schwach kochen. Käse nach und nach einrühren. Nochmals aufkochen, vom Feuer nehmen. Eigelb mit Sahne verquirlen und die Suppe damit legieren. Mit etwas weißem Pfeffer abschmecken.

Beim Anrichten mit gerösteten Brotwürfeln und Zwiebelringen belegen.

Benediktbeuren

Milzschnittensuppe oder Milzschöberlsuppe

Dies ist eine der Köstlichkeiten, die es in deutschen Suppentöpfen zu entdecken gibt. Ich halte beide Daumen, dass sie bald von möglichst vielen Landsleuten auch für die westlichen und nördlichen Regionen unserer Heimat entdeckt wird. Das Rezept habe ich aus verschiedenen Milzschnittengenüssen, die mir in bayerischen Familien und Gasthäusern zuteil wurden, zusammengetragen.

- 250 g Milz vom Kalb oder Rind
- 2 Schalotten
- 1 Essl. gehackte Petersilie
- 1 Essl. frisch geriebene Weißbrotbrösel
- 4 Essl. süßer Rahm
- 2 Messerspitzen abgeriebene Zitronenschale
- Salz
- Weißer Pfeffer aus der Mühle
- 1 Prise gerebbelter Majoran
- 1 Ei
- 8 dünne Weißbrotscheiben ohne Rinde
- 2 bis 3 Essl. Butter
- 1 l kräftige, klare Fleischbrühe
- 2 Essl. gehackter Schnittlauch

Die Milz ausschaben, was besser geht, wenn man sie vorher geklopft hat.

Schalotten schälen und klein schneiden. Zusammen mit der Petersilie in Butter glasig werden lassen. Brösel, Rahm und geschabte Milz vermischen sowie Schalottenmischung zugeben. Abschmecken mit Zitronenschale, Salz, Pfeffer und Majoran. Schließlich noch das Ei zufügen und alles zu einer streichfähigen Paste verarbeiten.

Vier Brotscheiben dick bestreichen und die restlichen Brotschnitten darauf festdrücken. In Butter beidseitig goldbraun backen. Nach dem Abkühlen in Vierecke oder Rauten schneiden, auf vier Teller verteilen und mit heißer Brühe übergießen.

Schnittlauch darüber streuen und anrichten.

Königin-Luise-Suppe

Zum Namen dieser Suppe muss angemerkt werden, dass die Preußenkönigin Luise sich wahrscheinlich sehr an dieser Suppe delektiert hätte, dies jedoch nicht tun konnte, weil sie »ihre« Suppe garantiert nicht kannte.
Es handelt sich dabei um ein ganz junges Traditionsgericht mit dem seltenen Vorteil, dass wir sein Entstehungsjahr genau kennen: 1962. Mein Marmitenbruder* Reinhard Hauschild stellte die Suppe im Jagdhaus unseres gemeinsamen Freundes Walter Tauffenbach aus den Resten der Vorratskammer zusammen. Ich habe wenige Monate später das Rezept im Fernsehen gezeigt, später wurde es noch vielfach veröffentlicht und noch viel mehr nachgekocht. Die »Königin-Luise-Suppe« ist zu einem echten Mitternachtssuppen-Schlager geworden. Ihren aristokratischen Namen hat sie bekommen, weil ihr Schöpfer damals gerade an einem Artikel über die Preußenkönigin arbeitete.
Inzwischen hat die »Königin-Luise-Suppe« viele Abwandlungen erfahren. Ich kann Ihnen jedoch die Urfassung des Rezeptes aus der Koch-Club-Fernsehsendung vom 5. Mai 1962 geben.

2 große Zwiebeln
2 Essl. Butter
1 gehäufter Teel. Currypulver
1 Essl. flüssiger Honig
1 Dose gebundene Ochsenschwanzsuppe (850 ml)
1 kleine Dose Brechbohnen (450 ml)
Salz, Pfeffer
1 Hauch Cayennepfeffer
1 kleine Prise Bohnenkraut
1/8 l eiskalte süße oder saure Sahne

Zwiebeln klein schneiden und in einem Topf mit dickem Boden in der Butter hellgelb werden lassen. Erst Currypulver damit verrühren und dann den flüssigen Honig. Ablöschen mit der Ochsenschwanzsuppe. Bohnen dazu sowie alle Gewürze. Kurz durchkochen lassen. Beim Servieren auf jeden Teller einen Klecks Sahne setzen.

* Marmiten nennen sich die Mitglieder der Vereinigung europäischer Hobby-Köche.

Krebssuppe

Wasser gab es in Ostpreußen sehr reichlich; und da gleichzeitig Industrie sehr, sehr spärlich vertreten war, blieb das Wasser auch sauber und lieferte Krebse in Hülle und Fülle. Da diese wohlschmeckenden Krustentiere heute von »weit hinten in der Türkei« für teures Geld eingeführt werden müssen, sollte man sich der »Krebssuppe« erinnern, da kommt man nämlich mit wenigen Krebsen recht weit. Eine Überlegung, die seinerzeit in Ostpreußen keine Rolle gespielt hat. Bestimmt nicht für Herrn von Hindenburg, dessen Leibgericht diese Suppe in »Kühls-Hotel« bei Tannenberg war.

- 8 Krebse (sind sie sehr klein, sollten es 10 bis 12 sein)
- 2 Bund Dill
- Einige Stängel Petersilie
- 1 bis 2 Sellerieblätter
- Salz
- 2 Essl. Butter
- 1 Essl. Mehl
- 1 bis 2 Eigelb
- 2 bis 3 Essl. gehackter Dill
- Eventuell: Spargelköpfe und Blumenkohlröschen
- Zur Verfeinerung: evtl. Krebs- oder Hummerbutter

Krebse gut bürsten. Unzerteilte Dill- und Petersilienstengel mit Sellerieblättern und 1 Essl. Salz in ca. 2 l Wasser aufkochen. Krebse einzeln hineindrücken und etwa 10 Minuten kochen. Herausnehmen, aufbrechen, Fleisch auslösen und zusammen mit den Krebsnasen beiseite legen.

Schalen klein hacken und in knapp 1 Essl. Butter gut 5 Minuten anschwitzen. Mit 1 Liter Krebssud aufgießen, 15 Minuten durchkochen und durch ein Haarsieb passieren.

Restliche Butter mit Mehl zu einer hellen Schwitze rühren, mit der Krebsbrühe aufgießen, eine Viertelstunde sachte köcheln lassen. Einlagen, bestehend aus dem Krebsfleisch und eventuell einigen Spargelköpfen und Blumenkohlröschen (vorher gegart), in der Suppe erhitzen. Vom Feuer nehmen und mit Eigelb legieren. Sehr schön sieht es aus, wenn man den Tellerrand mit einer mit Krebsfleisch gefüllten Krebsnase garniert. Auf jeden Fall viel Dill über die Suppe streuen.

Apropos: Wussten Sie, dass man Krebse früher in Brennnesseln aufbewahrte? Sollten Sie heute also einmal in die Verlegenheit kommen: Brennnesseln gibt es überall reichlich. Aber Handschuhe anziehen zum Pflücken!

Forellensüpple

Nachdem die Bachforellen mit ihrem unnachahmlichen Geschmack so gut wie ausgerottet wurden, hat man den Verlust an Gaumenfreude dadurch wettzumachen versucht, dass man die Räucherforelle erfand. Durch sie bekommt auch die altbekannte Rahmsuppe einen köstlichen Pfiff.

- 1 frische und
- 1 geräucherte Forelle
- 1 Bund Suppengrün
- 1 Teel. Dillsamen
- 1 Knoblauchzehe
- 2 Essl. Butter
- 1/4 l Wasser
- 1/2 l kräftiger badischer Weißwein
- Schale 1/2 Zitrone
- Salz und weißer Pfeffer
- 1/4 l süße Sahne
- 2 Eigelb
- 2 Essl. grob geschnittener Dill

Forellen filetieren (das kann man auch durch den Fischhändler erledigen lassen). Gräten, Haut, Köpfe und Abfallfleisch aufheben. Zusammen mit dem grob zerteilten Suppengrün, dem Dillsamen und der halbierten Knoblauchzehe, die nicht geschält wurde, in der Butter angehen lassen. Häufig dabei über geringer Hitze rühren. Wasser zugießen. Nach 5 Minuten Knoblauchzehe herausfischen und wegwerfen. Wein zugießen und würzen mit Zitronenschale, Salz und Pfeffer. Zugedeckt weitere 15 Minuten auf gelinder Hitze köcheln lassen.

Durch ein Haarsieb in einen anderen Topf abgießen. Sahne erst mit wenig heißer Fischbrühe verrühren, dann in die restliche Brühe mit einem Schneebesen schlagen. Würzung prüfen: Sie muss recht kräftig sein.

Fischfilets in Streifchen oder Würfel schneiden und in die Suppe geben. Sie sind in wenigen Minuten gar.

Vor dem Anrichten die beiden Eigelbe verquirlen, dabei einige Esslöffel heiße Brühe einarbeiten. Abschließend die Suppe mit den Eigelben legieren und beim Servieren die Teller oder Tassen mit wenig Dill garnieren.

♦ Auch ohne Eier und Sahne ist dieses Süpple köstlich. Die Brühe sollte dann etwas kräftiger (mehr Forelle) sein.

Flädlesuppe

In Württemberg lässt man zwar das Endungs-E weg, doch da diese Suppe in den letzten Jahren eine »vornehme Karriere« gemacht hat und sogar bei Staatsempfängen gereicht wird, kann man ihr die hochdeutsche Form zugestehen. In Österreich ist diese Suppe unter dem Namen »Fritattensuppe« bekannt. Da Österreich als Habsburger Monarchie ja einmal Besatzungsmacht in einem Teil Baden-Württembergs war, ist das nicht verwunderlich; fragt sich nur, wer von wem gelernt hat!

Aus Mehl, Eiern, Milch und einer Prise Salz einen glatten Eierkuchenteig (Flädleteig) rühren. Mindestens 1/2 Stunde ruhen lassen. Dann eine nicht zu große Pfanne mit einer Speckschwarte ausreiben und darin dünne Flädle backen und gleich rollen oder auch aufeinander legen.

Suppe langsam erhitzen. Flädle in dünne Streifen schneiden und in der Brühe heiß werden lassen. Beim Servieren wird die Flädlesuppe mit gehacktem Schnittlauch bestreut.

1 l kräftige, klare Fleischbrühe

Flädle aus:
125 g Mehl
2 Eiern
Etwa 1/4 l Milch
Salz
Speckschwarte für die Pfanne
2 bis 3 Essl. gehackter Schnittlauch

Esslingen

Mutschelmehlklöße

(Auch als Geigen-Knöpfle bekannt.
In Bayern Münchner Nockerln)

Mutschelmehl ist eine Ulmer Spezialität. Es ist ein sehr wohlschmeckendes und bindefähiges Paniermehl, das aus einem besonderen Gebäck, den »Mutscheln« gemacht wird. Wo man es nicht im Lebensmittelhandel bekommt, sollte man es durch selbstgemachte Weißbrotbröseln ersetzen.

- 1 Ei
- Etwa 2 Essl. Mutschelmehl
- 1 kleine Prise Salz
- Geriebene Muskatnuss
- Schnittlauch
- Klare Fleischbrühe

Das Ei gut schlagen, so viel Mutschelmehl damit verrühren, dass die Masse nicht mehr vom Löffel läuft. Salzen.

Nach 2 bis 3 Minuten mit zwei Kaffeelöffeln Klößchen abstechen und in leicht kochende Brühe einlegen. Zerfällt das erste Klößchen, so muss man den Teig noch etwas stehen lassen; sinkt es unter, so ist der Teig zu fest und kann mit lauwarmer Brühe oder Milch etwas verdünnt werden.

Nach gut 2 Minuten muss man die schwimmenden Klößchen umdrehen, damit auch die andere Seite richtig gart. Diese Klößchen gehen sehr auf. In heißer Brühe anrichten. Dabei mit etwas geriebener Muskatnuss bestreuen und gehackten Schnittlauch zugeben.

Bitte beachten: Die angegebene Masse muss für etwa 8 bis 10 Klößchen reichen.

Baumwollsuppe oder Einlaufsuppe

Der erstgenannte Name wurde im vorigen Jahrhundert häufig gebraucht, später hat sich die Bezeichnung »Einlaufsuppe« durchgesetzt.

- 6 Eier
- 6 Essl. Mehl
- 1 Prise Salz
- Geriebene Muskatnuss
- Gut 1 l Wasser oder Fleischbrühe
- 8 bis 12 kleine Weißbrotschnittchen
- 2 Essl. Butter
- 4 Essl. gehackter Schnittlauch

In einer Rührschüssel die ganzen Eier mit dem Mehl, etwas Salz und Muskatnuss gut verrühren. In einem Suppentopf die Fleischbrühe (in alten Rezepten wird oft nur Wasser oder Salzwasser angegeben) zum Kochen bringen. Einen Essl. heiße Brühe mit den Eiern verrühren, dann diese in die Fleischbrühe einlaufen lassen und dabei ständig und energisch rühren.

Die Fleischbrühe darf nicht mehr zum Kochen kommen. Man rührt den Eierteig so lange, bis er überall zu Flocken geronnen ist und die Suppe aussieht, als ob grober Grieß darin wäre.

Die dünnen Weißbrotschnitten in Butter beidseitig kross rösten.

Suppe in Teller füllen, Brotscheiben darauf legen und mit Schnittlauch überstreuen.

Abwandlung: Früher wurde, wenn die Suppe nur mit Salzwasser hergestellt war, Zwiebel in Schmalz gebräunt und anstelle des Schnittlauchs auf die Röstbrotschnitten verteilt. Das gab der dünnen Suppe einen etwas kräftigeren Geschmack.

Markklößchen

Dies ist eine in ganz Deutschland beliebte Suppeneinlage. Heute kauft man die Markklößchen fertig beim Metzger. Früher machte sie jede Hausfrau selbst. Ältere Mitbürger behaupten, dass die selbstgemachten viel besser schmeckten. Selbst für Zweifler lohnt sich ein Versuch. Zu Zeiten des »Rinderwahns« wurde Mark aus den Küchen verbannt. Inzwischen gibt es wieder Markknochen zu kaufen.

- 50 g Rindermark
- 50 g Butter
- 2 Eier
- 2 Eigelb
- Etwa 200 g Semmelbrösel
- 1 Prise geriebene Muskatnuss
- Salz
- 1 Essl. gehackte Petersilie

Rindermark mit etwas kaltem Wasser so lange kneten, bis es weiß ist.

Butter, die sehr weich sein sollte, und grob zerdrücktes Mark zusammen schaumig rühren.

Eier und Eigelbe über die Semmelbrösel schlagen und leicht damit vermengen. Einige Minuten weichen lassen. Am besten nimmt man etwas weniger als die angegebene Menge, damit die Masse nachher nicht zu fest wird; ist sie zu weich, kann man immer noch Semmelbrösel nachgeben. Geweichte Brösel mit Mark und Butter gut verkneten. Dabei abschmecken mit Salz und Muskatnuss. Petersilie untermengen. Die Masse kühl stellen, dann läßt sich besser eine Stange (dünne Wurst) daraus formen. Nochmals kalt stellen. Dann Stückchen davon schneiden und diese zwischen zwei Holzkellen zu Markklößchen rollen. So haben es unsere Großmütter jedenfalls gemacht. In gut 10 Minuten in klarer Fleischbrühe gar ziehen lassen.

Bitte beachten: Die Semmelbrösel müssen von bester Qualität sein. Paniermehl, wie man es heutzutage abgepackt kauft, ist kaum gut genug. Deshalb trocknet man sich entrindete Weißbrotscheiben im Backofen, ohne dass sie sich verfärben, und zerbröselt sie dann, was mit den Fingern oder dem Wellholz ganz leicht zu bewerkstelligen ist.

Bornaer Zwiebelsuppe

»Warum denn in die Ferne schweifen, sieh', das Gute liegt so nah«. Wir verspeisen in Eckkneipen und Gourmetlokalen Französische Zwiebelsuppe, obwohl doch jene aus Borna so gut und pikant ist. Wo liegt Borna? Es gibt vier Gemeinden dieses Namens; die Zwiebelsuppe stammt wahrscheinlich aus der südlich von Leipzig. Dort wird sie nicht gratiniert, dafür jedoch sehr apart abgeschmeckt.

- 1 l kräftige Fleischbrühe
- 500 g mehlig kochende Kartoffeln
- 400 g Zwiebeln
- Jeweils 1 kräftige Prise Salz und Kümmel
- 50 g fetter Speck in kleinen Würfelchen
- 50 g Butterfett
- 1 bis 2 Teel. Mehl
- 2 Essl. geriebener Meerrettich
- 2 säuerliche Äpfel
- 1/4 l Schmant (Crème Fraîche)
- Etwas Schnittlauch

Die Fleischbrühe aufs Feuer setzen. Die geschälten und in kleine Blättchen geschnittenen Kartoffeln darin mit Salz und Kümmel weich kochen.

Die Zwiebeln vierteln oder achteln und dann in dünne Scheiben schneiden, die in Streifen zerfallen. Zusammen mit den Speckwürfeln in Butterfett hellgelb werden lassen. Zum Schluss etwas Mehl darüber stäuben, gut durchrühren und in die Suppe geben. Alles zusammen weitere 10 Minuten kochen.

Den Meerrettich mit den geschälten, entkernten und geriebenen Äpfeln sowie dem Schmant vermischen und kurz vor dem Anrichten die Suppe damit pikant abschmecken. Eventuell nachsalzen. Nach Belieben einige Schnittlauchröllchen aufstreuen.

Quittensuppe

Herr von Montaigne, der berühmte französische Philosoph des Späthumanismus, erwähnte 1580 eine ihm neue Speise, die ihm am Bodensee vorgesetzt wurde, eine »Quittensuppe«. Ein solches Rezept sucht man in modernen Kochbüchern vergebens; selbst Henriette Davidis hat es nicht mehr erwähnt. Ich lasse ein Rezept in der Fassung folgen, wie sie hundert Jahre nach Montaigne am Oberrhein aufgeschrieben wurde.

„Wann vorher die Quitten geschält und in vier Stücke zerschnitten sind, schneidet man jedes Stück noch drey- bis viermal enzwey, (je) nachdem die Quitten groß sind, und kocht sie in Wasser und Wein; jedoch muß es mehr Wein als Wasser seyn; hernach würzt man es mit Zucker und Zimmet, wirft auch Butter und kleine Rosinen darein, und läßt es damit fast gar kochen. Endlich thut man wenig gerieben Brod hinein, damit es etwas dick werde, und richtet die Suppe an."

Ostpreussen

Pflaumensuppe mit Keilchen

Zuweilen betrachtete man in Ostpreußen die Suppe nur als Beiwerk und nannte das Gericht »Pflaumenkeilchen«. Die Ostpreußen waren halt immer fürs Handfeste, dachten also erst an die Klößchen und dann an die Brühe.

- 500 g frische Pflaumen
- 1 Stück Zimtstange
- 3 Nelken
- Abrieb von 1/2 Zitrone (ungespritzt)
- 1 bis 3 Teel. Zucker (bei sauren Pflaumen mehr)
- 1 bis 2 Teel. Stärkemehl

Pflaumen (oder auch Zwetschgen) entsteinen. Zusammen mit Zimt, Nelken, Zitronenabrieb, Zucker und einer kleinen Prise Salz in etwa 1 l Wasser weich kochen. Nelken und Zimt herausfischen, übrige Suppe durch ein Haarsieb streichen und in den Kochtopf zurückgießen. Stärkemehl mit wenig kaltem Wasser anrühren und damit die Suppe leicht binden.

Vorher hatte man das Ei mit so viel Mehl verrührt – eine kleine Prise Salz ebenfalls dazu –, dass ein nicht zu weicher Teig entstand, von dem mit dem Teelöffel Klößchen (Keilchen) abgestochen und in leicht gesalzenem, siedendem Wasser gegart worden waren. Diese erkalteten Keilchen gibt man in die heiße Suppe.

1 Ei
Mehl
Salz

Andere Zubereitungsart: Anstatt mit Mehl zu binden, wurde die Pflaumensuppe auch sehr oft mit Graupen gekocht. Dabei muss man die Gewürze in ein Mullsäckchen binden, damit man sie leicht herausfischen kann. Die Suppe wird dann nicht durch ein Haarsieb gestrichen.

Ganz Deutschland

Zitronensuppe

Solche Suppen hat es seit dem frühen 18. Jahrhundert in vielen Gegenden in bürgerlichen Küchen gegeben. Das folgende Rezept stammt aus den Familienaufzeichnungen einer Konstanzer Familie.

Zitrone dünn abschälen, Saft ausdrücken. Zitronenschale mit 3/4 l Wasser und den Zwiebäcken 30 Minuten schwach kochen. Dann durch ein Sieb rühren.

Zucker, Zitronensaft und Weißwein zufügen. Nochmals zum Kochen bringen.

Eier trennen. Eiweiße zu steifem Schnee schlagen. Auf die sachte kochende Suppe in kleinen Häufchen setzen, bis diese steif werden. Dabei einmal umdrehen. Mit Schaumkelle herausnehmen und auf eine Platte setzen.

Suppe vom Feuer nehmen und mit den verquirlten Eigelben legieren. Abschmecken und mit den Eiweißbällchen belegt servieren.

1 Zitrone, ungespritzt
4 Zwiebäcke
Etwa 100 g Zucker
1/2 l herber Weißwein
2 bis 3 Eier

Blaubeer-Kaltschale

Die Blaubeeren (Heidelbeeren) wucherten überall in den Wäldern. Alle Familien gingen sommers »in die Beeren«. Auf dem Heimweg hatten die Kinder dicke schwarze Ränder um die Mäulchen, die Erwachsenen schleppten eimerweise die kostenlose Ernte.

750 bis 1000 g Blaubeeren
Zucker nach Belieben
1 l Milch

Die Beeren verlesen, ganz kurz waschen. Mit Zucker vermengen und zugedeckt mindestens eine Stunde stehen lassen. Dann kalte Milch darüber gießen und in Schalen servieren. Dazu gab es ein dickes Stück »Schietchen« wie im Hause meiner Großeltern das Kuchenbrot genannt wurde, das es das ganze Jahr über zu Frühstück und Nachmittagskaffee gab. Es war natürlich selbstgebacken (siehe Rezept S. 671).

Rezeptvariation: Zum Sonntag gab es diese Kaltschale für Erwachsene mit einer Weinsauce. Dazu wurde 1/2 l Weißwein mit der gleichen Menge Wasser und dem Saft einer Zitrone vermischt und über die Blaubeeren gegossen. So schmeckte dann sogar der Wein, den man in Thüringen beim Kaufmann erstehen konnte.

Warnung: Die heute üblichen Kulturheidelbeeren haben mit ihren wilden Verwandten leider nur Farbe und Namen gemeinsam!

Fliederbeersuppe

Im Norden Deutschlands werden süße Suppen heiß geliebt, selbst wenn sie im Sommer kalt serviert werden. Hier handelt es sich um die wohl beste und bekannteste süße Suppe. »Fliederbeeren« sind Holunderbeeren, die im Herbst in schwarzen Dolden an den Büschen hängen. Immer seltener kann man in norddeutschen Städten diese »Fliederbeeren« auf Märkten und in Obstgeschäften kaufen. Man muss schon den Suppengenuss mit der gesunden Freude eines Herbstspaziergangs verbinden und darf verfleckte Hände nicht scheuen.

- 1 l abgestreifte Fliederbeeren (oder Holundersaft aus dem Reformhaus)
- Einige Essl. Zucker
- 2 bis 3 Äpfel
- 250 g Pflaumen oder Zwetschgen
- Eventuell 1 bis 2 Teel. Stärkemehl
- 1/8 l Milch
- 1 Essl. Butter
- 1 Prise Salz
- 60 g Mehl
- 1 Ei

Die Fliederbeeren mit einer Tasse Wasser langsam zum Kochen bringen. Sind sie noch nicht vollreif, muss vielleicht noch etwas Wasser zugegeben werden. Zucker zufügen und 10 Minuten kochen, dann durch ein Haarsieb passieren.

Äpfel schälen, entkernen und in mundgerechte Stücke schneiden. In die Suppe geben und nicht zu weich kochen. Pflaumen entsteinen und einige Minuten nach den Apfelstücken in die Suppe geben. Eventuell mit etwas kalt angerührtem Stärkemehl binden. Prüfen, ob süß genug, und eventuell nachzuckern.

Schwemmklößchen (»Kluntjes«) vorbereiten, indem Milch, Butter und Salz zum Kochen gebracht werden; Mehl hineinschütten, kräftig rühren, bis sich ein Kloß bildet. Topf vom Feuer nehmen, etwas abkühlen lassen und das Ei einrühren. Von dem Teig kleine Klößchen abstechen und auf der Fliederbeersuppe gar ziehen lassen.

Apropos: Es gibt auch eine sächsische »Fliederbeersuppe« diese wird nicht mit »Kluntjes« serviert, sondern mit Bällchen aus geschlagenem Eiweiß.

Biersuppen

In früheren Jahrhunderten war Biersuppe ein deutsches Standardfrühstück. Dann hatte man sie offensichtlich so dicke, dass man nichts mehr davon wissen wollte.
Jetzt wäre es an der Zeit, ab und zu einmal wieder eine gute Biersuppe zu kochen.
Ich gebe ein Rezept, das aus den ersten Jahren des vorvorigen Jahrhunderts stammt, nun also schon bald seinen 200. Geburtstag feiern kann.

Sachsen-Anhalt

Braunbiersuppe

„Man koche Braunbier mit etwas gröblich gestoßenem Kümmel oder Ingwer auf, zieht es mit Eydotter und etwas Mehl ab, setzt Butter, Zucker und etwas Salz hinzu, und richtet diese Suppe über gewürfeltes schwarzes Roggenbrodt an. Man kann das aufgekochte Bier auch bloß mit etwas Mehl sämig machen, etwas Fliedermus, Salz und Butter hinzu thun, und die Suppe über gewürfeltes Brodt anrichten."

Hinweise:
»Braunbier« = dunkles Bier; man nehme davon ca. 1 l.
»gestoßener Kümmel oder Ingwer« – von jedem 1/2 Teel.; der Ingwergeschmack ist für viele aromatischer als Kümmel.

»Eydotter und …« – ich schlage vor, 3 Eidotter mit 1 Essl. Stärkemehl und einigen Essl. kaltem Wasser verquirlt.

»Butter« – 1 bis 2 Essl.

»gewürfeltes Schwarzbrodt« – 2 große oder 4 kleine Scheiben.

»Fliedermus« = Holunderbeermark (das der Suppe einen sehr vollen Geschmack gibt).

Weißbiersuppe

Unter den einst sehr beliebten und weit verbreiteten Biersuppen nimmt diese eine besondere Stellung ein, da sie mit der Spezialität »Berliner Weiße« zubereitet wird. So wie die »Berliner Weiße« ein typisches Sommergetränk ist, gilt auch diese Suppe als Genuss für warme Tage. Lauwarm ist eine Temperatur, die normalerweise nicht zu Suppen passt, hier jedoch kann man sie empfehlen.

- 2 Essl. Butter
- 2 Essl. Mehl
- 1 l Berliner Weiße (ersatzweise Weißbier)
- 8 Essl. süße Sahne
- Zucker, Zimt und
- 1 kleine Prise Salz
- 1 Zitrone, abgeriebene Schale und Saft
- 2 Eigelb
- Etwa 12 Essl. frische Beeren (am besten gemischt: Himbeeren, Johannisbeeren, Brombeeren und/oder Heidelbeeren; von diesen jene, die gerade verfügbar sind)
- 1 Zweig frische Zitronenmelisse oder Pfefferminze

Aus Butter und Mehl eine helle Einbrenne rühren. Mit 1/4 l Bier und 4 Essl. Sahne ablöschen. Zucker, Zimt und Salz zugeben. Unter Rühren kurz durchkochen.

Abseits vom Feuer die restliche Flüssigkeit, Bier und Sahne kräftig mit dem Schneebesen einrühren. Zitronensaft und Schalenabrieb zufügen. Unter gelegentlichem Rühren auf geringer Hitze wieder gut heiß werden lassen. Einige Minuten ziehen lassen. Die beiden Eigelbe mit dem Schneebesen unterschlagen.

Würzung prüfen, eventuell nachwürzen.

Weiter abkühlen lassen und in Suppenteller verteilen. Gewaschene und entstielte Beeren einstreuen. Mit den abgezupften grünen Blättchen garnieren.

Spandau bei Berlin, Stich von Joh. Poppel nach einer Zeichnung von L. Rohbock

Weinsuppe

Wie in Bremen, so gab es auch in der Hansestadt Lübeck eine Schaffermahlzeit. Diese Tradition wird heute noch vom »Nautischen Verein« mit seinen »Nautischen Essen« fortgeführt. Beliebter war aber bis 1802 der »Schüttingschmaus« zu dem sich die wohlhabenden Mitglieder des »Schonenfahrercollegiums« alljährlich versammelten. Eine ganze Woche lang wurde gefeiert. Den Auftakt des ersten Festmahls bildete eine »Weinsuppe«. Im ausgehenden 18. Jahrhundert gab es zahllose Weinsuppenrezepte; Weinsuppen waren äußerst beliebt, besonders in Norddeutschland. Hier ist ein teures Rezept, bei dem man sich sogar Reis als Einlage leistete. Aber die Schonenfahrer brauchten wahrlich nicht zu sparen. Das Rezept stammt aus einem 1794 in Lübeck verlegten Kochbuch.

Für 4 Personen:

200 g Reis
1 Flasche Wein (in den Hansestädten meist Rotwein)
1 kleine Prise Salz
5 Essl. Zucker
Andere Gewürze nach Geschmack
3–4 Eigelbe
80 g Korinthen

„Man koche den Reis erstlich in Wasser gar, daß er ein wenig dicke wird, denn gießt man Wein daran, auch klein gehackte oder geriebene Citronenschalen, Salz, Zucker, zerstoßenen Zimmet und Cardemom, nebst einem Stückchen Butter, solches noch ein wenig zusammen durchgekocht und zuletzt mit ein paar Eyerdottern abgerühret. Item: Man kann auch Corinthen darein thun.“

Milchsuppe

Das folgende Rezept ist ein Original aus einer kleinen Rezeptsammlung, die 1903 vom »Central-Verein der Milchhändler-Vereine von Hamburg und Umgegend« herausgegeben wurde.

Hansestädte

Milchsuppe mit Tapioka oder Perlsago

Sago und Tapioka spielten bis in die zwanziger Jahre des vergangenen Jahrhunderts eine wichtige Rolle in der deutschen Küche. Heute sind sie am Aussterben. Bei beiden handelt es sich um Stärkeprodukte (die man heutzutage als Dickmacher fürchtet und früher ihres Sättigungswertes wegen schätzte), aus Palmmark (Sago) oder Maniokwurzeln (Tapioka) gewonnen.

Für 5 Personen:
2 l Milch
100 g Perlsago oder Tapioka
Zucker, Zimt und Salz

Die Milch wird mit Zucker und Zimt (nach Geschmack) aufgekocht, dann der Sago (oder Tapioka) hineingegeben und mäßig eine halbe bis dreiviertel Stunde gekocht. Zuletzt wird mit wenig Salz abgeschmeckt.

Buttermilchsuppe mit Graupen

1 l Buttermilch
125 g Graupen
1 Prise Salz
Einige Essl. Zucker oder Sirup nach Geschmack

Buttermilch mit den gewaschenen und abgetropften Graupen aufsetzen, eine Prise Salz dazu und etwa 1 Stunde schwach kochen lassen. Mit Zucker abschmecken.

Diese Suppe hat einen eigenartig pikanten Geschmack, der fast etwas sauer-süß ist; die Graupen müssen sehr gut weich sein.

Karmelkbree – Buttermilchbrei

wird nach gleichem Rezept zubereitet und war eine der verbreitetsten Frühstücksspeisen in Ostfriesland. Bis in die Nachkriegszeit fuhren des Morgens Wagen durch die Straßen und verkauften ihn warm. Einige Molkereien in Ostfriesland stellen den Buttermilchbrei noch immer her; er wird in verschweißten Plastikbeuteln verkauft und muss dann im Haushalt nur noch aufgewärmt werden. Auf besonderen Wunsch servieren ihn gute Hotels morgens in den ostfriesischen Fremdenverkehrsgebieten.

Pommern

Herzhafte Buttermilchsuppe

4 mittelgroße Kartoffeln
Salz
1 1/4 l Buttermilch
1/2 Essl. Stärkemehl
125 g geräucherter, durchwachsener Speck in Streifchen
1 Teel. Butter
1 Zwiebel, würfelig geschnitten

Geschälte Kartoffeln blättrig schneiden und in Salzwasser weich kochen. Abgießen. Mit 1 l Buttermilch aufkochen. Restliche Buttermilch mit dem Stärkemehl verquirlen, einrühren. Auf kleiner Flamme durchkochen.

Inzwischen Speck und Zwiebeln in der Butter kross anbraten.

Beim Anrichten auf die nochmals mit Salz abgeschmeckte Suppe streuen.

Salate und kleine Gerichte

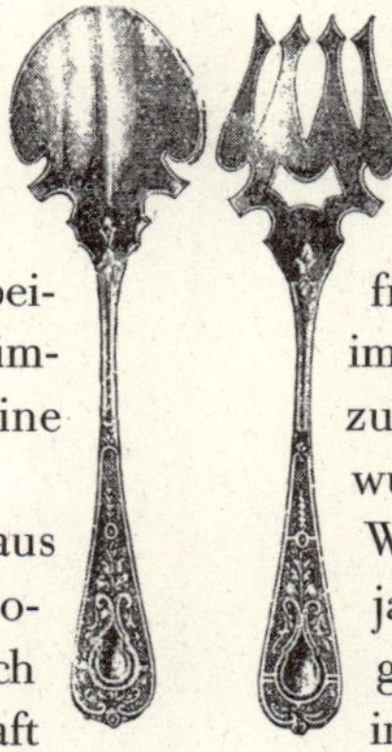

In dieser Speisenkategorie hat die deutsche Küche keine große Auswahl zu bieten. Salate und Vorspeisen spielten in der volkstümlichen Kochkunst nur eine untergeordnete Rolle.

Allerdings erwuchsen aus den Vespergewohnheiten sowohl der bäuerlichen als auch der städtischen Gesellschaft eine ganze Reihe von kleinen Gerichten und auch herzhaften Salaten. Die Sitte, dass sich in den Dörfern die Männer nach dem sonntäglichen Kirchgang zum Frühschoppen treffen, führte zu weiteren Imbissrezepten. Besondere Berühmtheit haben die bayerischen »Schmankerln« erlangt. Schließlich sollte man auch nicht vergessen, dass die Stammtischgewohnheiten nicht nur Spießbürger hervorbrachten, sondern ebenfalls zur Bereicherung der Speisekarten mit kleinen Gerichten beitrugen. Und es kommen doch in dieser Sammlung immerhin fast hundert kleine Gerichte zusammen. Unter den Salaten rangiert der aus Kartoffeln unangefochten an der Spitze deutscher Spezialitäten. Zwiebelkuchen und Maultaschen sind weitere Höhepunkte.

Zudem muss noch darauf hingewiesen werden, dass deutschen Hausfrauen und Wirten schon immer die Mühe der Imbisszubereitung abgenommen wurde durch die sehr große Wurstauswahl. Würste sind ja so etwas wie uralte Fertiggerichte, und Würste werden in Deutschland seit langem in konkurrenzlos breiter Auswahl hergestellt; unsere »kleinen Gerichte« bestehen weitgehend aus Wurst. Und sogar unsere Salate.

Bei den Käsen drängt sich eine erstaunliche Beobachtung auf: Die Deutschen waren bis ins 20. Jahrhundert hinein sehr viel geruchsunempfindlicher. Man liebte zum Beispiel Handkäse, wenn sie weich wurden, »zu laufen begannen«, weil sie erst dann ihren vollen Wohlgeschmack entfalteten. Dabei entwickelten sie allerdings einen geradezu überwältigenden Geruch. Kein Händler oder Gastwirt würde heute einen solchen reifen Käse anbieten, keine Hausfrau nähme ihn in die Wohnung. Folglich pasteurisieren die Hersteller ihre Handkäse. Sie reifen dann nie mehr richtig durch. So wird die Stinkerei vermieden, allerdings um den Preis des Wohlgeschmacks. Man muss jetzt damit werben, dass Handkäse fettarm und folglich besonders gesund sei – eine Bankrotterklärung der Gourmandise!

In Bayern ist Krautsalat besonders beliebt. Er wird roh oder »gebrüht« (kurz aufgekocht) zubereitet. Zur optischen Aufbesserung kann man etwas Rotkraut oder gestiftelte Karotten zugeben.

Krautsalat

Ehe Treibhäuser und Importe grüne Blattsalate das ganze Jahr über reichlich lieferten, spielte Krautsalat eine bedeutendere Rolle als heute. Noch immer wird er jedoch seines herzhaften Geschmacks wegen geschätzt. Krautsalate aus Weiß- und Rotkraut haben sich über alle deutschen Landschaften verbreitet. Sie werden roh oder gebrüht zubereitet. Michel de Montaigne, Philosoph und Humanist, erwähnte schon 1580 in seinem Reisetagebuch ausdrücklich die »Krautsalate« die er in Lindau vorgesetzt bekam, als »ihm unbekannte Gerichte«.

Roher Krautsalat

- 1 junger Krautkopf (weiß) von knapp 1 kg
- 1 Essl. Salz
- 2 kleine Zwiebeln (besser noch 4 Schalotten)
- 2 bis 3 Essl. Essig
- 1/2 Teel. Zucker
- 3 Essl. Öl
- 1/2 Essl. Kümmel

Alle beschädigten Außenblätter vom Kraut entfernen, den Kopf vierteln und die Strunkstücke großzügig ausschneiden. Kraut fein hobeln. In einer festen Schüssel mit Salz vermischen und mit einem Kartoffelstampfer kräftig bearbeiten, bis es mürbe wird. Eine Viertelstunde ziehen lassen. Kleingeschnittene Zwiebeln dazu. Essig mit dem Zucker so lange verrühren, bis dieser sich völlig aufgelöst hat, dann mit dem Kraut vermischen. Nochmals eine Viertelstunde ziehen lassen.

Ganz zum Schluss Öl und Kümmel mit dem Kraut vermischen.

Bitte beachten: Vielfach wird mehr Kümmel zugegeben, da entweder der Kümmelgeschmack besonders geschätzt wird oder man dieses Gewürz verwendet, weil es das Kraut leichter verdaulich macht. Oder aus beiden Gründen. – Man kann auch die beim Stampfen entstandene Lake abgießen.

Gebrühter Weißkrautsalat

- 1 Weißkrautkopf von etwa 1 kg
- Salz
- 2 bis 3 Essl. milder Weinessig
- 100 g geräucherter Speck in kleinen Würfelchen
- Salz
- Weißer Pfeffer aus der Mühle
- 1 kleine Prise Zucker

Weißkraut vierteln, dabei die äußeren Blätter und den Strunk wegschneiden. In feine Streifen hobeln.

In reichlich kochendes Salzwasser schütten, einige Male aufkochen lassen. In einem Sieb gut abtropfen lassen; dabei schütteln und etwas ausdrücken.

In einer Salatschüssel lauwarm mit Essig beträufeln und vermischen. Einige Minuten ziehen lassen.

Kurz vor dem Servieren die Speckwürfelchen in einer Pfanne gut glasig braten und sofort mitsamt dem ausgetretenen Fett über den Salat gießen.

Abschmecken mit Salz, Pfeffer und wenig Zucker.

Gebrühter Rotkrautsalat

Zutaten und Zubereitung wie für gebrühten Weißkrautsalat, wobei nur das Weißkraut durch Rotkraut ersetzt wird. Weiterhin empfiehlt es sich, dem Salzwasser zum Brühen einen kleinen Schuss Essig zuzusetzen und nachher die Essigzugabe etwas zu reduzieren. Außerdem wird bei der Verwendung von Rotkraut vielfach der Speck weggelassen und durch Öl ersetzt, das natürlich kalt über den (lauwarmen) Salat gegossen werden muss.

Blattsalate deutscher Art

Eine Jeremiade über Salatmuffel

Erst seit Jahrzehnten sind Blattsalate in deutschen Küchen so richtig heimisch geworden. Noch immer gibt es Haushalte, in denen sie wie eh und je als Nebensache behandelt werden. Selbst moderne Hausfrauen und – Gott sei's geklagt – viel zu viele Köche servieren Salat zwar sehr häufig, misshandeln ihn aber so sehr, dass ihm kaum noch Wohlgeschmack bleibt.

Innerhalb einer Speisenfolge wurde er in Deutschland lange Zeit als zweite oder dritte Beilage zum Hauptgericht serviert. In Frankreich brachte man ihn früher nach dem Hauptgang auf den Tisch. In der vielgeschmähten amerikanischen Küche sind Blattsalate, und auch Salate allgemein, ein eigener Gang. Entweder kommen sie als Vorspeise oder gelten zum Lunch als Hauptgericht. Wo Salate innerhalb eines Essens hingehören, mag jeder für sich entscheiden, wenngleich Vieles für die Vorspeisenrolle spricht.

Für die Zubereitung allerdings gelten zwei unabdingbare Grundregeln: Die Blätter müssen trocken sein, und sie bleiben Nichtschwimmer.

Das bedeutet, nach dem (kalten) Waschen gründlich trocknen; dafür reicht es nicht, sie ins Sieb oder einen Durchschlag zu legen, spezielle Drahtkörbe oder Salatzentrifugen sind überall wohlfeil zu haben und müssen benutzt werden.

Der offenbar schwierigste Teil der Salatzubereitung scheint das Anmachen zu sein. Für die dazu benötigte Würzflüssigkeit haben wir nicht einmal ein zutreffendes Wort. Sauce ist nicht zutreffend, Tunke noch viel weniger, und auch Marinade ist es nicht; also müssen wir in salaterfahrenen Ländern Anleihen machen: entweder Vinaigrette für die Essig-Öl-Variante oder Dressing für alle anderen Würzmischungen.

Unser Sprachgebrauch offenbart auch eine kulinarische Eselei. Wir sagen »Gemischter Salat«, und so steht er auch landauf, landab in den Speisekarten. Schlimmer noch, er kommt so auch auf die Teller. Da liegen zarte Herzblätter neben festem Eichblatt, würzigem Lollo Rosso, fleischigem Chicorée, milden Spargelköpfen, eigenwilligen Selleriespänen und robustem Feldsalat – und über alle wurde dieselbe »Sauce des Hauses« gegossen, oft auch noch so reichlich, dass sie darunter eine Lache bildet. Da wendet sich der Gast mit Grausen – sollte man meinen. Ist aber nicht so, denn der wohlerzogene Deutsche hat schon als Kind gelernt: »Was auf den Tisch kommt, wird gegessen.« Vielleicht lernt er künftig, dass zur Vinaigrette auf einen Löffel Essig, drei bis vier Löffel Öl kommen. So könnte die deutsche Salatzukunft beginnen.

Ganz Deutschland

Selleriesalat

Dies ist ein typisch deutscher Salat. Er wird meist als Beigabe gereicht, kann jedoch auch für sich allein als Vorspeise bestehen.

- 1 mittelgroße Sellerieknolle
- 1/4 l Fleischbrühe
- 1 Essl. Öl
- 1 Essl. Essig
- 1/2 Teel. Salz
- 1 Prise Zucker
- 1 klein geschnittene oder geriebene Zwiebel
- Einige Spritzer Weinessig
- 1 bis 2 Essl. Öl

Sellerieknolle schälen, waschen und in kleine, dünne Scheiben schneiden. Sofort in die Fleischbrühe legen, die mit Öl, Essig, Salz und Zucker sowie der Zwiebel aromatisiert wurde. Darin so lange kochen, bis die Selleriescheiben weich sind und die Brühe fast verkocht ist. Abschmecken mit etwas mehr Essig und Öl, vielleicht auch noch etwas Salz.

Hinweis: Will man den Selleriesalat als Vorspeise servieren, so kann man einige grob zerdrückte Walnüsse darunter mischen und ihn mit halben Walnusskernen garnieren. So hat ihn schon meine Großmutter Maximiliane zu Tisch gebracht; sie war besonders stolz darauf, nur Walnüsse aus dem alten Garten der Familie bei Auerbach an der Bergstraße zu verwenden.

Neuerdings raffelt man gern rohe Sellerieknollen und macht sie mit Essig-Öl-Marinade zu Rohkostsalat an, der oft mit roh geraffelten Möhren gemischt wird.

Waldorfsalat

Bitte nicht vorschnell protestieren! Dies ist tatsächlich keine deutsche Spezialität. Sie wurde vor über hundert Jahren (1893) in New York im Waldorf-Astoria-Hotel erfunden. Dieses wiederum trägt seinen Namen nach dem badischen Heimatort des Besitzers, Johann Jakob Astor. So kann man den berühmtesten aller Selleriesalate mit einigem Recht als Adoptivkind der deutschen Küche bezeichnen und auf diese Tatsache hier hinweisen. Zum Rezept sei nur vermerkt, dass zum rohen oder kurz blanchierten Sellerie noch roher Apfel (gewürfelt oder geraffelt) neben Mayonnaise und nach Belieben Walnusskerne kommen.

BADEN

Löwenzahnsalat – Seicher

Der zweitgenannte Name dieses Vorfrühlingssalates ist echt badisch. Dialektunkundige seien dezent auf die harntreibende Wirkung der verwendeten Blätter hingewiesen, welche die Franzosen veranlasst haben, ihm den ganz offiziellen Namen »pissenlit« zu geben, was auch noch »Bettnässer« bedeutet.
Eine weitere badische Bezeichnung für den Löwenzahnsalat ist »Rossblumensalat« womit auf die raue, harte Beschaffenheit der Blätter hingewiesen wird. Am besten schmecken Löwenzahnblätter, wenn man sie in badischen Weinbergen im späten Januar pflückt, dann sind sie noch ganz klein und weißlichgelb. Dass die unter Rieslingreben gewachsenen besonders würzig sind, gehört allerdings ins Reich der Städterverulkung.

- 6 Handvoll Löwenzahnblättchen (gut 500 g)
- 1 Essl. Weinessig
- 1 Prise Salz
- 1 kleine Prise Zucker

Löwenzahn gut waschen und abtrocknen. Essig mit Salz und Zucker verrühren. Pfeffer für sich über die Blätter mahlen und einige Minuten stehen lassen.

Inzwischen Öl mit dem gewürzten Essig verrühren.

Pfeffer aus der Mühle
2 Essl. Öl
150 g durchwachsener, geräucherter Speck
1 mittelgroße Pellkartoffel (nach Belieben)

Salat darin durchheben.

Heiße Pellkartoffeln schälen und mit der Gabel gut verdrücken. Unter den Salat mischen, den man am besten so in einen Topf mit heißem Wasser setzt, dass er gerade über dem Wasser hängt. In warmer Schüssel wird der Salat etwas weicher.

Speck in Würfelchen oder feine Streifchen schneiden und diese in der Pfanne auslassen. Mitsamt ihrem heißen Fett über den angemachten Salat gießen. Er soll nun noch mindestens 15 Minuten ziehen.

Zu diesem Salat isst man gern verlorene Eier. Oft bestreut man ihn auch mit gehackten, hartgekochten Eiern oder belegt ihn mit Eischeiben.

In Frankreich und in Südwestdeutschland kann man Löwenzahnsalat in Gemüsegeschäften oder auf dem Markt kaufen; anderwärts ist er nur in Spezialitätengeschäften zu haben. Wer herb-bitteren Geschmack liebt, der sollte unbedingt einmal Löwenzahnsalat kosten. – Aber immer daran denken: Er heißt nicht umsonst »Seicher«.

Rheinland

Rettichsalat

Ein Rezept aus Idar-Oberstein. Dort wird der Rettichsalat zu Spießbraten vom Grill serviert. Eine ausgezeichnete Beilage auch zu anderem gegrilltem Fleisch.

4 bis 6 mittelgroße Rettiche, möglichst weiße
Salz
Saft von 2 Zitronen
1 kleine Prise Zucker
1/4 l dicke saure Sahne

Rettiche schälen und in Streifchen raffeln. Salzen und etwa 10 Minuten stehenlassen. Dabei zwei- oder dreimal durchbeben. Zitronensaft mit dem Zucker verrühren und über die Rettiche gießen. Nochmals durchheben und mit der sauren Sahne vermischen und servieren.

Kartoffelsalat

Der deutsche Kartoffelsalat hat viele Gesichter.
Leider sind einige davon hässliche Grimassen. Der größte aller deutschen Küchenmeister, Alfred Walterspiel, hat ein Kartoffelsalatrezept in sein Standardwerk aufgenommen (S. 170) und dazu einen sehr bemerkenswerten Satz geschrieben: »Man wundre sich nicht, wenn ich hier das Rezept für einen Kartoffelsalat bringe; aber es gehört viel dazu, ihn richtig herzustellen.« Seine Nachfolger haben diese Kunst zuweilen nicht gelernt. Nur in einigen Landesteilen wird sie noch immer geübt. Es werden viele Restaurantkritiken veröffentlicht, doch Kartoffelsalat wird darin wohl nie erwähnt.
In ausländischen Kochbüchern findet man die abenteuerlichsten Rezepte. In diesem Buch wird unserem Kartoffelsalat Reverenz erwiesen. Wir wollen ihn mit Kunst und Sorgfalt zubereiten!
Voraussetzung für jeden guten Kartoffelsalat sind festkochende Kartoffeln; am besten eignen sich die schmalen, länglichen Salatkartoffeln, auch Mäuschen oder »Bamberger Hörnle« genannt.
In einem Gemüsegeschäft, das sie nicht führt, sollte eine gute deutsche Hausfrau nicht länger Kundin bleiben.
Nie dürfen die Kartoffeln zu weich gekocht werden.
Mit ganz seltener Ausnahme muss man sie warm zu Salat verarbeiten.

Beliebte Beilagen zu Kartoffelsalat sind:
Heiße Würstchen aller Art
Bratwürste
Bulletten oder Frikadellen, heiß und kalt
Wiener Schnitzel
In Teighülle ausgebackenes Hirn oder Bries
Gebratener Fisch
Kalbshaxe, gebraten
Und in Schwaben: Braten mit kräftiger Sauce.
(Ich bekenne, dass ich diese nach allen Regeln der Kunst unmögliche Zusammenstellung heiß und innig liebe. Mea Culpa – aber mir schmeckt's.)

Kartoffelsalat Walterspiel

Das Rezept Alfred Walterspiels, der aus Baden stammte und in Berlin seine größten Erfolge errang, ist für mich das beste Kartoffelsalatrezept der deutschen Küche. (Aus A. Walterspiel, »Meine Kunst in Küche und Restaurant«, Süddeutscher Verlag, München.)

Der Kartoffelsalat darf nicht eiskalt sein, fast lauwarm schmeckt er am besten. Die Mäuschen (Kartoffelsorte aus der Mainzer oder Mannheimer Gegend) werden im Kartoffeldämpfer gekocht. Wenn sie halb ausgekühlt sind, werden sie geschält und in gleichmäßige, zwei Millimeter dicke Scheiben geschnitten. Einzeln, damit sie nicht aneinanderkleben, gebe ich sie in die Salatsauce, die ich auf folgende Weise herstelle: Für etwa 8 Personen mische ich eine Tasse Fleischbrühe, ebensoviel Olivenöl, drei Esslöffel Weinessig, einen Esslöffel fein gehackte Kräuter, Petersilie, Estragon und Kerbel, einen Esslöffel französischen Senf, einen Esslöffel Zucker, entsprechend viel Salz und etwas Pfeffer aus der Mühle. In diese gut vermischte Flüssigkeit werden die Kartoffelscheiben behutsam hineingegeben. In einer halben Stunde saugen sie die Hälfte der Brühe auf, erst dann mische ich das Ganze, ohne die einzelnen Scheibchen zu zerstören.«

Geriebener Kartoffelsalat

1 kg festkochende Kartoffeln
Etwa 1/4 l Fleischbrühe
3 bis 4 Essl. Essig
Salz
Pfeffer aus der Mühle
1 große Zwiebel
4 Essl. Öl

Pellkartoffeln kochen, warm schälen und erkalten lassen. Erst dann auf einer Raffel reiben oder durch die Fleischmaschine drehen. Fleischbrühe erhitzen und heiß darüber gießen. Kurz durchheben und sofort Essig, Salz, Pfeffer und die ganz fein geschnittene Zwiebel (die auch gerieben sein kann) zugeben und unterheben. Zum Schluss das Öl in den Salat mischen. Abschmecken und 1 bis 2 Stunden ziehen lassen.

Zum Anrichten wird der geriebene Kartoffelsalat, der so steif sein muss, dass ein Löffel darin aufrecht stehen bleibt, in einer Schüssel kuppelartig geformt und glatt gestrichen. Mit Messer oder Löffelstiel drückt man ein Muster ein. Zu besonderen Anlässen (Geburtstag, Kindstaufe usw.) machen sich die Hausfrauen auch die Mühe und mischen 1/4 des Salates mit Roten Rüben und benutzen diesen roten Salat zur Garnierung.

Weitere Dekoration erfolgt wie zu anderen Kartoffelsalaten auch mit hartgekochten Eiern in Vierteln oder Scheiben.

Württemberg

Schwäbischer Kartoffelsalat

Diese Bezeichnung findet man sehr häufig für einen »glitschigen« Kartoffelsalat, so wie man ihn in Schwaben liebt. Das Rezept deckt sich mit dem von Alfred Walterspiel, was insofern nicht verwundert, als er ja aus Baden stammt, wo man ähnliche Kartoffelsalat-Vorlieben hat.
Etwas klein gehackte Zwiebel erhöht den Geschmack.

Kartoffelsalat mit Speck

Eine sehr bäuerlich-deftige Art des Kartoffelsalates, die ich besonders in Nordhessen und Niedersachsen gefunden habe; man kennt sie natürlich auch in anderen Landesteilen. Elisabeth Charlotte Herzogin von Orléans und Schwägerin des französischen Königs Louis XIV ist bekannt als »Lieselotte von der Pfalz«. Sie schrieb von Paris aus in ihre Heimatstadt Heidelberg Briefe voller Sehnsucht nach – Kartoffelsalat mit Speck.

- 1 kg Pellkartoffeln
- 100 g durchwachsener Räucherspeck
- 1 kleine Zwiebel
- 3 Essl. Essig
- 1 Tasse Fleischbrühe
- Salz
- Pfeffer aus der Mühle
- 2 bis 3 Essl. gehackter Schnittlauch

Kartoffeln warm schälen und in Scheiben schneiden.

Speck in kurze Streifchen schneiden und in der Pfanne zusammen mit der klein geschnittenen Zwiebel so lange braten, bis beide gut glasig sind. Essig in die Pfanne geben, kurz verrühren und dann die Mischung sofort über die Kartoffelscheiben schütten und kurz durchheben. Nach und nach die warme Fleischbrühe zugießen und vermischen. Dabei mit Salz und Pfeffer abschmecken.

Etwas durchziehen lassen und dann möglichst noch lauwarm servieren. Mit Schnittlauch bestreuen.

Weitere beliebte Beimischungen: Gurken- oder Feldsalat; letztgenannten erst unmittelbar vor dem Anrichten zufügen.

Niedersachsen

Mayonnaise-Kartoffelsalat

Die Zubereitung entspricht der bisher vermittelten. Allerdings verwendet man anstelle von Essig und Öl zum Anmachen Mayonnaise. Abwandlung: klein geschnittene Salz- oder Gewürzgurken hinzufügen.

Angebratener Kartoffelsalat

In Westfalen wird übrig gebliebener Kartoffelsalat in einer gusseisernen Pfanne am nächsten Tag bei nicht zu großer Hitze angebraten, bis er die ersten braunen Krusten zeigt. Es gibt in Ehren ergraute Gourmets, die beim Erwähnen dieser Jugenderinnerung die Augen voll Verzücken verdrehen ...

Franken

Schtorzenärla-Salat

Damit sich niemand die Zunge zerbrechen muss, will ich gleich sagen, dass man diesen Salat auch »Schwarzwurzel-Salat« nennen kann. In Franken werden sehr viel Schwarzwurzeln angebaut und gegessen. Im Dialekt hat man den alten (und auch noch heute als lateinische Bezeichnung gültigen) Namen »Scorzonera« beibehalten; allerdings haben die Franken ihn sich mundgerecht gemacht. Einen »Schtorzenärla-Salat« wird man außerhalb Deutschlands wahrscheinlich vergeblich suchen.

- 1 kg Schwarzwurzeln
- Essig für das Wasser
- 1 Teel. Salz
- 2 bis 3 Essl. Essig
- 6 bis 8 Essl. Öl
- 1 Prise Zucker
- 2 bis 3 Essl. saure Sahne

Schwarzwurzeln schaben oder schälen und in Essigwasser legen. Dann in gleichmäßig lange – etwa 6 cm – Stücke schneiden; da diese auch nicht zu dick sein sollten, schneidet man die umfangreichsten Stangen auf die Dicke der schwächsten. In Salzwasser weich kochen, was etwa eine knappe Stunde dauern dürfte.

Aus Essig, Öl, Salz und wenig Zucker eine Salatmarinade rühren, die man noch durch saure Sahne abrunden kann. Die noch warmen Schwarzwurzelstücke darin wenden und anschließend mindestens 1 Stunde ziehen lassen.

Herrensalat mit Brombeeren

Diese überraschende – und sehr wohlschmeckende – Kombination zeugt von Erfindungsreichtum und kulinarischem Wagemut unserer Großmütter. Ich gebe das Rezept im Originaltext wieder, so wie ich es in einem handgeschriebenen Kochbuch aus dem späten 19. Jahrhundert gefunden habe.

„3 mürbe, geschälte Äpfel hobeln. Desgl. 2 kl. Zwiebeln. Mische dieses mit etwas Salz und 1 Eßl. Citronensaft, daß die Äpfel nicht braun werden. Dazu 300 g reife Brombeeren. Mische zu e(iner) leicht. Majonnaise 1 Eßl. geriebenen Meerrettich. Vielleicht einige Tropfen engl. Würze dazu (gemeint ist wahrscheinlich Worcestershiresauce). Alles gut vermengen. Sehr gut zu kaltem Braten."

Dieser »Herrensalat« ist also eigentlich gar kein Salat, sondern eine Würzbeilage – was seinem Wohlgeschmack aber keinen Abbruch tut.

Württemberg

Rindfleischsalat

Dieser bäuerliche Salat hat nichts mit dem undurchsichtigen Mischmasch zu tun, das man in modernen Metzgereien als Fleischsalat zu kaufen bekommt. Bei diesem alten Rezept sieht man auf den ersten Blick, was im Salat drin ist. Man machte ihn immer dann, wenn man viel Fleisch zu anderen Gerichten oder auch nur, um Brühe zu bekommen, gekocht hatte.

- 500 g mageres, gekochtes Rindfleisch
- 2 Zwiebeln
- 1 Essl. Weinessig
- 1 kleine Prise Zucker
- ½ Teel. Salz
- 3 Essl. Öl
- 2 bis 3 Essl. Sauerrahm

Fleisch in kleine Streifchen schneiden. Zwiebeln schälen, vierteln und in dünne Scheiben schneiden, die dann zerfallen. Essig mit Zucker und Salz verrühren, dann Öl und Rahm zugeben und alles miteinander zu einer glatten Marinade verarbeiten. Fleisch- und Zwiebelstücke darin wenden. Mit etwas Pfeffer abschmecken. Mindestens 1 Stunde ziehen lassen.

Beim Anrichten mit gehackter Petersilie bestreuen und eventuell mit Eivierteln garnieren.

Hinweis: Neuerdings mischt man unter diesen »Rindfleischsalat« gern noch eine in Streifchen geschnittene Paprikaschote. Nimmt man 1/2 grüne und 1/2 rote oder gelbe, so wird der Anblick noch attraktiver.

Pfeffer aus der Mühle
2 bis 3 Essl. gehackte Petersilie
1 bis 2 hart gekochte Eier nach Belieben

Ochsenmaulsalat

Normalerweise bezeichnet man ihn als eine süd- oder südwestdeutsche Spezialität. Abgesehen davon, dass man ihn in allen deutschen Landesteilen kennt, finden sich mehr Rezepte dafür in Kochbüchern aus Nord- und Westdeutschland. Allerdings wird er da meistens »Salat von Rindsgaumen« genannt.

Fränkischer Ochsenmaulsalat

Ochsenmaul (das ohne Knochen gekauft wurde) in sehr dünne Streifen oder Blättchen schneiden.

Essig mit Salz und Zucker verrühren, dann Öl und Wein zugießen und alles zu einer glatten Marinade verarbeiten.

Ochsenmaulstücke mindestens eine Stunde darin ziehen lassen. Öfter wenden und kräftig mit Pfeffer würzen.

Zwiebeln schälen, halbieren und in dünne Scheibchen schneiden, die dann in Halbringe zerfallen. Zwiebeln mit dem Salat vermischen und noch eine weitere Stunde ziehen lassen. Dazu isst man kräftiges Brot mit oder ohne Butter.

500 g Ochsenmaul, bereits gekocht zu kaufen
2 Essl. Essig
1/2 Teel. Salz
1 kleine Prise Zucker
1 Essl. Öl
2 Essl. herber Weißwein
Schwarzer Pfeffer aus der Mühle
2 Zwiebeln

Straßburger Wurstsalat

Trotz des linksrheinischen, elsässischen Namens
ist es eine rechtsrheinische Spezialität.
Kaum ein Restaurant am deutschen Oberrhein,
in dem es sie nicht gibt.

- 400 g Lyoner (Fleischwurst)
- 250 g Emmentaler
- 1 Zwiebel
- 2 bis 3 Essl. Weinessig
- 1 Prise Zucker
- 1 Prise Salz
- 3 bis 4 Essl. Öl
- Schwarzer Pfeffer aus der Mühle

Die Wurst in Scheiben und dann in Streifen schneiden. Den Käse ebenso schneiden.

Zwiebeln schälen, vierteln und in ganz dünne Scheibchen schneiden, die dann in Streifchen zerfallen. Essig mit Zucker und Salz verrühren, dann das Öl dazu und kräftig rühren, bis eine glatte Marinade entstanden ist. Wurst und Käse darin mit den Zwiebelstückchen vermischen und knapp 1/2 Stunde ziehen lassen.

Mit grob gemahlenem Pfeffer überstreuen. Helles Bauernbrot mit oder ohne Butter dazu.

Süddeutschland

Wurstsalat Variationen

Im Allgemeinen werden im südlichen Deutschland die Würste weniger kräftig gewürzt als in den anderen Regionen, und besonders beliebt sind Bratwürste. Der Vorwurf, dass ihr Geschmack etwas langweilig sei, kann nicht ganz von der Hand gewiesen werden. Vielleicht ist man deswegen auf die Idee gekommen, sie zur Kräftigung des Gesamteindrucks als Salate zu präsentieren. Wie dem auch sei, Wurstsalate wurden südlich des Mains zu überaus beliebten kleinen Gerichten. Restaurant können kaum darauf verzichten, sie in der einen oder anderen Form anzubieten. Sie sind die Renner unter den volkstümlichen Gerichten.
Der Verband der Gastronomen im Kreis Calw (Baden-Württemberg) hat 2003 einen Wurstsalat-Wettbewerb gestartet, der jährlich wiederholt werden soll. Gewertet wird in drei Kategorien: einfach, abgewandelt und exotisch. Die dritte Kategorie hat man ganz bewusst eingerichtet, weil man der Überzeugung ist, dass neue Variationen des Geschmacksbewusstseins regionale Spezialitäten durchaus bereichern können.

So werden also künftig auch Mango, Ananas sowie Curry und Zitronengras die deutsche Wurst zu neuen Aromahorizonten führen.
Hier sei auf die bereits bestehenden traditionellen Wurstsalat-Variationen hingewiesen (die grundlegende Zubereitung ist im Rezept für den Straßburger Wurstsalat beschrieben; die folgenden Anregungen beziehen sich auf die möglichen Veränderungen):
Schwäbischer Wurstsalat – Anstatt Lyoner (Fleischwurst) verwendet man Schwarzwurst (Blutwurst).
Pfälzer Wurstsalat – als Wurst verwendet man Schwartenmagen.
Bayerischer Wurstsalat – bevorzugt wird Fleischwurst, die nicht in Streifen, sondern in Scheibchen, Rädle geschnitten wurde.
Käse-Wurstsalat – an Stelle des Emmentalers können andere Käsesorten treten; besonders beliebt sind junger Gouda oder Tilsiter; Ziegen- sowie Schafskäse bringen willkommene Abwechslung; eine pikante Note bekommt man, wenn Parmesan zu Spänen über den fertigen Wurstsalat gehobelt wird.
Anmerkung: In den Stammlanden des Wurstsalates kann man in Metzgereien und Vebrauchermärkten die Wurst in dünne Streifen geschnitten kaufen.

Würste

Man kann sehr daran zweifeln, ob Deutschland wirklich (noch) das »Land der Dichter und Denker« ist. Aber zweifellos ist es das »Land der Würste«. Da halten Deutsche alle Rekorde: Sortenzahl, verzehrte Mengen und größte Würste.
Neben den Wursterwähnungen im Zusammenhang mit verschiedenen Rezepten will ich stellvertretend für alle hier nur eine Wurst kurz beschreiben, die bundesweit wenig bekannt ist, jedoch zu den alten, traditionellen Sorten gehört und nach meinem Geschmack die beste deutsche Wurst ist – »Feldkieker« vom Eichsfeld (nordwestliches Randgebiet Thüringens, zwischen Göttingen und Eschwege gelegen).

Feldkieker

Einer meiner alten Freunde, Bernhard Richardt, Postbeamter in Birkungen und Kratschel genannt, hat sich genau bei seinem Hausschlachter erkundigt und mir folgendes Rezept mitgeteilt:

Fleisch:
Schweinefleisch von Keule oder Blatt
2/3 mageres, 1/3 fettes Fleisch (zu etwa 3 mm Körnung gemahlen)

Gewürze (gerechnet auf 25 kg Fleisch):
2 Zehen Knoblauch
600 bis 700 g Salz
40 bis 50 g weißer Pfeffer, grob gemahlen
1 Muskatnuss, gemahlen
10 g Salpeter

Verarbeitung: Das Fleisch muss schlachtwarm verarbeitet und mit den vermischten Gewürzen verknetet werden. Die Masse wird sehr stramm in Kalbsblasen von mittlerer Größe gefüllt. Vor dem Abbinden müssen die Blasen mit einer Gabel kräftig »gesteppt« werden.

Die Blasen müssen langsam und hängend trocknen; sie vertragen keine Zugluft, keine Heizungswärme, eine geringe Luftfeuchtigkeit muss vorhanden sein. »Feldkieker« braucht mindestens 3 bis 4 Monate bis zur Reife. Räuchern muss nicht sein. Wenn, dann kalt und mit Buchensägemehl. Die Lagerfähigkeit kann je nach Vorratskammer 1 bis 2 Jahre betragen.

Mein Freund Kratschel fügt dann noch hinzu: »Eine alte Eichsfelder Bauernweisheit behauptet: Wenn der Kuckuck ruft, ist der Feldkieker reif. Gegessen wird er zu Brot; am besten zur Kirmes, weil man da einen Anständigen dazu heben kann.«

Damit Wurstmacher vor eventuellen Enttäuschungen bewahrt bleiben, will ich noch mitteilen, dass ich mich erinnere, schon vor Jahrzehnten im Eichsfeld gehört zu haben, dass die Qualität des »Feldkiekers« von der Fütterung der Schweine abhänge. Ohne bäuerlich gezogene Eichsfelder Schweine könne niemand einen hochwertigen »Feldkieker« machen.

Ich glaube das. Zwischen Hannover und Eschwege habe ich in den letzten Jahren so manchen »Kieker« gekauft; schlecht war keiner, aber nur einer aus Eschwege, den der Landrat eigens besorgt hatte, war wirklich gut.

Blaue Zipfel

Zuweilen nennt man sie auch Saure Zipfel. Der Fremde lernt sie meistens in Nürnberg kennen. Die Bamberger allerdings behaupten, sie seien eine Spezialität ihrer Stadt. Auf jeden Fall verspeist man sie genussvoll überall in Franken. Es sind immer im sauren Sud gekochte Bratwürste, deren helle Pelle dadurch bläulich ausschaut. Unterschiedlich ist die Zahl der Würste pro Person. Von den kleinen Nürnberger Bratwürsten braucht man mindestens vier bis sechs, bei größeren Bambergern reichen vielleicht schon zwei.

Zum Sud etwa 1 Liter Wasser mit 1/4 l Weinessig, Zwiebelringen, Pfefferkörnern, Pimentkörnern, Wacholderbeeren, Lorbeerblättern und jeweils einer Handvoll gestiftelter Möhren, Sellerieknolle und, wenn möglich, auch Petersilienwurzel aufkochen. Es kann garantiert nichts schaden, wenn man auch einen kräftigen Schuss Weißwein sowie gekörnte Brühe dazu gibt. Abschmecken mit Salz und Zucker und eine knappe halbe Stunde köcheln lassen. Dann die Würste einlegen und 15 Minuten ziehen lassen.

In tiefen Tellern oder flachen Schälchen zusammen mit Sud und allen Einlagen servieren. Zu Messer und Gabeln ist auch ein Löffel ratsam.

Besonders beliebt sind die Blauen Zipfel als Brotzeit, und vor allem nach einer längeren Zecherei. Dazu schmecken Laugenbrezeln besonders gut, doch Bauernbrot tut's auch.

- 1/4 l Weinessig
- 4–5 mittelgroße Zwiebeln, in Ringe geschnitten
- 10 schwarze Pfefferkörner
- 5 Pimentkörner (Nelkenpfeffer)
- 5 Wacholderbeeren
- 4 Lorbeerblätter
- Jeweils eine Handvoll Möhren, Sellerieknolle, und Petersilienwurzel
- Evtl. Weißwein
- Evtl. 1 Teel. gekörnte Brühe
- Salz und Zucker

Falsche Gänseleber

Schon vor über 100 Jahren hat man sich in Baden
von den Gänselebererfolgen
der Straßburger Nachbarn inspirieren lassen
und einen Gänseleberersatz gefunden.
Dieses Rezept ist so gut, dass es heute noch
mit Erfolg praktiziert werden kann.
Es stammt aus einem Gasthaus in Offenburg
und wurde dort von einem unbekannten
Küchenchef aufgeschrieben.

- 250 g Speck, leicht geräuchert und fett
- 500 g Kalbsleber
- 3 bis 4 hartgekochte Eidotter
- Salz und Pfeffer aus der Mühle
- 1 Prise Koriander
- 1 kleines Gläschen Madeira
- Eventuell einige Trüffelscheiben, klein gewürfelt und vorher in Madeira eingelegt

Speck würfeln, ebenso Kalbsleber. Speck anbraten, dann Kalbsleber zugeben. Beides zusammen unter ständigem Rühren so lange angehen lassen, bis der Speck gut glasig und die Leber eben durchgebraten ist, was nur wenige Minuten dauert. Diese Masse abkühlen lassen und pürieren. Heute macht man das entweder mit einer elektrischen Küchenmaschine, oder man treibt sie durch den Wolf und anschließend durch ein Haarsieb. Eidotter zerdrücken und mit der Lebermasse vermischen. Dabei würzen mit Salz, Pfeffer, Koriander, Madeira und – so man hat – den Trüffelstückchen.

Diese Masse auf Eis rühren, dann im Kühlschrank fest werden lassen.

Andere Anrichteweise: Eine Form dünn mit Madeira-Aspik ausgießen, steif werden lassen, die noch weiche Lebermasse einfüllen, glattstreichen. Nach dem Erstarren im Kühlschrank kann man noch eine Aspikschicht über die Lebermasse gießen und ebenfalls erstarren lassen. Vor dem Servieren stürzen und in Scheiben schneiden.

Toast und Butter dazu.

Marbach

Grieben – Grammeln – Schriewen – Spirkeln – Krappen

Alle Wörter bezeichnen die gleiche Spezialität.
In allen deutschen Landen schätzte man die Grieben,
die beim Auslassen von Schweinefett als Rückstände bleiben.
Sie haben einen kernigen, herzhaften Geschmack.
In letzter Zeit hat man sie verachtet und oft weggeworfen;
so fettes Zeug wollte man nicht haben.
Dabei hat man buchstäblich das Kind mit dem Bade ausgeschüttet.
Grieben haben sehr wenig Fett, viel weniger Kalorien
als zum Beispiel geröstete Erdnüsse.
Kurzes Nachdenken überzeugt: Grieben entstehen ja dadurch,
dass das Fett ausgebraten wird. Kein Wunder,
dass vor wenigen Jahren ein Hersteller Grieben als Knabbergebäck
auf den Markt brachte.
In Großmutters Küche waren Grieben viel billiger zu haben.
Und sie sind es noch – wenn man das folgende Rezept
anwendet.

Flomen

(Nierenfett des Schweins)

Den Flomen in kleine Würfelchen schneiden und bei nicht zu starker Hitze so lange ausbraten, bis die Würfelchen gelbbraun und kross werden. Fett abgießen. Grieben auf Küchenkrepp entfetten und in Gläsern kühl aufbewahren.
Das abgegossene Fett kann zum Braten verwendet werden; man kann ihm auch zusammen mit gerösteten Zwiebelstückchen und angebratenen Apfelwürfelchen nebst etwas Majoran die Grieben wieder zusetzen und bekommt einen deftig-köstlichen Brotbelag, der so richtig nach Bauernhof schmeckt, wenn man etwas Salz darauf streut.

Grieben kann man außerdem verwenden:
- in Füllungen für Gans oder Puter
- in Bratkartoffeln
- zum Bestreuen von Kartoffel- und Krautsalat
- in Kartoffel- oder Erbsensuppe
- zum Bestreuen von Kartoffel- und Erbsbrei
- als Zugabe an den Fleischteig für Buletten

Stolp, Stich von J. Richter nach einer Zeichnung von L. Rohbock

Pommerscher Kaviar

Das war eine Delikatesse, die sich schmecken lassen konnte. Leider ist sie nie über die Grenzen Pommerns hinausgewandert. Zu einer Zeit, als man noch stolzer auf seine heimatlich-ländlichen Genüsse war als heute, soll die Gräfin Bismarck diesen »Pommerschen Kaviar« mit großem Erfolg an ausländische Diplomaten verschenkt haben. Wie wäre es, wenn unser Außenminister einem Staatsgast nächstens als kleinen Imbiss »Pommerschen Kaviar« servierte? Das könnte ein großer Erfolg werden, denn er schmeckt nicht nur gut, sondern ist auch viel unbekannter als sein »echter« Namensvetter. Und man kann ihn auch heute überall zubereiten.

Darmfett von einer Gans oder mehreren Gänsen
Reichlich gerebbelter Majoran
Salz

Das Fett ausgiebig in kaltem Wasser wässern, mindestens über Nacht. Gut auf einem Sieb abtropfen lassen und zusätzlich trocken tupfen. Aus den Häuten streichen und fein hacken. Sehr gründlich und lange mit Majoran und wenig Salz verrühren. Früher geschah dies in Pommern in einer derben Tonschüssel mittels eines Holzlöffels, heute kann man die Rührbesen des elektrischen Handrührers und ein enges Gefäß dafür benutzen.

Diese Mischung wird auf Bauernbrot gestrichen, eventuell noch etwas nachgesalzen.

Man kann den »Pommerschen Kaviar« in Gläser oder Steingefäße füllen, verschließen und im kühlen Keller oder Kühlschrank wochenlang aufbewahren.

Ist der »Pommersche Kaviar« zum baldigen Verbrauch bestimmt, so vermischt man gern noch eine sehr fein geschnittene Zwiebel damit. Man kann die Würzung auch noch durch etwas Pfeffer aus der Mühle abrunden.

Alemannische Schneckengenüsse

Am Oberrhein und bis in den Schwarzwald hinein sind Weinbergschnecken ein derart volkstümlicher Genuss, dass man ihnen sogar ein eigenes Fest widmet. Es findet alljährlich am ersten Septemberwochenende im Weindorf Pfaffenweiler (Markgräflerland, südlich von Freiburg) statt. Gut 30 000 Besucher kommen von nah und fern. Es werden weder Schießbuden noch Karussells aufgestellt; die einzigen Volksbelustigungen sind Wein und gutes, bodenständiges Essen, zu dem natürlich die besagten Schnecken gehören. Einst hat man sie nur in Hungerzeiten gesammelt und gegessen; »Schneck« ist ein Schimpfwort geworden. Die kleinen Tierlein indessen wurden zum Feinschmeckerimbiss. Bevorzugte Zubereitungsarten sind (und waren):

Schneckensüpple

(Rezept Seite 139)

Schnecken in Kräuterbutter

Die häufigste Zubereitungsform in Baden und international. Inzwischen im Tiefkühlangebot zu haben. Schnecken in ihren Häusern mit Butter, Schalotten, Knoblauch und einer Mischung gehackter Kräuter. Dazu eigene Pfännchen und Bestecke.

Schneckenmaultaschen

Wie mit Kräuterbutter, dazu noch blanchierter Blattspinat; alles in kleine Maultaschen gefüllt und in Brühe gegart.

Schnecken in Brotteig

Eine Variation des vorgenannten Rezeptes.

Schneckensalat

Gegarte Schnecken, kalt mit Vinaigrette und Schalotten pikant angemacht. Dazu warmes Krustenweißbrot.

Schnecken aus dem Schweinefutter

In Pfaffenweiler hat man früher die gedeckelten Winterschnecken, die keinen Schleim haben, in Netze gefüllt und oben auf die Kartoffeln gelegt, die in Kesseln zu Schweinefutter gekocht wurden. So garten die Schnecken im Dampf und wurden dann aus dem Häuschen genommen und mit Zwiebelvinaigrette verzehrt. So gut das Rezept war, es wird heute nicht mehr praktiziert. Arme Schweine!

Sachsen

Schusterpastete sächsische Art

Wie bei allen Resteverwertungen ist auch dieses Rezept vielen Schwankungen unterworfen.

Zutaten und Zubereitung entsprechen der ostpreußischen Schusterpastete auf der folgenden Seite. In Sachsen verzichtet man jedoch auf das Fleisch. Dafür schichtet man gekochtes Sauerkraut (vom Vortag) zwischen Kartoffeln und Heringe.

Schusterpastete

Schuster gehörten nie zu den sprichwörtlich reichen Leuten; werden sie in einem Rezept erwähnt, dann deutet das auf billige Herstellung hin. Natürlich können solche Speisen ausgezeichnet schmecken – und heute durchaus nicht mehr so billig sein. Die ostpreußische »Schusterpastete« kann ihre Verwandtschaft zur bekannten »Versuchung« des alten Schweden namens Janson nicht verleugnen; trotzdem hat sie eine ganz eigene Geschmacksnote.

8 bis 10 mittelgroße, kalte Pellkartoffeln
2 Essl. Butter
Schwarzer Pfeffer aus der Mühle
2 bis 4 dicke Scheiben Bratenrest (kann auch von Kochfleisch sein)
1 große Zwiebel
1 Teel. Butter
2 bis 3 Heringsfilets
Gut 1/4 l saure Sahne (Schmant)
2 bis 3 Essl. Semmelbrösel
2 bis 3 Essl. Butter

Pellkartoffeln schälen und in Scheiben schneiden.

Eine feuerfeste Form (Keramikgeschirr) gut ausbuttern und mit einem Drittel der Kartoffelscheiben auslegen. Leicht mit Pfeffer bestreuen.

Braten in Würfelchen schneiden und diese über den Kartoffeln verteilen. Zweites Kartoffeldrittel darüber.

Zwiebel grob würfeln, kurz in der Butter angehen lassen (knapp glasig werden lassen) und mit den gewürfelten Heringsfilets vermischen; über den Kartoffeln verteilen.

Mit den restlichen Kartoffelscheiben abdecken, wieder leicht pfeffern, Sahne zugießen, mit Semmelbröseln überstreuen und die Butter als Flöckchen aufsetzen.

Im heißen Ofen bei etwa 220 °C ungefähr 1/2 Stunde backen. Oben auf der »Schusterpastete« soll eine Kruste entstehen.

Beilage: Grüner Salat oder im Winter Gemüsesalat.

Ganz Deutschland

Heringssalat

Wie alle wahrhaft volkstümlichen Spezialitäten
hat auch diese viele Namen:
»Heringssalat«, »Polnischer Salat«, »Roter Salat« sowie
»Konfettisalat« in Mainz, weil er genauso bunt aussieht und
zum Rosenmontag waschbüttenweise angemacht wird.

- 6 mittelgroße, geschälte Pellkartoffeln vom Vortag
- 1 1/2 Glas Rote Bete
- 400 g kaltes, gekochtes Rindfleisch (mager)
- 200 g Fleischwurst
- 4 Salz- und Gewürzgurken
- 1 Röhrchen Kapern
- 3 bis 4 Matjesfilets
- 1 bis 2 Essl. Weinessig
- 1 bis 2 Essl. Öl
- Pfeffer
- 1 Apfel
- 1 Tasse Mayonnaise
- 2 hartgekochte Eier

Vor Beginn der Zubereitung muss man sich entscheiden, ob man die Zutaten in kleine Streifchen oder in Würfelchen schneiden will. Beides ist möglich, nur muss man einheitlich verfahren. Würfeln wir! Kartoffeln, Rote Bete, Fleisch, Wurst und Gurke. Alles vermischen mit dem Saft der Roten Bete. Kapern mit ihrer Flüssigkeit dazu. Matjesfilets eventuell kurz wässern, dann auch in Würfelchen schneiden und mit den anderen Zutaten vermischen. Würzen mit Pfeffer, Essig und Öl, Salz ist meist nicht mehr nötig. Wird der Apfel verwendet, so muss er geschält, entkernt und natürlich gewürfelt werden. Der Salat soll mindestens 10 Stunden ziehen.

Beim Anrichten mit Eivierteln und Mayonnaise garnieren. Dazu isst man heiße Würstchen und Wasserbrötchen (Wasserweck in Frankfurt, Paarweck in Mainz).

Heringshäckerle

Mein schlesischer Freund Heinz Schwarz hat dieses Rezept vor vielen Jahren einmal in einer meiner Fernsehsendungen vorgeführt. Es hat uns allen und vielen anderen so gut geschmeckt, dass er monatelang, wo immer er hinkam, »Heringshäckerle« zubereiten musste. Das trug ihm bald den Namen »Mr. Häckerle« ein. Er hat's nie übelgenommen. Sein »Heringshäckerle« schmeckt ihm noch immer, mir ebenfalls – und Ihnen hoffentlich auch! Ähnliche Heringszubereitungen sind auch in anderen deutschen Gebieten heimisch; sie heißen auch »Stippe«, »Heringsstippe« oder »Beamtenstippe«.

- 8 Matjesfilets (in Schlesien nahm man gewässerte Salzheringsfilets)
- 1 großer, säuerlicher Apfel
- 1 Essl. Zitronensaft
- 50 g geräucherter, durchwachsener Speck
- 1 große Zwiebel
- 2 hartgekochte Eier
- 2 Essl. saure Sahne
- 1 Teel. scharfer Senf
- 1 bis 2 Essl. gehackte Petersilie

Matjesfilets nur kurz wässern, dann mit Küchenkrepp trockentupfen und fein würfeln. Apfel schälen, entkernen und gleich fein würfeln, dabei mit Zitronensaft vermischen.

Speck, Zwiebeln und ein Ei gleichfalls würfeln, also »häckeln«. Alles mit der Sahne und dem Senf vermischen.

Beim Anrichten mit dem zweiten, in Scheiben oder Achtel geschnittenen Ei garnieren und mit der Petersilie einen Kranz darum streuen.

Dazu kann man heiße Pellkartoffeln essen. Auch als Brotaufstrich (für kräftiges Bauernbrot) schmeckt »Heringshäckerle« ausgezeichnet. Und wenn die Preise für Matjesheringe weiter so steigen wie in den letzten Jahren, dann wird das einstige Armeleute-Essen aus Schlesien wohl bald in der Nobel-Gastronomie auftauchen und dem Kaviar auf Pellkartoffeln Konkurrenz machen. Nur Mut, meine Herren Sterne-Köche!

Das Rathaus zu Brieg, Stich von J. Richter nach einer Zeichnung von Johann Poppel

Quark

Deutschland war nie ein Käseland. Wenn wir uns das heutige Angebot betrachten, so finden wir hauptsächlich ausländische Namen. Selbst der »Limburger« kommt nicht von der Lahn sondern aus der gleichnamigen holländischen Provinz. Der Münsterkäse wurde vielleicht erfunden, als das elsässische Münstertal gerade einmal zu Deutschland gehörte. Der »Tilsiter« jedoch kam aus dieser Stadt, als sie lange deutsch war.
Viele der internationalen Käse werden heute in der Bundesrepublik hergestellt wie etwa »Camembert«, »Brie« oder »Allgäuer Emmentaler«. Einige andere Käse sind neue Sorten.
Echte ur-deutsche Käse sind zweifelsohne »Handkäse«, »Quark«, »Kochkäse« und« Weißlacker«. – Nicht gerade viel. Und dabei fristet inzwischen der »Weißlacker« das Dasein allein in seinen bayerischen Stammlanden, nur eine einzige Käserei stellt ihn noch her.
Dem »Handkäse« und seinen Sauermilch-Verwandten wurde durch Sterilisierung sein zugegebenermaßen penetranter Duft genommen, wodurch er viel von seinem Wohlgeschmack einbüßte.
Nur der Quark ist und bleibt unser Königskäse, und deshalb gebührt ihm auch die folgende Würdigung.

Quark hat bestimmt kein deutsches Patent. In keinem anderen Land wird er jedoch so vielfältig und häufig gegessen. Seine tiefe Verwurzelung in den nationalen Essgewohnheiten geht schon aus der Vielzahl der Namen, die er trägt, hervor. Hier sind nur die bekanntesten:

Quark, Weißer Käse, Matte, Hotte, Matz, Klatsch-, Schmier-, Sieb-, Schicht- und Bibeles-Käse, Topfen, Glumse und Zieger.

Man isst ihn nur mit Salz oder pikant und auch süß angemacht. Mit Fisch und Obst. In Brei und Cremes. Als Dip und als Kloßbestandteil. Kuchen werden damit gebacken, Gebäck hält er frisch, und mit Wurst und Gemüsen vermischt wird er zu herzhaften Herrentorten. Eine deutsche Zeitschrift hat vor einiger Zeit einen Wettbewerb veranstaltet, bei dem es um Quarkrezepte ging: »Wer hat das schönste Quarkrezept?« – Über 6000 wurden eingesandt; Rezepte für jeden Geschmack, für jeden Anlass, zu jeder Tageszeit – und alle mit Quark. Da kann man wirklich von einer deutschen Spezialität sprechen, deren Reichtum an Zubereitungsarten und Geschmacksnuancen sich erst in den letzten Jahrzehnten entfaltete. In diesem Buch sind Rezepte wiedergegeben, die gewissermaßen die Urformen der deutschen Quarkliebe darstellen.

Nitzle - Doppekienzle

Eine Speise aus der armen alten Zeit. Heute wird sie höchstens noch einmal von Hobbyköchen ausprobiert. Vielleicht lässt ein findiger Gastwirt die alte Sitte wieder aufleben, »Nitzle« zum Frühschoppen (mit herbem Wein) zu servieren.
In dem zweiten Namen »Doppekienzle« steckt das bayerische »Topfen« = Quark.

125 g Butter
300 g Quark (im Allgäu auch »Zieger« genannt)
1 Prise Salz
1 Essl. Kümmel

Butter cremig rühren und mit dem Quark zu einem glatten Käseteig verarbeiten. Dabei mit Salz und Pfeffer würzen. Kleine Kugeln formen, auf ein Brett mit so gehörigem Abstand legen, dass man kleinfingerdicke Plätzchen daraus drücken kann. Diese mit einem Tuch locker bedecken und bei Zimmerwärme mehrere Tage reifen lassen. Sobald sie eine faltige Oberfläche bekommen, sind sie reif und können zu Butterbrot gegessen werden. Wein zum Runterspülen ist sehr zu empfehlen.

Das Rathaus mit dem Martbrunnen in Ulm

Gumbinnen, Stich von Navellier nach einer Zeichnung von Clerget

Schmant mit Glumse

Diese sommerliche Quarkspeise kennt man vielerorts in deutschen Landen. Wir haben daheim in Frankfurt am Main immer »Kräuterquark« dazu gesagt. Bei der sehr alten und sehr großen Vorliebe, die man in Ostpreußen für Quark, den man dort zärtlich »Glumse« nannte, hegte, bin ich gern bereit, dieses einfache Sommergericht den Ostpreußen zuzuschreiben.

500 g Quark
1 kleine Zwiebel
1 großes Bund Schnittlauch
Salz, weißer Pfeffer aus der Mühle
Gut 1/4 l süße oder saure Sahne

Quark mit der geriebenen Zwiebel zerdrücken. Schnittlauch klein schneiden und zusammen mit allen anderen Zutaten unter den Quark rühren. Es muss eine zarte Creme entstehen. Verfeinern kann man sie noch durch eine ganz kleine Prise Zucker.

Eine mögliche weitere Zutat sind hartgekochte und dann kleingehackte Eier.

Dazu isst man heiße Pellkartoffeln. Vielleicht noch einen grünen Salat dazu. Man kann diese angemachte Glumse aber auch mit und ohne Butter aufs Brot streichen.

Kochkäse

Unsere Vorfahren waren keine besonders eifrigen Käseerfinder, weswegen es nur wenige ur-deutsche Sorten gibt. Eine davon, der Weißlacker, fristet sein Dasein nur noch in Bayern, seine Herstellung muss man der letzten Käserei, die ihn noch macht, überlassen. Einen anderen einheimischen Käse kann man südlich der Mainlinie noch gelegentlich im Handel finden. Da ein bisschen kulinarischer Nationalstolz wohl erlaubt ist, könnte man sich vielleicht an diesem, dem Kochkäse, der immer schon auch im Haushal hergestellt wurde, gelegentlich einmal versuchen.

Henriette Davidis, die wohl berühmteste deutsche Kochbuchschreiberin hat 1844 in ihrem allumfassenden kulinarischen Werk ganze vier Käserezepte gegeben. Das für Kochkäse ist heute kaum nachvollziehbar und so kurios, dass man es wenigstens lesend genießen sollte. (Ein praktikables Rezept folgt danach.)

Henriette Davidis, 1844

Ein Kilo weißen Quarkkäſe krümelt man mit den Händen ſo fein wie möglich, verteilt dann dieſe Maſſe in einer Holzmulde ſo, daß ſie den Boden fingerdick bedeckt, und legt nun erſt ein leinenes und darauf ein wollenes Tuch darüber. Jetzt ſchiebt man einen leinenen Sack, der keine Löcher haben darf, über die Mulde und ſtellt dieſe in einen Raum, dem der ſich entwickelnde Käſegeruch nicht ſchadet. Bei heißer Witterung läßt man den Käſe drei, bei kühler ſechs Tage ſtehen. Die Quarkmaſſe wird nun zerfloſſen ſein, ſie wird mit 60 g zerlaſſener friſcher Butter, einer Handvoll Salz und zwei Löffeln Kümmelkörnern verrührt und unter ſtändigem Rühren ſo lange gekocht, bis die Maſſe klar und flüſſig ausſieht. – Selbſt im Sommer hält dieſer Kochkäſe ſich mehrere Wochen.

Kochkäse heute

500 g Quark oder Schichtkäse
2–3 Teel. Natron, in der Apotheke zu bekommen
Salz und Kümmel nach Geschmack
2 Eidotter

1. nicht »anrüchige« Version

Den Quark in eine feuerfeste Schale zerbröseln und Natron gut damit vermischen. Einen Tag und eine Nacht zugedeckt bei Zimmertemperatur reifen lassen. Dann über geringer Hitze (evtl. im Wasserbad) erhitzen. Salz und Kümmel zufügen und eine gute Viertelstunde rühren, bis eine glatte Creme entstanden ist.

Nach leichtem Abkühlen verklepperte Eidotter darin verquirlen.

Abschmecken und in eine Servierschüssel umfüllen.

Dieser Kochkäse kann sofort gegessen werden. Dazu schmeckt Bauernbrot und Butter.

Hinweis: War der Quark sehr trocken, muss man noch etwas Sahne einrühren.

500 g junger Handkäse, der innen noch weiß ist
1 Schuss herber Weißwein
Knapp 1 Tasse Schmant (dicke saure Sahne)
1 Prise Salz
1/2 Teel. Kümmel – weiterer Kümmel kann während des Essens nach persönlichem Geschmack auf den Käse gestreut werden.
2 Eidotter

2. auch nicht »anrüchige« Version

Handkäse klein schneiden und mit Wein und Schmant in eine feuerfeste Schüssel füllen. Wenig Salz und Kümmel nach Geschmack zufügen und auf geringer Hitze schmelzen lassen. Dabei häufig rühren, bis die Masse glatt und cremig ist. Dann Eidotter mit dem Schneebesen darunter ziehen.

Der Kochkäse gewinnt an Aroma, wenn man ihn über Nacht kalt stellt.

Man schneidet ihn aus der Schüssel heraus in dicke Scheiben und isst ihn mit Bauernbrot. Man kann dazu noch Butter nehmen und klein geschnittene Zwiebel sowie mehr Kümmel.

Was immer dazu gehören sollte: kräftiger Weißwein, Riesling oder Silvaner, denn alle Käse lieben Weinbegleitung.

Liptauer

Der Name ist irreführend, denn Liptauer Käse, auch Liptauer Brimsen genannt, kommt aus der zwischen Tatra und Karpaten gelegenen Stadt Liptau. Richtig müsste es heißen »Angemachter Käse nach Liptauerart«. Wer aber nimmt schon eine so lange Formulierung so oft in den Mund, wie er Appetit auf diesen Käse hat?! Ursprünglich hat man streng darauf geachtet, dass »Liptauer« der südlich der Donau serviert wurde, nur aus Frischkäse bestand; waren andere Käse mit verwendet worden, so galt die Bezeichnung »Obatzter«. Im Norden der Donau gingen die Begriffe schon immer kunterbunter durcheinander. Heute trifft das überall zu.

Pro Person:
150 g Topfen (Quark
50 g fein geriebener Emmentaler
2 bis 3 Essl. saure Sahne
1 bis 2 Teel. fein gehackte Zwiebel
Salz und Pfeffer aus der Mühle
Edelsüßes Paprikapulver

Alle Zutaten gut miteinander vermischen. Zu Misch- oder Weißbrot servieren.

Rezeptveränderungen:

- Will man dem Liptauer Rezept möglichst nahekommen, gibt man den 150 g Quark noch 75 g Fetakäse sowie 60 g Butter bei. Der Emmentaler entfällt dabei.
- Besonders gut schmeckt die Mischung, wenn man sie aus Topfen und Weißlacker-Käse herstellt.
- Zu den jeweils gewählten Käsemischungen wird noch Butter hinzugefügt.
- Ergänzend verwendet man noch eine oder mehrere der folgenden Würzzutaten: Kümmel, gehackte Sardellen, scharfer Senf.

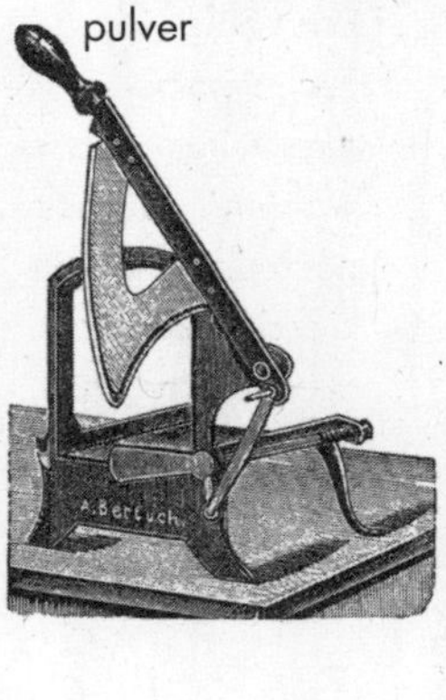

Obatzter

Einer der berühmtesten angemachten Käse, der Bayern zugerechnet werden muss, denn überall sonstwo firmiert er recht ausdruckslos nur als »angemachter Käse«. Nun sagt zwar das bajuwarische Dialektwort »Obatzter« auch nichts anderes aus, klingt aber viel kraft- und saftvoller. Außerdem wird wahrscheinlich in Bayern mehr »Obatzter« gegessen, als im ganzen übrigen Deutschland »angemachter Käse« verzehrt wird. – Und wahrscheinlich auch mehr Brotzeit gemacht.

Pro Person:
100 g Camembert
1 bis 2 Teel. Butter
1 bis 2 Teel. fein gehackte Zwiebel

Alle Zutaten gut mit der Gabel zerdrücken und vermischen.

Rezeptveränderungen:

- 2/3 Camembert und 1/3 Backsteinkäse (Limburger) oder auch Romadur.
- Zusätzlich zur Grundmischung noch 1 Eigelb.
- Zwiebel bewusst grob schneiden, damit der Geschmack deftiger wird.
- Ein Teil des Camemberts wird durch Frischkäse oder Topfen (Quark) ersetzt, um den Geschmack milder zu machen.
- Weitere Gewürze werden zugefügt: Kümmel, klein gehackte Gewürzgurke, klein gehackte, frische Paprikaschote, Paprikapulver (Paprikapulver muss immer zunächst mit der Butter gründlich vermischt werden, da es nur so seine Geschmacksstoffe entfaltet).
- Grundrezept wird für die Mischung des »Obatzten« verwendet, dieser dann in der Mitte eines Tellers serviert; drum herum werden alle genannten Gewürze und zusätzlich noch klein geschnittene Zwiebeln in kleinen Häufchen arrangiert, damit sich jeder Gast den Käse nach seinem persönlichen Gusto würzen kann.

Spundekäs

In Mainz wird diese Käsezubereitung viel häufiger gegessen als der berühmte »Mainzer Handkäs«, vor allem in den urgemütlichen Weinstuben, die noch die gute alte Sitte der blanken Holztische bewahrt haben.
Der Name rührt von der ursprünglichen Form der Käse her; sie wurden leicht gerollt, so dass sie einem Zapfen glichen, der auf mainzerisch Spund genannt wird.
Mit dem Aussterben der Fässer und damit der Spunde ging auch die Käseform verloren; heute wird er meistens auf die Teller gehäuft.

Pro Person:
150 g Quark (Schmierkäs)
1 bis 2 Essl. Sahne
1 Essl. Butter
1 Essl. sehr fein geschnittene Zwiebel
Salz

Alle Zutaten gut miteinander vermischen. Der »Spundekäs« darf keinesfalls flüssig sein, er muss seine Form gut halten. Dazu isst man dick geschnittenes Mischbrot oder Paarweck (Wasserteigbrötchen).

Rezeptveränderungen:
- Paprikapulver wird mit der Butter verrührt und diese dann in den Käse geknetet.
- Zusätzlich wird noch Kümmel dazu serviert.

Apropos: Wer »Spundekäs« mit »Liptauer« vergleicht, wird unschwer feststellen, dass geschmacklich kaum ein Unterschied zwischen beiden besteht; allenfalls dürfte man in Mainz schon immer mehr Wert auf einen nicht zu geringen Butteranteil gelegt haben, wohingegen die Liptauer sich früher dem Paprikapulver zuwandten.

Eingelegte Handkäse

10 Handkäse
1 bis 2 Essl. Kümmel
$1/2$ l herber Weißwein
Steingutgefäß

Handkäse nebeneinander in eine flache Schale oder auf eine Platte legen und mit Wein begießen. Während 15 Minuten mehrmals im Wein wenden.

Käse anschließend in das Steingutgefäß dachziegelförmig schichten und jeweils großzügig Kümmel dazwischen streuen. Den Wein zugießen; er muss die Käse bedecken.

Gefäß mit einem Tuch zubinden und mindestens vier Tage zum Reifen beiseite stellen, je kälter, desto länger.

Dazu isst man Bauernbrot mit Butter und trinkt am besten den Wein, in dem der Käse eingelegt wurde – frischen natürlich. Und aus nicht zu kleinen Gläsern.

Der Dom zu Mainz

Handkäs mit Musik

Ein Messfremder fragte in Mainz einen Meenzer, was denn die seltsame Bezeichnung »mit Musik« bedeute. Antwort: »Ei, esse Se en erst emol, dann kommt die Musik ganz von selbst!« Ausdrücklich sei darauf hingewiesen, dass in diesem Käsenamen bei dem Wort »Musik« die Betonung auf der ersten Silbe liegt und das »u« kurz wie in »muss« ausgesprochen wird.

Pro Person:
Je nach Größe 1 bis 2 Handkäse, die gut »durch« sein müssen
1 Zwiebel
1 Essl. Essig
3 Essl. Öl
Salz und Pfeffer aus der Mühle

Handkäse auf einen Teller legen und vor dem Servieren mit der klein geschnittenen Zwiebel bestreuen. Essig mit Salz und Pfeffer verrühren, bis das Salz aufgelöst ist, dann das Öl zu der Mischung rühren und diese über den Handkäse gießen.

Dazu isst man nicht zu dünn geschnittenes Bauernbrot, das reichlich mit Butter bestrichen wurde.

Kenner lehnen den Gebrauch einer Gabel ab, das Messer genügt. Mit diesem schöpft man Marinade über das abgeschnittene Käsestückchen, legt eventuell auch noch einige Zwiebelwürfelchen nach und schaufelt das Ganze dann auf eine Ecke des Butterbrotes, von dem man herzhaft abbeißt. Wer als Getränk keinen herben Weißwein oder einen Apfelwein zur Hand hat, der denke gar nicht erst daran, »Handkäs mit Musik« zu essen!

Grütze

Wer dieses Wort heute liest, muss wahrscheinlich ein Lexikon aufschlagen, um nachzusehen, was es bedeutet. Es handelt sich um geschälte und geschrotete Körner von Hafer, Gerste oder Buchweizen. Aus ihnen kann man Brei kochen. Da dieser in weiten Kreisen der deutschen Bevölkerung im vorigen Jahrhundert alltäglicher war als das tägliche Brot, bezeichnete man den Brei auch als Grütze. In armen ländlichen Gegenden aß man morgens, mittags und abends Grütze. Rezepte dafür finden sich nur selten in alten Kochbüchern, da man sich einmal nicht um die Küche der einfachen Leute kümmerte und anderseits das Grützekochen zu selbstverständlich schien, um ein Wort darüber zu verlieren. In den achtziger Jahren kamen viele halbvergessene, alte Grützezutaten wieder in Mode. In Naturkostläden sind sie inzwischen überall zu kaufen. Grützen erleben eine bescheidene Renaissance.

Heidegrütze gemein, wie sie im Wendischen bräuchlich ist

(Original aus »Nutzbares, galantes und curieuses Frauenzimmer-Lexicon« von 1773)

200 g Buchweizenschrot
Ca. 3/4 l Wasser
1 Teel. Salz
3/4 l Milch

„Wenn sie im Wasser abgekocht, und ein wenig gesalzen worden ist, so thut man sie auf eine Schüssel, und läßt sie kalt werden. Will man sie alsdann essen, so muß allezeit eine Schüssel mit warm gesottener Milch dabey stehen. Sie (die Grütze) wird stückweise genommen, in die Milch getunket und verzehret."

Hinweis: »Heidegrütze« war der für Buchweizengrütze gebräuchliche Ausdruck.

Hansestädte

Gerstengrütze

(Hamburger Rezeptsammlung aus dem Jahre 1903)

2 Liter Milch
400 g Gerstengrütze
Salz

Man schüttet die Gerstengrütze in die kochende Milch, kocht sie dann 2–3 Stunden lang ohne Umrühren; erst kurz vor dem Garwerden wird sie dann umgerührt. Zuletzt kommt etwas Salz hinzu. Für 5 Personen.

Hinweis: Die einzige Grütze, die sich bis heute erhalten hat, wenn auch hierzulande nur noch als Schonkost, ist die »Hafergrütze« die man auch als »Haferbrei« bezeichnet.

Apropos: Eine der beliebtesten ländlichen Anrichtweisen für Grütze sah so aus: Grütze wurde als Brei in Milch gekocht und kam in der großen Pfanne auf den Tisch. Gebräunte oder auch nur ausgelassene Butter wurde aus einem irdenen Topf darüber gegossen. Familie und Gesinde saßen ringsum, und jeder langte mit seinem Löffel zu – und versuchte dabei, soviel Butter wie möglich zu ergattern.

Saurer Käse

1 bis 3 Essl. Weinessig
1/2 Teel. Salz
1 kleine Prise Zucker
4 Essl. Öl
1 Tasse lauwarmes Wasser
500 g Limburger (Backsteinkäse)
Weißer Pfeffer aus der Mühle
1 bis 2 Zwiebeln

Essig mit Salz und Zucker verrühren, bis beide aufgelöst sind. Öl dazumischen und alles zusammen im Wasser verrühren. Käse in Scheiben schneiden, mit der Flüssigkeit vermischen. Während einer Stunde immer wieder wenden. Anschließend den Käse in ein Porzellangefäß legen und mit der Flüssigkeit begießen. Pfeffer darüber streuen. Über Nacht ziehen lassen. Beim Servieren mit den zu Ringen geschnittenen Zwiebeln belegen.

Dazu isst man Bauernbrot oder Pellkartoffeln.

Apropos: Bei diesem »Sauren Käse« handelt es sich um die seltene Frühform eines Käsesalates. Die heute in Deutschland recht verbreiteten Käse- und Käse-Wurst-Salate sind alle Erfindungen der jüngsten Zeit.

Allgäuer Kässpätzle

400 g Mehl
4 Eier
1 Teel. Salz
Einige Essl. kaltes Wasser
Salz und 1 Essl. Öl
250 g Allgäuer Emmentaler, gerieben

Aus Mehl, Eiern, Salz und etwas Wasser einen Spätzleteig so lange schlagen, bis er Blasen wirft. Kurz ruhen lassen.

Reichlich Wasser mit Salz und Öl zum Kochen bringen. Aus dem Teig Spätzle vom Brett ins Wasser schaben. Oder mit Spatzenhobel oder ähnlichem Gerät; siehe Grundrezept »Spätzle« S. 511.

An die Oberfläche gekommene Spätzle herausnehmen und gut abtropfen lassen.

Angewärmte Schüssel mit etwa 1 Essl. Butter ausschwenken. Dann abwechselnd Spätzle und geriebenen Käse schichtweise einfüllen. Zum Schluss noch etwas Butter in Flöckchen aufsetzen, alles durcheinander heben.

In der restlichen Butter die zu Ringen geschnittenen Zwiebeln goldbraun anrösten. Mitsamt ihrem Fett über die Käsespätzle schütten. Als Beilage gibt es grünen Salat.

Dies ist ein köstliches Sommergericht. Im Winter schmeckt es allerdings auch.

Ostpreussen

Kurländer Speckkuchen

Kurland gehörte nur kurz zu Ostpreußen, mit dem es unter den Deutschordensrittern einmal vereint war.
Dies würde nicht die Aufnahme der »Speckkuchen« in dieser Zusammenstellung rechtfertigen, wenn nicht das herzhafte Gebäck in preußischen Landen längst heimisch geworden wäre.

- 40 g Hefe
- 1/4 l Milch
- 1 Messerspitze Zucker
- 500 g Mehl
- 100 g Butter
- 1 Ei
- 200 g Schinkenspeck
- 2 Zwiebeln
- 1 hartgekochtes Ei
- Salz und Pfeffer aus der Mühle
- 2 Eier
- Kümmel
- 1 Essl. Schmalz

Hefe mit wenig lauwarmer Milch und einigen Körnchen Zucker zerdrücken. Mehl in eine Schüssel sieben, weiche Butter auf den Rand verteilen. Aufgegangenes Hefestück dazugeben und einen Teig rühren. Mit einem Ei verkneten und zugedeckt aufgehen lassen.

Inzwischen Schinkenspeck klein würfeln und ausbraten. Aus der Pfanne nehmen. Im zurückbleibenden Fett die klein gewürfelten Zwiebeln glasig werden lassen. Abgekühlt mit dem Schinkenspeck und dem hartgekochten, zerdrückten Ei vermischen. Mit Salz und Pfeffer kräftig abschmecken.

Hefeteig zu dünnen Platten ausrollen. Mit großer Tasse oder kleiner Schüssel runde Stücke ausstechen. Auf eine Hälfte jeweils etwas Füllung geben, Ränder mit Eiweiß bestreichen, zu Halbmonden zusammendrücken. Oberseiten mit geschlagenem Eigelb bestreichen und mit Kümmel bestreuen.

Backblech(e) mit Schmalz einfetten, Speckkuchen darauf setzen und nochmals kurz gehen lassen.

Bei etwa 175 °C im Ofen zu goldbrauner Farbe backen. Schmecken heiß, warm und kalt.

Maultaschen

Würde man vor einem internationalen Feinschmeckergremium einen Wettbewerb zwischen Piroggen, Ravioli und Maultaschen veranstalten, so hätte die schwäbische Spezialität gute Aussichten auf den 1. Preis. Wie gut »Maultaschen« auch bei Nicht-Schwaben ankommen, kann man auf der Grünen Woche erfahren, auf der sie die Berliner in solchen Massen kaufen, dass der schwäbische Verkaufsstand kaum genug Nachschub heranschaffen kann. Zwei Köche der Allgemeinen Rentenanstalt halten seit 1979 den Maultaschen-Herstellungsrekord mit 1000 Maultaschen in 32 Minuten. Dem guten Geschmack der Maultaschen tut es keinerlei Abbruch, dass sie von den listigen Schwaben dermaleinst erfunden wurden, um den lieben Gott oder wenigstens den örtlichen Kaplan zu täuschen: Unter der Teighülle und im Spinatfüllsel versteckte man das Fleisch, das während der Fastenzeit verboten war.

Teig:
500 g Mehl
4 Eier
Salz

Fülle:
100 g durchgewachsener, geräucherter Speck
1 Essl. Butter
3 Zwiebeln
200 g Bratwurstbrät (frisch, ungebrüht)
1 abgeriebenes Brötchen
250 g gekochter Spinat
250 g gemischtes, kurz angebratenes Hackfleisch oder leicht geräucherte, grobe Mettwürste (Bauernbratwürste) oder

Aus den Teigzutaten einen Nudelteig rühren, wenig Wasser zugeben und so lange kneten, bis eine feste Konsistenz erreicht ist.

Speck in kleine Würfelchen schneiden und in der Butter zusammen mit den klein gewürfelten Zwiebeln gut glasig werden lassen. Mit dem Bratwurstbrät vermischen. Brötchen in Wasser einweichen, ausdrücken und zusammen mit dem Spinat (falls dieser nicht schon püriert ist) sowie den Mettwürsten oder den Bratenresten (falls kein Hackfleisch verwendet wird) durch den Fleischwolf treiben. Mit Eiern, Gewürzen und der Petersilie verkneten. Füllung muss sehr kräftig gewürzt sein.

Teig auf bemehltem Brett nacheinander zu möglichst rechteckigen Platten ausrollen.

In gehörigen Abständen mit einem Esslöffel Füllung zu Klecksen auf die eine Hälfte der Platte setzen. Zwischenräume mit Ei-Milch-Mischung bestreichen, andere Teigplattenhälfte darüber schlagen, zwischen den Füllungen gut zusammendrücken und mit dem Kuchenrädchen oder einer Untertasse so teilen, dass viereckige oder auch rautenförmige Maultaschen entstehen.

Diese in reichlich Fleischbrühe oder siedendem Salzwasser offen garen; das dauert je nach Größe der Maultaschen 10 bis 15 Minuten; sie kommen an die Oberfläche.

Herausnehmen und abtropfen lassen.

Verschiedene Anrichteweisen:

- Geschmälzte Maultaschen
  Reichlich halbe Zwiebelringe in Butter goldbraun rösten und mitsamt dem Fett über die Maultaschenportionen geben. Dazu saftiger Kartoffelsalat oder gemischter Salat.
- Maultaschen in der Brühe
  In kräftiger Fleischbrühe (große Maultaschen) servieren und mit reichlich gehacktem Schnittlauch bestreuen.
- Geröstete Maultaschen
  Maultaschen erkalten lassen und in Streifen schneiden. Diese Streifen in der Pfanne in Butter oder Schmalz kross rösten. Dazu gibt es Kartoffelsalat.
- Feinschmecker-Maultaschen
  Maultaschen portionsweise in feuerfeste Pfännchen legen, mit gekochtem Schinken bedecken, einige Käsescheiben darüber und überbacken. Dazu grüner Salat.

durchgedrehte Braten- oder Siedfleischreste
2 bis 3 Eier
Salz, Pfeffer aus der Mühle
Geriebene Muskatnuss
3 bis 4 Essl. gewiegte Petersilie
1 Ei und 3 Essl. Dosenmilch zum Bestreichen
Fleischbrühe oder Salzwasser zum Garen

Muultäschli

Seit einigen Jahrzehnten wird eine badische Variante der Maultaschen immer beliebter, die wir hier mit ihrem mundartlichen, alemannischen Namen nennen. In seinem verspielten Klang und durch die Verkleinerungsform betont er die Besonderheiten dieser oberrheinischen Spezialität: apart im Geschmack und klein in der Form.

Die Hälfte der Teigzutaten für Maultaschen.

Füllungen: z. B. feines Kalbsbrät mit klein geschnittenen Morcheln oder Masse für Hechtklößchen mit reichlich Dill oder Farce aus Krebsfleisch mit Sahne oder ähnlichem.

Teig dünn auswellen. Runde Plätzchen oder Quadrate von rund 5 cm Durchmesser bzw. Kantenlänge schneiden, füllen und verschließen, wie im vorangehenden Rezept angegeben.

In schwach siedendem Salzwasser garen.

Servieren mit ganz kurzen, pikanten Sößchen (Kalbsjus mit Schalotten und Pilzen oder Fisch-Sardellen-Sahne-Sauce oder Riesling-Dill-Sahne-Sauce entsprechend den oben genannten Füllungsvorschlägen).

Zwiebelkuchen

Der schwäbische Dichter Eduard Mörike (1804 bis 1875) musste einst bei seinem Amtsbruder, dem Pfarrer von Winsheim, in einer Kammer übernachten, in der Zwiebeln gelagert wurden. Dieses Erlebnis inspirierte ihn zu folgendem Gedicht und dem verzweifelten Ruf nach Zwiebelkuchen.

»Ganz richtig hört' ich sagen,
Dass, wer in Zwiebeln schlief,
Hinunter werd' getragen
In Träume schwer und tief.

Und gegen dieses Übel,
Das gar nicht angenehm,
Hilft selber nur die Zwiebel
Nach Hahnemanns* System.
Das lasst uns gleich versuchen!
Gott gebe, dass es glückt! –
Und schafft mir Zwiebelkuchen!
Sonst wer' ich noch verrückt.«

* Samuel Hahnemann, Arzt und Begründer der Homöopathie, hatte zu jener Zeit gerade eine These aufgestellt, dass »Ähnliches mit Ähnlichem zu heilen sei«.

Zwiebelkuchen

Zwiebelkuchen ist in Weinlandschaften daheim.
In der Pfalz und in Hessen ist er als »Zwiwwelkuche« (mit kurzem »u« wie in »Kuss«) bekannt.
In Franken nennt man ihn »Zwiebelplatz«. In Schwaben trägt er neben seinem angestammten Namen auch noch die Bezeichnung »Zwiwlwähe«, während er in Baden schlicht »Zwiewelkuche« oder »Zwiewelblotsch« heißt.
Zuweilen nennt man ihn auch »Posaunentorte«. Warum wohl?
Einen echten Süddeutschen erkennt man daran, dass ihn – wo immer in der Welt er sei – zur Herbstzeit unbändiges Heimweh befällt, Sehnsucht nach neuem Wein und Zwiebelkuchen.
An Rhein, Main und Neckar findet man im Herbst an jeder Wirtschaft, die etwas auf sich hält, ein Schild: »Neuer und Zwiebelkuchen.«

Zum Teig:
250 g Mehl
50 g Butter
20 g Hefe
1 kleine Tasse lauwarme Milch
1 Prise Salz
Butter für die Form

Aus den angegebenen Zutaten einen Hefeteig herstellen. Nur kurz gehen lassen und dann in eine ausgebutterte, große Springform so einlegen, dass ein Rand von 2 bis 3 cm hoch gedrückt werden kann. Zwiebeln vierteln und in dünne Scheibchen schneiden, die dann zerfallen, oder würfeln.

Speck in Würfelchen oder kleine Streifchen schneiden und diese in der Butter gut glasig werden lassen. Zwiebeln zugeben und unter häufigem Rühren diese hellgelb werden lassen. Zum Abkühlen beiseite stellen. Dabei mit Salz, Pfeffer und Kümmel abschmecken. Sahne mit den Eiern und dem Eigelb gut verkleppern. Abgekühlte Zwiebelmasse auf dem Teigboden verteilen. Sahne-Eier-Gemisch darüber gießen, langsam, damit es überall zwischen die Zwiebeln dringen kann.

Im vorgeheizten Backofen bei ca. 200 °C etwa 35 bis 40 Minuten backen.

Warm verzehren und unbedingt neuen Wein dazu trinken, der nicht mehr süß ist, dafür aber reißt. Auch ein kräftiger, herber Weißwein (evtl. Silvaner) schmeckt zum Zwiebelkuchen.

Rezeptabwandlungen:
Badischer Zwiebelkuchen – wird gern auf Brotteig gebacken. Früher kannte man kaum einen anderen Teig dafür; bei jedem Brotbacken wurden anschließend die Zwiebelkuchen in den großen Backofen geschoben. Das ganze Jahr über. – Zuweilen backt man noch heute Zwiebelkuchen auf großen Blechen und ganz dünn in Teig und Belag. Den nennt man dann »Zwiebeldünne«.

»Zwiwlwähe« wird im Schwäbischen auch in Formen gebacken, die an Pizza erinnern, also echte Fladen. Zum Belag nimmt man auch klein geschnittene Frühlingszwiebeln.

Zuweilen nimmt man auch Mürbeteig für den Zwiebelkuchen; neuerdings sogar Tiefkühlblätterteig.

Belag:
- 1 kg Zwiebeln
- 200 g durchwachsener, geräucherter Speck
- 2 bis 3 Essl. Butter oder Schmalz
- Salz und Pfeffer aus der Mühle
- 1 kräftige Prise Kümmel
- 1/4 l saure Sahne
- 2 Eier
- 2 Eigelb

Wurstbrötchen

Früher verwendete man dafür Brot- oder Brötchenteig, heute nimmt man Blätterteig, was nicht nur den Geschmack hebt, sondern auch jeder Hausfrau die Zubereitung sehr einfach macht – mit Tiefkühl-Blätterteig.

- 400 g frische, grobe Bratwürste
- 1 altbackenes Brötchen
- Pfeffer aus der Mühle
- Salz
- 1 bis 2 Pakete Tiefkühl-Blätterteig
- Mehl
- 1 Ei

Brät aus der Wursthaut drücken. Brötchen abreiben, in dünne Scheiben schneiden und in Wasser einweichen. Wieder ausgedrückt wird es dann unter das Brät geknetet. Dabei mit Pfeffer und Salz nachwürzen.

Auf bemehltem Brett Blätterteig ausrollen, Quadrate schneiden, zu Würstchen geformte Brätstücke einrollen. Mit etwas geschlagenem Ei die Teigränder zusammendrücken. Die eingepackten Würstchen mit der Naht nach unten auf ein mit kaltem Wasser abgespültes Blech setzen, mit geschlagenem Ei bestreichen und bei etwa 200 °C goldbraun backen.

Heiß genießen, dabei nach Geschmack mit Senf abrunden. Natürlich Bier dazu.

Bergstrasse

Eier mit Sauerampfer

Eine sehr schöne Platte, die ich als Bub mehrfach bei Verwandten meiner Großmutter in Bensheim gegessen habe. Es handelt sich dabei sicher nicht um eine Spezialität der Gegend; jedoch wurde immer erzählt, dass diese Zubereitungsart schon sehr lange in der Familie bekannt und immer wieder weiter vererbt worden sei. Ich habe erst sehr viel später diese »Eier mit Sauerampfer« aus der Erinnerung nachgekocht.

- 8 Eier
- 3 Essl. saure Sahne
- 2 bis 3 Tassen grob geschnittene Sauerampferblätter

Sechs der Eier hart kochen, abschrecken, schälen und der Länge nach teilen. Dotter herausnehmen und in eine kleine Rührschüssel legen. Sauerrahm sowie die beiden restlichen frischen Eier, die vorher aufgeschlagen und verkleppert wurden, zugeben.

Heidelberg

Sauerampfer waschen, gut ausdrücken und dann mit etwas Salz und wenig geriebener Muskatnuss in 2 Essl. Butter kurz dämpfen. Leicht abkühlen lassen und dann auf einem Brett mit dem Wiegemesser zerkleinern. Mitsamt der Butter, in der er gedämpft wurde, in die Rührschüssel geben. Deren gesamten Inhalt gut miteinander vermischen. Die Eihälften damit füllen.

Ein flaches, feuerfestes Geschirr, das alle Eihälften nebeneinander liegend gut aufnehmen kann, jedoch nicht viel größer ist, mit der restlichen Butter ausstreichen. Eihälften mit der gefüllten Seite nach unten einsetzen. Restliche Fülle mit Salz und Muskatnuss noch etwas kräftiger abschmecken, süße Sahne unterrühren und zwischen die Eihälften füllen. Im vorgeheizten Ofen bei etwa 150 °C müssen die gefüllten Eier so lange erhitzt werden, bis die Füllmasse dick geworden ist.

Heiss servieren. Das ist eine sehr schöne Vorspeise. Wenn man sie rechtzeitig vorbereitet, eignet sie sich ausgezeichnet für einen modernen Brunch.

Dazu isst man frisches Weißbrot.

Salz
Geriebene Muskatnuss
3 Essl. Butter
2 bis 3 Essl. süße Sahne

Abwandlung:
Mischung aus Spinat und Bärlauch anstelle von Sauerampfer

Saure Eier mit Specksauce

8 Eier
150 g durchwachsener Räucherspeck
2 große Zwiebeln
1 Essl. Schmalz
2 Essl. Mehl
Knapp 1/2 l Fleischbrühe
Salz
Pfeffer aus der Mühle
2 Lorbeerblätter
Essig
Zucker

Eier in der Schale hart kochen oder als verlorene Eier zubereiten. Hart gekochte Eier schälen und – wie auch die verlorenen Eier – in heißem Wasser später wieder erwärmen.

Speck in kleine Streifchen oder Würfelchen schneiden und zusammen mit den Zwiebeln, die in Würfel geschnitten wurden, glasig werden lassen. Schmalz hinzufügen. Wenn die Zwiebelwürfel gelb werden, wird das Mehl zugefügt und unter ständigem Rühren braun geschwitzt. Mit Brühe ablöschen. Abschmecken mit Salz, Pfeffer, Lorbeerblättern, etwas Essig und wenig Zucker. Knapp 1/4 Stunde sachte kochen.

Beim Anrichten die Sauce über die abgegossenen Eier gießen.

Beilage: Kartoffelbrei, den man in Berlin »Quetschkartoffeln« nennt. Man gibt auf jeden Teller »Quetschkartoffeln«, drückt sie breit, legt 2 Eier darauf und übergießt mit der Sauce.

Berlin

Soleier

Sie sollen zwar in Sachsen erfunden worden sein, wo sie die Arbeiter der Stadt Halle im mitgebrachten Netz in die natürliche Sole der Salinen hängten. Ohne Zweifel wurden sie in Berlin populär, wo sie im hohen Bonbonglas auf der Theke jeder Eckkneipe standen. In den siebziger Jahren sind sie groß in Mode gekommen. Die deutsche Schickeria stellt sie stolz auf ihre Partybuffets. Sogar in Frankreich galten sie als letzter Imbissschrei.

12 Eier
5 bis 6 Essl. Salz

Eier in etwa 10 Minuten hart kochen. In kaltem Wasser abschrecken. In 1 l Wasser das Salz auflösen, was am besten geht, wenn das Wasser lauwarm ist.

Die Eier auf einer festen Unterlage so rollen, dass die Schale Risse bekommt. So vorbereitet in ein großes Glas (oder mehrere Einmachgläser) legen. Salzwasser darüber gießen. Zugedeckt 3 bis 6 Tage, je nach gewünschtem Salzgehalt, stehen lassen.

Das Essen der Soleier ist fast schwieriger als die Zubereitung. Zunächst schäle man die Eier, dann kümmere man sich nicht um den Streit der Experten, von denen die einen behaupten, sie müssten der Länge nach halbiert werden, während die anderen auf Halbieren in Querrichtung bestehen, sondern mache es, wie einem in den Sinn kommt. Anschließend löst man die Dotterhälften, hebt sie heraus, gibt in die Höhlung wenig Senf, Salz, Pfeffer, Essig und Öl. Umgekehrt, also mit der Wölbung nach oben, wird der jeweilige Dotter wieder aufgesetzt. So gefüllt kann das Solei in Hälften verzehrt werden.

Solei-Experten aus den Eckkneipen führen die ganze Prozedur in der Hand aus, wobei es schon einiger Übung bedarf, Eihälfte und Dotter voneinander getrennt mit einer Hand zu halten, um mit der anderen die Füllung hineinzupraktizieren. Soleier entfalten aus der Hand genossen ihren ganz besonderen herben Charme.

Duisburg

Marinierte Eier

Im Gegensatz zu den Soleiern sind ihre marinierten Zwillinge in Vergessenheit geraten. Dieses Rezept aus dem vorigen Jahrhundert ist so einfach, billig und mit wohlschmeckendem Erfolg gesegnet, dass man es einmal ausprobieren sollte.

- 12 Eier
- Salz
- 10 g Pfeffer
- 20 g frischer oder 1 1/2 TL getrockneter Ingwer (oder 2 cm frischer, in Scheibchen geschnittener Ingwer)
- 12 Pimentkörner
- 1 l milder Essig

Eier in kräftig gesalzenem Wasser in 10 Minuten hart kochen. Abschrecken und schälen.

Pfeffer und Pimentkörner ganz grob zerdrücken. Ingwer in hauchfeine Scheibchen schneiden. Alle Gewürze im Essig gut 10 Minuten leise sprudelnd kochen.

Geschälte, hart gekochte Eier in ein hohes Glas oder in einen Steintopf schichten. Durch ein feines Sieb mit dem etwas abgekühlten Essig übergießen.

Mit Pergamentpapier zubinden und an einem kühlen Ort (nicht Kühlschrank) aufbewahren. Nach 8 Tagen sind die Eier verzehrbereit; man trocknet sie ab und isst sie mit Butterbrot.

Rührei mit Bückling

Pro Person (zu Imbiss oder Vorspeise):

- ½ kleine Zwiebel
- 1 Teel. Butterschmalz
- ½ Bücklingsfilet
- 1 Teel. gehackter Dill
- 2 bis 3 Eier
- Salz, weißer Pfeffer aus der Mühle
- 1 Scheibe Mischbrot

Zwiebel in hauchdünne Lamellen schneiden. Im heißen Fett auf nicht zu großer Hitze glasig werden lassen.

Bücklingsfilet darauf legen. Noch 2 bis 3 Minuten in der Pfanne lassen; Bücklingsfilet dabei einmal vorsichtig wenden. Danach Dill darüber streuen.

Eier mit wenig Salz kurz schlagen. In die Pfanne geben und mit der Gabel rings um das Bücklingsfilet zu Rührei zusammenschieben. Zum Schluss mit Pfeffer abschmecken.

Eventuell noch etwas Dill als Garnierung überstreuen.

Mischbrotscheibe toasten.

Rührei mit Bückling darauf servieren.

Bitte beachten: Dieses Rezept kann auch zur Hauptmahlzeit werden. Dann verwendet man dazu einen ganzen, nicht zu großen und natürlich auch filetierten Bückling sowie 3 bis 4 Eier pro Person.

Als Beilage gehören Bratkartoffeln und grüner oder Gurkensalat dazu.

»Rührei mit Bückling« hat seit einigen Jahrzehnten eine bescheidene Karriere gemacht. Man trifft es zuweilen auf den Speisekarten der Nobel-Gastronomie.

Hoppel-Poppel

(In anderen Landschaften auch Bauernfrühstück)

Dieses volkstümliche Gericht wird in vielerlei Formen zubereitet, immer jedoch auf der Basis von Bratkartoffeln und einem Überzug aus Eiern. Der Name »Hoppel-Poppel« ist einer der typischen Einfälle des Berliner Mutterwitzes ohne tieferen Sinn, nur das Durcheinandergemenge klanglich andeutend. »Bauernfrühstück« geht darauf zurück, dass Jahrhunderte lang Bratkartoffeln mit den jeweils zur Verfügung stehenden Resten als Frühstück in bäuerlichen Haushalten serviert wurden, wo man sich ja für einen sehr langen und Kräfte zehrenden Vormittag stärken musste. Heute wird diese Spezialität als Mittagessen serviert.

- 750 g Kartoffeln
- 200 g Speck, durchwachsen oder fett, oder wahlweise auch eine etwas größere Menge Fleisch- oder Bratenreste
- 1 große Zwiebel
- 2 bis 3 Essl. Schmalz oder Butter
- Salz
- Pfeffer aus der Mühle
- 6 Eier

Kartoffeln am Vortag als Pellkartoffeln kochen, schälen und erkalten lassen. In Würfelchen schneiden.

Speck ebenfalls würfeln und zusammen mit der klein geschnittenen Zwiebel in Schmalz oder Butter erhitzen. Kartoffeln hinzufügen. Unter gelegentlichem Wenden braten, bis Krüstchen entstehen. Dabei salzen und pfeffern.

Eier aufschlagen und miteinander verkleppern. Über die Bratkartoffeln gießen, durchmengen und stocken lassen. Sofort servieren.

Beilage: Brot und/oder Salat.

Hinweis: Damit keine Begriffsverwirrung entsteht, sei noch vermerkt, dass man mit Hoppelpoppel auch einen Eier-Rum-Punsch bezeichnet (Rezept siehe S. 751).

Niedersachsen

Rührei mit Krabben

Zutaten wie für »Rührei mit Bückling« (S. 215), wobei in Friesland das Bücklingsfilet durch 4 Essl. geschälte Krabben (Granat) ersetzt wird.

Das Rührei wird separat gebraten, zum Anrichten zusammen geschoben, in der Mitte eingeschnitten und dort mit den Krabben garniert.

Häufig wird das Rührei auch ohne Zwiebeln gebraten. Dafür bestreut man die Krabbengarnitur mit klein gehackten Zwiebeln.

Als Unterlage eignet sich auch kräftiges Bauernbrot.

Niedersachsen

Kiebitzeier

Natürlich wurden Kiebitzeier seit langem mit größtem Vergnügen verzehrt. Sie waren jedoch eine Spezialität für wenige Kenner. Allgemeinen Ruhm erwarben sie durch den »patriotischen« Beschluss einer Stammtischrunde, dem Fürsten Bismarck zum 56. Geburtstag und quasi als Dank für die Reichsgründung 101 Kiebitzeier zu schicken. Das war im Jahre 1871 und am 1. April, dem Geburtstag Bismarcks. Das Kiebitzeier-Geschenk war jedoch kein Aprilscherz. Es wurde jährlich wiederholt und mit Dankesbriefen des Fürsten und einem kostbaren Silberbecher, dem Kiebitzbecher, anno 1883 belohnt. Die Kiebitzspender nannten sich »Die Getreuen«, sie tagen noch heute in Jever in Ostfriesland in einem Gasthaus, das »Haus der Getreuen« heißt und direkt neben der berühmten Brauerei liegt. An jedem 1. April kreist dort der »Kiebitzbecher«, der eine ganze Flasche Wein fasst, und man gedenkt des großen Kanzlers. – Womit bewiesen wäre, dass auch die Politik durch den Magen geht. Wie aber bereitet man Kiebitzeier zu?

Pro Person:

Mindestens 2 Kiebitzeier, besser viel mehr
Salz
Butter

Immer erst die Schwemmprobe machen; jedes Ei wird in ein Gefäß mit kaltem Wasser gelegt, je schneller es zu Boden sinkt, um so frischer ist es. Nur ganz frische Eier verwenden. Die kleinen grünlichen Eier mit den dunklen Flecken werden dann 8 Minuten gekocht.

Auf einem Salzsockel oder auf gebrochener Serviette anrichten. Aufschlagen, Eigelb herauslösen und dieses mit etwas Salz und Butter vermischen, was auf dem Teller mit der Gabel geschieht. Brot dazu.

Neuerdings serviert man Kiebitzeier auch auf einem Kressebett und isst Kressesalat dazu.

Heute ist das eine sehr exklusive kleine Speise, teuer und selten.

Eierpfannkuchen

Sie sind die burschikoseren Schwestern der Omelette. Was ihnen an feiner französischer Art abgeht, das machen sie wett durch eine sehr praktische deutsche Eigenschaft: Anpassungsfähigkeit. So ein Eierkuchen ist ein richtiger »Hansdampf in allen Gassen«. Kein Wunder, dass er zu einem der Angelpunkte der deutschen Küche wurde.

Einfacher Eierpfannkuchen

250 g Mehl
Etwa 1/4 l Milch
2 bis 3 Eier
1 kleine Prise Salz
Fett für die Pfanne (Butterschmalz, Schmalz oder Öl)

Aus Mehl, Milch, den Eigelben und einer Prise Salz einen Teig rühren und 15 Minuten ruhen lassen. Eiweiße zu steifem Schnee schlagen und unterheben.

Die Pfanne – Eierkuchen backt man in Pfannen von etwa 20 bis 25 cm Durchmesser – mit wenig Fett erhitzen, Teig mit einer kleinen Schöpfkelle einfüllen, zerfließen lassen und auf der Unterseite backen. Wenn die Oberseite nicht mehr flüssig ist, durch Rucken den Pfannkuchen lösen und umwenden; Könner werfen ihn mit elegantem Schwung herum. Ein kleines Stückchen Fett darunter schieben und auf der zweiten Seite auch goldgelb backen.

Feiner Eierpfannkuchen

Pro Pfannkuchen:
- 2 Essl. Milch
- 1 Essl. Mehl
- 2 Eier, getrennt
- 1 kleine Prise Salz
- Fett für die Pfanne

Milch, Mehl und Eigelbe mit Salz zu einem glatten Teig verrühren, 1/4 Stunde ruhen lassen und dann die steif geschlagenen Eiweiße unterziehen.

Fett in der Pfanne erhitzen, Teig einlaufen lassen und bei nicht zu starker Hitze auf der Unterseite backen. Dann in den auf gut 200 °C vorgeheizten Ofen schieben und dort noch knapp 5 Minuten aufziehen.

Man nennt den besonders lockeren Eierpfannkuchen dieser Garmethode wegen auch »Aufgezogener Eierpfannkuchen«.

Abwandlungen:

- Kräuterpfannkuchen
  Zu dem Teig »Einfacher Eierpfannkuchen« gibt man 4 bis 6 gehäufte Essl. fein gehackten Schnittlauch; man kann auch in geringen Mengen andere Kräuter wie Basilikum, Pimpinelle oder Petersilie dazumischen.
- Speckpfannkuchen
  Zu dem »Einfachen Eierpfannkuchen« kommen noch einige Scheiben geräucherter, fetter oder durchwachsener Speck, die man in der Pfanne glasig werden lässt, bevor man den Teig eingießt. Als Beilage dazu gibt es grünen Salat.
- Bücklingspfannkuchen
  Wie »Speckpfannkuchen«, nur dass man anstelle des Specks Stücke von entgrätetem und gehäutetem Bückling verwendet. Auch dazu isst man grünen Salat.
- Käsepfannkuchen
  Wie »Speckpfannkuchen«, nur dass man anstelle des Specks einige kleine Scheibchen vollfetten Emmentaler oder Edamer verwendet. Auch dazu ist die Beilage grüner Salat.

– Gefüllter Pfannkuchen, pikant
Man backt »Einfache Eierpfannkuchen« und füllt sie mit einer der nebenstehenden Massen; dabei schlägt man sie zusammen oder rollt sie.

Gebratene Hühnerleber
Hackfleisch mit Tomatenwürfelchen
Gedünstete Waldpilze
Rahmspinat

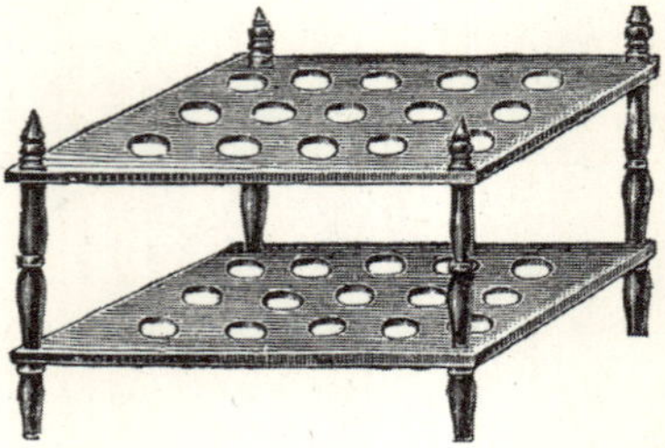

– Gefüllter Pfannkuchen, süss
Man backt »Feine Eierpfannkuchen« und füllt sie mit Marmelade oder beliebigem Kompott. An den Teig gibt man in diesem Fall 1 Teel. Zucker oder Vanillezucker pro Pfannkuchen.

Außerdem werden »Einfache Eierpfannkuchen« gern als Beilagen zu feinen Gemüsen, wie z. B. Spargel oder Frühlingswirsing, gegessen.

Falls Sie einmal nach Köln kommen sollten und dort Eierpfannkuchen bestellen, denken Sie an Heinrich Heine, der hat das auch getan und nachher darüber geklagt.

»… ich aß
dort Eierkuchen mit Schinken.
Und da er sehr gesalzen war,
musst' ich auch Rheinwein trinken! …«
(Ob der Wein wohl zuviel Süßreserve hatte?)

Buchweizenpfannkuchen

Snobisten genießen sie heute für teures Geld als russische »Blinis« und behaupten, dass es nichts Besseres zu Kaviar gäbe. Im eigenen Land waren deftige »Buchweizenpfannkuchen« ein Bauernessen, und traditionsbewusste Feinschmecker genießen sie noch heute nach der heimischen Art.

Grundrezept

- 500 g Buchweizenmehl
- Gut 1/2 l Milch
- 2 bis 4 Eier
- Salz
- 1 kleine Prise Zucker
- Fett für die Pfanne (Schmalz, Pflanzenfett, Öl)

Buchweizenmehl mit Milch, Eiern, Salz und ganz wenig Zucker zu einem glatten Teig verrühren. Am besten mehrere Stunden stehen lassen, damit das Mehl richtig ausquellen kann. Wenig Fett in der Pfanne erhitzen und darin etwa handtellergroße Pfannkuchen schön knusprig backen.

Hinweis: Heute ersetzt man gern 40–60% des Buchweizenmehls durch normales weißes Mehl (Type 405).

Niedersachsen

Bookweetenschubber

Diese Pfannkuchen waren eine Frucht des Raubbaus im Moor; man brannte große Moorflächen ab und säte Buchweizen in die Asche; die Ernten waren gut, aber nur für wenige Jahre, dann war der Boden ausgelaugt. Buchweizenpfannkuchen nach Grundrezept zubereiten, beim Backen jedoch reichlich Speckstücke in die Pfanne geben. Auch ersetzt man bei der Teigzubereitung gern die Milch durch Tee. Dazu isst man dann am »ostfriesischsten« Heidelbeerkompott (was man zwischen Ems und Jade »Bickbeerenmus« nennt).

Bookwetepfannekoke

Buchweizenpfannkuchen nach Grundrezept zubereiten und mit Rübenkraut oder Pflaumenmus essen.

Niedersachsen

Speckendicken

Dies ist ein emsländisches Neujahrsessen. Die ganze Familie umlagert das Waffeleisen und tut sich an den sehr gehaltvollen Waffeln gütlich.

- 500 g Roggenmehl
- 250 g Weizenschrotmehl
- 1–2 Päckchen Backpulver
- 3 bis 4 Eier
- Knapp 1/2 l Milch
- 125 g Sirup
- 100 g Zucker
- 125 g Schmalz
- 1/2 Teel. gemahlener Zimt
- 1/4 Teel. gemahlener Kardamom
- 1/4 Teel. gemahlene Aniskörner
- Grobe, luftgetrocknete Mettwurst
- Speckschwarte für das Waffeleisen

Roggenmehl und Weizenschrot zusammen mit dem Backpulver in einer großen Teigschüssel vermischen. Eier verkleppern und zugeben. Sirup, Zucker und Schmalz werden zusammen mit der Milch in einem Stieltopf verrührt und gut lauwarm gemacht, ehe man sie an den Teig gibt, der mit den angegebenen Gewürzen gut verarbeitet wird. Früher hat man ihn dann oft tagelang in den Keller gestellt; es genügt, wenn man ihn über Nacht ruhen lässt.

Dann wird das Waffeleisen gefettet; schön ist es, wenn man ein altertümliches Herzcheneisen hat, denn dann gibt man in die Mitte eines jeden der drei Herzen eine Scheibe Mettwurst, verteilt darum und darauf den dickflüssigen Teig und backt goldgelb-knusprige Waffeln.

Heiß schmecken die Speckendicken am besten; sie können aber auch kalt und sehr viel später gegessen werden.

Dazu trinkt man keinen Kaffee, sondern mehrere gekühlte »Doornkaat« und gelegentlich ein Tässchen Tee.

Kronenberg in der Eifel

Heensch-Kuchen

In der Gegend des Nürburgrings sagt man zum Buchweizen »Heensch«. Er wurde auf den Heideflächen früher viel gepflanzt.

Diese Buchweizenpfannkuchen macht man mit Hefe und würzt gern mit Muskat, Pfeffer und Salz. Dazu isst man dann Sirup (Rübenkraut).

Westfalen

Bookweten-Janhinnerk

Buchweizenpfannkuchen nach Grundrezept zubereiten, jedoch die Milch durch Kaffee (auch Malzkaffee) ersetzen und zusätzlich noch Speckwürfel in die Pfanne geben.

In den Teig mischt man auch gern Korinthen oder Preiselbeeren.

Zu den »Janhinnerks« isst man Rübenkraut oder Honig und Pumpernickel.

Modespeisen - Speisemoden

Drei von ihnen sind im 20. Jahrhundert entstanden, es sind kleine Gerichte, von denen sich eines erstaunlich gut gehalten hat.
Man habe bitte Verständnis dafür, dass erfolgreiche Importe wie Pizza, Hamburger oder Döner dabei nicht berücksichtigt sind. So gern und oft sie auch verspeist werden, deutsche Spezialitäten sind sie nicht. Noch nicht.
Auch der Broiler, einst Wappenvogel der DDR-Küche, wird nicht berücksichtigt, da er ja kein neues Gericht, sondern der amerikanische Name für ein Brathuhn war.

Delikatessbrot

Nach dem 1.Weltkrieg und der anschließenden Inflation tauchte es in der Gastronomie auf. Dort fehlte es auf keiner Speisekarte eines gutbürgerlichen Restaurants. In den Haushalten konnte es nie Fuß fassen. Etwa zehn Jahre lang feierte das Delikatessbrot fröhliche Urstände unter dem Motto: »Wir können wieder schlemmen«.
Es war aufgebaut auf einer Brotschnitte die möglichst groß sein musste, damit man viel drauf packen konnte. Alles was nicht übermäßig teuer war, jedoch den Begriff Delikatesse nach vielen Hungerjahren verdienen konnte, wurde möglichst kunstvoll und unter Berücksichtigung der unterschiedlichen Farbnuancen auf und nebeneinander gehäuft.
Auf weihevoller grüner Salatblattschale, die gleichzeitig die Brotscheibe vor dem Durchweichen schützen sollte, prangten Wurstscheiben, Schinkenwürfel, Scheiben hart gekochter Eier, Ölsardinen und eingelegte Sardellen, die um dicke Kapern drapiert waren, sogar edler Räucherlachs

war mindestens als Fitzelchen präsent oder thronte in luxuriöser Pose zum kleinen Tütchen gedreht und mit Sahnemeerrettich gefüllt ganz obenauf. Kalter Braten, in Streifen geschnitten und zu Schleifen geschlungen, durfte nicht fehlen. Irgendwo lugten Käsestücke aus dem wunderbaren Schlaraffenlandturm hervor, der zusammengehalten wurde von goldfetter Mayonnaise, die – Gipfel der Gourmandise – gar zu einigen kleinen Nestchen gespritzt war, in denen jeweils drei oder vier Kaviarkörner perlmuttartig glänzten.

Wie habe ich als Schulbub diese kulinarischen Wunderwerke geliebt!

Nichts anderes wollte ich im Restaurant bestellen – und ich konnte damals nicht verstehen, warum meine Eltern mitleidig lächelten, wenn sie mich beim Verspeisen beobachteten.

Viele Leute müssen wohl wie meine Eltern gedacht haben, denn bald versanken die Delikatessbrote selbst hinter den spießbürgerlichsten Horizonten. Ich selbst habe allerdings noch einmal wehmütig an sie gedacht, als ich Jahre später zum Arbeitsdienst eingezogen war, am Rand einer Lehmgrube hockte und einen Ranken hartes Kommissbrot mit traniger Margarine als Mittagessen mampfte.

Currywurst

Das sensationellste aller Modegerichte ist zweifellos die Currywurst. Sie ist sogar einmalig.

In über 50 Jahren hat sie nichts von ihrer Beliebtheit verloren, sie hat im Gegenteil noch zugelegt. Selbst in die Berliner Nobelgastronomie ist sie vorgedrungen. Ein deutscher Regierungschef hat sie offiziell zu seiner Leibspeise erklärt. Zum Thema Currywurst gibt es nicht nur Zeitungsartikel sondern auch Bücher, Internetseiten, Songs und Wettbewerbe. Zu Beginn des 3. Jahrtausends wurde sogar eine Gedenktafel an die Erfinderin der Currywurst in Berlin enthüllt. Herta Heuwer bot am 9. September 1949 in ihrer Imbissbude am Stuttgarter Platz zum ersten Mal Currywurst an. Da Erfolg bekanntlich neidisch macht, wollten andere ihr wenig später, als schon Millionen Currywürste jährlich allein in Berlin verschnabuliert wurden, ihre kulinarische Erfindung streitig machen. Sogar aus Hamburg kamen dementsprechende Ansprüche. Die Dame Heuwer hatte jedoch rechtzeitig die Bedeutung ihrer Wurst erkannt und ihren Anspruch auf deren Erfindung schriftlich beglaubigen lassen. Es soll sogar ein Patent darauf geben, das am 21. Januar 1959 ausgefertigt wurde. Herta Heuwer behauptet es, und Kenner der Berliner Imbissszene unterstützen sie dabei. Obwohl keine Lizenzgebühren im Spiel sind, rauschen immer wieder Berichte über Rangeleien um die Herkunft der Currywurst durch den deutschen Blätterwald. Derweil ist die einstige Modewurst zum festen Bestandteil der deutschen Küche geworden. Sie ist in aller Munde. Besonders in ihrer Geburtsstadt Berlin, aber auch in Hamburg und anderen Großstädten; selbst in München hat sie erste Erfolge errungen – und als Fertiggericht im Supermarkt. Erstaunlich ist, dass man stets von der Wurst spricht, dann aber bei der Rezeptur nur die Sauce ausführlich beschreibt. Wahrscheinlich weil es Bratwurst als Imbiss schon seit Generationen gibt und nur das Drumherum – also die Sauce – neu, ja sogar sensationell ist.

Pro Person rechnet man eine Bratwurst ansehnlicher Länge und nicht zu dünn. Das Brät kann hell oder rot sein, darf aber keine dicke Pelle haben – am besten gar keine Pelle. Die Würzung sollte kräftig, jedoch

nicht zu ausgeprägt sein, da ja die Sauce den Geschmack bestimmen muss.
Zur Spezialsauce werden Tomatenketchup, scharfer Senf, Currypulver und nach Belieben etwas geriebener Apfel miteinander verrührt und erhitzt. Nach persönlichem Geschmack können auch noch weitere Gewürze beigefügt werden. Wer die Schnellküche liebt oder beim Kochen keinen gesteigerten Wert auf persönliche Geschmacksgestaltung legt, der kann auch einfach nur Curry-Ketchup heißmachen.

Bratwurst in Fett nicht zu dunkel braten, dann in bissgroße Stücke schneiden, heiße, pikante Spezialsauce großzügig darüber löffeln, mit Currypulver bestreuen und auf Tellern oder Schälchen servieren. Diese Bratwurst wird nie aus der Hand gegessen, sondern mit Gabel und Messer.
Dazu gibt es Pommes frites.

Toast Hawaii

- 4 Scheiben Kastenbrot (Toastbrot)
- 1–2 Essl. Butter
- 4 Scheiben gekochter Schinken, etwa gleich groß und ohne Fettrand
- 4 Ananasringe aus der Dose, abgetropft
- 4 Scheiben Käse, vorzugsweise junger Gouda

Nach der Währungsreform breitete sich dieser Toast mit Windeseile in der deutschen Gastronomie aus. Das geschah aus dem gleichen Gefühl heraus, das gut zwei Jahrzehnte vorher das Delikatessbrot populär gemachte hatte: »Wir können endlich wieder schlemmen!«. Diesmal kamen noch das exotische Obst und die fremdländische Toastmode dazu.

Da die aufstrebende heimische Industrie bald Toaster und elektrische Gratinieröfchen für den Hausgebrauch anbot, drang Toast Hawaii auch in die Familienküchen vor. Zehn Jahre später fristete der Modetoast sein Leben nur noch in kleineren Lokalen, die damit auf amerikanische Touristen

(auch Schmelzkäsescheiben, vielleicht Chester, sind möglich)
Nach Belieben noch 4 Eier und etwas Butterfett zum Braten

spekulierten. In der privaten Partyküche allerdings lebt er zusammen mit vielen Variationen in bescheidenem Rahmen weiter.

Brotscheiben toasten. Sie sollten dabei nur hellbraun werden. Nach dem Abkühlen mit Butter bestreichen und jede Scheibe nacheinander mit Schinken, Ananasring und Käse belegen. Im vorgeheizten Backofen bei etwa 150 °C so lange erhitzen, bis der Käse braune Ränder zu zeigen beginnt und schmelzweich ist.

Häufig werden Toasts Hawaii in dieser Form serviert und warm verzehrt.

Zuweilen brät man während der Toastzeit im Ofen Spiegeleier, von denen man je eines auf jeden Toast legt. Dabei ist es der Optik wegen ratsam, beim Braten Ringe zu benutzen oder die Ränder der Spiegeleier abschließend zu beschneiden.

In Restaurants, in denen sowieso eine Friteuse in Betrieb ist, garniert man gern mit frittierten Petersiliensträußchen, die nicht nur Garnierung sind, sondern ausgezeichnet dazu schmecken.

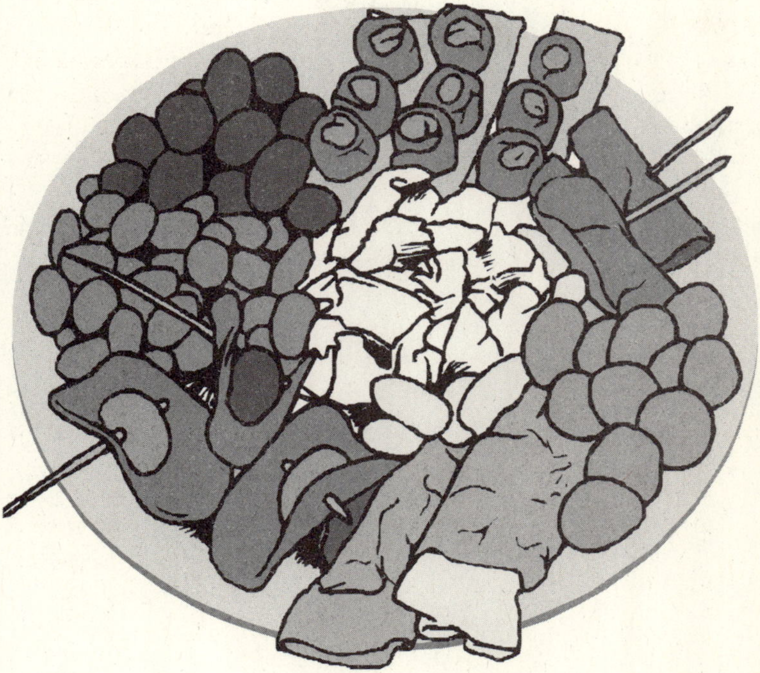

Fisch

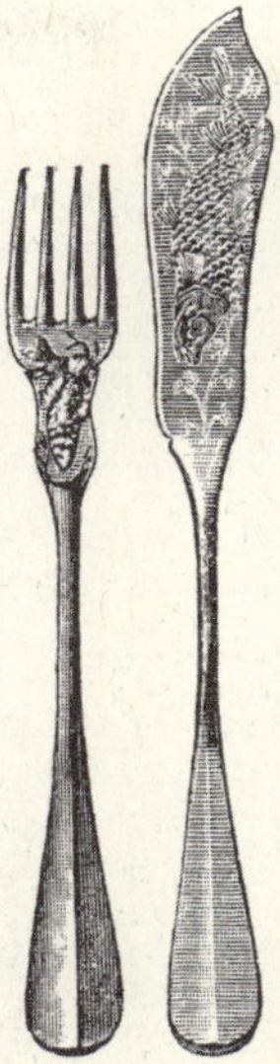

»Die Deutschen sind keine Fischesser«, so stellen einheimische und ausländische Beobachter immer wieder fest. Ganz von der Hand zu weisen ist das nicht.

Es gibt jedoch Ausnahmen. Eine betrifft die Küstenbewohner; bei ihnen wurde und wird Fisch gern und oft gegessen. Allerdings gelang es ihnen kaum, Zubereitungsarten zu entwickeln, die internationale Karriere gemacht haben. Bei der zweiten Ausnahme ist die Situation etwas verworrener. Sie betrifft die katholischen Landesteile im Süden. Fastenzeiten, die früher sehr viel umfangreicher waren und strenger beachtet wurden, zwangen zum Fischverzehr. Dabei entstanden auch ausgezeichnete Rezepte. Drei Fische spielten in den traditionellen Küchen Deutschlands eine Sonderrolle: Karpfen, Hering und Stockfisch. Die beiden letzten waren lange Zeit die einzigen, die man vom Meer billig ins Binnenland transportieren konnte. Karpfen wurden überall gezüchtet. Die heute allgegenwärtige Forelle, eine moderne Spezialität aller Mittelgebirge, gehört nicht zu den traditionsreichen deutschen Speisefischen. Sie begann ihre Karriere vor über 100 Jahren. Aus Nordamerika wurden nämlich ab 1880 Regenbogenforellen eingeführt, die höhere Wassertemperaturen vertragen und sich leicht züchten lassen. Die einheimische Bachforelle war immer schon selten und ist heute noch seltener. Sie kann nur in kühlen, klaren, sauerstoffreichen Bergwassern leben. Auf die »Geräucherten Forellenfilets«, die heute eine echte deutsche Spezialität sind, sei nur hingewiesen und angemerkt, dass es sich dabei um Neuerscheinungen handelt. Sehr gute allerdings.

Etwas stiefmütterlich werden oft auch die schmackhaften Räucherwaren behandelt, die, wie etwa die »Kieler Sprotte«, große Bedeutung haben. Gleiches gilt für Fischmarinaden. Ihre stiefmütterliche Behandlung geht allein auf die Tatsache zurück, dass man sie kaum im Haushalt herstellt.

Falls jemand den sehr populären Rotbarsch vermisst – er wurde nicht vergessen, aber er gehört nicht zu den traditionellen deutschen Fischsorten. Da er in Tiefen zwischen 400 und 600 Metern lebt, konnte er erst nach dem Ersten Weltkrieg gefangen werden, als entsprechende Tiefseegeräte entwickelt waren. Unsere Urgroßmütter, ja viele Großmütter kannten den Rotbarsch noch nicht.

Dafür war damals der Schellfisch, der heute preislich schon zu den Edelfischen zählt, zusammen mit dem Kabeljau Konsumfisch Nr. 1. So schnell ändern sich selbst bei so uralten Nahrungsmitteln, wie es Fische sind, die Verzehrgewohnheiten.

Erstaunlich auch die Karriere des Lachses: einst Billigfisch, dann teure Spezialität, und jetzt wieder als Farmprodukt zu erschwinglichen Preisen zu haben.

Dafür sind Aale und Krebse, die bis in die 20er Jahre in Mengen verzehrt wurden, kaum noch zu bezahlen.

Gleiches gilt für Austern. Nur die Miesmuschel ist preislich für die bürgerliche Küche noch erschwinglich.

Erfolgreiche Fischzüchtereien in den neuen Bundesländern geben neuerdings den Genießern Hoffnung.

Schollen, gebraten, Finkenwerder Art

Unsere Nordseeschollen plätschern – bildlich gesprochen – nur noch in den trüben Gewässern kulinarischer Mittelmäßigkeit. Das hat die Tiefkühlindustrie mit ihren »Schollenfilets« getan. So einwandfrei sie auch vorbereitet sein mögen, sie halten keinen Vergleich mit einer frischen Scholle aus. Diese – vor allem die kleinen Maischollen – ziehe ich sogar den Seezungen vor.

Pro Person:

- 1 Scholle (wenn sehr klein, auch 2 oder 3)
- Zitronensaft
- Salz
- Mehl
- Butterschmalz
- 40 g durchwachsener, geräucherter Speck
- 1 Essl. Butter
- 1/4 Zitrone

Scholle vom Fischhändler zum Braten vorbereiten lassen. Auswaschen, mit reichlich Zitronensaft innen und außen beträufeln und salzen. Etwa 10 Minuten ziehen lassen. In Mehl wenden, überschüssiges Mehl durch leichtes Klopfen entfernen.

Butterschmalz mit gewürfeltem Speck so lange erhitzen, bis der Speck sehr gut glasig ist. Speck herausnehmen und beiseite stellen. Im Fett die Scholle beidseitig schön braun braten. In einer zweiten Pfanne die Butter mit dem ausgelassenen Speck braun werden lassen und beim Anrichten über die Scholle gießen. Zitronenviertel dazu.

Beilage: Kartoffelsalat, der mit etwas Gurkensalat gemischt sein kann.

Braden Maischull

In einer Sammlung Pommerscher Rezepte nennt Mudder Schulten eine Zubereitungsart für Maischolle, die eine zusätzliche Geschmacksnuance bietet.

Pro Portion:
- 1 Scholle
- 1 Essl. Essig
- 1 Essl. Mehl
- 1 Prise Salz
- 1 Essl. Zwieback-brösel
- 1 Essl. Butterfett
- 1 gehäufter TL Mehl
- 1/2 Teel. Instantbrühe
- 1/2 Teel. Senf

Zutaten wie im voran stehenden Rezept, allerdings ohne Speckwürfel und Zitronensaft, dafür Essig, Zwiebackbrösel, Instant-Fleischbrühe und Senf.

Maischollen nach dem Waschen mit Essig besprengen und etwa 2 Stunden ziehen lassen.

Panieren in einer Mischung aus Mehl, Salz und Zwiebackbröseln.

Nach dem Braten herausnehmen und warm stellen. Inzwischen noch etwas Mehl im Bratfett bräunen, wenig Wasser zugießen, etwas Instant-Brühepulver einrühren und mit Senf abschmecken.

Diese Senfsauce zur gebratenen Maischolle reichen. Kleine Pellkartöffelchen dazu.

Für diese Zubereitung kann man auch große Schollen, ja sogar Flundern verwenden. Auch mit Tiefkühlware kann man Erfolg haben.

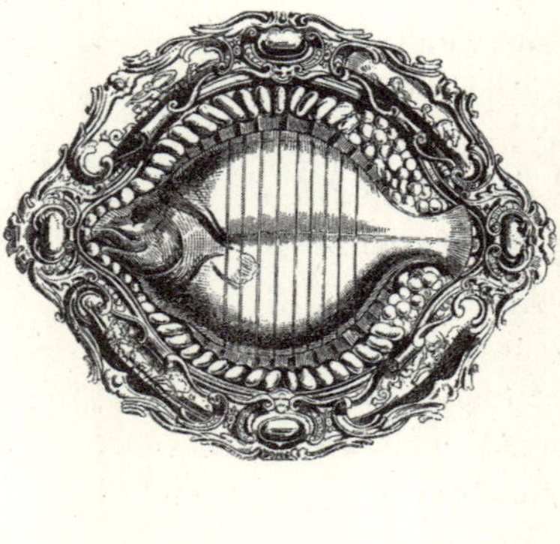

Pfannfisch

Ein Resteessen, das populär geworden ist. Es wurde zum Beispiel 1979 bei einem der Mittagessen anlässlich der Jahrestagung der »Gastronomischen Akademie Deutschlands« im »Atlantik-Hotel« in Hamburg serviert. Aus ehrlicher Chronistenpflicht muss ich allerdings darauf hinweisen, dass es nicht allen Anwesenden als kulinarische Offenbarung erschien. An der Küste ist man da anderer Ansicht.

Pellkartoffeln erkalten lassen, schälen und in Würfelchen oder Scheiben schneiden.

Den Speck in kleine Streifen schneiden und in 1 Essl. Butter glasig werden lassen. Kartoffeln zugeben. Leicht salzen und pfeffern und unter häufigem Wenden auf großer Flamme anbraten. Fisch in nicht zu kleine Stücke zerpflücken, mit Pfeffer bestreuen und etwas ziehen lassen.

Zwiebeln schälen, in Ringe schneiden und diese in 2 Essl. Butter braun braten.

Restliche Butter zusammen mit den Fischstücken zu den Bratkartoffeln geben. Vorsichtig vermischen; die Fische sollen nicht zerfallen. Sobald sie heiß sind, ist der »Pfannfisch« fertig. Er wird mit den Zwiebelringen belegt; die Bratbutter gießt man darüber und bestreut mit gehackter Petersilie. Will man eine Verfeinerung, so verrührt man den Senf in Wasser oder Fischbrühe und vermischt ihn mit den verklepperten Eiern. Salzen und pfeffern, aber vorsichtig! Kurz nach den Fischstücken und den Zwiebeln wird die Eiermischung über das Gericht gegossen. Stocken lassen. Abschließend mit Petersilie überstreuen.

Zuweilen gibt man dem Pfannfisch einen besonderen »Pfiff«, indem man einen Teil des Kochfisches durch beliebigen Räucherfisch ersetzt. Früher nahm man Stockfischreste.

Beilagen sind sauer eingelegte Gemüse.

1 kg Pellkartoffeln
125 g geräucherter, durchwachsener Speck
2 Essl. Butter
500 g gekochter, entgräteter Fisch
Weißer Pfeffer aus der Mühle,
Salz
3 mittelgroße Zwiebeln
2 Essl. Butter
3 Essl. gehackte Petersilie

Zur möglichen Verfeinerung:
1 Teel. Senf
4 Essl. Wasser oder Fischsud
3 bis 4 Eier
Salz

Steinbutt mit jungen Gemüsen

Der feinste Fischgenuss, den uns die Ostsee zu bieten hat, ist der Steinbutt. Die Köche der Küstenregion haben viele und auch viele gute Zubereitungsarten dafür entwickelt. Die beste jedoch ist jene, die jede Mamsell eines guten Bürgerhauses der Küstenstädte praktizierte: das köstliche Fischfleisch für sich allein wirken lassen.

- 2 Essl. Öl
- 800 g Steinbutt, am besten Mittelstück
- Etwas Zitronensaft
- Mehl, Salz und weißer Pfeffer
- 2 Essl. Butter
- 3 Essl. herber Weißwein oder Sherry
- Frische Gemüse wie Karotten, Sellerie, Fenchel, Kohlrabi, Lauch, Frühlingszwiebeln
- 1/2 Tasse Fischfond (aus dem Glas)
- 1/2 Tasse süße Sahne
- 4 Essl. kalte Butter
- Wenige Tropfen Worcestershiresauce
- Salz, weißer Pfeffer
- 1 bis 2 Essl. Butter
- 2 Essl. Butterfett
- 6 kalte Pellkartoffeln, in Würfelchen geschnitten

Öl in einem Topf mit dickem Boden erhitzen.

Aus dem Steinbutt 4 Portionsscheiben schneiden, kalt abwaschen und mit Zitronensaft beträufeln. Mehl mit Salz und Pfeffer vermischen, Fischstücke darin wenden. Im heißen Öl von beiden Seiten kurz braten. Öl abgießen, dafür 2 Essl. Butter zum Fisch geben. Im Ofen bei 170 °C noch etwa 5–10 Minuten garen, dabei Wein angießen. Die Gemüse putzen, in Streifen schneiden und je nach Garzeit in Salzwasser bissfest kochen. In Eiswasser abschrecken. Unmittelbar vor dem Anrichten in Butter schwenken.

Aus dem Fischgeschirr alle Flüssigkeit abgießen und auf dem Herd zum heißen Fischfond geben. Sahne einrühren. Würzung prüfen, mit Worcestershiresauce ganz vorsichtig abrunden. Zum Schluss die kalte Butter stückchenweise mit dem Schneebesen einrühren, um eine leichte Bindung der Sauce zu erreichen. Den Fisch damit angießen.

Als Beilage: Gemüsestreifen und die inzwischen kross gebratenen Kartoffelwürfelchen.

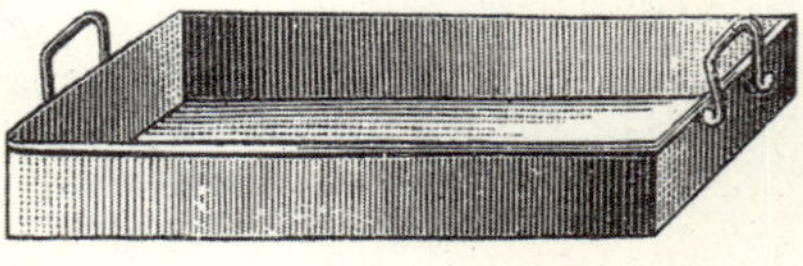

Schellfisch oder Kabeljau in Senfsauce

Seit vielen Jahrzehnten ist diese Zubereitungsart daran schuld, dass so viele Binnenländer keinen Seefisch mögen. Es ist nämlich die einzige Zubereitungsart, in der sie ihn von Kindesbeinen an vorgesetzt bekamen. Oft auch noch lieblos zubereitet. Dabei ist dieses Gericht, gut gekocht, gar nicht zu verachten. Es hat den Nachteil, dass die Senfsauce oft zu scharf ist und den Fischgeschmack zu stark überdeckt. Dies wiederum war früher ein Vorteil, denn Fische, die, wie damals meist der Fall, nicht mehr so ganz frisch sind, profitieren davon.

Aus der ersten Gruppe von Zutaten zusammen mit 2 l Wasser in 30 Minuten eine Fischbrühe kochen.

Das Fischstück abschuppen (macht auch der Fischhändler, wenn man ihn darum bittet), gut waschen und mit Zitronensaft einreiben. Ganz leicht salzen und 20 Minuten stehen lassen. Dann in den heißen Fischsud einlegen. Flüssigkeit zum Kochen bringen, dann Hitze verringern und den Fisch nur noch ziehen lassen. Knapp 20 Minuten müssen genügen.

Inzwischen die Senfsauce zubereiten. Butter mit der Zwiebel kurz erhitzen, Mehl einrühren, bis es einen leichten Kuchenduft ausströmt. Ablöschen mit so viel Fischsud, dass eine gut gebundene Sauce entsteht. Mit Zitronensaft würzen und etwa 10 Minuten kochen lassen. Dann Senf einrühren, nochmals aufkochen, Würzung prüfen. Eine Prise Zucker kann nicht schaden.

Fisch abtropfen lassen und auf eine Platte legen. Senfsauce separat anrichten und dabei mit dem gehackten Ei bestreuen.

Zu diesem Gericht isst man meistens Salzkartoffeln, die auch mit in Butter braun gebratenen Zwiebeln übergossen werden können.

1/4 l herber Weißwein
1/8 l Essig
1 große Zwiebel, in Scheiben geschnitten
1 Lauchstange, der weiße Teil gut gewaschen
1 Mohrrübe, geschabt
1 Stück Sellerieknolle
10 Pfefferkörner
6 Pimentkörner
1 Lorbeerblatt
1 Teel. Salz

1 kg Schellfisch oder Kabeljau, möglichst Schwanzstück
1 bis 2 Essl. Zitronensaft
Salz

2 Essl. Butter
1 Essl. geriebene Zwiebel

(bitte umblättern)

2 Essl. Mehl
2 Essl. Zitronensaft
Etwa 2 Essl. Senf
1 hart gekochtes Ei
Evtl. Salz und weißer Pfeffer aus der Mühle
wenig Zucker

Apropos: Während der letzten hundert Jahre hat man Fisch auch in vielerlei anderen Zusammenstellungen genossen. Darunter war die ausgezeichnete, heute wieder modern werdende Sauerampfersauce. Aus den Tagebüchern von Karl May geht hervor, dass er besonders gern Schellfisch mit Rotkraut aß.

Niedersachsen

Fischklopse, gebraten

Dies war ein Resteessen. Später bereitete man es auch aus Fischfilets zu. Im Binnenland verwendete man dafür Reste von Süßwasserfischen.

2 bis 3 altbackene Brötchen
Gut 500 g Fischfleisch, frisch oder gekocht
1 bis 2 Essl. Butter
1 mittelgroße Zwiebel
1 Essl. Butter
2 Eier
Salz und Pfeffer aus der Mühle
2 bis 3 Essl. Mehl
Butterschmalz oder Bratfett

Brötchen abreiben, in Scheiben schneiden und einweichen. Anschließend gut ausdrücken und zusammen mit dem Fisch durch die Fleischmaschine drehen. Weiche Butter darunter kneten. Zwiebel in feine Würfelchen schneiden und diese in heißer Butter glasig werden lassen. Zusammen mit den verklepperten Eiern in den Fischteig rühren. Mit Salz und Pfeffer abschmecken.

Flache Klopse daraus formen, leicht mit Mehl bestäuben und im heißen Fett beidseitig goldbraun braten.

Als Beilage: Mayonnaise-Kartoffelsalat.

Zur Verfeinerung kann man noch etwas klein gehackte Petersilie und/oder abgeriebene Zitronenschale an den Fischteig geben.

Fischpudding, bürgerlich

Pikante Puddings, die in Spezialformen im Wasserbad gekocht wurden, waren bis zum Ende des vorigen Jahrhunderts sehr viel populärer als heute. Vor allem gehörten sie zur bürgerlichen und Herrschaftsküche. Fischpuddings findet man in allen deutschen Landschaften.

- 1 kg Seefisch (auch Süßwasserfisch möglich)
- 30 g frisches Schweinerückenfett
- 1 mittelgroße Zwiebel
- 1 kleine, gekochte Kartoffel
- 1 großes Milchbrötchen, altbacken
- Einige Essl. Milch
- 3 Essl. Butter
- 3 Eier
- 2 Eigelb
- Salz und weißer Pfeffer aus der Mühle
- 2 Essl. fein gehackte Petersilie oder Basilikum
- 1 Essl. Butter

Fisch enthäuten und entgräten. Zusammen mit dem Rückenfett, der geschälten Zwiebel und der Kartoffel zweimal durch die feinste Scheibe der Fleischmaschine drehen.

Brötchen abreiben, in Scheiben schneiden und in Milch einweichen. Butter sahnig rühren und mit dem ausgedrückten Brötchen verkneten.

Eier trennen, Eiweiße beiseite stellen. Alle 5 Eigelbe mit der Butter-Brötchen-Mischung und dem durchgedrehten Fischteig gut verkneten. Würzen mit Salz, Pfeffer und Petersilie. Eine Puddingform gut ausfetten.

Steif geschlagene Eiweiße unter den Fischteig heben und diesen in die Form füllen. Verschließen und im Wasserbad etwa 80 Minuten garen.

Zum Servieren wird der Pudding gestürzt und mit Tomaten- oder Sardellensauce serviert. Dazu Brot oder Salzkartoffeln.

Kohlrouladen mit Dorsch

1 Krautkopf
500 g Dorschfilet
Salz und Pfeffer aus der Mühle
1 Zitrone
3 bis 4 Essl. Butter
1 Essl. Sardellenpaste
1/4 l Schmant
1 Teel. Kartoffelmehl

Aus dem Krautkopf 8 bis 16 schöne Blätter auslösen und einige Minuten in kochendem Salzwasser ziehen lassen. Herausnehmen, ausdrücken und zum Abkühlen ausbreiten.

Dorsch durch den Wolf drehen. Mit Salz, Pfeffer, dem Saft der ganzen und der abgeriebenen Schale einer halben Zitrone gut verkneten. In vier oder acht Portionen teilen und in die gebrühten Krautblätter einrollen. Eventuell mit ungeleimtem Faden binden.

In Butter allseitig anbraten, und dann zugedeckt nach Hinzufügen von mehreren Esslöffeln Wasser und der Sardellenpaste unter nochmaligem Wenden gar schmoren. Kohlrouladen herausnehmen.

Schmant mit dem Kartoffelmehl verrühren und damit den Bratsatz ablöschen und zur Sauce kochen. Über die Krautrouladen gießen.

Als Beilage dazu gibt es Salzkartoffeln.

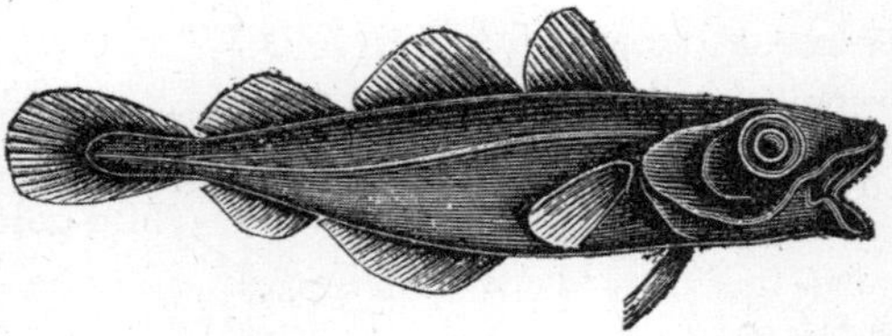

Apropos: Dorsch ist die Bezeichnung für den Ostsee-Kabeljau, der meist etwas kleiner ist als sein Nordmeervetter. In Ostpreußen hat dieser populäre Fisch seinen eigenen Namen: »Pomuchel«. Die Danziger nannte man gern »Pomuchelsköpp«. Wer den Dorsch kennt, weiß, dass er einen ziemlich dicken Kopf hat.

Schleusingen

Fisch-Pichelsteiner

Dieses Rezept wurde in einer Familie überliefert, die aus dem Vogtland stammt.

Fische von den Gräten befreien, waschen, abtrocknen und in mundgerechte Stücke schneiden. Kartoffeln in Scheiben schneiden. Möhren und Sellerie ganz grob stifteln. Zwiebel in dünne Scheiben schneiden.

Einen Topf mit sehr dicht schließendem Deckel ausfetten und die Zutaten lagenweise darin schichten. Die oberste Lage soll aus Kartoffeln bestehen. Jede Lage salzen und pfeffern. Fleischbrühe dazu gießen. Restliches Fett in Flöckchen aufsetzen und das Ganze im Topf auf kleiner Hitze gut 2 Stunden kochen.

- 1 kg Seefische (Kabeljau, Schellfisch, Rotbarsch)
- 250 g geschälte Kartoffeln
- 250 g geschabte Möhren
- 250 g Sellerieknolle
- 1 große Zwiebel
- 2 bis 3 Essl. Schmalz oder Butter (sehr gut ist Butterfett)
- Salz, Pfeffer aus der Mühle
- 1/4 l Fleisch- oder Fischbrühe

Teig mit Fischen und Blumenkohl

Dies ist ein Zwischending zwischen Pastete und Auflauf, beides Zubereitungsformen, die man in gutbürgerlichen Häusern früher sehr viel häufiger antraf als heute. Ein Familienrezept aus dem vorigen Jahrhundert.

- 125 g Butter
- 125 g Mehl
- 3/4 l Milch
- 5 Eier
- Salz
- 2 bis 3 Tassen gekochtes, zerpflücktes, entgrätetes (beliebiges) Fischfilet
- 2 Essl. Zitronensaft
- 1 Essl. Butter

Butter und Mehl auf dem Feuer miteinander verrühren, bis ein leichter Kuchenduft wahrnehmbar ist. Milch nach und nach mit der Mehlschwitze verrühren, bis sich diese vom Topfboden löst. Gut durchkochen

Ganz kurz abkühlen lassen. Eier trennen und die Dotter nacheinander in den Teig rühren. Eiweiße zu steifem Schnee schlagen und leicht unterheben. Dabei mit Salz abschmecken. Die Fischfilets, die vorher mit Zitronensaft mariniert wurden, mit dem Teig lose vermengen. Eine feuerfeste Schüssel ausbuttern, Masse einfüllen, glatt streichen und im Ofen bei etwa 175 °C knapp 1 Stunde backen. Als Beilage passt Blumenkohl zu diesem Gericht. Auch ein beliebiger Salat ist möglich.

Apropos: Früher wurde dieses Gericht in Mecklenburg auch gern mit ausgelöstem Krebsfleisch zubereitet – heute ein köstliches Festessen.

Gedünsteter Stör

Dieses Rezept wurde erst in jüngerer Zeit
im Störzuchtbetrieb in Eula/Sachsen entwickelt.
Es hat sehr schnell viele Freunde gefunden.
Auf eine Tradition kann es nicht zurückblicken,
denn früher wurden in Deutschland
noch keine Störe gezüchtet.

500 g Stör
200 g frische Champignons
Etwas Zitronensaft
Salz, weißer Pfeffer
3/8 l Fischfond (aus dem Glas oder selbst gemacht)
4 Essl. herber Weißwein
3 Essl. Butter
1 Essl. Mehl

Störfleisch säubern und in 4 Portionsstücke schneiden und kalt abwaschen. Eine feuerfeste Form mit Deckel mit 1 Essl. Butter ausstreichen. Fischstücke einlegen.

Champignons putzen. Sehr kleine Pilze belässt man ganz, größere werden in Scheiben geschnitten. Mit Zitronensaft vermengen, damit sie hell bleiben. Zwischen die Fischstücke legen.

Alles leicht mit Salz und weißem Pfeffer bestreuen.

Fischfond mit Weißwein zusammen erhitzen und in das Geschirr gießen. Deckel auflegen. Im vorgeheizten Backofen bei 200 °C 15 bis 20 Minuten dünsten. Rechtzeitig Garprobe machen, damit der Fisch nicht zu weich wird. Bissfesten Fisch mit Pilzen warm stellen.

Fischsud abgießen und bei großer Hitze auf 1/4 l Flüssigkeit einkochen. Einen Esslöffel Butter mit dem Mehl verkneten und langsam in die leicht kochende Sauce bröseln. Dabei ständig rühren. Zum Schluss noch die restliche kalte Butter in Stückchen mit dem Schneebesen in die Sauce schlagen, um deren Bindung zu vollenden. Sauce über Fisch und Champignons gießen und anrichten.

Dazu passen Salzkartoffeln und Gurkensalat.

Hering

Wir können uns heute kaum noch vergegenwärtigen, welche Bedeutung der Hering in früheren Jahrhunderten als Nahrungsmittel hatte. Vor etwa 1000 Jahren schon lernten die Nordmeerfischer, ihn einzusalzen; damit begann der europäische Siegeszug des Salzherings. Die Hanse, so stellten bereits im ausgehenden Mittelalter einige Kaufherren fest, gründete ihren Reichtum weitgehend auf Heringshandel. Und noch zu Beginn unseres Jahrhunderts nannte man einen Lebensmittelhändler scherzhaft »Heringsbändiger«, weil die Salzheringe eine so große Rolle bei seinem Umsatz spielten. Heringe waren Fische der armen Leute und als solche in den Früh-Industriegebieten Schlesiens und Sachsens besonders populär. Man sprach von der »Leineweber-Forelle«, einem Salzhering, der über die Kartoffelschüssel gehängt wurde und an dem jeder einmal lecken durfte; so soll ein Hering einer großen Familie für die ganze Woche gereicht haben. Gleichzeitig bekam ein marinierter Hering den Namen des damals mächtigsten Mannes und wurde als »Bismarck-Hering« weltbekannt. Wo gibt es das sonst noch, dass man einem Arme-Leute-Fisch den Namen des seinerzeit größten Staatsmannes beilegt?! Allerdings war Fürst Bismarck tatsächlich ein sehr vorausschauender Herings-Sachverständiger, denn er erklärte, dass der Hering zu den ganz großen Delikatessen zählen würde, wenn er sehr viel teurer wäre. Wir erleben es heute. Für den deutschen Fischappetit spielt der Hering die Hauptrolle. Nur gelegentlich macht ihm der Kabeljau diesen Rang streitig. Bei den verschiedenen Formen des Angebots ist der Hering jedoch unangefochten der König:

Grüner Hering: frisch

Vollhering: mit Laich gefüllt, frisch

Matjes: vor der Geschlechtsreife gefangen, gekehlt und nur leicht gesalzen

Bückling: geräuchert

Bismarckhering: mariniert; eine Sonderform ist der Rollmops, den es auch geräuchert gibt

Salzhering: durch starkes Einsalzen konserviert, einst marktbeherrschend, heute eine Rarität

Gebratene Heringe zum Marinieren

Dies ist ein sehr altes Rezept, das Heringe nicht nur sehr wohlschmeckend, sondern auch lange haltbar macht. Heute kennen wir diese Zubereitungsart vorwiegend unter dem Namen »Bratheringe«. Wir können sie in jedem Fischgeschäft kaufen und finden sie sogar als Konserve auf den Regalen aller Supermärkte.

Trotzdem lohnt sich Urgroßmutters Hausmacherart noch immer. Das folgende Rezept stammt aus dem 19. Jahrhundert.

- 12 frische Heringe
- Salz und weißer Pfeffer aus der Mühle
- Zitronensaft
- Mehl
- Öl zum Braten
- 1/2 l Essig
- Etwa 1/4 l Wasser
- 1 Zwiebel
- 6 Pimentkörner
- 10 Pfefferkörner
- 1 kleine Prise Thymian
- 1 kräftige Prise Basilikum
- 1 haselnussgroße Ingwerknolle
- 1/2 Teel. Salz
- 2 Zwiebeln
- 2 Lorbeerblätter

Heringe abschuppen, ausnehmen und waschen. Abtrocknen und innen und außen mit etwas Zitronensaft beträufeln sowie mit wenig Salz und Pfeffer würzen. Eine Stunde so stehen lassen.

Wieder abtupfen, in Mehl wenden, überschüssiges Mehl abklopfen und im heißen Öl auf beiden Seiten kross braten. Abkühlen lassen.

Aus Essig, Wasser sowie den angegebenen Gewürzen (außer 2 Zwiebeln und 2 Lorbeerblättern) in 15 Minuten eine Marinade kochen. Der Ingwer sollte in dünne Scheibchen geschnitten sein. Marinade durch ein Sieb abgießen und abkühlen lassen. Die beiden restlichen Zwiebeln schälen und in dünne Ringe schneiden.

Die gebratenen Heringe in ein irdenes Gefäß schichten. Dazwischen Zwiebelringe und die halbierten Lorbeerblätter legen. Marinade darüber gießen. Zudecken und mindestens 2 Tage ziehen lassen.

Diese Bratheringe schmecken zu Butterbrot gleich gut wie zu Pellkartoffeln. Früher hat man im Rheinland vorzugsweise Stampfkartoffeln (mit etwas ausgelassenem Speck) dazu gegessen. In Mitteldeutschland waren statt dessen Bratkartoffeln beliebt.

Apropos: Im 18. Jahrhundert hat man solche Bratheringe (allerdings auf dem Rost und ohne Mehl gebraten) in Fässern eingelegt und als Dauervorrat betrachtet.

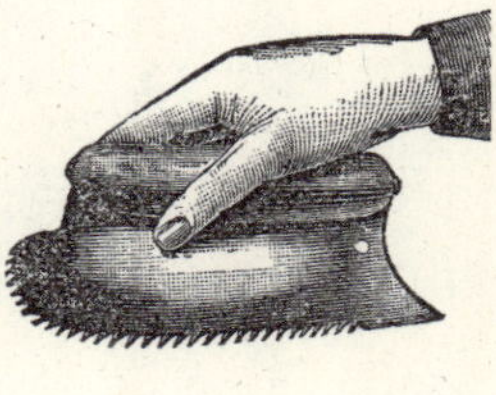

Heringskoteletts

Dieses Rezept habe ich von einer Tante, die sehr alt wurde und nie das Meer gesehen hatte. Es ist also eine binnenländische Version der Fischklopse. (Meine Tante schrieb übrigens noch »Häringskoteletten«.)

- 2 große Salzheringe
- 1 kleines Sträußchen Petersilie
- 1 kleine Zwiebel
- 1 Essl. Butter
- 1 Ei
- 1 bis 2 Brötchen
- 2 Essl. saurer Rahm
- Pfeffer aus der Mühle
- 2 Essl. Semmelbrösel
- Butter oder Schmalz

Heringe über Nacht in reichlich Milch oder Mineralwasser einlegen. Am nächsten Tag enthäuten und entgräten. Kopf und Flossen abschneiden. Zusammen mit der gewaschenen Petersilie sehr fein wiegen. Geriebene Zwiebel dazumischen. Butter und Ei mit dem Heringsteig verkneten.

Brötchen abreiben, in Scheiben schneiden, einweichen und gut ausdrücken. Ebenfalls mit dem Teig verkneten. Etwa 2 Essl. Rahm dazumischen und mit etwas Pfeffer abschmecken. Vier Frikadellen formen (obwohl das Rezept von »Koteletten« spricht), diese in Semmelbröseln wenden und im heißen Fett beidseitig braten.

Beilage: Kartoffelsalat und grüner Salat.

Hering Hausfrauenart

So lautet der moderne Name einer alten Heringszubereitung, die wahrscheinlich ostdeutschen Ursprungs ist. In Ostpreußen war sie seit langem unter der Bezeichnung »Schmantheringe« bekannt. »Heringe Hausfrauenart« werden von unseren Gastronomen vorwiegend »Matjesfilets Hausfrauenart« genannt. Sie sind allgegenwärtig auf den Speisekarten. Leider haben sich die Restaurantköche verschworen, diese alte Spezialität langsam, aber sicher abzumurksen. Die Heringe liegen nicht mehr lange genug in der Sahnesauce, und sie werden nicht mehr von Salzgurken, sondern von so genannten Gewürzgurken begleitet; dadurch geht der volle Wohlgeschmack von einst verloren. Damals verwendete man auch Salzheringe, also mussten sich unsere Großmütter mehr Mühe mit der Marinade geben. Nachfolgend ein Rezept, das meine Mutter von ihrer Mutter übernommen hatte.

- 4 Salzheringe
- Knapp 1/2 l saure Sahne
- Ca. 2 Essl. Zitronensaft
- 1 Prise Zucker
- Weißer Pfeffer aus der Mühle
- 2 Zwiebeln
- 1 großer säuerlicher Apfel
- 1 große Salzgurke
- 2 Lorbeerblätter
- 1 bis 2 Teel. Senfkörner

Beim Kauf der Salzheringe sollte man unbedingt darauf achten, dass mindestens ein »Milchner« dabei ist. (Man lege es mir nicht als Dolchstoß gegen die Gleichberechtigung aus, wenn ich darauf bestehe, dass ohne wenigstens einen männlichen Hering der volle Wohlgeschmack nicht zu erreichen und durch deren zwei wesentlich zu verbessern ist.)

Salzheringe auswaschen, dabei ein oder zwei Milchner-Einlagen beiseite legen. Heringe nun gründlich in wechselndem Wasser wässern, bis nur noch ein milder Salzgeschmack vorhanden ist. Dann enthäuten und von den Gräten befreien, also filetieren. Zur Marinade die saure Sahne mit etwas Zitronensaft, ein oder zwei durchpassierten Milchnern, Zucker und Pfeffer verrühren.

Zwiebeln schälen und in dünne Ringe oder Halbringe schneiden, Äpfel schälen, entkernen und die Viertel in dünne Scheibchen schneiden. Salzgurke in Scheiben schneiden. In einen irdenen Topf schichtet man nun die Heringsfilets mit den anderen Zutaten dazwischen, streut auch Senfkörner ein und praktiziert die Lorbeerblätter mitten hinein. Jede Lage benetzt man mit etwas Marinade und gießt den Rest dann über die letzte Schicht; die Marinade muss einige Millimeter über dem Inhalt stehen.

Mindestens eine Nacht stehen lassen, damit sich alle Geschmackskomponenten miteinander verbinden können.

Unbedingt Pellkartoffeln dazu servieren. Selbst eingefleischte Weintrinker sollten zum Bier greifen.

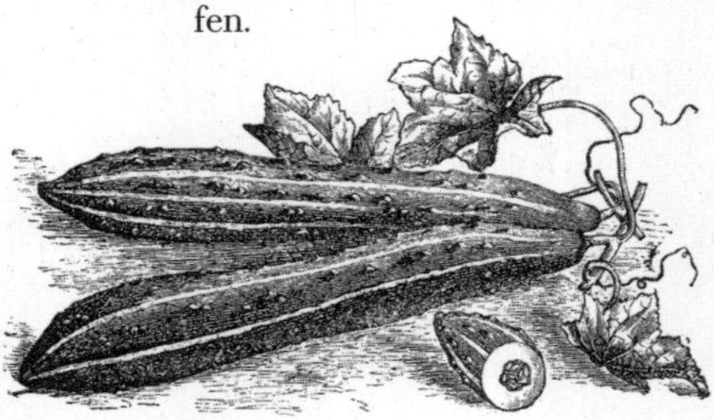

Apropos: Früher hatte man längliche Schalen aus graublauem Steingut zum Einlegen der Heringe. Wer eine solche auf dem Flohmarkt oder in Großmutters Rumpelkammer ergattern kann, der schätze sich glücklich.

Milchner sind in unserer Zeit der vorbereiteten Lebensmittel kaum noch bekannt; es ist im Fisch der gallertartige, männliche Samen.

Eine Zubereitungsart mit den gleichen Zutaten und dem einzigen Unterschied, dass die Heringe in mundgerechte Stücke geschnitten werden, ist im Rheinland unter dem Namen *Rheinischer Heringstipp* bekannt.

Hering in Sahnestipp

An der Ostseeküste hat man eine Zubereitungsart entwickelt, bei der die Zeit des Marinierens erheblich abgekürzt ist.
Der Wohlgeschmack bleibt erhalten.

- 4 Salzheringe (Milchner, also männliche Fische)
- Gut 1 l Milch
- 3/8 l Schmant
- Einige Essl. Öl
- Essig nach Geschmack
- 1 bis 2 Salzgurken

Heringe waschen, dabei aufschneiden. Zwei Tage in Milch legen. Sind sie sehr salzig, muss die Milch während dieser Zeit gewechselt werden.

Anschließend enthäuten und alle Gräten entfernen. Auf einer Platte ausbreiten.

Die vorher beiseite gelegten Milchner erst häckeln und dann zerreiben. Mit dem Schmant und dem Öl gut verquirlen. Abschmecken mit Essig.

Dünne Salzgurkenscheiben auf die Heringsfilets verteilen und die Sauce durch ein Haarsieb darüber gießen. Sollten Milchnerstückchen im Sieb bleiben, diese durchstreichen.

Sofort servieren zu Bauernbrot oder Pellkartoffeln.

Insel Rügen

Matjesfilets mit grünen Bohnen

Nur der Ursprung dieses Gerichts liegt (wahrscheinlich) in Norddeutschland. Längst ist es Allgemeingut geworden, und sogar die vornehmste Gastronomie hat es der Ehre für würdig befunden, ihre Speisekarten zu zieren. Wenn die Heringspreise weiter so steigen wie in den vergangenen Jahren, wird es diese Spezialität bald nur noch in Grand-Hotels geben.

- 8 Matjesfilets
- 1 kg grüne Bohnen
- Salz, weißer Pfeffer aus der Mühle
- 1 Prise Bohnenkraut
- 4 Zwiebeln
- 125 g durchwachsener, geräucherter Speck
- 1 Essl. Butter
- 4 Essl. gehackte Petersilie

Verzeihung, liebe holländische Nachbarn! Wenn Matjes hier unter den deutschen Spezialitäten genannt werden, dann stecken keine nationalen Vorurteile dahinter, sondern alte Essgewohnheiten. Niemand will bestreiten, dass der Name und wahrscheinlich auch die Herstellungsart von niederländischen Fischern stammen. »Matjes« kommt von »magdekens«, also »Mädchenhering«. Dabei muss es sich nicht unbedingt um einen Jungfisch handeln, weil Heringe zwei bis sieben Jahre bis zur Geschlechtsreife brauchen.

Matjesfilets je nach deren Schärfe wässern, was besonders gut und schnell in Mineralwasser geht. Auf Eiswürfeln zu servieren, ist eine weit verbreitete Unsitte, die das zarte Aroma auslaugt. Wenn schon Eis, dann mit Salatblättern als Zwischenschicht bedeckt.

Bohnen putzen, waschen, brechen und in wenig Wasser etwa 20 Minuten kochen, bis sie gar, aber noch knackig sind.

Zwei Zwiebeln klein würfeln und zusammen mit dem ebenfalls gewürfelten Speck in der Butter gut glasig werden lassen. Die abgegossenen Bohnen mit Salz, Pfeffer und wenig Bohnenkraut würzen und in der Zwiebel-Speck-Butter-Marinade einige Minuten schwenken. Beim Anrichten mit der gehackten Petersilie bestreuen.

(Wer die Bohnen nur in wenig Butter schwenkt, wirft zwar die alte Art über Bord, erhöht jedoch den Bohnengeschmack – und spart Kalorien ein.)

Restliche Zwiebeln in Ringe schneiden und über die Matjesfilets verteilen. So servieren.

Als Beilagen schmecken am besten neue Kartoffeln, in der Schale gekocht; wer will und nach alter Väter Sitte keine Kalorien scheut, gibt noch etwas frische Butter über die Kartoffeln.

Dazu sollte man sich unbedingt einen klaren Schnaps und ein Bier (oder auch mehrere) leisten.

Helgoland

Stockfisch

Getrocknete Fische, Klippfisch oder Stockfisch, spielten früher, als es noch keine Kühltransporte, geschweige denn Seefrostung gab, überall eine große Rolle. Oft waren es die einzigen Seefische, die geliefert werden konnten, wenn man einmal von den allgegenwärtigen Salzheringen absieht. Heute sind Stockfische fast gänzlich aus unseren deutschen Küchenzetteln verschwunden.
In Südwestdeutschland spielen sie noch als Aschermittwochessen eine Rolle. Es gibt z. B. in Südbaden überall noch Restaurants, die für den Tag nach Fastnacht in der Zeitung »Stockfisch-Essen« ankündigen.
Das folgende Rezept stammt aus dem Gasthaus »Grüner Baum« in Wolfach im Schwarzwald und wurde so im Jahre 1796 von der damaligen Wirtin aufgeschrieben.

Baden

Stockfisch zum Kochen

„Seze den Stockfisch bey 3 Stunden lang zum Feuer, er muß aber nicht kochen, wenn er anfangen will (zu kochen) muß er ein wenig hinweg gethan werden. Will man ihn schön weiß haben, so binde ihn in eine Serviete und so bey gethan (aufgesetzt im Wasser). Wenn er herausgethan wird, so mache die Gräten davon. Alsdann ein gut Stück Butter in eine Cahserol, laß ihn (den Butter, wie man im Alemannischen sagt) heiß werden. Sodann etliche Schalotten, ein wenig Peterle (Petersilie) klein geschnitten mit ein wenig Mehl dazu rösten lassen. Hernach Fleischbrüh, ein gut Theil Sahne Pfeffer, Ingber (Ingwerpulver), M.(uskat)-Blüthen, Salz. Solches aufkochen lassen, daß es ein dicklicht Brühchen gibt. Den Stockfisch darein gethan und ein paar Wellen kochen lassen, alsdann angericht."

Hinweis: 750 g gewässerten Stockfisch. 2 Essl. Butter erhitzen und darin 4 klein geschnittene Schalotten und 2 Essl. gehackte Petersilie angehen lassen. Mit 1 ½ Essl. Mehl eine helle Mehlschwitze machen. Dann wie beschrieben auffüllen.

Zu Stockfisch werden stets Salzkartoffeln gegessen.

Da heute oft der Unterschied zwischen Stock- und Klippfisch nicht mehr bekannt ist, sei darauf hingewiesen, dass Stockfisch ohne Salz und nur durch Trocknung haltbar gemacht wurde. Er wird nur gewässert, um ihn Flüssigkeit aufnehmen zu lassen. Klippfisch hingegen ist mit Salz und Trocknung konserviert; er muss vor der Zubereitung ausgiebig gewässert werden.

Allerdings ist Stockfisch, der früher ein Arme-Leute-Essen war, so teuer geworden, dass man ihn fast schon als Delikatesse bezeichnen muss. In Wolfach im Schwarzwald, einem besonders malerischen alten Städtchen, waschen heute noch die Narren am Aschermittwoch unter großem Geplärre ihre Geldbeutel mit Wurzelbürsten im Stadtbrunnen aus und pflanzen sie, an lange Stangen gebunden, vor die Mauer des Finanzamtes; anschließend findet das traditionelle Stockfisch-Essen statt. Wahrscheinlich wegen der hohen Stockfischpreise streckt man es mit Kartoffeln. Der Geschmack ist jedoch, wie ich aus eigener Erfahrung weiß, so gut, dass ich es zur Nachahmung empfehle.

Badenweiler

Aschermittwoch-Stockfisch

750 g Stockfisch
1 kg Kartoffeln
Salz
5 Essl. Butter
(Anken sagt man in Wolfach)
2 Zwiebeln

Stockfisch zwei Stunden in kaltem Wasser aufweichen. In reichlich schwach gesalzenem Wasser aufsetzen und bis gerade vors Kochen kommen lassen. Dann 20 bis 30 Minuten ziehen lassen.

Herausnehmen, enthäuten und entgräten. In Stücke teilen. Inzwischen hatte man die Kartoffeln geschält, in Scheiben geschnitten und diese zu Salzkartoffeln gekocht. Abgießen. In eine vorgewärmte Terrine schichtet man abwechselnd Kartoffeln und Stockfisch. Anschließend mit der heißen, aber nicht gebräunten Butter (4 Essl.) übergießen. In der restlichen Butter wurden die zu Ringen geschnittenen Zwiebeln gebräunt; sie werden auf dem Inhalt der Terrine verteilt. Mit viel Bier wird dieses Gericht hinuntergespült. (Und anschließend beginnt man sich so langsam auf die nächste »Fasnet« zu freuen.)

Granatschnitte

Verständlicher wird diese Überschrift, wenn man sie mit »Krabbenbrot« übersetzt. Es handelt sich dabei um die einfachste und ursprüngliche Anrichteweise der Nordseekrabben, die man an den Küsten ihres Fanggebietes »Granat« nennt. Am besten schmecken sie – und das ist noch einfacher, vorausgesetzt man kann ganz frisch abgekochte, ungeschälte Krabben kaufen –, wenn man sich genügend Zeit nimmt, sie einzeln schält, also »puhlt«, und gleich verzehrt. Ohne alles. Höchstens würzige Seeluft als Beigabe. Alle scharfen Saucen mit Tomatenketchup oder Curry sind dem Kenner ein Gräuel. Sie mögen für geschmacklose Shrimps taugen, aber für den feinen, leicht nussartigen Geschmack der Nordseekrabben sind sie eine Beleidigung.

Pro Person:
100 g geschälte Krabben
1 bis 2 Scheiben Schwarzbrot
30 bis 40 g Butter
Wenig Zitronensaft
Vielleicht noch warmes Rührei von 2 Eiern

Die Krabben füllt man in ein Schälchen und beträufelt sie allerhöchstens mit wenig Zitronensaft. Man kann sie dann zum Butterbrot mit einer kleinen Gabel essen oder sie auf das Brot häufen. Das warme Rührei verzehrt man als Beilage. Die alten Ostfriesen wussten warum. Weil sich Rührei- und Krabbengeschmack so wundervoll ergänzen.

Muscheln in Weißwein

Zur Winterszeit liebt man sie allenthalben und nennt sie meist nach dem Gebiet, in dem sie am populärsten sind, »Rheinische Muscheln«, obwohl sie natürlich nicht aus dem Strom, sondern vom Meer kommen und heute meistens entsandet sind, so dass es einfacher ist, sie zuzubereiten.

- 3 kg Muscheln (Mies- oder Pfahlmuscheln)
- 2 Zwiebeln
- 1 Stange Lauch (weißer Teil)
- 1 Mohrrübe
- 1 Essl. Butter
- Weißer Pfeffer aus der Mühle
- Gut 1/4 l herber Weißwein

Muscheln unter fließendem Wasser bürsten und mit dem Messer alle Fäden abschneiden (die brauchen die Muscheln nicht mehr, denn damit hielten sie sich am Untergrund fest). Alle geöffneten Muscheln wegwerfen. (Nach dem Kochen ist es umgekehrt, dann müssen alle Muscheln weggeworfen werden, die sich nicht geöffnet haben.)

Zwiebeln schälen und klein schneiden. Lauch halbieren, waschen und klein schneiden. Mohrrübe schrappen und klein würfeln. Alles zusammen in Butter einige Minuten glasig werden lassen. Das geschieht schon in dem sehr großen Topf, in dem die Muscheln gegart werden. Man schüttet sie auf das angedünstete Suppengemüse, gibt Pfeffer darüber und gießt den Weißwein zu. Deckel auflegen, Topf ab und zu rucken. Nach gut 5 Minuten Kochzeit sind die Muscheln gar.

Man serviert sie in tiefen Tellern und vergisst Schale oder Teller für den Abfall nicht.

Den Muschelsud gießt man am besten durch ein Sieb, das mit einer Filtertüte ausgelegt ist, dann ist man am sichersten vor Sandkörnern. Wagemutigere Genießer ersparen sich diese Prozedur, weil ein paar Gemüsestückchen im Sud gut schmecken.

Zukost ist Schwarzbrot und reichlich Butter. Und wie wäre es mit einem Alt-Bier?

Räucherfische aus Ostpreußen

Das Nachvollziehen dieser Genüsse wird nur ganz wenigen Fischliebhabern möglich sein, leider, leider. Denn selbst Hobbyräucherer kommen kaum an Fischqualitäten heran, wie sie einst in Ostpreußen ganz selbstverständlich verfügbar waren. Inzwischen werden diese Spezialitäten von Räuchereien im Bundesgebiet, meistens in den neuen Ländern, hergestellt.

Spaltaal

Aale von mindestens einem Kilo Gewicht und mit einem Leibesumfang von ungefähr 25 Zentimetern werden der Länge nach gespalten und dann über Kienäpfelschwaden geräuchert. Die Aroma spendenden Zapfen der Kiefer nannte man in Ostpreußen »Schischken«. Durch das Aufspalten kann das Raucharoma besonders gut in die Fischhälften eindringen. Danziger Räuchereien waren berühmt für ihre »Spaltaale«. (Zurzeit ist kein bundesdeutscher Anbieter bekannt.)

Stremellachs

An der Küste Ostpreußens wurden Lachse beachtlicher Größe gefangen. Man sprach immer wieder von Riesenfischen, die mehr als 20 Kilo gewogen haben sollen. Und das war wohl nicht einmal Anglerlatein. Für »Stremellachs« bevorzugte man fünfzehn-pfündige Lachse, die man in Streifen, ostpreußisch »Stremel«, schnitt. Dabei halbierte man den Fisch zunächst der Länge nach, dann jede flache Hälfte nochmals quer, so dass Viertel entstanden; diese wurden dann – wieder quer – in Stremel geschnitten und kamen so in den aromatischen (heißen) Rauch.

Kleine Lachse, die man meist frisch verzehrte,
hatten den Namen »Merlitze«.
(»Stremellachs« ist über den Feinkosthandel
zu beziehen.)

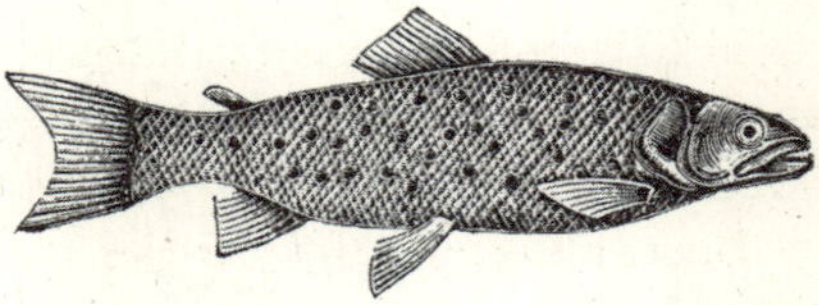

Flundern

An der Nordseeküste werden diese Fische, die bis zu einem halben Meter groß werden, auch Elb- oder Weserbutt genannt. Für die Räucherung der Flundern waren in Ostpreußen die Orte Cranz und Sarkau berühmt. In Cranz wurden die Flundern zwischen Ziegelsteinen geräuchert, in Sarkau in kleinen Erdgruben; und immer brachte das Aroma von Kiefernzapfen die letzte Vollendung des Wohlgeschmacks.

Störe

Auch diese Kaviarfische gab es an der ostpreußischen Küste, und auch sie wurden geräuchert. Kenner rühmten dabei die siebenerlei verschiedenen Fleischarten, die jeder einzelne Fisch aufweisen konnte.

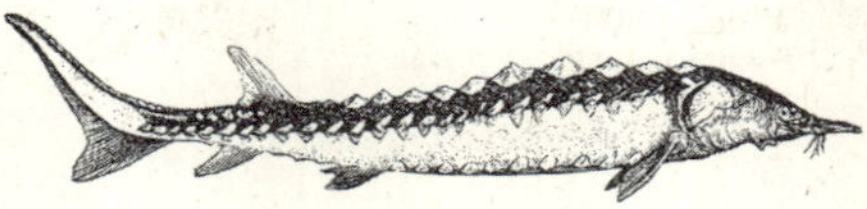

Maränen

Man behauptete zuweilen, dass die Hälfte aller Passagiere, die von Lötzen aus mit Ausflugsdampfer die herrlichen Seen befuhren, nur an Bord wären, weil sie in Nikolaiken aussteigen und Maränen essen wollten. Dort verstand man sich tatsächlich besonders gut auf das Räuchern der geheimnisvollen Fische, die unmittelbar aus der Urzeit nach Ostpreußen gekommen zu sein schienen.
Heute findet man diese Fische, die richtiger »Kleine Maränen« heißen, in geringer Zahl in schleswig-holsteinischen Seen.

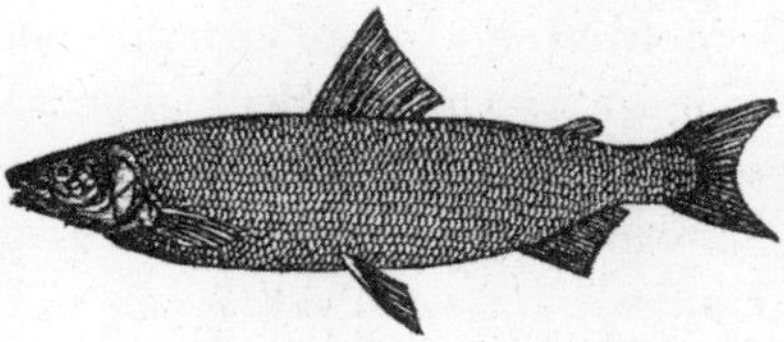

Neunaugen

Dieser rätselhafte Fisch, der trotz seines Namens keine neun Augen hat, sondern Kiemenlöcher, die man dafür ansah, wird heute in und um Bordeaux von weit gereisten Feinschmeckern als Rarität geschätzt.
Dort bereitet man ihn in Rotwein zu und belegt ihn mit seinem anderen Namen »Lamprete«.
In Ostpreußen räucherte man ihn zwar nicht, sondern man röstete ihn, vor allem am Kurischen Haff und an der Memel. Es gab dafür spezielle Röstöfen.
Neunaugen wurden nach dem Rösten auch in Essig eingelegt – aber nur in kleinen Holzfässchen.

Zum Beweis, dass es überall gute Räucherfische in Ostpreußen gab, sei ein Spruch zitiert, der in einer Kneipe am Danziger Fischmarkt prangte:

»Goldig ist der Bückling,
Fettig ist der Aal,
Schielen tut die Flunder,
Und wir trinken noch einmal!«

Damit alle jene geneigten Leser, die sich keine ostpreußischen Räuchergenüsse verschaffen können, trotzdem einen praktischen Nutzen aus deren Erwähnung haben, sei ein Hinweis angefügt, der in Ostpreußen Binsenweisheit war, in küstenfernen Großstädten jedoch kaum mehr bekannt ist:
Räucherfische schmecken nur gut, wenn sie ganz frisch sind; am allerbesten sind sie rauchwarm; am zweiten Tag schenken ihnen wahre Kenner keine Beachtung mehr.

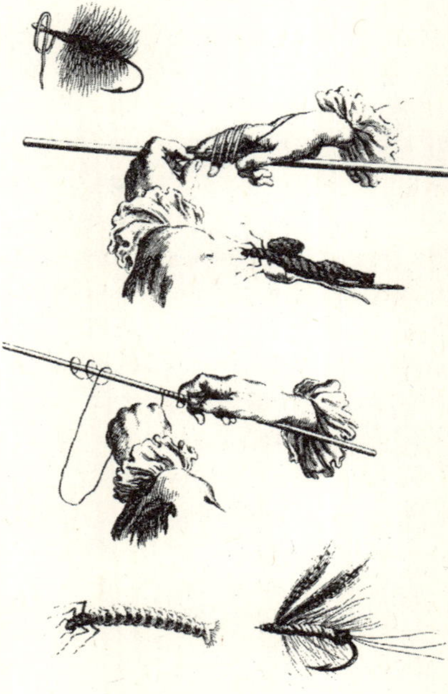

Aal grün

In Berlin sagt man natürlich »Aal jrün«, und genossen wurde diese köstliche Spezialität früher meistens in der Umgebung Berlins; »man« hatte seine Aal-Restaurants. Leider kann sich heute kaum noch jemand frischen Aal leisten. Er ist teurer als Lachs geworden; trotzdem werden Jahr für Jahr so um die 5000 bis 6000 Tonnen in der Bundesrepublik verzehrt. Meistens als Räucheraal. Nur noch etwa 300 Tonnen kommen jährlich aus unseren Flüssen und Seen, etwa gleich viel aus der Ostsee, der Rest muss importiert werden. Trotz allem – wer sich einen ganz besonderen Genuss leisten will, der genieße »Aal grün«. Am besten dann, wenn es die ersten neuen Kartoffeln gibt.

Den Aal gut auswaschen und in etwa 12 Stücke schneiden; er sollte nicht zu dick sein. Aus Weißwein und gut 1/2 l Wasser einen Sud kochen, der gewürzt ist mit allen genannten Aromaten.

Nachdem der Sud eine Viertelstunde gekocht hat, wird die Hitze gedrosselt, und man lässt die Aalstücke darin in etwa 15 Minuten gar ziehen. Herausnehmen und warm stellen.

Aus Butter und Mehl eine helle Schwitze rühren, ablöschen, mit durchgeseihtem Sud eine glatte Sauce rühren. Eigelbe mit saurer Sahne verkleppern und in die Sauce quirlen. Nicht mehr zum Kochen kommen lassen. Abschmecken, eine Prise Zucker und die gehackten Kräuter einrühren. Über die Aalstücke gießen.

Als Beilage muss es unbedingt neue Pellkartoffeln geben sowie Gurkensalat in Sahnesauce.

Aal-Anmerkung: Eugen Baron Vaerst schrieb in seiner »Gastrosophie«, die 1854 in Leipzig erschien: »Der Aal ist unter den Fischen, was Helena unter den Frauen ist. Aber man muss ihn in Mangoldblätter eingewickelt kochen, um sein Fleisch saftiger und schmackhafter zu erhalten.« – Es käme auf einen Versuch an.

- 1 kg Aal, gehäutet oder ungehäutet, je nach Wunsch (wenn gehäutet, dann Haut in den Sud)
- 1/4 l herber Weißwein
- 2 Essl. Zitronensaft
- 1 Bündel Dill
- 1 Bündel Petersilie
- Einige Zweiglein Kerbel
- 1 bis 2 Salbeiblätter
- 2 Lorbeerblätter
- 1/2 Zwiebel
- 1/2 Teel. Salz
- 8 Pfefferkörner
- 1 Essl. Butter
- 1 Essl. Mehl
- 2 Eigelb
- 2 Essl. saure Sahne
- 1 kleine Prise Zucker
- 2 Essl. gehackte Petersilie
- 2 Essl. gehackter Dill
- 1 Essl. gehackte Kerbelblätter

Moselaal in Weinsauce

Durchs Tal der Mosel fahren nur noch Genießer. Die Mehrzahl aller Reisenden nehmen die Autobahn oder Höhenstraße, die nur halb so lang sind, weil sie nicht die vielen Flusswindungen mitmachen. Wer diese aber geruhsam ausfährt, der wird durch Wein belohnt und findet an vielen Gasthäusern Schilder, auf denen »Moselaal« angepriesen wird. Wenn auch die dort servierten Aale meistens nicht mehr aus der Mosel kommen, so sind sie noch immer eine echte Spezialität.

Gut 600 g Moselaal
3 bis 4 Essl. sehr fein geschnittene Zwiebel
2 bis 3 Essl. Butter
1 bis 2 Essl. Mehl
1/4 l Kalbsbrühe (aus Knochen)
1 bis 2 Gläser herber Riesling
Salz, weißer Pfeffer aus der Mühle
2 bis 3 Essl. saure Sahne
1 bis 2 Essl. Zitronensaft
1 bis 2 Essl. fein geschnittener Dill

Moselaal enthäuten, ausnehmen und in Stücke schneiden, die etwa fünf Zentimeter lang sind.

Zwiebelwürfelchen in der Butter in einem Topf mit dickem Boden glasig werden lassen. Mehl einrühren und mit Kalbsbrühe ablöschen. Wein zufügen und mit Salz und Pfeffer abschmecken. Einige Minuten unter ständigem Rühren gut durchkochen.

Aalstücke einlegen. Hitze reduzieren und zudecken. Den Fisch in gut 20 Minuten unter einmaligem Umwenden gar ziehen lassen. Herausnehmen und warm stellen.

Sahne, Zitronensaft und Dill in der Sauce verrühren, Würzung prüfen und über den Aalstücken anrichten.

Als Beilage: Kartoffelbrei und Salatplatte.

Dazu trinkt man einen Mosel-Riesling, aber bitte keinen süßen!

Häufiger wird heute »Moselaal in Weinsauce« mit einer angereicherten Sauce zubereitet, in der sich noch Champignonstücke und Kapern befinden. Abgesehen davon, dass man über die Verbindung von Dill, Kapern und Champignons streiten kann, sind die Champignons, die leider auch noch oft aus der Dose kommen, sicher eine Zutat, die erst in den letzten Jahrzehnten zugefügt wurde.

Aal in Gelee

Man bekommt ihn heute in jedem Fischgeschäft. Früher machte man ihn selbst – und meistens besser. In Schleswig-Holstein werden in ländlichen Gaststätten dünne Aale in Gelee als »Saure Aale« angeboten. Sie sind eine echte Spezialität, die man mit Bratkartoffeln genießt.

- 1 kg Aal (dünn)
- 1/4 l Essig
- 1/4 l Weißwein
- 1 Zwiebel
- 6 Pimentkörner
- 10 Pfefferkörner
- 1 Teel. Salz
- 1 gelbe Rübe
- 1 Eiweiß
- 10 bis 12 Blatt Gelatine
- 1 hart gekochtes Ei

Aal ausnehmen, gut waschen und in etwa 5 cm lange Stücke schneiden. Ob man die Haut daran lässt oder abzieht, ist seit langem eine Streitfrage; in alten Rezepten wird angegeben, dass die Haut daran bleibt; mir ist es lieber, wenn die Aale abgezogen sind.

Essig und Wein mit 3/4 l Wasser vermischen. (Besser ist es, wenn man eine leichte, klare Kalbsbrühe verwendet, die man sich aus Kalbsknochen ziehen kann.) Zwiebel, Piment, Pfeffer, Salz und die geschrappte, nicht zerteilte Rübe zusetzen. Alles zusammen etwa 10 Minuten kochen lassen. Aalstücke einlegen, Hitze reduzieren und den Fisch in etwa 15 Minuten gar ziehen lassen. Vom Herd nehmen und in der Brühe erkalten lassen. Aalstücke herausnehmen und in eine Schale arrangieren, die sie gerade nebeneinander aufnehmen kann.

Brühe durchseihen und nochmals mit dem leicht geschlagenen Eiweiß unter Rühren zum Kochen bringen, damit sie klar wird, wenn man sie nochmals durch ein Sieb (mit Mull ausgelegt) gießt. Gelbe Rübe in Scheiben oder zu Ornamenten schneiden und diese zusammen mit den Eischeiben zum Garnieren verwenden. Gelatine kalt einweichen und in der heißen Brühe lösen. Etwas abkühlen lassen und über die Aalstücke gießen. Kurz vor dem Stocken Garnierung arrangieren. Erstarren lassen und in Stücke schneiden. Dazu Bratkartoffeln servieren.

Gespickter Hecht

- 1 Hecht (etwa 1,5 kg)
- 100 g frischer, fetter Speck
- 2 Essl. Essig
- 1 Stück Speckschwarte
- Salz und weißer Pfeffer aus der Mühle
- 50 g Butter
- 1 große Zwiebel
- 2 Tassen saure Sahne

Den Hecht ausnehmen und waschen. Kopf und Schwanz daran lassen, jedoch hinter dem Kopf und kurz vor dem Schwanz einen ringförmigen Einschnitt machen, der die Haut durchtrennt. Die Haut zwischen diesen Schnitten abziehen. Das Fischfleisch außen und innen leicht mit Essig einreiben. Nach einer Viertelstunde den zu Keilchen geschnittenen Speck mittels einer Spicknadel zu beiden Seiten der Mittelgräte einstecken. Innen und außen salzen und pfeffern. Nochmals mindestens eine Viertelstunde stehen lassen. Butter schnell erhitzen.

Hecht (eventuell Kopf und Schwanz zusammengebunden) auf die Fettpfanne des Backofens setzen. Stücke von Speckschwarte unterlegen, mit der heißen Butter übergießen und in den vorgeheizten Ofen schieben. Bei 170 °C etwa 30 Minuten garen. Dabei die zu Scheiben geschnittene Zwiebel um den Fisch legen und diesen mit seinem eigenen Saft ab und zu begießen. Gut 10 Minuten vor Ende der Garzeit gießt man die saure Sahne über den Fisch und erhöht die Backtemperatur auf 200 °C.

Der »gespickte Hecht« wird auf einer Platte angerichtet. Der Bratsaft wird abgegossen und als Sauce gereicht. Als Beilage isst man entweder Bandnudeln oder Petersilienkartoffeln.

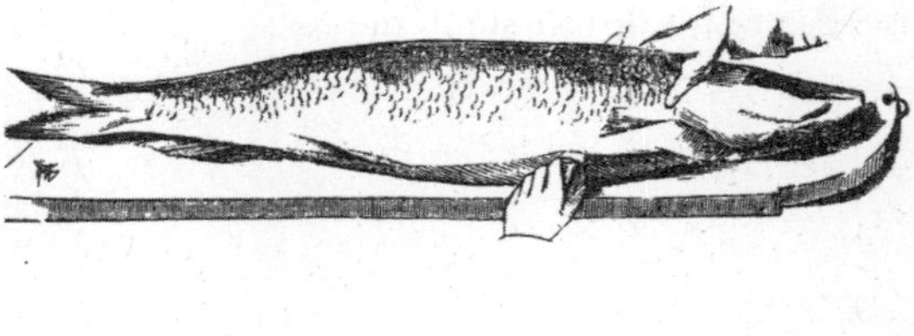

Hecht gebacken

„Die Hechte putzen, ausnehmen. Eine Form dick mit Butter schmieren, die Hechte hinein. Darüber wird gestreut: Salz, geriebene Milchbrödle, geriebener Käse, verwiegelte Petersilie, ganze Zwiebeln. Kleine Stücke frische Butter darüber. Zudecken, im Ofen backen, bis sie gelb sind; 1/2 Stunde. Bevor man auf den Tisch gibt, süßen Rahm darüber. Heiß machen. Dazu braucht man keine Sauce zu machen."

(um 1850 von einer Hausfrau aus Emmerdingen)

Sachsen

Schüsselhecht

Ausgenommenen Hecht abschuppen und waschen; in mundgerechte Stücke schneiden und dabei die Gräten entfernen.

Butter schaumig rühren und mit allen folgenden Zutaten zu einem weichen Brei vermischen.

Boden einer flachen Auflaufform mit der Hälfte des Breis ausstreichen, Fischstücke darauf legen und mit dem restlichen Brei bedecken.

Gut zudecken (heute am besten mit etwas gebutterter Alufolie) und bei etwa 170 °C im Ofen garen. Das dauert etwa 1/2 Stunde. Der Hecht soll dabei nicht zu weich werden. Während der Garzeit eventuell mit etwas Weißwein beträufeln. Sollte man das Gefühl haben, dass die Sauce zu dünn wird, so gibt man rechtzeitig noch etwas Semmelbrösel dazu und drückt sie in die Flüssigkeit.

- 1 Hecht von gut 1 kg
- 200 g Butter
- 5 Essl. gehackte Petersilie
- 2 Essl. gehackte Kapern
- 4 Essl. geriebene Schalotten
- 4 zerdrückte Sardellenfilets (oder Paste)
- Weißer Pfeffer
- Geriebene Muskatnuss
- Etwa 4 Essl. frisch geriebenes Semmelmehl
- Einige Essl. Wein, weiß und herb
- Einige Essl. kräftige Fleischbrühe
- Saft einer Zitrone
- Salz, eventuell noch 1/2 Tasse Weißwein

Altberliner Fischgericht

Dieses Rezept, das, wie viele Berliner, aus Schlesien stammen dürfte, lasse ich im Originaltext, wie ihn meine Tante Erna Frickert aufgezeichnet hat, folgen.

»Karpfen, Schlei, Aal, Hecht, Karausche in gut gewürztem Wasser gar ziehen lassen. Abtropfen. Nach Arten sortiert auf einer heißen Platte anrichten und mit polnischer Tunke übergießen, die restliche Tunke extra servieren.

Polnische Tunke: Fischköpfe in Braunbier mit Zwiebel, Lorbeerblatt, Petersilienwurzel und Pimentkörnern ½ Stunde auskochen. Mit zerbröckeltem Pfefferkuchen oder Mehl binden, durchseihen und abschmecken mit 2 Essl. gequollenen Rosinen, Zitronensaft, Prise Zucker, Salz, reichlich Butter und etwas Rotwein.«

Dazu gibt es Salzkartoffeln.

Hinweise: Es müssen nicht alle genannten Fischarten verwendet werden, sondern so viele, wie gerade zu haben sind. Aus den Fischköpfen Augen und Kiemen entfernen, ehe man sie kocht.

Um die Fische zu kochen, würzt man das Wasser mit 1 Lorbeerblatt, 1 Zwiebel, 1 Möhre, einigen Zitronenscheiben mit Schale, Salz und etlichen Pfefferkörnern; alles zusammen vorher einige Minuten kochen, dann die Hitze reduzieren und die Fische so einlegen, dass die größten früher hineinkommen als die kleineren, damit dann alle zur gleichen Zeit gar sind.

Karpfen

Der Karpfen spielt in Deutschland als Speisefisch eine erheblich größere Rolle als in den meisten anderen europäischen Ländern. Wahrscheinlich waren hier die Mönche besonders eifrige Karpfenzüchter. Sie brauchten die Leckerbissen aus dem Wasser, weil sie viel mehr Fastentage zu beachten hatten, als sich heute der frömmste Katholik träumen lässt. Nördlich der Mainlinie wird der Karpfen hauptsächlich als Weihnachts- oder Neujahrsfisch verzehrt. Vor allem in Bayern erfreut man sich das ganze Jahr über an ihm. Besonders berühmt sind die Karpfen aus Mittelfranken, aus den Aischgründen. Süddeutsche Kenner bevorzugen Fische, die nicht allzu viel über 1 kg auf die Waage bringen; im Norden bevorzugt man die größeren Exemplare. Die Mecklenburger Seenplatte und die Zuchtbetriebe in der Niederlausitz liefern ausgezeichnete Karpfen. Dermaleinst hat man die Schuppen der Festtagskarpfen im Haus verstreut, damit sie Glück bringen; im Portemonnaie sollten sie für Geldsegen sorgen. Derartiges Glück können wir uns heute nur noch selten erhoffen, weil eifrige Züchter den schuppenlosen Karpfen kreierten. Auch vor der Gentechnik wurde Althergebrachtes schon bedroht.

Gebackener Karpfen

Karpfen abschuppen, ausnehmen, Kopf und Flossen abschneiden, waschen und in 8 Stücke schneiden. Diese mit Zitronensaft oder Essig beträufeln, salzen und pfeffern. Etwa 10 Minuten ziehen lassen.

Nacheinander in Mehl, verkleppertem Ei und Semmelbröseln wälzen. Im heißen Fett schwimmend ausbacken. Nicht zuviel Fisch auf einmal einlegen, damit die Fetttemperatur nicht absinkt.

Auf saugfähigem Papier entfetten. Gewaschene und abgetrocknete Petersilie büschelweise ebenfalls ausbacken. Zusammen mit Zitronenvierteln zum Karpfen servieren.

Dazu Feldsalat und Bauernbrat- oder Petersilienkartoffeln.

- 1 Karpfen von gut 1 kg Gewicht
- Zitronensaft oder Essig
- Salz und weißer Pfeffer aus der Mühle
- 1 Tasse Mehl
- 2 Eier
- Etwa 4 bis 5 Essl. Semmelbrösel
- Ausbackfett
- 4 Bündel Petersilie
- 1 Zitrone

(bitte umblättern)

Rezeptabwandlung: In Bierteig ausbacken. Aus 60 g Mehl, einem Schuss Bier, einer Prise Salz und zwei steif geschlagenen Eiweiß einen Teig rühren. Karpfenstücke eintauchen und dann im heißen Fett in 10 bis 12 Minuten ausbacken.

Sachsen

Karpfen in Essig

Dies ist eine sehr eigenartige Karpfen-Zubereitung. Sie war vor allem in Haushalten, in denen beim herbstlichen Abfischen der Karpfenteiche viele Fische in die Küche kamen, eine sehr willkommene Abwechslung. Heute ist dieses alte Rezept so gut wie vergessen.

- 1 großer Karpfen (auch die bemoosten Herren sind zu gebrauchen)
- Salz
- 4 bis 5 Essl. flüssige Butter
- 3/4 l Weinessig
- 1/4 l Wasser
- 2 Zwiebeln
- 3 Lorbeerblätter
- 6 Pimentkörner
- 1 Mohrrübe
- Schale von 1 Zitrone (ohne weiße Innenhaut und ungespritzt)

Karpfen in frischem Wasser halten, damit er eventuell Schlammgeschmack verliert. (Das macht heute der Fischhändler für uns.) Abschuppen, ausnehmen und gut waschen. In Scheiben von etwa 2 cm Dicke schneiden. Diese abtrocknen, salzen und beidseitig mit flüssiger Butter bestreichen. Auf (oder unter) einem Grill garen.

Essig mit Wasser vermischen. Zwiebeln in Scheiben, Lorbeerblätter, Pimentkörner, dann die geschrappte und in mehrere Teile geschnittene Möhre sowie die Zitronenschale zugeben und alles zusammen etwa 10 Minuten schwach kochen lassen. Abgekühlte Karpfenscheiben in eine Schale legen und mit dem abgekühlten Essig begießen, der dabei nicht durchgeseiht zu werden braucht; man nimmt nur die Zitronenschale heraus.

Der Karpfen muss mindestens drei Tage marinieren. Er hält sich an kühlem Ort zwei Wochen.

Als Beilage Brot oder Bratkartoffeln.

Karpfen in Biersauce

»Karpfen in polnischer Sauce« oder »Böhmischer Karpfen« sind andere und sehr ähnliche Zubereitungsarten. Der »Bierkarpfen« hat – für unsere Zusammenstellung – den Vorzug, dass er am ehesten deutschen Ursprungs ist. Alle diese Zubereitungsarten sind ostdeutsche Neujahrsessen.

- 1 nicht zu kleiner Karpfen
- Salz
- Essig
- 2 Zwiebeln
- 1/4 Zitrone (ohne weiße Innenhaut, ungespritzt)
- 1 Mohrrübe
- 1 Lorbeerblatt
- 1 Nelke
- 3/4 l dunkles Bier
- Etwa 100 g Saucenlebkuchen (Honigkuchen)
- 1 Essl. Butter
- 1 Essl. Mehl
- Etwas Zucker oder Sirup
- Zitronensaft

Karpfen ausnehmen, abschuppen, waschen, in Scheiben schneiden und salzen; beiseite stellen. (Wenn möglich lässt man das Blut beim Schlachten des Karpfens auffangen und gleich mit etwas Essig verrühren; aufheben.)

Zwiebeln schälen und in Scheiben schneiden, Zitronenschale nicht zu klein stückeln, Mohrrübe schrappen und in Scheiben schneiden. Alles auf dem Boden eines nicht zu engen Topfes verteilen. Fischstücke auflegen. Lorbeerblatt und Nelke dazu. An der Seite drei Viertel des Biers zugießen. Saucenlebkuchen zerkrümeln und ebenfalls zugeben. Zugedeckt zum Kochen bringen und dann etwa 15 Minuten ganz schwach köcheln lassen.

Inzwischen in der Butter das Mehl dunkel rösten. Mit restlichem Bier ablöschen, verrühren. Blut und Essig damit verquirlen und zu den Karpfenstücken geben. Mitkochen.

Sind die Fischstücke gar, so nimmt man sie heraus und hält sie warm.

Sauce durch ein Sieb gießen; durchpassieren, falls der Lebkuchen noch nicht ganz verkocht sein sollte. Abschmecken mit etwas Zucker oder Sirup und Zitronensaft.

Die Sauce nochmals aufkochen und zum Teil über die Karpfenstücke gießen, zum Teil separat servieren.

Zu diesem Gericht gibt es traditionsgemäß Salzkartoffeln.

Karpfen blau, sächsische Art

1 küchenfertiger Karpfen von rund 1,5 kg
1/4 l Weinessig
2 Teel. Salz
1 Prise Zucker
1 Zwiebel
1 große Karotte
1 Stange Lauch
1/4 geschälte Sellerieknolle
2 Lorbeerblätter
8 Pimentkörner
8 Pfefferkörner
1 Bund Petersilie
1 Zitrone in Scheiben
1 Tasse Sahnemeerrettich
3 bis 4 Essl. leicht gebräunte Butter

Karpfen vorsichtig kalt waschen, dabei die Schleimschicht nicht beschädigen.

2 l Wasser zusammen mit dem Essig, den geputzten und streifig geschnittenen Gemüsen sowie allen Gewürzen einschließlich Stielen der Petersilie rund 20 Minuten kochen.

Danach Karpfen einlegen, Hitze reduzieren und in etwa 20 Minuten den Fisch garen.

Beim Anrichten mit etwas Fischsud übergießen. Mit einigen Zitronenscheiben einrahmen, den Sahnemeerrettich separat dazu reichen. Im letzten Augenblick die leicht gebräunte Butter über den Fisch gießen und die gehackte Petersilie überstreuen.

Als Beilage Petersilienkartoffeln reichen.

Hinweis: Die Erzgebirgler essen an Weihnachten sehr gern pikant abgeschmecktes Rotkraut dazu.

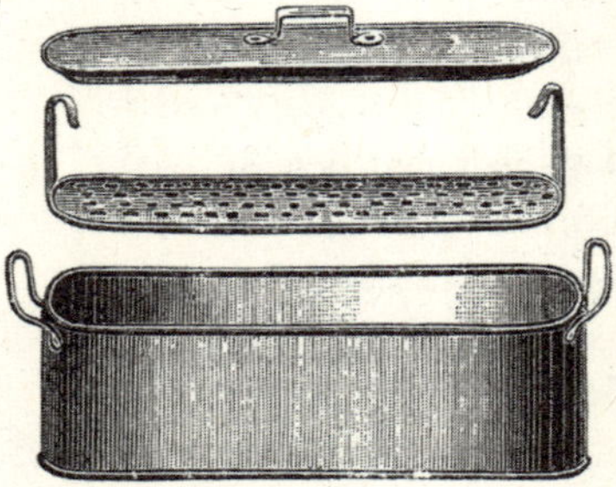

Waller

Wels

Von diesem urdeutschen Fisch hören sicher 95% aller Bundesbürger nur dann einmal, wenn wieder ein Riesenexemplar von 3 Meter Länge gefangen wurde und als Sensationsmeldung durch die Gazetten schwänzelt. Zu viel mehr taugen die ganz großen Waller auch nicht; das Fleisch der kleineren, die etwa 1 Meter lang sind, ist hingegen eine Delikatesse. Im schwäbischen und bayrischen Voralpengebiet kann man sie noch auf den Teller bekommen.

Für 4 Personen sollte man diesen seltenen Fisch nicht zubereiten, bei 8 Personen fängt der Spaß erst an, deshalb gebe ich auch dafür das Rezept (welches im übrigen auf den Erfahrungen des Herrn Rottendörfer, ehem. Mundkoch seiner Majestät Maximilian II. von Bayern, beruht).

- 2,5 kg Waller (Wels)
- 3 Zwiebeln
- 2 Mohrrüben
- 200 g Sellerieknolle
- 1 Petersilienwurzel
- 2 Essl. Butter
- 12 Pfefferkörner
- 6 Pimentkörner
- Salz
- 1 kräftige Prise Basilikum
- 1 kleine Prise Thymian
- 1 l leichte Brühe (am besten aus Kalbsknochen)
- 1/8 l Essig
- 3/4 l Weißwein

Fisch gründlich auswaschen, trocken tupfen und mit Salz bestreuen. Eine halbe Stunde stehen lassen.

Zwiebeln, Möhren, Sellerie und Petersilienwurzeln sauber vorbereiten und in Scheiben schneiden. In Butter so lange andünsten, bis die Zwiebelringe gut glasig sind. Gewürze dazu; mit Brühe auffüllen. Zugedeckt etwa eine Stunde kochen lassen. Dann Essig und Wein zugießen, nochmals aufwallen lassen und durch ein feines Sieb abgießen.

Waller in den Sud legen und langsam gar dünsten, das dauert je nach Umfang und Alter des Fisches zwischen 30 und 60 Minuten.

Aus dem Sud nehmen, abtropfen lassen und am besten auf einer blütenweißen, gefalteten Serviette anrichten. Bei der Seltenheit dieses Fisches kann man sich sogar eine Silberplatte darunter leisten.

Beilagen: Holländische Sauce (aber bitte echte Butter-Eier-Sauce und nicht die Mehlpapp-Version!) und Salzkartoffeln.

Bitte beachten Sie, dass dieser Fisch einen besonders kräftigen Sud braucht; worauf hingewiesen sei, damit niemand meint, es handle sich bei unserem Rezept um einen Druckfehler.

Apropos: In Regensburg, der alten Stadt, die sich ihrer Donau-Waller rühmt, weiß man auch einen »Waller-Salat« zuzubereiten, indem man blaugesottenen Fisch zerteilt und kalt mit einer Marinade serviert; eine seltene Delikatesse.

Ganz Deutschland

Forelle blau

Auch in den romantischsten Gebirgstälern können sich heute nur noch Angler und Angler-Intimfreunde frische Bachforellen leisten. Alle anderen, und das sind auf den Gesamtkonsum berechnet fast alle Forellen, kommen aus Zuchtanstalten. Werden sie dort in fließendem Wasser aufgezogen, kann man sie wohl auch blau gesotten genießen. Im Zweifelsfall weiche man lieber auf die gebratene Zubereitungsart, nämlich die »Müllerinart« aus.

Pro Person:

- 1 Forelle
- 1/2 klein geschnittene Möhre
- 3 Pfefferkörner
- 1 bis 2 Scheiben einer geschälten Zwiebel
- 1 Stängel Petersilie
- 1 bis 2 Teel. Zitronensaft
- 1 knapper Teel. Salz

Forellen ausnehmen und auswaschen. Schleim der Außenhaut vorsichtig behandeln, denn er bewirkt die Blaufärbung. Innen ganz wenig salzen. Einige Minuten stehen lassen. Wasser mit den geputzten Gemüsen eine Viertelstunde kochen lassen. Salzen und warten, bis das Salz aufgelöst ist. Forelle hineinlegen; dabei den Topf auf eine schwach geheizte Platte stellen, denn das Wasser darf nicht mehr wallen. In 8 bis 12 Minuten ist die Forelle, je nach ihrer Größe, gar gezogen. Und blau geworden, wenn sie frisch war.

Als Beilage Salzkartoffeln und zerlassene oder auch frische Butter, welche erheblich aromatischer schmeckt. Wer auf das Hinzufügen von Zitronensaft beim Essen verzichtet, hat den reineren Forellengeschmack.

Apropos: Ob lang gestreckt oder Maul zum Schwanz gebunden, das verändert den Forellengeschmack nicht, sondern nur das Aussehen.

Baden-Württemberg

Felchen Müllerinart

Am »Schwäbischen Meer« wird kein Fisch so häufig gegessen wie der Felchen. Gebraten nach Art der Müllerin ist die beliebteste Zubereitung. Wer »Glück« hat, dem kann es noch heute passieren, dass er eine gute halbe Stunde warten muss, weil der Fischer sich verspätet hat – und das betreffende Lokal nur ganz frische Fische verarbeitet.

Pro Person:
- 1 Felchen
- Salz, Pfeffer aus der Mühle
- Etwas Zitronensaft
- Mehl
- 1 Essl. Butterfett
- 1 Essl. Butter

Ausgenommene Felchen waschen und gut abtrocknen. Innen und außen mit Zitronensaft beträufeln. Salzen und mit weißem Pfeffer bestreuen. Eine Viertelstunde stehen lassen.

In Mehl wenden, überflüssiges Mehl durch leichtes Klopfen entfernen. In heißem Butterfett beidseits in der Pfanne braten.

Butter in einer zweiten Pfanne schnell braun braten, Zitronensaft, der von dem Felchen abgelaufen war, zugeben, durch ein feines Sieb gießen und über den gebratenen Felchen löffeln.

Beilage: Salzkartoffeln oder Kartoffelsalat und Feldsalat.

Apropos: Nur schlechte Köche gießen die Bratbutter über den Felchen; darin sind nämlich immer verbrannte Mehlpartikelchen, und deshalb kann sie nicht schmecken.

Konstanz

Austern

Seit vielen Jahrzehnten fristen in Deutschland die Austern ihre Existenz im Ghetto der Schlemmerlokale. Man konnte sie wahrlich nicht zu den einheimischen Spezialitäten rechnen. Einst gehörten sie aber dazu, und sie sind wieder auf dem Weg dahin.

Bis zum 1. Weltkrieg genossen deutsche Austern höchstes Ansehen, sogar der russische Zarenhof bestellte sie zu manchem Festbankett. Ihr kulinarischer Ruhm wurde ihnen zum Ruin. Profitgierig wurden die Bänke rings um die Insel Sylt ausgeplündert und schließlich zerstört.

In den 80er Jahren des 20. Jahrhunderts gelang es neue Austernzuchten anzulegen, allerdings nicht mit den einst dort heimischen europäischen Arten, sondern mit pazifischen Austern, die auf alten Muschelbänken und in Netzen auf Spezialgestellen prächtig gedeihen.

Schon vor Beginn des neuen Jahrtausends hatten sich die »Sylter Royal« einen Platz unter den besten Austernsorten der Welt erobert. Die Produktion wächst ständig, so dass ein wachsender Markt bedient werden kann.

Noch zwei Worte zur Tradition. – In allen alten Kochbüchern findet man deutsche Austernrezepte. In einem Werk aus der letzten Hälfte des 19. Jahrhunderts werden 25 verschiedene Zubereitungsarten beschrieben, darunter Suppen, Saucen, Pasteten, Ragouts, Frikassees, Stews, sogar Klöße sowie gedünstete, gebratene, grillierte, gedämpfte Austern und auch ein Currygericht. Austern waren demnach heimisch auf den Tischen unsres Landes.

Vergessen wir über aller Vielfalt nicht die europäische Vorliebe für frische Austern. Die Sylter Royal, so versichern uns ihre Züchter, können innerhalb von 24 Stunden überall in der Bundesrepublik ausgeliefert werden und halten sich gekühlt 10 bis 12 Tage.

Zur Anregung für Hausfrauen, die ihre Kochkunst einmal an Austern versuchen wollen, folgt ein recht ungewöhnliches Rezept mit sehr alltäglichen Zutaten, das von der Pfarrersköchin Henriette Davidis und aus dem 19. Jahrhundert stammt.

Sauerkraut mit Austern

Sauerkraut in Butterfett kurz dünsten und dann mit Lorbeerblatt und einigen zerdrückten Wacholderbeeren sowie dem Rheinwein, womit natürlich Riesling gemeint ist, dünsten bis es fast trocken ist, was eine knappe Stunde dauern kann.

Inzwischen schwitzt man Mehl in Butter an, löscht mit guter Bouillon und Rheinwein ab, würzt mit Zitronensaft, Salz und etwas Muskatnuss. Alles zusammen lässt man gut 10 Minuten durchkochen. Abseits vom Feuer wird diese Ragoutsauce mit den beiden Dottern legiert.

Die Auster aufbrechen, Bärte entfernen und das Austernwasser in die Sauce rühren, in der die Mollusken anschließend erhitzt und dabei steif gemacht werden.

Auf einer runden Platte arrangiert man das gegarte Sauerkraut zum Kranz, in dessen Mitte das Austernragout gefüllt und zu Tisch gebracht wird.

- 1 kg Sauerkraut
- 100 g Butter
- 1/2 l Flasche Rheinwein Riesling
- 1–2 Essl. Mehl
- 1–2 Essl. Butter
- 1/4 l Bouillon
- 1/4 l Rheinwein
- Saft 1 Zitrone
- 1 Lorbeerblatt
- Geriebene Muskatnuss
- 4 Wacholderbeeren
- Salz
- 2 Eigelbe
- 2 Dutzend Austern nebst ihrem Wasser

Baden

Falsche Austern

Rezept in der Familie Seidel mündlich überliefert. Ich habe es mir von Tante Marthel erklären lassen und dabei aufgeschrieben.

Karpfenmilch in Wasser, dem etwas Milch Zugesetzt wurde, gründlich waschen. In frischem Wasser mit Milch einige Stunden wässern. In 8 gleiche Stücke teilen und diese in die gleiche Zahl gut gereinigter Austernschalen legen. Mit Zitronensaft beträufeln, darin umwenden. Fischbrühe mit Sardellen und den geputzten und in dünne Scheiben geschnittenen Champignons kochen, bis diese weich sind. Alles durch ein Haarsieb streichen.

- 1 Karpfenmilch(ner) (oder auch 2 bis 3, da unterschiedlich groß)
- Etwa 1/2 l Milch
- Saft von 1 Zitrone
- 1/4 l kräftige Fischbrühe
- 4 gehackte Sardellen

(einfacher 1 Essl. Sardellenpaste)
125 g Champignons (frische)
2 Eigelb
2 Zitronen
1 Essl. Butter

Eventuell nochmals erhitzen und dann mit den Eigelben abseits vom Feuer verquirlen, um eine gebundene Sauce zu bekommen. Diese Sauce über die Stücke von Karpfenmilch in die Austernschalen verteilen. Nochmals etwas Zitronensaft darüber. Kleine Butterflöckchen auflegen. Gefüllte Austernmuscheln auf ein Backblech (eventuell in etwas Salz, damit sie nicht umkippen) setzen und bei guter Hitze im Ofen so lange backen, bis sich eine dunkelgelbe Kruste gebildet hat.

Mit Zitronenachteln garnieren und zu Tisch bringen. Toastbrot und Butter dazu.

Baden

Kretzer Reichenauer Art

Dies ist ein altes Rezept der Fischer von der Frühgemüse-Insel Reichenau. In Restaurants habe ich es noch nie gefunden. »Kretzer« und »Egli« sind zwei Namen für ein und denselben Fisch, den Barsch.

4 große Kretzer (Barsche aus dem Bodensee) à 250 g
Salz
2 Zwiebeln
3 bis 4 Essl. Butter
Mehl
1 Tasse saure Sahne
1 Tasse Weißwein
1/2 Teel. gerebelter Salbei

Kretzer ausnehmen, abschuppen, waschen, salzen und etwa 2 Stunden stehen lassen.

Zwiebeln in Ringe schneiden und diese in einem Teil der Butter gut glasig werden lassen. Beiseite schieben, Butter zugeben und die abgetupften und durch Mehl gezogenen Fische einlegen. Auf starker Hitze braten. Sahne mit Wein und Salbei verrühren. Sobald die Fische auf beiden Seiten knusprig braun sind, Hitze reduzieren, die Sahne-Wein-Mischung am Rand zugießen. Alles zugedeckt noch einige Minuten ziehen lassen.

Beilage: Salzkartoffeln und Salat.

Tipp: Butterfett statt Butter.

Eglifilets in Sahne

Diese althergebrachte Zubereitungsart der kleinen Barschfilets erfreut sich seit vielen Jahren in der »Krone« zu Schnetzenhausen (bei Friedrichshafen) größter Beliebtheit. Das alte Rezept ist allerdings zur Verfeinerung etwas modernisiert.

600 g Eglifilets
1 Tasse Mehl
Salz und weißer Pfeffer aus der Mühle
2 bis 3 Essl. Butterfett
2 Essl. Butter
Gut 1/4 l süße Sahne
2 bis 3 Zitronenscheiben
1 Zitrone
Einige Spritzer Worcestershiresauce

Eglifilets waschen, abtrocknen.

Mehl mit etwas Salz und Pfeffer vermischen. Fischfilets darin wenden, überschüssiges Mehl abklopfen. In heißem Butterfett beidseitig braten. Kleine Butterflöckchen darauf zerfließen lassen. Filets beträufeln und warm stellen.

Bratsatz mit der Sahne loskochen, dabei Zitronenscheiben einlegen. Würzung prüfen, abrunden mit einigen Spritzern Worcestershiresauce.

Die Sahnesauce über die Eglifilets gießen.

Als Garnitur kommen noch einige feine grüne Erbsen, die in Butter geschwenkt wurden, als Kranz um die Eglifilets. Das gibt nicht nur optisch einen reizvollen Akzent.

Weitere Beilagen: Salzkartoffeln und grüner Salat.

Bayern

Steckerlfisch

Das Münchner Oktoberfest hat diesen »Steckerlfisch«, was hochdeutsch etwa »Fisch am Stöckchen« heißen würde, weltberühmt gemacht. Ursprünglich röstete man fast ausschließlich Weißfische zu »Steckerlfisch«, weil jedoch Heringe oder auch Makrelen vielfach einfacher zu beschaffen sind, können auch diese als »Steckerlfisch« zubereitet werden. Hier haben wir eine urtümliche, deutsche Art des Gartengrillvergnügens, welches wir auf neudeutsch mit »Barbecue« bezeichnen.

Pro Person:
1 Weißfisch, Hering oder Makrele

Fisch ausnehmen, säubern und abtrocknen. Kopf und Schwanz bleiben dran, die Flossen kann man abschneiden, muss es aber nicht.

Zitronensaft
Salz und weißer Pfeffer aus der Mühle
Mehl
Haselnussstecken, frisch geschnitten (auch anderes Holz möglich, evtl. in Wasser eingeweicht)
Offenes Feuer

Innen mit Zitronensaft ausreiben. Innen und außen salzen und pfeffern. Eine Viertelstunde stehen lassen.

Der Länge nach auf einen nicht zu kurzen Haselnussstecken spießen. Beidseitig mit Mehl bepudern und den Stecken so neben ein zu guter Glut niedergebranntes Holzfeuer in den Boden spießen, dass der »Steckerlfisch« schräg über die Glut ragt. Mehrmals wenden. Eine Garzeit kann nicht angegeben werden, da sich diese nach Kraft des Feuers, Dicke des Fisches, Abstand von der Glut und Windstärke richtet. Der »Steckerlfisch« ist gut, wenn er beidseitig schön kross wird.

Einige Ratschläge: Fisch eventuell mit einem Drahtstück verankern, damit er nicht um den Stecken herumdreht und vorm Feuer nicht gewendet werden kann.

In die Glut des Holzfeuers kann man einige Holzkohlen legen. Will man »Steckerlfisch« auf dem Grill rösten, so hat man Probleme, weil ohne Mehlbestäubung die Haut nicht richtig kross wird, mit ihr jedoch an den Grillstäben festklebt. Dafür gibt es kleine Grillkörbchen aus Drahtgeflecht zu kaufen; was dann entsteht, sind streng genommen »Körblefisch«, sie schmecken aber wie »Steckerlfisch«.

Zum »Steckerlfisch« isst man Brot oder Wecken und trinkt dazu Bier. Ein schmackhafter Kartoffelsalat kann den Fischgenuss noch erhöhen.

Meefischle

Wer Würzburg richtig genießen will, der muss zum »Silvaner« frisch gebackene kleine Fische essen. Früher kamen sie noch alle aus dem Main, deshalb heißen sie heute noch »Mainfische«; die urigere Dialektform mit lang gezogenem E wurde als Überschrift gewählt. Die Fische sollen die Größe eines normalen Fingers kaum überschreiten.
In Trier kennt man eine ähnliche Sitte, man isst dort die kleinen Fische aus der Mosel ebenfalls paniert und gebacken und trinkt den einheimischen Apfelwein, genannt »Viez«, aus weißen Steingutbechern dazu.

800 g kleine Flussfische, nicht ausgenommen
Zitronensaft
Salz
1 bis 2 Tassen Mehl
1/3 Teel. Zimtpulver
Zitronenhälften
Ausbackfett

Die Fischlein werden eventuell geschuppt und dann gewaschen. Abtropfen lassen und mit Zitronensaft beträufeln sowie salzen. So müssen sie mindestens eine gute halbe Stunde ziehen. Mehl mit wenig Zimtpulver vermischen, Fische einzeln darin wenden und – nicht zu viele auf einmal – im siedenden Fett so lange backen, bis sie kross und goldbraun sind.

Der Kenner isst sie mit Kopf und wirft höchstens den Schwanz weg, obwohl auch der, kross gebacken, wie geröstete Mandel schmecken kann.

Dazu muss man unbedingt Frankenwein trinken, aber den althergebrachten, den trockenen »Silvaner«.

Ob man Weißbrot oder Kartoffelsalat oder gemischten Salat als weitere Zukost verzehrt, bleibt jedem dann selbst überlassen.

Krebse

Diese köstlichen Krustentierchen wurden im vorigen Jahrhundert brutal aus unseren Bächen und Flüssen vertrieben. Der Begriff Oderkrebs existiert nur noch in Feinschmeckers Poesiealbum. Wer Krebse genießen wollte, der musste zur Mittsommernacht nach Skandinavien reisen oder daheim für teures Geld Importe aus der Türkei erstehen. Nicht verzagen, langsam, ganz langsam kommen sie zurück, die kleinen Scherenträger, die sich zum Verzehr so schön rot herausputzen. Allerdings werden die Zeiten nie wieder kommen, da man sie im Schock kaufte; das waren je 60 Stück, für die man 1 Mark zahlte. Nach der langen Abstinenz ist es vonnöten an das Grundrezept, das Kochen der Krebse, zu erinnern. Von den Dutzenden von Rezepten, die noch vor 100 Jahren in allen Kochbüchern standen, wollen wir nur zwei auswählen.

Grundrezept – Krebse kochen

1 Schock Krebse (60 Stück)
2 Essl. Salz
1 Essl. Kümmel
2 Essl. Butter
2–3 Essl. gehackte Petersilie oder Dill

Lebende, möglichst große Krebse in mehrfach gewechseltem kaltem Wasser waschen, dann mit einem Schaumlöffel herausheben und peinlich darauf achten, dass keine toten Tiere dabei sind. Salzwasser mit reichlich Kümmel (am besten in einem Tee-Ei) zum Kochen bringen und die Krebse kopfüber hineinstecken, um sie möglichst schnell und schmerzlos in den Feinschmeckerhimmel zu bringen. Eine Viertelstunde ganz leicht sieden lassen, dann den Sud abgießen, damit man ihn noch einkochen und zu Saucen oder Suppen verwenden kann.

Im Topf lässt man dann Butter zerfließen, gibt reichlich gehackte Petersilie oder Dill dazu und schwenkt darin die gegarten Krebse, die man dabei noch etwa 10 Minuten auf einer warmen Herdplatte lässt.

Anrichten kann man sie kranzförmig auf einer runden Platte, Scheren nach außen und in der Mitte reichlich Petersilie.

Vorsicht! Krebssaft hinterlässt böse Flecken! Hat man keine Lätzchen, nehme man Servietten aus Papier.

Nicht vergessen: Fingerschalen mit Wasser und Zitronenscheibe.

Krebsbutter

Sie ist die Grundlage vieler klassischer Gerichte. Suppen, Saucen und Ragouts lassen sich damit ohne Mühe köstlich veredeln.

20 Krebse
150 g Butter
2 Tassen Wasser, besser Krebssud

Ausgelöste Krebsschalen möglichst über Nacht an einem warmen Ort zum Trocknen auf Papier ausbreiten, denn dann lassen sie sich leichter im Mörser zerstoßen. Ein Elektromixer tut das auch, sogar schneller und feiner.

Auf schwacher Hitze und dickem Topfboden die Schalen dann in Butter unter Rühren auslaugen. Die Butter darf dabei nicht braun, sondern sollte nach etwa 10 Minuten klar werden. Jetzt mit etwa 2 Tassen Wasser (am besten Kochsud der Krebse) aufgießen und weitere 20 Minuten köcheln lassen. Danach in einen Topf mit kaltem Wasser abseihen, wobei man das Haarsieb noch mit einem Tuch auslegen sollte.

Nach gutem Kühlen die Fettschicht abheben. Voilà – ihre Krebsbutter.

Krebssuppe, einfach aber fein

- 4 Schalotten
- 1 kleine Möhre
- 1 eigroßes Stück geschälte Sellerieknolle, beides sehr fein und kurz gestiftelt
- 1 Essl. Butterfett
- 1/2 l Fischbrühe
- 1/2 l Weißwein
- 1 Lorbeerblatt
- Salz und Pfeffer
- 1 kleine Prise Zucker
- 1/2 l Teel. Dillsamen
- 50 g Krebsbutter
- 1/8 l süße Sahne
- Krebsfleisch, gekocht und ausgebrochen von 15–20 Krebsen
- Nach Belieben kleine Fischklößchen und Dillspitzen

In einem Topf mit dickem Boden die gehackten Schalotten sowie gestiftelte Möhre und Selleriestück angehen aber keine Farbe nehmen lassen. Ablöschen mit Fischbrühe und Weißwein, würzen mit einem Lorbeerblatt, Salz, weißem Pfeffer, Zucker und Dillsamen in einem Tee-Ei.

Nach einer guten halben Stunde schwachem Kochen Lorbeerblatt und Dillsamen entfernen, Krebsbutter und Sahne in die Suppe rühren und abschmecken.

Ausgebrochenes Krebsfleisch sowie nach Belieben kleine Fischklößchen heiß werden lassen.

Beim Anrichten kann man noch Krebsbutter auf den einzelnen Tellern zerfließen lassen und wenig geschnittene Dillspitzen aufstreuen.

Fleischklößchen für diese delikate Suppe kann man fertig kaufen oder aus sehr fein gemahlenem Filet von Süß- oder Salzwasserfischen selbst herstellen.

Geflügel

Das liebe Federvieh wurde überall in deutschen Landen schon immer hoch geschätzt. Unterschiedlich war allerdings die Bedeutung der einzelnen Arten.

Davon wanderten früher viel mehr in den Kochtopf oder in die Bratpfanne als heute, wie z. B. Schwan oder Pfau. Dafür fand der Truthahn in der breiten Bevölkerung kaum Beachtung; man kannte ihn zwar unter vielen Namen wie Indian, Kalekutischer Hahn, Welschhahn oder Türkischer Hahn seit etwa 1530, aber als kulinarischer Genuss diente er nur den hohen Herren. Volkstümliche oder traditionelle Zubereitungsarten gibt es dafür nicht.

Geflügelgerichte gehörten noch 1991 zu den beliebtesten deutschen Speisen; vor allem in Mittel- und Ostdeutschland führten sie die Hitliste mit weitem Abstand an.

Eine bundesweite Umfrage ergab für das Jahr 2002, dass mehr Haushalte als je zuvor regelmäßig Geflügel einkauften, nämlich rund 85 %. Interessant ist dabei der leicht steigende Anteil frischen Geflügels auf über 55 %, wobei in den neuen Bundesländern die Tiefkühlware deutlich beliebter war (60 %).

Gleichzeitig stieg dabei der Anteil der Teilstücke in den letzten Jahren ständig an und erreichte weit über die Hälfte (60 %) des Verbrauchs. Beim Frischgeflügel stieg dabei der Anteil der Teilstücke sogar auf vier Fünftel (80 %) an.

Insgesamt wurden 2002 in Deutschland 353 000 Tonnen Geflügel verspeist.

Unter dieser gewaltigen Zahl kann sich wohl kaum jemand etwas Genaues vorstellen. Auf den privaten Bereich bezogen steckt darin ein Jahreskonsum von knapp 14 kg Geflügel pro Haushalt. Während der letzten Jahre blieb der Geflügelverzehr praktisch gleich; ein ganz leichter

Rückgang von unter 3 % der riesigen Gesamtmenge fällt für den Einzelnen kaum ins Gewicht.

Alle genannten Angaben beziehen sich lediglich auf Hühner/Hähnchen und Puten, wobei der Putenanteil nur einen Bruchteil der Gesamtmenge erreicht, allerdings im Bereich der Teilstücke deutlich gestiegen ist. Man delektiert sich offensichtlich mehr und mehr an Putenbrust und Putenkeulen und auch die fettarme Putenwurst könnte eine Rolle spielen.

Im folgenden Kapitel
wird nur Hausgeflügel behandelt.
Die Wildgeflügelrezepte
stehen im Kapitel »Wild« (Seite 415 ff.).

So briet Großmutter Federvieh

Ihre Backröhre konnte nicht so heiß werden,
wie das in modernen Herden möglich ist. Das bekam dem
Federvieh gut, Temperaturen zwischen 180 °C und maximal
200 °C lassen alle Vögel saftiger werden.
Das Brustfleisch ist nach Meinung der meisten Genießer
das beste, es ist aber bestimmt auch das empfindlichste.
Deshalb briet Großmutter ihr Geflügel zuerst
immer nur mit der Brust nach unten. Auch wenn
die verschiedenen Vögel dann vor dem Anschneiden
»ausruhen« mussten, wurden sie so gelegt,
dass die Brust nach unten kam, also alle Säfte dorthin
fließen mussten. Bei Wildgeflügel wurde die Brust noch
zusätzlich mit Speckscheiben umwickelt; ein Brattrick,
der immer noch praktiziert wird.
Die Kruste ist für Augen und Zunge ein Gradmesser dafür,
ob richtig gebraten wurde. Obwohl eine Kruste sein muss
kann sie zum Ärgernis werden, wenn sie zu hart
und trocken geraten ist. Großmutter besprengte
ihre Bratvögel während der letzten Hälfte ihres Ofendaseins
mit kaltem Wasser, das sie mit den Fingern
darüber schnippte, um es anschließend ganz leicht
mit einer Feder zu verstreichen.
Und abschließend vergaß Großmutter nie,
dass jeder Braten, also auch jedes Geflügel,
mindestens 10 Minuten zwischen Backofen und Tranchieren
»ausruhen« muss, damit sich die Säfte im Fleisch verteilen
und nicht unter dem Messer in hellen Strömen davonlaufen.
Während der Ausruhzeit stülpte sie gerne
eine große, vorher mit kochendem Wasser angewärmte
Schüssel über den anmutig knusprigen Vogel.

Huhn gleich Huhn?

Heute muss man im Hinblick auf das deutsche Angebot diese Frage fast bejahen. Wir unterscheiden nicht einmal mehr zwischen Huhn = weiblich und Hahn = männlich. Früher ging die Gleichberechtigung nicht so weit. Man war auch sorgfältiger in der Auswahl, weil das Federvieh sehr viel teurer war. Wer kennt heute noch Unterschiede, die für unsere Großeltern alltäglich waren? Kapaun, das war ein gemästeter und kastrierter Junghahn. Bedeutete nun Poularde dasselbe? – Nicht ganz; es war ein fettes gemästetes junges Tier beliebigen Geschlechts. Ganz junge Hühner bezeichnete man auch gern als »Hamburger Hühner« – in Anlehnung an das Stubenküken, die Babyform. Ein Huhn verwendete man einst für Frikassees, und eine Henne war alt und nur noch suppentauglich.
Herausragende Qualitätsgeflügel, wie das aus der Bresse, von Le Mans oder aus Brüssel, hat es in Deutschland nie gegeben. Vielleicht die »Vierländer Mastende«.
Heute kennen wir noch in Baden einen sehr liebenswerten Ausdruck für in der Freiheit des Bauernhofes aufgewachsene Hühner: »Mistkratzerle«.
In der ehemaligen DDR kam die Bezeichnung »Broiler« zu marktbeherrschender Popularität. Wieso ausgerechnet dort der amerikanische Name gewählt wurde, ist eine der Ungereimtheiten »sozialistischer Volksaufklärung« gewesen.

Ein Kapaun kostete vor dem Ersten Weltkrieg übrigens 3 Mark; und das bei Monatseinkommen zwischen 100 und 200 Mark.
Auf den Speisekarten der gleichen Zeit waren Hühnergerichte viel teurer als Lachs. Inzwischen ist Huhn dank rationeller Zuchtmethoden und Tiefkühlung zum volkstümlichen und preiswertesten Fleisch geworden. Ähnlich verhält es sich mit dem Lachs bei den Fischen.

In alten Kochbüchern wird immer wieder folgendes Verfahren empfohlen, um Hühner saftig und zart zu bekommen: vor jedweder Zubereitung erst in lauwarmes Wasser legen, dann in kaltes Wasser. Moderne Untersuchungen haben ergeben, dass Einlegen in Salzwasser noch besser wirkt.

Salzwasser: 4 Essl. Salz und 2 Essl. Zucker je Liter. Hühnerteile 1–2 Stunden im Kühlschrank darin ziehen lassen. Das kann im Plastikbeutel oder Kochtopf geschehen. Soll die Haut kross werden, müssen die Teile dann offen im Kühlschrank einige Stunden trocknen. Bei ganzen Hühnern so viel Salzwasser aufgießen, dass sie im Topf bedeckt sind, und die Zeiten ungefähr verdoppeln.

Huhn mit Reis

Bis zum Zweiten Weltkrieg waren Hühner in Deutschland teuer und das altberühmte »Huhn auf Reis« folglich ein sehr vornehmes Essen. Heute ist es zur Hühnersuppe mit Reis degradiert oder mit scharfen Gewürzen und Gelbfärbung zum Hühner-Curry umstilisiert worden, wodurch auch »Gummiadler« essbar werden.
An dem guten alten Geschmack kann man sich aber auch heute noch erfreuen. Vor allem wenn man ein wirklich gutes Huhn gekauft hat.
Das nachfolgende Rezept folgt den Kochanweisungen eines Herrschaftskochs aus der zweiten Hälfte des 19. Jahrhunderts.

1 kräftiges, jedoch nicht zu altes Huhn
Etwa 1 l Kalbsbrühe (evtl. gutes Fertigprodukt)
1 Zwiebel
1 Lorbeerblatt
1 Mohrrübe
1 Stück Sellerieknolle
10 Pfefferkörner
Etwas Salz

400 g Reis, Langkornreis
1 Zwiebel
2 Nelken
1/2 Essl. Butter
2 Essl. Butter
2 Essl. Mehl
4 Eigelb
1 Essl. Butter
Weißer Pfeffer aus der Mühle

Das Huhn waschen und zurichten. In einen großen Topf legen und die geputzten Suppengemüse, in Stücke geschnitten, zugeben; ebenso Lorbeerblatt, Pfefferkörner und Salz. So viel Kalbsbrühe angießen, dass das Huhn gut bedeckt ist. Langsam zum Kochen bringen, abschäumen und so lange kochen, bis das Huhn gar ist, also gut eine Stunde. Herausnehmen und in mindestens 8 Teile zerlegen; warm stellen.

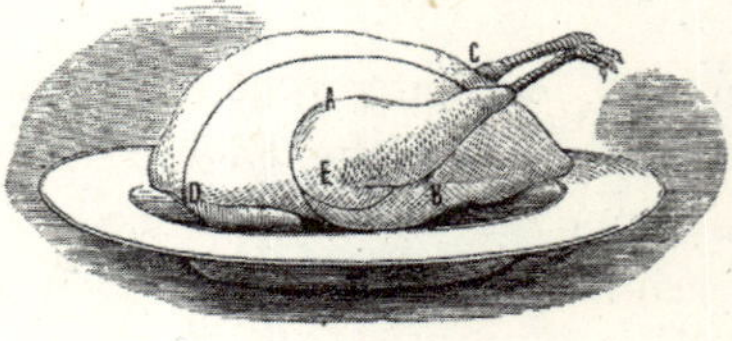

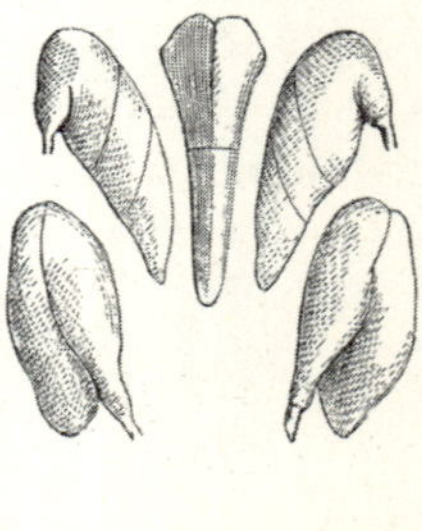

Reis waschen und abtropfen lassen. In einen Topf mit nicht zu großem Durchmesser schütten. Die Zwiebel schälen und mit den beiden Nelken spicken, wenig Salz und 1/2 Essl. Butter zugeben. So viel Hühnerkochbrühe – durchgeseiht – auffüllen, dass sie 2 bis 3 Fingerbreiten über dem Reis steht. Zum Kochen bringen, umrühren, dann zudecken und auf kleinster Hitze in etwa 20 Minuten ausquellen lassen.

Inzwischen erhitzt man in einem Stielpfännchen 2 Essl. Butter und verrührt sie mit dem Mehl zu einer hellen Schwitze. Mit Hühnerbrühe ablöschen und eine sämige Sauce rühren. Etwa 15 Minuten kochen.

Früher hat man während dieses Vorgangs die Hühnerteile im Dampf über der Sauce aufgewärmt, was auch heute noch eine gute Methode ist; allerdings kann man das auch machen, indem man sie in gebutterte Aluminiumfolie packt und im Ofen aufwärmt oder im geeigneten Behältnis die Mikrowelle benutzt. Nachdem die Sauce genügend gekocht hat, um ihren Mehlgeschmack zu verlieren, nimmt man sie vom Feuer, legiert mit den Eigelben und schlägt anschließend noch die restliche Butter darunter, damit sie schön glänzend wird.

Aus dem Reis entfernt man die Zwiebel und türmt ihn auf eine Platte. Hühnerstücke darauf verteilen und mit der Sauce begießen. Als Beilage reicht ein grüner Salat.

Früher war außerdem das Beilegen von Blätterteighalbmonden, Fleurons, sehr beliebt; sie sehen schön aus und schmecken gut. Man kann sie beim Bäcker bestellen.

Gefülltes Brathuhn

Ich entsinne mich, derartige Hähnchen während meiner Kindheit häufig auf Reisen mit meinen Eltern gegessen zu haben. Neben dem Wohlgeschmack, der nicht zu verachten ist, gewann man durch die Füllung einen weit höheren Sättigungswert des einstmals teuren Huhns. Heute kann diese Art Füllung eine sehr schmackhafte Beilage neben einem Gemüse sein.

- 1 großes Brathuhn
- Salz
- Weißer Pfeffer aus der Mühle
- 2 bis 3 Brötchen (je nach Größe)
- 2 Eier
- 1 Essl. gehackte Petersilie
- 1 kräftige Prise Basilikum
- Geriebene Muskatnuss
- Abgeriebene Schale 1/2 Zitrone
- 3 Essl. Butter

Huhn bratfertig zurichten und dabei nach dem Waschen gründlich austrocknen. Innen und außen mit Salz und Pfeffer einreiben.

Die Brötchen abreiben, in Scheiben schneiden und in Wasser einweichen. Anschließend gut ausdrücken und mit den Eiern, der Petersilie, dem Basilikum sowie Muskatnuss und abgeriebener Zitronenschale zu einer glatten Füllung verkneten. Gut 1 Essl. der Butter sahnig rühren und dann gründlich mit der Füllung vermischen, salzen und abschmecken.

Huhn füllen und vernähen. Mit Butter braten.

Zum Anrichten wird das Huhn längs mit der Geflügelschere halbiert und auseinandergeklappt. Die Füllung schneidet man in dicke Scheiben und garniert das Fleisch damit.

Beilage: Beliebiges Gemüse oder auch nur Salat.

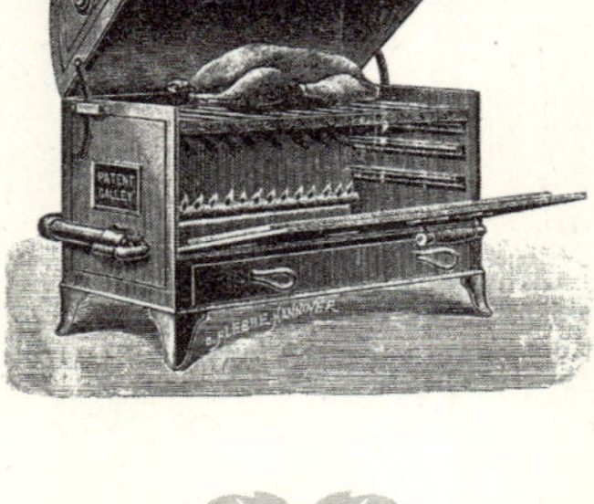

Bremer Kükenragout

In Berlin: Berliner Hühnerfrikassee

Diese beiden Rezepte sind trotz der verschiedenen Namen so ähnlich, dass ich das gleiche Grundrezept dafür geben kann. Beide Zubereitungsarten kommen aus der Küche des Großbürgertums und hatten sich in der gehobenen Gastronomie einen Stammplatz erworben. Im Zeichen der Personalknappheit sind beide fast vollständig von privaten und gastronomischen Speiseplänen verschwunden. Ein bisschen spielt dabei natürlich auch die (irrige?) Spekulation eine Rolle, dass man mit komplizierten Gerichten aus Frankreichs Neuer Küche mehr Geld verdienen kann.

Alle wahren Genießer seien auf »Kükenragout« und »Hühnerfrikassee« hingewiesen! (Wenn's unbedingt sein muss, kann man sie auch mit Poulet de Bresse zubereiten.)

- 1 Suppenhuhn von knapp 2 kg oder
- 2 kleine Brathähnchen
- 1 Bündel Suppengemüse
- 10 Pfefferkörner
- Salz
- 1 Kalbszunge
- 2 große oder 4 kleine Kalbsbratwürste, fein
- 1 Kalbsbries
- 1 Essl. Essig
- Salz
- 150 g rohe Champignons
- 2 Essl. Butter
- 250 g Spargeln
- 1 Prise Zucker
- 20 g getrocknete Morcheln (es darf auch etwas weniger sein)

Huhn gut waschen und mit dem geputzten Suppengrün und den Pfefferkörnern in reichlich Salzwasser gut 1½ Stunden kochen, bis es weich, aber noch immer fest im Fleisch ist. Junge Hähnchen brauchen nur knapp eine Stunde. Die gut gebürstete Kalbszunge von Anfang an mit dem Huhn kochen.

Zunge und Huhn aus der Brühe nehmen. Zunge enthäuten und in Würfel schneiden. Huhn abziehen, Fleisch von den Knochen lösen und in mundgerechte Stücke schneiden. Beides in etwas durchgeseihter Brühe warm halten.

Die Kalbsbratwürste hat man, nachdem Huhn und Zunge gar waren, noch gut 10 Minuten in der Hühnerbrühe gar ziehen lassen. Sie werden enthäutet und in Stücke von etwa 3 cm Länge geschnitten; ebenfalls in der Brühe warm halten.

Während Huhn und Zunge garten, hatte man alle Gemüse geputzt und einzeln zubereitet. Ebenso das Kalbsbries.

- 3 Essl. Butter
- 2 Essl. Mehl
- 1/4 l Weißwein
- 2 bis 3 Essl. Zitronensaft
- 2 Eigelb
- 1 Tasse Sahne
- 8 Blätterteighalbmonde

Kalbsbries dazu wässern. In etwas Essigwasser ganz kurz kochen, herausnehmen, enthäuten und Äderchen entfernen. In Salzwasser anschließend etwa 12 Minuten gar ziehen lassen; es darf nicht kochen. Herausnehmen, abtropfen lassen, zwischen zwei Holzbrettchen legen und mit einer Konservendose beschweren. Es lässt sich dann, wenn es erkaltet ist, besser schneiden. Das tut man dann auch; die Scheiben beiseite stellen.

Champignons putzen, waschen und halbiert oder geviertelt, je nach Größe, in der Butter gar ziehen lassen. Leicht salzen und beiseite stellen.

Spargel schälen, in Salzwasser mit einer Prise Zucker garen. Anschließend in etwa 5 cm lange Stücke schneiden.

Die Morcheln einweichen und gut waschen. In wenig Wasser garen.

Butter in einem großen Topf mit dickem Boden erhitzen, Mehl darin hell anschwitzen und mit Hühnerbrühe ablöschen. Weißwein und Zitronensaft hinzufügen und gut 10 Minuten kochen. Die Eigelbe mit der Sahne verquirlen und damit die Sauce legieren.

Alle Zutaten in die heiße Sauce geben, nicht mehr kochen, aber so lange gut heiß halten, bis alle Einlagen gleichmäßig erhitzt sind.

Beim Servieren mit Blätterteig-Halbmonden garnieren. Beilage: Reis.

Anmerkung: Bremer Rezepte schrieben früher immer Küken vor; mit einem guten, nicht zu alten Suppenhuhn wird das Rezept gleich gut.

Ergänzungen: Für »Bremer Kükenragout« kann man abweichend von dem Berliner Gericht noch verwenden: Artischockenböden, leicht angeröstete Pistazienkerne und gehackte Sardellen.

- Für »Berliner Hühnerfrikassee« kann noch verwendet werden: Vorgekochtes Kuheuter, Krebsschwänze, Grießklößchen und zur Dekoration Krebsnasen mit Grießmasse gefüllt.
- Beide Gerichte kann man verfeinern, wenn man etwas Krebsbutter in die Sauce schlägt.

Und wie heißt es bei Wilhelm Busch?

»Mancher gibt sich viele Müh'
mit dem lieben Federvieh,
einesteils der Eier wegen,
welche diese Vögel legen,
zweitens, weil man dann und wann
einen Braten essen kann.«

Hamburger Stubenküken

Eine der deutschen Spezialitäten von Weltklasseformat. Heute auf teure Bankette in Hamburg und die binnenländische Nobel-Gastronomie beschränkt. Dabei ist das Stubenküken durchaus ländlichen Ursprungs; genau gesagt verdanken wir diese Delikatesse den Elbfischern, die in ihren Häusern vor allem während der schlechten Jahreszeit junge Hühner unter den Bänken großzogen, also kleine Hühnchen in der Stube, eben Stubenküken. Heute kauft man sie in Delikatessenläden unter dem französischen Namen »poussin« – und zahlt im Zweifelsfall noch mehr dafür.

- 4 Stubenküken
- Salz
- Weißer Pfeffer aus der Mühle
- 2 kleine Zwiebeln
- 1 Essl. Butter
- 150 g frische Champignons
- 150 g Geflügelleber
- Frisch zerbröselte Weißbrotkrumen
- 2 Eier
- 2 Essl. süße Sahne
- 1 Prise gerebeltes Basilikum
- 2 Essl. Butter
- 1 Tasse Hühnerbrühe

Stubenküken, die bereits ausgenommen und ausgewaschen sind, gut trocknen. Innen und außen leicht mit einem Salz-Pfeffer-Gemisch einreiben und eine Stunde ruhen lassen.

Inzwischen die Füllung vorbereiten: Zwiebeln klein schneiden, Champignons putzen und in Scheibchen schneiden. Beides zusammen in der Butter so lange dünsten, bis die Zwiebeln leicht glasig sind. Geflügellebern zugeben, unter Wenden diese steif werden lassen. Das leicht abgekühlte Gemisch mitsamt Fett und Flüssigkeit wird anschließend fein gehäckelt und mit frischer Weißbrotkrume sowie den Eiern und der Sahne verknetet; dabei nimmt man so viel Brösel, dass ein formbarer Brei entsteht. Abschmecken mit Salz, Pfeffer und einer kräftigen Prise Basilikum.

Stubenküken füllen und Öffnung mit Holzzahnstochern verschließen. Mit heißer Butter bestreichen und im vorgeheizten Ofen bei 220 °C braten. Nach 10 Minuten die Hitze auf knapp 200 °C reduzieren. Stubenküken noch mehrmals mit Butter bestreichen und mit Hühnerbrühe begießen.

Gesamtgarzeit etwa 40 Minuten, dabei eventuell mit gebuttertem Pergamentpapier abdecken.

Angerichtet werden die knusprig gebratenen Stubenküken auf dicken, in Butter gerösteten Brotstücken.

Dazu passen feine Gemüse.

Ganz Deutschland

Braunes Geflügelragout

Als die Hühner noch größer und sehr viel teurer waren, verwendete man für diese Zubereitungsart Reste, heute können wir es uns leisten, frischgebratene Hähnchen zu nehmen. Diese kann man gebraten kaufen, die Sauce lässt sich vorher fertig stellen, also hat man ein arbeitssparendes Gericht.

- 500 g Fleisch von gebratenen Hähnchen
- 2 Essl. Butter
- 2 Essl. Mehl
- 2 Essl. gehackte Zwiebeln
- 1/2 l Fleischbrühe
- 1/2 Glas Rotwein
- 2 dicke Zitronenscheiben nebst (ungespritzter) Schale
- 4 Pimentkörner
- 2 Lorbeerblätter
- Salz und Pfeffer aus der Mühle
- Essig

Fleisch in mundgerechte Stücke schneiden.

Butter in einem Topf mit dickem Boden erhitzen und darin das Mehl braun anrösten. Während der letzten Minuten Zwiebeln zugeben, damit sie glasig werden. Ablöschen mit Fleischbrühe und Rotwein. Zitronenscheiben, Lorbeerblätter sowie etwas Salz und Pfeffer zugeben. Unter gelegentlichem Rühren lässt man diese Sauce nun etwa 20 Minuten kochen, dann gießt man sie durch ein Haarsieb, prüft die Würzung, schmeckt mit einigen Spritzern Essig ab und gibt die Hühnerfleischwürfel hinein, damit sie auf kleiner Hitze erwärmt werden.

Beilage ist nur Brot, wenn man das Ragout als Vorspeise oder Zwischengericht serviert. Als Hauptgericht bedarf es der Ergänzung durch Kartoffelpüree oder Nudeln.

Gans mit Graupen

Das war bis zum Ersten Weltkrieg ein sehr beliebtes Rezept für die Zubereitung der Veteranen aus der Gänseschar, die keine Bratkunst mehr zart bekommen hätte. Solche Gänse waren billig zu haben und machten mit Graupen zusammen eine vielköpfige Familie satt. Nach einem handschriftlichen Rezept von 1905.

- 1 Gans
- 1 Zwiebel
- 1 Lorbeerblatt
- Salz
- 300 g Perlgraupen
- 1 bis 2 Essl. Gänseschmalz

Gans waschen und in 8 bis 10 Stücke schneiden. Mit der in Scheiben geschnittenen Zwiebel und dem Lorbeerblatt in Salzwasser so lange kochen, bis sich das Fleisch leicht einstechen lässt.

Gleichzeitig werden die Graupen in nicht zuviel Wasser weich gekocht. Dabei leicht salzen. Sie sollen zu einem dicken Brei werden. Gänsestücke aus dem Wasser nehmen. Gänseschmalz in die Graupen rühren und die Gänsestücke darin noch eine knappe halbe Stunde mehr ziehen als kochen lassen. Dabei eventuell nachsalzen.

Beilage: Kartoffeln.

»Dieses sehr angenehme Gericht ist auch nahrhaft. Auch mit Gänseklein kann man es machen.« – So steht es als Zusatz bei dem alten Rezept.

Hinweis: Graupen später aufsetzen, wenn das Wasser einkocht, nach und nach mit Gänsebrühe auffüllen. So wird das Aroma kräftiger.

Stoppelgänschen

Das ist ein heute völlig vergessener Begriff. Selbst aus dem Duden ist er verschwunden; moderne kulinarische Handbücher verzeichnen zwar ein Dutzend chinesischer Pilze, jedoch kein Stoppelgänschen mehr. Noch um die Zeit der Jahrhundertwende bezeichnete man damit das Feinste vom Feinen. Im »Niederrheinischen Kochbuch« mit den »besten Rezepten für den bürgerlichen Mittagstisch«, das um 1900 erschien, lesen wir:

„Das sind ganz junge Gänschen, die wenige Wochen - 10 bis 14 - alt sind. Man bratet sie wie Enten mit Butter, da sie sehr arm an Fett sind, in 3/4 bis 1 Stunde gar und hochgelb. Gefüllt werden sie nicht."

Gänsebraten

Zur Abwechslung einmal kein Rezept, sondern der Stoßseufzer eines Reisenden, aufgeschrieben von einem Herrn v. Seld, der Mitte des vorigen Jahrhunderts durch Mecklenburg und Pommern reiste, um auf den Dörfern und in kleinen Städten religiöse Erbauungsvorträge zu halten:

„Einst bekam ich drei Wochen lang täglich zweimal fetten Gänsebraten; jeder Landmann dachte, er könne mir gar nichts Besseres zu Mittag und Abend geben. Und da ich täglich weiterreiste, so dachte niemand daran, daß jeder mir die gleiche Speise vorsetzte."

Ob der Hannoveraner Wilhelm Busch wohl nach Kenntnis dieser Reiseerlebnisse noch seinen Gänsevers gedichtet hätte, der da lautet:

»Jeder, der Verstand hat, spricht:
einen schöneren Vogel gibt es nicht!«

Auch andere deutsche Dichter erwiesen dem wohlschmeckenden Vogel ihre Reverenz.

Goethe hat ihn geschätzt und dies durch beachtliche Portionen Gänsebraten, die er verzehrte, bewiesen.

Weit übertroffen wurde er dabei allerdings von Adalbert Stifter, von dem zuverlässig berichtet wird, dass er am selbigen Tag eine stattliche Gans nebst einem mächtigen Schinken unter Assistenz seiner Ehefrau vertilgte.

Der zu Großvaters Zeiten berühmte Verseschmied Joseph von Lauff widmete einen ganzen Band seiner moselländischen Dichtung »Brixiade« der Martinsgans und hebt dabei also an:

»Das Jahr war gut, der Wein geraten,
Das Moseltal voll Nebelglanz,
Und allwärts duftete der Braten
Der delikaten Martinsgans.«

Überall in Deutschland ist die Gans der kulinarische Lieblingsvogel. Im Mittelalter war sie vor allem in Frankreich beliebt. Das ließ aber in der Neuzeit nach, heute ist die Gans viel eher eine deutsche Spezialität. Dem tut es auch keinen Abbruch, wenn wir die leckeren Vögel für die Weihnachtszeit aus Polen und Ungarn beziehen müssen, weil bei uns nicht mehr genug davon herumlaufen.

Jahrhunderte lang war Pommern ein echtes Gänseland.

Dort wurden die Gänse meistens von den Landarbeitern aufgezogen. Weil die Gutsherrschaft ihnen Gespanne und Geräte stellte, mussten die Arbeiter jede zehnte Gans abliefern. Das geschah im späten Herbst. So um Martini herum gab es dann Gänse in Hülle und Fülle. Dadurch kam der Heilige zu seiner Gänseverbindung und die Martinsgans zu ihrem Ruhm.

Zur Namensgebung gibt die Legende noch eine andere Erklärung. Da diese aber in Frankreich spielt, darf eine deutsche Kulturgeschichte auf die belegbare pommersche Version hinweisen.

Gänsebraten

»Eene jut jebratne Jans is ne jute Jabe (G)Jottes!« sagt der Berliner, und er spricht damit allen seinen deutschen Landsleuten aus dem Herzen. In unseren Speisezimmern haben Gänse zu Weihnachten und zu Martini Hochsaison. Der Martinstag (11. November) hat mit seiner Martinsgans die ältere Tradition. Da zum Braten selbst nichts zu sagen ist, beschränke ich mich auf Rezepte für traditionelle Füllungen.

Apfelfüllung

Die Äpfel müssen säuerlich und fest sein. Sie schmecken besonders gut, wenn man sie nicht schält, sondern nur Stiele, Butzen und Kernhaus entfernt. Zu den Äpfeln kann man (auch in Alkohol) vorgeweichte Rosinen mischen.

Die Bauchhöhle der Gans wird mit Salz, Pfeffer und etwas Beifuß ausgerieben.

Apfel-Maronen-Füllung

Wie Apfelfüllung; zusätzlich vorgekochte, geschälte Esskastanien dazu. Zuweilen gibt man außerdem noch kleine, glasig gedünstete Zwiebeln dazu.

Kartoffelfüllung

Kartoffeln schälen, waschen und in etwa 2 cm große Würfel schneiden. Diese etwa 5 Minuten in Salzwasser kochen und abgießen. 1 bis 2 Essl. klein geschnittene Zwiebel werden in Butter zusammen mit der klein geschnittenen Leber und dem Herz der Gans gut glasig gedünstet. Zusammen mit 3 Essl. gehackter Petersilie mischt man dann den Pfanneninhalt mit den Kartoffelwürfeln, schmeckt mit Salz und gerebeltem Majoran ab und füllt die Bauchhöhle der Gans.

Füllung »Testament«

Was der Name besagen soll, ist nicht mehr zu klären, man findet ihn aber bis zur Jahrhundertwende in vielen Rezepten; diese Füllung muss also sehr beliebt gewesen sein. Ich gebe ein Rezept aus dem Jahre 1904 in der Originalfassung.

»Geriebenes Schwarzbrot, ein ganzer Teller voll, ebenso viele zerschnittene Äpfel, ein wenig Zucker und je nach Geschmack noch gut gewaschene Sultaninenrosinen werden zusammen gemengt, und mit der Masse wird die Gans ordentlich vollgestopft.«

Baden

Steinbacher Füllung

Der größte deutsche Kochkünstler, Alfred Walterspiel, der aus Steinbach (heute ein Ortsteil Baden-Badens) stammte, gab in seinem Standardwerk »Meine Kunst in Küche und Restaurant« das Rezept einer Füllung, die, wie er ausdrücklich betont, eine Spezialität seiner Mutter war.

»Sie verwendete zwei Esslöffel feingehackte Gänsegrieben, eineinhalb bis zwei Pfund ganze, in Milch weichgekochte Maronen, drei bis vier geschälte reife Äpfel, die sie entkernte, in feine Streifchen schnitt und dann anbriet wie Bratkartoffeln, einen halben Teelöffel gehackten Rosmarin, die fein gehackte Leber, wenig Schalotten, die Schweinsfarce von zwei Bratwürsten und ein ganzes, verquirltes Ei. Sie salzte und würzte vorsichtig und füllte es ein.«

Walterspiel gibt diese Füllung für Truthahn an, ich habe sie jedoch vor vielen Jahren einmal in einer Gans versucht, und seitdem ist sie die Lieblingsfüllung meiner Familie geworden. Allerdings kommen wir für eine Gans mit etwas reduzierten Mengen aus.

Wiesbaden

Hessisches Füllsel

Die harte Haut des Magens entfernen, fleischige Teile in kleine Würfelchen schneiden. Frische Leber samt Herz ebenfalls in Würfelchen schneiden, gleichermaßen die Zwiebel. Alles zusammen im Gänsefett anbraten, bis die Zwiebel gut glasig ist. Mit dem Hackfleisch vermischen. Eingeweichte und wieder ausgedrückte Brötchen sowie die beiden Eier ebenfalls zugeben. Würzen mit Petersilie, Majoran, Salz und Pfeffer. Alles gut miteinander verkneten und in die Gans füllen.

Gänsemagen, vorgekocht (in Gänsesuppe oder mit Weißsauer)
Leber und Herz
1 Zwiebel
1 Essl. Gänsefett
500 g Hackfleisch (halb Schwein, halb Rind)
2 altbackene Brötchen
2 Eier
4 Essl. gehackte Petersilie
Gerebelter Majoran
Salz und Pfeffer

Gänsesülze oder Gänseweißsauer

Es lohnt sich kaum, dieses Gericht nur für 4 Personen zuzubereiten. Deshalb sind die angegebenen Mengen für 10 bis 12 Portionen bestimmt. Das fertige Gericht kann man gut aufbewahren.

- 2 Gänse ohne die Brüste*
- Gänseklein und zusätzlich 3 bis 4 Gänsekeulen
- 3 gespaltene Kalbsfüße
- 1 große Zwiebel
- 2 Mohrrüben
- 2 Lorbeerblätter
- 4 Nelken
- 12 Pfefferkörner
- Salz
- 1 bis 2 Tassen Essig
- 1 kräftige Prise Zucker

Gänsestücke und Kalbsknochen sehr gründlich waschen. Zusammen mit der mit Nelken und Lorbeerblättern besteckten Zwiebel, den Möhren, Pfefferkörnern und Salz gut zwei Stunden in ca. 1 l Wasser kochen lassen. Abschäumen. Nach etwa einer Stunde das Gänsefleisch, sobald dieses gar ist, herausnehmen. Ebenso Möhren und Zwiebel. Möhren aufheben, Zwiebel wegwerfen. Fleisch von den Knochen lösen und in Stücke schneiden. Mohrrübe würfeln. In längliche Terrinen oder Kastenformen füllen.

Brühe mit Essig und Zucker süßsauer abschmecken und darüber gießen. Ins Kalte stellen und erstarren lassen. Gänsesülze wird in Scheiben geschnitten serviert. Dazu gibt es Bratkartoffeln aus Pellkartoffeln und Salat. Außerdem eingelegte Gurken.

Will man die Gänsesülze aufheben, so begießt man sie mit Rindertalg und lässt diesen erstarren. Andere Zubereitung: Ohne Kalbsfüße kochen, dafür zum Schluss kalt gequollenes Gelatinepulver (2 gehäufte Essl.) einrühren.

---

* Anmerkung: Die Brüste wurden für Spickgans geräuchert (S. 309).

Stargard, Stich von B. Peters nach einer Zeichnung von Clerget

Gänseschwarzsauer

Heutzutage sind viele so sensibel geworden, dass sie beim Kochen nicht mit Blut umgehen wollen. Außerdem ist der rote Lebenssaft bei den modernen Vermarktungsmethoden unserer Lebensmittel schwer zu beschaffen. So entgehen uns heute viele urtümliche Genüsse. Für alle, die Wiederbelebungsversuche machen wollen, sind am Ende des Rezepts Hinweise angefügt.

Kleinfleisch einer Gans (Füße, Innereien, Kopf, Hals, Flügel)
1 Lauchstange
1 Möhre
Einige Petersilienstiele
1 Scheibe Sellerieknolle
1 Zwiebel
2 Nelken
1 Lorbeerblatt

Kleinfleisch vorbereiten, dabei Krallen von den Füßen schneiden. Innenhaut des Magens entfernen und Augen sowie Schnabel aus dem Kopf lösen. Alles zusammen ohne die Leber mit den Gewürzen und dem Grünzeug gut mit Wasser bedeckt knapp zwei Stunden sachte kochen. Eine Viertelstunde vor Ende der Garzeit die Leber zufügen.

Parallel dazu das über Nacht eingeweichte Backobst mit Zucker, Nelkenpulver und Zimt sowie Zitronenschale gar kochen. Zimtstange und

Zitronenschale herausfischen und wegwerfen. Gänsekleinbrühe abseihen. Gänseklein heraus klauben und Fleischteile von den Knochen lösen, warm stellen.

Gänsekleinbrühe (eventuell noch etwas einkochen) zu dem Backobst gießen. Blut mit Mehl verquirlen und in das Backobst rühren. Zum Binden aufkochen lassen. Beim Abschmecken eventuell mit etwas Essig noch eindeutiger süß-sauer würzen. Beim Anrichten kommt das mit Brühe aufgefüllte und mit Blut-Mehl-Gemisch gebundene Backobst in eine Terrine. Das Gänseklein wird getrennt gereicht.

Für die Füße finden sich fast immer Liebhaber, die sie als Vorspeise abknabbern. In Pommern war das meist Vorrecht der Kinder. Sie sagten: »Gänsepeute schmecke seute« (Gänsepfoten schmecken süß, also gut).

Als Beilage gibt es Mehlklöße.

Rezepterweiterung: Um den Fleischanteil des Gerichts zu erhöhen, kann man eine Gänsekeule zukaufen. Auch Putenunterkeulen, die es wohlfeil tiefgefroren gibt, verändern den Geschmack nicht, erhöhen jedoch den Fleischanteil. Auch ein Zukaufen von Geflügellebern (TK-Kost) erfüllt den gleichen Zweck.

Einkaufstipp: Gänseblut ist heute kaum zu beschaffen. Schweineblut tut es auch; man muss es nur rechtzeitig beim Metzger bestellen und mit etwas Essig verrühren, damit es nicht gerinnt.

Ich selbst mache mir die Sache noch einfacher, indem ich frische Blutwürste (ungebrüht, wie man sie zur Schlachtplatte verwendet) kaufe, aus der Pelle drücke und damit die Sauce binde; in diesem Fall ist kein Mehl nötig.

6 Pimentkörner
Salz und Pfeffer aus der Mühle
500 g Backobst (gemischt)
1 Essl. Zucker
1 Prise Nelkenpulver
1 Stückchen Zimtstange
Schale 1/2 Zitrone, ungespritzt
Gut 1/4 l Gänseblut
1 bis 2 Essl. Mehl
Eventuell ein Schuss Essig

Gänsezungen-Imbiss

Diese Leckerei kann sich nur jemand leisten,
der Verbindung zu einer Gänse-Großschlachtung hat.
Sie ist aber so exquisit, dass sich alle Mühe
bei der Lösung der Beschaffungsprobleme lohnt.

»Die Gänsezungen wurden mit Zungenbein aus dem Kopf gezogen und frisch in Salzwasser gekocht; dann wurden sie so in warmes Apfelmus gesteckt, dass nur die Zungenbeine zum Anfassen genommen werden konnten. Man aß nun die Zunge in Apfelmus getunkt, wie man die Artischocke in Sauce tunkt und ablutscht. Eine kleine pommersche Schlemmerei beim Gänseschlachten.«

(Sie war natürlich nur auf Gutshöfen zu genießen, wo Dutzende von Gänsen geschlachtet wurden.)

Anmerkung: Dieses und das folgende Rezept stammen aus einem der ehemaligen schlossartigen Gutshäuser Pommerns. Die Familie pflegte auch nach der Vertreibung die alte Gänsetradition weiter.

Spickgans

Geräucherte Gänsebrust

An zweiter Stelle nenne ich den heutigen Namen, unter dem die altehrwürdige bäuerliche pommersche »Spickgans« in den siebziger Jahren des 20. Jahrhunderts als Delikatesse in Westdeutschland zu Ehren (und hohen Preisen) gekommen ist. Ich gebe die ländliche Zubereitungsart, wie man sie auf pommerschen Gutshöfen bis zum Zweiten Weltkrieg praktizierte.

Gerupfte und ausgenommene Gänse wurden zunächst mit Kleie abgerieben, paarweise zusammengebunden und mindestens eine Nacht zum Austrocknen aufgehängt; auch bekamen die Brüste dadurch eine gute Form. Haut und Fleisch der Brust, und zwar beide Seiten zusammenhängend, wurden durch eine Schnittführung, die unter den Flügeln begann, von den Knochen gelöst. Danach konnte die Brust, Fleischseite nach oben, flach ausgebreitet werden.

Pro Brust brauchte man zwei Handvoll Salz, das mit etwas Salpeter vermischt war, und streute es über die Gänsebrust. (Handvoll, dazu sagte man in Pommern »Kniepfaust«.) Das Salz-Salpeter-Gemisch musste dann kräftig in die Gänsebrust eingewalkt werden. Dann klappte man die beiden Hälften zusammen und vernähte die Hautränder mit hellem Baumwollfaden.

Eine Woche lang wurden die Brüste gepökelt, wozu man sie in ein Holzfass packte, dicht an dicht, und mit Steinen beschwerte. Anschließend wurden sie abgetrocknet und geräuchert. Was an Kräutern oder Wacholderreisig oder Kiefernzapfen noch auf die Buchenspäne kam, das war von Hof zu Hof verschieden. Auf die gleiche Weise stellte man auch geräucherte Gänsekeulen her.

Wer heute fertig geräucherte Gänsebrust kauft, sollte wissen, dass sie dünn geschnitten am besten schmeckt. Und daß man in Pommern gern Bratkartoffeln dazu aß.

Gefüllter Gänsehals

1 Gänsehals, unbeschädigt
Salz
Pfeffer
Gerebelter Thymian
150 g Leber (von Geflügel, Kalb oder Schwein)
50 g geräucherter, durchwachsener Speck
3 bis 4 Essl. frische Semmelbrösel
1 Teel. geriebene Zwiebel
1 Ei
1 Prise Thymian
1 kleine Prise gerebelter Salbei
1/4 Teel. abgeriebene Zitronenschale
Salz
Pfeffer aus der Mühle
1 bis 2 Essl. Gänseschmalz
1 Tasse Hühner- oder Gänsebrühe

Die Haut so vorsichtig vom Hals abziehen, dass sie nicht beschädigt wird. Gründlich innen und außen waschen und gut trocknen. Innen und außen mit Salz, Pfeffer und Thymian bestreuen, dann zusammenklappen oder einrollen, etwas beschweren und 1/2 Stunde stehen lassen.

Leber fein hacken oder pürieren, ebenso mit dem Speck verfahren. Beides vermischen mit Semmelbröseln, Zwiebel und Ei. Würzen mit Thymian, Salbei, Zitronenschale, Salz und Pfeffer. Sollte die Masse zu trocken sein, kann man noch 1 bis 2 Teel. Brühe damit vermischen.

Gänsehals auf einer Seite zunähen, vorsichtig mit der Füllmasse stopfen, jedoch nicht zu prall, damit er nicht platzt. Anderes Ende ebenfalls zunähen.

Gänseschmalz erhitzen und auf nicht zu großer Hitze den gefüllten Hals anbraten. Ist er knusprig geworden, so gießt man wenig Brühe zu und gart ihn unter mehrmaligem Wenden etwa eine halbe Stunde zugedeckt zu Ende. Etwas Brühe dabei nachgießen.

Zum Anrichten in dicke Scheiben schneiden.

Beilage: Brot oder Kohl und Kartoffeln.

Magenspielereien für verwöhnte Zungen

So überraschend es für viele Feinschmecker sein mag – aus Gänsemägen kann man köstliche Leckerbissen zubereiten. Gutsköchinnen haben sie erfunden, und Küchenchefs der Hauptstadt haben sie zu deutschen Spezialitäten weiterentwickelt.

In Brühe oder im Gänseklein werden die gewaschenen Mägen weich gekocht. Am besten zieht man die innere, derbe Haut ab, wenn sie noch warm sind. Dabei auch alle Knorpel entfernen.

Ragout für Blätterteigpastetchen

Klein geschnitten in pikanter Sauce zusammen mit Champignons. Unbedingt mit Worcestershiresauce abschmecken. In Blätterteigpastetchen oder Muscheln servieren.

Aspik von Gänsemägen

Blättchen von Gänsemagen vermischen mit ebenso geschnittenen Gewürzgurken und süß-sauer eingelegten Kürbissen.

Auffüllen mit einem Aspik aus geklärter Gänsebrühe, Weißwein, Zitronensaft, 1 Prise Zucker und Gelatine. Zur Garnierung halbierte, gekochte Wachteleier einlegen (oder auch Scheiben hartgekochter Hühnereier). In länglichen oder runden Galantineformen erstarren lassen, am besten über Nacht. In dicken Scheiben mit Sahne-Meerrettich oder Remoulade dazu servieren.

Kleiner Salat

Mägen in besonders dünne Blättchen schneiden, mit gutem Weinessig beträufeln und mit Gewürzsalz bestreuen. 1 Stunde ziehen lassen.

Verschieden farbige Paprikaschoten entkernen und in etwa gleich große Streifchen schneiden. Alles mit Mayonnaise vermischen. Muscheln mit Salatblättern auslegen, darin anrichten und mit halbierten Kirschtomaten garnieren.

Pommerscher Kaviar (Geräucherter Gänsemagen)

Nicht kochen, nur harte Innenhaut abziehen, Magen dann pökeln, lange räuchern, bis er hart ist. Abwaschen, abtrocknen und reiben. Auf Butterbrot streuen. Ein Hochgenuss, den pommersche Adlige einst bevorzugten Freunden zum Geschenk machten.

Gänse-Spielzeug

Früher wurde nichts von der Gans weggeworfen. Was wirklich nicht dem menschlichen Verzehr zugeführt werden konnte, selbst das durfte nicht verkommen. In einem Bauernkalender von 1900 findet sich dafür folgendes Beispiel:

„Die Gans liefert den Kindern auch Spielzeug. Steckt man zum Beispiel einige Erbsen in die Gurgel, fügt die Enden zusammen, solange sie noch feucht ist, und läßt die Gurgel trocknen, so ergibt sich ein ‚Klapperring'. Wenn der getrocknete Brustknochen an seinen Enden mit einer stramm gezogenen doppelten Zwirnschlinge versehen und durch diese ein Holzstäbchen gesteckt wird, so kann man einen Springer herstellen, der, auf den Tisch gelegt, so lustige Sprünge macht wie die Heuschrecke im Sommer auf der Wiese."

Und zum Abschluss noch ein kleines poetisches Gänsevergnügen, dem wir keine kulinarische Wiederholung wünschen.
Heinrich Heine besang die im Jahre 1844 erlebte Begegnung mit einer Gans so:

»Es stand auf dem Tisch eine Gans.
Ein stilles, gemütliches Wesen.
Sie hat vielleicht mich einst geliebt,
Als wir beide noch jung gewesen.

Sie blickte mich an so bedeutungsvoll,
So innig, so treu, so wehe!
Besaß einst eine schöne Seele gewiss,
Doch war das Fleisch sehr zähe.«

Gänseleberwurst

Dieses traditionelle Rezept stammt von einem Gut in Mecklenburg, auf dem Gänse gezogen wurden. Es ist so vorzüglich, dass man es nicht vergessen sollte. Anstelle der Gänselebern kann man auch die überall erhältlichen Geflügellebern verwenden. Und wenn Gänsehälse schwer zu beschaffen sind, besorge man sich bei seinem Metzger Schweinedärme.

- 1 kg frischer Schweinebauch
- 1,5 kg Gänseleber (keine Stopfleber)
- 125 g Gänsefett (auch Gänseschmalz)
- 1 mittelgroße Zwiebel
- Pfeffer aus der Mühle
- 1/4 Teel. zerstoßene Pimentkörner
- 1 Teel. gerebelter Majoran
- 1/2 Teel. Zucker
- Gut 1 Essl. Salz

Schweinebauch in Salzwasser gar kochen. Die Lebern einige Stunden wässern, trocknen, hacken und zusammen mit dem Gänsefett durch ein Haarsieb treiben. Schweinebauch in Stücke schneiden und zusammen mit der Zwiebel (und so man rohes Gänsefett benutzt, auch dieses) zweimal durch die feinste Scheibe des Fleischwolfs gedreht. Alles gibt man nun in eine Rührschüssel, fügt sämtliche Gewürze hinzu und verarbeitet alle Zutaten zu einem gleichmäßigen Füllsel.

In die gut gewaschenen Halshäute von Gänsen füllen – nicht zu prall – und abbinden. Oder in gereinigte Schweinedärme. Die Würste werden in reichlich Wasser aufgesetzt, langsam erhitzt und etwa 1/2 Stunde ganz sachte gekocht, damit sie nicht platzen. In kaltem Wasser abkühlen.

Hinweis: Diese köstliche Hausmacherwurst kann man natürlich auch in Gläser füllen und sterilisieren.

Ente mit Rüben

Nach handschriftlichen Aufzeichnungen
einer aus der Mark Brandenburg stammenden
und heute in Berlin lebenden Familie.

- 1 Ente
- 1 bis 2 Essl. Butter
- 2 Essl. Mehl
- 1 Teel. Zucker
- 1/2 Teel. Salz
- 1 Zwiebel
- 2 Tropfen Speisecouleur (heute als Saucenbraun erhältlich)
- 500 g Speiserüben (Teltower, aber auch beliebige andere)
- Salz
- 1 Prise Natron
- Weißer Pfeffer aus der Mühle

Die bratfertige Ente in etwa 8 Stücke zerteilen. Diese in einem Bräter in Butter rundum anbraten. Dabei mit Mehl, Zucker und Salz bestreuen. Zwiebel in Scheiben dazulegen. Sobald das Mehl hellbraun ist, gießt man etwa 3/4 l Wasser zu, löst den Bratsatz und färbt mit etwas Speisecouleur.

Die geputzten und geschnittenen Rüben kocht man erst kurz in Salzwasser mit Natron, gießt sie ab, überspült sie kalt und legt sie zu den Entenstücken, mit denen sie noch etwa 1 Stunde auf nicht zu großer Hitze schmoren sollen, bis Fleisch und Rüben weich sind. Dabei mit Pfeffer und Salz abschmecken. Während der letzten Viertelstunde muss wahrscheinlich der Deckel abgenommen werden damit nicht zuviel Flüssigkeit in diesem Gericht bleibt.

Beilage: Salzkartoffeln.

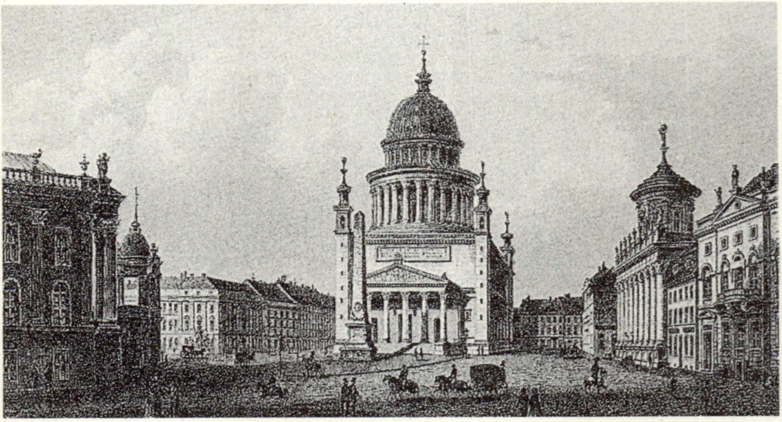

Potsdam Stadtansicht

Ente in Wirsing

1 große Fleischente
2 Essl. Butterfett
2 bis 3 Scheiben frischer Speck
Salz, Pfeffer aus der Mühle
2 Wirsingköpfe

Ente ausnehmen, waschen und ab- und austrocknen. In Butterfett sehr rasch ringsum hellbraun anbraten. Herausnehmen.

Den Boden des Bräters mit den Speckscheiben belegen (die restliche Bratbutter drin lassen) und darauf die Ente, die innen und außen gesalzen und gepfeffert wurde, mit der Brust nach oben legen.

Wirsing putzen, waschen und ausdrücken. Köpfe halbieren oder vierteln. Die dicken Rippen auslösen, die Hälften müssen aber zusammenhalten. Sie werden rings um die Ente gelegt, nachdem man sie auch zwischen den Blättern leicht gesalzen hat. Zwei Tassen Wasser vorsichtig am Rand zugießen, den Topf zudecken und auf nicht zu starkem Feuer gut 1½ Stunden garen.

Dazu isst man Salzkartoffeln oder ganze Pellkartöffelchen, die angeröstet wurden.

Ente mit Pomeranzensaft

Manche Köche preisen Entenfleisch mit rosa Kern als letzten Schrei der Kochkunst an. Das zeugt von einem bedauerlichen Mangel an Kenntnissen alter deutscher Kochkunst. Im »Magdeburgschen Kochbuch für angehende Hausmütter, Haushälterinnen und Köchinnen« finden wir folgendes (moderne) Rezept, das immerhin aus dem Jahre 1795 stammt.

„Laß die Ente am Bratspieße halb gar werden, lege sie hernach in eine Schüssel, schneide das Fleisch in längliche Stücken, doch so, daß selbige an der Ente sitzen bleiben, thu Salz, gestoßenen Pfeffer und von zwey Pomeranzen den Saft daran; kehre die Ente darin um, presse sie mit einem Teller, kehre sie dann wieder um, und richte sie in ihrem Saft warm an.“

Hinweise:

- Anstelle des schwer zu bekommenden Pomeranzensaftes von Bitterorangen kann man einen Pomeranzenlikör mit etwas geriebener Apfelsinenschale vermischen und die Ente damit einreiben oder man nimmt bittere Orangenmarmelade ohne die Schalenstückchen.
- Sehr gut ist es, wenn man heute grünen, geschroteten Pfeffer verwendet.
- Die Ente sollte man mit dem Saft beträufeln, während sie in einem Bräter liegt, der mit Butter ausgestrichen ist; kein Saft geht dann verloren. Im gleichen Bräter sollte man Keulen und Brust noch etwa je 5 Minuten nachbraten.
- Unter Zusatz von einigem weiteren Bitterorangenlikör und ganz wenig klarer, eingekochter Brühe aus den Abgängen macht man eine ganz kurze Sauce, nur 2 bis 3 Essl. pro Person.

So wird aus einem alten Rezept eine Zubereitung, die sich nahtlos in die *andere deutsche Küche* einpasst.

Geschmorte Täubchen

Nach einem Rezept aus dem Jahre 1910.

- 4 junge Tauben
- 4 Brötchen
- 1/4 l Milch
- 2 Essl. Butter
- 2 Eier
- 1 Essl. Zucker
- 1 Essl. geriebene Mandeln
- 1 Prise Salz
- 2 Essl. Korinthen
- 1 Essl. geriebene Semmel
- 3 bis 4 Essl. Butter
- 1 Tasse süße Sahne
- Salz

Gerupfte, ausgenommene und ausgewaschene Tauben werden gut getrocknet.

Zur Füllung die Brötchen abreiben, in Scheiben schneiden und in der Milch einweichen. So trocken wie möglich ausdrücken und in einer Schüssel mit der sahnig gerührten Butter verkneten. Mit den Eiern, Zucker, geriebenen Mandeln und einer Prise Salz so lange kräftig rühren, bis eine glatte Masse entstanden ist. Damit noch die gewaschenen Korinthen und so viel Semmelmehl verarbeiten, wie zu einer geschmeidigen Farce nötig ist. Die Tauben damit füllen, zunähen und in ansehnliche Form drücken.

In einem Bräter in der heißen Butter auf allen Seiten anbraten, danach löffelweise heißes Wasser und Sahne an die Seite gießen. Tauben salzen. Bei ganz schwacher Hitze in knapp einer Stunde zugedeckt schmoren.

Beilage: Butternudeln.

Hinweis: Tauben galten immer als Kranken- und Wöchnerinnenkost. Man hüte sich jedoch vor alten und zähen Vögeln.

Essen – Speisen – Tafeln

Mahlzeiten von anno dazumal

Lange Zeit war die Bevölkerung in lediglich drei große Gruppen geteilt: Bauer, Bürger, Edelmann. Entsprechend unterschiedlich waren die Essgewohnheiten. Nur zum kleinen Teil richteten sie sich nach den Geschmacksvorlieben, bestimmend waren Geldbeutel und jahreszeitliche Verfügbarkeit der Lebensmittel.

In allen Gesellschaftsschichten wurde an Sonn- und Festtagen möglichst gut und reichlich aufgetischt. Daran hat sich bis heute wenig geändert, abgesehen davon, dass gestiegener Wohlstand zu üppigerem Leben geführt hat.

Die Bauern haben relativ wenige ihrer Rezepte hinterlassen. Der Adel war im Mittelalter nicht nur tonangebend, sondern dokumentierte auch die frühesten Kochanweisungen seiner Speisemeister. Bürgerliche Hausfrauen wurden erst mit Beginn des 17. Jahrhunderts selbstbewusst genug, Kochbücher zu schreiben. Es dauerte dann über zweihundert Jahre, bis in der bürgerlichen Küche Großbürgertum und Arbeiterklasse ihre eigenen Essgewohnheiten entwickelten.

Nach dem 1. Weltkrieg verlor der Adel seine kulinarische Bedeutung, die teilweise auf die oberen Zehntausend des Bürgertums überging.

Früh schon druckten Haushalts-Kochbücher auch Menüvorschläge ab, von denen einige in kleiner Auswahl zeigen sollen, wie man in den letzten 150 Jahren aß, speiste und tafelte.

Früher einmal wurden Menüvorschläge immer für bestimmte Jahreszeiten, ja sogar Monate gemacht – eine löbliche Gewohnheit, die erneuter Beachtung wert wäre. Die folgenden Vorschläge beziehen sich auf den Monat Juni.

Norddeutsche Hansestadt, Mitte 19. Jahrhundert, großbürgerlich

Einfaches Mittagessen:

- Grüne Erbsensuppe mit Klößchen
- Gekochter Schinken mit Senf, dazu Erbsen und Wurzeln
- Kalbsnierenbraten nebst Kopfsalat und Katarinen-Pflaumen
- Grießauflauf mit Kirschen
- Früchte, Butter und Käse

Großes Essen zu besonderen Anlässen:

- Suppe: Kaltschale von beliebigen Früchten
1. Gang: Hammelkeule à la braise nebst Gurkensalat und gebratenen Kartoffeln
2. Gang: Steinbutt mit Sauce von Krabben, Eiern, Zitronen und Petersilie
3. Gang: Rahmwürste nebst jungen Wurzeln und Schneidebohnen
4. Gang: Küken mariniert mit Majonäsesauce
5. Gang: Schokoladepudding mit Schlagsahne
6. Gang: Hummersalat
7. Gang: Kalbfleischpastete mit gefüllten Champignons
8. Gang: Entenbraten, Kompott von Apfelsinen; Gurken
9. Gang: Marzipanschnitte
- Dessert: Früchte, Butter und Käse

Gala-Diner in Hannover 1889 zu Ehren Kaiser Wilhelms II.

Königliche Mittagstafel:

- Rebhühnersuppe
- Rheinlachs mit Kräutersauce
- Rinderlende mit Maronen
- Hühnerbrüste mit Edelpilzen
- Pastete von Krammetsvögeln
- Rehrücken, Früchtesalat
- Artischockenböden mit Mark
- Kabinettspudding
- Käsestangen, Gefrorenes
- Nachtisch

Bürgerliche Küche 1912 – Karlsruher Frauenverein

Einfache Speisefolge für Monat Juni:

- Eiergerstensuppe
- Gekochtes Ochsenfleisch mit Zwiebelsauce und Kartoffeln

Reicher Speisezettel Monat Juni:

- Falsche Schildkrötensuppe
- Eier nach Königinnenart
- Rehrücken mit Karotten und Kartoffeln
- Salat
- Äpfel im Schlafrock

Bürgerliches Mittagessen zu kleiner Familienfeier, Süddeutschland um 1950

- Klare Fleischbrühe mit Schinkenklößchen
- Kalbsrücken garniert mit Schupfnudeln und feinen Gemüsen
- Helenenbirnen
- Kaffee-Sahne-Torte

Persönliche Erinnerung des Autors an die Zeit zwischen den beiden Weltkriegen

Nach der Hungerzeit der Inflation um 1920 herum wurde in bürgerlichen Familien trotz zeitraubenderer Einkaufsbedingungen mangels vorgefertigter Nahrungsmittel und elektrischer Küchengeräte aufwändiger gekocht als heute. Zum Mittagessen gehörten eine Suppe oder kleine Vorspeise, ein Hauptgang mit Beilagen und zuweilen noch Salat sowie ein Nachtisch.

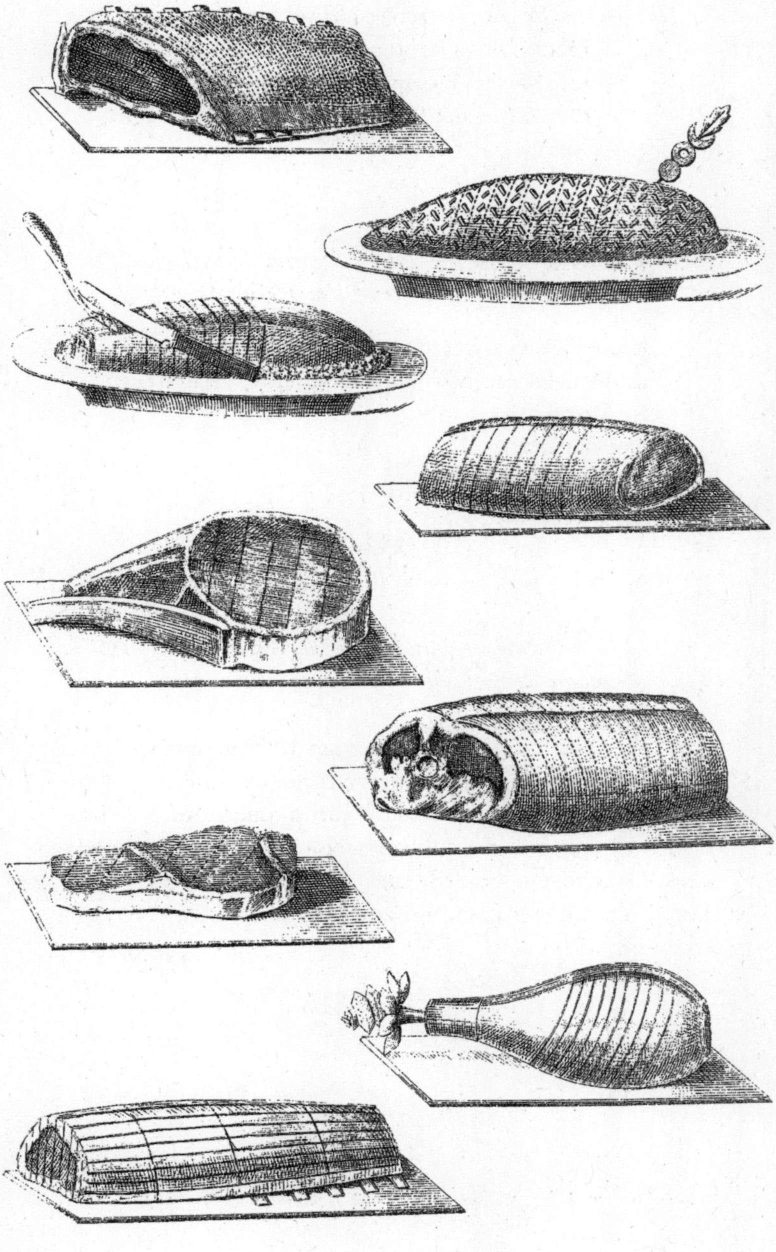

Schlachtfleisch

Fleisch gibt Kraft, so meinte man in Deutschland schon immer. Allerdings sollten wir nicht vergessen, dass es unsere Vorfahren nicht so einfach hatten wie wir, die wir jederzeit in eine Metzgerei gehen und uns dort nach Wunsch und Laune Fleisch kaufen können. Jahrhunderte lang musste man sich mit dem Problem des Verderbs herumschlagen. Dabei kam Pökelfleisch in Mode. Schweinefleisch wurde eingesalzen und geräuchert; außerdem verwurstet. In der Küche vornehmer Herren spielte Wildbret eine große Rolle, denn damit überbrückte man die langen frischfleischlosen Zeiten zwischen den Schlachttagen.

Immer schon stand in der deutschen Küche das Schweinefleisch an erster Stelle. Und noch immer ist der Schweinefleischhunger nicht gestillt, von Jahr zu Jahr vertilgen wir mehr davon, 1978 waren es fast 50 kg pro Kopf und Jahr. Insgesamt verzehrte der Bundesbürger im gleichen Zeitraum 90 kg Fleisch. Wobei besonders erstaunlich und als Wohlstandsbeweis erfreulich ist, dass er damit 20 kg mehr Fleisch als Brot konsumierte. Eine Umfrage ergab 1993, dass Schweinebraten der Deutschen Lieblingsgericht ist. Schnitzel, Sauerbraten, Gulasch und Rouladen folgen erst später in dieser Reihenfolge. Entsprechend der deutschen Küchentradition und gerechtfertigt durch gegenwärtige Verzehrgewohnheiten wird auch in der folgenden Zusammenstellung das Schwein gewürdigt. Wie sagt doch Wilhelm Busch?

»Ein kluger Mann verehrt das Schwein,
Er denkt an dessen Zweck;
Von außen ist es ja nicht fein,
doch drinnen sitzt der Speck.«

Dennoch beginnen wir in diesem Kapitel mit Rindfleischrezepten und folgen damit der klassischen Einteilung vieler Kochbücher.

»Bifflamott«

In solcher oder ähnlicher Verballhornung geisterte das Rindfleisch namens »Bœuf à la mode« auch durch die deutschen Küchen, vor allem in Süddeutschland.

Immer bezeichnete man damit ein großes Stück Schmorbraten, das mit den verschiedensten Gewürzen und oft auch in Rotwein zubereitet wurde. Vielfach ist »Bifflamott« südlich der Mainlinie auch ein mit Essig zubereiteter Braten, also eine Art Sauerbraten, gewesen. Und dazu gab es natürlich Semmelknödel.

Heute findet man in Bayern noch häufig die Schreibweise »Böfflamott«. Der Braten ist immer gespickt, leicht säuerlich, weil er in Essig eingelegt war, und von einer kräftigen, dunklen Rotweinsauce begleitet.

Das ursprüngliche »Bœuf à la mode», welches nach dem Dreißigjährigen Krieg in unsere Lande kam und zum Symbol dafür wurde, dass man sich wieder auf angenehme Weise nach all den Notjahrzehnten satt essen konnte, hat die Jahrhunderte überdauert. Nicht nur in Bayern ist es noch in aller Munde, sondern überall. Es hat nur seinen Namen geändert zum gut deutschen »Schmorbraten«.

Bœuf à la mode

Nicht nur, dass selbst am preußischen Königshof
die Speisekarten auf französisch geschrieben wurden,
auch das deutsche Bürgertum nannte Jahrhunderte lang
einen seiner beliebtesten Sonntagsbraten »Bœuf à la mode«.
Nach welcher Art, wurde dabei nicht gesagt.
Die Zubereitung war allerdings oft grundverschieden.
Ich gebe zunächst ein Rezept aus »Neues verständliches
Kochbuch«, 1819 in Quedlinburg veröffentlicht,
im Originaltext.

„Hierzu nimmt man ein gutes Schwanzſtück, oder ein Stück auſ der Keule des Rindes, klopft es mürbe, ſpeckt es mit etwa 5 Zoll langen und einem halben Zoll breiten Speckſtreifen, die man vorher in einem Gemenge von Salz, Pfeffer, Gewürznelken, fein gehackten Schalotten und Thymian umgewendet hat. Alsdann läßt man in einem Kaſſerol oder Schmortopf etwas in Scheiben geſchnittenen Schinken, Speck, Zwiebeln und Butter gelbbraun werden, legt das Fleiſch darauf und läßt es auf gelindem Feuer ſo lange ſchwitzen, bis es gleichfalls gelbbraun wird. Jetzt gießt man gute Jüs darauf, thut etwas Salz dazu und läßt es 3 bis 4 Stunden auf gelindem Feuer kochen, daß die Flüſſigkeit ſich wie ein dicker Syrup an dem Fleiſche anſetzt. Dann nimmt man das Fleiſch heraus, legt es in ein anderes Kaſſerol und macht von dem übrigen alles Fett herunter, thut etwas Jüs oder Coulis und von einer Zitrone den Saft hinzu, läßt es damit aufkochen, gibt es darauf durch ein Haarſieb auf das Fleiſch, läßt es damit noch eine halbe Stunde kochen und richtet es alsdann an."

1 »Zoll« = altes deutsches Längenmaß, örtlich verschieden; zwischen 2 und 3 cm.

2 »alles Fett herunter« = die zurückbleibende Sauce wird entfettet.

3 »Jüs oder Coulis« = klarer Bratensaft heißt »Jüs«, und mit »Coulis« ist eine durch angeröstetes Mehl kräftig eingekochte Fleischsauce gemeint.

4 »3 bis 4 Stunden auf gelindem Feuer« = wenn die Hitze nicht unter 120 °C ist, rate ich eine kürzere Bratzeit an. Garprobe!

Rheinischer Sauerbraten

Überall in deutschen Landen steht Sauerbraten ganz oben in der kulinarischen Hitliste. Allerdings lässt man oft die Rosinen weg, welche typisch für die rheinische Zubereitungsart sind.

Sauerbratengewürz oder:
- 1 Mohrrübe
- 1 Stück Sellerieknolle
- 1/2 Lauchstange
- 1 Zwiebel
- 2 Nelken
- 1 Lorbeerblatt

Sauerbratengewürz oder die angegebenen Zutaten (wo nötig geputzt und zerkleinert) zusammen mit Rotwein und Essig kalt aufsetzen und zum Kochen bringen. Abkühlen lassen und dann mitsamt allen Aromaten über das gewaschene Fleisch gießen. Das Gefäß so wählen, dass der Braten von der Flüssigkeit bedeckt ist. Unter gelegentlichem Wenden 3 bis 5 Tage so stehen lassen.

Dann Braten herausnehmen, abtrocknen (Küchenkrepp), salzen und pfeffern und in einem Bräter im Fett auf allen Seiten gut anbraten. Darauf mit der Marinade nebst Aromaten ablöschen. Zugedeckt auf schwacher Hitze gut eine Stunde schmoren. Dann Fleisch herausnehmen, Sauce durch ein Haarsieb gießen und danach Fleisch und abgeseihte Sauce wieder in den Schmortopf. Gewaschene Rosinen zufügen.

In einem kleinen Stieltöpfchen das Mehl in der Butter braun rösten und mit etwas Sauce ablöschen, verrühren und dann zu dem Schmorbraten gießen und in der Sauce verrühren. Alles zusammen noch etwa 15 Minuten schwach kochen. Würzung der Sauce prüfen, eventuell noch etwas Salz und Pfeffer zufügen.

Der »Rheinische Sauerbraten« wird zum Anrichten aufgeschnitten, auf eine Platte gelegt und mit wenig Sauce begossen. Den Rest der Sauce serviert man in einer Saucenschüssel.

Als Beilage gibt es Kartoffelklöße (meistens aus gekochten, in anderen Landesteilen auch aus rohen Kartoffeln); gern isst man im Rheinland auch Reibekuchen (Kartoffelpuffer) zum Sauerbraten.

Apropos: Früher legte man das Fleisch gern ein, um es länger haltbar zu machen; heute schätzt man vorwiegend den Wohlgeschmack, der dadurch entsteht. – Für den Sauerbraten, den man fertig eingelegt in Metzgereien kaufen kann, verwendet man meist Fleischstücke, die zum Braten an und für sich zu zäh wären, die aber durch die Beize sehr schön mürbe werden.

6 Pfefferkörner
6 Wacholderbeeren
3 Glas Rotwein (kann teilweise durch Wasser ersetzt werden)
1/2 Glas Weinessig

750 g Rindfleisch zum Schmoren (das durchaus auch aus einem edleren Teil des Tieres stammen darf)
1 Essl. Butterfett oder Schmalz
Salz
Pfeffer aus der Mühle
1 Essl. Mehl
1 Essl. Schmalz
3 Essl. Rosinen

Sächsischer Sauerbraten

Aufgemerkt westdeutsche Feinschmecker, hier meldet sich Konkurrenz aus dem Vogtland! Wer bisher annahm, dass es dort neben Spitzen und Klingentaler Musikinstrumenten auf kulinarischem Gebiet nur Klöße gibt, hat weit gefehlt. Zwischen Frankenwald und Erzgebirge – wie auch andernorts in Sachsen – gibt es eine alte Sauerbraten-Tradition. Auf die ist man so stolz, dass sogar im 21. Jahrhundert ein Prozess um die Zubereitung dieser deutschen Spezialität geführt wurde. Das Gericht stellte zwar fest, dass es kein verbindliches Rezept dafür gibt, aber Köche und heimatverbundene Bürger gründeten einen Arbeitskreis »Deutscher Sauerbraten«, der in Zukunft alljährlich einen Sauerbraten-Grand-Prix für Köche aller Bundesländer ausschreibt. Der erste Wettbewerb fand bereits im Jahr 2002 statt. In Auerbach/Vogtland wurde der Klingentaler Küchenchef Thomas Böhm vom sächsischen Landwirtschaftsminister als erster Sauerbraten Champion ausgerufen. Wir freuen uns, dass wir sein Siegesrezept sozusagen als erste, quasi offizielle Zubereitung für klassischen deutschen Sauerbraten vorstellen können.

1 kg Rindfleisch aus der Keule

Beize:

1,5 l Wasser
0,3 l Weinessig 10%
3 Lorbeerblätter
3 Nelken
Pfefferkörner
Senfkörner
5 Pimentkörner
200–300 g gewürfelte Möhren, Lauch und Sellerie

Die Beizezutaten zugedeckt eine halbe Stunde leicht köcheln lassen. Etwas abkühlen, Fleisch einlegen, sodass es ganz bedeckt ist. 4 Tage lang kühl stellen zum Marinieren.

Danach herausnehmen, gut abtrocknen, salzen, pfeffern und in einer Schmorpfanne in Schmalz allseitig gut anbraten. Die Aromaten der Beize abtropfen lassen und zufügen. Auch Tomate und Senf beigeben und mit einem Viertel der Beize ablöschen. Danach noch Fleischbrühe angießen und insgesamt $2^1/_2$–3 Stunden langsam weich schmoren. Nach anderthalb Stunden der Garzeit den Saucenlebkuchen einbröseln.

Das gar geschmorte Fleisch herausnehmen, die Sauce mit Bienenhonig, Zitronensaft und Zucker abschmecken. Mit Stärkemehl zur leichten Sämigkeit binden, dabei wieder aufkochen. Zum Schluss die Sauce passieren, in einem Teil davon den Braten anrichten, den Rest getrennt servieren.

Hinweis: Der saure Geschmack von Fleisch und Sauce hängt von der Säure des Essigs und der jeweiligen Geschmacksvorliebe des Kochs oder seiner Gäste ab – kann also variiert werden.

1 Zweig Thymian
3 Essl. Zucker
4 halbe Zwiebeln

Zum Braten weiterhin:
Ausreichend Fleischbrühe und Schmalz
1 grob geschnittene Tomate
1 Essl. Senf
1 Stück Saucenlebkuchen
Zum Abschmecken noch Bienenhonig, Zitronensaft und etwas Zucker und Stärkemehl oder Saucenbinder.

Pfeffer-Potthast

Das Gericht ist eine westfälische Spezialität. Die Stadt Dortmund meldet besonderes Erstgeburtsrecht an; sie hält ihren Pfeffer-Potthast so hoch in Ehren, dass sie ihn noch immer im Rahmen offizieller Festbankette serviert. Schon im 14. Jahrhundert wurde dieser Eintopf auf dem Markt verkauft. Er ist also wirklich ein traditionelles Essen. Das Wort Potthast setzt sich zusammen aus Pott = Topf und Hast = gekochtes Fleisch. Mit eiliger Hast hat diese Landesspezialität nichts zu tun. Es gibt inzwischen viele Abwandlungen. Ich gebe ein Rezept, das entgegen der heute üblichen Praxis ohne Anbraten des Fleisches auskommt; mir scheint das authentischer.

- 750 g durchwachsenes Rindfleisch
- 500 g Zwiebeln
- 1 knapper Teel. Salz
- Pfeffer aus der Mühle
- 1/3 Teel. grob gemahlener Piment (Nelkenpfeffer)
- 2 Lorbeerblätter
- 3 bis 4 Zitronenscheiben mit (ungespritzter) Schale
- 1 Essl. Paniermehl
- 1 bis 2 Essl. Zwiebackmehl
- Zitronensaft

Fleisch in 2 bis 3 cm große Würfel schneiden. Die Hälfte der Zwiebeln halbieren und in dünne Scheiben schneiden, den Rest ganz feinwürfelig schneiden oder – noch besser – reiben. Fleisch und Zwiebeln in einen Topf mit dickem Boden schütten. Gewürze einschließlich Zitronenscheiben zufügen; dabei den Pfeffer so grob wie möglich mahlen und nicht sparsam damit sein. Wasser – noch besser Brühe – zugießen, bis der Topfinhalt gut bedeckt ist. Umrühren und auf kleiner Hitze etwa eine Stunde köcheln lassen. Dabei noch mehrmals umrühren und eventuell Flüssigkeit nachfüllen.

Paniermehl und Zwiebackmehl zugeben, weitere 10 Minuten kochen. Lorbeerblätter und Zitronenscheiben aus dem Potthast heraus fischen. Abschmecken. Die Sauce muss jetzt gut gebunden sein und soll pikant schmecken. Vielleicht muss noch etwas Zitronensaft, Salz und/oder Nelkenpfeffer zugegeben werden.

Beilage: Salzkartoffeln, Salz- oder Gewürzgurken und eingelegte Rote Beete.

Vollkommen wird der Genuss durch ein gutes Bier.

Abwandlungen: Heute gibt man vielfach Kapern an den Potthast, vor 600 Jahren gehörten sie bestimmt noch nicht dazu. Allerdings schmecken sie sehr gut in diesem herzhaften Fleischtopf. Eine mehlgedickte Sauce hat sich auch den guten, alten Pfeffer-Potthast erobert. In den letzten Jahrzehnten dickt kaum noch eine Hausfrau mit Paniermehl oder gar Zwiebackmehl an, sondern mit Mehl. Da gleichzeitig das Fleisch fast immer angebraten wird, kann man dabei auch das Mehl anrösten. Angebratenes Fleisch gibt dem Gericht einen volleren Geschmack; Mehl allerdings scheint mir eindeutig den Bröseln unterlegen. Wer dabei keine Zwiebackbrösel verwendet, muss zur Abrundung des Geschmacks eine Prise Zucker zufügen.

Beim Fleisch mischt man nicht selten Rind und Schwein. Das scheint mir entwicklungsgeschichtlich sinnvoll, denn in Westfalen gab es sicher mehr Schweine als Rinder. Der Geschmack des Rindfleischs ist voller und kräftiger. Auch Kümmel wird zuweilen den anderen Gewürzen zugefügt, schmeckt aber allzu leicht unangenehm vor.

1. Mürbekamm (Mittel),
2. Fehlrippe, Rippenstück
3. Roastbeef (Rindstück)
4. Filet (Lungenbraten, Lende)
5. Blume
6. Mittelschwanzstück (Schmorstück)
7. Schwanzstück (Schweif, ausgestochener Örtel), ist dies qualitativ nicht sehr gut, so verwende man es nur zur Brühe
8. Halsstück oder Kamm
9. Schaufelstück
10. Brust (Bug)
11. Nachbrust oder Querrippe
12. Flanke
13. Hesse
14. Unterschwanzstück
15. Nuss; unter 6 und 7 liegt Oberschale

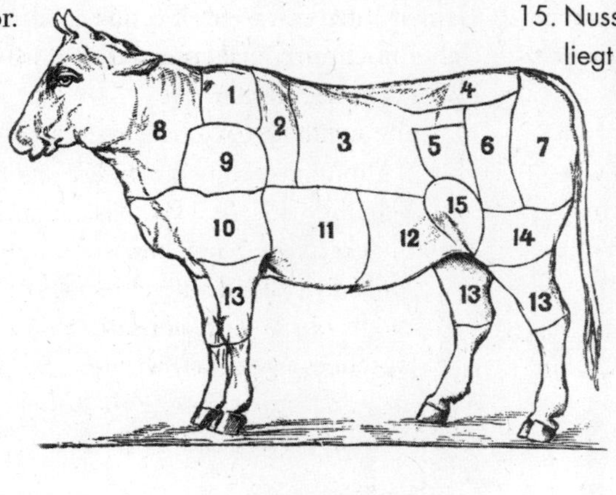

»Mürbbraten auf teutsch«

Dies ist ein Rezept aus dem Jahre 1790, das ich in modernerem Deutsch wiedergebe, um es besser verständlich zu machen. An der darin beschriebenen Zubereitung habe ich nichts geändert, sie ist nämlich supermodern (bis vielleicht auf den Spickspeck). Garen ohne Fett und Wasser mit Erhaltung aller Inhaltsstoffe – alles schon mal dagewesen.

- 1 Schmorbraten von 1 1/2 kg aus der Blume
- 125 g Spickspeck in Streifen
- 1 Teel. ganz fein gewiegte Petersilie
- 1 Teel. ganz fein gewiegtes Basilikum
- 1 Messerspitze Salbeipulver
- Salz
- 2 Essl. Butter
- 1 bis 2 Tassen süße Sahne
- 1 bis 2 Essl. Kapern

Fleisch waschen und alle Sehnen, Hautstücke und fetten Teile sorgfältig abschneiden. Speckstreifchen in den miteinander vermischten Kräutern wälzen und damit das Fleisch allseitig spicken. In einen schweren Eisenbräter legen, leicht salzen und alle Fleischabschnitte neben das Fleisch legen damit sie helfen, die Brühe zu verbessern. Zudecken und dabei den Deckel mit etwas in Wasser angerührtem Mehl dichten. Auf ganz schwaches Feuer setzen und etwa 4 Stunden garen lassen. Wenn man den Deckel öffnet, wird sich, obwohl keine Flüssigkeit zugefügt wurde, ein großer Löffel Saft gebildet haben. In einem kleinen Topf die Butter ausschäumen; Sahne, Kapern und Fleischsaft dazu. Alles miteinander verrühren, vielleicht noch etwas salzen und noch einige Minuten durchkochen. Als Sauce zu dem Braten reichen.

Ochsenfleisch in Bier

Man kann zu diesem Schmorfleisch beliebige
Biersorten verwenden, nur kein Pilsner,
das ist etwas zu bitter.
Ich habe gute Erfahrungen mit Alt-Bier gemacht.

- 1 kg Schmorbraten
- 3 bis 4 Scheiben fetter, geräucherter Speck
- 1 große Zwiebel
- 1 Mohrrübe
- 1 Lorbeerblatt
- 12 Pfefferkörner
- Salz, Pfeffer aus der Mühle
- Bier
- 2 bis 3 Essl. Essig
- 1 Teel. Sirup (Zuckerrübensaft oder Apfelkraut)
- 1 bis 2 Essl. Mehl

Der Schmorbraten wurde früher vor der Zubereitung kräftig geklopft. Wer sich auf seinen Metzger verlassen kann, dass er ihm keine alte Kuh andreht, hat das nicht nötig.

Einen Schmortopf, der im Durchmesser nicht viel größer als der Braten sein soll, mit den Speckscheiben auslegen. Braten darauf. Grob zerschnittene Zwiebel, geschrappte und ebenfalls grob zerteilte Möhre, Lorbeerblatt und Pfefferkörner rings um das Fleisch verteilen.

Fleisch mit Salz und Pfeffer bestreuen. Am Rand Bier, das mit einem Drittel Wasser vermischt wurde, zugießen, bis es gerade etwas über die halbe Höhe des Bratens hinaus reicht. Essig mit dem Sirup verrühren und in die Schmorflüssigkeit rühren.

Topf fest mit einem Deckel verschließen und etwa 2 Stunden garen.

Fett abschöpfen und darin 1 bis 2 Essl. Mehl bräunen. Schmorflüssigkeit aus dem Topf durch ein feines Sieb zugießen und eine leicht gebundene Sauce rühren. Noch einige Minuten kochen lassen.

Fleisch in der Sauce anrichten. Vorher eventuell noch abschmecken.

Es ist zu beachten, dass früher das Schmorfleisch stets fett war. Wer ein neuzeitliches, mageres Stück erwischt, muss das Mehl in etwas Butter anrösten.

Rindfleisch un Plummen

Dieses »Rindfleisch mit Pflaumen«, wie man hochdeutsch sagen müsste, ist in die Literatur eingegangen. Der Mecklenburger Fritz Reuter hat es in den Mittelpunkt seiner Verse vom Streit zwischen Meister und Lehrjungen gestellt.

- 300 bis 400 g Backpflaumen
- 1 kg Rindfleisch (da es durchwachsen sein soll, am besten ein Bruststück ohne Knochen)
- 1 Bund Suppengrün
- 6 Pimentkörner
- 10 Pfefferkörner
- Salz
- 2 Möhren
- 1 kleine Sellerieknolle
- 2 Lauchstangen
- 2 bis 3 Essl. Zucker
- 3 Essl. Butter
- 2 große Zwiebeln
- 2 Essl. Mehl
- 2 Essl. gehackte Petersilie
- Salz und Pfeffer aus der Mühle

Backpflaumen in kaltem Wasser einweichen. Rindfleisch waschen und mit Suppengrün, Piment, Pfeffer und Salz in kaltem Wasser ansetzen, zum Kochen bringen, abschäumen und 1/2 Stunde sachte köcheln lassen. Dann geschrappte Möhren und geschälte Sellerieknolle zugeben. Nach weiteren 20 Minuten gut gewaschene Lauchstangen zufügen; nach einer weiteren Stunde müsste das Fleisch gar sein. Möhren, Sellerie und Lauch herausnehmen und beiseite stellen.

Vorher hatte man das Einweichwasser von den Backpflaumen abgegossen und diese in etwas Fleischbrühe weich gekocht. Gesondert Butter erhitzen und darin die klein geschnittenen Zwiebeln goldgelb werden lassen, Mehl überstäuben und hell anschwitzen. Mit durchgeseihter Brühe ablöschen und eine Viertelstunde zur sämigen Sauce kochen. Dabei mit Salz und Pfeffer abschmecken und zum Schluss die Petersilie unterrühren.

Zum Anrichten Fleisch in Scheiben schneiden und mit der Sauce begießen. Backpflaumen und Salzkartoffeln als Beilagen.

Vorher kann man noch den Rest der Fleischbrühe servieren, in der alle beiseite gestellten und dann klein geschnittenen Gemüse erhitzt wurden. So erhält man ohne Mehrkosten und viel Arbeit noch einen Suppengang.

Rindsrouladen

Eines der beliebtesten deutschen Fleischgerichte. Man schätzt es in allen Landesteilen. Es gibt viele Abwandlungen bei der Füllung. Ich nenne eine sehr verbreitete, die gut und pikant schmeckt.

- 4 Rouladenscheiben (große Fleischscheiben aus der Keule zu 175 g)
- 2 Teel. Senf
- Pfeffer aus der Mühle
- 8 Scheiben durchwachsener Räucherspeck ohne Schwarte
- 4 mittelgroße Gewürz- oder Salzgurken
- Salz
- 1 bis 2 Essl. Mehl
- 2 Essl. Bratfett (Schmalz, Pflanzenfett, Butterschmalz)
- 2 Zwiebeln
- 1 Mohrrübe
- 2 bis 3 Tassen Fleischbrühe
- 1 Teel. Stärkemehl

Fleischscheiben ausbreiten und dünn mit Senf bestreichen sowie mit etwas Pfeffer überstreuen. Auf jede zwei Speckscheiben legen, darauf eine Gurke und dann zusammenrollen. Mit Faden oder Rouladenklammern oder -nadeln befestigen.

Außen leicht salzen, pfeffern und in Mehl wenden.

Fett in einem Brattopf erhitzen, klein geschnittene Zwiebeln darin leicht glasig werden lassen, dann zur Seite schieben, Rouladen einlegen und allseitig scharf anbraten. Zwei Tassen Fleischbrühe zugießen, die geschrappte und in Würfelchen geschnittene Mohrrübe einstreuen und zugedeckt auf nicht zu starker Hitze knapp zwei Stunden schmoren. Dabei etwas Brühe nachgießen.

Zum Anrichten Rouladen herausnehmen. Stärkemehl mit ganz wenig kaltem Wasser verrühren und damit die Sauce leicht binden. Je nach Geschmack kann man die Sauce passieren oder aber mit den Gemüsewürfelchen – was ich anrate – servieren.

Beilage: Salzkartoffeln, Erbsen und Möhren oder Schwarzwurzeln.

Marktplatz zu Greifswald,
Stich von H. Winkles nach einer Zeichnung von Joh. Poppel

Steak nach Un-Art des Hauses

Eine Zubereitungsart für unverwöhnte Gaumen.

Pro Person:
1 Steak, nicht dicker als 1 cm
Salz
Pfeffer
Bratfett
1 kleine Dose Champignons, Einwaage etwa 715 g
1 Teel. Stärkemehl
Einige Schinkenstreifen
1/2 Tasse Würfelbrühe
2 Salatblätter
1/2 Treibhaustomate

Steak wird nicht geklopft, sondern durch den Steaker gedreht, bei dem es sich um ein Spitzenerzeugnis der deutschen Metallwarenindustrie handelt. Blitzsaubere, haarscharfe kleine Messerchen sind mit hervorragender Präzision derart auf Walzen montiert, dass sie die Fleischfasern eines jeden Steaks zerhacken, diesem jedoch gleichzeitig das Aussehen einer gewissen Unversehrtheit belassen. Durch die deutsche Steaker-Behandlung werden Metzger und Gastronomen in die Lage versetzt, altes Kuhfleisch so herzurichten, dass es auch für Gebissträger verzehrbar wird.

Das so vorbehandelte Steak wird gesalzen und gepfeffert im Bratfett mit deutscher Gründlichkeit beidseitig gebraten und auf einen vorgewärmten Teller gelegt.

Die Champignondose ist maschinell zu öffnen, die Pilze sind – falls dies nicht schon geschehen – in Scheiben zu schneiden und im verbliebenen Bratfett zu dünsten. Dabei salzen. Anschließend anmutig auf der gesamten Oberfläche des Steaks verteilen. Würfelbrühe wird mit dem Konservierungssaft vermischt und, nachdem das Stärkemehl eingerührt wurde, in der Pfanne zur aromatischen Sauce erhitzt, die nur noch über das Steak gegossen zu werden braucht.

Als Garnitur dürfen zwei Salatblätter sowie einige Tomatenscheiben nicht fehlen, wobei die absolute Geschmacklosigkeit als Garantie von dem holländischen Treibhauserzeuger verlangt werden muss, damit die Langweiligkeit des Steakverzehrs nicht durch arteigene Aromastoffe gestört wird.

Feinschmecker werden selbstverständlich vor diesem Rezept gewarnt.

Rindersteaks, geschmort, mit Garnitur

Schon frühzeitig haben findige Hausfrauen einen Ausweg aus der deutschen Steakmisere gesucht – und gefunden. Für vier Personen ein Rezept von Hedwig Heyl, Hauswirtschaftslehrerin, deren »ABC der Küche« bereits 1891 eine Goldmedaille bekam und später im In- und im Ausland noch zahlreiche Silbermedaillen einheimste.

- 2 Scheiben vom Schwanzstück oder Roastbeef 18 cm lang, 10 cm breit und 2 cm dick
- 15 g Salz
- 40 g Butter
- 1/16 l Bouillon
- 12 kleine weiße Zwiebeln
- 30 kleine Kugeln, aus Mohrrüben gebohrt
- 10 g Mehl
- 1 Essl. Essig

Die Fleischscheiben werden geklopft, gesalzen und in der braunen Butter hellbraun gebraten wie Beefsteaks, dann in einem Topf mit der Bouillon übergossen, Zwiebeln und Mohrrüben hinzugefügt, aufgekocht und zugedeckt langsam weich geschmort. Das Fleisch wird heraus gehoben; die Gemüse werden mit dem Schaumlöffel herausgenommen; das Mehl wird mit etwas Abfüllfett gebräunt, mit Essig verrührt, mit der Sauce durchgekocht und durch ein Sieb gegossen; einige Löffel voll davon füllt man über das Fleisch. Es wird mit den Gemüsen und kleinen Kartoffeln garniert.

Apropos: Wo das Braten zu unsicher wird, schmort man eben. Auf diese Weise hat man auch uralte Ochsenkoteletts in Biersauce zur gewünschten Zartheit und zu beträchtlichem Wohlgeschmack gebracht.

Schwäbischer Rostbraten

Heute serviert man vielfach nur Steaks mit angerösteten Zwiebelringen und nennt das stolz »Schwäbischer Rostbraten«. In Wirklichkeit ist das eine Festtagsplatte mit alter schwäbischer Tradition. So war es, und so soll es bleiben! Ich gebe ein altes und altbewährtes Rezept.

4 Beefsteaks aus dem Roastbeef oder der Blume zu 200 g
150 g durchwachsener Räucherspeck
1 Essl. Butterfett
4 Zwiebeln
Salz
Pfeffer aus der Mühle
1 Essl. Butter
Heiße Spätzle
Fertig gekochtes Sauerkraut

Beefsteaks an der Haut- oder Fettseite so einschneiden, dass sie sich beim Braten nicht werfen. Beidseitig mit etwas Pfeffer bestreuen.

Speck in Scheiben schneiden und in der heißen Pfanne so lange anbraten, bis er sehr gut glasig ist. Herausnehmen und beiseite stellen.

Butterfett zum Speckfett geben und darin die geschälten und in Ringe geschnittenen Zwiebeln langsam braun rösten. Herausnehmen und beiseite stellen.

Steaks nun in dem verbleibenden Fett auf jeder Seite etwa 3 Minuten braten. Salzen. Butter zufügen und noch eine Minute pro Seite braten. Auf die Mitte einer heißen Platte dachziegelartig anrichten.

Zwiebelringe noch einmal kurz in der Pfanne erhitzen. Ebenso Speckscheiben.

An die eine Seite der Bratenscheiben das Sauerkraut arrangieren und mit den Speckscheiben belegen. Auf die andere Seite Spätzle oder Schupfnudeln schichten und mit dem restlichen Fett aus der Pfanne beträufeln. Die Zwiebelringe über das Fleisch verteilen.

Hinweis: Es gibt auch alte Rezepte, in denen geraten wird, aus dem Bratsatz mit Mehl und Brühe eine braune Sauce zu kochen, die entweder über das Fleisch geträufelt oder separat dazu gereicht wird.

Ochsenfleisch sehr saftig zu kochen

Dies ist aus einem alten Kochbuch, dessen Titelseite so beschädigt ist, dass man nur noch die Jahreszahl 1844 entziffern kann. Darin habe ich ein Rezept gefunden, das zeigt, welche Mühe man sich dermaleinst gegeben hat, um einen Braten so saftig wie nur möglich zuzubereiten. Eine interessante Anregung. Wer sie für die Bewirtung einer Feinschmeckerrunde aufgreift, wird einen sensationellen Erfolg erringen. Hier der Originaltext!

„Ein Stück Ochsenfleisch vom Hochrücken schabt man ein wenig vom Knochen, gießt heißgemachten Essig darüber und läßt es über Nacht stehen. Den anderen Morgen breitet man ein fettes Kalbsnetz oder zwei Schweinsnetze auseinander, legt das Rindfleisch darauf, reibt es mit Salz ein, legt verwiegte Zwiebeln, Petersilie und ziemlich Citronenschale und ein Lorbeerblatt, auch etwas Majoran über das Fleisch, gießt einen Löffel voll Provenceröl dazu und bindet die Netze zusammen; dieß legt man in eine Platte, gießt zwei Schöpflöffel voll Fleischbrühe dazu, läßt es in einem Ofen langsam braten, wendet aber das Fleisch fleißig um, und ehe es zu sehr weich wird, nimmt man die Netze davon, drückt ziemlich viel Zitronensaft darüber und giebt es mit guter Jus zur Tafel."

Praktische Hinweise:

- Hochrücken = Hochrippe, bei der man das hocharomatische Fleisch etwas vom Knochen löst, damit es gleichmäßiger durchbrät.
- Ein Fleischthermometer gibt den gewünschten Gargrad problemlos an (gut 160 °C).
- Kalbsnetz, Schweinenetz – beide wurden früher häufig verwendet, um Fleisch, Hackfleisch und Farcen bei feiner Zubereitung einzupacken.
- Provenceröl = Olivenöl; wurde auch Baumöl genannt.
- Jus = ungebundene, kräftige Fleischsauce, praktisch reiner Fleischsaft.

Haschee von Rindfleisch

Dies ist ein ganz einfaches Restegericht, das aber, gut abgeschmeckt, bei vielen meiner Landsleute zu den angenehmen Jugenderinnerungen zählt. Warum es wohl ausgestorben ist? Sind wir zu wohlhabend geworden? Oder zu misstrauisch? Ich für meine Person bin jedenfalls nicht Optimist genug, um es in einer Kantine oder einem Gasthaus zu bestellen. Daheim jedoch kann man sich von Zeit zu Zeit daran gütlich tun.

- 500 g Rindfleisch (gekocht oder auch Bratenrest)
- 1 große Zwiebel
- 2 Essl. Schmalz oder Butterfett
- 1 Essl. Mehl
- Etwa 1/4 l kräftige Fleischbrühe, die auch mit einem Saucenrest gemischt sein kann
- Salz
- Pfeffer aus der Mühle
- Zitronensaft
- 4 Setzeier
- 4 Salz- oder Gewürzgurken

Rindfleisch durch die grobe Scheibe der Fleischmaschine drehen.

Zwiebeln schälen und sehr fein würfeln. Im heißen Fett zusammen mit dem Mehl anrösten, bis eine dunkle Schwitze entstanden ist. Ablöschen mit der Brühe. Fleisch damit verrühren. Abschmecken mit Salz, Pfeffer und Zitronensaft. Eine Messerspitze Liebigs Fleischextrakt wirkt wahre Wunder. Noch einmal alles zusammen mindestens 5 Minuten kochen lassen. Auf tiefen Tellern anrichten und dabei jeweils mit einem Setzei (Spiegelei) und einer Gurke garnieren.

Als Beilage Salzkartoffeln.

Schwarzwälder Hochzeitsfleisch

Kalbfleisch waschen und zusammen mit dem geputzten Suppengrün, Pfefferkörnern, Lorbeerblättern, Piment und Salz in reichlich Wasser weich kochen, was eine gute Stunde dauern wird. Butter in einem Stieltopf erhitzen, Mehl darin hell anschwitzen und mit einem Schöpflöffel Kochbrühe ablöschen. Weißwein und Zitronensaft dazu. Alles gut miteinander verrühren. Schließlich noch mit der Sahne verquirlen. Eventuell mehr Kochbrühe zufügen, damit eine gebundene Sauce entsteht. Diese eine Viertelstunde lang kochen. Abschmecken mit Salz und Pfeffer. Vom Feuer nehmen und mit den Eigelben legieren.

Das Kalbfleisch wird in Scheiben geschnitten und auf einer tiefen Platte angerichtet. Einen Teil der Sauce gießt man darüber, den Rest serviert man separat.

Beilage: Breite Nudeln.

Für 10 Personen:

2 kg Kalbsfricandeau (Schnitzelstück aus der Keule)
1 Bund Suppengrün
10 Pfefferkörner
2 Lorbeerblätter
6 Pimentkörner (Nelkenpfeffer)
Salz
2 Essl. Butter
3 Essl. Mehl
1/4 l Weißwein
Saft von 1 Zitrone
Gut 1/4 l Sahne
6 Eigelb
Weißer Pfeffer aus der Mühle

Kalbsschulter auf Hannoversche Art

Anlässlich der Olympischen Spiele in München ließ die Centrale Marketinggesellschaft der deutschen Agrarwirtschaft (CMA) ein Büchlein mit Spezialitäten aus deutschen Landen zusammenstellen. Unter den Rezepten erfreute sich das folgende besonderer Aufmerksamkeit der ausländischen Gäste.

Für 8 bis 10 Personen:
- 2,5 kg Kalbsschulter ausgelöst
- 150 g Spickspeck
- 75 g Butterfett
- 250 g gewürfeltes Wurzelwerk
- 100 g Speckabfälle
- 1,5 l Buttermilch
- 1/4 l kräftige Kalbsbrühe
- Stärkemehl
- 15 gewässerte Sardellen oder
- 3 gewässerte Heringe

Die ausgelöste Schulter von innen spicken, zusammenrollen und binden. Langsam in Butterfett anbraten, das gewürfelte Wurzelwerk und die Speckabfälle hinzugeben und mit anrösten. Nach und nach die Buttermilch angießen und das Fleisch schmoren, bis es gar ist. Das Fleisch herausnehmen, die Flüssigkeit in der Pfanne mit der Brühe durchkochen, abschmecken, passieren und leicht mit kalt angerührtem Stärkemehl binden. Die Sauce mit dem entgräteten, fein gehackten Fisch vervollständigen.

Das Fleisch in Scheiben schneiden, mit Sauce bedecken und nebenbei Butternudeln, mit geriebenem Muskat gewürzt, sowie Kopfsalat, mit saurer Sahne süßlich angemacht, servieren.

Hinweis: In alter – und heute wieder besonders zu empfehlender – Manier wurde in Niedersachsen die Sauce mit geriebener Kartoffel gebunden.

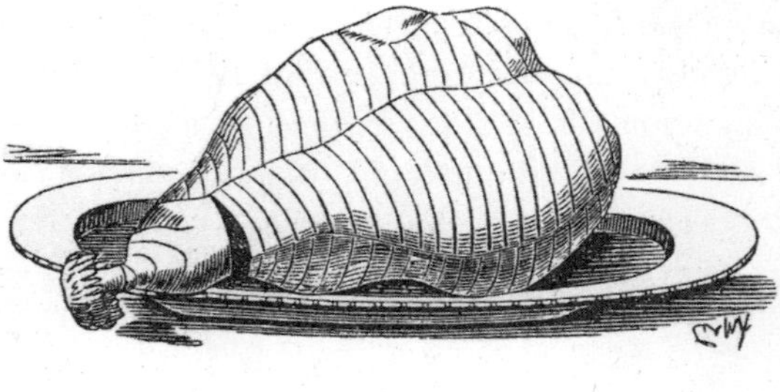

Gefüllte Kalbsbrust (1)

Ein altes Rezept, das gegen Ende des vorigen Jahrhunderts von Frau Luise Keck aufgezeichnet wurde.

„Die Brust wird gut geklopft, der Knochen heraus gelöst, auch die Rippen kann man heraus ziehen, indem man auf der unteren Seite auf jedem Knochen die Haut einritzt. Sauber gewaschen und abgetrocknet giebt man folgende Füllung in die Öffnung: 1/2 Kilo Kalbfleisch, 135 g Speck oder Nierentalg, den man mit dem Fleisch in kleine Würfel schneidet, hackt man sehr fein, salzt es nach Geschmack, giebt wenig Muskatblüte und etwas weißen Pfeffer dazu, 1 abgeschältes Weißbrot, das gerieben, 3 Eier, wenn man will ein Stück Butter und arbeitet es mit der sauberen Hand durch. Dann setzt man einen Kloß davon ein und prüft den. Ist die Masse zu fest, giebt man noch etwas von der Suppe, die von den Sehnen ausgekocht ist, dazu; ist sie zu weich, einen kleinen Löffel Mehl. Die Farce wird in die Öffnung gefüllt, jedoch nicht zu fest, da sie beim Braten sich ausdehnt. Das Loch wird zugenäht. Soll die Brust gebraten werden, wird sie gespickt, in die braune Butter oder das Backfett gelegt und 2 Stunden unter öfterem Begießen, wozu man etwas sauren Rahm oder Milch verwendet, gar gebraten.“

Anmerkung: Mit der Angabe »1 abgeschältes Weißbrot« können wir heute nichts mehr anfangen. Ich schlage vor, 2 Milchbrötchen abzureiben und dann im Mixer zu Semmelbröseln zu verarbeiten. – Speck schmeckt besser als Nierentalg. Zum Braten rate ich, Butterfett zu nehmen.

Den Bratsatz kann man mit etwas Fleischbrühe loskochen sowie mit wenig Mehlbutter verrühren, um eine Sauce zu bekommen. Es kann dem Wohlgeschmack keinen Abbruch tun, wenn man während des Bratens die Kalbsbrust mit etwas Salz und weißem Pfeffer bestreut.

Gefüllte Kalbsbrust (2)

Südlich der Mainlinie schätzte man schon immer eine Weißbrotfüllung der Kalbsbrust. Es folgt ein altes Rezept, das ich nur sprachlich umformuliert habe.

- Etwa 1 1/2 kg Kalbsbrust (mit ihren Knochen)
- 4 Brötchen (altbacken)
- 1 Zwiebel
- 1 Teel. Butter
- 1 bis 2 Bündel Peterling (Petersilie)
- 4 Eier
- Weißer Pfeffer aus der Mühle und Salz
- Geriebene Muskatnuss
- Abrieb von 1/2 Zitrone
- 2 Essl. Butterfett
- 1 Zwiebel
- 1 Mohrrübe
- 1 Tasse saurer Rahm

Aus der Kalbsbrust die Knochen lösen, was man auch schon beim Metzger machen lassen kann, da dieser mehr Übung und schärfere Messer hat. Er schneidet auch noch eine Tasche in die Kalbsbrust, die man dann nur noch gründlich waschen und abtrocknen muss. Innen und außen mit wenig Salz und weißem Pfeffer einreiben und etwas stehen lassen.

Inzwischen die Brötchen grob schneiden und in Wasser einweichen. Zwiebel schälen, würfeln, in wenig Butter gelb anschwitzen. Mit den gut ausgedrückten Brötchen in einer Schüssel verkneten. Die Petersilie waschen und klein schneiden. Mit den Eiern zu den Brötchen geben. Alles gut miteinander vermischen und dabei mit Salz, Pfeffer, wenig Muskatnuss und abgeriebener Zitronenschale abschmecken. In die Kalbsbrust füllen, die nicht zu prall gestopft werden darf. Mit ungeleimtem Faden zunähen, etwas flach drücken und in einem Bräter im Butterfett auf beiden Seiten anbraten.

Zwiebel schälen und in dicke Scheiben schneiden, Mohrrübe schrappen, waschen und ebenfalls in dicke Scheiben zerteilen. Beides neben die Kalbsbrust legen, 1 bis 2 Tassen Wasser seitlich angießen (es kann auch Fleischbrühe sein). Den Bräter nun in den Ofen schieben und bei 220 °C etwa 1 1/2 Stunden braten. Beim Braten soll die Knochenseite unten sein, außerdem begieße man die Kalbsbrust einige Male; auch kann man die Temperatur nach 30 Minuten auf 175 °C reduzieren. Bräter nicht zudecken.

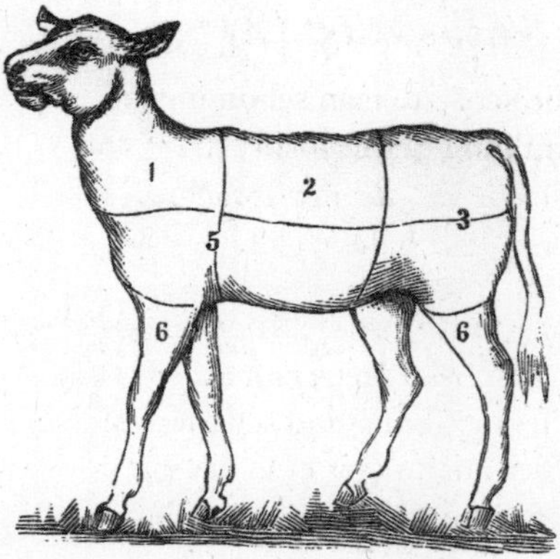

1. Hals
2. Rücken
3. Keule (Schlegel, Stoß); aus der Keule schneidet man die Fricandeaux und Schnitzel
5. Brust
6. Hesse

Ist die Kalbsbrust gar und gebräunt, so wird sie herausgenommen und warm gestellt. Inzwischen kratzt man den Bratsatz los, entfernt Zwiebel- und Möhrenstücke aus der Sauce und füllt diese mit dem sauren Rahm auf. Durchrühren, aufkochen und zu der Kalbsbrust servieren. Die Kalbsbrust wird dabei in gleichmäßige Scheiben geschnitten.

Als Beilage reicht schon eine Salatplatte; oft gibt man geschmälzte, breite Nudeln dazu oder auch saftigen Kartoffelsalat.

Hinweise: Schon immer haben Hausfrauen und Köche ihren Ehrgeiz darein gesetzt, die Füllung der Kalbsbrust zu verändern. Das geschieht einmal, um bei diesem beliebten Gericht kein Einerlei aufkommen zu lassen, und zum anderen, um das Aussehen der Scheiben so attraktiv wie möglich zu machen. Häufige Ergänzungen für die Füllung sind dabei: gehackter Spinat (für grüne Füllung), Pistazien oder auch hartgekochte Eier, die in der Mitte der Füllung eingelegt werden, während man die Pistazien einfach unter den Teig mischt. Nicht selten gibt man zu der Füllung auch klein gewürfelte Pökelzunge oder kleine Würfelchen von gekochtem Schinken.

Schnitzel Holstein

Natürlich liegt Berlin nicht in Holstein, aber der Name hat nichts mit der norddeutschen Landschaft zu tun, sondern erinnert an den Geheimrat Friedrich von Holstein, der zur Bismarckzeit die berühmte »graue Eminenz« des Auswärtigen Amtes war. Er lebte von 1837 bis 1909 und war eigenbrötlerisch, schroff und puritanisch. An Luxus leistete er sich nur Gaumengenüsse. Im Weinrestaurant Borchardt in der Französischen Straße zu Berlin war er Stammgast. Dort traf »man« sich seinerzeit zum Frühstück, das jedoch ein umfangreiches Mittagsmahl war. Einmal soll nun die graue Eminenz noch mehr als sonst mit seinem feingesponnenen Ränkespiel beschäftigt gewesen sein und eine Vorspeisenplatte zusammen mit einem Schnitzel bestellt haben, um nicht über Gebühr durch servierende Kellner gestört zu werden. Der Küchenchef des Schlemmerlokals entsprach dem Wunsch mit sehr viel Erfindungsreichtum – und so entstand das »Schnitzel Holstein«.

1 nicht zu dünnes Kalbsschnitzel
1 Spiegelei
Butter zum Braten
Salz und weißer Pfeffer aus der Mühle
1 Essl. Kapern
2 bis 3 Weißbrotdreiecke, in Butter knusprig geröstet
Sardellenfilets
2 Scheiben Räucherlachs, 1 Ölsardine
Pfeffergürkchen
(Eventuell noch Kaviar, Hummerscheiben, grüne Bohnen)

Schnitzel in Butter naturell braten, salzen und pfeffern. Mit einem ebenfalls in Butter gebratenen Spiegelei belegen. Kapern darüber streuen. Beides in die Mitte eines großen Tellers oder einer Platte legen und mit den anderen Zutaten attraktiv umgeben.

Es spricht für den guten Geschmack des Geheimrates, dass er zu »seinem« Schnitzel nicht etwa Pommes frites verzehrte, sondern Bratkartoffeln. So sollte es auch bleiben.

Eingemachtes Kalbfleisch

Kalbfleisch waschen und in mundgerechte Stücke schneiden. Zwiebel schälen und vierteln. Beides zusammen mit Nelken und Lorbeerblatt 24 Stunden in den Weißwein legen. Mehrmals wenden. Schließlich das Fleisch in der Beize, die mit Salzwasser aufgefüllt wurde, in etwa 20 Minuten weich kochen. Brühe abgießen und aufheben. Zwiebeln, Nelken und Lorbeerblatt aus den Fleischstücken herausklauben.

Butter erhitzen und Mehl darin hell anschwitzen. Mit Weißwein und so viel Kochbrühe auffüllen, dass eine sämige Sauce entsteht. Diese 15 Minuten kochen. Vom Feuer nehmen, mit den beiden Eigelben legieren. Fleischstücke einlegen und in der Sauce heiß machen, nicht mehr kochen lassen.

Beim Anrichten mit Petersilie bestreuen.

Beilagen: Nudeln (S. 517), Spätzle (S. 511), oder Schupfnudeln (Rezept S. 479). – Außerdem noch Kopfsalat.

Dazu sollte man unbedingt einen trockenen Weißwein trinken.

Apropos: So absonderlich es klingen mag, im Schwarzwald isst man dazu auch Gugelhupf.

- 1 1/2 kg Kalbfleisch (Brust oder Bug)
- 1 Zwiebel
- 2 Nelken
- 1 Lorbeerblatt
- 1 Essl. Essig
- 1/2 l Weißwein (Markgräfler Gutedel)
- Salz
- 50 g Butter
- 80 g Mehl
- 1/4 l Weißwein
- 2 bis 3 Eigelb
- Gehackte Petersilie

Gebackene Kalbsfüße im Teig

Unsere Wohlstandsgesellschaft nennt man auch Wegwerfgesellschaft. Früher war das lange Zeit anders, da hat man alles verwertet. So zum Beispiel Kalbsfüße gleich zweimal: erst, um Gelatine herauszukochen, und dann hat man noch das Fleisch (heute würde man sagen, nicht viel mehr als Haut) zubereitet. Sogar so lecker, dass man es mal wieder versuchen sollte.

- 2 bis 3 Kalbsfüße
- 1 Bündel Suppengrün
- 10 Pfefferkörner
- 3 Körner Nelkenpfeffer (Piment)
- Salz
- Pfeffer aus der Mühle
- 1 bis 2 Glas herber Weißwein
- 4 Essl. Mehl
- Etwas helles Bier
- 1 Essl. Öl
- Salz
- 1 winzige Prise Zucker
- 2 Eiweiß
- Ausbackfett

Kalbsfüße gut waschen und abschaben, spalten (was der Metzger macht). Zusammen mit geputztem Suppengrün, Pfefferkörnern und 1 Teel. Salz in nicht zu viel Wasser in gut zwei Stunden weich kochen. Die fleischige Haut noch heiß von den Knochen lösen, in etwa 6 cm große Stücke teilen und mit wenig Salz und mehr Pfeffer bestreuen, sofort zwischen zwei Bretter legen und beschweren. So erkalten lassen. Nach einer weiteren Stunde die Stücke in Wein legen und eine gute Stunde beizen; dabei umwenden. Abtrocknen.

Aus Mehl hat man inzwischen mit Bier einen glatten Teig gerührt, einen Essl. Öl dazugegeben, mit Salz und Zucker abgeschmeckt und wieder gut verquirlt. Nach einer Stunde Ruhe wird der steif geschlagene Eischnee untergezogen.

Fleischstücke kurz in Mehl wenden, dann im Teig, der nicht zu dünn sein darf, und anschließend im siedenden Fett bei etwa 180 °C goldbraun und knusprig ausbacken.

Beilage: Kartoffelsalat.

Auch Remouladensauce schmeckt sehr gut dazu oder Schnittlauchsauce.

Garnieren kann man mit Bündelchen von Petersilie, die ebenfalls ausgebacken wurde und dann besonders gut schmeckt.

Kalbshaxn

Dieses Kälberbein wird durch die Behandlung, die ihm bayrische Köchinnen angedeihen lassen, zu einer Haupt- und Staatsaktion. Man kann dafür – wie Erna Horn bemerkt – sein Erstgeburtsrecht verkaufen.

Es gibt vielerlei Zubereitungsarten: Gesotten in Brühe ist die wohl älteste. Eingemacht bedeutet nach dem Kochen in Stücke geschnitten und in einer weißen Sauce angerichtet. Sauer wird sie zubereitet, indem man sie in einem Essigsud kocht und darin auch serviert. Gegrillt wird die Haxn, nachdem man sie vorher ausgebeint hat. Gebraten ist die bundesweit beliebteste Zubereitungsart; dafür gebe ich das Rezept.

Für 2 bis 3 Personen:

- 1 Kalbshaxn vom Hinterviertel
- Salz
- Weißer Pfeffer aus der Mühle
- 2 Essl. Butterfett oder Schmalz
- 2 Zwiebeln
- 1 Gelbe Rübe

Kalbshaxn waschen, gut abtrocknen und lose Fleischstücke entweder (wenn es nur Fitzelchen sind) abschneiden oder größere Stücke mit ungeleimtem Faden festbinden. Mit Salz und Pfeffer kräftig massieren. Eine Viertelstunde ruhen lassen.

Fett in einem Bräter (einer Bratreine, sagt man in Bayern) erhitzen, Haxn darin auf allen Seiten scharf anbraten. Wenig Wasser an der Seite zugießen. Zwiebeln schälen und in dicke Scheiben schneiden, gelbe Rübe schrappen und in nicht zu kleine Stücke schneiden, beides neben die Haxn legen. Bratreine in den vorgeheizten Ofen setzen und bei etwa 200°C unter gelegentlichem Begießen braten. Eventuell etwas heißes Wasser nachfüllen. Sollte die Haxn nicht genug bräunen, muss man während der letzten Viertelstunde die Temperatur erhöhen, auf Oberhitze schalten oder gar den Grill kurz in Betrieb nehmen. Gesamtbratzeit etwa 2 Stunden.

Eine richtig gebratene Kalbshaxn ist ein so schöner Anblick, dass man ihn den Essensteilnehmern nicht vorenthalten darf. Also erst am Tisch von den Knochen lösen und in Portionsstücke schneiden.

Die Sauce wird, nachdem der Bratsatz losgekratzt ist, durchpassiert und ohne Mehlbindung –

auch das gibt es, Gott sei Dank, in der traditionellen deutschen Küche gelegentlich! – serviert; man braucht nur ganz wenig Sauce. Dazu gibt es als Beilagen Kartoffelsalat, andere Salate und Semmelknödel, die allerdings etwas mehr Sauce verlangen.

Schlesien

Schwärtelbraten

Die Schlesier haben wie kaum ein anderer deutscher Stamm ihren Traditionsbraten, den »Schwärtelbraten». Wenn er auf den Tisch kommt, weiß man, dass Sonntag ist. Ist der Braten groß, dann ist es ein besonders schöner Sonntag.

- 1 1/2 kg Schweinekeule ohne Knochen, aber mit Schwarte
- Kümmelpulver
- Schwarzer Pfeffer aus der Mühle
- Salz
- 1 Zwiebel
- 1 Mohrrübe
- 1 bis 2 Teel. Stärkemehl
- 1 Tasse saure Sahne

Kümmel, Pfeffer und Salz miteinander vermischen. Abgewaschenes und gut getrocknetes Fleisch ringsum damit einreiben. Fleisch in einen Bräter legen, eine Tasse Wasser angießen und in den auf 200 °C vorgeheizten Backofen schieben. Die Schwarte muss dabei unbedingt nach oben zeigen. Eine gute halbe Stunde schmoren. Fleisch herausnehmen und mit einem sehr scharfen Messer die Schwarte rautenförmig bis in die darunterliegende Fettschicht hinein einschneiden. Wieder in den Backofen schieben. Flüssigkeit nachfüllen und den Braten alle 10 Minuten begießen. Insgesamt noch fast 1 1/2 Stunden garen.

Während der letzten 20 Minuten bestreicht man die Schwarte allenfalls noch mit kaltem Salzwasser, damit sie schön knusprig wird.

Ist das Fleisch gar, so nimmt man es heraus. Im Bräter wird der Bratsatz losgekratzt; Stärkemehl verquirlt man mit der sauren Sahne und rührt diese dann in die im Bräter vorhandene Flüssigkeit. Aufkochen und abschmecken. Braten in Scheiben schneiden und zu Tisch bringen. Sauce extra.

Beilage: Semmelklöße und Sauerkraut.

Spießbraten Idar-Oberstein

Niemand, der in die Stadt der Edelsteinschleifer kommt, versäumt es, Spießbraten zu essen. Jede einheimische Familie genießt ihn an Festtagen, er ist eine der lebendigsten Spezialitäten in westdeutschen Landen. Im vorigen Jahrhundert wanderten junge Leute, von der Armut ihrer Heimat getrieben, nach Südamerika aus. Bald zogen sie edelsteinsuchend durch den neuen Kontinent. Gasthäuser gab es nicht, jedoch Vieh in Massen; jeder konnte sich ein Stück schlachten und sein Fleisch braten. Nur das Fell musste er liegen lassen, denn es war der wertvollste Teil des Tieres. Als die ersten Edelsteinsucher in die Heimat zurückkamen, zeigten sie, wie sie sich »drüben« verköstigt hatten: Fleisch am Holzfeuer gebraten. So entstand die Tradition.

Ur-Rezept

Auf Familienausflügen heute noch praktiziert

Pro Person:

- 2 grüne Astgabeln
- 1 dickes Steak von mindestens 300 g (besonders beliebt: Hochrippe)
- Salz
- 1 kräftiges und richtig scharfes Klappmesser

Es wird ein Holzfeuer gemacht. Alle Essensteilnehmer setzen sich ringsum. Jeder spießt sein Steak auf eine Astgabel, rammt die zweite in den Boden und benutzt die Gabelung als Auflage für seine andere Astgabel, mit der er das Fleischstück vorm Feuer dreht.

Stück um Stück wird dann davon abgesäbelt, wenn es gar ist, mit etwas Salz bestreut und genüsslich verspeist.

Als Beilage gibt es nur ein dickes Stück Bauernbrot.

Moderner Spießbraten

So ist das Rezept schon seit vielen Jahrzehnten modern. Man hat dafür kleine eiserne Mulden, in denen das Feuer gemacht wird, und lange eiserne Doppelgabeln, an denen der Braten steckt.

Für 8 Personen (für weniger lohnt sich der Aufwand nicht):

Ca. 2 kg Rinderkeule oder Schweineschulter
Salz
Pfeffer aus der Mühle
Majoran
Basilikum oder Petersilie
3 bis 4 Zwiebeln
100 g Schmalz

Den Braten möglichst so schneiden, dass ein großes, flaches Fleischstück entsteht. Dieses mit Salz, reichlich grob gemahlenem Pfeffer, gerebeltem Majoran und frischem oder getrocknetem Basilikum (ersatzweise Petersilie) bestreuen.

Zwiebeln schälen und in kleine Würfelchen schneiden; diese auf dem Fleisch verteilen. Alles zusammenrollen und mit ungeleimtem Faden oder Draht binden.

Der Länge nach auf eine der speziellen Spießgabeln stecken. Außen mit heißem Schmalz bestreichen, mit Pfeffer bestreuen und über der Glut immer wieder von einer zur anderen Seite wenden. Dabei noch salzen und gelegentlich mit etwas Schmalz bestreichen, damit das Fleisch nicht austrocknet.

Bratzeit: Gut 2 Stunden. Dabei wird der Braten, wie schon angedeutet, nicht gedreht, sondern in kurzen Zeitabständen gewendet. Männer und Kinder lösen sich bei dieser Arbeit ab und – die Männer stärken sich zwischendurch mit Bier.

Der Braten wird in Scheiben geschnitten.

Dazu gibt es Brot oder Schalenkartoffeln und eingelegte Gurken.

Hinweis: Soll die Kruste des Spießbratens besonders knusprig werden, bepinselt man sie gegen Ende der Bratzeit mit Bier. Diese Spezialität ist inzwischen bis an Mosel und Rhein vorgedrungen.

Spießbraten nach August Görg

Dieser Spießbraten ist ein Supersteak. Es stammt aus Idar-Oberstein, wo Edelsteinsucher ihre in Südamerika erworbenen Bratfertigkeiten zu einer lokalen Spezialität ummünzten. Und aus dem Spießbraten hat dann der inzwischen verstorbene August Görg den Schwenk-Spießbraten entwickelt. Ich bin stolz, mich als seinen Schüler und Freund bezeichnen zu dürfen. Den ersten Schwenkgrill ließ August nach seinen Angaben von einem Dorfschmied anfertigen. Ich bin glücklicher Besitzer von Nummer 3. Unter einem Dreibein schwenkt der höhenverstellbare Rost mit den Steaks ständig durch die Flammen.

Pro Person:

- 1 Rindersteak zu 450 bis 500 g und mindestens 3 cm dick, nur von weiblichem Vieh, das noch nicht gezahnt hatte; nach dem Schlachten mindestens 3 Wochen abgehangen
- 1 Schalotte oder kleine Zwiebel
- Pfeffer aus der Mühle
- 1 Prise Muskatblüte
- Salz

Rindersteaks von allen anhängenden Sehnenstückchen befreien. Schalotte in kleine Stückchen schneiden und diese in Pfeffer und Muskatblüte wälzen. Einige von ihnen mit der Fingerspitze in das Steak eindrücken, es gewissermaßen damit spicken. Pfeffer überstreuen, restliche Zwiebeln auflegen und leicht festklopfen. Steak etwa 1 Stunde ruhen lassen. Dann Zwiebelstückchen wegnehmen und das Steak auf einem Schwenkgrill in den Flammen geschälten Eichenholzes so braten, dass es innen noch rosa ist. Dabei salzen.

Als Beilage nur Bauernbrot und Rettichsalat mit Sahne.

Anmerkung: Ich habe normale Bundesbürger erlebt, die drei solcher Riesensteaks an einem Abend mit Genuss und ohne Nachwehen verzehrten.

Schwenkgrills gibt es heute fast überall zu kaufen. Ihr Vorteil ist, dass das Fleisch in den Flammen gegart wird, durch die es sich ständig (schwenkend) bewegt. Die Hitzezufuhr wird durch die horizontale Bewegung des Grills geregelt.

Spanferkel

Das ist ein geradezu magisches Wort in deutschen Genießerkreisen. Leider sind die kulinarischen Versuche in dieser Richtung heutzutage vom Missgeschick begleitet. Erstens einmal werden viel zu große Jungschweine verwendet, und zweitens müht man sich häufig an amateurhaften Grillrosten ab, die einer derartigen Aufgabe nicht gewachsen sind. Unsere Großeltern waren mit den Spanferkelgenüssen viel vertrauter, sie benutzten den Backofen, und sie hätten auch nie eines der heute üblichen, viel zu großen Läuferschweine dafür gekauft. In einem Köche-Handbuch vom Ende des 19. Jahrhunderts werden acht verschiedene Zubereitungsarten aufgeführt. Schon damals war Spanferkel ein Festbraten für die herrschaftliche Tafel. Hier ist ein Rezept aus dem 1885 erschienenen »ABC der Küche« von Hedwig Heyl, das zwar »Ihrer Königlichen Hoheit Victoria Prinzessin Adolf zu Schaumburg-Lippe ehrerbietigst zugeeignet« war, jedoch eine Arbeit der Kochschule des »Vereins für Volkserziehung« zu Berlin darstellte.

1 Milchschwein von 2 bis 3 Wochen Mark 15.00
1 bis 2 Eßl. Salz Mark 0.00 1/2
200 g Butter Mark 0.56

(Die nachgestellten Zahlen sind Preise nach der Jahrhundertwende und in Goldmark angegeben.)

„Man biegt die Füße unter das Tier, salzt den Braten innen und außen, legt ihn auf eine Bratenleiter in die Pfanne[1], in die man 1/16 l Wasser tut, und überpinselt ihn mit Salzwasser. Der Ofen muß je nach Größe des Bratens 150 bis 160°[2] haben. Man wischt mit einem Tuch alle herausquellenden Tropfen ab, bepinselt das Tier dann alle 5 bis 10 Minuten mit zerlassener Butter, und sticht viertelstündlich leicht die Haut mit einer Spicknadel, damit sie nicht Blasen bildet. So läßt man das Spanferkel 1 1/4 bis 1 1/2 Stunden braten. Sauce soll sich nicht bilden, es wird nur so viel Flüssigkeit nachgegossen, daß die Leiter nicht brennt. Der Braten wird durch den Überstrich kroß. Man reicht Oliven-, Tomaten-, Kapern- oder Trüffelsauce dazu oder garniert es mit Bratkartoffeln oder Sauerkohl."

---

1 Die Bratenleiter war ein Lattenrost, heute benutzt man den Stahlrost des Backofens und die Fettwanne.

2 Die Gradangaben beziehen sich auf die damals übliche Réaumurskala; in Celsiusgraden sind das etwa 185 bis 200°C. Die Bauchhöhle spreizt man mit Stäben auseinander.

Hinweis: Um die Jahrhundertwende war auch eine Füllung des Spanferkels mit geschälten Bosdorfer Äpfeln nebst Sultaninen sehr beliebt. Diese Köstlichkeit scheint man ganz vergessen zu haben.

Heutzutage muss man einen sehr guten Metzger oder Fleisch-Versender haben, um ein echtes Spanferkel von höchstens 7 kg Gewicht zu bekommen. Das reicht dann für 6–8 Personen.

Apropos: Der berühmte Feinschmecker Baron von Vaerst hatte schon 1854 in seiner »Gastrosophie« geschrieben: »Was kann ein Auge mehr verletzen, als dass mitten unter den lachenden Tafelfreuden, die in bunter Mannigfaltigkeit den rohen Genuss verbergen, sich ein geschundenes Schwein darstellt, dessen leichenfarbene Haut an Embryonen in Spiritus erinnert.« Der Gastrosophie-Baron war übrigens alles andere als ein Vegetarier. Er liebte das leckere Tierlein jedoch nur kross gebraten.

Mitleidige Kochkünstler stecken von alters her dem Spanferkel eine Zitrone ins Mäulchen. Das hat zwar nichts mehr davon, man isst sie auch nicht mit – aber so ist's halt Brauch und sieht dazu noch festlich aus.

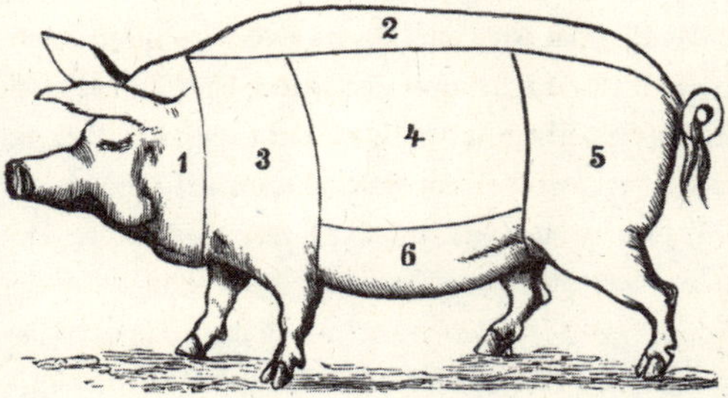

1. Kopf mit Schnauze (Rüssel)
2. Rückstrang
3. Kamm
4. Koteletts oder Karbonaden (Karree), Rippespeer und Speck
5. Schinken oder Keule (Schlegel)
6. Bauch

Paniertes Schweinekotelett

Diese Zubereitungsart war früher weit verbreitet. Als deutsche Spezialität habe ich sie erst erkannt, nachdem mir aufgefallen war, dass ausländische Gäste, die schon mehrfach in unserem Land gewesen waren, sie ausdrücklich »mit Knochen und breaded (also paniert)« bestellten.

Als Beispiel für die besondere Verwurzelung des Schweinekoteletts in deutscher Geschmackswelt mag der »Kotelettpfad« gelten, der in Südhessen schon seit dem vorvorigen Jahrhundert besteht. Er führt acht Kilometer lang von Darmstadt nach Rossdorf und jedes Frühjahr gehen Hundertschaften von einfachen Bürgern und Prominenten dort auf Kotelett-Tour, deren glorreiches Ende für jeden Teilnehmer ein großes, saftiges Kotelett mit Kartoffelsalat ist, an dem nichts auszusetzen ist.

Der Kotelett-Alltag sieht anders aus. Es gibt Naturschutz, doch leider keinen Geschmacksschutz, unter den man dieses Kotelett stellen müsste. Wünschenswerte Vorschriften: Schweinefleisch, das kernig und nicht wassersüchtig ist; Knochen und Fettrand vorhanden; Dicke nicht mit Babyfinger sondern Holzfällerdaumen zu messen. Die Brösel der Panade sollten möglichst frisch, nicht zu fein und aus Weißbrot sein. Zusammen mit Ei und Bratfett sollen sie ein wohlschmeckender Krustenmantel werden, der Saft und Aroma des Fleisches schützend umhüllt.

Pro Person:

1 Schweinekotelett wie eingangs beschrieben
1 Ei
Mehl
Frische Semmelbrösel
Salz und Pfeffer aus der Mühle
Bratfett

Das Kotelett der Art, wie gerade beschrieben in Mehl wenden, das leicht an- und abgeklopft wird, dann mit verkleppertem Ei beidseitig überziehen, so dass die Panade gut haftet. Zuweilen wird die ganze Prozedur noch einmal wiederholt, was jedoch bei sorgfältiger Arbeit nicht nötig ist. Die Brösel sollten mit Salz und frisch gemahlenem Pfeffer zur Panade vermischt sein. Die zuweilen vorgeschlagene Zugabe von geriebenem Parmesan ergibt ein Fremdaroma, das man besser vermeidet.

Butterfett oder Schmalz zum Braten ist eine Frage des persönlichen Geschmacks. Beim Braten selbst ist Sorgfalt geboten: Nur Mittelhitze, damit die Kruste kross wird, aber nicht schwarz. Das Fleisch muss gerade eben durchgebraten sein.

Auf dem Teller kann man noch wenig vom Bratfett über das Kotelett träufeln – besonders, wenn es Butterfett ist.

Als Beilage ist saftiger Kartoffelsalat nicht zu übertreffen.

Franken

Fränkisches Majoranfilet

Ein Rezept aus Kissingen, das mir der Küchenchef des dortigen Steigenberger-Hotels verraten hat.

- 1 bis 1 1/2 Schweinelenden
- Salz
- Pfeffer aus der Mühle
- Senf
- 3 Essl. Schmalz
- 1 große Zwiebel
- 1 großer Apfel
- 2 Essl. Butter
- 1 Essl. gerebelter Majoran

Schweinelende in etwa 3 cm dicke Stücke schneiden, diese ganz leicht klopfen, mit wenig Salz und Pfeffer bestreuen und anschließend mit etwas Senf bestreichen.

In einem Bratgeschirr das Schmalz erhitzen und darin die in Scheiben geschnittene Zwiebel sowie den geschälten, entkernten Apfel in Schnitzen andünsten. Butter zugeben. Die Filetscheiben beidseitig bräunen. Danach die Hitze reduzieren und die Pfanne zudecken. Nach etwa 3 Minuten wird das Fleisch mit reichlich Majoran bestreut; man lässt es noch etwa 2 Minuten in der zugedeckten Pfanne ziehen.

Beilagen: Kartoffeln und Salate.

Hofkirche zu Dresden

Schweinebauch Altsächsisch

In der vorliegenden Fassung ist dieses Rezept eine neue Kreation, die Küchenchef Dieter Doring im Dresdner Mercure-Hotel aus alten Kochtraditionen Sachsens entwickelt hat. Es wurde bei internationalen Empfängen zum überraschenden Erfolg.

600 g gut durchwachsener Schweinebauch
1 kräftiger Schuss Essig
1 Lorbeerblatt
12 Pimentkörner
Salz
1 kleine Knolle Sellerie
4 große Möhren
2 Stangen Lauch (nur weiße Teile)
3 Zwiebeln
2 Essl. Butterfett
1/2 l Fleischbrühe
1 Teel. frisch geriebener Meerrettich
2 Essl. gehackte Petersilie

Schweinebauch in Wasser kochen, das mit Essig, Lorbeerblatt, Piment und Salz gewürzt wurde.

Inzwischen die geputzten Gemüse in feine Streifen schneiden und unter ständigem Wenden in Butterfett andünsten. Mit der Brühe ablöschen und auf kleiner Flamme köcheln, bis sie gar und noch etwas knackig sind. Würzung prüfen.

Den gekochten Schweinebauch in 4 Scheiben schneiden, auf Teller verteilen und mit einer Mischung aus Gemüsestreifen bedecken.

Gemüsebrühe mit etwas vom Sud des Fleisches pikant abschmecken und einige Esslöffel davon über jede Portion träufeln. Mit Meerrettich und Petersilie bestreuen.

Als Beilage am besten Salzkartoffeln.

Gefülltes Schweinekarree

Skandinavische Einflüsse machen den Reiz dieses Bratens aus.

- 1 kg Schweinekarree
- 15–20 große Kurpflaumen, gedörrt, entkernt
- 1–2 Gläschen Rum
- 1–2 Essl. Schweineschmalz
- Salz und Pfeffer
- Ca. 1/4 l Fleischbrühe (Würfelbrühe)
- Stücke Knollensellerie, Zwiebel, Möhre
- Einige Essl. saure Sahne

Durch das Fleisch der Länge nach eine Tasche schneiden, was der Metzger besser kann als ein Laie. Mit Kurpflaumen füllen, die gewaschen und in Rum geweicht wurden. Ende zubinden oder mit Rouladennadeln zustecken. Fleisch mit Salz und Pfeffer einreiben und in Schmalz ringsum kräftig anbraten. Fleischbrühe zugießen und den Braten im geschlossenen Topf bei 200 °C eine gute Stunde lang garen. Mehrfach dabei begießen. Währenddessen kann man zur Geschmacksverbesserung noch ein Stück Sellerieknolle, eine halbe Zwiebel sowie eine Möhre neben das Fleisch legen. Inzwischen kocht man 5–6 eingeweichte Backpflaumen mit ihrem Rum in wenig Wasser. Mit dieser Flüssigkeit kocht man, nachdem der Braten aus dem Topf genommen wurde, den Bratsatz los. Man streicht alles (auch Röstgemüse) durch ein Haarsieb, um eine kurze, kräftige Sauce zu bekommen, die man mit wenig saurer Sahne abrunden kann.

Dieser Braten schmeckt auch kalt vorzüglich. Verzehrt man ihn heiß, so reicht man Salzkartoffeln und Erbsengemüse dazu. Vielleicht auch glacierte Rübchen.

Schlachtplatte

Schlachttage waren in der bäuerlichen Gesellschaft – und sind es zum Teil noch immer – Tage voll Aufregung und Arbeit sowie Abende des herzhaften Schmausens. Im 3. Jahrtausend hintertreibt bei uns das Gesetz die Hausschlachtung. Vielleicht wird die Welt dadurch hygienischer – aber sicher auch ärmer.

In die städtischen Bereiche sind sie in Form von »Schlachtplatten« und »Schlachtschüsseln« eingedrungen und überall noch lebendig. Die geradezu klassisch gewordene Begleitung für das vielerlei Schweinerne ist Sauerkraut. Dazu kommen Kartoffeln, Kartoffelbrei und Erbsbrei. Leider ist dem ansteigenden Wohlstand die »Wurstbrühe« oder »Metzelsuppe« zum Opfer gefallen. Noch bis zum Zweiten Weltkrieg konnte man sie an Schlachttagen bei seinem Metzger kaufen. Sie schmeckte als dünne Suppe, noch besser allerdings als Grundstock der verschiedenen dicken Suppen oder Eintöpfe. Ein Bauer, der was auf sich hielt, sorgte dafür, dass beim Wurstkochen einige Würste mutwillig angestochen wurden, damit die »Wurstbrühe« gehaltvoller wurde; die »Wurstbrühe« wurde nämlich traditionsgemäß von allen Nachbarn abgeholt. Unserem Kalorienbewusstsein wurde ein anderes Schlachtprodukt geopfert, das Wurstfett. Es hatte oft einen graugrünen Farbton und einen unvergleichlich aromatischen Geschmack. Wurstfett wurde wie Schweineschmalz abgepackt in den Metzgereien verkauft. Man strich es aufs Brot oder verwendete es zum Braten. Für Bratkartoffeln war es ein Hochgenuss.

Eine Standard-Schlachtplatte enthält eine Auswahl aus folgenden Bestandteilen:

Kesselfleisch, Wellfleisch
frische Leberwürste
frische Blutwürste
frische Bratwürste
frischer, gekochter Bauchspeck
Leberklöße, Leberknödel
gekochtes Kopffleisch
Speisen mit Schweineblut wie etwa »Schwarzsauer«
Speisen mit gemahlener Schwarte wie »Weckeweck«
Sauerkraut als Unterlage für alle fleischlichen Genüsse

Als Beilage vorzugsweise Kartoffelbrei, zu dem sich in manchen Gegenden noch Erbsbrei gesellt. Gepökelte Bestandteile der Schlachtplatte, wie man sie in Gasthäusern bekommt, und als da sind:

Rippchen, Räucherspeck, Eisbein, Haspel, Solber

… sind städtisches Beiwerk, denn sie konnten während des ländlichen Schlachttages nicht serviert werden, da sie ja erst gepökelt und gelagert werden mussten.

Wer sich einen ganz besonderen kulinarischen Schlachtfestgenuss leisten will, der fahre nach Schweinfurt. In der mainfränkischen Stadt servieren einige Gasthäuser als örtliche Spezialität Schlachtessen, bei denen die gesamte »Wutz« in der Reihenfolge, in der die einzelnen Teile gar werden, aufgetragen wird. Dieser Festschmaus muss für Gruppen vorbestellt werden.

Es folgen noch drei Rezepte
für typische Schlachttagsgerichte.

Panhas

Ein Schlachtfest-Essen, das so beliebt wurde, dass es sich auch städtische Küchen eroberte, in denen nie Hausschlachtungen möglich waren. Zudem ist der Panhas schon vor über 100 Jahren ausgewandert in die Neue Welt, wo er zunächst in Pennsylvanien zum Nationalgericht wurde, den Namen »scrabble« bekam und sich schließlich weit ausbreitete; heute kann man scrabble fast in allen US-Supermärkten tiefgefroren kaufen. Er wird in Scheiben geschnitten, gebraten und zum Frühstück gegessen.

- 2 große Zwiebeln
- 2 Möhren
- Je 250 g Rindfleisch und fettes Schweinefleisch
- 1–2 kleine, frische Blutwürste
- Salz, Pfeffer, Piment und Lorbeerblätter
- 250 g Buchweizengrütze
- Schmalz zum Braten

Zwiebeln und Möhren schälen, bzw. schrappen und grob zerkleinern. Zusammen mit den beiden Fleischsorten und 1–2 frischen Blutwürsten in ausreichend Wasser 1½ Stunden auf kleiner Hitze kochen. Dabei würzen mit Salz, Pfefferkörnern, einigen Pimentkörnern und 2 Lorbeerblättern. Ist das Fleisch gar, wird die Brühe abgeseiht und aufbewahrt. Blutwürste aus den Pellen drücken und zusammen mit dem restlichen Siebinhalt durch den Fleischwolf drehen, wieder in die Brühe geben. Unter Rühren 250 g Buchweizengrütze einrühren und 45 Minuten sachte kochen. Dabei Würzung prüfen. Wird der Brei steif, kann man ihn in eine Schüssel füllen. Erkaltet wird dieser Panhas dann in Scheiben geschnitten und vor dem Servieren beidseitig angebraten.

Zusammen mit Bratkartoffeln und Gewürzgurken wird Panhas zum Mittagessen.

Stipp-Grütze

Dieses Schlachtessen entspricht weitgehend dem Panhas, ist aber nur in Ostwestfalen bekannt. Drei Unterschiede zum Panhas im vorigen Rezept:

- der Brei bleibt flüssiger und ist meistens fetter;
- er wird im Steintopf unter einer Schmalzschicht aufbewahrt;
- zum Andicken verwenden meine Gewährsfrauen aus der Umgebung von Bad Oeynhausen nur Gerstengrütze.

Stipp-Grütze wird meistens mit Pellkartoffeln serviert; sie muss dabei gut heiß sein.

Hessen

Weckeweck

Etwa 1 l Wurstbrühe oder Fleischbrühe
4 bis 5 Brötchen, altbackene
750 g gekochte Schlachtfleischreste einschließlich Schwarte, die zuweilen einen großen Anteil stellt
3 Zwiebeln
Salz, Pfeffer aus der Mühle
Kümmel, Majoran

Wurstbrühe über die in Scheiben geschnittenen Brötchen gießen und diese weich werden lassen.

Fleisch und geschälte Zwiebeln zweimal durch die Fleischmaschine drehen und zu den Brötchen geben. Alles gut vermischen und mit den angegebenen Gewürzen pikant abschmecken. Unter häufigem Umrühren etwa 30 Minuten kochen.

Beilage: Pellkartoffeln.

Schwarzsauer

- 500 g Kleinfleisch (Schnauze, Pfoten, Halsfleisch usw.)
- Gut 1 l Schlachtbrühe (Wurstbrühe)
- 2 Lorbeerblätter
- 1 klein geschnittene Zwiebel
- Salz
- Pfeffer aus der Mühle
- Essig
- Frisches Schweineblut

Kleinfleisch in Stückchen schneiden und in der Schlachtbrühe kochen. Würzen mit Lorbeerblättern, Salz, Pfeffer, Zwiebel und einem kräftigen Schuss Essig. Sobald das Fleisch weich ist, nimmt man es heraus und füllt es in eine Schüssel. Die Schlachtbrühe wird etwas eingekocht und dann mit so viel Schweineblut verrührt, dass sie gut sämig wird. Nachwürzen und zu dem Fleisch in die Schüssel gießen.

Kalt geworden, erstarrt die Speise, man kann sie dann zu Bratkartoffeln essen. Warm aufgetischt, gibt es Salzkartoffeln und Backobst dazu.

Das Schweineblut kann man durch frische (ungebrühte) Blutwürstchen, die man aus der Pelle drückt, ersetzen.

Wir sollten das deftigste deutsche Fest, das Schlachtfest, nicht verlassen ohne eine poetische Würdigung als Beweis für seine besondere Bedeutung, die weit über das urtümliche Bauernleben hinaus geht. Der schwäbische Dichter Ludwig Uhland (1787–1862) schrieb neben seinen Balladen und Gedichten auch ein *Metzelsuppenlied*, dessen letzte Strophe lautet:

> »Ihr Freunde, tadle keiner mich,
> dass ich von Schweinen singe!
> Es knüpfen Kraftgedanken sich
> oft an geringe Dinge.
> Ihr kennet jenes alte Wort,
> Ihr wisst, es findet hier und dort
> Ein Schwein auch eine Perle.«

Mögen unsere Leser auch einige Perlen in der überlieferten Kochtradition unserer Heimat finden!

Bunter Reistopf

Das Fleisch waschen und in $1\frac{1}{2}$ l Wasser mit den Gewürzen und der Zwiebel aufsetzen und auf kleiner Flamme eine gute Stunde kochen. Von den Gemüsen die Möhren und Sellerie dann als erste zugeben.

Etwas später (15 Minuten) den Reis und die anderen Gemüse hinzufügen.

Nach einer weiteren halben Stunde das Fleisch herausnehmen, in mundgerechte Stücke schneiden und wieder in die Suppe füllen.

Tee-Ei mit Gewürzen entfernen. Würzung prüfen. Beim Anrichten eventuell mit gehackter Petersilie bestreuen.

Hinweis: Dieser Reistopf sollte nicht zu suppig sein; gegebenenfalls muss man während der Zubereitung den Deckel abnehmen, um die Flüssigkeit etwas einzukochen. In städtischen Haushalten wurde (wird) gelegentlich geriebener Parmesan über den Reistopf gestreut. Das ist nicht schlecht – aber leider geht dadurch der frische Gemüsegeschmack gänzlich verloren.

- Je 1 knappes Pfund (rund 400 g) Rauchfleisch (ausgebeintes Kassler, Schäufele) und fleischige Rinderbrust
- Je 1 gut gehäufte Tasse klein geschnittene Gemüse der folgenden Sorten: Möhren, Sellerie, Lauch, Kohlrabi, Wirsing, grüne Bohnen (ist die eine oder andere Sorte nicht frisch zu haben, kann man sie weglassen oder auch durch Blumenkohl und/oder Kartoffeln ersetzen)
- 2 Lorbeerblätter
- 6 Pimentkörner
- 6 Pfefferkörner (Blätter und Körner am besten in einem Tee-Ei)
- Salz
- 1 grob geschnittene Zwiebel
- 2 Tassen Reis

Eisbein, Erbsbrei und Sauerkohl

Ähnliche Zusammenstellungen trifft man allenthalben in deutschen Landen, aber Eisbein und Erbsbrei sind typisch berlinerisch. In einem Gasthaus am Görlitzer Bahnhof soll diese Spezialität zum ersten Mal serviert worden sein. Was in Berlin und Norddeutschland »Eisbein« heißt, bezeichnet man im Süden des Landes als »Schweinsfüß« oder »Haxn«. In nordischen Ländern übte man sehr viel früher den Schlittschuhsport aus. Die ersten Schlittschuhe bestanden aus gespaltenen Röhrenknochen der Schweinsfüße; weil man mit ihnen auf dem Eis lief, nannte man sie »Eisbein». Heute werden sie nur noch gefuttert, und zwar heiß, aber der Name »Eisbein« ist geblieben.

- 4 Eisbeine, gepökelt
- 1 große Zwiebel
- 1 Lorbeerblatt
- 10 Pfefferkörner
- 8 Pimentkörner
- 1 Möhre
- 250 g geschälte Erbsen
- 1 kg Sauerkohl
- 2 Zwiebeln
- 2 bis 3 Essl. Schmalz
- 4 Wacholderbeeren
- 1 Lorbeerblatt
- 1 Prise Zucker
- 2 Zwiebeln
- 1 Essl. Schmalz

Eisbeine waschen und in kaltem Wasser mit allen angegebenen Gewürzen aufsetzen. Langsam kochen, dabei abschäumen. Je nach Größe der Eisbeine beträgt die Garzeit zwischen 1 und 2 1/2 Stunden.

Die über Nacht eingeweichten Erbsen mit ihrem Einweichwasser aufsetzen und bei kleiner Hitze in etwa einer Stunde sehr weich kochen. Vorsichtig abschmecken mit Salz und Pfeffer. Sollte Flüssigkeit nachgegossen werden müssen, so nimmt man diese von der Kochbrühe des Eisbeins. Anschließend Erbsen durch ein feines Sieb zu Brei passieren oder mit dem Mixstab pürieren.

Sauerkohl zerpflücken; nur sehr alten waschen.

Zwiebeln klein schneiden und in einem großen Topf mit Schmalz glasig werden lassen. Sauerkohl zufügen. Ebenso alle Gewürze und wenige Essl. von der Eisbeinbrühe. Durchmengen und auf kleiner Hitze garen.

Zwiebeln halbieren und in dünne Scheiben schneiden, die in Halbringe zerfallen. Diese in einer

Pfanne separat goldbraun in Schmalz braten. Beim Servieren mitsamt dem Bratfett über den Erbsbrei schütten.

Als Beilage reicht man traditionsgemäß Salzkartoffeln; es hat sich jedoch auch eingebürgert, Kartoffelbrei zusätzlich zu dem Erbsbrei zu reichen.

Beilage:
Salzkartoffeln oder Kartoffelbrei

Wir Deutschen berufen uns gern auf unsere Dichter, um unsere Spezialitäten zu rühmen oder deren Ruhm zu untermauern. Am ergiebigsten ist dabei Johann Wolfgang Goethe, weil er so gern gut aß und dies auch bei jeder Gelegenheit zum Ausdruck brachte. Beim Sauerkraut lässt er uns allerdings nicht nur im Stich, er wendet sich geradezu gegen den Nationalgeschmack. Es wird erzählt, dass er es bei einer Einladung – ich glaube, es war bei Frau von Stein – an der Tafel nicht mehr aushalten konnte, weil es Sauerkraut gab. Er erhob sich unter einem Vorwand, entfernte sich und schlenderte durch die anschließenden Salons. In einem ließ er sich nieder, griff ein Buch, das auf dem Tisch lag, fing an, darin zu blättern, und – warf es entsetzt auf den Tisch zurück mit dem Stoßseufzer: »Erst Sauerkraut, und jetzt noch Jean Paul – das ist zuviel!« Er hatte nämlich für diesen Dichter ebenso wenig übrig wie für Sauerkraut.

Die neue Königs-Wache und das Universitätsgebäude zu Berlin (1820–1830)

Schweinsfüße mit Speck und Thymian

Ein sehr aromatisches Rezept, das aus dem »Koch- und Haushaltungsbuch für den höheren und Mittelstand« von W. D. stammt (Münster 1824)

„Koche einige Schweinsfüße sehr mürbe, lasse sie wieder kalt werden, mache sie sodann recht rein und schneide sie in der Länge durch. Brate nun einige Würfel Speck, gib Mehl, feingehackten Thymian und Zwiebeln, ein wenig Salz und Fleischbrühe dazu, rühre dieses klein und laß es zusammen braten; lege dann die Schweinsfüße hinein und koche es eine halbe Stunde miteinander durch.“

- 4 ungepökelte Schweinsfüße, besser kleine Schweinshaxen
- 125 g Speckwürfel
- 1 bis 2 Essl. Mehl
- viel Thymian
- 2 kleine Zwiebeln, klein geschnitten
- 2 bis 3 Tassen Brühe

Hinweis zur Zubereitung:
Die Schweinsfüße werden von den Knochen gelöst und in mundgerechte Stücke geschnitten, ehe man sie in der Sauce zu Ende gart.

Als Beilage: Salzkartoffeln.

Bayern

Schweinshaxen mit Kraut

- 4 kleine Schweinshaxen, gepökelt
- 2 Zwiebeln
- 2 kleine, säuerliche Äpfel
- 2 Essl. Schweineschmalz
- 2 Lorbeerblätter
- 1 kg Sauerkraut
- 1 Tasse Weißwein
- 1 Tasse Fleischbrühe

Schweinshaxen waschen und gut abtropfen lassen.

Zwiebeln klein schneiden, desgleichen die geschälten und entkernten Äpfel. Beides im Schweineschmalz in einem großen Topf andünsten. Das zerpflückte Sauerkraut dazu. Ebenso Lorbeerblätter und die Flüssigkeit. Durchheben.

Die Schweinshaxen ins Kraut drücken und auf kleiner Hitze zugedeckt etwa $1\frac{1}{2}$ Stunden, bis das Fleisch gar ist, kochen.

Beilage: Salzkartoffeln oder Kartoffelbrei sowie Senf oder geriebener Meerrettich zu den Haxen.

Schäufele

Ein Mehrzweckgericht für Kenner.
Der besondere Reiz liegt darin, dass Schäufele
gepökelt und geräuchert ist.
Qualität entsteht durch die Räucherkunst.
Das Fleisch schmeckt heiß aus der Brühe oder auch
aufgewärmt zu Kohlgemüse und Sauerkraut;
kalt kann man es als Brotbelag sowie zu
Kartoffelsalat genießen oder auch
einen Fleischsalat daraus machen.

1	kg Schäufele aus Schweineschulter mit Knochen
1/4	l Weißwein
	Suppengrün
2–3	Lorbeerblätter
1	kräftige Prise gerebelter Thymian
Je 1/2	Teel. Piment- und Pfefferkörner
10	Wacholderbeeren

Fleisch als ganzes Stück in reichlich Wasser, das mit einem kräftigen Schuss Weißwein verbessert wurde, aufsetzen. Mitgekocht werden Suppengrün, Lorbeerblätter, Thymian, Piment- und Pfefferkörner sowie Wacholderbeeren. Salz ist nicht nötig. Gut zwei Stunden sachte kochen.

Soll Sauerkraut dazu gereicht werden, nimmt man das Fleisch aus dem Sud und lässt es noch eine halbe Stunde im Kraut ziehen.

Anmerkung: Auf Hochdeutsch müsste man Schaufelstück (aus der Schweineschulter) sagen. Leider haben viele Metzger in nördlicheren und östlicheren Regionen dieses Fleischstück nicht im Angebot. Vielleicht richten sie es auf Anfrage zu. Das Fleisch ist fettarm und zart. Es schmeckt auch ungepökelt und ungeräuchert.

Gebratene Schweinshaxe

Der schwäbische Dichter Mörike muss einst eine bayrische Zimmerwirtin gehabt haben, der er unvorsichtigerweise seine Liebe zu gebratenen Schweinsfüßen gestand. Was er damit anrichtete, hat er in wohlgesetzten Versen bejammert:

»Aber vor jeglichem Ding begehr ich gebratenen Schweinsfuß.
Meine Frau Wirtin, die merkt's, nun hab ich alle Tage
Schweinsfüß …
Und ich sagte zur Wirtin zuletzt: nun lasst mir die Schweinsfüß!
Aber sie denkt, aus Zartgefühl nur verbät ich mir Schweinsfüß.
Lächelnd bringt sie mir auch heute gebratenen Schweinsfuß –
Ei, so hole der Teufel auf ewig die höllischen Schweinsfüß!«

Aber gelegentlich sind sie doch ganz gut, deshalb, für alle, die's versuchen wollen, hier ein Rezept!

- 1 bis 2 Schweinshaxen
- Salz, weißer Pfeffer aus der Mühle
- 1 Essl. Schmalz
- 1 Mohrrübe
- 1 Zwiebel
- 1 Stück dunkle Brotrinde
- 1 Tasse Bier
- 1 Teel. Mehl

Wer einen Metzger mit bayrischer Erfahrung hat, der kann ihn bitten, die Haut der Haxe(n) karoartig einzuschneiden, das macht den Braten viel ansehnlicher. Auf jeden Fall werden die Haxen mit Salz und Pfeffer kräftig eingerieben.

In einem Bräter erst im Schmalz, dann mit einer Tasse Wasser etwa 15 Minuten anschmoren. Danach geschrappte und grob zerschnittene Mohrrübe sowie die geschälte und in dicke Scheiben geschnittene Zwiebel und die Brotkruste dazu. Im vorgeheizten Backofen bei 225 °C knapp eine Stunde braten. Dabei öfter begießen.

Kurz vor dem Ende der Bratzeit bestreicht man ausgiebig mit Bier, was nicht nur den bayrischen Brauern zuliebe geschieht, sondern weil es die Kruste knusprig macht.

Herausnehmen. Fleisch von den Knochen lösen, Gemüse wegwerfen. Im verbliebenen Fett das Mehl braun rösten, Bratflüssigkeit, die vorher abgegossen war, wieder zufügen, noch einige

Minuten kräftig kochen lassen, dabei allen Bratsatz loskratzen. Eventuell muss noch wenig Brühe oder heißes Wasser zugegossen werden. Es soll nicht viel, dafür aber kräftige Sauce entstehen.

Beilagen: Sauer- oder Rotkraut und Knödel oder auch nur Kartoffelsalat. Ebenfalls ist es möglich, die gebratenen Schweinshaxen nur mit Krautsalat und Brot zu servieren, was dann eine herzhafte Brotzeit, also eine Zwischenmahlzeit, ist. Als Hauptgericht reicht man in Bayern Semmelknödel dazu nebst Krautsalat.

Apropos: Im Jahre 1975 machte das Bayrische Landesamt für Denkmalpflege im Wald bei Pfaffenhofen ein riesiges Gräberfeld aus der Hallstattzeit zugänglich. Die staunenden Neu-Bayern konnten feststellen, dass die Uralt-Bayern aus den Jahren 800 bis 500 v. Chr. ihnen sehr ähnlich waren, wenigstens was Essen und Trinken betrifft: Als Grabbeigaben fanden sich Bierhumpen gewaltiger Größe und – Schweinshaxen. Rezepte sind leider aus der Vorzeit nicht überliefert. Begnügen wir uns also mit denen der Neuzeit, die ja nicht schlecht sind!

Pfälzer Saumagen

Dies ist die berühmteste Pfälzer Spezialität.
Ihr Name ist weit über die Provinzgrenzen gedrungen, leider nicht der raffiniert-deftige Genuss. Früher wurde der »Saumagen« zur herbstlichen Schlachtfestzeit zubereitet. Auch heute gibt es genügend »Wertschafte« in der Pfalz, die ihn auf der Speisekarte haben. Auch Metzger bieten ihn dort an – bedauerlicherweise immer häufiger im dicken Kunstdarm.

350 g mageres Schweinefleisch
250 g fettes Bauchfleisch
350 g mageres Rindfleisch
1 Schweinemagen (Saumagen, den man sich rechtzeitig beim Metzger bestellen muss)
2 Zwiebeln
1 großes Brötchen
3 Eier
Salz und schwarzer Pfeffer aus der Mühle
1 Essl. gerebelter Majoran
1 kräftige Prise gemahlener Piment (Nelkenpfeffer)
Geriebene Muskatnuss
50 g geräucherter Bauchspeck
500 g kalte, geschälte Pellkartoffeln
1 Tasse Fleischbrühe
Etwas Suppengrün

Fleisch in Würfel schneiden. Die knappe Hälfte davon mit der grob geschnittenen Zwiebel und dem abgeriebenen, eingeweichten und wieder ausgedrückten Brötchen durch die feine Scheibe des Fleischwolfs drehen. Mit dem entstandenen Fleischteig die Eier verrühren; kräftig würzen mit Majoran, Salz, Pfeffer, Piment und Muskatnuss. Verkneten. Geräucherten Speck in kleine Streifchen und Pellkartoffeln in kleine Würfel schneiden. Beides mit einer Tasse Brühe und allen Fleischwürfeln in den Fleischteig kneten. Saumagen – der gut gewaschen und am besten über Nacht in Salzwasser eingeweicht wurde – damit füllen. Nicht zu prall stopfen, sonst platzt er beim Kochen. Mit ungeleimtem Faden (Wurstkordel) zubinden. In einem großen Topf mit Suppengrün in kaltem Salzwasser aufsetzen und bei 80–90 °C etwa 3 Stunden ziehen lassen. Herausnehmen, abtropfen und abtrocknen. Schmalz in der Pfanne erhitzen und darin den gefüllten Saumagen von allen Seiten, bei nicht zu starker Hitze anbraten, weil sonst die Gefahr des Platzens besteht.

Bratsatz, nachdem der Saumagen aus der Pfanne genommen wurde, mit der restlichen Brühe loskochen und als Sauce verwenden.

Der Saumagen wird in dicken Scheiben serviert. Dazu gibt es Sauerkraut (mit Wein zubereitet) und dicke Scheiben Bauernbrot. Man kann die einzelnen Scheiben auch noch einmal braten.

Das macht man immer mit den Resten. Viele Kenner behaupten, am zweiten Tag schmecke der Saumagen aufgewärmt doppelt so gut.

Wer einen »doppelten Saumagen« genießen will, der trinke dazu ein Glas trockenen »Kallstadter Saumagen« (ein berühmter Wein der Region).

Warnung: Wer es besonders gut meint und deshalb mehr Fleisch und weniger Kartoffeln nimmt, der stört die Geschmacksharmonie.

2 Essl. Schmalz
1 weitere Tasse Fleischbrühe

WESTFALEN

Schweinefleisch in Schwarz gekocht

Hier ist ein sehr altes Rezept für ein Schwarzsauer aus Schweinefleisch. Es stammt aus der Zeit um 1800 aus dem Münsterland.

Fleisch waschen, abtrocknen und in Stücke schneiden, die etwas kürzer und dicker sind als Pommes frites. Zusammen mit Salz, Lorbeerblättern, Pfefferkörnern und Piment in nicht zuviel Wasser so lange kochen, bis das Fleisch weich ist. Herausnehmen und beiseite stellen.

Kochbrühe durchseihen und wieder aufs Feuer stellen. Schweineblut in die abgekühlte Kochbrühe quirlen und mit etwas Essig abschmecken. Gut durchrühren. Fleischstücke wieder einlegen. Nochmals abschmecken mit Salz und Pfeffer sowie einer Prise Piment einige Minuten kochen lassen.

Mit Salzkartoffeln oder Brot servieren.

Hinweis: Schweineblut bekommt man schwer, Viele ekeln sich auch davor. Anstatt des Blutes, einige frische Blutwürste aus der Haut drücken und zerquetschen. Sie werden in der Brühe gekocht und haben den Vorteil, dass sie gleichzeitig Bindung geben.

600 g Schweinefleisch aus dem Bug
1 Teel. Salz
2 Lorbeerblätter
12 Pfefferkörner
6 Pimentkörner
1/4 l Schweineblut
Einige Essl. Essig
1 Prise gemahlener Piment (Nelkenpfeffer)

Schmantschinken

600 g sehr mild geräucherter Schinken (beste Erfahrungen habe ich mit »Coburger Saftschinken« gemacht; leider ist das ein teures Vergnügen)
1/2 l Milch
2 Essl. Butter
1 gehäufter Teel. Mehl
2 Tassen Schmant (saure Sahne)
Salz und weißer Pfeffer aus der Mühle
1 Prise gemahlene Nelken
1 Essl. Zitronensaft
1 Teel. Zucker

Schinken in vier Scheiben schneiden und einige Stunden oder über Nacht in Milch einlegen. Mehrmals dabei wenden.

Abtropfen lassen, gut trocken tupfen und leicht klopfen.

Butter in der Pfanne erhitzen und Schinkenscheiben auf beiden Seiten je etwa 3 Minuten braten. Warm stellen.

Mehl in der Bratbutter verrühren. Mit dem Schmant ablöschen, gut verrühren. Durchkochen lassen und dabei würzen mit wenig Salz, etwas mehr Pfeffer, Zitrone und Zucker.

Beim Anrichten gießt man die Sauce über die Schinkenscheiben. Dazu gibt es mehlige Salzkartoffeln und Gurkensalat, der nach ostpreußischer Art natürlich auch mit Schmant angemacht wurde.

Beste und auch billigere Ergebnisse kann man erzielen, wenn man einen Metzger hat, der einem auf Bestellung einen besonders milden Schinken liefert. Muss man davon eine größere Portion nehmen, so kann man sich mit Freunden darein teilen. Geradezu zum Billiggericht wird der »Schmantschinken«, wenn man dafür mildes Kasseler – ausgebeint natürlich – verwendet. Das schmeckt gar nicht übel; auf alle Fälle besser als mit zu salzigem Schinken.

Klopfschinken

Dieses Rezept ist dem Schmantschinken ähnlich, schmeckt jedoch ganz anders.

Die Schinkenscheiben 5 bis 6 Stunden in Milch legen, dabei mehrmals umwenden. Dann abtropfen lassen und mit der flachen Seite eines Küchenbeils oder mit einem Fleischklopfer kräftig von beiden Seiten bearbeiten. Anschließend noch mit dem Rücken des Küchenbeils oder eines schweren Küchenmessers kreuz und quer klopfen.

Schinken dann in Mehl, Ei und Semmelbröseln wenden.

Die Panierung leicht andrücken und die Scheiben in Butterfett auf jeder Seite rund 5 Minuten in der Pfanne braten. Sie sollen dabei hellbraun werden.

Heiß mit Zitronenvierteln servieren.

Zu dieser pommerschen Spezialität schmeckt eine etwas ausgefallene Gemüsezubereitung derselben Gegend ausgezeichnet: Bohnen und Äpfel, Rezept S. 600.

- 4 Scheiben milder geräucherter Schinken, je mindestens 1 cm dick
- 3/4 l Milch
- 2 Essl. Mehl
- 1 Ei mit 1 Essl. Milch verschlagen
- 2 Tassen frisch geriebenes Paniermehl
- 2 Essl. Butterfett
- 1 Zitrone

Krautklump

750 g frischer Schweinebauch
Salz und 1 kräftige Prise gemahlener Kümmel und Pfeffer
1 kleiner Weißkrautkopf
2 bis 3 Birnen
1 Schuss Essig und Zucker zum Abschmecken
800 g mehlige Kartoffeln
2 Scheiben entrindetes Weißbrot in Würfeln
2 Essl. Butter
1 bis 2 Eier
Salz und weißer Pfeffer

Schweinebauch in mundgerechte Würfel schneiden, Salz, gemahlenen Kümmel und Pfeffer darüberstreuen und durchkneten. Etwa 1/2 Stunde stehen lassen.

Inzwischen das Weißkraut vierteln, dicke Strunkteile entfernen, Blätter in mundgerechte Stücke schneiden, waschen und etwas abtropfen lassen.

Fleisch in reichlich Wasser in einem großen Topf aufsetzen und rund 1/2 Stunde kochen. Dann Weißkraut zugeben und weitere 20 Minuten kochen.

Derweil die Birnen schälen, entkernen und dabei der Länge nach in Viertel oder Achtel schneiden. Nach knapp 1 Stunde Gesamtgarzeit die Birnen zu Fleisch und Kraut geben und so lange mitkochen lassen, bis sie gar sind, jedoch immer noch etwas Biss haben.

Dabei abschmecken mit Essig und Zucker. Eventuell muss auch noch ein wenig Salz zugefügt werden.

Für die Klump (Klöße) die Hälfte der Kartoffeln kochen und noch heiß durchpressen. Die restlichen Kartoffeln schälen, reiben und in einem Tuch auspressen.

Die Brotwürfelchen in der Butter braun anrösten.

Alles miteinander vermischen. Zur Bindung Ei einarbeiten. Abschmecken mit Salz und Pfeffer. Aus der Kloßmasse mit einem großen Esslöffel längliche Klöße abstechen. Krautsuppe auf kleine Hitze zurück schalten und die Klöße darin in knapp 15 Minuten gar ziehen lassen.

In tiefen Tellern anrichten. Krautklump schmeckt aufgewärmt besonders gut.

Topfbraten

Nur die Waldgeister, die am Inselberg hausen, wissen vielleicht, warum der Topfbraten »Topfbraten« heißt, obwohl er doch ein Ragout ist. Nach dem Schlachtfest wurde er früher zubereitet. Und weil es ihn nur ein- oder zweimal im Jahr gab, freute man sich um so mehr darauf.

- 1 Stück Schweinskopf mit Knochen von etwa 1 kg
- 200 g frischer Schweinebauch
- 1 Schweinezunge
- 1 Schweineherz
- 2 Schweinenieren
- Salz
- Pfeffer aus der Mühle
- 2 Zwiebeln
- 4 Nelken
- 2 Lorbeerblätter
- 1/2 Tasse Essig
- 125 g Saucenlebkuchen
- 2 Essl. Pflaumenmus

Alle Fleischteile sehr gründlich waschen. Dabei den Kopf entbeinen und sowohl Herz als auch Nieren aufschneiden, Stränge herauslösen und 2 bis 3 Stunden in mehrfach gewechseltem, kaltem Wasser liegen lassen. In einem großen Topf die Zunge aufsetzen und 15 Minuten kochen. Abschäumen. Schweinebauch, Herz, Schweinskopf und Nieren zugeben und wieder abschäumen.

Zwiebeln schälen und die Lorbeerblätter mit Nelken daran feststecken und in die Brühe geben. Salzen und pfeffern. Nach 1/2 Stunde gießt man den Weinessig zu und lässt nun auf kleiner Flamme so lange kochen, bis alle Fleischteile weich sind. Topfinhalt abseihen. Brühe wieder mit dem Lebkuchen aufsetzen und so lange kochen, bis dieser sich auflöst. Fleischteile in mundgerechte Stücke schneiden, dabei die Zunge enthäuten.

Fleischbrühe durch ein Haarsieb passieren und mit dem Pflaumenmus verrühren. Eventuell noch etwas einkochen, um eine sämige Sauce zu bekommen. Diese abschmecken; sie muss kräftig sauersüß sein. Alle Fleischteile wieder einlegen, dabei die sehr fetten Teile des Kopfes nicht verwenden. Alles zusammen noch einmal 10 Minuten sachte kochen lassen. In einer Terrine oder großen Schüssel servieren.

Die klassische und traditionelle Beilage: »Wollene« (S. 470).

Pökelfleisch

Ich habe immer nur diesen schlichten Namen für das gehört, was in Wirklichkeit eine bäuerliche Festtafel allerersten Ranges ist. Ostfriesland hatte immer schon sehr zahlreiches und gutes Rindvieh. Im Sommer stand es auf der Weide, zum Winter musste ein großer Teil davon abgeschlachtet werden. Früher wurde das reichlich anfallende Fleisch nicht subventioniert und eingelagert, also pökelte man es und entwickelte mit der Zeit kulinarische Höhepunkte aus Pökelfleisch. Das nachfolgende Rezept kann man nicht für vier Personen zubereiten. Es sollten mindestens ein Dutzend Mitesser sein.

6 kg Rindfleisch aus der Kluft
Salz, Salpeter
Zucker
4 Zwiebeln
4 Lorbeerblätter
8 Nelken

Beilagen:
Geriebener Meerrettich
Eingelegte Rote Bete
Eingelegte Gurken
Süß-saure Kürbisse
Essigpflaumen
Preiselbeeren
Apfelmus
Perlzwiebelchen usw.
Salzkartoffeln

Heute wird niemand mehr das Fleisch selbst einpökeln; ich habe nur als Erinnerung an alte Zeiten die drei Pökelzutaten genannt. Man lässt das Fleisch beim Metzger etwa 10 bis 15 Tage pökeln; aber bitte nicht spritzen! Anschließend wird es abgewaschen und in reichlich Wasser mit Zwiebeln, Lorbeerblättern und Nelken schwach kochend in 2 ½ bis 3 ½ Stunden gegart.

Dann kommt es auf einer großen Platte auf den Tisch und wird in Scheiben geschnitten. Alle Beilagen wurden schon vorher aufgestellt. Jeder bedient sich von der Festtafel. Meerrettich (zuweilen auch noch Senf) und Salzkartoffeln müssen sein, von den anderen Genüssen nimmt sich jeder, was er mag.

Hat man genügend Bier und Korn als Schmiermittel und Transporthilfe, so kann man an einem Winterabend beträchtliche Mengen dieser ostfriesischen Spezialität vertilgen.

Stolzer Heinrich

Diese Zubereitungsart ist sonst auch als »Bratwurst in Biersauce« bekannt. Der Berliner Mutterwitz hat natürlich einen besonderen Namen dafür gefunden.

- 4 Bratwürste
- 1 bis 2 Essl. Mehl
- 1 bis 2 Essl. Butter oder Butterfett
- 2 Gläser dunkles Bier
- 3 bis 4 Essl. Saucenlebkuchen (Honigkuchen)
- 1 Essl. fein geriebene Zwiebel, Salz
- Pfeffer aus der Mühle
- Einige Essl. kräftige Fleischbrühe
- 1 bis 2 Essl. Zitronensaft

Bratwürste mehrmals einstechen, damit sie nachher nicht platzen. In Mehl wenden und in der heißen Butter beidseitig braten. Herausnehmen und beiseite stellen.

Bratsatz mit Bier loskochen. Saucenlebkuchen einstreuen, ebenso die Zwiebel. Alles zusammen etwa 10 Minuten kochen. Abschmecken mit Salz, Pfeffer, etwas Fleischbrühe und Zitronensaft. Weitere 2 bis 3 Minuten kochen. Hitze verringern, Bratwürste einlegen und heiß werden lassen.

Als Beilage: Kartoffelbrei und Salat. Die Bratwürste werden mit der Sauce und dem Kartoffelbrei zusammen auf Tellern serviert.

Niedersachsen

Harzer Schwärchen

Ein einfaches Essen, das jedoch recht pikant ist.

- 1 kg Schweineschwarte, frisch (»Schwärchen« im Dialekt der Gegend)
- 4 bis 6 Lorbeerblätter
- Salz
- 2 bis 3 Essl. Zucker
- Ein kräftiger Schuss Essig
- 1 bis 2 Essl. Mehl

Die Schwarte in wenig Wasser etwa eine Stunde kochen. Dann in kleine Würfel oder Streifen schneiden. In einen anderen Topf geben, Lorbeerblätter, Salz, Zucker und Essig dazu und nur so viel von der Kochbrühe auffüllen, dass alles gerade bedeckt ist. Zugedeckt auf kleiner Flamme so lange kochen, bis die Schwartenstücke sehr gut weich sind.

Eine Viertelstunde vor dem Anrichten soll nicht mehr viel Flüssigkeit vorhanden sein. Nun mit etwas Mehl bestäuben, alles gut verrühren, noch einmal abschmecken und durchkochen.

Beilage: Pellkartoffeln.

Sülzkotelett

Eine sehr gute deutsche Spezialität von besonders hübschem Aussehen. Bis vor einigen Jahrzehnten bekam man sie noch überall in Metzgereien und Gasthäusern angeboten. Jetzt scheint sie aber so langsam zu verschwinden. Nur in Berlin bin ich dem »Sülzkotelett« auch in den letzten Jahren noch häufig begegnet. Da es außerdem in der Literatur immer wieder mit Berlin in Verbindung gebracht wird, wage ich, es dieser Stadt zuzuordnen, wenngleich ich seinen Ursprung nicht belegen kann. Es sei denn, man schüfe eine Verbindung zwischen dem leicht gepökelten Schweinekotelett, genannt »Casseler«, das nachweislich in Berlin erfunden wurde.

- 4 Koteletts aus dem Schweinskarree, leicht gepökelt, am Stück
- 2 Kalbsfüße
- 1 Zwiebel
- 1 Möhre
- 2 Lorbeerblätter
- 8 Pfefferkörner
- 6 Pimentkörner

Koteletts gut waschen. Kalbsfüße ebenso. Kalbsfüße dann spalten und mit Zwiebeln, der ganzen Möhre, Lorbeerblättern, Pfeffer- und Pimentkörnern in reichlich Wasser eine gute Stunde kochen. Kotelettstück zugeben und auf ganz kleiner Hitze noch eine weitere Stunde mehr ziehen lassen als kochen.

Kotelettstück herausnehmen, Knochen auslösen und wegwerfen; Fleisch in vier Scheiben schneiden, überstehendes Fett entfernen.

Kalbsfüße aus der Brühe nehmen und wegwerfen. Brühe entfetten und abseihen. Eiweiße zu ganz leichtem Schnee schlagen und mit der Brühe erhitzen, dabei umrühren. Durch ein Haarsieb, das mit einer Doppellage Mull versehen ist, abgießen. Brühe mit etwas Essig abschmecken.

1 hartgekochtes Ei
Einige Gewürzgürkchen
Einige Estragonblätter
2 Eiweiße
1 Tasse Essig

Hartgekochtes Ei schälen und in Scheiben schneiden. Längliche Scheiben aus den Gewürzgürkchen schneiden. Eventuell aus der in der Brühe gekochten Möhre Ornamente ausstechen. Vier gut gekühlte Sülzkotelettformen (gibt es im Fachhandel zu kaufen) mit wenig abgekühltem Aspik (der Brühe) ausgießen. Die Garnierung, zu der auch Estragonblätter zählen, attraktiv einlegen und mit einigen Tropfen Aspik befestigen. Sobald alles erstarrt ist, noch eine dünne Schicht Aspikbrühe eingießen, kurz in den Kühlschrank stellen und dann die entbeinten, abgekühlten Pökelkoteletts einlegen. Mit restlichem Aspik die Förmchen ausgießen und im Kühlschrank erstarren lassen. Vor dem Stürzen kurz in heißes Wasser tauchen. Gestürzt anrichten. Eventuell überschüssiges Aspik zu Würfeln geschnitten daneben.

Als Beilage unbedingt Bratkartoffeln.

Hinweis: Man kann die Zubereitung vereinfachen, wenn man Aspik nicht aus Kalbsfüßen auf traditionelle Art zubereitet, sondern dafür Gelatine oder Aspikpulver verwendet (auf 1 Liter Flüssigkeit 16 bis 18 Blatt oder 40 g Aspikpulver). Dazu muss man jedoch geklärte Fleischbrühe haben, die mit Essig aromatisiert wird.

Auch ohne Sülzkotelettförmchen kann man diese Spezialität zubereiten. Man legt die Koteletts in ein flaches Geschirr nebeneinander, bedeckt alles mit Aspik und schneidet nach oder vor dem Stürzen rings um die Koteletts mit einem in heißes Wasser getauchten Messer die Sülzkotelettumrisse aus.

Himmel on Aed met Blootwosch

Himmel und Erde

Dieses absonderlich zusammengestellte Gericht wird als rheinische Spezialität bezeichnet. Es ist allerdings auch in Hessen und Rheinhessen ebenso wie in weiten Teilen Niedersachsens bekannt und beliebt. In Mecklenburg kennt man eine ähnliche Zusammenstellung, bei der allerdings anstatt Äpfel nur Birnen verwendet werden.

- 1 kg Kartoffeln
- 1 kg säuerliche Äpfel
- Saft von 1 Zitrone
- 1 Essl. Zucker
- 1 bis 2 Essl. Butter
- 1 bis 2 Tassen heiße Milch
- 4 bis 5 große Zwiebeln
- 2 bis 3 Essl. Schmalz
- 4 große, dicke Scheiben Blutwurst (ursprünglich nur Blunz, eine einfache Blutwurst ohne oder mit nur ganz wenigen Speckwürfelchen)
- Salz
- Pfeffer aus der Mühle

Kartoffeln schälen, waschen und in Salzwasser kochen.

Äpfel schälen, entkernen, in halbe Schnitze schneiden und mit wenig Wasser, Zitronensaft und Zucker zu Brei kochen. Kartoffeln abgießen, mit Butter und Milch zerstampfen. Den mit Apfelstückchen durchsetzten Apfelbrei mit den Kartoffeln vermengen. Warm halten. Dabei abschmecken mit wenig Salz und Pfeffer. Zwiebeln schälen, halbieren und in Scheiben schneiden. Diese in Schmalz goldgelb rösten. Herausnehmen und beiseite stellen. Im gleichen Fett (eventuell noch etwas zugeben) die Blutwurstscheiben auf beiden Seiten scharf anbraten. Dann zusammen schieben und Zwiebelringe daneben nochmals erhitzen. Dabei etwas salzen und pfeffern.

Beim Anrichten häuft man Apfel-Kartoffel-Brei auf die Teller, belegt mit Blutwurstscheibe und gibt darauf die Zwiebeln mit Bratfett.

Himmel und Erde

Moderne, vornehmere Version

Blutwurstscheiben mit großem Durchmesser braten. Auf Teller verteilen die anderen Zutaten darüber schichten: Gebratene Apfelscheiben, Kartoffelbrei (der noch Kartoffelstückchen enthält) und geröstete Zwiebelringe.

Bayern

Bratwürste mit Champagnerwein

Herr Rottenhöfer, weiland Mundkoch und Haushofmeister seiner Majestät des Königs Maximilian II. von Bayern, hat vor über hundert Jahren bewiesen, dass man auch aus einer einfachen Speise, einer regionalen Spezialität, Gerichte machen kann, die sich in Silberschüsseln behaupten können und zu Leckerbissen für die Großen dieser Welt werden. Das folgende Originalrezept ist eine Abwandlung der »Blauen Zipfel«, die, wie Rottenhöfer ausdrücklich versichert, »ihres guten Geschmacks wegen hoch geschätzt« und »mit Vorliebe bei Gabelfrühstücken« bei Hofe gereicht wurde.

„Die nöthige Zahl gut bereiteter Bratwürste wird mit frischer Butter blaß gebraten und, nachdem die Haut heiß davon abgezogen, in 3 Centimeter lange Stücke geschnitten und dann in eine gut schließende flache Casserolle gethan. 280 Gramm Trüffeln werden geschält, rondiert, in Scheiben geschnitten und nebst ebenso viel geschnittenen Champignons über die Würste gestreut. Ferner läßt man ein Stück Glace[1] mit 1/10 Liter guter Kalbfleischjüs aufkochen, gießt dieses mit einer halben Bouteille Champagner dazu und läßt es - gut zugedeckt - bis zur Hälfte einkochen, damit die Würste ganz im vollsten Safte sind und sich durch einen sehr kräftigen, angenehmen Geschmack auszeichnen."

Natürlich wird niemand heute dieses Rezept nachkochen können; bei den jetzigen Trüffelpreisen ist das schlechterdings unmöglich. Es sollte aber zur Anregung dienen. Auch ohne die allerteuersten Zutaten kann man sicher viele regionale, alte Spezialitäten zu Köstlichkeiten einer neuen deutschen Kochkunst erheben. Wir müssen nicht immer »Nouvelle Cuisine« nachäffen!

1 »Glace« = Glace de viande, ganz dick eingekochter Bratensaft, geleeartig, schnittfest.

Tellersulz

Noch immer wird diese »Sulz« in schwäbischen Familien und in Gasthöfen aufgetischt. Und sie ist immer hausgemacht. Ich gebe ein Rezept, mit dem ich mich bei den vielen schwäbischen Wirten bedanken will, die mir oft während anstrengender »Fasnets«-Tage ihre Tellersulzen vorgesetzt haben.

- 2 Kalbsfüße, gespalten
- 1 Schweinefuß
- 1 Kalbszunge
- 1 schönes Stück mageres Schweinefleisch von ca. 400 g
- Suppengrün
- 2 Lorbeerblätter
- 10 Pfefferkörner
- 8 Pimentkörner
- 4 Scheiben Zitrone mit Schale
- Salz
- 1 gelbe Rübe
- 1 bis 2 Gewürzgurken
- Essig
- 1 Glas Weißwein
- 1 kleine Prise Zucker
- 2 Eiweiße

Kalbsfüße, Schweinsfuß, Kalbszunge und Schweinefleisch in Salzwasser kochen, dem man folgende Gewürze zusetzt: geputztes Suppengrün, Lorbeerblätter, Pfeffer- und Pimentkörner sowie Zitronenscheiben.

Anfangs gut abschäumen, dann nur ganz sachte köcheln lassen. Sobald die einzelnen Stücke weich sind, werden sie herausgenommen. Anschließend wird die Brühe abgeseiht, vorher eventuell noch etwas eingekocht. Mit leicht geschlagenem Eiweiß verrühren, noch 1 bis 2 Minuten aufwallen lassen und dann durch ein Mulltuch abgießen, damit alle Unreinheiten darin zurückbleiben. Fleisch erkalten lassen und Brühe noch einmal mit dem Wein aufkochen, dann auch abkühlen lassen. Vier Teller nun mit Scheiben oder Stücken der abgezogenen Zunge, der ausgelösten Füße und dem Schweinefleisch auslegen. Dazwischen Scheiben oder Streifchen von im Sud nicht zu weich gekochter gelber Rübe und der Gewürzgurke(n) platzieren. Vorsichtig mit dem Sud begießen und kalt stellen. Nachdem die »Sulz« geliert ist, wird sie aufgetragen.

Dazu isst man Brot oder Bratkartoffeln; man kann auch noch eine Essig-Öl-Zwiebel-Sauce dazu reichen.

Eine Schnellversion: Nur eine größere Fleischportion, zu der auch Kalbfleisch gehören kann, in Brühe mit Kartoffeln kochen. Kleinschneiden und mit Gelatine oder Agar-Agar gelieren. Wein nicht vergessen.

Leberwurst

Eine der deutschesten aller deutschen Würste
ist sicher die Leberwurst.
Der berühmteste unserer Gastrosophen,
Carl Friedrich von Rumohr, beschäftigte sich
in seinem »Geist der Kochkunst« vorwiegend mit
der sehr feinen Küche. Aber er berichtet auch
von einer sehr schmackhaften Leberwurst,
die er in niederrheinischen Haushaltungen aß.
Er ließ sich das Rezept geben und nahm es
in sein Buch auf. Ich lasse den Originaltext folgen.
Wer seinen Gästen eine Leberwurst
nach von Rumohrschem Rezept vorsetzt,
der kann des Erfolges sicher sein.

Rheinland

Niederrheinische Leberwurst nach von Rumohr

»Nimm frische Kalbsleber, Schweineleber, geriebenes, in Fleischbrühe aufgeweichtes Weißbrot; von jedem ein Drittel. Wenn die Leber gereinigt und fein gehackt worden, so mische alles wohl zusammen, salze und würze es gut, sowohl mit Spezereien als feinen Kräutern; tue alsdann zu dieser Masse etwa die Hälfte frischen, in feine Würfel geschnittenen Speckes und menge alles wohl ineinander. Diese Masse fülle in wohlgereinigte Därme, binde dieselben wohl zu und lege sie zum Anziehen in heißes Wasser; endlich nehme man sie heraus, lasse sie abkühlen und hänge sie in den Rauch, bis sie recht hart sind.«

Xanten

Bitte beachten: Bei der Menge des zu verwendenden Speckes kann man verschiedener Meinung sein; ich schlage gleiches Gewicht wie Kalbsleber vor.

Die Lebern treibt man heute durch den Fleischwolf oder kauft sie schon gemahlen. Gut schmeckt es, wenn die Schweinsleber fein und die Kalbsleber etwas gröber gemahlen ist. An Spezereien empfehle ich: Piment (Nelkenpfeffer), Pfeffer, ganz wenig Muskat und Koriander. An feinen Kräutern: Majoran reichlich und wenig Thymian.

Nur selten wird der Privathaushalt heute die Möglichkeit zum Räuchern haben. In diesem Fall kann man diese Leberwurst auch in Gläser füllen und kochen. Kleine Einmachgläser und Gläser mit Schraubverschluss sind dafür geeignet. Im Siebeinsatz des Dampfdrucktopfs braucht man dazu etwa eine Stunde; sonst die Gläser bis knapp unter den Rand in Wasser setzen und im Backofen bei gut 100 °C zwei Stunden garen. So schmeckt uns diese Leberwurst sogar besser als »hart« geräuchert.

Thüringer Leberwurst

Dieses Rezept ist etwa 100 Jahre jünger
als das vom Niederrhein.

2 kg Bauchfleisch vom Schwein, durchwachsen
2 kg Schweineleber
750 g fein gewürfelter Speck, frisch
1/4 l Brühe
1 große geriebene Zwiebel
3 Teel. pulverisierter Thymian
2 Teel. gerebelter Majoran
2 Teel. gemahlener weißer Pfeffer
175 g Salz

Das Bauchfleisch im Stück mit wenig Wasser so lange unter gelegentlichem Abschäumen schwach kochen, bis es gerade gar ist. Leber in gulaschgroße Würfel schneiden und in einem Sieb in kochendes Wasser tauchen, bis sie nicht mehr blutig erscheint.

Abgekühltes Bauchfleisch und Leber durch die Fleischmaschine drehen; die Hälfte nur einmal, den Rest zweimal.

Speck – den man mit dem Bauchfleisch gekocht haben kann – in kleine Würfelchen schneiden.

Alles zusammen mit Brühe und den Gewürzen gut vermengen. In Einmachgläser bis zu 3/4 von deren Höhe füllen. Gummiringe und Deckel auflegen und festklemmen.

Bei 100 °C etwa 100 Minuten sterilisieren – entweder im Weckapparat, im Dampfdrucktopf oder im Backofen.

Nach ein bis zwei Tagen nochmals bei 100 °C etwa 10 Minuten sterilisieren.

Bitte beachten: Das zweimalige Sterilisieren ist nicht unbedingt erforderlich. Meine Gewährsfrau schwört allerdings darauf; die Haltbarkeit der Wurst würde dadurch besser.

Die Wartburgkapelle

Thüringer Rostbratwurst

Für die kochbuchüblichen 4 Personen wird niemand Wurst machen, weshalb dieses Rezept für 5 Kilogramm Brät eingerichtet ist. So reicht es für ein größeres Grillfest. Falls dies nicht ansteht, kann man die Würste für 2 Monate einfrieren.

Für 5 kg Brät:

- 2 kg vorwiegend mageres Schweinefleisch vom Bug
- 1 kg mageres Rindfleisch
- 2 kg fettes Schweinefleisch, evtl. Bauch ohne Schwarte
- 1/10 l Milch
- 1 kleines Ei
- 3–4 Essl. Salz
- 3–4 Teel. frisch gemahlener Pfeffer, weiß und schwarz
- 1 Essl. gerebelter Majoran
- Abgeriebene Schale von 1–2 ungespritzten Zitronen
- 1 Teel. geriebene Muskatnuss oder Kardamomsamen
- Gewässerter Naturdarm von 2 cm Durchmesser
- Ungeleimter Faden (Wurstkordel vom Metzger)

Alles Fleisch in Würfel schneiden. Magere Stücke durch die grobe oder mittelfeine Scheibe des Fleischwolfs drehen. Fette Stücke zusammen mit Milch und verkleppertem Ei sehr gut kühlen und in der Küchenmaschine ganz fein zerkleinern. Ersatzweise durch die feinste Scheibe des Wolfs drehen (zweimal) und dann mit dem gröberen Brät vermischen. Würzen mit Salz, Pfeffer, Majoran, geriebener Zitronenschale, geriebener Muskatnuss oder zerstoßenem Kardamom.

Alles miteinander vermischen und abschmecken, bis eine kräftige, volle Würzung erreicht ist.

Das Brät in Naturdarm füllen und zu Wurstlängen von 20–25 cm abbinden.

Gesundheitlich zwar nicht ganz unbedenklich, dafür aber geschmacklich unübertroffen ist das Grillen über Holzkohle. Es schadet nichts, wenn die Würste dabei aufplatzen, weil dabei das Grillaroma auch ins Innere eindringt.

Traditionell werden die Bratwürste in längs angeschnittene Semmeln gelegt, mit Senf bestrichen und aus der Hand gegessen. Keine Angst, wenn sie auf beiden Seiten aus der Semmel herausragen, das gehört sich so.

Hinweise: Dies ist das Rezept vom Hausmetzger Paul Axthelm aus Kolleda bei Erfurt. In armen Gegenden, in denen kein Metzger im Dorf war, verwendete er nur Schweinefleisch und musste auch auf Zitronenschale, Muskatnuss und Kardamom verzichten. Die Würste hätten trotzdem herrlich geschmeckt, versicherte mir der alte Hausmetzger.

Heutzutage ist auch im »Grünen Herzen Deutschlands« die Gewürzauswahl reichlich, und doch habe ich dort vielerorts in den letzten Jahren Rostbratwürste vorgesetzt bekommen, die mich bitter enttäuschten. Es gibt nämlich jetzt überall auch Cutter, mit denen man Fleisch – und anderes! – ganz fein mahlen kann. Ergebnis: Thüringer Rostbratwürsten fehlt dann der Inhalt kerniger Fleischbröckelchen und sie stehen ihren fadesten westdeutschen Vettern nicht an kulinarischer Langweile nach.

Osterlamm

Ziegenfleisch hat in der deutschen Küche weder Vergangenheit noch Gegenwart noch Zukunft. In einem 1900 erschienenen Kochbuch steht: »Das überaus zarte Fleisch der jungen Ziege, welches namentlich in den Monaten März und April sehr wohlschmeckend ist, findet viel zu selten Verwendung. In sehr vielen Küchen ist es ganz unbekannt, in anderen hegt man ein ungerechtfertigtes Vorurteil gegen dieses in Italien hochgeschätzte und überaus billige Nahrungsmittel.«
Einige süddeutsche Landstriche und Thüringen scheinen eine Ausnahme gemacht zu haben. Aus Thüringen kam ja auch der »Altenburger« als erster deutscher Ziegenkäse.
Meine Großeltern schickten ihren Kindern jedes Jahr zu Ostern Ziegenlamm zum Festtagsbraten. Und überall wurde er nach Großmutters Ilmenauer Rezept zubereitet. Ich kann es nur aus der Erinnerung aufschreiben.

1,5 kg Ziegenlamm (mit Knochen; meistens Vorder- und Hinterlauf)
Saft von 2 Zitronen
Weißer Pfeffer aus der Mühle
80 g Butter
Salz
1 Tasse Kalbsbrühe
Evtl. saure Sahne oder Crème fraîche

Fleisch waschen, gut abtrocknen und mit Zitronensaft einreiben. Einige Stunden ziehen lassen. Dabei die Saftmassage wiederholen. Nach deren letzter mit Pfeffer bestreuen und auch diesen noch eine halbe Stunde wirken lassen.

In einem großen Bräter die einzelnen Stücke gleichzeitig oder nacheinander in Butter auf allen Seiten anbraten. Salzen. Kalbsbrühe am Rand eingießen und den Bräter in den auf 200 °C vorgeheizten Backofen schieben. Noch eine knappe Stunde garen; dabei mehrmals mit Butter einpinseln und/oder mit der Brühe begießen. Das Fleisch soll zart, saftig und an der Oberfläche ein bisschen knusprig werden. Abschließendes Bestreichen mit saurer Sahne hilft dabei.

Beilage: Bei uns gab es dazu stets kleine Pellkartöffelchen, die in Butter kross gebraten waren, sowie ein junges Gemüse. Keine Sauce!

Niedersachsen

Heidschnuckenbraten

Heidschnucken sind die kleinen, genügsamen Schafe, die in der Lüneburger Heide weiden. Ihr Anblick versetzt Amateurfotografen in Begeisterung, ihr Fleisch Feinschmecker. Für große Festtafeln bereitet man einen Heidschnuckenrücken vor. In der Familie begnügt man sich mit einem Braten aus der Keule. Zu klein darf er allerdings nicht sein, weil er dann nicht saftig bleiben könnte. Heidschnuckenfleisch kann bei Versendern bestellt werden.

- 1,5 kg Bratenstück aus der Keule einer Heidschnucke
- 5 Wacholderbeeren
- 3 Pimentkörner
- Je 1 kräftige Prise Salbei, Thymian, Lorbeerblatt; alles zerrieben
- Pfeffer aus der Mühle
- Etwa 1 l Buttermilch
- 2 Essl. Butterschmalz
- Salz
- 1 Mohrrübe
- 1 große Zwiebel
- 1 bis 2 Essl. Mehl
- 1/4 l kräftiger Rotwein
- 1 bis 2 Essl. Essig

Bratenstück waschen, abtrocknen. Wacholderbeeren und Pimentkörner zerdrücken und mit Salbei, Thymian, Lorbeerblatt und Pfeffer vermischen und in das Fleisch massieren. In eine Schüssel legen und nach etwa 2 Stunden so viel Buttermilch zugießen, dass der Braten bedeckt ist. Über Nacht stehen lassen. Dann herausnehmen und gut abtrocknen. In einem Bräter das Butterschmalz erhitzen und das Fleisch darin auf allen Seiten anbraten. Geschrappte Mohrrübe und geschälte Zwiebel in grobe Stücke schneiden und ebenfalls mit anbraten. Fleisch salzen. Zum Schluss Mehl über die Gemüse stäuben, braun rösten und dann mit dem Rotwein ablöschen.

Verrühren und mit etwas Essig würzen. Gut 1 Stunde auf schwacher Hitze zugedeckt schmoren, dabei umdrehen und nach und nach einen Teil der Marinade zugießen.

Fleisch herausnehmen und warm stellen.

Sauce durch ein Haarsieb streichen, eventuell noch etwas einkochen lassen und abschmecken. Vielleicht noch mit einigen zerdrückten Wacholderbeeren würzen.

Fleisch aufschneiden, mit wenig Sauce begießen, restliche Sauce extra reichen.

Beilagen: Rotkohl oder Rosenkohl mit Speck und Salzkartoffeln oder Klöße.

Holzminden

Hammelfleisch mit Grünen Bohnen

600 g Hammelbraten (Kamm, Nacken)
2 große Zwiebeln
1 kg grüne Bohnen
1/2 Teel. Bohnenkraut
750 g Kartoffeln
Salz
Pfeffer aus der Mühle
2 Essl. gehackte Petersilie

Hammelfleisch in knapp gulaschgroße Würfel schneiden. Zwiebeln schälen, halbieren und in Scheiben schneiden. Beides zusammen mit reichlich Wasser aufsetzen. Gut 20 Minuten lebhaft kochen. Dabei abschäumen.

Grüne Bohnen putzen, waschen und brechen. Zum Fleisch geben. Bohnenkraut in ein Tee-Ei (oder Mullsäckchen) füllen und mitkochen. Nach weiteren 25 Minuten die geschälten und in kleine Würfel geschnittenen Kartoffeln zugeben. Würzen mit Salz und Pfeffer. Alles zusammen so lange kochen, bis das Fleisch weich ist und die Kartoffeln schon etwas abkochen und dadurch dem Gericht eine gewisse Bindung geben. Alles durcheinander mischen. Bohnenkraut entfernen. Beim Anrichten mit gehackter Petersilie bestreuen. Dieser Eintopf ist leicht suppig und wird mit dem Löffel gegessen.

Als weitere Beilage vielleicht ein Stück Brot.

Bitte beachten: Lamm ist kein vollwertiger Ersatz für Hammel, da ihm der typische kräftige Hammelgeschmack fehlt.

1. Keule (Schlegel, Stoß)
2. Nierenstück
3. Koteletts; 2. und 3. zusammen: Rücken oder Sattel; wird dieser der Länge nach geteilt, so nennt man ihn Hammelrücken
4. Hals
5. Blatt und Brust; zusammen: Fehlrippe

Frikassee von Kaninchen

Kaninchen, auch »Stallhasen« genannt, trugen früher viel mehr als heute zur Fleischversorgung der Bevölkerung bei. Sie wurden für Sonn-, Feier- und Festtage geschlachtet. Besonders ausgefallene Rezepte wurden dabei keine entwickelt. Die häufigste Zubereitungsart war Frikassee oder Ragout. Viel Sauce half beim Sattwerden einer großen Familie, weil damit die Beilagen (Nudeln, Kartoffeln) aufgemöbelt werden konnten. Inzwischen gehören Kaninchen mit zum billigsten Tiefkühl-Fleischangebot, trotzdem erfreuen sie sich noch immer keiner besonderen Beliebtheit in Deutschland. Schade!
Ein sächsisches Rezept, das um die Jahrhundertwende aufgeschrieben wurde und mit dem badischen »Eingemachten Haas« (Seite 434) Ähnlichkeiten aufweist.

1 Kaninchen
Salz
Weißer Pfeffer aus der Mühle
2 bis 3 Essl. Butter
1 Zwiebel
3 Essl. Mehl
Gut 1/2 l Fleischbrühe
1 Mohrrübe
Einige Stängel Petersilie
1 Stück Petersilienwurzel
150 g Champignons
1 Essl. Butter
1 Glas Madeira
2 Eidotter

Kaninchen waschen und in 8 bis 10 Stücke zerschneiden. Diese abtrocknen und mit Salz und Pfeffer einreiben.

Butter in einem größeren Topf erhitzen, die klein geschnittene Zwiebel darin glasig werden lassen, Mehl dazurühren und hell anschwitzen. Mit Fleischbrühe ablöschen und eine gebundene Sauce rühren. In diese geschrappte und geschnittene Mohrrübe, Petersilienstängel und Petersilienwurzel sowie die Fleischstücke legen und so lange kochen, bis das Fleisch weich ist. Sauce durch ein Haarsieb abschütten.

Champignons putzen, in Scheiben schneiden und in der Butter mit etwas Salz und Pfeffer weich dünsten. In die Sauce geben. Mit Salz und Pfeffer nochmals abschmecken und den Madeira in die Sauce quirlen. Schließlich noch mit den Eigelben legieren. Fleischstücke einlegen, alles zusammen erhitzen, nicht mehr kochen.

In einer großen Schüssel anrichten.

Beilage: Teigwaren oder Salzkartoffeln.

Röschele

Dies ist eine Art der Schwarzwälder Saueressen, die man früher gern nach dem Kirchgang im Gasthaus genossen hat. Heute gehören sie auch zur kulinarischen Tradition an Markttagen und während der Fastnacht. Aus rein ökonomischen Gründen scheint diese köstliche Spezialität »Röschele« langsam, aber sicher zu verschwinden: den Schwarzwäldern sind die Kalbsinnereien, die man dafür braucht, zu teuer geworden. Bewahren wir das Rezept! Hier ist eines, das aus dem Gasthaus »Grüner Baum« in Wolfach stammt.

- 600 g Kalbsinnereien (Herz, Leber, Lunge, Milz)
- 3 Zwiebeln
- 2 Essl. Schmalz
- 1 bis 2 Essl. Mehl
- 2 Tassen Fleischbrühe
- Salz
- Schwarzer Pfeffer aus der Mühle
- 1 Glas Weißwein (herb)
- 2 Teel. Tomatenmark
- Evtl. ein Spritzer Essig
- 1 Essl. Schmalz

Kalbsinnereien gut waschen, abtrocknen und in kleine Streifchen schneiden. Leber beiseite legen. Andere Innereien zusammen mit den geviertelten und dann dünn geschnittenen Zwiebeln in einer großen Pfanne im heißen Schmalz scharf anrösten. Mehl überstäuben und so lange weiterrösten, bis es braun ist. Mit Fleischbrühe ablöschen, würzen mit Salz und Pfeffer. Auf schwacher Hitze so lange schmoren, bis alle Innereien weich sind. Dabei noch etwas Flüssigkeit nachgießen in Form des Weißweins, in dem das Tomatenmark verrührt ist. (Tomatenmark ist eine Zutat neueren Datums, die allerdings zur Verbesserung des Geschmacks beiträgt.)

Leber für sich in Schmalz braten und kurz vor dem Servieren zu den »Röschele« geben. Eventuell noch mit einem Spritzer Essig geschmacklich abrunden.

Beilage: Weckle (Brötchen).

Töttchen

Alt-Bier und »Töttchen« gehören zusammen.
In echten Kneipen hat man beides stets am besten bekommen.
Inzwischen servieren auch renommierte Speiselokale
im Münsterland diese Spezialitäten. »Töttchen« war
ursprünglich den Schwarzwälder »Röschele« sehr ähnlich,
denn trotz anderer Zutaten wurden beide am Sonntagvormittag gegessen, als Imbiss oder Voressen nach dem
Kirchgang. Früher wurden »Töttchen« aus Kalbskopf, Lunge
und Herz zubereitet, inzwischen ist man jedoch
zu teureren Kalbfleischstücken übergegangen.
Ich gebe ein heute gebräuchliches Rezept.

750 g Kalbfleisch (am besten von verschiedenen Stücken, wie entbeinte Brust, Schulter und Hals; wer es altmodischer will, nehme Kopf, Lunge und Herz)
1 Bündel Suppengrün
2 Lorbeerblätter
1 Nelke
1 Prise gerebelter Thymian
10 Pfefferkörner und
1 Prise Salz
2 Essl. Butter
2 große Zwiebeln
2 Essl. Mehl
1 Glas Weißwein
Einige Spritzer Essig
Etwas Zucker
Senf

Kalbfleisch gut waschen und mit dem geputzten Suppengrün sowie Lorbeerblättern, Nelke, Thymian, Pfefferkörnern und etwas Salz so lange in reichlich Wasser kochen, bis das Fleisch weich ist, was knapp 1 1/2 Stunden dauern dürfte. Fleisch dann herausnehmen, von Knorpeln, Sehnen und Fett befreien und in kleine Würfel schneiden. Kochbrühe durchseihen. In einem anderen Topf die Butter erhitzen und darin die nicht zu fein geschnittenen Zwiebeln gut glasig werden lassen. Mehl darüber stäuben und hell anschwitzen. Ablöschen mit dem Weißwein und so viel von der Kalbsbrühe (die man vorher eventuell noch etwas einkochen lässt), dass eine sämige Ragoutsauce entsteht, die noch eine Viertelstunde kochen sollte. Anschließend abschmecken mit einigen Spritzern Essig, 1 Prise Zucker und etwa 1 Essl. Senf, den man vorher in einigen Essl. Kalbsbrühe verrührt hat. Die Sauce soll pikant, leicht säuerlich und mit einer Ahnung von »süß-sauer« gewürzt sein. Fleischstücke einlegen und noch so lange auf dem Feuer lassen, bis alles gut heiß ist.

Beilage: Roggenbrötchen oder Bauernbrot; manchmal auch Petersilienkartoffeln.

Lüngerl

Das ist noch immer ein beliebtes bayerisches »Schmankerl«, so ein Essen für zwischendurch, auch ein kleines Mittagessen. Zu bäuerlichen Festen gab es stets »Lüngerl« als Vorspeise. Das Rezept beruht höchstwahrscheinlich auf einer sehr alten Tradition und ist natürlich mit dem »Wiener Beuscherl« verwandt.

- 400 g Kalbslunge
- 1 Kalbsherz
- Salz
- 1 Bund Suppengrün
- 2 Lorbeerblätter
- 6 Pimentkörner
- 1 kräftiger Schuss Essig
- 1 Essl. Butter
- 1 Essl. Mehl
- 1/8 l saurer Rahm
- Etwas Zucker
- Pfeffer aus der Mühle

Lunge und Herz in mehrere Stücke schneiden, sehr gut waschen und dabei mehrmals das Wasser wechseln.

Reichlich Wasser mit Salz, geputztem Suppengrün, Lorbeerblättern, Pimentkörnern sowie einem kräftigen Schuss Essig abschmecken und darin Lunge und Herz 1 Stunde kochen. In der Brühe auskühlen und über Nacht darin ziehen lassen. Am nächsten Tag herausnehmen und in feine Streifen schneiden. In einem Topf die Butter erhitzen und das Mehl darin braun rösten. Mit durchgeseihter Kochbrühe auffüllen und eine sämige Sauce rühren. Diese abschmecken, dabei noch etwas Zucker und Pfeffer dazugeben. Gut durchkochen. Lungen- und Herzstreifen einlegen und darin erhitzen. Zum Schluss die saure Sahne einrühren.

Beilage: Semmelknödel.

Saure Nierle

- 500 g Nieren; die vom Kalb sind die feinsten, andere gehen auch
- 1 Zwiebel
- 2 Essl. Butterfett
- Salz
- Pfeffer aus der Mühle
- 1 Essl. Mehl
- 1 Tasse Bratensauce (ersatzweise Brühe und etwas Liebigs Fleischextrakt)
- 4 Essl. herber Rotwein
- 1 Lorbeerblatt
- 1 Essl. Essig
- 2 Essl. Sauerrahm

Nieren gut waschen, halbieren, alle Stränge herausnehmen und den – falls vorhanden – größten Teil des Fettes wegschneiden. Eine Stunde in mehrmals gewechseltem Wasser liegen lassen. Abtrocknen. Quer in Scheibchen schneiden.

In einer großen Pfanne Butterfett erhitzen und darin die klein geschnittene Zwiebel glasig werden lassen. Beiseite schieben, Nieren einlegen und unter fleißigem Wenden einige Minuten lang braten. Herausnehmen und beiseite stellen. Dabei würzen. Mehl in die Pfanne stäuben, braun rösten und mit Sauce (Brühe mit Fleischextrakt) und Rotwein ablöschen. Gut verrühren. Lorbeerblatt einlegen, Essig zufügen und alles zusammen auf schwacher Hitze gut 10 Minuten kochen. Lorbeerblatt herausfischen, Sahne einrühren. Abschmecken mit Salz, Pfeffer und Essig und noch einige Minuten kochen.

Nieren einlegen, Hitze reduzieren und alles zusammen nur noch gut erwärmen.

Beilage: Brot oder Kartoffelbrei. Heute auch Reis oder Nudeln.

Hinweis: Früher waren diese »Sauren Nierle« ein typisches Voressen, zu dem es nur Brot gab. Heute noch isst man sie in ländlichen Gegenden am Sonntag nach dem Kirchgang mit einem Stück Brot.

Als zusätzliche Würzung der Sauce ist Senf nicht zu verachten.

Der Michelangelo der Köche, Königliche Köche Berlin

Leberragout mit Kräutern

Dies ist eine alte Zubereitungsart, die im vorigen Jahrhundert von Henriette Davidis mitgeteilt wurde.

- 750 g Rinderleber
- 3 bis 4 Essl. Butter
- 4 bis 5 Essl. gehackte Kräuter (gemischt aus Petersilie, Thymian, Estragon und Schalotte)
- Salz und Pfeffer aus der Mühle
- 4 Essl. frisch geriebenes Weißbrot ohne Kruste
- 1 bis 2 Tassen kräftige Fleischbrühe
- 1 Tasse Weißwein

Leber waschen, abtrocknen, von Häuten und Röhrchen befreien und in Streifen schneiden. Butter erhitzen und darin die Kräuter kurz anschwitzen. Leberstreifen zugeben und unter ständigem Wenden andünsten. Salzen und pfeffern. Weißbrotkrumen zugeben, ebenso Brühe und Wein. Alles gut vermischen und so lange aufkochen, bis die Sauce bindet.

Tipp: Sicherer ist es, die Leber nach kräftigem Anbraten beiseite zu stellen und erst wieder in der gebundenen Sauce zu erhitzen.

Beilage: Kartoffelbrei.

Hinweis: Rinderleber muss sehr sorgfältig von Häuten und Röhrchen befreit werden, sonst wird ihr Genuss stark beeinträchtigt. Kalbsleber kann ebenfalls verwendet werden, ist allerdings teurer.

Leber Berliner Art

Auf allen Speisekarten Deutschlands
ist die Hauptstadt Berlin mit dieser Leberzubereitung
vertreten. Trotzdem ist sie anscheinend nicht sehr alt.
In Berliner Kochbüchern ist vor 1840
kein Rezept dafür zu finden.

- 4 Scheiben Kalbsleber (je 150 bis 200 g)
- 1 Essl. Mehl
- 4 Essl. Butter
- 2 bis 3 säuerliche Äpfel
- 4 Zwiebeln
- Salz und Pfeffer aus der Mühle

Leberscheiben von allen Sehnen und Häuten sorgfältig befreien und beidseitig leicht bemehlen.

1 Essl. Butter erhitzen und darin die geschälten, entkernten und in Scheiben geschnittenen Äpfel beidseitig anbraten, dass sie weich werden, aber noch nicht zerfallen. Beiseite stellen und warm halten.

Restliche Butter zufügen und die Leberscheiben darin braten; nicht mehr als insgesamt 5 bis 6 Minuten, damit sie nicht hart werden. Nach dem Umdrehen salzen und pfeffern.

Ist noch genug Platz in der Pfanne, so kann man gleich zu Beginn die halbierten und in Scheiben geschnittenen Zwiebeln am Rand dazugeben. Ebenfalls würzen.

Leber nach dem Braten herausnehmen und warm stellen.

Zwiebeln hellbraun werden lassen und zusammen mit dem Bratfett und den Apfelscheiben auf die Leber verteilen.

Beilage: Kartoffelbrei.

Anmerkung: Mittels dieser Zubereitungsart wird auch die billigere Rinder- oder Schweineleber ausgezeichnet.

Leberknödel

Bei den Leberknödeln kann man sich streiten, ob sie eine Suppeneinlage sind oder ein eigenständiges Gericht, dem nur etwas Fleischbrühe beigefügt wird. Sie werden groß wie Taubeneier oder wie Tennisbälle geformt. Die großen Exemplare schmecken natürlich viel kräftiger; sie können auch ohne Brühe als Beilage zu Sauerkraut gereicht werden. Ohne Leberknödel in der Fleischbrühe müssten die Bayern aufhören, Bayern zu sein. In echt bajuwarischen Leberknödeln verbirgt sich oft auch ein bisschen geschabte Milz (50 g Milz auf 200 g Leber). Den Beweis, dass Leberknödel auch über die süd- und südwestdeutschen Grenzen hinweg eine geradezu magische Wirkung ausüben können, lieferten die beiden berühmten Komponisten Brahms und Bruckner: nach jahrelanger Feindschaft entdeckten sie bei einem gemeinsamen Leberknödelessen zum ersten und letzten Mal eine Übereinstimmung – die Wertschätzung von Leberknödeln.

- 4 große Semmeln oder Brötchen, altbacken und abgerieben
- 1/4 l warme Milch
- Salz
- 1 mittelgroße Zwiebel
- 200 g Rinderleber
- 2 Eier
- Etwas abgeriebene Zitronenschale
- 1 Prise gerebelter Majoran
- 1 bis 2 Essl. Butter
- 1 Bündel Petersilie, am besten glattblättrige

Die Semmeln in dünne Scheiben schneiden. Mit der Milch übergießen, Salz zufügen. Etwa 10 Minuten weichen lassen, bis alle Milch aufgesogen ist.

Zwiebel schälen und vierteln. Zusammen mit der grob geschnittenen Leber durch den Wolf drehen. Anschließend kann man noch ein kleines Stück trockenes Brot durchdrehen, damit alle Leber aus der Maschine getrieben wird.

Zwiebel-Leber-Masse mit den Brötchen verkneten. Eier damit vermischen und abschmecken mit Salz, Zitronenschale und Majoran. Butter in einer Pfanne erhitzen und die klein gehackte Petersilie darin kurz andünsten. Etwas abkühlen lassen und unter die Knödelmasse rühren.

Masse etwa 10 Minuten kalt stellen, dann Probeklößchen (klein) formen und in siedende Brühe geben. Hält es, formt man vier große Knödel oder mehrere kleine und lässt sie in der klaren Fleischbrühe 12 bis 25 Minuten gar ziehen.

Die klare Brühe mit Leberknödeln beim Anrichten mit gehacktem Schnittlauch bestreuen.

Pommersche Leberklöße

Nach einem Rezept, das Ingeborg Schumann in ihrem Büchlein »Pöttenkieker« wiedergibt, werden dort kleine Leberklöße mit Grieß zubereitet. Sie gehören zum Hochzeitsessen.

Leber waschen, Adern und Haut entfernen, grob schneiden und zusammen mit dem grob geschnittenen Speck, der gehackten Zwiebel sowie dem Weißbrot zweimal durch den Fleischwolf drehen. Mit Grieß, Eiern und Gewürzen verkneten. Sollte die Masse zu dünn sein, so mengt man noch etwas Semmelbrösel dazu. Im schwach siedenden Wasser etwa 15 Minuten ziehen lassen. Es sollen etwa 8 Klöße sein.

- 250 g Schweineleber
- 250 g frischer Speck
- 1 mittelgroße Zwiebel
- 100 g entrindetes Weißbrot, eingeweicht und ausgedrückt
- 50 g Grieß
- 2 Eier
- Salz, Zucker
- 1 kräftige Prise geriebener Majoran

Pfalz

Lewwerknepp

Dies ist die pfälzische Version der Leberknödel. Auf hochdeutsch müsste der Name lauten: »Leberknöpfe«.

Zutaten und Zubereitung sind weitgehend identisch mit den »Leberknödeln«. Allerdings nehmen die Pfälzer gern die doppelte Menge Leber und reduzieren dafür den Brötchenanteil auf die Hälfte. Da, wo die Bayern Milz zugeben, nehmen die Pfälzer gern Lunge (etwa 1/5 des Lebergewichts und auch durchgedreht).

Beim Abschmecken wird oft etwas Zitronenschale an den Teig gerieben. Serviert werden die »Lewwerknepp« mit in Butter abgeschmälzten Semmelbröseln. Dazu isst man Kartoffelsalat.

Zutaten wie für Leberknödel (Seite 402)

Königsberg kann sich rühmen,
der deutschen Küche drei Spezialitäten geschenkt
zu haben, die seinen Namen tragen:
Marzipan, Klopse und Fleck.

Königsberger Fleck

Nicht selten nennt man diese Spezialität auch bei ihrem vollen Namen »Rinderfleck«. Und dabei wiederum handelt es sich schlicht und einfach um Kutteln oder Pansen, die essbaren Teile aus dem Magen-Darm-Bereich des Rindviehs. Jene gar nicht seltenen Zeitgenossen, die solches nicht einmal ihren Hunden vorsetzen, sollten nicht voreilig das Gesicht verziehen: diese Innereien sind nicht nur in vielen deutschen Landschaften, sondern auch in vielen anderen Ländern begehrte kulinarische Spezialitäten. Und schließlich haben sie sogar eine Großstadt berühmt gemacht, eben Königsberg. Dort habe ich die besten auf dem Markt gegessen, heiß an Buden gekauft und von sogenannten »Fleckwiewerchen« angeboten. Noch besser sollen sie in kleinen Altstadtkneipen sein, in denen Nachtschwärmer sie zur frühesten Morgenstunde genossen, so wie die Zwiebelsuppe an der alten Pariser Markthalle. Leider ermangelt es mir an persönlichen Erfahrungen dieser Art, ich war damals noch zu jung dafür.

- 1 kg Kutteln
- 750 g Suppenknochen
- 2 gelbe Rüben
- 1 Sellerieknollen
- 2 Zwiebeln
- 1 Lauchstange
- Einige Petersilienstiele oder ein Stück Petersilienwurzel
- 2 Lorbeerblätter

Früher musste man die Kutteln mindestens über Nacht wässern, vielfach waschen und stundenlang kochen, heute kauft man sie vorgekocht beim Metzger. Diese Kutteln werden in würfelförmige Stücke geschnitten.

Knochen gründlich waschen und dann gut eine Stunde unter Abschäumen kochen. Wer auf eine klare Brühe Wert legt, der lasse erst einmal kurz aufkochen und schütte dieses Wasser weg. So viel Brühe abseihen, dass die Kutteln gut bedeckt sind.

Danzig

Mit geschrappten gelben Rüben, der geschälten und halbierten Sellerieknolle, den Zwiebeln sowie Petersilie und den Gewürzen (die man am besten in Mullbeutel oder aber in ein Tee-Ei steckt) eine gute halbe Stunde kochen. Nach der halben Garzeit schließlich den weißen Teil der Lauchstange zufügen.

Brühe abgießen, aufheben und Gemüse in Stückchen schneiden, die etwa den Kuttelstückchen entsprechen. Gewürze wegwerfen.

Kuttelfleck und geschnittene Gemüse in der Brühe in einer großen Terrine zu Tisch bringen.

Salz, Pfeffermühle, reichlich Mostrich, Essig und gerebelter Majoran stehen auf dem Tisch, damit sich jeder seine Kuttelfleck nach eigenem Geschmack würzen kann. Dazu isst man knusprige Brötchen.

Und wenn Sie dann über diesen Genuss noch lange sprechen sollten, beachten Sie bitte, dass es *die* »Königsberger Fleck« heißt. Sollte jemand gekleckert haben, dann erst muss er *den* Fleck von *der* »Fleck« entfernen.

6 Pimentkörner (Nelkenpfeffer)
12 Pfefferkörner
Salz

Zum Servieren dann noch:

Salz
Pfeffer aus der Mühle
Mostrich (Senf)
Essig
Gerebelter Majoran

Saure Kutteln

Dieses ist ein typisches Voressen, so wie man es früher besonders schätzte. Heute genießt man »Saure Kutteln« als Vesper oder sonstige kleine Zwischenmahlzeit.

1	Essl. Mehl
1	Essl. Schmalz
Gut 1/4	l Fleischbrühe
2	Lorbeerblätter
1	bis 2 Essl. geriebene Zwiebeln
1	Messerspitze Nelkenpulver
1	bis 2 Essl. Essig
	Salz und Pfeffer aus der Mühle
1/2	Teel. Zucker
1	Essl. Tomatenmark
600	g geschnittene, vorgekochte Kutteln

Mehl in einem großen Topf im heißen Schmalz braun rösten. Mit der Fleischbrühe ablöschen. Lorbeerblätter, Zwiebeln, Nelkenpulver, Essig, Salz, Pfeffer, Zucker und Tomatenmark zugeben. Umrühren und 5 Minuten kochen.

Kutteln dazu, wieder gut rühren und alles zusammen auf kleiner Hitze noch eine halbe Stunde kochen.

Vor dem Anrichten Würzung prüfen und Lorbeerblätter herausfischen.

Beilage: Brot oder Bratkartoffeln.

Apropos: Das Tomatenmark ist natürlich eine neuere Zutat, die sich jedoch ausgezeichnet dem Gericht anpasst.

Ostpreussen

Königsberger Klopse

Was wie eine uralte Speise erscheint, ist erst seit dem 18. Jahrhundert zu belegen; zumindest was das Wort »Klops« betrifft, das von »kloppen«, »klopfen« abgeleitet ist und aus dem nordostdeutschen, also ostpreußischen Raum stammt. In Ostpreußen waren die »Königsberger Klopse« einst beliebtes Sonntagsessen in Stadt und Land.

250	g Rinderhackfleisch
250	g Kalbshackfleisch (zur Not kann man auch Schweinehack nehmen)
1	Ei

Hackfleisch mit Ei, den in Wasser eingeweichten und wieder ausgedrückten Brotscheiben, der geriebenen Zwiebel und den klein geschnittenen Sardellenfilets vermischen und gut durcheinanderkneten. Daraus etwa eigroße Bällchen (Klopse) formen. Fleischbrühe mit Lorbeerblatt, halber

Zwiebel, Piment- und Pfefferkörnern 20 Minuten kochen, dann Klopse einlegen und gut 10 Minuten in der Brühe garen. Dann herausnehmen und warm stellen.

Brühe durchseihen. Aus Butter und Mehl eine helle Schwitze machen. Mit der Brühe ablöschen. Kapern mitsamt ihrer Brühe zugeben. Die so entstandene Sauce abschmecken, eventuell noch etwas Salz und Pfeffer zufügen, auf jeden Fall aber den Zitronensaft. Vom Feuer nehmen und mit dem verklepperten Eigelb legieren.

Klopse in die Sauce einlegen, darin noch etwas heiß werden lassen und damit servieren. Nicht umsonst nannte man die »Königsberger Klopse« in Königsberg selbst »Sauceklopse«.

Als Beilage gehören unbedingt Salzkartoffeln dazu. Außerdem kann man noch eingelegte rote Rüben oder Salzgurken servieren.

Eine Verfeinerung erfährt das Rezept, wenn man zusätzlich einige Esslöffel Schmant (saure Sahne) in der Sauce verquirlt. Manche Hausfrauen geben auch etwa Weißwein und Zucker in die Klops-Sauce.

Apropos: In Königsberg selbst habe ich nie von »Königsberger Klopsen« gehört; dort sprach man nur von »sauren Klopsen«, meinte damit natürlich dasselbe.

2 dicke Scheiben entrindetes Weißbrot
Salz und weißer Pfeffer aus der Mühle
1 kleine Zwiebel
2 Sardellenfilets
3/4 l Fleischbrühe
1 Lorbeerblatt
1/2 Zwiebel oder ein Stück Lauch
6 Pimentkörner
4 Pfefferkörner
1 Essl. Butter
1 Essl. Mehl
1 Röhrchen Kapern
Saft einer Zitrone
2 Eigelbe

(auch in anderen mitteldeutschen Landschaften)

Sächsische Klopse

Zutaten und Zubereitung wie bei »Königsberger Klopse«.
Nur die Sauce ist anders, wodurch das Gericht eine völlig andere Geschmacksnote bekommt.
Es werden keine Kapern verwendet. Dafür raffelt man ganz zum Schluss 2 bis 4 möglichst feste Salzgurken (saure Gurken) in die Sauce, lässt durchziehen, kocht jedoch nicht mehr auf.
In Sachsen isst man gern Rohkostsalat (Möhren, Sellerie) zu den Klopsen. Salzkartoffeln gibt es natürlich auch.

Berlin

Hackepeter

Auch in anderen deutschen Landschaften kennt man diese Hackfleischmischung, sie heißt dann meistens »Mett« oder »Frisches Mett« und ist besonders nördlich der Main-Linie beliebt.
Aber nirgendwo gehört sie so zum Leben einer Stadt wie in Berlin als »Hackepeter«. Und nirgendwo hat sie einen so schönen Namen!

- 500 g nicht zu mageres Schweinefleisch
- 1 Zwiebel, die nicht zu klein sein soll
- Schwarzer Pfeffer aus der Mühle
- Salz

Fleisch in Würfel schneiden und durch die Fleischmaschine drehen. Die Zwiebel nur hacken: dreht man sie mit durch die Fleischmaschine, so wird sie zu breiig und hat nicht mehr den pikanten Biss.

Hackfleisch und Zwiebelwürfelchen vermischen, dabei mit grob gemahlenem Pfeffer kräftig und mit Salz vorsichtiger abschmecken.

Als Garnitur kommt eine Salzgurke, ganz oder in Scheiben, dazu. Zuweilen streut man auch noch Zwiebelwürfel über den »Hackepeter«.

Sehr beliebt ist »Schrippe mit Hackepeter«, also Brötchen(hälften) dick mit Hackepeter bestrichen. Das ist eine der Köstlichkeiten aus der Kneipe an der Ecke. Man nennt in Berlin sogar das Geburtsdatum und den Vater dieser Spezialität: 1903 soll der Gastwirt Eduard Martin den »Hackepeter« auf Schrippen erfunden haben.

Falscher Hase

Hackbraten kennt man überall, unter der Bezeichnung »Falscher Hase« passen sie nur ins Berliner Milieu.

Hackfleischsorten miteinander vermengen. Eingeweichte und wieder ausgedrückte Semmel zerpflücken und zugeben.

Zwiebeln schälen und in kleine Würfelchen schneiden.

Speck ebenfalls in Würfelchen schneiden. Diese zusammen mit etwas Schmalz und den Zwiebeln in einer Pfanne gut glasig werden lassen. Zum Hackfleisch geben und damit vermischen. Die beiden Eier mit dem Fleischteig verkneten. Abschmecken mit Salz, Pfeffer, Koriander und Majoran.

In einem Bräter Schmalz erhitzen. Aus dem Fleischteig einen Laib formen und einlegen. Im vorgeheizten Ofen bei 220 °C gut 10 Minuten anbraten. Dann die Temperatur auf 175 °C verringern. Zwiebelscheiben neben den »Falschen Hasen« legen, diesen öfter begießen, etwas Fleischbrühe auffüllen und den Hackbraten in weiteren 45 Minuten garen. Herausnehmen. Bratsatz loskratzen, mit Sahne verrühren, abschmecken und als Sauce dazu reichen. Eventuell mit Speisestärke oder Saucenbinder etwas andicken.

Beilagen: Rotkohl und Salzkartoffeln.

600 g Hackfleisch halb Rind, halb Schwein
1 Schrippe (Brötchen)
2 Zwiebeln
100 g fetter Räucherspeck
1 Essl. Schmalz
2 Eier
Salz
Schwarzer Pfeffer
1 kleine Prise gemahlener Koriander
1 Prise gerebelter Majoran
1 bis 2 Essl. Schmalz
1 Zwiebel
1 bis 2 Tassen Brühe
1 Tasse Sauerrahm
Evtl. wenig Speisestärke oder Saucenbinder, dunkel

Aug. Müller. sc
Bernhard Mörlins

Buletten

auch Frikadellen

Wer vornehm tun will, der schreibt »Boulette«, was natürlich barer Unsinn ist. Viel ehrlicher sieht doch »Bulette« aus, und auf die Ehrlichkeit muss man sich verlassen, wenn man sie irgendwo fertig kauft, was nur ein Super-Optimist tut. Allerdings ist bei uns ja alles durch behördliche Verordnungen geregelt, und so lautet die Vorschrift, dass der Fleischanteil mindestens 70 % betragen muss.
Wollte man einem Berliner Ausspruch glauben, dann müsste man annehmen, dass »Buletten« besonders von Hunden geschätzt werden, heißt es doch: »Der geht ran wie Hektor an die Buletten.« Na, denn man ran an die Buletten!

- 600 g Hackfleisch, halb Rind, halb Schwein
- 1 bis 2 altbackene Schrippen (Brötchen)
- 2 Zwiebeln
- 2 Essl. Butterfett
- 1 Ei
- Salz, Pfeffer aus der Mühle
- 1 Essl. fein gehackte Petersilie

Hackfleisch in eine Schüssel geben.

Schrippen grob zerschneiden und in Wasser einweichen; gut ausdrücken und zum Hackfleisch geben. Zwiebeln klein schneiden und in etwas Butterfett gut glasig, aber nicht braun werden lassen. Ebenfalls zum Hackfleisch geben. Ei hinzufügen, würzen und mitsamt der Petersilie verkneten. Kugeln daraus formen (8 Stück), diese flach drücken und im heißen Fett beidseitig bei nicht zu großer Hitze braten.

Buletten können heiß zu Kartoffelsalat gegessen werden. Besonders gut schmecken sie kalt, aufgeschnitten auf Butterbrot und mit Mostrich bestrichen. Oder, das ist »à la mode Berliner Eckkneipe«, man isst sie zu einer Schrippe aus der Hand. Als kleine Bällchen heißen sie neuerdings Partybällchen und werden auch im Grand Hotel mit Zahnstochern vom Silbertablett gepickt.

Der Jäger.

Die Wollust macht Wunden, gleich beissenden Hunden.

Der Teuffel spannet Garnen auff;
Der Tod zielt stets mit scharffen Pfeilen,
und der Versuchung schneller Hauff
ist frisch ein Wildpret zu ereilen.
Wer hie will frey und sicher seyn:
kriech in die Wunden Hölen ein

Wild

Wälder und Felder müssen einstmals nur so von Wild gewimmelt haben. Bis in die Zeit der Karolinger durfte sich jedermann so viel erlegen, wie er wollte – und erwischte. Dann wurden Jagdgesetze erlassen, und die Jägerei war bald nur noch ein Vorrecht des Adels und der Klöster. Wisente, Elche, Wölfe und Bären machten die Reviere unsicher. In Thüringen wurde 1686 der letzte Bär erlegt. Andere Wildarten waren schon früher ausgestorben. Trotzdem lief noch reichlich Getier herum, in Sachsen allein wurden während der Regierungszeit eines Fürsten, der genau Buch geführt hat, innerhalb von 20 Jahren im 16. Jahrhundert 795 400 Jagdtiere erlegt. Andere Fürsten hielten sich Wild in Gattern (so z. B. im Burggraben von Nürnberg), um jederzeit möglichst bequem den »Freuden der Jagd« frönen zu können; noch bedeutsamer waren solche Gehege aber als Vorratskammern. Daraus konnte man nach Belieben Frischfleisch holen.

Bis in die Neuzeit spielte das Abhängen des Wildbrets eine bedeutsame Rolle; erst wenn es zu stinken begann, was man als »Hochgeschmack« bezeichnete, wurde es für gut erachtet. Mit entsprechend hohen Gewürzgaben und Beizen hat man dann den fauligen Geschmack zugedeckt. Diese Zubereitungsarten sind überwunden und in diesem Buch gar nicht mehr erwähnt. Außer Acht gelassen wurden auch Wildarten, die heute nicht mehr vorkommen oder nicht mehr erlegt werden dürfen, wie etwa Haselhühner oder Birkhähne. Mit fortschreitender Industrialisierung wurde der Lebensraum des Wildes immer mehr eingeengt. Wir haben heute mehr Autos als Rehe und Hirsche. Selbst die Hasen können sich kaum noch irgendwo ungestört mit den Füchsen gute Nacht sagen. Für den Genießer bedeutet das: Wild ist zur teuren Delikatesse geworden. Ohne die Importe aus Osteuropa wüssten junge Leute oft gar nicht mehr, wie Hase oder Reh schmecken.

Rehrücken Baden-Baden

Dies war nie ein volkstümliches Gericht, andererseits ist es eines der ganz wenigen, die als deutsche Spezialität einen Stammplatz auf den Speisekarten der großen internationalen Gastronomie haben. Da Rehrücken zudem das Feinste ist, was es an Wildbret gibt, können wir mit Recht stolz auf diese Kreation sein.

Für 8 Personen:

1 Rehrücken
3/4 l badischer Spätburgunder
1 Zwiebel
8 Wacholderbeeren
10 Pfefferkörner
Wildknochen mit kleinen Fleischabgängen
2 Essl. Butterschmalz
1 Zwiebel
1 Mohrrübe
1 Teel. Mehl

Rehrücken enthäuten und zusammen mit den in feine Scheiben geschnittenen Zwiebeln, Wacholderbeeren und Pfefferkörnern in den Rotwein legen. Nach einem, spätestens zwei Tagen herausnehmen, abtrocknen und beiderseits längs des Rückenknochens leicht einschneiden. Dahinein Speckstreifen legen, die man vorher in zerdrückten Wacholderbeeren gewälzt hat. Übrige zerdrückte Wacholderbeeren mit grob gemahlenem Pfeffer vermischen und damit den Rücken sparsam einreiben. Eine Stunde stehen lassen.

Inzwischen die Knochen klein hacken und zusammen mit den Abgängen und den geschnittenen Gemüsen im Butterschmalz scharf anbraten. Mehl

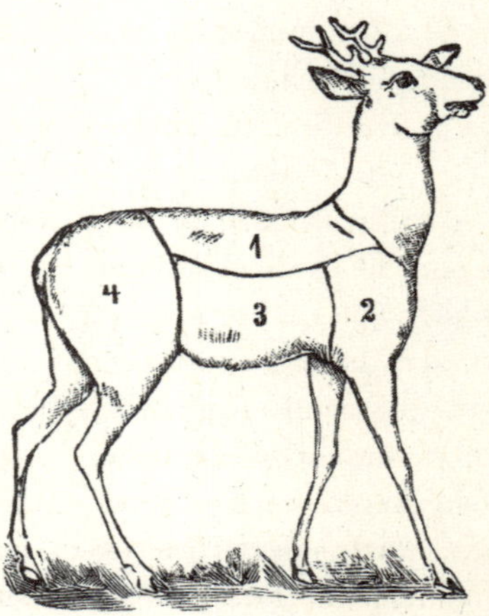

1. Rücken oder Ziemer
2. Blatt
3. Bauch
4. Keule

überstäuben und weiter braten. Häufig umwenden. 1 bis 2 Tassen Wasser angießen, Bratsatz loskratzen und verkochen lassen. Dann auffüllen mit Marinade-Rotwein und auch diesen bis zu etwa 1 Tasse Flüssigkeit einkochen lassen, wobei ein kräftiger Wildfond entsteht. Mit Salz und Pfeffer abschmecken. Rehrücken mit heißer Butter begießen und in den auf 250 °C vorgeheizten Ofen schieben. Hitze auf gut 200 °C vermindern, Unter mehrmaligem Begießen mit Butter in etwa 35 Minuten braten. Nach halber Garzeit salzen. Er soll innen noch rosa sein. Speckstreifen entfernen. Rücken 10 Minuten warm halten. Inzwischen Bratfett abgießen, Bratsatz mit ganz wenig Marinade-Rotwein loskochen und in ein kleines Stielpfännchen gießen. Dort mit dem extra gekochten Wildfond und dem Sauerrahm verrühren. Diese Sauce noch abschmecken.

Vom Rehrücken die beiden Fleischseiten lösen, schräg in dicke Scheiben schneiden und wieder auf die Knochen setzen. So servieren. Dabei mit halbierten Birnen, die mit Johannisbeergelee gefüllt sind, umlegen. Die Birnen wurden vorher geschält, halbiert, entkernt und in Wasser mit Zitronensaft und Zimt nicht zu weich gekocht.

Sauce separat reichen.

Beilage: Spätzle und Waldpilze in Butter gedünstet.

Hinweis: Früher hat man die Birnen auch oft zu Kompott gekocht. Die halben Birnen mit dem Gelee sehen jedoch festlicher aus, so dass diese Anrichtweise sich durchgesetzt hat.

Bei großen Essen werden neben den Spätzle auch Kartoffelkroketten zur Auswahl gereicht.

Zum Originalrezept gehört Johannisbeergelee; immer öfter wird es durch Preiselbeeren ersetzt – kein Unglück, nur eben nicht ganz echt.

2 bis 3 Scheiben Speck
5 Wacholderbeeren
Weißer Pfeffer aus der Mühle
60 g Butter
1 Tasse saurer Rahm
Salz
Pfeffer aus der Mühle
4 Birnen
Saft von 1 Zitrone
1/2 Zimtstange
Johannisbeergelee

Kaltes Rehfilet

Ich gebe den Namen so einfach wieder, wie ich ihn in einem handgeschriebenen Kochbuch aus Alpirsbach gefunden habe. Wild, als Sülze zubereitet, ist sehr selten, deshalb ist dieses Rezept besonders interessant.

- 750 g Rehfleisch aus dem Rücken (fälschlich als »Filet« bezeichnet)
- Mehl
- Öl
- Salz und Pfeffer aus der Mühle
- Zitronenscheiben ohne Kerne und Schale
- Einige Trüffelscheiben (oder in Essig eingelegte Waldpilze)
- 2 bis 3 große, rohe Champignons
- Einige Essl. Zitronensaft
- Gut ¼ l Weißwein
- Gut ¼ l völlig entfettete Fleischbrühe
- 1 Gläschen Arrak
- 8 bis 10 Blatt weiße Gelatine

Aus dem Rehfleisch Scheiben schneiden. In Mehl wenden, gut abklopfen und im heißen Öl von beiden Seiten braten. Anschließend würzen mit Salz und Pfeffer. Gewürze festdrücken. Auskühlen lassen.

Eine rechteckige oder ovale, flache Schüssel mit senkrechten Rändern mit den Fleischscheiben auslegen. Dazwischen Zitronenecken, Trüffelscheiben und Champignonscheiben, die mit etwas Zitronensaft bestrichen wurden, so anordnen, dass nach dem Stürzen ein attraktives Aspikbild sichtbar wird. Weißwein mit Fleischbrühe vermischen und erhitzen. Arrak zufügen. Abschmecken mit Zitronensaft sowie Salz und Pfeffer. Gelatineblätter (pro ½ l Flüssigkeit 7 Blatt) kalt einweichen und dann in der heißen Flüssigkeit auflösen. Abkühlen lassen. Vorsichtig in die flache Schüssel gießen, damit das Arrangement nicht durcheinander schwimmt. Die Flüssigkeit soll nur einige Millimeter hoch stehen. In den Kühlschrank stellen. Sobald die erste Gelatineschicht fest geworden ist, gießt man den Rest zu, der alle Zutaten bedecken soll. Im Kühlschrank stocken lassen. Gestürzt servieren.

Dazu kalten Sahne-Meerrettich und Bauernbrot mit Butter.

Hinweis: Die Wildbretscheiben können zu Hälften geschnitten werden; Arrak kann durch trockenen Sherry ersetzt werden, was dem heutigen Geschmack eher entspricht.

Frischlingsrücken Schorfheide

Das Eberswalder Urstromtal und die Schorfheide gehören zu dem größten, aus urbelassener Natur bestehenden Jagdgebiet Deutschlands. Beide liegen in der Uckermark, einem beliebten Touristenziel. An einem der stillen Seen und im Schatten alter Eichen habe ich einen köstlichen Jagdschmaus genossen. Erinnerungswürdig vor allem ein Wildschweingericht, das aus einem Frischlingsrücken bestand – was es nur um so wohlschmeckender machte.

- 1 Frischlingsrücken (gut 2 kg und ohne Schwarte)
- 3 Essl. Wacholderbeeren
- Schwarzer Pfeffer aus der Mühle
- Salz
- 100 g fetter Räucherspeck in kleinen Würfelchen
- 2 Essl. Butterfett
- Etwa 1 Tasse Wildfond oder Brühe
- 1 Möhre und 1 Zwiebel
- 500 g sehr dunkles Vollkornbrot oder Pumpernickel
- 20 Pimentkörner
- 1 kräftige Prise Zimtpulver
- 3 Essl. brauner Zucker
- 2 bis 3 leicht geschlagene Eiweiße
- 60 g flüssige Butter

Fleisch waschen und abtrocknen. Wacholderbeeren in einem Mörser zerstoßen und mit Pfeffer und Salz vermischen. Damit den Rücken bestreuen und die Würzmischung gut ins Fleisch drücken. Eine Stunde bei Zimmertemperatur ruhen lassen.

In einer Bratraine dann auf dem Herd Speckwürfel und Butterfett erhitzen. Darin den Rücken scharf anbraten. Danach in den auf 200 °C vorgeheizten Backofen geben, gesäuberte und grob geschnittene Möhre sowie die halbierte Zwiebel daneben legen und nach und nach Wildfond an die Seite gießen.

Brot reiben oder, besser noch, mit dem Blitzhacker zur Konsistenz von Bruchreis zerkleinern. Mischen mit den zerstoßenen Pimentkörnern (die man zusammen mit dem Brot zerkleinern kann), dem Zimt und dem Zucker.

Nach knapp einer halben Stunde Garzeit den Rücken aus dem Ofen nehmen, mit Eiweiß bestreichen und mit der Brotmischung bestreuen; diese gut andrücken.

Zurück in den Ofen geben, in dem er noch eine gute Viertelstunde bleiben muss. Dabei häufig mit der Butter beträufeln und die Kruste immer wieder andrücken.

Vor dem Tranchieren noch zugedeckt eine Viertelstunde ruhen lassen.

Aus dem Bratfond kann man während dieser Zeit mit Rotwein und saurer Sahne eine Wildsauce kochen. Eventuell mit Mehlbutter oder Kartoffelmehl leicht binden.

Als Beilage eignen sich Pfifferlinge, Maronen (glasiert) und Kartoffelkroketten.

Sachsen-Anhalt

Rehpfeffer

- 500 g entbeintes Rehragout
- 250 g frischer Schweinebauch ohne Schwarte
- 1 Essl. Butter
- 1/2 l Rotwein
- 1 Lorbeerblatt
- 6 Wacholderbeeren
- 10 Pfefferkörner
- 1/2 Teel. Salz
- 3 Zwiebeln
- 2 Essl. Butter
- 1 Essl. Mehl
- 1 Essl. Johannisbeergelee

Rehragout zusammen mit dem in mundgerechte Stücke geschnittenen Schweinebauch ganz kurz in Butter anbraten, dann mit dem Rotwein ablöschen. Lorbeerblatt, Wacholderbeeren, Pfefferkörner und Salz zugeben, fest zudecken und auf schwacher Hitze etwa eine Stunde schmoren.

Etwas abkühlen lassen und in ein Sieb schütten. Fleischstücke herausnehmen und beiseite stellen.

Die Zwiebeln in nicht zu kleine Würfel schneiden und in einem Brattopf in der Butter gelb werden lassen. Mehl darüber stäuben und unter Rühren bräunen. Ablöschen mit dem Schmorsaft und zu einer glatten Sauce rühren. Johannisbeergelee darin auflösen, eventuell mit Salz und Pfeffer nachwürzen, Fleischstücke einlegen und alles zusammen zugedeckt noch etwa 15 Minuten schwach kochen.

Beilage: Nudeln oder Klöße.

Ragout von Hirschfleisch

Nach einem Jägerrezept, das heute ein preiswertes Wildgericht liefern kann. Originaltext aus dem Jahre 1858:

„Die Brüſte des Hirſches werden rein gewaſchen, von den daran haftenden Haaren und den lappigen Teilen befreit, in hübſche Stücke gehauen und einige Augenblicke in kochendem Waſſer blanchiert. Dann läßt man 1/4 Pfund Butter in einer Kaſſerolle aufkröſchen, thut das Hirſchfleiſch hinein, läßt es einige Augenblicke braten, vermengt es mit 2 Löffeln Mehl und rührt es mit ſchwacher Bouillon oder Waſſer klar. Nun ſetzt man die Kaſſerolle zum Feuer, läßt das Ragout unter öfterem Umrühren aufkochen, fügt dann Salz, einige mit Nelken beſpickte Zwiebeln, ein Lorbeerblatt, Wurzelwerk, etwas Eſſig und ein garniertes Bouquet[1] dazu und läßt das Ragout an der Seite des Feuers langſam kochen, bis das Fleiſch weich iſt. Hierauf entfernt man den Schaum und das Fett mit einem Löffel, nimmt die Fleiſchſtücke heraus, gießt die Sauce durch ein Sieb und kocht ſie auf raſchem Feuer ein, bis ſie ſeimig genug iſt. Nun gießt man ſie über das Fleiſch, ſchmeckt das Ragout ab (es muß einen pikant-ſäuerlichen Geſchmack haben) und giebt geſchälte, in Waſſer und Salz gekochte Kartoffeln oder geſchmorte Gurken dazu. Man kann dies Ragout auch durch Zuſatz von Zucker etwas ſüßſauer machen."

1 »Garniertes Bouquet« – Gewürzsträußchen aus Petersilie, Estragon, Thymian und Lorbeerblättern.
Aus den gekochten Bruststücken die Rippen herausziehen.

1. Rücken oder Ziemer
2. Blatt
3. Bauch
4. Keule; das Fett am Hirsch nennt man »Weiß« oder »Feist«

Hirschrücken, krustiert

Hirschbraten – Rücken und Keule – hat man im vorigen Jahrhundert gern nach einer sehr alten Methode zubereitet, die allzeit ein zartes Fleisch garantierte. Dabei wurde das Fleisch erst gekocht und dann zu einer pikanten Kruste gebraten. Das folgende Rezept ist ein Original aus dem Jahre 1892 und stammt von Sophie Wilhelmine Scheibler. Damals nahm man schon nicht mehr die vorher übliche Vielfalt von Gewürzen, die früher zur Kruste verarbeitet worden waren. Für heutige Verhältnisse ist ein ganzer Hirschrücken oft zuviel; man kann auch ein Stück Rücken zubereiten oder einen Braten aus einem anderen Stück Wildbret.

„Dazu eignet sich ein Hirschrücken, der gut mit Feist (Fett) belegt ist. Nachdem derselbe gut viereckig zugestutzt, sauber gewaschen, mit Bindfaden umschnürt und in ein passendes Geschirr gelegt ist, wird er mit einigen Litern Wasser, Salz, Zwiebeln, Wurzeln, Gewürz (Piment), Thymian, Basilikum, Lorbeerblättern, Wacholderbeeren und Essig nach gutem Ausschäumen langsam weichgekocht, gut abgetrocknet, mit Ei bestrichen, mit geriebenem Schwarzbrot, welches mit Zucker, Zimt und Nelken(pulver) vermischt ist, belegt, mit Fett beträufelt, mit ein wenig darunter gegossener Brühe in den Ofen gesetzt und hübsch braun gebacken. Dazu gibt man eine Hagebutten- oder Kirschsauce oder eine kalte Cumberland-Sauce.“

Die Lange Wand bei Weltenburg

Gamsrückenbraten

»Die Gemse lebt auf den höchsten Gebirgen und den beschneiten Alpen … Was den Wohlgeschmack ihres Fleisches betrifft, so steht dieses dem des Rehes bei weitem nach.« So beurteilte der königlich-bayerische Haushofmeister und Mundkoch Johann Rottenhöfer den Gamsbraten. Allerdings stand dieses Wildbret seiner Seltenheit wegen in Deutschland immer in hohem Ansehen. Brät man den Rücken einer jungen Gemse, so ist dieser auch zart und wohlschmeckend, wenn man das folgende altbayerische Jägerrezept beachtet.

- 1 Rücken einer jungen Gemse
- 1 bis 2 Tassen Weinessig
- 1/2 Teel. gerebelter Thymian
- 4 zerstoßene Wacholderbeeren

Den Rücken einige Tage abhängen lassen, dann in ein Tuch einschlagen, das mit Weinessig getränkt ist. Zwei Tage so aufbewahren, dabei ab und zu etwas frischen Essig auf das Tuch träufeln. Rücken auspacken. Thymian, Wacholderbeeren, Pfeffer und Salz vermischen und damit den Rücken einreiben. Speckplatten darum wickeln und festbinden.

In einen Bräter setzen und in den auf 225 °C vorgeheizten Ofen schieben. Nach etwa 10 Minuten die Hitze auf knapp 200 °C verringern und die Lorbeerblätter sowie die klein geschnittenen Mohrrüben neben den Rücken legen und den Rotwein dazugießen. Nach weiteren 20 Minuten das Speckhemd entfernen und den Rücken noch weitere 20 Minuten braten, wobei man ihn ab und zu mit flüssiger Butter begießt.

Den Rücken herausnehmen und warm stellen. Sauce mit dem sauren Rahm verkochen und mit Zitronensaft und einer ganz kleinen Prise Zucker abschmecken. Eventuell noch etwas Salz und Pfeffer zufügen.

Gamsrücken schräg zu beiden Seiten des Rückenknochens in dicke Scheiben schneiden, diese wieder auf die Karkasse legen und auftragen.

Die Sauce reicht man separat.

Als Beilage sollte es unbedingt Kartoffel- oder Semmelknödel geben. Außerdem Kraut oder Rosenkohl.

- 1 Prise Pfeffer aus der Mühle
- 1/2 Teel. Salz
- 2 bis 3 Speckplatten
- 2 bis 3 Essl. Butter
- 2 Gläser Rotwein
- 2 Lorbeerblätter
- 1 Mohrrübe
- 1 Tasse saurer Rahm
- Saft von 1/2 Zitrone
- 1 kleine Prise Zucker

Gefüllter Wildschweinkopf

Hierfür ein modernisiertes Rezept aus der Schlossküche. Dieses traditionelle Schaustück kalter Buffets ist Augenweide und Gaumengenuss zugleich. Eine echte Herausforderung für passionierte Hobbyköche. Ich habe vor einigen Jahren einen solchen Wildschweinkopf zusammen mit meinem inzwischen leider verstorbenen Marmitenbruder Felix Vaillant zubereitet und damit den 1. Preis eines großen Wettbewerbes gewonnen. Im Vertrauen gesagt, das Rasieren des Kopfes ist die schlimmste Arbeit.

- 1 Wildschweinkopf (kein alter Keiler; am besten von einem Überläufer)
- Ein Stück Schwarte des Wildschweins
- Etwa 2,5 kg Wildbret (vom gleichen Stück)
- Salz und Salpeter (wenn man nicht die Hilfe eines Metzgers in Anspruch nehmen will)
- 10 Wacholderbeeren
- 300 g frisches Brät (frische Bratwürste)
- 250 g gemahlene Rinder- oder Schweineleber
- 200 g Speckwürfelchen
- 2 Sträußchen Petersilie
- 1 Teel. gestoßene Wacholderbeeren
- 1/2 Teel. Thymian

Wer einen Schweinskopf zur Zierde seines Büffets machen will, der beherzige einen Rat von Heinrich Heine:

»Auch einen Schweinskopf trug man auf
In einer zinnernen Schüssel;
Noch immer schmückt man den Schweinen bei uns
Mit Lorbeerblättern den Rüssel.«

Keine Angst vor der Länge der Zutatenliste! Sie sollten sich lieber bemühen, einen großen Topf zu finden, in den der Wildschweinkopf passt. Ein Kessel aus Großmutters Waschküche wäre das Beste. Vielleicht lässt Sie auch Ihr Metzger in seine Wurstküche.

Kopf zunächst einmal in kochendes Wasser stecken. Nach einigen Minuten herausnehmen und mit der Rasur beginnen. Ein altes Rasiermesser, das immer wieder abgezogen werden muss, leistet gute Dienste. Zum Aufweichen der Borsten kann man den Kopf auch eine Stunde lang in Tücher einpacken, die immer wieder mit kochendem Wasser getränkt werden. Letzte Borstenreste mit einer Lötlampe absengen. Die Schwarte und besonders alle Öffnungen werden nun noch sehr gründlich mit einer Wurzelbürste und Salzwasser bearbeitet.

Augen (Lichter) ausstechen. An der Unterseite den Kopf aufschneiden, Schwarte vorsichtig lösen und alle Knochen nebst Fleisch entfernen. Alle Knorpel u. ä. wegwerfen, schieres Fleisch aufheben. An der Innenseite der Schwarte lässt man, wo vorhanden, das Gewebe etwa fingerdick stehen.

Unterseite des Kopfes, nachdem man ihn ausgewaschen und gut getrocknet hat, wieder mit ungeleimtem Faden zusammennähen. Aus der Schwarte ein Stück schneiden, das zum Verschließen der Halsöffnung dienen soll. Dieses ebenfalls rasieren und bürsten.

Zur Füllung das Wildbret in Würfel schneiden und den Metzger bitten, es leicht zu pökeln, oder es selbst mit Salz und Salpeter einreiben, mit den zerdrückten Wacholderbeeren vermischen, in einem Steingutgefäß beschweren und 2 bis 3 Tage stehen lassen. Anschließend abwaschen, trocknen und die Hälfte davon durch die feinste Scheibe der Fleischmaschine drehen. Diese Masse mit dem Brät, der gemahlenen Leber, den Wildbretstücken, den Speckwürfelchen, gehackter Petersilie, Wacholderbeeren, Thymian, Abrieb und Saft der Zitrone sowie Weinbrand gut vermischen. (Sollte die Masse nicht ausreichen, so kann man noch einige Scheiben eingeweichtes und wieder ausgedrücktes Weißbrot ohne Rinde damit verkneten.) Abschmecken mit Salz und Pfeffer. Die Hälfte der Masse in den Kopf füllen. Kalbszunge in die Speckplatte wickeln und längs einlegen. Rest der Masse darüber füllen. Den Kopf nicht zu prall voll stopfen. Schwartenplatte vor die Halsöffnung legen und ringsum vernähen. Kopf in Form drücken und dann am besten auf ein Brett binden.

Einen Sud aus Wasser und den restlichen Zutaten machen. Den Kopf einlegen und langsam

2 Essl. Zitronensaft
Abrieb einer Zitrone (ungespritzt)
4 Gläschen Weinbrand
Salz
Pfeffer aus der Mühle
1 Kalbszunge, gepökelt
1 Speckplatte (frisch)
2 Flaschen herber Weißwein
2 Bund Suppengrün
2 Zwiebeln
4 Lorbeerblätter
4 Nelken
Abschnitte vom Wildbret des Wildschweins sowie Knochen
1 kg Kalbsknochen
Salz
12 Pfefferkörner

zum Kochen bringen. Auf schwachem Feuer etwa 5 Stunden kochen und in der Brühe dann abkühlen lassen.

Herausnehmen und auf einer mit Eichenblättern ausgelegten Platte (oder einem Brett) anrichten. So man hat, kann man die Waffen (Hauer) ansetzen. Mit dem abgeseihten Sud den abgekühlten Kopf bestreichen, da er glasiert sehr viel schöner aussieht.

Nachdem dieses herrliche Stück genügend bewundert worden ist, kann man es von der Halsseite her wie eine Pastete anschneiden und es sich mit einer kalten Würzsauce schmecken lassen.

Rheinland

Wildschweinkeule

Dieses Rezept stammt aus einem Jägerhaushalt der Westeifel.

Für 6 Personen:

- 1,5 kg Wildschweinkeule, ausgebeint
- 2 bis 3 Gläschen Doppelwacholder
- 4 Wacholderbeeren
- 1 Prise Thymian
- Schwarzer Pfeffer aus der Mühle
- Salz
- 150 g fetter Räucherspeck in dünnen Scheiben
- 2 Essl. Butter
- 1 Zwiebel
- 1 Glas Rotwein
- 1 Tasse saure Sahne

Die ausgebeinte Keule auseinanderklappen und mit dem Doppelwacholder begießen. Eine Stunde ziehen lassen, dabei mehrmals wenden und nach der Hälfte der Zeit mit zerdrückten Wacholderbeeren, Thymian und schwarzem Pfeffer bestreuen. Gewürze ins Fleisch drücken.

Einige Speckscheiben auf die Innenseite der Keule legen und diese fest zusammenrollen. Mit ungeleimtem Faden binden.

Außenseite trocken tupfen, leicht salzen und in einem Bräter im Schmalz auf allen Seiten gründlich anbraten. Zwiebel in Scheiben schneiden und kurz mit anbraten. Rotwein zugießen, die restlichen Speckscheiben auf den Braten legen. Im zugedeckten Topf etwa 1½ Stunden auf kleiner Hitze schmoren. Dabei öfter den Braten umwenden und jedes Mal die Speckscheiben wieder obenauf legen. Braten herausnehmen, Speckscheiben wegwerfen.

Saure Sahne in den Topf rühren und diese Sauce abschmecken, durch ein Sieb abgießen und separat servieren.

Beilage: Kartoffelklöße und Rotkraut.

Warnung: Die Schmorzeit kann sich beträchtlich verlängern, denn bei Altersangaben halten es manche Wildbrethändler wie manche reifere Damen oder Herren – sie untertreiben ein wenig.

1. Keule oder Schinken
2. Mürbebraten
3. Rippespeer, Koteletts
4. Kamm
5. Kopf
6. Kehlstück
7. Schulterblatt
8. Bauch

Hasentopf auf deutsche Art

Heutzutage sind alte Rezepte dieser Art kaum noch nachzukochen, weil man nur selten die Gelegenheit hat, Hasenblut zu bekommen. Anderes Blut täte es auch. Aber davor ekeln sich viele. Mit einem einfachen Trick habe ich den »blutigen Teil« der Zubereitung umgangen, komme jedoch zum gleichen Wohlgeschmack. Der Umweg führt über Blutwurst. In allen deutschen Wild-Gaststätten oder Jägerhaushalten kennt man dieses Gericht unter dem Namen »Hasenpfeffer«. Zuweilen wird es auch als »Hase im Topf« bezeichnet. Dieser Name geht zweifellos direkt auf den hessischen, rheinhessischen und pfälzischen »Dippehas« zurück. In den letztgenannten drei Landschaften gehört dieses Rezept seit Generationen zu den beliebtesten und billigsten Wildgerichten. Ursprünglich nahm man dazu nur Vorderläufe, Kopf, Hals und Bauchlappen der Hasen sowie die Innereien. In Jägerhaushalten kann man das auch heute noch so handhaben. Gesamtdeutsch gesehen, handelt es sich dabei um ein Hasen-Schwarzsauer.

Vorwiegend in den südwestlichen Landesteilen

Hasenpfeffer

Dippehas

Hase häuten und in 10 bis 12 Stücke zerlegen. Entbeinen oder nicht ist Geschmackssache: entbeintes Fleisch ist bequemer zu essen; am Knochen schmeckt es besser – und so aßen es Mütter und Väter. Schweinenacken und Schweinebauch in gulaschkleine Würfel schneiden. Dörrfleisch in briefmarkengroße Stücke. Diese im Schmalz ausbraten, herausnehmen und auf Küchenkrepp entfetten.

Im zurückgebliebenen Fett die klein geschnittenen Zwiebeln, gestiftelte Mohrrübe sowie den gleichermaßen geschnittenen Sellerie so lange andünsten, bis die Zwiebeln hellgelb sind. Das alles sollte in einem dicken, gusseisernen Topf geschehen, der groß genug ist, das ganze Gericht aufzunehmen.

Inzwischen Rotwein, Brühe, Essig, die zerdrückten Blutwürste (ohne Pelle natürlich) zusammen mit Nelkenpulver und Lorbeerblatt aufkochen. Kräftig durchrühren.

Zu den angedünsteten Zwiebeln alle Fleischstücke geben, Mehl überstäuben, salzen und kräftig pfeffern. Unter mehrmaligem Wenden das Fleisch Farbe nehmen lassen. Dann Dörrfleischstücke zugeben.

Ablöschen mit der Rotweinmischung.

Johannisbeergelee einrühren und abschmecken.

Falls die Blutwürste nicht kräftig gewürzt waren, muss man unbedingt noch etwas Majoran zufügen.

Deckel auflegen und mit einem Mehl-Wasser-Teig verkleistern. Im vorgeheizten Backofen bei

Bitte umblättern.

Für 6 Personen:

- 1 Hase (es können auch nur Hasenteile sein; wer nur Vorderläufe bekommt, hat ein vorzügliches und sehr preiswertes Gericht)
- 300 g Schweinehackbraten
- 250 g frischer Schweinebauch ohne Schwarte
- 125 g Dörrfleisch (durchwachsener, geräucherter Speck ohne Schwarte)
- 1 Essl. Schmalz
- 3 Zwiebeln
- 1 Mohrrübe
- 1 Stück Sellerieknolle
- 2 Gläser kräftiger Rotwein
- 1 Tasse Fleischbrühe
- 2 bis 3 Essl. Essig
- 3 bis 4 Blutwürstchen (frische, ungebrühte, wie man sie im Sauerkraut zur Schlachtplatte kocht)
- 1 Prise Nelkenpfeffer

2 zerriebene Lorbeerblätter
1 Essl. Mehl
Salz und Pfeffer aus der Mühle
2 Essl. Johannisbeergelee
Majoran

knapp 175 °C gut 1½ stundenlang schmoren lassen.

Anrichten: Am besten in dem Geschirr, in dem das Gericht gegart wurde. Deshalb kann man es auch nach dem Anbraten in ein irdenes Geschirr umfüllen und darin im Ofen schmoren. Dabei mit einem Mehl-Wasser-Teig aromadicht versiegeln.

Der Deckel wird erst bei Tisch geöffnet, denn der dabei ausströmende Duft ist der herrlichste Vorgeschmack, den man sich denken kann.

Beilagen: Kartoffelklöße, Weckklöße, Böhmische Knödel oder Spätzle; auch Bandnudeln. Rotkrautsalat.

Kalter Hasenrücken

Dieses Rezept habe ich von einer Familie, die jetzt bei Stuttgart lebt. Der »Kalte Hasenrücken« ist ein liebgewordenes Erbstück von einer alten Großtante, die den besten Teil ihres Lebens in einem Gutshaus in Niedersachsen verbracht hatte.

- 2 Hasenrücken
- 2 Zwiebeln
- Salz
- 1 bis 2 Tassen Öl
- 1 bis 2 Essl. Mehl
- 2 Gläser Rotwein
- 2 Lorbeerblätter
- Saft einer Zitrone
- Pfeffer aus der Mühle
- Etwa 1 Teel. Zucker
- 1 Prise gerebelter Thymian

Hasenrücken häuten und in Wasser mit einer in Scheiben geschnittenen Zwiebel und etwas Salz so lange kochen, bis das Fleisch halb gar ist. Etwas abkühlen lassen, dann das Fleisch von den Knochen lösen und im heißen Öl ringsum kräftig anbraten. Salzen und pfeffern, Hitze verringern und die Hasenrückenstücke, sobald sie gar sind, herausnehmen und abkühlen lassen. Im verbliebenen Öl die zweite, klein geschnittene Zwiebel hellgelb werden lassen, mit Mehl bestäuben und dieses bräunen. Rotwein zugießen, Lorbeerblätter, Zitronensaft und Pfeffer zugeben und die Sauce eine gute Viertelstunde lang kochen. Mit Thymian, Salz und Zucker abschmecken und dann im Backofen so lange bei 170 °C dünsten, bis das Öl an der Oberfläche austritt. Eventuell muss noch Wasser, Brühe oder Rotwein nachgegossen werden, vor allem, wenn Tomatenmark zugesetzt wurde. Dann die Sauce passieren und kalt werden lassen. Kaltes Fleisch in nicht zu dicke Scheiben schneiden, diese dachziegelartig auf einer Platte ausbreiten und mit der Sauce begießen.

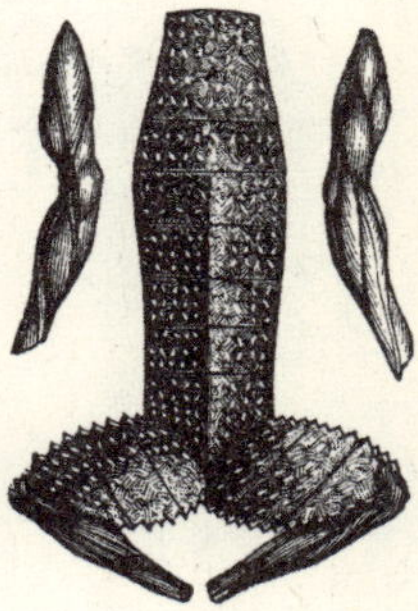

Dazu schmeckt ein helles Bauernbrot.

Hinweis: Als Verfeinerung verkochen die Rezept-Erben 2 Essl. Tomatenmark in der Sauce und garnieren die Platte mit schwarzen Oliven, was allen noch viel besser schmeckt.

Eingemachter Haas

Da Stallhasen schon immer einfacher und schneller zu haben waren als wild lebende, waren die »Hasen« dieses Gerichts Kaninchen. Das Rezept stammt aus Villingen und wurde mir von meinem Freund Heiner Flaig mitgeteilt.

- 1 Kaninchen (Tiefkühlware gut möglich)
- 1/2 l Most oder Weißwein (Gutedel aus dem Markgräflerland)
- 1 große Zwiebel
- 2 Nelken
- 1 Lorbeerblatt
- 1 Teel. Essig
- 50 g Butter
- 50 g Mehl
- 1 Tasse Sahne
- 1 Schuss Weißwein
- Weißer Pfeffer aus der Mühle und Salz
- 1 oder 2 Eigelb

Kaninchen in mindestens 8 Teile zerlegen. Marinade aus Most oder Weißwein mit Zwiebeln, Nelken und Lorbeerblatt ansetzen und darin das Fleisch mindestens 24 Stunden liegenlassen.

Gut 1 l Salzwasser aufkochen und Fleischstücke einlegen. Wenig später die Marinade nebst Gewürzen zugießen und 1 Stunde schwach kochen. Butter erhitzen, Mehl darin hell anschwitzen. Mit knapp 1/2 l Kochbrühe auffüllen und glatt rühren. Sahne darin verquirlen und abschmecken mit einem kräftigen Schuss Weißwein, Pfeffer und Salz. Fleischstücke einlegen. Nach einigen Minuten vom Feuer nehmen und mit dem Eigelb legieren. Als Beilage isst man dazu breite Nudeln.

Hasenpastete

Aus einem alten Familienkochbuch. Früher wurden auch in Privathaushalten sehr viel mehr Pasteten und Terrinen zubereitet als heute. Hier handelt es sich im engeren Sinn des Wortes um eine Terrine. Sie kann auch mit anderem Wildbret zubereitet werden.

- 350 g Hasenbratenreste
- 150 g nicht zu mageres Schweinefleisch
- 2 abgeriebene Brötchen
- 2 bis 4 Sardellenfilets
- 125 g fetter, geräucherter Speck
- 2 Eier
- 1 Gläschen Madeira Salz und Pfeffer aus der Mühle und 3 zerdrückte Wacholderbeeren
- 1 bis 2 Essl. Sauce vom Hasenbraten
- 1 Essl. Butter
- 2 Scheiben Speck
- 1 bis 2 Lorbeerblätter

Hasenfleisch und Schweinefleisch zusammen mit den Sardellen und den eingeweichten und gut ausgedrückten Brötchen durch die Fleischmaschine drehen.

Speck in kleine Würfelchen schneiden. Zusammen mit den Eiern, Madeira, Gewürzen und Sauce kräftig unter das gehackte Fleisch mischen. Würzung prüfen; sie muss kräftig sein, da sie nach dem Garen etwas schwächer wird.

Eine kleine Kastenform oder eine feuerfeste Keramikterrine (was beim Anrichten schöner aussieht) gut ausbuttern, die Farce einfüllen und mit Speckscheiben belegen. Unter den Speck noch Lorbeerblätter legen.

Zugedeckt im Wasserbad etwa eine Stunde kochen.

Als Beilage schreibt das alte Familienkochbuch ausdrücklich gebackene Blätterteigstücke (Halbmonde, Fleurons) vor und Salat. Durch die Beigabe von Blätterteigstückchen wird geschmacklich eine Annäherung an eine Pastete in Teigkruste erreicht – ein recht interessanter Trick aus Urgroßmutters Küche, die wohl wusste, wie schwer echte Pasteten zu backen sind.

Kurpfälzer Jagdpastete

Das folgende Rezept stammt vom weiland Hof-Conditormeister Kettemann. Es wurde in der Familie vererbt. Ich habe es von Eugen Kettemann, der heute noch in Mannheim Konditorei und Café besitzt. Zu besonderen Anlässen stellt er auch noch die Jagdpastete nach dem alten Familienrezept her. Hier sei sie dem viel besungenen »Jäger aus Kurpfalz« gewidmet.

Pastetenteig:
500 g Mehl
1 Prise Salz
1/16 l Wasser
1 Teel. Kräutermischung »Fines herbes«
200 g Pflanzenfett

Füllung:
1/2 l Rotwein
1 Lorbeerblatt
10 Wacholderbeeren
1 grob geschnittene Zwiebel
375 g Hirsch- oder Rehfilet
125 g Schweineleber
1 kleines Döschen Pfifferlinge
1 Essl. Butterfett
1 Gläschen Weinbrand
300 g Wurstbrät (Bratwurstfüllsel, grob, ungebrüht)

Mehl mit Salz, Wasser und Kräutermischung verrühren. Fett erhitzen und flüssig zu dem Teigansatz gießen. Verrühren und kräftig kneten. Teig eine Nacht im Kühlschrank ruhen lassen. Er kann unbedenklich eine Woche aufgehoben werden.

Für die Füllung den Rotwein mit Lorbeerblatt und sechs Wacholderbeeren sowie der Zwiebel würzen. Wildfilet in Streifen schneiden und über Nacht darin marinieren.

Schweineleber 5 Minuten lang in kochendem Wasser steif machen, dann herausnehmen und ebenfalls in Streifen schneiden. Pfifferlinge ohne Flüssigkeit im Butterfett erhitzen, mit Weinbrand übergießen und flambieren. Abkühlen lassen und mit dem Wurstbrät vermischen.

Pfefferkörner, restliche Wacholderbeeren, Rosmarin, Piment und Koriander im Mörser zusammen zerstampfen und anschließend mit 1/3 Teel. Salz zu einem Wildgewürz vermischen. Zum Aufbau der Pastete fettet man eine Kastenform (26 cm lang) mit Schmalz ein. Teig ausrollen, eine große und eine kleine Platte daraus schneiden. Mit der großen Teigplatte die Form auslegen, Wülste in den Ecken ausschneiden, Ränder großzügig über die Form hängen lassen; sie werden später über der Pastete zusammengeklappt.

Mariniertes Wild abtropfen lassen. Boden der Pastete mit einigen Wild- und Leberstreifen belegen. Mit etwas Wildgewürz bestreuen. Darauf die Hälfte des Bräts verteilen. In der Mitte eine Längsrille drücken und dahinein die Preiselbeeren verteilen. Restliche Wild- und Leberstreifen auflegen und mit dem verbliebenen Brät bedecken. Glattstreichen. Teiglappen darüber klappen. Kleine Teigplatte zu einem Deckel schneiden und diesen auf die mit Eigelb bestrichenen Teiglappen drücken. Ränder sauber abschneiden. In der Mitte kreisrunde Öffnung schneiden und ein zusammengerolltes Stück Alu-Folie als Kamin einsetzen.

Oberfläche der Pastete mit einer Gabel einritzen oder aus Teigresten Ornamente formen und mit Eigelb aufkleben. Oberfläche ganz mit Eigelbwasser bestreichen. Im vorgeheizten Backofen bei 200 °C in einer guten Stunde goldbraun backen. Rotwein der Marinade durch ein Haarsieb gießen, 1/4 l abmessen, erhitzen und darin die in wenig Wasser vorgequollene Gelatine auflösen.

Aus der gebackenen Pastete den Kamin herausziehen. Pastete abkühlen lassen und dann im Kühlschrank richtig kalt werden lassen. Flüssiges Aspik durch die Öffnung eingießen und im Kühlschrank erstarren lassen.

Zum Schneiden der Pastete ein feines Sägemesser verwenden. Die Scheiben sollen fingerdick sein.

8 Pfefferkörner
1 Prise Rosmarin
2 Pimentkörner (Nelkenpfeffer)
1 Essl. Schmalz
3 Essl. eingemachte Preiselbeeren
1 Eigelb, mit 2 Essl. Wasser verkleppert
1 Teel. Aspikpulver (gemahlene Gelatine), in Weißwein gelöst

Ansicht von Karlsruhe nach einer Zeichnung von L. Hofmeister

Hasenkuchen

Dies ist eine sehr einfache und volkstümliche Form einer Wildterrine, die sich auch heute noch zur Nachahmung anbietet.

- 500 g Hasenfleisch, gekocht oder gebraten (Reste)
- 4 Sardellenfilets
- 1 gehäufter Teel. Kapern
- 1 Zwiebel
- 1 Bündel Petersilie
- 4 Essl. Butter
- 1 Essl. Mehl
- 3 Eier
- 2 bis 3 Essl. saure Sahne
- Salz und Pfeffer aus der Mühle
- 1 Essl. Butter
- 6 bis 8 Essl. Semmelbrösel
- 2 bis 3 Essl. flüssige Butter

Hasenfleisch zusammen mit Sardellen, Kapern, der grob zerteilten Zwiebel und der ebenfalls ganz grob gehackten Petersilie (ohne dicke Stängel) durch die feine Scheibe des Fleischwolfs drehen.

Butter sahnig rühren und mit Mehl vermengen. Eier schlagen und in die Mehlbutter gut einarbeiten. Dann diese Masse mit dem gewürzten Hasenhack kräftig vermischen. Dabei Sahne zufügen und mit Salz und Pfeffer abschmecken.

Eine Tortenform – am besten kleine Springform – mit Butter ausstreichen, mit Semmelbröseln ausstreuen, diese mit Butter beträufeln und festdrücken. Fleischteig einfüllen und bei 180 °C im Ofen zu dunklem Goldbraun backen. Stäbchenprobe!

Als Beilage passt gemischter Salat.

Die Torte kann heiß und kalt serviert werden.

Wilde Enten

Eine sehr interessante Anweisung findet sich in einem »Kochbuch für Norddeutschland« aus dem Jahr 1894. Dieses Rezept trägt der Tatsache Rechnung, dass wilde Enten leicht tranig schmecken, besonders jene aus den Küstenregionen. Unser norddeutsches Rezept hält sich nicht mit Einzelheiten auf, die das Braten betreffen; diese werden als bekannt vorausgesetzt.

„Nur junge Enten können gebraten werden, alte geben eine sehr gute Suppe. Wenn die Enten gerupft sind, werden sie gesengt, tüchtig gewaschen, mit warmem Wasser und etwas Mehl abgerieben, und dann ausgenommen. Eine Handvoll Brennesseln wird dann auf die Enten gelegt und kochendes Wasser darüber gegossen, worin sie 5 bis 8 Minuten liegen bleiben. Bei guter Hitze werden sie in 5/4 bis 11/2 Stunden gar. Bei Tisch kann man die Brust einritzen, etwas Senf, rothen Pfeffer und Citronensaft hineinstreichen, mit der Sauce begießen, wodurch das Ganze angenehm schmeckt."

Die Enten werden vor dem Braten innen und außen gesalzen, jedoch nicht gefüllt.

Am besten legt man unter den Rost Knochen und Suppengrün in eine Fettwanne, in die man etwas Wasser gießt. Aus dem entfetteten, abgetropften Bratsatz der Enten wird die Sauce mit wenig Weißwein und Stärkemehl bereitet. Mit rotem Pfeffer ist hier (edelsüßes) Paprikapulver gemeint.

Markgräfler Fasan

Für 2 Personen:

1 junger Fasan
Salz
Pfeffer aus der Mühle
6 zerdrückte Wacholderbeeren
2 Scheiben Speck (fett)
1 Essl. Butter
1/2 Teel. edelsüßes Paprikapulver (eine neuere Zutat, aber gut)
1 Zwiebel
1 Knoblauchzehe
1 Messerspitze gerebelter Thymian
1 Essl. Butter
1 Essl. Mehl
Salz und Pfeffer
1/4 l herber Weißwein

Fasan auswaschen, abtrocknen. Salz, Pfeffer und vier zerdrückte Wacholderbeeren vermischen und damit den Fasan innen und außen einreiben. Speckscheiben über die Brust binden; dabei auch Keulen zusammenbinden. Bei 220°C im vorgeheizten Ofen etwa 10 Minuten anbraten. Danach ca. 30 Minuten bei knapp 200°C weiter braten. Mehrmals mit Butter, die mit Paprikapulver verknetet wurde, und Bratfett bepinseln.

Hals und Magen des Fasans scharf in Butter anbraten. Dazu klein gehackte Zwiebel, zerdrückte Knoblauchzehe und Thymian. Mit Mehl bestäuben und dieses leicht bräunen. Mit Weißwein ablöschen und mit Salz, Pfeffer und zwei zerdrückten Wacholderbeeren würzen. Etwa 15 Minuten kochen; eventuell etwas Wasser nachgießen. Sauce passieren.

Beilagen: Weinsauerkraut, Weintrauben (in Butter geschwenkt) und Kartoffelpüree. – Beim Anrichten werden die Fasanenhälften mit jeweils einer Speckscheibe belegt. Sauce wird extra gereicht.

Rebhühner in Linsen

Auf diese Weise bereiten selbst betagte Vögel noch Freude. Oberforstmeister Frevert, langjähriger Chef der Rominter Heide, hat mir erzählt, dass auch die höchst gestellten Jagdgäste Gefallen an diesem Gericht fanden.

- 2 bis 3 Rebhühner
- Salz
- Pfeffer aus der Mühle
- 4 bis 6 zerdrückte Wacholderbeeren
- 2 Essl. Butter oder Butterschmalz
- 2 bis 3 Speckscheiben, fett, knapp 1/2 cm dick
- 80 g gewürfelter, fetter Speck
- 2 Zwiebeln
- 2 Mohrrüben
- 1 Stück Sellerie
- 1 Essl. Mehl
- 1 Lorbeerblatt
- 400 g Linsen
- 1 Glas Rotwein
- 250 g Kartoffeln
- 1 Schuss Essig

Die vorbereiteten Rebhühner innen und außen salzen und pfeffern. Innen auch noch mit den zerdrückten Wacholderbeeren einreiben. Etwa 1 Stunde stehen lassen.

Butter oder Butterschmalz erhitzen und darin die Rebhühner von allen Seiten gründlich anbraten. Die Brustseite der Rebhühner mit je einer großen Speckscheibe belegen und diese festbinden.

Im verbliebenen Anbratfett in einem großen Suppentopf mit dickem Boden den gewürfelten Speck glasig werden lassen. Zwiebeln klein schneiden, Mohrrüben schrappen und in kleine Würfel schneiden, ebenso mit dem Sellerie verfahren. Alles Gemüse andünsten, bis die Zwiebeln sehr gut glasig sind. Mehl darüber stäuben und unter ständigem Rühren bräunen. Ablöschen mit dem Einweichwasser, in dem die Linsen über Nacht lagen, gut verrühren, Lorbeerblatt und Linsen zufügen, den Rotwein eingießen. Umrühren, mit Salz und Pfeffer aus der Mühle würzen. Zugedeckt etwa 15 Minuten kochen. Dann die klein gewürfelten Kartoffeln in die Linsen rühren und die Rebhühner hineindrücken. Wieder zudecken und noch ungefähr eine 3/4 Stunde schwach kochen.

Rebhühner herausnehmen, Speck entfernen, diesen in Stücke schneiden und in die Linsen mischen. Nochmals abschmecken und dabei auch den Essig zufügen; die Linsen dürfen nicht zu suppig sein.

Beim Anrichten halbierte Rebhühner auf eine tiefe Platte mit den Linsen legen.

Gebratener Auerhahn

Bitte das Rezept sehr genau durchlesen und
auch die letzte Zeile beachten!

1 schöner Auerhahn in seiner vollen Manneskraft
4 bis 6 Flaschen Portwein eines alten Jahrgangs
800 g Gänseleber
100 g Trüffeln

Den Auerhahn rupfen und ausnehmen (lassen). Auswaschen und gut abtrocknen. Dann vier Tage in Portwein (möglichst alter Jahrgangsport) einlegen, kühl stellen und ab und zu umwenden.

Abtropfen lassen.

Aus gemahlener Gänseleber und den gebürsteten Trüffeln, die man nicht zu klein hackt, zusammen mit dem alten Cognac eine Füllung kne-

ten. Zur besseren Bindung eventuell noch etwas in Champagner eingeweichtes und wieder ausgedrücktes Weißbrot und Kalbsbries damit vermischen. Mit Salz und Pfeffer abschmecken. Auerhahn damit füllen und zunähen. In gute Form dressieren. Mit heißer Butter übergießen und bei 240 °C im vorgeheizten Ofen 95 Minuten braten. Dabei abwechselnd mit Butter und altem Calvados einpinseln.

Den goldbraun gebratenen Auerhahn auf eine große Silberplatte legen, mit Morcheln in Rahm umgeben und von einem Kellner oder Diener im Frack feierlich in den mit Kerzen erleuchteten Speisesaal bringen lassen. Er wird allen Gästen zur gehörigen Bewunderung gezeigt.

Dann öffnet man ein Fenster und wirft ihn mit elegantem Schwung hinaus.

PS. Dies ist ein altes deutsches Rezept, das in Jägerkreisen immer wieder … erzählt wird. (Ein alter Auerhahn ist zwar prächtig anzusehen, jedoch nicht gut zu kauen.)

4 Gläser alter Cognac
Salz
Pfeffer aus der Mühle
2 Gläser Champagner
3 Scheiben Weißbrot
1 Kalbsries
200 g Butter
½ Flasche alter Calvados
250 g Morcheln
1 Tasse Sauerrahm

Saucen

In der frühen deutschen Kochbuchliteratur spielen die Saucen eine Hauptrolle. In anderen Ländern ist es ähnlich. Bei der bescheidenen Auswahl an Speisen, die vor allem in langen Wintermonaten auf ein geradezu kärgliches Angebot zusammenschrumpfte, mussten Köche und Köchinnen versuchen, durch Saucen Abwechslung in das Einerlei zu bringen. Außerdem – und das sei nicht verschwiegen – waren dermaleinst viele Lebensmittel mangels erträglicher Frischhaltemöglichkeiten schon recht möpselnd, wenn sie in der Küche verarbeitet wurden; Saucen überdeckten viele Misslichkeiten dieser Art.

In der Neuzeit hat man sich solcher Sauceneigenschaften wieder besonnen. Vor allem in England machte man sich die Erfahrungen der Alten zunutze und erfand würzige Saucen, die den geschmacklosen Speisen auf die Sprünge halfen. Noch heute sind diese zweifelhaften Geschmackshilfen in Flaschen gefüllt auch bei uns überall zu kaufen.

Deutsche Hausfrauen und Kochkünstler wurden im Laufe der Jahrhunderte einmal zu geizig und dann auch zu faul, die komplizierten Saucen ihrer Vorväter weiter zuzubereiten. Also erfanden sie einen braunen Mehlpapp, den sie Sauce nannten und der die deutsche Kochkunst so besudelt hat, dass mit ihr kaum noch Staat zu machen ist. Diese deutsche Sauce, in der Gastronomie »Grundsauce« genannt, wollen wir bei unserer Zusammenstellung an den Rand des Herdes rücken, wenngleich sie zu einem tragenden Element der berühmten Küche von New Orleans geworden ist.

Den deutschen Hausfrauen beschert die Nahrungsmittelindustrie inzwischen ständig neue Saucenzubereitungen – ein Tribut an das Saucenbewusstsein, das sich überall bemerkbar macht. Nutzen wir dafür auch den reichen Schatz traditioneller Saucenrezepte, bei denen es überraschende Köstlichkeiten gibt.

In dem sehr frühen Kochbuch »Koch und Kellermeisterey«, das 1581 in Frankfurt erschien, finden wir eine:

Amerellen Salsen

Weichsel- oder Sauerkirschensauce

„Stoß sie in einem Mörser mit Kern und allem, reib Lebkuchen darunter, treib sie durch ein Tuch zusammen mit gutem Wein, schütt es in ein verglasierten Hafen. Stoß Negelin und allerley stark Würtz, und thu ein wenig Saltz darein. Erwell (laß aufwallen) es bey dem Feuer, darnach thu es auch in ein feucht Becken und laß es wol gestehen.“

Sauerkirschsauce

Modernisiertes Rezept der Amerellen Salse, die besonders als Beigabe zu Wildgerichten geschätzt wird.

Knochen und Abgänge von Wild
1 Zwiebel
1 Möhre
1 Stück Sellerieknolle
1 bis 2 Essl. Mehl
2 Essl. Butter
6 zerdrückte Wacholderbeeren
Salz
Pfeffer aus der Mühle
2 bis 3 Essl. Johannisbeergelee
250 g Sauerkirschen

Knochen und Abgänge (abgeschnittene Fleisch- und Knorpelstückchen) zusammen mit den geputzten und grob zerschnittenen Gemüsen in der Butter scharf anbraten. Häufig bewegen. Mit Mehl bestäuben und noch einige Minuten weiter braten, bis das Mehl dunkel angeröstet ist. Ungefähr zwei Tassen heißes Wasser zugießen, Bratsatz los kratzen, Wacholderbeeren, Salz und Pfeffer zufügen. Unter häufigem Wenden 1/2 Stunde lang kochen, eine weitere Tasse Wasser zugießen und nochmals eine halbe Stunde kräftig kochen. Die Flüssigkeit soll dabei auf knapp 1/4 Liter einkochen. Durch ein Haarsieb abgießen und mit dem Johannisbeergelee sowie den entsteinten und weich gedünsteten Sauerkirschen mitsamt ihrem Saft vermischen. Noch einmal kurz aufwallen lassen, abschmecken und servieren.

Als Beilage zu Wildbret reichen.

Verbesserung dieser Sauce ist möglich, wenn man sie zusätzlich mit etwas Zimt würzt, der jedoch nicht vorschmecken darf.

Warme Meerrettichsauce

- 1 Stange Meerrettich
- 3 geh. Essl. geriebene Weißbrotkrume
- 3 bis 4 Essl. Butter
- Einige Strich Muskatnuss
- Etwas weißer Pfeffer aus der Mühle
- 1 kräftige Prise Salz
- 1/4 l gute Fleischbrühe

Meerrettich gründlich putzen und dann fein reiben. Mit allen anderen Zutaten vermischen. Unter Rühren einmal aufkochen.

Sollte die Sauce zu dick sein, so gibt man noch etwas Brühe oder Sahne zu. Eine zu dünne dickt man mit weiterer Zugabe von Weißbrotkrumen an.

Diese Sauce wird zu gekochtem Fleisch gegessen.

Franken

Apfelkren

- 4 bis 5 gehäufte Essl. frisch geriebener Meerrettich (Kren)
- 4 Essl. geriebener, säuerlicher Apfel
- 2 Essl. Zitronensaft
- Zucker
- Salz
- 2 bis 3 Essl. saurer Rahm

Meerrettich in eine kleine Rührschüssel füllen. Geriebenen Apfel mit dem Zitronensaft vermischen und dann mit dem Meerrettich verrühren.

Abschmecken mit Zucker und ganz wenig Salz. Eine Viertelstunde ziehen lassen. Mit dem sauren Rahm abrunden.

Änderungsmöglichkeit: Wer die Sauce milder haben möchte, der kann etwas mehr saure Sahne nehmen und zur Bindung noch frisch geriebene Weißbrotkrume zufügen.

Zu Siedfleisch und zu heißen Würstchen.

Frankfurt am Main,
Stich von W. Lacey nach einer Zeichnung von W. Tobleson

Grüne Sauce

Grieh Soos

Hier haben wir den Star unter den deutschen Saucen. Sie hat sich Mitte des zwanzigsten Jahrhunderts sogar die Bankett-Tafeln erobert. Eine begrüßenswerte Entwicklung hat sich vollzogen: Hausmannskost wurde zur deutschen Spezialität der feinen Küche, genannt »Frankfurter Grüne Sauce«. Wenn man »Grüne Sauce« auch in weiten Teilen Hessens und Rheinhessens schon lange kennt, so kann man sie doch mit Fug und Recht als Frankfurter Spezialität bezeichnen. Dort nennt man sie »Grieh Soos«.

Dass sie zu Goethes Lieblingsspeisen zählte, wage ich zu bezweifeln, denn er, der so viel übers Essen schrieb, hat sie nie erwähnt. Sie taucht auch in Frankfurter Kochbüchern erstmals um die Mitte des 19. Jahrhunderts, also nach Goethe, auf.

Ich gebe drei Rezepte. Das älteste stammt aus dem »Frankfurter Kochbuch« von W. Schünemann, 1842 erstmals gedruckt.

„Kerbel, Sauerampfer und Estragonblätter, von jedem eine Handvoll, sowie halb so viel Petersilie fein hacken, dann in einer Serviette auspressen, durch ein Sieb drücken und mit Mayonnaise verrühren."

Ein bis heute gültiges Rezept findet sich in der handschriftlichen Sammlung der »Tante Schlosser«, einer feinsinnigen Frankfurter Patriziersfrau, die noch Goethes Mutter zu ihren Bekannten zählte. Frau Rat Schlosser hat ihr Rezept für »Grüne Sauce« vielleicht sogar vorm Erscheinen des Schünemannschen Kochbuches aufgeschrieben, aber das ist nicht mehr nachzuweisen, da nur noch Abschriften bestehen.

„Für 3 Personen 3 hartgekochte Eier. Das Gelbe wird gut zerdrückt, mit Salz und Pfeffer gewürzt und mit 1 1/2 Eßl. Öl, 1 Eßl. Essig und 1/2 Eßl. Senf vermischt. Alsdann werden fein gewiegt: Petersilie, Borretsch, Pimpernelle, Drachant*, und gut mit der Masse verrührt. Je nach der Dicke des sauren Rahmes kommen 3 bis 4 Eßl. darunter. Die Sauce wird durch ein Sieb gedrückt und die Kräuter, die sich nicht durchdrücken, weggelassen."

* »Drachant« ist einer der vielen altertümlichen Namen für Estragon.

Hinweis: Ähnliche Rezepte – alle auf der Basis zerdrückter hartgekochter Eidotter – werden heute noch häufig benutzt.

Modernes Rezept

Dies stellt eine Mischung aus der Zubereitungsart dar, wie ich sie im Frankfurter Elternhaus kennenlernte, und verschiedenen anderen Hausfrauenrezepten aus Frankfurt, die heute gebräuchlich sind.

Petersilie, Schnittlauch, Kerbel, Borretsch, Dill, Spinatblätter, Kresse, Estragon, Basilikum, Pimpinelle
1/4 l saure Sahne oder Joghurt
1 kleine Zwiebel
2 Essl. süße Sahne
2 Essl. Mayonnaise

Alle Kräuter oder eine Auswahl daraus; Estragon sparsamer als andere Kräuter verwenden. Kräuter waschen, mit Küchenkrepp trocknen. Alle Kräuter grob zerschneiden; sie sollten locker geschichtet dann etwa 3/4 l ausmachen. Davon zwei Drittel zusammen mit der sauren Sahne und der grob geschnittenen Zwiebel im Mixbecher der Küchenmaschine pürieren. Sollte die Flüssigkeit nicht ausreichen, kann man noch die beiden Essl. süße Sahne zugeben. Rest der Kräuter nur klein schneiden und in einer Rührschüssel mit dem Inhalt des Mixbechers verrühren; sie geben der Sauce »Biss«. Mayonnaise und so viel Quark unterrühren, bis eine cremige Sauce entsteht.

Abschmecken mit Salz, Pfeffer und Zucker. Die hartgekochten Eier schälen und grob zerhacken. Beim Anrichten auf die »Grüne Sauce« streuen oder auch damit vermischen. Diese Sauce isst man zu Siedfleisch, gekochtem Fisch, hartgekochten oder verlorenen Eiern oder auch nur Pellkartoffeln.

Apropos: Früher war »Grüne Sauce« ein ausgesprochenes Gründonnerstagsessen; es gab dann hartgekochte Eier dazu. Darüber hinaus wurde damit der Beginn des Frühlings kulinarisch gefeiert. Heute gibt es das ganze Jahr hindurch im Raum Frankfurt die in Glashäusern gezogenen Kräuter als fertige »Grüne-Sauce-Bündel« zu kaufen.

200 g Magerquark
Salz und weißer Pfeffer aus der Mühle
1 kleine Prise Zucker
1 bis 2 hartgekochte Eier

MECKLENBURG-VORPOMMERN

Sahnensauce

Dieses Rezept basiert auf den handschriftlichen Aufzeichnungen einer Rostocker Familie. Ich gebe zuerst meinen persönlichen Vorschlag bezüglich der Zutatenmengen und lasse dann den Originaltext von 1840 folgen.

Diese Sauce schmeckt zu Kochfisch, kann aber auch zu gebackenen Fischfilets gereicht werden.

Nachdem die ersten Zutaten kalt miteinander verrieben wurden, rührt man nach und nach die heiß gemachte Sahne dazu. Die Sauce wird dann noch so lange heiß, aber ohne zu kochen gerührt, bis sie sämig ist. Vor dem Anrichten nochmals abschmecken.

„Ein Stückchen Butter wird mit wenig Mehl, ein paar Eidottern, ein wenig kaltem Wasser, abgeriebener Citronenschale und Muskatnuß zusammen gut durchgerieben

1 Essl. Butter
1 Teel. Mehl
4 Eigelb
2 bis 3 Essl. kaltes Wasser
1/4 l Sahne
1 Essl. abgeriebene Zitronenschale
1 Prise Salz
Geriebene Muskatnuss oder Muskatblüte

und dann mit der Sahne zu einer ſämigen Sauce angerührt.
Nimmt man dieſe Sauce zu Stock- oder Klippfiſch, ſo wendet man ſtatt der abgeriebenen Citronenſchale fein gehackte Chalotte an."

Senfsauce

- 2 Tassen Weinessig
- 1 Lorbeerblatt
- Schale 1/2 Zitrone
- 4 Nelken
- 8 Pfefferkörner
- 1 bis 2 Essl. Zucker
- 1 kräftige Prise Salz
- 1/4 l Fleischbrühe
- 1 Essl. Kartoffelmehl
- 3 Essl. Senf
- 3 bis 4 zerriebene Sardellen oder
- 2 Teel. Sardellenpaste
- 1 Essl. Butter
- 3 Eigelbe

Weinessig mit Lorbeerblatt, Zitronenschale, Nelken, Pfeffer, Zucker, Salz und Fleischbrühe unter kräftigem Schlagen mit dem Schneebesen zum Kochen bringen.

Kartoffelmehl mit einigen Essl. Wasser verrühren und zusammen mit dem Senf in die Sauce quirlen. Nochmals 2 bis 3 Minuten schwach kochen lassen, dann durch ein Sieb treiben.

Die Sauce abschmecken mit fein gehackten Sardellenfilets oder Sardellenpaste. Butter zugeben, gründlich erhitzen, vom Feuer nehmen und mit den Eigelben legieren.

Diese Sauce wird zu allen Arten von Fisch gereicht.

Berlin

Sauerampfersauce

Ein Rezept, das aus einem Berliner Bürgerhaus der Jahrhundertwende stammt.

- 1 Essl. Butter
- 1 Essl. klein gehackte Zwiebel
- 1 Essl. Mehl
- Gut 1/4 l Fleischbrühe
- 1 bis 2 Handvoll Sauerampferblätter
- 2 Essl. süße Sahne

Butter mit den Zwiebeln erhitzen, sobald diese glasig werden, das Mehl überstäuben und hell anschwitzen. Mit der Fleischbrühe ablöschen und die Sauce etwa 1/4 Stunde schwach kochen. Inzwischen die gewaschenen Sauerampferblätter in einem Essl. Butter einige Minuten anschwitzen. Anschließend mit dem Wiegemesser hacken oder durch ein Sieb streichen. Mit ihrem Saft zur inzwischen durchgesiebten Sauce geben. Die Sahne ebenfalls unterrühren und gut mit dem Schneebesen schlagen. Nochmals aufwallen lassen. Sauce vom Feuer nehmen, mit den beiden Eigelben legieren und mit Salz und Cayenne abschmecken.

2 Eigelbe
Salz
1 kleine Prise Cayennepfeffer

Sauerampfersauce passt zu Fisch, hellem Fleisch und Geflügel.

Thüringen

Kümmelsauce

1 große Zwiebel
4 Essl. Butter
2 Essl. Mehl
Knapp 1/2 l Fleischbrühe
1 Essl. Kümmel

Zwiebel schälen und in grobe Würfel schneiden. Diese in der Butter glasig werden lassen. Mehl darüber stäuben und hellgelb rösten. Fleischbrühe nach und nach zugießen, eine glatte Sauce rühren, mit dem Kümmel würzen und etwa 15 Minuten auf schwacher Hitze kochen.

Durch ein Sieb streichen, nochmals erhitzen und abschmecken. (Normalerweise müsste die Würzung der Fleischbrühe für die Sauce ausreichend Geschmack bringen, andernfalls mit gemahlenem Kümmel und Salz nachwürzen.)

Diese Sauce wurde sehr gern zu gedämpftem Hammelfleisch, vor allem auch zu Hammelbrust gereicht.

Kapernsauce

1 Essl. Mehl
Gut 1/2 l Fleischbrühe
4 Zitronenscheiben mit ungespritzter Schale und ohne Kerne
1 Prise Muskatblüte
3 Eigelbe
1/2 Tasse Kapern
125 g kalte Butter

Mehl mit wenig Brühe zu einem Brei rühren, dann die übrige Fleischbrühe dazu gießen, verrühren, Muskatblüte sowie Zitronenscheibe zufügen. Alles miteinander unter ständigem Rühren zum Kochen bringen. Einige Minuten durchkochen. Vom Feuer nehmen und mit den verklepperten Eigelben legieren. Kapern hineinschütten. Butter in Flöckchen zufügen und dabei auf ganz schwachem Feuer ständig kräftig rühren, bis alle Butter verbraucht und eine glatte Sauce entstanden ist.

Diese Kapernsauce wird vor allem zu Hecht und Lachs gereicht.

Wacholdersauce

Dieses Rezept stammt aus einem Forsthaus der Lüneburger Heide und dürfte während der letzten Jahrzehnte des vergangenen Jahrhunderts aufgeschrieben worden sein.

4 hartgekochte Eier
4 Essl. Olivenöl
1 Essl. Senf
1 Essl. Essig
Weißer Pfeffer aus der Mühle
10 Wacholderbeeren
1/2 Teel. Salz

Ausgelöste Dotter, in einer Schüssel zerdrücken.

Öl (das alte Rezept schreibt ausdrücklich Provencer-Öl, also Olivenöl, vor), Essig, Senf und Pfeffer zugeben und alles gut miteinander verrühren. Die Wacholderbeeren zusammen mit dem Salz im Mörser zerreiben und dann in die Sauce rühren. Etwa eine halbe Stunde ziehen lassen, ehe man sie serviert.

»Wacholdersauce« wurde zu Wildschwein und Schweinskopfsülze im Heide-Forsthaus gegessen. Das sind auch heute noch sehr empfehlenswerte Zusammenstellungen.

Hinweis: Das alte Rezept ergibt sehr wenig Sauce, die einer gewürzten Mayonnaise ähnelt. Eventuell die Mengen erhöhen und 1 Prise Zucker dazu geben.

Schnittlauchsauce

Butter erhitzen und darin das Mehl hell anschwitzen. Kalte Fleischbrühe zugießen und eine glatte Sauce rühren. Zitronensaft, Salz und etwas Pfeffer dazu. Eine Viertelstunde kochen. Zum Abrunden die Sahne einrühren und ganz wenig Zucker zugeben. Vom Feuer nehmen und den Schnittlauch in die Sauce rühren.

Schmeckt hervorragend zu gekochtem Rindfleisch.

- 3 Essl. Butter
- 2 Essl. Mehl
- Gut 1/4 l Fleischbrühe
- 2 Essl. Zitronensaft
- Salz
- Weißer Pfeffer aus der Mühle
- 1 Tasse süße Sahne
- 1 kleine Prise Zucker
- 6 Essl. gehackter Schnittlauch

Rheinland

Deftige Specksauce

Speck in kleine, dünne Streifchen schneiden und in einer Pfanne mit dickem Boden auf nicht allzu großer Hitze glasig werden lassen. Zwiebeln schälen, halbieren und in dünne Scheiben schneiden. Im Speckfett braten, bis sie gelb sind. Mehl darüber stäuben und unter ständigem Rühren ebenfalls goldgelb anschwitzen.

Mit der Fleischbrühe ablöschen. Eine glatte Sauce rühren. Lorbeerblatt zufügen und mit den folgenden Zutaten abschmecken. Etwa 20 Minuten auf schwacher Hitze kochen lassen. Lorbeerblatt herausfischen und die Sauce heiß servieren.

Diese Sauce wird zu Pellkartoffeln gereicht.

- 60 g fetter Räucherspeck
- 3 Zwiebeln
- 1 Essl. Mehl
- Knapp 1/2 l Fleischbrühe
- 1 Lorbeerblatt
- Salz
- Weißer Pfeffer aus der Mühle
- Essig
- 1 kleine Prise Zucker

Der Dom zu Erfurt

Thüringer Zwiebelsauce

Eine sehr ungewöhnliche deutsche Sauce,
weil sie ganz ohne Mehl auskommt.

- 40 g gewürfelter, fetter Speck
- 60 g Grieben von Schweine- oder Gänsefett
- 250 g Zwiebelscheiben
- 20 g Butter

Zur Verbesserung:
Gänsefett und Apfelstücke

Speckwürfel und Grieben zusammen mit den Zwiebelscheiben in einer schweren Eisenpfanne so lange auf nicht zu großer Hitze rühren, bis die Zwiebeln (es sollen am besten halbe Ringe sein) hellbraun sind.

Hitze stark drosseln – in alten Rezepten heißt es: Man schiebt die Pfanne an die Seite des Herdes und lässt die Butter zerschleichen. Alles miteinander vermischen. Sauce in eine kleine, tiefe Schüssel füllen.

Mit Pellkartoffeln schmeckt diese Sauce ausgezeichnet.

Verbesserung: Hatte man vorher Gänsefett ausgelassen und dazu als Geschmacksverfeinerung Apfelstücke mit ausgebraten, so kann man die Bratäpfel zerdrückt unter die Sauce mischen. Der Geschmack wird dadurch besonders apart; auch bekommt die Sauce eine ganz natürliche Bindung – und vielleicht einen Stern im »Michelin«.

Stachelbeersauce zu Huhn

Die Rezeptüberschrift ist wörtlich zu nehmen.
Diese Sauce reicht man tatsächlich zu Brathähnchen,
bei deren Zubereitung Weißwein angegossen wurde.

- 4 Tassen halbreife Stachelbeeren
- 2 Tassen Weißwein
- 2 bis 3 Essl. Zucker
- 2 Essl. Zitronensaft
- 1 kräftige Prise Zimtpulver
- 50 g flüssige Butter

Stachelbeeren oben und unten abknipsen, also Stiel- und Blütenansätze entfernen, waschen und in einem Topf mit Weißwein aufkochen.

Dabei würzen mit Zucker, Zitronensaft und Zimt. Genaue Gewürzmengen können nicht angegeben werden, man muss also gut abschmecken.

Zum Schluss die Butter in die Sauce rühren und auf kleiner Hitze noch etwa 10 Minuten köcheln. Rühren dabei nicht vergessen.

Warm zu Hähnchen und weißem Reis servieren.

Brandenburg

Rosinensauce zu Rindfleisch und Zunge

Diese Sauce findet man in allen Teilen Deutschlands.
Besonders häufig wird sie im Norden und Osten gegessen.
Das folgende Rezept stammt aus Brandenburg und wurde
seit Generationen in der Familie überliefert.

- 2 Essl. Butter
- 2 Essl. Mehl
- 1/4 l Fleischbrühe
- 1/4 l leichter Rotwein
- 125 g Rosinen
- Je 1 Teel. Orangen- und Zitronenschalenabrieb
- 1 bis 2 Teel. brauner Zucker
- Salz und Essig nach Geschmack

Butter in einem Topf mit dickem Boden erhitzen und das Mehl darin zu dunkelbrauner Farbe anschwitzen. Vorsicht, nicht anbrennen lassen!

Ablöschen mit den kalten Flüssigkeiten, die man nach und nach einrührt. Rosinen und Zitrusschalen zugeben. Auf kleiner Flamme so lange kochen, bis die Trockenfrüchte aufgegangen und weich sind.

Abschmecken mit Salz, braunem Zucker und Essig. Die Sauce muss einen süß-sauren Geschmack bekommen.

Hinweis: Wer sehr sorgfältig kocht, kann die Zitrusschalen kurz blanchieren, bevor er sie einstreut.

Morchelsauce

Der wunderbar aromatische Speisepilz
war noch vor einigen Jahrzehnten sehr viel billiger
als heute und wurde gern und reichlich
für Saucen verwendet.

- 2 Tassen Morcheln
- 1 Essl. Butter
- 1 Essl. klein geschnittene Petersilie
- 1 Teel. klein gehackter Schnittlauch
- Weißer Pfeffer aus der Mühle
- Salz
- 1 Essl. Mehl
- 1/4 l Fleischbrühe
- 1 Tasse saure Sahne
- 2 Eigelbe
- 1 Teel. Butter

Morcheln sehr gründlich waschen, abtropfen, ausdrücken und in kleine Stücke schneiden. In einem Stieltopf mit dickem Boden Butter erhitzen und die Morcheln darin mit der Petersilie und dem Schnittlauch gut anschwitzen; häufig dabei umwenden. Würzen mit Pfeffer und Salz. Mehl überstäuben und zusammen mit den Pilzen hell anschwitzen. Mit Fleischbrühe ablöschen, alles gut miteinander verrühren und auf schwacher Hitze 1/4 Stunde kochen lassen.

Sahne in die Sauce rühren und nach einigem Aufwallen vom Feuer nehmen. Die beiden verkleppperten Eigelbe einrühren. Würzung prüfen und ganz zum Schluss noch ein wenig kalte Butter zufügen.

Eine ausgezeichnete Beigabe für helles Fleisch, sei es gebraten oder gekocht.

Hinweis: Heute nimmt man 2 Essl. getrocknete Morcheln, die vor Gebrauch eingeweicht werden.

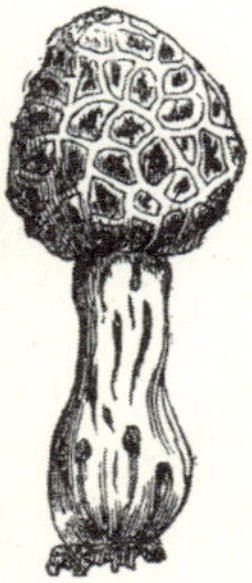

Häringsauce

Diese Sauce, deren Name man heute natürlich anders schreibt, war bis zum Ersten Weltkrieg sehr beliebt, weil sie einfach und billig zu machen war und einen kräftigen Geschmack hatte. Man schätzte ihn zu einfachem Kochfisch, aber auch zu Siedfleisch, das selbst kaum noch Aroma hatte, da es für Suppe bereits ausgelaugt war.

- 1 Salzhering
- 1/2 Zwiebel
- 1 bis 2 Essl. gehackte Petersilie
- 1 kleines Stückchen Zitronenschale
- 2 Essl. Butter oder Margarine
- 2 Essl. Mehl
- Knapp 1/2 l Fleischbrühe
- 1 bis 2 Essl. Essig

Salzhering etwa 1/2 Stunde wässern, abtrocknen, klopfen, enthäuten, spalten und entgräten. Anschließend mit einer halben Zwiebel und der Petersilie sowie der Zitronenschale, aus der die weiße Innenhaut entfernt wurde, fein verwiegen. In einem Stieltopf mit dickem Boden die Butter zerlassen und darin das Mehl gelb anschwitzen. Mit Fleischbrühe ablöschen, Essig zugießen und alles zusammen etwa 1/4 Stunde lang schwach kochen. Dann das Heringsgehäck zufügen, verrühren und nochmals gut 5 Minuten kochen.

Vor dem Anrichten kann man diese Sauce noch durch ein Sieb passieren. Heute wird man sich das Verwiegen und Passieren ersparen und den Mixstab benutzen.

Schleswig-Holstein

Holsteiner Fischsauce

- 1 große Zwiebel
- 4 Essl. Butter
- 3 Essl. Senf
- 4 bis 6 Essl. kräftiger Fischsud
- Weißer Pfeffer aus der Mühle
- Salz
- Zitronensaft

Zwiebel schälen und in kleine Würfelchen schneiden. Diese in der Butter hellgelb werden lassen, dann den Senf auf ganz schwacher Hitze dazurühren. Fischsud zugeben, Hitze erhöhen und alles zusammen einige Minuten kochen. Vor dem Anrichten mit Pfeffer, Salz und vor allem Zitronensaft abschmecken.

Diese Sauce wird zu gekochtem Fisch gereicht.

Hinweis: Für mehr Sauce werden die Mengen erhöht, aber alle gleichermaßen.

Weinschaumsauce

Gewiss ein internationales Rezept, jedoch auch eine Sauce, die bei vielen sehr deutschen Klößen und gebackenen Desserts nicht wegzudenken ist.

- 5 Eigelbe
- 4 bis 5 Essl. Zucker
- 1 Zitrone, Saft und Schale
- Gut 1/4 l herber Weißwein

Eigelbe mit dem Zucker im Wasserbad schaumig rühren. Dabei Saft und sehr fein abgeriebene Schale der Zitrone zugeben. Nach und nach bei kräftigem Schlagen mit dem Schneebesen den Wein zugießen, bis eine fast steife Creme entstanden ist.

Heiß oder abgekühlt zu gebackenen Süßspeisen wie »Dampfnudeln« oder gekochten Puddings.

Nach dem oben genannten Rezept wurde in deutschen Haushalten seit langer Zeit die »Weinschaumsauce« zubereitet. Leider muss darauf hingewiesen werden, dass es auch andere Rezepte gab, deren Ergebnis schlechter ausfallen muss, die jedoch sogar als typischer deutsch bezeichnet werden können.

Einfache Weinsauce

- 1/2 l herber Weißwein
- 4 Essl. Zucker
- 1 Essl. Stärkemehl
- 1/2 Tasse Sauerrahm
- Schale einer ungespritzten Zitrone
- 2 Eigelbe

Weißwein mit Zucker, Stärkemehl und Sauerrahm gründlich verrühren, bis der Zucker aufgelöst ist und eine glatte Konsistenz erreicht wird. Unter Rühren zusammen mit der Zitronenschale erhitzen. Mehrmals aufkochen lassen. Zitronenschale herausnehmen, vom Feuer rücken und mit den verklepperten Eigelben legieren. Diese Sauce wird gern zu Reisbrei gereicht, ist allerdings unter dem Ansturm fertiger Päckchensaucen fast verschwunden.

Die »Einfache Weinsauce« kann verfeinert werden, indem man sie leicht abkühlen lässt und dann noch die steif geschlagenen Eiweiße darunter hebt. Sie ist auch ohne Rahm herzustellen. Oft gibt man ihr eine zusätzliche Würzung durch ein Stück Zimtstange.

Alle Weinsaucen wurden – früher mehr als heute – auch mit Apfelwein oder Most zubereitet, was natürlich billiger war.

Bayern

Chokoladesauce

Für alle, die noch Interesse an einer hausgemachten »Schokoladensauce« haben, erwähne ich ein sehr einfaches Rezept aus dem »Regensburger Kochbuch« der Marie Schandri, die 40 Jahre Köchin im »Goldenen Kreuz« war. Das Rezept stammt aus dem Jahre 1876; deshalb auch die seltsame Schreibweise des Titels.

„Man reibt 100 Gramm Chokolade und rührt dieselbe in ein halbes Maß (1/2 l) gut kochende Milch und läßt dieselbe mehrmals aufkochen. Die kochende Chokolade gießt man dann an drei, mit einem Löffel kalte Milch angerührte Eidottern und strudelt (verquirlt) das Ganze tüchtig, bis es Schaum gibt."

Hinweis: Eventuell ist noch die Zugabe von etwas Zucker nötig, den man am besten gleich mit der Schokolade in der Milch verkocht.

100 g Schokolade
1/2 l Milch
3 Eidotter

Kalte Johannisbeersauce

Dieses Rezept stammt von einer alten Dame, deren Großvater ein hoher bayrischer Forstbeamter war. Sie berichtet, dass es diese Sauce bei Jagdessen zum Wildschweinbraten gab.

4 Essl. Johannisbeergelee
2 Essl. Senf
1 Glas herber Rotwein
Salz
Saft einer Zitrone
Schale einer Orange

Johannisbeergelee sehr gut mit Senf, Rotwein, Salz und Zitronensaft verrühren.

Aus der Orangenschale die weiße Innenhaut sorgfältig entfernen, dann aus der dünnen Haut feine Streifchen schneiden, diese einige Minuten in wenig Wasser kochen, abgießen und zu der Johannisbeersauce geben. Alles gut miteinander verrühren.

Als Beigabe zu Wild, besonders Wildschwein. Hier haben wir also eine deutsche Cumberlandsauce, die jedoch ihrerseits gut und gerne aus Niedersachsen stammen kann, weil ja die Herzöge von Cumberland aus Hannover, kamen.

Klöße, Knödel und andere Beilagen

Eine der verbreitetsten deutschen Beilagen dürften Kartoffeln sein. Im Gegensatz zu vielen anderen Ländern sind sie bei uns Bestandteil des Hauptgerichts und müssen nicht extra bestellt – und bezahlt – werden.

Kartoffelbeilagen der verschiedensten Art finden sich trotzdem nicht in diesem Abschnitt, sondern zusammen mit den Gemüsen und Eintöpfen, weil da die Zubereitungsarten ineinander übergehen. Die Klöße und Knödel sind nach ihren Hauptbestandteilen geordnet.

Erweisen wir hier den neuen Bundesländern besondere Reverenz. Vor allem die Landschaften Thüringens und Sachsens haben hier beachtliche Leistungen aufzuweisen.

Klöße und Knödel nebst ihrer zahlreichen Sippschaft

„Klöse, Knöpflein oder Knötlein, in Niedersachsen auch Klümpe genannt, sind runde, aus allerhand Fleisch, Fischen, Semmel, Mehl, Hefen und Gewürz in beliebiger Größe zubereitete Bälle oder Küglein, die hernach gar gesotten, oder in Butter gebacken, und theils besonders in einer Brühe aufgesetzt, theils an gemischten Essen, als Potagen (Suppen) u. d. gl. verbraucht werden."

Ich will mich auf Klöße und Knödel aus Mehl, Semmeln, Quark und Kartoffeln beschränken. Entsprechende Fleisch- oder Fischzubereitungen finden sich in den jeweiligen anderen Abschnitten dieses Buches. Bei den Suppen finden sich die Klößcheneinlagen.

Mehr als eine Auswahl kann nicht geboten werden, denn es gibt ganze Bücher, die sich nur mit deutschen Kloß- und Knödelrezepten befassen und Hunderte davon aufzählen. Fast ebenso zahlreich sind die Worte, die es in der deutschen Sprache für derartige kulinarische Gebilde gibt, ein Beweis dafür, dass es sich um echte Spezialitäten unserer Landesküchen handelt. Als Namensgruppen sind zu erwähnen: Knöpf, Klump und Keilchen. Außerdem gibt es zahlreiche, oft recht drastische Dialektausdrücke wie »Herzdricker« (Pfalz).

Einige weitere deutsche Namen belegen die große Bedeutung dieser Speisenform. Sie sind vorwiegend landschaftlich gebunden und jeder Begriff existiert in vielfältigen Abwandlungen: Kluten, Klüte, Klopse, Klieben (an der Ostgrenze); Nocken(erln); Pflutte (alemannisch); Ball, Bällchen, Bulette; Hebes (hessisch); Hütes (ostfränkisch und thüringisch); Nudeln.

In Nord-, Mittel- und Ostdeutschland ist Kloß-Gebiet, während der Süden und Südwesten von Knödeln und Knöpf spricht. Kloß ist mit »Klotz« wortverwandt, während im Knödel wahrscheinlich ein »Knoten« steckt. Wegen des lateinischen Ursprungs (nodul) ist der Knödelbegriff internationaler:

Gnocchi (Italien), Quenelle (Frankreich) und die slawischen Knedl-Variationen. Der Kloß hingegen hat es nur im Inland zu der etwas zweifelhaften Popularität als »Trauerkloß« oder »Kloßkopp« gebracht.

In der europäischen Knödelsprache tanzen die Engländer aus der Reihe. Sie müssen die wohlschmeckenden Kugeln einst ganz schön malträtiert haben, da ihr Wort »dumpling« etwas bezeichnet, das man mehr oder weniger heftig hinunter stößt. Das muss ordentlich gespritzt haben.

Gebackene Kloßscheiben

So ziemlich überall in deutschen Landen werden Knödel und Klöße in so reichlicher Zahl gemacht, dass man sie später in Scheiben schneiden und braten kann. Das ist mehr als eine Restverwertung. Ich persönlich esse zum Beispiel gebratene Kartoffelklöße aus gekochten Kartoffeln – wie etwa Watteklöße – lieber als die ursprünglichen Produkte; werden sie in Butter gebacken, bekommen sie ein besonders schmackhaftes Krüstchen, und man braucht nur einen grünen Salat dazu, um eine vollständige Mahlzeit zu haben.

Fangen wir bei den Knödel-Kloß-Rezepten mit den jüngsten Sprossen dieser großen deutschen Spezialitätenfamilie an, denen aus Kartoffeln. Und da wieder mit den größten, denen aus Thüringen.

Klöße aus rohen Kartoffeln

Thüringer Klöße – Hütes

(Auch »Grüne Klöße«; in manchen Gegenden sagt man auch »Wollene« dazu; im Schmalkaldischen gibt es [oder gab es früher?] die Bezeichnung »Höbes«; in der Pfalz »Hoorische Knepp«.) An Thüringer Klöße habe ich langjährige Kindheitserinnerungen. Vorher noch haben sie um ein Haar meine Mutter davon abgehalten, meinen Vater zu heiraten. Als dieser nämlich seine aus Frankfurt am Main stammende Braut Verwandten und Freunden in Ilmenau, seiner Heimat, vorstellte, gab es stets ein Essen. Und zu jedem Essen – Thüringer Klöße. Sie lagen der Braut schwer im Magen – und das in des Wortes doppelter Bedeutung. Schließlich siegte die Liebe über die Klöße. Meine Mutter lernte schnell, sie vorzüglich zu kochen, wobei mein Vater allerdings stets die geriebenen Kartoffeln auspresste; das war Männerarbeit. Hier ist das Rezept meiner Mutter, die es von ihrer Schwiegermutter übernahm, die es ihrerseits von meiner Urgroßmutter hatte, von der aus es sich im Dunkel der Geschichte verliert.

- 2 1/4 kg rohe Kartoffeln (möglichst große, weil die sich am besten reiben lassen)
- 1/2 l Milch
- 50 g Grieß
- 1 bis 2 Teel. Salz
- 1 altbackenes Brötchen oder Weißbrotschnitte
- 1 Essl. Fett (Butter, Margarine oder Schmalz)

Kartoffeln schälen und in kaltes Wasser reiben. Dazu nur Großmutters Handreibe nehmen mit den gezackten Löchern, die so aussehen, als wären sie eben erst aus dem Durchschlagen eines dicken Nagels entstanden. (Bei aller Vorliebe für elektrische Küchenmaschinen – zum Kloßteigreiben taugen sie nicht viel.) Geriebene Kartoffeln nochmals in frisches Wasser schütten, dann in einen derben Leinensack füllen und kräftig ausdrücken, richtig auswringen. Als Notbehelf eine große Serviette nehmen, zubinden und mit Hilfe eines Kochlöffels wie im Schraubstock zudrücken. In Thüringen hatte man eine Presse dafür. Die Kartoffelmasse muss ganz trocken, fast mehlig werden. Sie wird in einer Schüssel zer-

Residenzschloss zu Weimar   Lithographie von C. Heym

krümelt. Dann muss aber schnell gearbeitet werden, damit sie nicht zu lange der Luft ausgesetzt bleibt und grau wird.

Zum Auswringen:
Großer Leinensack oder feste Serviette

Die Milch hat man mit dem Grieß zu einem dünnen Brei gekocht, den man nun sofort heiß über die geriebenen Kartoffeln gießt. Salzen und mit einem derben Holzlöffel kräftig durcharbeiten, schlagen, schließlich noch kneten.

Große runde Klöße mit nassen Händen formen.

Mit zwei Fingern ein Loch in die Mitte drücken und dahinein einige Brotwürfel stecken, die aus der altbackenen Semmel geschnitten und im Fett kross geröstet wurden. Teig darüber gut zusammendrücken. Klöße vorsichtig in einen großen Topf mit kochendem Salzwasser gleiten lassen. Klöße vertragen keine Drängelei. Das Wasser muss nur eben gerade kochen; sprudelt es wild, so lösen sich die besten Klöße in ihre Bestandteile auf oder schrumpfen zu Tennisballgröße zusammen. Nach ungefähr 30 Minuten müssen Thüringer Klöße gar sein.

Beilage: Braten (Gans, Wild, Schwein, Rind) mit viel und kräftiger Sauce. Klöße mit wenig Sauce schmecken nicht. In armen Familien behalf man sich mit einer Speck-Mehl-Tunke.

Kinderreiche Familien verabfolgten ihren heranwachsenden Söhnen als Vorspeise einen trockenen Kloß, damit sie nachher nur noch 4 oder 5 der kindskopfgroßen Dinger mit Sauce und einem kleinen Stückchen Fleisch verdrücken konnten.

Abweichende Zubereitungsarten:
Anstelle des Grießbreis kann man auch Milch-Kartoffelpüree oder nur heiße Milch verwenden. Jede Hausfrau schwört auf ihre Zubereitungsart. Manche verteilen die gerösteten Brotwürfelchen in den ganzen Teig.

»Fünf Klöße und 'ne Gans,
fünf Kilo im Gewicht,
das ist dem Thüringer sein Leibgericht.«

(Volkstümlicher Reim in Thüringen)

Anmerkung: Für die als Einlage der Klöße benötigten gröstetеten Brotwürfelchen werden in allen alten Rezepten Brötchen empfohlen. Mit Brotscheiben geht es einfacher, aber das benötigte Weißbrot gab es vielerorts nicht. Nur Brötchen waren weizenhell in der Krume.

Kartoffelkeilchen

Keilchen ist ein ostpreußischer Name für Klöße.
Die Keilchen sind erheblich kleiner als die
Thüringer Klöße, sie werden oft auch länglichoval
geformt und heißen dann »Flutschkeilchen«,
weil sie so besonders gut flutschen,
gleiten.

1 kg Kartoffeln
1 Ei
Salz
1 bis 2 entrindete Brötchen
1 Essl. Butter

Kartoffeln schälen und in eine mit Wasser gefüllte Schüssel reiben. In einem groben Leinensack kräftig ausdrücken, das ablaufende Wasser dabei auffangen. Nach kurzer Zeit kann man es von der Stärke, die sich am Boden gesammelt hat, abgießen. Die Hälfte dieser Stärke zu den ausgepressten Kartoffeln geben. Das Ei dazu und salzen. Die Masse gut verrühren und dann mit feuchten Händen daraus Keilchen formen.

Die aus den entrindeten Brötchen geschnittenen und in Butter kross gebratenen Würfelchen in die Keilchen drücken. Salzwasser in einem großen Topf zum Kochen bringen und darin die Keilchen in etwa 20 Minuten gar ziehen lassen.

Wie die Thüringer Klöße werden auch die ostpreußischen Keilchen zu allen Braten mit viel und fetter Sauce gegessen.

Rezeptvariationen:

Kartoffelkeilchen halb und halb

Zu den roh geriebenen Kartoffeln kommen noch etwa ein Drittel der Menge gekochte, durchgepresste Kartoffeln sowie ein zweites Ei.

Die traditionelle Beilage zu diesen Keilchen ist eine fette Sauce, zu der man Zwiebelwürfel und Speckwürfelchen in Butter kross anbrät und dann über die Keilchen gießt.

Kloß- und Knödel-Knigge

Alle Klöße und Knödel werden ohne Deckel gegart, daran sollten auch alle Energiesparmaßnahmen nichts ändern.
Kommen sie dann auf den Teller – manchmal auch schon vorher –, so reißt man sie mit zwei Gabeln auseinander. Der aufsteigende Dampf ist für jeden echten deutschen Feinschmecker berauschend.
Klöße wollen schwimmen, sie brauchen viel Sauce.
Fette Sauce erhöht ihren Wohlgeschmack.
Vielleicht hat unsere Knödelvorliebe dazu geführt, dass unsere nationale Kochkunst unter zu stark verlängerten Saucen leidet.
Knödel- und Kloßzubereitungen entziehen sich allen sturen Grammangaben, sie sind Gefühlssache.
Selbst erfahrene Knödel- und Kloßköchinnen machen oft erst einen Probekloß, um festzustellen, ob das Gebilde nicht verkocht oder womöglich steinhart wird. Früher war es in Thüringen und Bayern gang und gäbe, dass Schwiegermütter die Kochkünste der Auserwählten ihrer Söhne beim Kloß- und Knödelkochen testeten.
So manche hoffnungsfrohe Maid hat sich durch einen missratenen Knödel die Heirat verscherzt.
Und für so ziemlich alle Klöße gilt, was der Dichter Rudolf Hagelstange über »seine« Klöße schrieb:
»So steht für den Kenner fest, dass es unmöglich ist, sich an Thüringer Klößen nicht zu überessen, wenn es wirkliche Thüringer Klöße sind.«

Klöße aus gekochten Kartoffeln

Baumwollne Klöße

Die Franken haben ihre urbayerischen Nachbarn insofern missioniert, als sie ihnen die Kunst der Kartoffelklöße brachten, nachdem diese vorher nur Semmel- oder Mehlknödel gekannt hatten. Außerdem sind die Franken wahre Kloßfanatiker, nahezu jede ihrer Städte hat eine Kloßtradition mit eigenem Rezept.

750 g Kartoffeln, möglichst mehlige
Bis zu 200 g Stärkemehl
Salz
1 Tasse geröstete Brotwürfelchen

Kartoffeln kochen, schälen und durch die Kartoffelpresse drücken. Stärkemehl damit verkneten, nachdem man knapp 1/4 l warmes Wasser damit vermengt hat.

Mit Salz abschmecken. Kinderfaustgroße Klöße formen und in die Mitte eines jeden Kloßes einige geröstete Brotwürfelchen drücken.

In kochendem Salzwasser etwa 20 Minuten gar ziehen lassen.

Beilagen: Diese Klöße aus gekochten Kartoffeln müssen zwar auch mit Sauce gegessen werden, sie kommen jedoch mit einer geringeren Menge davon aus; außerdem ist kräftiger Fleischgeschmack wichtiger als Fett.

Rezeptvariatione: Manchenorts werden diese Klöße aus gekochten Kartoffeln entweder mit einem Ei oder mit etwas Backpulver zubereitet.

Als Gewürz schätzt man in der feinen deutschen Küche geriebene Muskatnuss an der Kloßmasse.

In ländlichen Küchen würzt man zuweilen mit Majoran.

Kartoffelnudeln

Dies ist eine sehr wohlschmeckende Variation
der südwestdeutschen Schupfnudeln.

Die Kartoffeln in der Schale kochen, schälen und noch warm durch eine Kartoffelpresse drücken. Damit verkneten: Eier, Grieß und gut abgetropften Quark. Stärkemehl nur einarbeiten, wenn die Masse zu feucht ist.

Würzen mit Salz, weißem Pfeffer aus der Mühle und reichlich geriebener Muskatnuss.

Fingerförmige Würste formen, indem man jeweils kleine Kartoffelteigbollen rollt. Spitze Enden sind nicht üblich, deshalb drücke man sie ein.

Kartoffelnudeln nacheinander in Mehl, Eigelb (dem 1 Essl. Milch beim Verquirlen zugesetzt werden kann) und Semmelbrösel (frisches Paniermehl, Mutschelmehl) wenden und in heißem Fett (Öl) in einer schweren Pfanne unter gelegentlichem Wenden auf nicht zu großer Hitze zu appetitlichem Goldblond braten.

Beliebt als Beilage zu Braten oder Wildgerichten. Die Kartoffelnudeln schmecken auch zu Sauerkraut (eventuell mit Pökelfleisch).

1 kg mehlige Kartoffeln
2 Eier
1 Essl. Grieß
500 g gut abgetropfter Quark
Salz, Pfeffer und geriebene Muskatnuss

Zum Panieren:
Mehl, geschlagenes
Eigelb, feines, frisches Paniermehl
Butterfett oder Öl zum Braten

Gotha

Wickelklöße

Besonders beliebt im Erzgebirge

1 kg Kartoffeln
300 bis 400 g Mehl
1 Ei
Salz
1/2 Päckchen Backpulver
1 bis 2 Essl. Butter
5 Essl. Semmelbrösel
150 g klein gewürfelter, durchwachsener Räucherspeck
Fleischbrühe

Kartoffeln in der Schale kochen. Abpellen und am nächsten Tag durch eine Presse drücken oder reiben. Mit Mehl, Ei, Salz und Backpulver verkneten.

Butter erhitzen und darin die Semmelbrösel anrösten.

Getrennt davon die Speckwürfelchen kurz anbraten.

Kartoffelmasse zu einer dünnen Platte auf bemehltem Pergamentpapier oder einem Tuch ausrollen.

Mit abgekühlten Semmelbröseln und Speckwürfelchen bestreuen. Zu einer Wurst mittels der Unterlage aufrollen. Schräg in etwa handbreite Stücke schneiden. Die Schnittflächen zusammendrücken, wobei man die äußere Teigschicht über die Füllung zu ziehen versucht.

In kochender Fleischbrühe eine gute Viertelstunde garen. Herausnehmen und abtropfen lassen.

Als Beilage reicht man Sauerkraut und Pökelfleisch. Man kann die Wickelklöße auch in der Pökelbrühe garen.

Sachsen

Speckklöße

Zutaten und Zubereitung wie »Kartoffelklöße aus dem Vogtland« (S. 480). Einziger Zusatz: 100 g gewürfelter, durchwachsener Speck wird mit einer klein geschnittenen Zwiebel angeröstet und dann unter die Kloßmasse geknetet.

Schupfnudeln

In Württemberg Bauchstecherle, auch »Ranzenstecher« oder »Schupfwärgele«. In Franken Kartoffelspatzen, auch »Potaknspatzen«. In Hessen und der Pfalz Buwespitz. Dradiwix Pfeiferl ist der lustige bayerische Name für eine kleine Form der Ranzenstecher.

Dies ist eine Sippschaft für sich. Alle werden nach dem gleichen Grundrezept hergestellt und zu spitz zulaufenden Würstchen geformt. Sie erfreuen sich in ihren Stammlanden noch immer größter Beliebtheit. Die Gastronomie hat sich erst relativ spät damit anfreunden können. Die Nahrungsmittelwirtschaft hat ihre Chance inzwischen erkannt. Seit einigen Jahren werden Schupfnudeln tiefgefroren, gekühlt oder getrocknet angeboten.

- 1 kg Kartoffeln
- 1 Ei
- Salz und geriebene Muskatnuss
- 4 bis 6 gehäufte Essl. Mehl
- 2 bis 3 Essl. Butterfett oder Schmalz oder Pflanzenfett

Kartoffeln in der Schale kochen. Etwas abkühlen lassen und schälen. Am folgenden Tag reiben oder durchpressen.

Mit dem Ei vermischen und mit Salz und Muskatnuss würzen. So viel Mehl in die Masse rühren und kneten, bis sich ein formbarer Teig bildet.

An beiden Enden spitz zulaufende Rollen formen, die gut 1 cm dick und 6 bis 8 cm lang sind.

In reichlich siedendem Salzwasser gar ziehen lassen. Kurz nachdem sie an die Oberfläche gekommen sind, herausnehmen und abtropfen lassen.

In heißem Fett auf beiden Seiten anbraten. Bauchstecherle serviert man in Schwaben oft mit angerösteten Semmelbröseln übergossen. In den anderen Landschaften gibt man dieses Gericht zu Sauerkraut. In Baden hat es sich in den 90er Jahren eingebürgert, Schupfnudeln (mit Sauerkraut) auf Jahrmärkten aus großen Eisenpfannen zu verkaufen.

Rezeptvariationen: Man kann dieses Kartoffelgericht auch ohne es vorher zu kochen in Fett braten. Dabei sollten die Gebilde etwas dünner sein.

In Sachsen ist eine süße Variante beliebt, zu der man Kompott oder Zimtzucker reicht.

Feinere Kartoffelklöße

In einer Berliner Hauswirtschaftsschule wurde 1912 die folgende Kloßzubereitung gelehrt (nach den handschriftlichen Aufzeichnungen von Frau Erna Frickert, geb. Scharfenberg):

- 750 g gekochte Kartoffeln
- 100 g Butter
- 100 g Mehl
- 2 Eier, 4 Eigelbe
- 30 g Salz
- 1 Prise geriebene Muskatnuss
- 20 g Zucker
- 4 bis 6 Essl. Milch
- 70 g abgeriebenes Milchbrot
- 50 g Butter
- 50 g Mehl zum Formen

Kartoffeln reiben. Butter zu Sahne rühren und mit den geriebenen Kartoffeln, dem Mehl, den Eiern, dem Salz, der Muskatnuss, dem Zucker und der Milch vermischen.

Milchbrot klein würfeln und in der Butter kross braten. Zu der Kloßmasse geben. Alles verkneten. Mit bemehlten Händen eigroße Klöße formen und im Salzwasser 20 Minuten köcheln.

Diese Klöße wurden besonders gern mit Backobst oder mit gedünsteten Birnen und Pflaumensauce gegessen. Seltener reichte man eine Speckstippe (Zwiebeln und Speck zusammen angebraten) dazu.

Sachsen

Kartoffelklöße aus dem Vogtland

Im Gegensatz zu ihren thüringischen Nachbarn machen die Vogtländer ihre Klöße vorwiegend aus gekochten Kartoffeln.

- 1 kg Kartoffeln
- 2 Essl. Mehl
- 3 bis 5 Essl. saure Sahne
- 1 Ei
- Salz
- Geriebene Muskatnuss
- 1 Tasse geröstete Brotwürfelchen

Kartoffeln in der Schale kochen. Abkühlen lassen, schälen und durch die Kartoffelpresse drücken.

Mehl damit vermischen. So viel Sahne zugeben, wie der Teig, nachdem er mit einem Ei verrührt wurde, noch aufnehmen kann. Abschmecken mit Salz und Muskatnuss.

Kinderfaustgroße Klöße mit nassen Händen formen. In die Mitte eines jeden einige Brotwürfelchen drücken. In siedendem Salzwasser in gut 15 Minuten gar ziehen lassen.

Fränkische Klöße
Bayreuther Klöße

Rohe Kartoffeln schälen und in eine Schüssel mit Wasser reiben. In einem groben Leinensack gründlich auspressen.

Gekochte, geschälte Kartoffeln ebenfalls reiben und mit der ganz heißen Milch verrühren. Rohe und gekochte geriebene Kartoffeln dann miteinander vermengen. Salzen.

Mit nassen Händen daraus Klöße formen und in deren Mitte jeweils einige geröstete Brotwürfelchen geben.

Im siedenden Salzwasser in etwa 20 Minuten gar ziehen lassen.

1,5 kg rohe Kartoffeln
500 g gekochte Kartoffeln vom Vortag
Gut 1/4 l Milch
Salz
1 Tasse angeröstete Weißbrotwürfelchen

Franken

Halbseidene Klöße

Gleiche Zubereitung wie für »Fränkische Klöße« (s. o). Der Anteil der rohen Kartoffeln beträgt jedoch nur 1 kg, dazu nimmt man ebenfalls 1 kg gekochte Kartoffeln und erhöht die Menge der heißen Milch etwas.

Beilagen: In Franken bevorzugt man Schweinebraten zu Klößen. Dazu gibt es dann noch Weiß- oder Rotkraut. »Halbseidene« isst man gern zu Wild.

Kartoffelklöße halb und halb

Glitscher

Für die wahre Volkstümlichkeit dieser Klöße spricht ihr Name, der sehr drastisch, aber auch treffend ist: sie glitschen (rutschen) leicht von Löffel oder Teller. *Wetzsteine* ist ein anderer Name dieser Klöße, der sich auf ihre längliche, an den Enden zugespitzte Form bezieht.

- 500 g rohe Kartoffeln
- 750 g gekochte Pellkartoffeln
- 3 bis 4 gehäufte Essl. Mehl
- Etwa 1 Ei
- 1/2 Tasse Wasser
- Salz

Rohe Kartoffeln in eine Schüssel mit Wasser reiben, dann im groben Leinensäckchen auspressen.

Gekochte Kartoffeln, die vom Vortag sein sollten, schälen und ebenfalls reiben. Mit den rohen, geriebenen und ausgepressten Kartoffeln sowie mit Mehl, Ei und Wasser gut vermengen. Mit Salz vorsichtig abschmecken.

Längliche Klöße daraus formen und im siedenden Salzwasser in etwa 20 Minuten garen.

Sachsen

Klump - Krautklump

Der Kloßteig entspricht in Zutaten und Zubereitung dem für »Glitscher« (s. o.). Zuweilen verwendet man im Vogtland gleich viel rohe und gekochte Kartoffeln, für das gegebene Rezept also jeweils gut 600 g.

Diese Klöße werden in einem Eintopf gegart, man nennt sie deshalb Krautklump.

500 g Weißkraut werden klein geschnitten mit 500 g frischem Schweinebauch zusammen in reichlich Wasser gekocht. Wenig später gibt man 250 g kleine, herbe Kochbirnen dazu. Wenn alles gar ist, schneidet man den Bauch in mundgerechte Stücke, würzt die Brühe mit Essig und wenig Zucker und gart darin die Klöße. Alles zusammen wird als Eintopf serviert.

Gubener Klöße

Zutaten und Zubereitung wie »Fränkische Klöße« (S. 481).

Eine besondere Spezialität ist jedoch die Beilage: gekochtes Pökelfleisch und Meerrettichsauce.

Hessen

Aus Nordhessen stammen zwei eigenwillige Kloßrezepte:

Diebchen

500 g gekochte Pellkartoffeln vom Vortag
500 g rohe Kartoffeln (geschält gewogen)
1 Tasse Milch
2 bis 3 Eier
Salz
Gerebelter Majoran
2 bis 4 Essl. Mehl
250 g grobe, geräucherte oder luftgetrocknete Bauernmettwurst

Gekochte Kartoffeln schälen und reiben.

Rohe Kartoffeln in eine Schüssel mit Wasser, dem einige Tropfen Essig zugesetzt wurden, reiben. In einem groben Leinensäckchen gut ausdrücken.

Alle geriebenen Kartoffeln zusammenschütten und mit heißer Milch, den Eiern, wenig Salz und einer sehr kräftigen Prise Majoran gut vermischen. So viel Mehl zugeben, dass eine formbare Kloßmasse entsteht.

Wurst in 8 Würfel schneiden, den Rest kleiner würfeln und mit dem Kloßteig vermischen.

Um jeden der größeren Würfel einen Kloß formen.

In siedendem Salzwasser etwa 15 Minuten gar ziehen lassen.

Dazu isst man gern eine Speck-Zwiebel-Sauce, die mit saurer Sahne abgerundet ist. Diese Sauce trägt auch den Namen Duckefett.

Kartoffelsäck oder Beulches

Bei diesen Klößen, die unter beiden Namen bekannt sind, handelt es sich fast schon um ein Nationalgericht des Vogelsbergs. Wenn es sich nicht auch die anderen hessischen Landschaften erobert hat, so liegt das wahrscheinlich an der ausgefallenen Zubereitungsart. Man braucht dazu kleine, längliche Leinenbeutel von etwa 8 × 20 cm Größe, die man zubinden kann.

1 kg rohe Kartoffeln
250 g gekochte Pellkartoffeln vom Vortag
1 Zwiebel
1 Teel. Schmalz
Salz und etwas weißer Pfeffer aus der Mühle

Dazu kann man noch nehmen:
300 g Solberfleisch (gepökeltes und gekochtes Schweine-Kleinfleisch)

Rohe und gekochte Kartoffeln reiben und sofort miteinander vermischen. Etwas Salz und Pfeffer dazu.

Die Zwiebel schälen und klein würfeln; im Schmalz glasig werden lassen und zum Kartoffelteig geben. Nach Belieben kann man auch das Solberfleisch in kleine Würfelchen schneiden und ebenfalls unter die Masse mischen.

Diese dann in die heiß ausgespülten und danach ausgedrückten Säckchen füllen. Einzeln zubinden.

In schwach siedendem Salzwasser 1 Stunde gar ziehen lassen. Herausnehmen, ganz kurz in eine Schüssel mit kaltem Wasser tauchen, damit sich die Masse besser aus den Beuteln drücken lässt.

Jeder schneidet sich die Beulches in Scheiben. Dazu gibt es Zwiebelsauce, Speck-Zwiebel-Sauce oder auch – vor allem wenn Solberfleisch verwendet wurde – Sauerkraut.

Gefillte Knepp

Das Rezept zu diesen gefüllten Kartoffelklößen stammt aus Zweibrücken. Dort sowie in und um Pirmasens könnte die Heimat dieser Kloßart sein.

Rohe Kartoffeln in eine Schüssel mit Wasser reiben, dann in einem groben Leinensack auspressen.

Geriebene, gekochte Kartoffeln sowie die heiße Milch damit verrühren. Das Ei und so viel Mehl untermengen, dass ein formbarer Kloßteig entsteht. Diesen würzen mit Salz und dem fein geschnittenen Lauch.

Runde, dicke Fladen auf der offenen Hand formen. Auf jeden einen Klecks »Gefillsel« geben und den Kloßteig darüber gut zusammendrücken und abrunden.

Im kochenden Salzwasser in etwa 25 Minuten gar ziehen lassen.

Benutzt man zum »Gefillsel« gekochtes Rindfleisch, so dreht man das durch den Fleischwolf, vermischt es mit der klein gewürfelten und hellgelb angedünsteten Zwiebel und schmeckt mit Salz und Pfeffer ab. Zuweilen gibt man auch zur Bindung noch ein eingeweichtes und ausgedrücktes Brötchen dazu. Neuerdings bindet man auch gern mit einer kleinen, rohen und ausgedrückten Bratwurst. Als Beilage schüttet man angebratene Speckwürfel über die Klöße sowie erhitzte Sahne. Dazu grüner Salat. Vor allem in Familien mit mehreren Kindern machte man sich früher den Spaß, dass ein Kloß nur mit einer Zwiebel gefüllt wurde. Wer ihn erwischte, bekam ein kleines Geschenk: vielleicht ein Zehnerl.

800 g rohe Kartoffeln
400 g gekochte Kartoffeln vom Vortag
1 Tasse heiße Milch
1 Ei
Etwa 2 Essl. Mehl
Salz
2 Essl. ganz fein geschnittener Lauch (weiße und hellgelbe Teile)

Zum »Gefillsel«:
Wahlweise 250 g Brät von roher Bratwurst oder 200 g kaltes, gekochtes Rindfleisch
1 Teel. Schmalz,
1 Zwiebel
Salz und Pfeffer aus der Mühle

Erzgebirgische Klöße

Die Erzgebirgler bevorzugen ihre Kartoffelklöße mit einem herzhaften, würzigen Geschmack.

- 1 kg Kartoffeln
- 1 mittelgroße Zwiebel
- Salz
- Geriebener Meerrettich und reichlich geriebener Majoran
- Kartoffelmehl nach Bedarf

Von den Kartoffeln etwa ein Drittel abnehmen und in der Schale kochen, pellen und erkalten lassen. Dann reiben oder durch eine Kartoffelpresse drücken.

Die geschälten Zwiebel stückchenweise durch die Knoblauchpresse zu den durchgepressten Kartoffeln drücken (oder sehr fein schneiden und dann zugeben).

Die restlichen Kartoffeln unmittelbar vor der endgültigen Zubereitung schälen, reiben und in einem Leinentuch nicht zu fest ausdrücken.

Beide Kartoffelmassen zusammen mit den Gewürzen verkneten. Soviel Kartoffelmehl einarbeiten, dass ein formbarer Kloßteig entsteht.

Apfelgroße Klöße formen, was mit nassen Händen am besten geht. In leicht siedendes Salzwasser einlegen und garen. Wenn sie an die Oberfläche steigen, müssen sie mindestens noch eine Viertelstunde ziehen. Garprobe durch Aufschneiden eines Kloßes.

Zu Braten mit reichlich Sauce.

BAYERN

Knödel aus Semmeln

Wenn man auch in verschiedenen deutschen Landschaften Weckklöße kennt, begeben wir uns jetzt eindeutig ins Knödelgebiet, das seine Hochburgen in Bayern hat. Weshalb man den dort ansässigen Volksstamm auch »Knödelbayern« nennt. Wer diesem Wort einen abfälligen Unterton gibt, ist ein armer Wicht, der noch keine echten bayrischen Knödel genossen hat.

Semmelknödel

Das sind die bayrischen Knödel schlechthin. Karl Valentin hat einmal gesagt, man müsse sie eigentlich »Semmel*n*knödel« nennen, da ja viele Semmeln zur Zubereitung gehörten. Wie viele, das ist bei der Rezeptangabe schwer zu sagen. Einigen wir uns auf einen mittleren bayrischen Appetit und rechnen zwei große Knödel pro Person!

Die Semmeln in dünne Blättchen schneiden und in einer Schüssel mit der heißen Milch übergießen. Zugedeckt 1/2 Stunde ruhen lassen, damit die Semmeln gut durchweichen.

Klein gehackte Zwiebel und Petersilie in Butter andünsten, bis die Zwiebeln gut glasig bis hellgelb sind.

Unter die weiche Semmelmasse heben.

Die Eier gründlich verkleppern und zusammen mit Salz, Pfeffer und entweder Zitronenschale oder Muskatnuss unter die Knödelmasse mischen. Keinesfalls kneten, sonst gelingen die Knödel nie. Mit feuchten Händen 8 Knödel aus der Masse formen und im eben siedenden Salzwasser etwa 15 Minuten gar ziehen lassen.

Bitte beachten: In Bayern kann man Knödelbrot kaufen, man muss sich dort seine Semmeln nicht selbst aufschneiden. – Übrig gebliebene Knödel schneidet man in Scheiben und brät sie in der Pfanne schön knusprig. Zuweilen schlägt man auch noch einige Eier darüber. Dazu gibt es dann nur einen Salat. Dünn aufgeschnittene Knödel können aber auch selbst zum Salat werden, wenn man sie mit einer Zwiebelvinaigrette anmacht.

Neben Fleisch und Saucen sind immer schon Pilze eine beliebte Beilage zu Semmelknödeln gewesen.

Gut schmeckt es, wenn man Semmelknödel mit in Butter gerösteten Semmelbröseln übergießt.

- 10 altbackene Semmeln (Brötchen)
- 1/4 l Milch
- 1 Zwiebel
- 1 Strauß Petersilie (möglichst glattblättrige)
- 1 Essl. Butter
- 2 Eier
- Salz, weißer Pfeffer aus der Mühle
- Ganz wenig Zitronenschale oder geriebene Muskatnuss

Speckknödel

Sie sind die besonders kräftigen Geschwister in der großen Knödelfamilie. Durch ihren vollen Geschmack haben sie eine beachtliche Eigenbedeutung; in einer Fleischsuppe stellen sie nicht nur ein Vorgericht dar, sondern können auch Imbiss oder kleine selbständige Mahlzeit sein – wenn man nicht gerade einen Holzknechtsappetit hat. Um unseren österreichischen Nachbarn Gerechtigkeit widerfahren zu lassen, sei noch darauf hingewiesen, dass die Speckknödel ursprünglich aus Tirol stammen. Nachdem sie jedoch schon lange in Bayern Heimatrecht genießen können wir sie auch zu den traditionellen deutschen Speisen rechnen.

- 6 altbackene Semmeln (wie man in Bayern für Brötchen sagt), falls sie klein ausfallen, können es auch 7 oder 8 sein; oder entsprechende Mengen »Knödelbrot«
- 1/4 l Milch
- 2 Eier
- 80 g durchwachsener, geräucherter Speck ohne Schwarte in Scheiben
- 80 g Salami in Scheiben
- Etwas Mehl
- Wenig Salz

Semmeln flachblättrig schneiden. Milch zum Kochen bringen und sofort über die Semmelschnitten gießen. Gut zudecken, damit der aufsteigende Dampf beim Aufweichen der Semmeln hilft.

Speck und Salami in feine Streifchen oder Stückchen schneiden. Beides in der Pfanne zusammen so lange angehen lassen, bis der Speck glasig ist. Mit ausgebratenem Fett zu den Semmeln geben. Eier in die abgekühlte Masse schlagen, salzen und alles miteinander vermischen. Auf keinen Fall kneten! Das bekommt den Knödeln schlecht.

Zur besseren Bindung kann man wenig (bis zu 1 Essl.) Mehl zufügen. Oder noch etwas Milch nachgießen. Ein rechter Teig bleibt etwas grobkrümelig, lässt sich aber ballen. Bei zu feuchten Teigen kann man auch etwas Semmelmehl zufügen, das ist besser als zuviel Weizenmehl.

Mit feuchten Händen nicht zu große Knödel formen und in Salzwasser, das nur eben »lächeln« darf, in etwa 10 Minuten gar ziehen lassen.

Abwandlungen: Schinkenknödel (Bauernknödel). Anstatt Speck und Salami kann man auch nur Speck verwenden, das ist sogar die ursprüngliche Zubereitungsart. Salami ist eine eher neumodische – aber gut schmeckende – Sache. Als Zugabe wird oft auch roher oder gekochter Schinken verwendet, insgesamt etwa 125 g. Dann entstehen »Schinkenknödel«.

Anstelle des Schinkens kann man aber auch gekochtes Pökelfleisch verwenden, das so genannte G'selchte. Auch daraus werden dann Schinkenknödel. In Restaurants findet man auch den Namen »Bauernknödel« dafür.

Bei jeder der oben angegebenen Zubereitungsarten kann man außerdem noch eine klein geschnittene Zwiebel, die hellgelb oder höchstens goldbraun angebraten sein darf, verarbeiten.

Speckknödel:
125 g durchwachsener Räucherspeck

Schinkenknödel:
125 g roher oder gekochter Schinken
evtl. 1 Zwiebel

Obwohl die leidenschaftlichsten Knödelesser
in Bayern leben, gibt es im Schwarzwald
den unangefochtenen Knödel-Vertilgungs-Weltmeister,
der jede Sekunde einen Knödel schafft –
und das Stunde für Stunde den lieben langen Tag hindurch.
Allerdings ist dieser Knödel nur künstlich,
und auch der Knödelesser ist es –
er sitzt auf einer Schwarzwalduhr im Uhrenmuseum
zu Furtwangen.

Bauren-Knöpflein

Originalrezept von Sophia Juliana Weilerin
aus dem Jahre 1810.

„Man schneide so viel Rögglein (weißes Brot) als man will in Würfel; röste die eine Hälfte in Schmalz, die andere Hälfte brühe man mit siedender Milch so an, daß die Bröcklein wohl naß werden. Dann schneidet man eine Zwiebel so fein als möglich, dämpft sie in ein wenig zergangener Butter, und thut sie nebst Salz so viel nöthig ist, zu den Bröcklein. Nun verklopft man, wann es für vier Kreuzer weißes Brod ist, sechs Eier; schüttet sie über das Brod und die Zwiebel und macht es wohl durcheinander; thut noch so viel Mehl dazu, daß der Teig ja nicht zu fest wird, und macht dann ziemlich große Knöpflein in siedendes Wasser davon; läßt sie aber nicht zu lange sieden. Bei dem Anrichten gießt man etwas von der Brühe, worinnen sie gesotten worden sind, daran; und schmälzt sie mit im Schmalze gelb geröstetem Semmelmehle ab."

Ihren besonderen Geschmack bekommen diese Knödel – Verzeihung, Knöpf, wie man in Augsburg sagt! – dadurch, dass die eine Hälfte der Semmeln angeröstet wird.

Wieviel Weißbrot bekam man für 4 Kreuzer? Wer weiß das heute noch? Wir sollten uns bei dieser Mengenangabe nach den Eiern richten. Diese waren zu Zeiten der Weilerin erheblich kleiner als heute.

Nehmen wir also 3–4 Eier und etwa 8 Milchbrötchen … und garen unbedingt einen Probekloß!

Brotklias mit Pilzen

In Hessen Weckklöss

Zu Pilzen sagt man im Erzgebirge, woher dieses Rezept stammt, auch Schwammer, die schlesische Form der bayrischen Schwammerln.

Etwa 500 g Brötchen (altbacken und Kruste abgerieben)
Knapp 1/2 l heiße Milch
1 kleine Zwiebel
1 Teel. Butter
2 Essl. gehackte Petersilie
2 Eier
Salz
2 Essl. Butter
100 g gemischte Waldpilze (entsprechend mehr, wenn man frische oder nass konservierte Pilze verwendet)

Brötchen in dünne Scheiben schneiden und mit der Milch übergießen. Zudecken.

Zwiebel klein schneiden und in der Butter glasig werden lassen. Zusammen mit der Petersilie, den Eiern und Salz mit den geweichten Brötchen verrühren. Mittelgroße Klöße formen und im siedenden Salzwasser in gut einer 1/4 Stunde gar ziehen lassen. Erkalten lassen, in Scheiben schneiden und in der heißen Butter kross braten.

Mit heißem Pilzragout belegt servieren.

Zum Pilzragout 100 g gemischte Waldpilze (getrocknete) einige Stunden einweichen. In Butter, in der vorher Zwiebelwürfelchen glasig gedünstet wurden, zusammen mit einigen Essl. Brühe garen. Sauce mit etwas Mehlbutter oder Stärkemehl binden. Abschmecken mit weißem Pfeffer, Salz und Zitronensaft. Im Erzgebirge säuerte man meistens mit Essig, Zitronensaft schmeckt jedoch besser.

Die über die Kloßscheiben gehäuften Pilze zum Schluss noch mit grob gehackter Petersilie bestreuen.

Hochzeitsknödel

Immer, wenn eine Landesspezialität mit der Hochzeit in Verbindung gebracht wird, handelt es sich um eine besonders gute, aufwendige und teure Form. So auch bei diesem Serviettenkloß.

- 50 g Butter
- 4 Eier
- Geriebene Muskatnuss
- Weißer Pfeffer aus der Mühle
- Salz
- 100 g gekochter Schinken
- 50 g durchwachsener, geräucherter Speck
- 150 g geriebener Allgäuer Emmentaler Käse
- 150 g Sauerkraut
- Etwa 5 abgeriebene, altbackene Semmeln

Butter schaumig rühren. Eier zugeben und alles zu einer Creme verrühren. Dabei würzen mit Muskat, Pfeffer und wenig Salz (andere Zutaten bringen auch noch Salz mit).

Schinken und Speck in kleine Würfelchen schneiden. Zusammen mit dem Reibkäse und dem klein geschnittenen Sauerkraut in die Masse rühren.

Semmeln feinblättrig schneiden und mit dem Teig vermengen, etwas weichen lassen. Einen großen, etwas länglichen Knödel formen, ganz locker in eine vorher mit kochendem Wasser überbrühte Serviette schlagen, Zipfel verknoten und über einen Löffelstiel stülpen, den man über einen Topf mit siedendem Salzwasser hängt. Darin den Hochzeitsknödel gut 30 Minuten gar ziehen lassen.

Beim Servieren den Knödel oben aufreißen und den köstlich duftenden Dampf genießen. Eventuell auch noch in Butter angeröstete Semmelbrösel darüber schöpfen.

Kartäuserklöße

Man kann sich streiten, ob das noch richtige Klöße sind. Da sie aber nun mal den entsprechenden Namen tragen und eine gute alte deutsche Küchentradition haben, dürfen sie hier nicht fehlen. Mit dem berühmten Likör der Kartäusermönche, dem Chartreuse, haben diese Klöße nichts zu tun. Ihr Name dürfte sie vielmehr als Fastenspeise ausweisen.

- 4 altbackene Brötchen, die möglichst groß sein sollen
- 2 Eier
- 1/4 l Milch
- 2 bis 3 Essl. Zucker
- 2 bis 3 Essl. Zimt-Zucker-Gemisch

- Ausbackfett

Rinde der Brötchen abreiben und diese dann so halbieren, dass möglichst kugelige Teilstücke entstehen. Abrieb aufheben. Eier, Milch und Zucker miteinander verrühren. Brötchenhälften darin einweichen. Anschließend ganz leicht ausdrücken, zu kloßförmigen Ballen drücken und im bröseligen Abrieb wälzen. Im Fett schwimmend ausbacken.

Vor dem Servieren in Zimt-Zucker-Gemisch wenden.

Als Beilage kann es Kompott oder auch Weinschaumsauce geben. Diese Kartäuserklöße können einen Nachtisch darstellen. Sehr oft waren sie in meiner Jugendzeit ein Samstagsessen; davor gab es eine Suppe. Warum hat man sie noch nie in der gehobenen Gastronomie als Dessert angeboten?

Gefüllte Kartäuserklöße

Originalrezept von Marie Schandri, Regensburg, 1890.

„Kleine altbackene Milchwecken werden abgeschält, oben ein Deckelchen abgeschnitten (welches nicht mehr benützt wird), ausgehöhlt, jedes einzelne in kalte Milch getaucht, dann auf eine Platte gelegt, bis sie weich sind. Hierauf verrührt man Eier mit etwas Zucker recht gut, wendet jedes Brod darin um und bäckt es in heißem Schmalz schwimmend braun. – Jedes wird hierauf mit eingemachten Früchten gefüllt und in rothem, siedenden Wein mit Zucker und einer kleinen Zimmtrinde einmal aufgekocht. – Man kann sie auch nur mit Zucker und Zimt bestreuen, wenn sie aus dem Schmalz kommen und den Wein ganz weglassen. Hierzu gibt man dann Kirschsauce.“

Die beiden Enden des Brotes

Das haben Brot und Wurst gemeinsam: sie besitzen zwei Enden. Eine bedeutsame Gemeinsamkeit liegt auch darin, dass beide echte deutsche Spezialitäten sind und von einer in der Welt einmaligen Vielfalt: Beim Brot sind es sage und schreibe 200 Sorten. Der Unterschied beginnt aber schon bei der Bezeichnung. Für die Wurst kommt man mit dem einen Wort »Zipfel« aus. Beim Brot hat jede deutsche Landschaft ihren eigenen Namen für die Enden. Bei der stets weiter um sich greifenden Sitte, das Brot nur noch geschnitten und abgepackt zu kaufen, gehen die alten Bezeichnungen für die Anschnitte im großen Loch namens »Ich weiß nicht mehr« verloren. Der Versuch einer Rettung soll unternommen werden. Hier sind einige Bezeichnungen:

Kneisle – Schwaben
Knäppchen – Westfalen
Knust – in ganz Norddeutschland
Knüstchen – in Hessen (auch »Krüstsche«)
Rämpfchen – Thüringen
Ränftel – Schlesien
Reifle – Allgäu
Riebele – Schwaben
Scherzel – Bayern und schließlich
»Kanten« als überall verstandener Begriff

Immer schrieb man den Brotkanten besonderen Nährwert zu. Wissenschaftler, die sich derzeit mit der Brotforschung befassen, konnten mir derartige Eigenschaften nicht bestätigen. Nur für die Zähne sind die Kanten ein besonders gutes Training, außerdem sättigen sie mittels des Kaueffekts etwas stärker, was jedoch mehr ein psychologischer Effekt sein dürfte. Ich persönlich mag seit meiner Kinderzeit keine Kanten mehr. Damals hatte man mir nämlich erzählt, durch Kantenessen lerne man gut pfeifen. Wie habe ich mich mit den Kanten abgemüht! Nur pfeifen, das habe ich nie gelernt. Also pfeife ich seitdem auf Kanten und gönne sie all denen, für die sie echte Leckerbissen sind.

Klöße und Knödel aus Mehl

Überall in deutschen Landen kennt und schätzt man kleine und große, süße und herzhafte Ballen aus Mehl. Fangen wir auch hier wieder mit den größten und dicksten an!

Schleswig-Holstein

Mehlbeutel oder Großer Hans

Schon vor etwa 250 Jahren kannte man im äußersten Norden Deutschlands Mehlballen von Kindskopfgröße. Es ist möglich, dass solche Mehlbeutel über die Nordsee von Matrosen mitgebracht worden waren, denn zuweilen wird auch schon früher ein »englischer Pudding« erwähnt. Längst sind die Mehlbeutel in vielerlei Zubereitungsarten echte schleswig-holsteinische Spezialitäten geworden. Oft werden Mehlbeutel auch nach dem einstmals freien Bauernland im Westen des Bundeslandes, nach Dithmarschen, benannt.

- 6 Eier
- Knapp 1/2 l Milch
- 125 g Butter
- 1/2 Teel. Backpulver
- Salz
- Abrieb einer Zitrone
- 200 g entsteinte Backpflaumen (Trockenfrüchte) oder auch halb Backpflaumen, halb Rosinen oder Sultaninen
- 800 g geräucherte Schweinebacke (ersatzweise durchwachsener Räucherspeck)

Eier trennen. Eigelbe mit der Milch und der flüssigen Butter gut verrühren.

Mehl mit Backpulver, einer Prise Salz und der abgeriebenen Zitronenschale vermischen und zur Eiermilch rühren, bis daraus ein glatter Teig entstanden ist.

Eiweiße steif schlagen. Unter den Teig heben. Große Serviette in kochendem Wasser auswaschen, ausdrücken, auf dem Tisch ausbreiten, Mitte mit etwas Mehl bestäuben, gewaschene Backpflaumen darauf legen und darauf den zu einem großen Kloß geformten Teig setzen. Serviettenzipfel darüber zusammenknoten; es muss noch reichlich Luft über dem Teigkloß bleiben.

Ein oder zwei Kochlöffel unter die verknoteten Serviettenzipfel stecken und den Mehlbeutel so in einen großen Topf mit Wasser hängen, dass der Kloß etwa zur Hälfte im Wasser hängt.

Bitte umblättern.

Butter, Zucker oder gemischtes, gedünstetes Backobst (dafür auch heißer Fruchtsaft, der mit etwas Stärkemehl angedickt wurde, möglich)

Das Wasser hat man vorher mit der Schweinebacke zum Kochen gebracht. Das Fleisch bleibt während der gut 1 1/2 Stunden, in denen der Mehlbeutel zugedeckt kochen muss, im Wasser. Dabei eventuell noch etwas Wasser nachfüllen.

Mehlbeutel und Fleisch herausnehmen. Serviette aufknoten und den Mehlbeutel umgekehrt auf eine Platte stürzen; er muss nun noch etwa 5 Minuten ausdampfen.

Zum Essen wird er in tortenähnliche Stücke geschnitten und mit Butter und Zucker oder mit Dörrobstkompott oder mit Fruchtsauce verfeinert.

Man kann auch die Schweinebacke zum Mehlbeutel essen, vielleicht eine Senfsauce dazu.

Eine Senfsauce gibt es immer dann, wenn man die Schweinebacke getrennt zu Pellkartoffeln isst. In neuerer Zeit bereitet man den Mehlbeutel auch in einer verschließbaren Puddingform zu, die man zum Garen ins Wasserbad setzt. Dadurch geht der unvergleichliche Rauchgeschmack verloren, den der dicke Kloß von der unter ihm kochenden Schweinebacke bekommt.

Schon immer hat man allerdings auch Mehlbeutel im Wasser (oder auch nur im Dampf über dem Wasser) ohne geräuchertes Schweinefleisch gekocht.

In manchen Rezepten wird auch ein Zusatz von Hefe genannt.

Ebenfalls kann im Mehlbeutelteig eingeweichtes Brot verarbeitet werden.

Am besten schmeckt ein Mehlbeutel, wenn man dazu »Beestmilch« (gibt die Kuh unmittelbar nach dem Kalben) verwendet. Leider ist »Beestmilch« in keiner Molkerei zu kaufen.

Schwarzer Mehlbeutel

Zutaten und Zubereitung wie »Mehlbeutel« (voriges Rezept); nur wird die Milch durch Blut ersetzt. Als Gewürze kommen noch Kardamom und Nelken dazu. Dazu isst man Sirupsauce.

Niedersachsen

Mehlpütt

Hier haben wir eine
vorwiegend ostfriesische Spezialität.

- Gut 1/4 l lauwarme Milch
- 40 g Hefe
- 1 Teel. Zucker
- 500 g Mehl
- 1 Prise Salz
- 3 Eier
- 1 Essl. Butterfett

Einige Essl. Milch abnehmen und darin die zerbröckelte Hefe mit Zucker verrühren. Aufgehen lassen.

Dann mit allen übrigen Zutaten tüchtig verrühren und kräftig kneten. An zugfreiem Platz zur doppelten Größe aufgehen lassen. Wie einen Mehlbeutel in eine Serviette schlagen. Beim Garen darf der Mehlpütt jedoch nicht ins Wasser hängen, er muss darüber nur im Dampf eine knappe Stunde garen.

Als Beilage gibt es entweder gedünstete Birnen oder Vanillesauce.

Niedersachsen

Jan im Hemd

Die ostfriesische Art des allbekannten Hefekloßes besteht aus nur einem großen Kloß, der mit Hefeteig nach dem Rezept »Hefekloß« zubereitet und ebenfalls über dem Wasser hängend zubereitet wird.

Als Beilage bevorzugt man auch zwischen Ems und Jade Birnenkompott.

Klütje

Dies ist so etwas wie ein gebackener Mehlbeutel.

Zutaten wie für »Mehlpütt« (S. 497)

Zusätzlich noch:
200 g geräucherter, durchwachsener Speck
125 g Rosinen

»Mehlpütt«-Teig zubereiten.

Speck in feine Streifchen schneiden und in einem Topf mit dickem Boden auslassen und etwas abkühlen lassen.

Gewaschene Rosinen in den Teig kneten. Diesen dann zu einer Kugel formen und auf den ausgelassenen Speck in den Topf setzen. Ist er bis zu seinem doppelten Umfang aufgegangen, Topf zudecken (Achtung! Topf muss hoch genug sein) und im vorgeheizten Backofen bei etwa 180 °C gut 15 Minuten backen. Dann muss der Kloß umgedreht werden, damit er auch auf der anderen Seite schön braun wird. Das dauert noch einmal etwa 15 Minuten. Stäbchenprobe machen.

Auch »Klütje« isst man mit gekochten Birnen oder Vanillesauce. Zu ihrem geliebten Tee essen Ostfriesen zuweilen ein Stück erkalteten »Klütje«.

Halberstädter Birnenklöße

Wahrscheinlich gibt es keine andere Gegend Deutschlands, in der Birnen so gern und häufig in der Küche verwendet werden wie in Sachsen-Anhalt.

Hefeklöße:
1/4 l Milch, lauwarm
30 g Hefe
400 g Mehl
40 g Butter
1 Ei
Je 1 Prise Salz und Zucker

4 aromatische Birnen
3 Essl. Zitronensaft
Etwa 2 Essl. Zucker
Je nach Geschmack eine kleine Prise Zimtpulver
1 Tasse Semmelbrösel
3 Essl. Zucker
60 bis 80 g zerlassene Butter

Aus den Hefekloßzutaten einen Teig herstellen und gehörig gehen lassen.

Die Birnen schälen, entkernen und in 2 bis 3 cm große Schnitze teilen; mit Zitronensaft und Zucker vermengen. Eventuell auch Zimtpulver dazu. Aus dem Teig Klöße formen, mit dem Daumen ein Loch in jeden bohren, 1 bis 2 Birnenstücke einschieben und darüber sorgfältig zusammendrücken.

Im leicht siedenden Salzwasser zugedeckt etwa 15 Minuten garen. Dabei umwenden. Anschließend herausnehmen und abtropfen lassen.

Semmelbrösel in der Hälfte der Butter anrösten, Zucker beimischen; restliche Butter nur schmelzen.

Beim Anrichten die Klöße mit Bröseln bestreuen und etwas Butter darauf gießen.

Hinweis: Falls die Birnen noch nicht vollreif sind, muss man sie eventuell vor dem Einfüllen kurz in Zitronenwasser mit Zucker vorgaren.

Hefeklöße

Man spricht sehr oft von »Schlesischen Hefeklößen«. Da jedoch mindestens seit Anfang unseres Jahrhunderts diese Klöße überall in Deutschland gegessen werden und z. B. in Berlin auch schon so etwas wie eine Spezialität geworden sind, kann man sie heute nicht mehr einer einzigen Landschaft zuordnen. In Schlesien gibt es eine Sonderform, die aus supergroßen Hefeklößen besteht. Ein Kloß ist eine Portion. Aus den unten angegebenen Mengen würden also nach schlesischer Art nur vier Hefeklöße gemacht werden.

- 40 g Hefe (oder ein Paket Trockenhefe)
- 1/4 l Milch
- 500 g Mehl
- 2 bis 3 Essl. Zucker
- 1 kleine Prise Salz
- 3 Essl. weiche Butter
- 1 bis 2 Eier

Hefe zerbröckeln und mit 2 bis 3 Essl. lauwarmer Milch verrühren. Mehl, Zucker und Salz miteinander verrühren, in eine Schüssel häufen und in die Mitte eine Vertiefung drücken. Dahinein die angerührte Hefe schütten, mit wenig Mehl bestäuben und aufgehen lassen. Danach mit dem Mehl, der weichen Butter und den Eiern verrühren; anschließend kräftig schlagen. Zugedeckt gehen lassen. Dann zusammenschlagen, 10 bis 12 Klöße daraus formen und diese nochmals auf einer bemehlten Unterlage 1/4 Stunde gehen lassen.

Einen breiten Topf (in den meisten Fällen auch zwei Töpfe) nur bis knapp zur Hälfte mit Salzwasser füllen. Aufkochen. Über die Töpfe (oder den Topf) jeweils ein Tuch (ausgekochte Serviette oder besser Mull) spannen, darauf die Klöße nebeneinander legen. Sie dürfen nicht ins Wasser hängen.

Mit einer umgestülpten Schüssel zudecken und im Wasserdampf etwa 15 Minuten garen.

Zum Servieren werden die Klöße oben aufgerissen, damit sie ausdampfen und locker werden.

Als Beilage gibt es Zwetschgen-Kompott oder auch musig gekochte (entsteinte) Dörrpflaumen, die kräftig gesüßt sind, oder Backobst mitsamt seiner Brühe.

Zur Verfeinerung kann man in die aufgerissenen Klöße auch etwas zerlassene Butter gießen.

Andere Möglichkeit: In Butter geröstete Semmelbrösel nebst etwas zerlassener Butter über die Klöße verteilen. In diesem Fall sollte für den Kloßteig etwas mehr Zucker, vielleicht auch zusätzlich Vanillezucker genommen werden.

Hefeklöße werden mit nur einer Prise Zucker zubereitet, wenn als Beilage dazu gekochtes Pökelfleisch serviert wird.

»Der (oder die) ist aufgegangen wie ein Hefekloß« ist ein viel gebrauchter volkstümlicher Kommentar, wenn jemand sehr dick wird. Und er ist ein Beweis für die Popularität dieses Gerichtes.

Diebichen

Am Rand des Eichsfeldes gegen den Harz hin
sind diese einfachen Mehlklöße zu Hause.
Durch die Kochkünste der Eichsfelder Frauen
werden sie zu einer kleinen Gaumensensation,
nicht zu verwechseln mit »Diebchen«, Seite 483.
Das Grundrezept ist ganz simpel:

500 g Mehl
1 bis 2 Eier
1 Prise Salz
Etwas kalte Milch
50 g geschmolzene Butter

Aus allen Zutaten einen ziemlich festen Teig rühren, den man dann unter Hinzufügen der Butter kräftig schlägt. Mit dem Löffel (der immer wieder ins siedende Wasser getaucht wird) kleine Klöße abstechen und im Salzwasser in etwa 10 Minuten gar ziehen lassen.

Das bäuerliche Raffinement besteht in den mit der Jahreszeit wechselnden Beilagen:

Im November – süß-sauer abgeschmecktes erstes Gänseklein der Saison.

Von Januar bis März – »Birkensaft«; wobei dieser nicht von Birken stammt, sondern aus zerlassener Butter besteht. Dazu gibt es suppig gekochtes Pflaumenmus.

Im frühen Frühjahr – wird das erste junge Grün, zu dem Wildpflanzen und Raps gehören, klein gehackt und zu Gemüse gekocht, das man über die Diebichen schöpft.

Im Sommer – verwendet man die Früchte der Jahreszeit, wie entsteinte Kirschen im Teig der Diebichen, die in Milchsuppe serviert werden; oder Birnenstücke im Teig und dazu ein warmes Birnenkompott.

Während meiner Soldatenzeit habe ich die besten »Diebichen« gegessen. Es war während eines Manövers in einem gottverlassenen Kaff. Als Beilage gab es jungen Wirsing und dicke Scheiben von »Feldkieker», der berühmten Eichsfelder Wurst.

Allerlei Klöße und Knödel

Im allgemeinen geht es in der Knödel-Kloß-Familie recht gemütlich zu. Es herrscht allenfalls ein edler Wettstreit zwischen den vielen Familienmitgliedern, von denen einige nicht zum Adel derer von Weck, Mehl oder Kartoffel gehören. Man sollte sie darob aber nicht als Bastarde abwerten, sondern auch ihnen kulinarische Gerechtigkeit widerfahren lassen.

NIEDERSACHSEN

Grießklöße

Etwa 1/2 l Milch
75 g Butter
1/2 Teel. Salz
1 Teel. Zucker
150 g Grieß
3 bis 4 Eier

Milch mit Butter, Salz und Zucker unter gelegentlichem Rühren zum Kochen bringen. Grieß langsam einlaufen lassen. Beständig rühren, bis der Grieß voll ausgequollen ist.

Vom Feuer nehmen und die ganzen Eier nacheinander einrühren. Masse erkalten lassen. Mit einem nassen Löffel davon Klöße abstechen und in Salzwasser oder Fleischbrühe gar ziehen lassen.

Grießklöße können sowohl mit beliebigem Fruchtkompott (dann eventuell etwas mehr Zucker an den Teig) oder mit Zucker und Zimt sowie angerösteten Bröseln serviert werden.

Herzhafte Grießklöße gart man in Fleischbrühe, bestreut sie beim Servieren mit gehackten Kräutern und reicht sie zu grünem Salat. Im Hannoverschen isst man etwas kleinere Grießklößchen in der Erbsensuppe, in der sie auch gegart wurden.

Aus der reduzierten Zutatenmenge (60 %) kann man kirschgroße Klößchen als Einlage für Fleischbrühe gewinnen.

Altona

Kehdinger Klöße

Diese Klöße, die zwischen Elbe und Oste daheim sind, schmecken ausgezeichnet zu allen fetten Fleischspeisen und werden vor allem zu Schweinernem gegessen.

300 g Mehl
1 Essl. Salz
Kochendes Wasser
2 Essl. Butter

Wichtig ist eine tiefe Teigschüssel. Das Mehl hineinsieben. Salz dazu und beides leicht vermischen. Jetzt gießt man nach und nach kochendes Wasser, in dem die Butter zerlassen wurde, über das Mehl und schleudert es nach jeder Wasserzugabe von einer Seite der Schüssel zur anderen. Am besten ist ein Spatel dazu. Keinesfalls rühren. So viel kochendes Wasser zufügen, bis ein geschmeidiger Kloßteig entstanden ist. Mit zwei Esslöffeln davon Klöße abstechen und in siedendem Salzwasser gar ziehen lassen. Wenn sie an die Oberfläche kommen, kann man sie herausnehmen.

Diese Klöße kann man sehr leicht aufwärmen, wenn man sie einige Minuten in brühheißem Wasser heiß werden lässt. Sie kochen weder ab noch verlieren sie an Wohlgeschmack durch diese Prozedur.

Schälklöße – Schlitzchen

Unter den zuweilen recht kargen schlesischen Spezialitäten sind die »Schlitzchen« kein »Assen für arme Leut«, wie man dort zu sagen pflegt. Kochtechnisch ähneln sie den erzgebirgischen Wickelklößen (Seite 478).

- 500 g Mehl
- 1/2 Teel. Salz
- 4 Eier
- 125 g Butter
- 4 bis 5 gehäufte Essl. Semmelbrösel
- Hammelbrühe oder Fleischbrühe

Aus Mehl, Salz und den Eiern einen festen Nudelteig schlagen. Eine Stunde ruhen lassen. Zu dünnen Platten ausrollen, die möglichst rechteckig sein sollen (etwa 20 × 30 cm). Diese reichlich mit zerlassener Butter bestreichen und mit Semmelbröseln bestreuen, dann zu einer flachen, etwa 30 cm langen und 5 cm breiten Wurst einrollen. Schräg so zerschneiden, dass Rauten entstehen. Die Schnittflächen zusammendrücken und die Schälklöße dann in Hammelbrühe gar ziehen lassen.

In der Hammelbrühe waren sie einst ein schlesisches Leibgericht, als man dort das Hammelfleisch noch besonders schätzte. Heute gart man sie eher in Rindfleischbrühe und isst sie dann mit dem – nicht zu weich gekochten – in Streifen geschnittenen Suppengemüse.

Sachsen

Schälklöße andere Art

- 2 Bund Petersilie (anstelle von Semmelbröseln)

Zutaten und Zubereitung wie oben, wobei die einzige Änderung die Semmelbrösel betrifft. Sie werden durch zwei Bund Petersilie ersetzt, die nach dem Waschen fein gehackt werden muss. Damit bestreut man die gebutterten Platten aus Nudelteig.

Diese Schälklöße werden gern zusammen mit Rindfleisch und Suppengrün gegart (später einlegen) und auch gegessen.

Mohkließla

In Berlin Mohnspielen

Die berühmten »Mohnklöße«, wie sie auf hochdeutsch heißen, sind kaum als Klöße anzusprechen, wenn sie auf den Tisch kommen, sondern gleichen einem kalten Auflauf. Erst wenn die einzelnen Portionen abgestochen und auf die Teller verteilt werden, erkennt man die längliche Klößchenform. Nach dem Weihnachtskarpfen werden sie zur schlesischen Weihnacht mit einem Dreistundenabstand, also etwa um Mitternacht, zum Punsch gegessen. Auch zu den Traditionen der Neujahrsnacht gehören sie. Das Rezept stammt von meinem Freund Heinz Schwarz, der mich in viele Geheimnisse der schlesischen Küche eingeweiht hat.

- 250 g gemahlener Mohn
- ½ l Milch
- 5 Essl. Zucker
- 50 g Sultaninen
- 5 Essl. Rum
- 50 g Mandelstifte
- 1 Teel. Zimt
- 2 Tropfen Bittermandelöl (oder 3 geriebene Bittermandeln)
- 12 bis 16 Scheiben Zwieback

Gemahlenen Mohn mit ¼ l kochender Milch, in der der Zucker gelöst wurde, übergießen und quellen lassen. Verrühren. Sultaninen waschen, abtrocknen und in Rum einweichen. Dann mit dem Rum, den Mandeln, dem Zimt und dem Bittermandelöl zum gequollenen Mohn geben und damit verrühren.

In der restlichen Milch die Zwiebackstücke ganz kurz weichen, sie dürfen nicht matschig werden.

In eine (Glas-)Schüssel schichten: eine Lage Mohnbrei, eine Lage Zwieback und so weiter, bis alles Material verbraucht ist. Die oberste Schicht muss Mohnbrei sein. Wer will, kann sie noch mit einigen Mandelblättchen verzieren. Mindestens über Nacht stehen lassen, damit sich alle Aromastoffe miteinander verbinden.

Vorsicht! So gut die »Mohnkließla« sind, so mächtig sind sie auch. Die Punsch- oder Glühweinbegleitung ist unerlässlich. Ein Gläschen »Kroatzbeere« oder »Stonsdorfer« wäre noch besser und ganz authentisch, da beide schlesische Spezialitäten aus dem Riesengebirge sind. Die verdauungsfördernden Bitterliköre, haben ein verführerisches Waldgeist-Aroma (Kroatzbeere bedeutet Waldbrombeere).

Glumskeilchen

Namentlich sind sie natürlich mit den Kartoffelkeilchen verwandt. Auch auf die Form erstreckt sich die enge Verwandtschaft. Der Geschmack natürlich ist grundverschieden. Glumse ist der ostpreußische Ausdruck für Quark.

- 500 g Glumse (Quark)
- 2 bis 3 Essl. Zucker
- Eine kleine Prise Salz
- 2 Eier
- 2 Essl. Mehl
- 2 Essl. Stärkemehl
- 3 gekochte, durchgedrückte Kartoffeln
- 1 Tasse Korinthen

Glumse mit Zucker, Salz und Eiern verrühren. Je nach Feuchtigkeitsgehalt der Masse etwa die angegebenen Mengen Mehl und Stärkemehl damit verrühren. Anschließend noch die durchgedrückten Kartoffeln und die vorher eingeweichten Korinthen in den Teig arbeiten. Mit nassen Händen Keilchen (Klößchen) formen und im kochenden Wasser etwa 10 Minuten sieden lassen. Herausnehmen, abtropfen lassen.

Beilagen: Braune Butter und ein Zimt-Zucker-Gemisch.

Rezeptvariationen: Man kann auch etwas zerlassene Butter sowie 1/2 Päckchen Backpulver an den Glumseteig geben.

Sachsen

Quarkkeulchen

Die sächsische Version der Glumskeilchen wird nach dem gleichen Rezept zubereitet, wobei man vielleicht mehr Wert auf die Zugabe von Backpulver legt. Unterschiedlich ist die Zubereitungsart: Quarkkeulchen werden zu Plätzchen (rund 8 × 1 cm) ausgestochen und im Fett schwimmend ausgebacken. Bei Tisch streut man ein Zimt-Zucker-Gemisch darüber. Als Beilage kann man Apfelkompottoder anderes gedünstetes Obst reichen.

Tollatschen

Wer Pommern nie kennen gelernt hat, vor allem das östliche Hinterpommern nicht, der wird dies für ein barbarisches Gericht halten. Dabei gerieten dort die Leute in Verzückung, wenn im Herbst die Metzgereien kleine Fähnchen herausstreckten, um anzuzeigen, dass es »Tollatschen« gibt. Auf dem Lande bereitete man sie nur selbst zu, vor allem wenn die große Zeit der Schlachtfeste war. Bei der Vermischung von Pikantem und Süßem handelt es sich um keine Druck- oder Satzfehler, sondern – um die pommersche Geschmacksnote.

500 g Mehl
150 g Paniermehl (Semmelbrösel)
200 g Zucker
100 g Rosinen
Abrieb 1 Zitrone (ungespritzt)
Je 1 Prise Zimt, Kardamom, Anis und Thymian
Salz
Gut 50 g Griebenschmalz
2 Tassen Schweineblut mit 1 Teel. Essig verrührt
Wurstbrühe (ersatzweise Fleischbrühe)
2 bis 3 Essl. Schmalz zum Ausbraten
4 große, säuerliche Äpfel

Mehl, Paniermehl und Zucker miteinander vermischen. Rosinen waschen, abtropfen lassen und nebst allen Gewürzen zugeben. Griebenschmalz und Blut zufügen und einen nicht zu weichen Teig kneten. Enteneigroße Klöße davon abstechen und in der Wurstbrühe in einer guten Viertelstunde gar ziehen lassen. Herausnehmen und abgekühlt in Scheiben schneiden.

Äpfel schälen, entkernen und ebenfalls in Scheiben schneiden. »Tollatschen-Scheiben« und Apfelscheiben in Schmalz braten. Zusammen servieren und verzehren.

In Hinterpommern aß man noch süße Blutwurst dazu oder auch Grützwurst, die mit Rosinen hergestellt war.

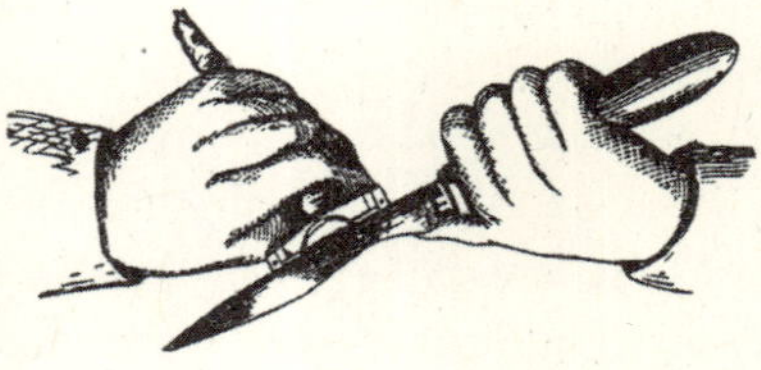

Schloss Puttsbus, Stich von H. Winkles nach einer Zeichnung von B. Peters

Zwetschgenknödel

Noch einmal eine entschuldigende Verbeugung nach Böhmen hin, denn von dorther kamen diese herrlichen Knödel, ehe sie in Bayern heimisch wurden.

- 500 g geschälte, gekochte Kartoffeln vom Vortag
- 1 Essl. flüssige, nicht mehr heiße Butter
- 2 Eigelbe
- 1 Prise Salz
- 2 bis 3 gehäufte Essl. Mehl
- Etwa 500 g Zwetschgen
- Zuckerwürfelchen
- 3 Essl. Butter
- 4 Essl. Semmelbrösel
- 2 Essl. Zucker
- 1 Teel. Zimt

Kartoffeln durch die Presse drücken und mit flüssiger Butter, Eigelben und Salz vermischen. So viel Mehl nach und nach zufügen, bis sich ein nicht mehr klebender, ausrollbarer Teig gebildet hat. Zu Platten auswellen, die etwa 1 cm dick sind. Daraus Quadrate schneiden.

Zwetschgen gut trockenreiben, entkernen und jeweils ein Zuckerwürfelchen hineinstecken. In ein Teigquadrat hüllen und vorsichtig zusammendrücken.

In siedendem Salzwasser leise sprudelnd garziehen lassen. Herausnehmen, abtropfen und mit den Semmelbröseln, die vorher in der Butter angeröstet und mit Zucker und Zimt abgeschmeckt wurden, beträufeln.

Mein persönlicher Tipp: Die Zuckerwürfelchen in Zwetschgenwasser eintauchen, ehe man sie in die Zwetschgen steckt. Nur echte Spätzwetschgen verwenden, die kaum noch Flüssigkeit ziehen. Die Semmelbrösel kann man auch durch zerriebenen Zwieback ersetzen.

Kohlklöße

Dies ist ein altes Rezept aus Mitteldeutschland. Die Kohlklöße wurden traditionsgemäß zu Entenbraten gegessen, schmecken aber auch zu vielen anderen Braten. Durch die Kohlkopfgröße bedingt, ergibt das Rezept reichlich vier Portionen.

1 kleiner Weißkrautkopf
60 g Butter
1 große Zwiebel
Salz, Pfeffer aus der Mühle
4 Eier
4 Essl. saure Sahne
Muskatnuss
Evtl. Bohnenkraut
Etwa 100 g Semmelbrösel
Etwa 100 g Mehl

Weißkraut putzen, vierteln und in Salzwasser nicht ganz gar kochen, was etwa 45 Minuten dauern dürfte. Auf einem Durchschlag auskühlen lassen. Ausdrücken und klein hacken.

Butter in einem Schmortopf erhitzen. Klein geschnittene Zwiebeln darin einige Minuten angehen lassen, dann gehacktes Weißkraut zufügen, pfeffern und unter häufigem Wenden gut 10 Minuten bei nicht zu großer Hitze dünsten.

Eigelb und saure Sahne unter die erkaltete Krautmasse mischen. Semmelbrösel und Mehl in gleichen Mengen nach und nach darunter heben, bis eine knetfähige Konsistenz erreicht ist.

Mit Muskatnuss abschmecken und eventuell auch noch etwas Salz und Pfeffer zugeben. Eine Prise getrocknetes Bohnenkraut ist eine gute Ergänzung.

Steif geschlagenen Eischnee unterheben und mit zwei angefeuchteten (Holz-)Löffeln Klöße in der Größe großer Kartoffeln formen. Etwa 10 bis 15 Minuten in leise kochendem Salzwasser garen.

Mit einer Specksauce können diese Krautklöße auch ein billiges Alltagsessen sein.

Spätzle

Spätzle und Schwaben sind zum Spätzle-Schwob und weltberühmt geworden. Leider hat das auch dazu geführt, dass überall in deutschen Landen immer mehr »Spätzle« serviert werden, die immer weniger den köstlichen Ur-Erzeugnissen entsprechen. Allenthalben gibt es fertige »Spätzle« in Tüten oder Paketen zu kaufen, aber selbst die besten und in Schwaben hergestellten Erzeugnisse sind nur ein schwacher Abglanz der handgeschabten »Spätzle« aus Omas schwäbischer Küche; ihre Tochter und Enkelin schaben nur noch höchst selten, sie bevorzugen einen »Spätzle-Hobel« oder eine »Spätzle-Presse«.
Aber der Teig wird wenigstens noch selbst gemacht.
Mein Kollege Dr. Karl Lerch hat 1966 ein »Spätzle-Brevier« herausgebracht, ein ganzes Buch nur über »Spätzle«. Darin steht auch von der Ungewissheit, ob die »Spätzle« sich aus spatzenähnlichen, spitzen Klößen entwickelt haben oder ihren Namen und Ursprung Italienern verdanken; »Spätzle« könnte von dem italienischen Wort »spezzare« = in Stücke schneiden kommen. Wenn ich mir so die Essensgewohnheiten der italienischen Gastarbeiter betrachte und wie sie an heimatlichen Gaumengenüssen hängen, dann stelle ich mir vor, wie einstmals die Legionäre in Germaniens kalten Wäldern gelitten haben mussten, wo nur höchst selten ein Säckchen Mehl über die beschwerlichen Nachschubwege ankam.
Und wenn ich mich dann noch an meine eigene Soldatenkocherei erinnere, dann könnte ich mir vorstellen, dass die ersten »Spätzle« als einfachste Form der Teigwaren in Legionärsunterkünften entstanden. Mit dieser Annahme gehe ich noch erheblich weiter als Dr. Lerchs Gewährsleute, die einen klösterlichen Ursprung in Betracht zogen.
Wer wirklich zu den guten, reinen Quellen der deutschen Kochkunst vordringen will, der wende sich hausgemachten Spätzle zu!

Handgeschabte Spätzle

500 g Mehl
4 Eier
1 bis 2 Teel. Salz
Etwa 1/2 l kaltes Wasser

Spätzlebrett

Mehl, Salz und Eier werden mit ganz wenig kaltem Wasser erst verrührt und dann so lange geschlagen, bis ein glatter Teig entsteht, der nicht mehr am Löffel hängt und beim Schlagen Blasen wirft. Dabei gibt man in kleinen Mengen nacheinander nur gerade so viel Wasser zu, wie nötig ist. – Das ist das erste Geheimnis der Spätzlezubereitung. Das zweite Geheimnis folgt sogleich, wobei ich allen wagemutigen Nacheiferern gleich sagen muss, dass man es nur durch einige Übung zu befriedigenden Ergebnissen bringen kann; zur Meisterschaft im Schaben sind Jahre erforderlich.

Man bringt einen großen Topf mit Salzwasser zum Kochen. Auf ein Spätzlebrett, das wie ein kleines Schneidebrett mit großem Griff aussieht und dessen Vorderkante spitz wie eine Messerschneide geformt ist, gibt man etwas Kochwasser und dann ganz wenig Teig, dieser wird mit dem Messer (oder – so man hat – dem Spätzleschaber) ganz dünn ausgestrichen, und indem man das Messer wieder und wieder ins Wasser taucht, werden feine Streifchen vom Teig abgetrennt und ins Wasser geschubst. Kommen dann die Spätzle an die Oberfläche, so fischt man sie mit einem Schaumlöffel heraus (oder einem speziellen Spatzenlöffel), wäscht in kaltem Wasser, durch das man sie zieht, den Mehlschleim ab und hält sie in heißem Wasser warm. Ich gestehe, dass ich zwar nach einigen verunglückten Versuchen das Spätzleschaben gelernt habe, dass es mir jedoch immer die unangenehmste Küchenarbeit bleiben wird, weil ich nämlich beim Schaben im aufsteigenden Dampf so sehr schwitze.

Ich kann verstehen, wenn immer mehr Köchinnen und Köche eine der mechanischen Spätzlehilfen benutzen. Trotzdem geht nichts über handgeschabte Spätzle. Am besten jede Portion frisch und für sich. So etwas ist schon einen erhöhten Sonderpreis wert.

Auf der Schwäbischen Alb stellte man früher die Spätzle aus Dinkelmehl her. Sie sollen eine Delikatesse gewesen sein. Heute wird Dinkel nur noch geröstet und zu Grünkern verarbeitet. Spätzle isst man zu vielerlei Gelegenheiten und in vielfältiger weiterverarbeiteter Form.

Allgemein braucht es dazu ein Fleischgericht mit viel und kräftiger Sauce: Wild, Schmorbraten oder Sauerbraten.

Einige besondere schwäbische Spätzlerezepte folgen.

Saure Spätzle

Spätzle separat zubereiten; sie können kalt werden. Butter erhitzen, Mehl darin gelb anrösten. Mit Fleischbrühe ablöschen, bis eine dickflüssige Sauce entsteht. Würzen mit Essig, Sauerrahm, Lorbeerblättern, Salz und Pfeffer. Eine Viertelstunde köcheln lassen. Spätzle zugeben und in der Brühe erhitzen. Wenn möglich, Lorbeerblätter herausfischen und servieren. Ich esse am liebsten Frikadellen dazu.

Sehr gern werden »Saure Spätzle« auch mit Zwiebeln und Gurken angerichtet. Dabei lässt man in der Butter, ehe man das Mehl anschwitzt, zwei sehr klein geschnittene Zwiebeln glasig werden. Etwa 10 cm Salatgurke werden geschält, halbiert und entkernt sowie dann in dünne Scheibchen geschnitten; diese gibt man zusammen mit den Spätzle an die Sauce und vermengt alles miteinander.

1 Rezept Spätzle
2 Essl. Butter oder Schmalz
2 Essl. Mehl
Fleischbrühe
Essig
4 Essl. saurer Rahm
2 Lorbeerblätter
Salz und Pfeffer aus der Mühle

Spätzle in der Brühe

1 Rezept Spätzle
1 l gute, klare Fleischbrühe
2 Essl. gehackte Petersilie oder gehackter Schnittlauch

Spätzle in der Fleischbrühe erhitzen und mit Petersilie bestreut servieren.

Abgeschmälzte Spätzle

1 Rezept Spätzle
2 große Zwiebeln
2 bis 3 Essl. Butter oder Butterschmalz

Spätzle separat zubereiten und warm halten. Zwiebeln schälen und halbieren oder vierteln und in dünne Scheiben schneiden, die zu Streifen zerfallen. Diese in der Butter goldbraun rösten. Mitsamt der flüssigen Butter über die Spätzle gießen.

Dazu schmeckt jedweder Salat, am besten ein Blattsalat.

Brägelte Spätzle

1 Rezept Spätzle
4 Essl. Butter
2 Eier
3 Essl. saurer Rahm
Salz, weißer Pfeffer aus der Mühle

Spätzle separat zubereiten; sie können auch vom Vortag sein. Butter in der Pfanne erhitzen. Spätzle darin unter gelegentlichem Wenden so lange braten, bis sie knusprige Ränder bekommen. Eier mit der sauren Sahne und den Gewürzen verkleppern und über die Spätzle gießen. Unter Wenden so lange braten, bis die Eiermischung leicht kross wird. Dazu isst man grünen Salat.

Knöpf, Knöpfle

Rezept Spätzle
Mehl extra

Dieses sind etwas dickere und festere Spätzle, die man auch in Baden liebt

Leberspätzle

Mehl mit der gemahlenen Leber und den Eiern zu einem Spätzleteig verarbeiten. Am besten eine Stunde ruhen lassen. Mit Salz und Pfeffer abschmecken und die Petersilie untermischen. Vom Brett in siedendes Wasser schaben. Wie normale »Spätzle« behandeln.

Beilage: grüner Salat. Diese »Leberspätzle« genießt man gern als Zwischenmahlzeit, als Vesper. Man kann sie auch anrösten und mit Spiegelei servieren; so werden sie zur sättigenden Mahlzeit.

500 g Mehl
400 g gemahlene Leber
2 bis 3 Eier
Salz, Pfeffer aus der Mühle
3 bis 4 Essl. sehr fein gehackte Petersilie

Rehleberspätzle

Eine ganz exquisite Spezialität. Rehleberspätzle werden wie Leberspätzle zubereitet, nur dass man ausschließlich Rehleber dafür verwendet. Dafür kann man die mühevollste Anfahrt zu einer Jagdhütte gern in Kauf nehmen.

Allgäuer Kässpätzle

Rezept befindet sich im Abschnitt »Salate und kleine Gerichte« auf Seite 202.

Hansestädte

Eierkuchen zum Rinderbraten

Wahrscheinlich kam die Idee aus England, zum Braten eine gebäckähnliche Beilage herzustellen. Was dort der Yorkshire-Pudding ist, wurde in deutschen Hafenstädten zum Eierkuchen. Eine sehr interessante und wohlschmeckende Beilage, die es verdient, der Vergessenheit entrissen zu werden. Ein Originalrezept, das kurz vor der Jahrhundertwende aufgeschrieben wurde.

- 4 Eier
- Salz
- 1 Essl. Mehl
- 6 Essl. Sahne
- 1 Essl. Butter
- Vom Braten abtropfendes Fett

Die Eier gut mit dem Salz schlagen. Das Mehl mit der Sahne zu einem Brei rühren und dann mit den Eiern verquirlen. Eine Pfannkuchenpfanne mit Butter ausstreichen, erhitzen und den Teig einfüllen. Im Ofen backen. Von Zeit zu Zeit einige Löffel von dem heißen Bratenfett über den Eierkuchen tröpfeln, wodurch dieser sehr aufgeht und schön braun backt.

Dieser Eierkuchen wird erst gegen Ende der Garzeit des Bratens in den Backofen geschoben, da er höchstens 20 Minuten darin bleiben soll.

Man kann die Eier auch trennen und das zu Schnee geschlagene Eiweiß zum Schluss unter den Teig heben.

Hausgemachte Nudeln

Zugegeben, unsere fabrikmäßig hergestellten Nudeln sind gut. Noch bessere machen einige Bäcker in den südwestdeutschen Landen. Die besten aller Nudeln aber sind die hausgemachten; ich habe jedenfalls noch nie eine deutsche Hausfrau getroffen, die nicht von »ihren« Nudeln überzeugt war. Vielleicht liegt das ein bisschen daran, dass nur noch sehr passionierte und gute Hausfrauen ihre Nudeln selbst herstellen.

Immerhin gibt es sogar noch kleine Haushaltsmaschinen zum Nudelschneiden zu kaufen. Wer die traditionelle Nudel-Kochkunst ausprobieren will, hier ist das Rezept der Vorsteherin der Kochschule I des Schwäbischen Frauenvereins, Hermine Kiehnle, aus der Erstauflage (1912) ihres erfolgreichen Kochbuchs (Walter Hädecke Verlag), nach dem sich noch immer Legionen von Hausfrauen richten.

3 Eier
360 bis 400 g Mehl
Salzwasser zum Kochen

Auf jedes Ei kann 1/2 Eischale Wasser genommen werden; dies wird mit den Eiern in einer Schüssel gut verschlagen; damit die Nudeln rascher trocknen, einige Tropfen Essig zugeben, dann das Mehl hineingeschafft und der Teig auf dem Nudelbrett so lange geknetet, bis er beim Durchschneiden kleine Löcher hat. Hierauf teilt man den Teig in 4 bis 6 Teile, formt sie rund und wellt jeden so dünn aus, dass man durchlesen kann. Solange man einen Teil auswellt, müssen die anderen unter eine Schüssel gelegt werden, damit sie nicht austrocknen. Die ausgewellten Kuchen legt man zum Abtrocknen auf ein reines Tuch. Sind sie beinahe trocken, so schneidet man sie in der Mitte durch, legt die beiden Teile aufeinander, rollt sie zusammen und schneidet ungefähr 1 cm breite Nudeln, die man, auseinander gelegt, nochmals gut trocknen lässt. Man lässt die Nudeln ungefähr 10 Minuten in Salzwasser kochen, schüttet sie auf ein Sieb und nach dem Abtropfen auf eine Platte.

Salbey zu backen

»G'schwänzte Küchle« und »Mäus« sind schwäbische Namen dafür.
Mit dem Aufkommen der Elektrofriteusen kam auch ausgebackener Salbei wieder in Mode. Das herb-bittere Aroma der Gewürzblätter verbindet sich geradezu ideal mit einem zarten Backteig. – Diese neue Mode hat in unseren Landen eine uralte Vergangenheit.
Schon in einem Kochbuch aus dem Jahre 1709 findet sich dafür ein Rezept, das wir wortwörtlich übernehmen können. Ich habe lediglich die altertümliche Schreibweise modernisiert und die Zutaten zusammengestellt.

- Schöne, frische Salbeiblätter (möglichst mit Stielen als Handgriff)
- 125 g Mehl
- Etwa 3 Essl. Wasser
- 1 Ei
- Einige Essl. herber Weißwein (auch Apfelwein möglich)
- 1 Eiweiß
- 1 Essl. zerlassenes, abgekühltes Schmalz
- 1 Prise Salz
- 1 kleine Prise Zucker
- Ausbackfett

Man nimmt Mehl und rührt mit kaltem Wasser einen dicken Teig an, der glatt sein muss. Dann verrührt man ein geschlagenes Ei gut damit, gießt etwas sauren Wein daran, jedoch nicht zuviel. Das Eiweiß schlägt man zu Schnee und zieht es unter den Teig. Zum Schluss gibt man das Schmalz sowie ganz wenig Salz und Zucker daran und vermischt den Teig nochmals.

Die Salbeiblätter hat man gewaschen und abgetrocknet, zieht sie nun durch den Ausbackteig und lässt sie im heißen Schmalz beidseitig kross werden.

Hinweis: Dem alten Rezept habe ich nur Salz und Zucker zugefügt. Ich würde auch vorschlagen, das geschlagene Eiweiß erst ganz zum Schluss unterzuheben und vorher den Teig noch eine halbe Stunde ruhen zu lassen. – Man muss natürlich nicht Schmalz zum Ausbacken nehmen. Pflanzenfett geht auch.

Forbach im Murgtal

Quellende Küchle

Eine sehr alte Beilage zu vielen herzhaften Fleischgerichten, die man meist nur noch in abgelegenen Seitentälern findet. Für alle jene, die ihrer Familie oder ihren Gästen einmal eine überraschende Abwechslung bieten wollen, sind diese »quellenden Küchle« ein gefundenes (Fr)Essen.

- 40 g Hefe
- 1/4 l Milch
- 1 Prise Zucker
- 500 g Mehl
- 1 kräftige Prise Salz
- 50 g Butter
- 1 Ei
- Ausbackfett, wer es »original« liebt, nimmt Schmalz

Hefe zerkrümeln und mit 1 bis 2 Essl. lauwarmem Wasser und 1 Prise Zucker verrühren. Warm stellen und aufgehen lassen.

Mehl in eine Teigschüssel sieben, Salz und die weiche Butter in Flöckchen dazu. Aufgegangenen Vorteig mit dem Mehl und dann auch den anderen Zutaten vermischen. Das Ei in den Teig kneten. Zugedeckt aufgehen lassen. Zu einer dicken Platte ausrollen und daraus Quadrate oder verschobene Vierecke schneiden. Noch einmal kurz gehen lassen, dann im heißen Fett goldbraun ausbacken.

Die Küchle sollen dabei dick aufquellen; sie sind dann innen hohl.

In großen Stapeln sofort zu Tisch bringen. Man gibt sie als Beilage vor allem zu Schinken mit Sauerkraut oder auch zu allen anderen Arten von Schweinefleischgerichten.

Kratzete

Diese Beilage ist auch in Schwaben bekannt und trägt dort den Namen »Mehlkratzet«; zuweilen sagt man auch »Durnand«, was fremdländischer aussieht, als es klingt, denn es bedeutet »Durcheinander« und wird auch für das ganze Gericht mit »Mehlkratzet« verwendet. Die badischen »Kratzete« sind vor allem im Raum Freiburg als köstliche Beilage zu den dort wachsenden Spargeln berühmt. Zusammen mit Waldpilzen sind sie ebenfalls ein köstliches Gericht. Im Schwarzwald sind »Kratzete« auch unter dem Namen »Dummiß« bekannt. Die Möglichkeit, »Kratzete« auch mit Kompott zu essen, deutet auf die Verwandtschaft mit den österreichischen Schmarren hin; nun, das Markgräfler Land gehörte ja einmal zu Vorderösterreich.

- 250 g Mehl
- 4 Eier
- Gut 1/8 l Milch oder Mineralwasser
- 1 Prise Salz
- Ganz wenig Zucker
- 2 bis 3 Essl. Butter oder Butterschmalz

Aus Mehl, Eiern, Milch sowie Salz und einer ganz kleinen Prise Zucker einen Eierkuchenteig rühren und 1/2 Stunde ruhen lassen. Eine Pfanne einfetten mit Butter oder Butterschmalz, Teig einfüllen und Pfannkuchen auf nicht zu großer Hitze backen. Jeder Pfannkuchen wird, nachdem er gewendet und auch auf der zweiten Seite fast fertig ist, mit der Bratschaufel in Stücke getrennt, und diese müssen dann in der Pfanne nochmals durcheinander gemengt werden. Eventuell noch etwas Fett zugeben. Wegen des scharrenden Kratzgeräusches während des letzten Teils des Backens wurde der Name »Kratzete« geprägt.

Muss man eine größere Portion aus mehreren Pfannkuchen zubereiten, so gibt man am Schluss die »Kratzete« nochmals in die Pfanne, um sie zu erhitzen.

Für süße »Kratzete« nimmt man natürlich nur ganz wenig Salz, dafür aber mehr Zucker.

Hügelsheimer Pfannkuchen

Zwischen Baden-Baden und dem Rhein liegt ein kleines Dorf, das wegen seiner Spargel berühmt ist – und wegen der Pfannkuchen, die es dazu gibt. Eigentlich sind es gar keine Pfannkuchen, sondern zart-kross gebackene Teigspiralen.
Sie sollen im Gasthaus »Schwanen« erfunden worden sein. Das Rezept wird streng geheim gehalten.
Verraten hat es mir trotz jahrelanger Bemühungen niemand. Da hat mich der Ehrgeiz gepackt, ich habe lange experimentiert, bis mir plötzlich die rettende Idee kam. Hier ist ein Rezept, dessen Ergebnis ein Gebäck ist, das dem »Hügelsheimer Pfannkuchen« gleichkommt.
Und der ist die beste Spargelbeilage, die ich kenne.

- 1/2 l Wasser
- 1 kräftige Prise Salz
- 100 g Butter
- 250 g Mehl
- 4 bis 6 Eier
- Reichlich Öl zum Backen

Wasser mit Salz und Butter in einem Topf zum Kochen bringen. Mehl hineinschütten und so lange weiterrühren, bis sich ein Kloß bildet und auf dem Boden des Topfes ein weißer Belag sichtbar wird. Vom Feuer nehmen, etwas abkühlen lassen und nacheinander die Eier in den Teig schlagen. So viele Eier verwenden, dass der Teig gerade anfängt zu laufen.

Öl etwa 2 cm hoch in eine Pfanne füllen, erhitzen und dann mittels eines Spritzsacks mit runder Tülle den Teig portionsweise einfüllen; dabei spritzt man eine Spirale in die Pfanne, deren einzelne Stränge beim Aufgehen zusammenbacken. Ist die Unterseite goldbraun, so dreht man den Spiral-Pfannkuchen mit einem Schaumlöffel herum, backt die andere Seite und entfettet ihn dann auf Küchenkrepp.

Damit man die Spiral-Pfannkuchen gut wenden kann, sollte man sie nicht zu groß machen.

Hirsebrei

Alle, die das Glück hatten, als Kinder noch von alten Märchen verzaubert zu werden, kennen Hirsebrei, aber niemand hat ihn je gegessen. Einst Hauptspeise unserer bäuerlichen Vorfahren ist er von den Tischen der Neuzeit fast verschwunden.
Was Jahrhunderte lang Alltagskost war, kann doch nicht schlecht sein. Und es ist es auch nicht. Bei einem nationalen Rezeptwettbewerb wurde kürzlich ein Beitrag eingereicht, der einen Rahmkäse-Auflauf vorschlug, der auf Hirsebrei aufgebaut war. Alle Juroren waren erfahrene Köche, alle bekannten, sich diese Zubereitung nicht vorstellen zu können, weil ihnen Hirsebrei unbekannt sei.
Die Gerechtigkeit siegte, vor der Beurteilung wurde die Speise mit Hirsebrei nachgekocht – und errang einstimmig den ersten Preis.
Hirsebrei gehört also nicht nur als romantische Erinnerung in ein Buch über die deutsche Küche.
Hier ist ein Rezept, das vor weit über 100 Jahren den gutbürgerlichen Familien von einer erfahrenen Berliner Köchin vorgeschlagen wurde.

- 200 g Hirse (gibt es im Reformhaus)
- 40 g Butter
- 3/4 l Milch
- Salz
- Evtl. noch 50 g braune Butter und 1 Essl. Zucker

Hirse gut verlesen und dreimal hintereinander in kaltem Wasser aufsetzen, aufkochen und abgießen. Dann lässt man in einem Topf 40 g Butter zerschleichen, füllt die Hirse ein, lässt sie angehen, wobei sie gern blond werden darf. Dann 3/4 l Milch zugießen, salzen und unter öfterem Schütteln eine Stunde ausquellen lassen.

Will man den Brei recht üppig, so kann man vor dem Servieren noch 50 g gebräunte Butter darüber träufeln. – Ich würde vorher noch etwas Zucker in den Brei rühren, nicht zum Süßen, sondern nur des volleren Geschmacks wegen.

Gemüse, Kartoffeln und Eintöpfe

Gemüse und Kartoffeln sind Lebensmittel gleicher Art, wenn auch die Kartoffeln in der deutschen Küche ein sehr bedeutsames Eigenleben führen. In den allermeisten Eintöpfen sind Gemüse oder Kartoffeln oder beides zu finden. Aus allen diesen Gründen wurden die traditionellen Rezepte, die aus Gemüse oder Kartoffeln bestehen, mit den Eintöpfen in diesem Abschnitt zusammengefasst. Allgemein bekannte und auch jenseits der Grenzen selbstverständliche Grundrezepte wurden nicht berücksichtigt. Die Schwerpunkte dieser Auswahl liegen bei reichlich unbekannten oder vergessenen Rezepten sowie Zubereitungsarten, die nur auf eine Region beschränkt sind, es jedoch verdienten, breitere Anerkennung zu finden.

Schwarzwurzeln

Das ist ein sehr deutsches Gemüse, das sich früher größerer Beliebtheit und viel stärkerer Verbreitung erfreute. Viele junge Leute kennen es heute nur noch dem Namen nach. Woran mag das liegen? Wahrscheinlich an den schmutzigen Händen, die man beim Zurichten bekommt; wobei die dunkle Verfärbung nur sehr schwer zu entfernen ist. Mit Gummihandschuhen oder wenn man die Schwarzwurzeln erst nach dem Kochen schrappt oder schält, kann dies leicht verhindert werden. Das scheint sich noch nicht herumgesprochen zu haben. Die deutschen Erzeuger jedenfalls reagieren bereits: Seit 1977 bauen sie weniger und weniger Schwarzwurzeln an.
Vielleicht rettet die Konserven- oder Tiefkühlindustrie dieses gesunde Gemüse, denn ihre Produkte sind bereits geschält. Sorgen wir dafür, dass die eisen- und insulinhaltigen schwarzen Wurzeln, die weiß genossen werden, auch weiterhin ihren Ruhm als »Spargel des Winters« behalten.
In weißer Sauce angerichtet, sehen Schwarzwurzeln tatsächlich Spargeln zum Verwechseln ähnlich.
Sie schmecken zwar anders, aber so gut, dass die Bezeichnung »Spargel des kleinen Mannes« angebracht ist.
In Franken ist dieses Wintergemüse immer noch beliebt.
Dort nennt man es »Skorzenären«, abgeleitet von der lateinischen Bezeichnung »scorconera«.

Schwarzwurzeln mit Fleischklößchen

Kalbfleisch mit dem Brötchen vermischen. Mit Salz und Muskatnuss würzen und den Fleischteig mit den Eiern binden. Sollte er zu flüssig sein, so kann man etwas Paniermehl zugeben. Kleine Klößchen formen und in Mehl wenden.

Schwarzwurzeln gründlich unter fließendem Wasser bürsten, in Essigwasser legen und dann schrappen. In etwa 5 cm lange Stücke schneiden und sofort in etwa 2 l Wasser legen, dem man 2 Essl. Essig und 2 Essl. Mehl sowie eine kräftige Prise Salz zugesetzt hat. Etwa 50 Minuten lang kochen. Während der Kochzeit die Fleischklößchen einlegen und etwa 10 Minuten im Gemüsewasser garen. Herausnehmen und warm halten.

Mehl in Butter anschwitzen, ohne Farbe nehmen zu lassen. Ablöschen mit Gemüsekochwasser und mit den Eigelben legieren. Abgetropfte Schwarzwurzelstücke sowie Fleischklößchen einlegen und alles zusammen servieren.

Beilage: Salzkartoffeln.

Verfeinern kann man dieses ausgezeichnete Gericht, wenn man 2/3 Gemüsewasser und 1/3 Sahne zum Auffüllen der Sauce verwendet und diese noch mit etwas Zitronensaft oder abgeriebener Zitronenschale abschmeckt.

- 250 g durchgedrehtes Kalbfleisch
- 1 kleines Brötchen, abgerieben, eingeweicht und ausgedrückt
- 1 Prise Salz
- Abgeriebene Muskatnuss
- 1 bis 2 Eier
- 2 Essl. Mehl
- 1 kg Schwarzwurzeln
- 2 Essl. Essig
- 2 Essl. Mehl
- 1 Teel. Salz
- 2 Essl. Mehl
- 2 Essl. Butter
- 2 Eigelbe

Schwarzwurzel dermaleinst

Um mich über die frühe Verwendung der Schwarzwurzel in deutschen Haushalten zu informieren, habe ich in meinem geliebten »Frauenzimmer-Lexicon« (Leipzig, 1773) nachgelesen. Staunen Sie mit mir! – Hier ist ein Auszug dessen, was ich fand:

„Schwarzwurz, Wallwurz oder Beinwelle ist ... eines der vornehmsten Wundmittel, indem es den Durchbruch stillt, die Lungengeschwüre und allerhand Wunden und Brüche heilt ... Von den Wurzeln ... wird vorgegeben, wenn man einer Köchin ein Stück davon in einen Fleischtopf praktiziert, solle selbiges alle Stücken Fleisch zusammen wachsen machen."

Seien Sie unbesorgt, für gehacktes Fleisch und daraus gemachte Klößchen gilt das nicht.

Baden

Sure Wälschbauna

Auf Hochdeutsch heißt das Gemüse »Saure Bohnen«. Da es von der rauen und kargen Baar kommt, nimmt man dazu anspruchslose Bohnensorten.

- 1 kg Feuerbohnen, auch »Wälschbauna« genannte grüne Bohnen
- 1 Teel. Salz
- 1 gehäufter Essl. Schmalz
- 1 Essl. Mehl
- 2 Lorbeerblätter
- 1 kräftiger Schuss Essig
- Pfeffer aus der Mühle

Bohnen waschen, putzen und schräg in schmale Streifen schnetzeln. In wenig Salzwasser weich kochen. Kochwasser abgießen und aufheben. Bohnen beiseite stellen. Schmalz in einem Topf mit dickem Boden erhitzen, darin das Mehl unter ständigem Rühren braun rösten, mit Bohnenkochwasser ablöschen, bis eine dicke, braune Mehlschwitze entsteht. Lorbeerblätter, Essig und etwas Pfeffer zugeben und alles zusammen etwa 1/4 Stunde köcheln lassen. Lorbeerblätter dann herausfischen und wegwerfen. Bohnen hineinschütten, umrühren und noch einige Minuten zusammen köcheln lassen.

Dazu isst man gern »abgeschmälzte Kartoffelschnitz«.

Pikantes Kürbisgemüse

Bis vor Kurzem erfüllten die Kürbisse fast nur noch den Zweck, zu Martinslaternen für die Kinder ausgehöhlt zu werden. Kürbiszubereitungen kannte man allenfalls süß-sauer – und die kaufte man fertig, um sie zum Siedfleisch zu essen. Die seit dem Jahr 2000 geradezu überschwappende, aus den USA kommende Halloween-Begeisterung, beschert den Kürbisgerichten jedoch wachsende Beliebtheit. In allen alten Kochbüchern finden sich sehr viele und unterschiedliche Rezepte für Kürbisgemüse. Dieses stammt vom Oberrhein und aus einem handgeschriebenen Kochbuch. Ich gebe es im Originaltext.

„Vom gelb. Kürbis m. einem Kartoffelbohrer Kugeln ausstechen. 2–3 Std. in Salz, Citronensaft und kleingeschnittener Zwiebel marinieren. Vorsichtig in Milch glasig, aber nicht z(u) weich kochen. Die Milch mit Maismehl gut binden, mit Salz u. Zucker abschmecken. Zuletzt einige Löffel geriebenen Meerrettich dazu."

Anmerkungen: Man muss zu diesem Gemüse etwa 1 kg Kürbisfleisch (ohne Schale und Kerne) rechnen.

Zum Marinieren braucht man den Saft von 1 bis 2 Zitronen sowie 2 bis 3 klein geschnittene Zwiebeln.

Ich habe dieses »Pikante Kürbisgemüse« zu Kalbsbraten und Huhn gegessen, wozu es mir ausgezeichnet schmeckte. Auch zu Schweineschnitzel kann ich es mir sehr gut vorstellen. Es ist eine echte Bereicherung des Küchenzettels.

Teltower Rübchen

Natürlich stammt dieses köstliche Gemüse aus der Mark Brandenburg. Allerding zählen Genießer in allen deutschen Landschaften die »Teltower Rübchen« zu ihren Spezialitäten. Und das Jahrhunderte lang. Berühmtester Beweis: Brief des Komponisten Carl Friedrich Zelter an seinen Freund J. W. Goethe, am 19. Januar 1805 von Berlin nach Weimar geschickt:

»Ein halber Scheffel Märkischer Rüben (Teltower R.) erfolgen anbei. Ich wollte Ihnen einen ganzen Scheffel schicken, allein meine Frau hat ihre Gründe dagegen, indem es möglich wäre, einen starken Frost eintreten zu sehen, und man alsdann einen halben Scheffel nachsenden könnte. *Ihr Zelter.*«

»29. Januar – Rübchen sind glücklich angekommen, schön trocken. *Ihr Goethe.*«

»Teltower Rübchen« sind nicht, wie in Westdeutschland vielfach angenommen, gelbe Rüben, sondern kleine weiße Speiserüben; eine ähnliche Art ist als »Mairübe« bekannt. »Teltower Rübchen« kommen erst im Herbst auf den Markt. Nennenswerter Anbau erfolgte in Westdeutschland nur in der Umgebung Hamburgs. Heute werden sie wieder aus der Mark Brandenburg überallhin verschickt. Im märkischen Sandboden erreichen sie den höchsten Geschmackswert.

Ich gebe ein Rezept aus der Zeit des eben angeführten Briefwechsels. So könnte Frau Goethe ihre »Teltower Rübchen« für den Herrn Gemahl und Dichterfürsten gekocht haben:

„Die frischen Teltower Rübchen (ca. 750 g) werden geputzt und in's Wasser geworfen, mit welchem etwas glattgerührtes Mehl vermischt worden ist (1 Eßl. Mehl auf 1 l Wasser), damit sie weiß bleiben. Die Rübchen werden dann mit Butter (3 Eßl.), Salz und einer Prise weißem Pfeffer weich

Neu-Brandenburg, nach einer Zeichnung von Borussia

gedämpft. Unterdessen hat man 4 Loth Zucker (knapp 70 g oder 3 geh. Eßl.) mit ein wenig Wasser aufgelöst und so lange gekocht, bis dasselbe eine lichtbraune Farbe angenommen hat, alsdann wird es mit etwas kaltem Wasser (1 knappe Tasse) aufgefüllt und auf dem Feuer aufgekocht. Diese Sauce wird über die Rübchen gegossen und mit denselben so lange gedämpft, bis sie eine glänzende, lichtbraune Farbe angenommen haben; alle Arten Coteletten, gebackene Fischschnitten eignen sich vortrefflich dazu."

In einem anderen Kochbuch, das ein Jahrzehnt vorher erschienen ist, werden etwa 25 verschiedene Fleischspeisen genannt, zu denen »Teltower Rübchen« ausgezeichnet schmecken. Darunter: Rebhuhn, Hammel und Lamm, gebratene Ente und Gans, grillierte Rindszunge, gebratene Schweinerippen, Spanferkel usw.

Anmerkung zu dem Rezept: Sind »Teltower Rübchen« nicht mehr klein und zart, so haben sie eine recht lange Garzeit. Es ist deshalb ratsam, sie erst eine Viertelstunde in Salzwasser zu kochen; dann abgießen, gut abtropfen lassen und in Butter unter häufigem Umwenden weitere 5 Minuten garen. Nachdem das Zuckerwasser zugegossen ist, brauchen sie dann nur noch 10 Minuten, bis sie gar sind; während dieser Zeit sollten die Flüssigkeit verdampft und die Rübchen angenehm glasiert sein. Man kann ganz zum Schluss noch etwas Butter auf ihnen zerlaufen lassen.

Hinweis: An kleinen Rübchen etwa 2 cm der grünen Stiele belassen; größere so halbieren, dass jedem Stück noch etwas Grün bleibt.

Grüne Bohnen

Dieses Gemüse wurde und wird leider
noch immer in deutschen Küchen arg misshandelt:
viel zu weich gekocht, mit Bohnenkraut überwürzt
und in Mehlsauce ertränkt.
Als traditionelle Zubereitungsart nenne ich
ein Rezept, das in dem gastrosophischen Werk
»Geist der Kochkunst« (1822) von Carl Friedrich
von Rumohr zu finden ist.

Veitsbohnen

Schnittbohnen

„Die übliche Zubereitung der auf deutsche Art fein aufgeschnittenen Veitsbohnen ist mehrfältig; man dämpfe sie in Fleischbrühe vollends gar und setze etwas Butter, Mehl und gehackten Peterlein hinzu; man dämpft sie mit Butter und setzt ein wenig Essig, Dragon (Estragon), Basilikum und ähnlich starkschmeckende Kräuter hinzu; man bereitet sie endlich auch süßlich mit süßem Rahm, mit etwas Butter und Mehl."

Bitte beachten: Bei dem ersten Rezept (in Fleischbrühe) werden Butter und Mehl angeschwitzt; Peterlein bedeutet Petersilie.

Im zweiten Rezept (in Butter gedämpft) ist mit »starkschmeckende Kräuter« offensichtlich Bohnenkraut gemeint. Ich schätze dieses Kraut höchstens an Bohnen aus der Konservendose, die dadurch nicht mehr als solche zu erkennen sind.

Zur dritten Rezeptvariante ist anzumerken, dass C. F. von Rumohr im äußersten Norden Deutschlands beheimatet war, wo man bekanntlich vielerlei süße Zubereitungsarten für kräftige Speisen kennt und schätzt. Denken wir nur an den Eintopf »Birnen, Bohnen und Speck«.

Schmorgurke

Gurken schälen, der Länge nach halbieren, Kerne herauskratzen und das verbliebene Gurkenfleisch in kurze Stücke schneiden. Mit Essig befeuchten, Zucker, Salz und Pfeffer darüberstreuen. Während zweier Stunden mehrmals wenden und ziehen lassen.

Fleischbrühe mit Piment, Zucker und Essig würzen und darin die Gurkenstücke so lange kochen, bis sie anfangen weich zu werden.

Speckwürfel ausbraten, Grieben herausnehmen und Zwiebel im verbliebenen Fett glasig werden lassen. Mehl darüber stäuben, braun schwitzen und mit Gurken-Kochbrühe auffüllen. Verrühren, Gurkenstücke zugeben und noch etwa 1/4 Stunde offen kochen. Zum Anrichten mit den Grieben bestreuen.

- 1 kg Gurken
- 2 Essl. Essig
- 1 Essl. Zucker
- 1 Prise Salz
- Weißer Pfeffer aus der Mühle
- 1/2 l Fleischbrühe
- 2 zerdrückte Pimentkörner
- 1 bis 2 Essl. Zucker
- 2 Essl. Essig
- 40 g Speckwürfelchen
- 2 Essl. geriebene Zwiebel
- 1 bis 2 Essl. Mehl

Rheinland

Stielmus

Nicht überall kann man Mangold- oder Mairüben-Stiele kaufen. Im Rheinland und in Hessen werden sie gebündelt angeboten, und dort schätzt man ein Gemüse aus solchen Stielen sehr.

Alles Grüne von den Stielen abstreifen und diese in etwa 4 cm lange Stücke schneiden. Waschen und in Salzwasser so lange kochen, bis sie weich sind.

In einem anderen Topf die Butter erhitzen und darin das Mehl hell anschwitzen. Mit der Milch ablöschen und eine Sauce rühren; so viel Kochwasser der Stiele zugießen, wie für eine sämige Konsistenz benötigt wird. Stiele abtropfen und in die Sauce geben. Abschmecken mit Salz, Pfeffer und etwas Muskatnuss. Alles zusammen noch etwa 10 Minuten schwach kochen lassen und anrichten.

Beilage: Salzkartoffeln und Bratwurst.

- 1 kg Mairübenstiele, ersatzweise breite Rippen von Mangoldblättern
- Salz
- 2 Essl. Butter
- 2 Essl. Mehl
- 2 Tassen Milch
- Pfeffer aus der Mühle
- Muskatnuss

Hopfensprossen

Am Bodensee zwischen Friedrichshafen und Lindau gibt es viele Kulturen, die durch ihre hohen Stangen auffallen: Hopfenpflanzungen. Im Umkreis der bayerischen Hopfenfelder habe ich nie eine Hopfenspeise gegessen, wahrscheinlich reserviert man dort den Hopfen gänzlich für die Bierherstellung und profaniert ihn nicht, indem man seine Sprossen vorzeitig verspeist. Am Bodensee genießt man im April die jungen Triebe als Delikatesse.

Gut 500 g Hopfensprossen
Salz
Saft von 1 Zitrone
1 Essl. Butter
1 Essl. Mehl
1/2 Tasse Sahne
Weißer Pfeffer aus der Mühle
Salz
1 bis 2 Eigelbe

Hopfensprossen putzen und gründlich waschen. In gesalzenem Wasser, dem der Zitronensaft zugesetzt wurde, in etwa 15 Minuten nicht zu weich kochen. Abgießen und den Sud aufbewahren. Butter in einem anderen Topf erhitzen und das Mehl darin anschwitzen. Mit etwas Sud ablöschen und zu einer dicken Sauce rühren, in die man noch die Sahne quirlt. Gut 10 Minuten bei schwacher Hitze köcheln lassen. Mit Salz und Pfeffer abschmecken.

Vom Feuer nehmen und mit Eigelben legieren. Hopfensprossen zufügen, mit der Sauce verrühren und heiß werden lassen, nicht mehr kochen.

Als Beilage isst man Schnitzel oder auch Rauchfleisch.

Eine weitere köstliche Zubereitungsart ist:

- Hopfensprossen und Sauce wie im Grundrezept zubereiten, dabei Streifen von gekochtem oder rohem Schinken mit den Hopfensprossen vermischen. Gemüse mit Sauce dann in dünne Flädle (Eierpfannkuchen) einpacken und zu grünem Salat servieren.
- Die beste Verfeinerung der Hopfensprossen erzielt man, wenn man anstelle der Butter-Mehl-Sauce eine echte Hollandaise aus Eigelb und Butter aufschlägt; aber das wird in Schwaben nicht gemacht – jedenfalls nicht in der bodenständigen Küche.

Spargelgemüse

Spargel war zu allen Zeiten ein teures Gemüse, für viele Familien, besonders kinderreiche, kaum bezahlbar. Findige Mütter, die ihren Lieben, den köstlichen Gemüsegenuss nicht vorenthalten wollten, fanden einen Ausweg, bei dem sie gegenüber der Stangenzubereitung mit der halben Spargelmenge auskamen und trotzdem ein Sonntagsessen auf den Tisch brachten.

Gut 1 kg Spargel (es können die erheblich billigeren Bruchspargel sein)
Salz
Je 1 kräftige Prise Zucker und Zitronenabrieb
75 g Mehl
50 g Butter
$3/4$ l Brühe, mit Spargelsud gemischt
4 Essl. süße Sahne
2 Eigelbe

Geschälte Spargel in halbfingerlange Stücke schneiden und in Salzwasser, dem etwas Zucker und Zitronenabrieb beigegeben wurde, nur so lange kochen, dass sie noch gut ihre Form halten.

In einem anderen Topf lässt man das Mehl in Butter angehen, aber keine Farbe nehmen.

Abgelöscht wird mit einer Mischung aus Kalbs- oder Geflügelbrühe und Spargelsud. Süße Sahne rundet die Sauce angenehm ab. Sie muss noch 10 bis 15 Minuten köcheln, ehe man sie vom Feuer nimmt, um sie mit Eigelb zu legieren. Die warm gehaltenen Spargel müssen in dieser Sauce, die nicht mehr kochen darf, noch gut 5 bis 10 Minuten ziehen, ehe man sie zu Tisch bringt. Meistens reichte man Salzkartoffeln dazu oder servierte sie im Reisrand. Zu festlichen Anlässen bestreute man zusätzlich mit Schinkenstreifen.

Hinweis: Man kann die bissfest gekochten Spargel auch in einer Sauce Hollandaise anrichten. Streifen von gekochtem Schinken oder wenig feinstreifige Pökelzunge veredeln das Spargelgericht noch mehr.

Dillklump

Hinter diesem Namen verbirgt sich eine Spargelspezialität aus Zerbst. Das Rezept wurde mitgeteilt vom Inhaber der »Zerbster Schenke am Roland«, Detlef Tischmeier. Es handelt sich hier nicht nur um eine ungewöhnliche Zusammenstellung, sondern auch um den einzigen traditionellen deutschen Spargeleintopf.

- 1 l kräftige klare Fleischbrühe
- 1 Möhre in Streifchen
- 600 g mageres Rindfleisch, das in der Brühe gekocht wurde
- 800 g Spargel, geputzt gewogen
- Salz
- Weißer Pfeffer
- 1 Prise Zucker
- 4 Kartoffelklöße aus gekochten Kartoffeln oder halb-und-halb, separat gekocht
- Reichlich frischer Dill, nicht zu fein geschnitten

In der Brühe die Möhrenstreifchen und das Fleisch erhitzen. Die Spargel in etwa 4 cm lange Stücke schneiden und in der Brühe bissfest garen. Dabei sollte die Brühe vorher noch einmal abgeschmeckt werden, wobei wahrscheinlich noch etwas Pfeffer und Zucker zugegeben werden müssen.

Die Kartoffelklöße separat kochen.

Kurz bevor die Spargel gar sind, reichlich geschnittenen Dill in der Kochbrühe verrühren.

Zum Anrichten kommen auf jeden tiefen Teller eine Scheibe Siedfleisch und ein Kloß. Zusammen mit der Brühe werden Spargelstücke und einige Möhrenstreifchen auf die Teller gegeben. Noch etwas frischen Dill überstreuen.

Hinweis: Der Zerbster Spargel hatte schon immer einen guten Ruf. Besonders gut gedeiht er auf der Collwitzer Heide. Die Stangen sind nicht sehr dick, sie haben einen würzigen Geschmack.

Bollenfleisch

Wer bei dem Wort »Bollen« an Brocken, Fleischbrocken denkt, der irrt sich. In Berlin ist Bolle das volkstümliche Wort für Zwiebel. Bollenfleisch ist also Zwiebelfleisch.

- Gut 1 kg Hammelfleisch (Schulter mit Knochen)
- 400 g möglichst kleine Zwiebeln, geschält, unzerteilt
- 2 Knoblauchzehen
- 2 Lorbeerblätter
- 1 Nelke
- 8 Pfefferkörner und
- 1 Teel. Salz
- 1 Prise Kümmelpulver
- 2 mittelgroße Zwiebeln
- 2 Essl. Schmalz
- 1 bis 2 Essl. Mehl

Fleisch in 3 bis 4 Stücke zerlegen, waschen und in einen großen Topf geben. Die kleinen Zwiebeln, die zerdrückten Knoblauchzehen und die Gewürze dazu. Kaltes Wasser bis auf die Höhe des Fleisches zugießen. Zum Kochen bringen, abschäumen und zugedeckt auf kleiner Flamme gut 1 Stunde kochen, bis das Fleisch gar ist.

Die beiden mittelgroßen Zwiebeln werden geschält und kleinwürfelig geschnitten. Im Schmalz in einem zweiten Topf unter häufigem Wenden blond andünsten. Mehl darüber stäuben und weiter rühren, bis auch dieses hellbraun ist.

Ist das Fleisch gar, so löst man es von den Knochen und teilt es in mundgerechte Stücke. Die Zwiebeln herausfischen und zur Mehlschwitze geben. Die Brühe durch ein feines Sieb gießen. Davon dann soviel in die Zwiebel-Mehl-Schwitze gießen, dass eine leicht sämige Sauce entsteht. Diese 5 Minuten durchkochen, dann Fleisch und kleine Zwiebeln einlegen und leicht vermischen.

Dazu isst man als guter Berliner unbedingt Quetschkartoffeln.

Hinweis: »Quetschkartoffeln« sind nicht zu fein zerstampfte Salzkartoffeln, die mit Fleischbrühe zu einer Art Brei verrührt wurden.

Bitte beachten, dass im Rezept Hammelfleisch angegeben ist, weil nur durch seinen kräftigen Geschmack das Bollenfleisch zum wirklichen Genuss wird. Lammfleisch kann nur als Ersatz bewertet werden.

Schnippelbohnen

Küstenanrainer sind in Deutschland nicht gerade berühmt ob ihrer Gemüsegerichte. Trotzdem haben sie neben der »Frischen Suppe« noch einige andere Köstlichkeiten zu bieten. Das folgende Rezept entspricht nicht unbedingt dem modernen Trend, schmeckt jedoch ausgezeichnet und kann wärmstens empfohlen werden. Ein Vorteil: Die grünen Bohnen müssen nicht ganz jung und zart sein.

- 1 kg grüne Bohnen
- Gut 1/2 l Fleischbrühe (Würfelbrühe)
- Salz, gehackte Petersilie und Bohnenkraut
- 2 Essl. Butter
- 2 Essl. Mehl
- 1 Tasse saure Sahne

Die Bohnen putzen und schräg in Streifen schneiden. Waschen und in der Brühe mit einer Prise Salz, Petersilie und Bohnenkraut auf kleiner Flamme bissfest kochen.

In einer Pfanne die Butter zerlassen, das Mehl darin hell anschwitzen und mit etwas Kochbrühe ablöschen. Verrühren mit der Sahne und zusammen mit den Bohnen noch einige Minuten gut durchkochen. Dabei eventuell nachwürzen.

Beim Anrichten sehr reichlich mit gehackter Petersilie bestreuen.

Hinweis: Es fördert den Wohlgeschmack, wenn man bei der Zubereitung eine Prise Zucker verwendet.

Das Schnippeln der Bohnen muss einst sehr verbreitet gewesen sein. Wie sonst hätte ich auf einem Flohmarkt eine handbetriebene Schnippelmaschine aus Gusseisen erstehen können?!

Kohlrabi Hausfrauenart

Jede deutsche Hausfrau kann Kohlrabi kochen, ohne ein Rezept zu benutzen. Trotzdem darf ein solches in einer Dokumentation traditioneller Speisen unseres Landes nicht fehlen, weil Kohlrabi ein sehr deutsches Gemüse ist. In der Bundesrepublik werden mehr Kohlrabi erzeugt und gegessen, als in jedem anderen Land der Erde. Dies ist ein Beweis für den guten Geschmack, denn Kohlrabi ist ein Edelgemüse, das auch als Salat oder Suppe oder beim Dippen köstlich mundet – zart aromatisch und gleichzeitig frisch und knackig.

1 kg Kohlrabi, möglichst jung und klein
Einige Essl. Wasser
30 g Butter
Salz und geriebene Muskatnuss
Evtl. noch wenige Körnchen Zucker
Evtl. noch 15 g Butter oder 2–3 Essl. saure Sahne.

Knollen schälen (von der Wurzel zum Blattansatz hin), waschen und stifteln oder in dünne Blättchen schneiden. Die zarten Blätter waschen und aufheben.

Knollen in wenigen Esslöffeln Wasser und Butter andünsten. Würzen mit Salz und geriebener Muskatnuss. Eventuell noch etwas Butter oder saure Sahne zufügen, gelegentlich umwenden.

Nach ca. 15 Minuten sollte das Gemüse gar und noch etwas knackig sein und ein kurze, leicht eingekochte Brühe haben.

Beim Anrichten mit den klein geschnittenen Blättern bestreuen.

Hinweis: Niemand zweifelt daran, dass man die Blattstiele entfernen muss, nur wissen viele nicht, ob die hellgrünen oder die blauen Sorten schmackhafter sind. Beide sind gleichwertig, nur jung müssen sie sein, also nicht holzig.

Leipziger Allerlei

Dies ist zweifellos das beste deutsche Mischgemüse. Leider wurde durch Konservenfabriken, die es als Billig-Fertiggericht auf den Markt brachten, sein Ruf stark ramponiert. Durch Selbermachen kann man ihn zur eigenen Freude wieder aufpolieren. Ich zweifle daran, dass es sich bei diesem Mischgemüse um eine Leipziger oder gar sächsische Spezialität handelt.

Wahrscheinlich wurde es im vorigen Jahrhundert von einem genialen Küchenchef in Leipzig erfunden. Es soll aus Anlass der Magisteressen entstanden sein. Jedenfalls taucht es erst kurz vor der Jahrhundertwende auch in bürgerlichen Kochbüchern Mitteldeutschlands auf.

Zur großen kulinarischen Zeit Berlins (vor dem Ersten Weltkrieg) erlebte dort das »Leipziger Allerlei« seine Blütezeit. Meine Herren Minister, warum veranlassen Sie nicht Ihre Protokollchefs, diese herrliche Platte bei Staatsempfängen einzusetzen?

Ich gebe eines der frühesten Originalrezepte, es stammt aus »Allgemeines Deutsches Kochbuch für alle Stände« von Sophie Wilhelmine Scheibler, Leipzig 1892:

„Dieses beliebte Gericht schmeckt im Frühjahr und Sommer, wo alles, was dazu gehört, jung ist, am besten. Spargel, Schoten, Karottchen oder kleine Möhren, Kohlrabi, Blumenkohl, Morcheln werden jedes für sich in seiner Art einzeln fertig gemacht. Das Quantum des einzelnen richtet sich je nach dem Geschmack oder dem Preis. Das Abkochen in Wasser oder Fleischbrühe muß dem Verständnis der Köchin überlassen werden. Sobald nun jedes der obigen Gemüse den richtigen Grad des Garseins erreicht hat, wird dasselbe geschmackvoll angerichtet, doch so, daß der Blumenkohl obenauf kommt. Als Hauptzierde und den Wohlgeschmack erhöhend, bedarf es dazu der Krebse (man rechne, beiläufig bemerkt, auf die Person einen Krebs); diese werden gekocht, ausgebrochen, die Nasen mit Semmelklößchenteig[1] gefüllt und apart[2] in Butter gebraten. Dieselben sind nebst dem Fleische des Krebses und den Semmelklößchen, welche letzteren in Fleischbrühe gekocht werden, ein notwendiger Zusatz zu diesem Gericht. Die übrigen Schalen der Krebse werden zerstoßen und zu Krebsbutter verwendet[3]. Diese letztere wird dann unter Butter-Sauce[4] gemischt, die mit 2 bis 3 Eidottern abgezogen wird. Mit derselben wird hierauf das Gesamtgemüse übergossen und nun auf die Tafel gegeben. – Als Beilage passen Kalb-Koteletts, Beefsteaks von Lende, junge Hühner, gebratene junge Tauben etc."

1 *Semmelklößchenteig:* Butter schaumig rühren. Eier sehr gut verquirlen und zusammen mit den Gewürzen und den Semmelbröseln mit der Butter zu einem glatten Teig verarbeiten. Kurze Zeit zum Quellen und Fester werden stehen lassen, mit Teelöffeln Klößchen abstechen und in schwach siedender Fleischbrühe gar ziehen lassen. (Oder Krebsnasen damit füllen; die Masse wird dann zum Braten in Butter fest.)

2 *Apart:* Dieses Wort hat nicht die Bedeutung, die man bei der Schreibweise vermuten muss, nämlich »reizvoll, geschmackvoll«, sondern wird in dem früher gebräuchlichen Sinn von à part = separat, gesondert, angewendet.

3 *Krebsbutter:* Diese kauft man heute fertig im Delikatessengeschäft oder lässt sie sich vom Küchenchef eines Restaurants besorgen.

4 *Buttersauce:* Butter in einem kleinen Topf schmelzen lassen, Mehl einrühren, Salz und Muskatnuss hinzufügen und mit Gemüsekochwasser auffüllen. Weiter rühren. Es soll eine dünnflüssige Sauce entstehen, die man 15 Minuten kochen lässt. Vom Feuer nehmen, die verkleppterten Eigelbe einrühren und Würzung prüfen.

Klößchenteig:

125 g Butter
3 Eier
Salz
Geriebene Muskatnuss
Etwa 200 g frische weiße Semmelbrösel
Fleischbrühe

Buttersauce:

4 Essl. Butter
1 Essl. Mehl
Salz und geriebene Muskatnuss
Gemüsekochwasser (von Spargeln)
2 bis 3 Eigelbe

Es lohnt sich nicht, dieses aufwendige Gericht nur für vier Personen zuzubereiten. Ich schlage vor, von jeder Gemüsesorte 300 g zu verwenden; Morcheln, wenn getrocknet, 30 g. Mit »Schoten« sind grüne Erbsen gemeint, ganz feine natürlich.

Das Rathaus zu Leipzig,
Stich von C. W. Arldt nach einer Zeichnung von G. Täubert

Mir ist als Beilage zu diesem Feingemüse ein natur-gebratenes Kalbssteak oder Kalbsschnitzel am liebsten. Man sieht an diesem Rezept, wie viel Mühe man sich seinerzeit auch in der bürgerlichen Küche machte. Erst einige Jahrzehnte später tauchen vereinfachte Zubereitungsarten, bei denen alle Gemüse zusammen gekocht werden sowie dicke Mehlsauce zum Binden angegeben wird, in der deutschen Kochbuchliteratur auf. Und die Eingangsbemerkung könnte doch wörtlich von einem der Päpste der Nouvelle Cuisine stammen.

Apropos: Wenn nicht alle Gemüse frisch verfügbar sind, dann sollte man lieber auf eines verzichten, als es aus der Dose zu nehmen. Und bei den Morcheln bitte keine chinesischen Pilze verwenden, auch wenn sie den gleichen Namen tragen; lieber ganz verzichten. Getrocknete Morcheln sind möglich, müssen vorgeweicht werden.

Salatgemüse

Vor allem Kopfsalat wird bei günstiger Witterung schnell schnittreif. Dann muss man ihn sofort verwerten, damit er nicht »schießt« und ungenießbar wird. Früher, als noch ein viel größerer Teil der Bevölkerung vom eigenen Anbau lebte, trat diese Situation häufiger ein als heute. So kamen früher Salatgemüse öfter auf den Tisch. Dafür sind sie jetzt eine umso größere Köstlichkeit, weil sie rar geworden sind. Allerdings sollte man nur Freilandsalat als Gemüse zubereiten, da Treibhausköpfe zu labberig sind und leicht zerfallen.

Baden

Endiviengemüse

Originalrezept aus dem Kochbuch der Mamsell König, Karlsruhe 1844. Nach diesem Rezpt kann auch Kopfsalat zubereitet werden.

„Ist der Endivien geputzt und gewaschen, so wird er in kochendem Wasser weich gekocht, man muß aber darauf sehen, daß er nicht zu weich wird; nach diesem schüttet man ihn durch einen Seiher, kühlt ihn mit kaltem Wasser ab, drückt ihn gut aus und verwiegt ihn gut, – dann dämpfe man mit einem Stückchen Butter eine Hand voll Zwiebeln; ein wenig Petersilie und einen Kochlöffel voll Mehl; tue hernach den Endivien auch hinein, und lasse ihn ungefähr eine Viertelstunde mitdämpfen, rühre alsdann das Ganze mit guter Fleischbrühe an, tue etwas Salz und Muskatnuß daran, und lasse es noch eine halbe Stunde mitkochen."

Alle Salatgemüse sind als Beilagen zu Kalbfleisch, Hirn, Bries und Hühnerfrikassee geeignet.

Gemüse aus Wildkräutern

Zuweilen findet man in alten Büchern Hinweise darauf, dass die ersten frischen Gemüse aus selbst gesammelten Kräutern gekocht wurden. So heißt es z. B. bei Carl Friedrich von Rumohr (»Geist der Kochkunst«, 1822):

„In einigen Gegenden von Deutschland sammelt man für die Osterwoche allerlei wilde Kräuter, wie Melde, Nessel, Löwenzahn, Brunnenkresse, junge Sprossen des Feldkümmels und andere, hackt sie und bereitet daraus ein äußerst wohlschmeckendes, spinatartiges Gemüse. Im sächsischen Dialekt heißt dieses Gemüse Negenschöne."

Der Name dieses Gemüsegerichts ist weitgehend vergessen. Nach den v. Rumohrschen Anweisungen habe ich es aber mit gutem Erfolg nachkochen können. Heutzutage bekommt man eine viel größere Kräuterauswahl von den Gärtnereien. Löwenzahn und Nessel (Brennnessel) sollte man selbst sammeln. Natürlich gibt es heutzutage Salate aus dem Treibhaus oder aus südlichen Gefilden, so dass man nicht mehr auf die ersten wilden (oder gezogenen) Kräuter angewiesen ist. Deshalb gingen auch die Rezepte für Kräutergemüse verloren. Gesund und wohlschmeckend sind sie jedoch geblieben.

Frauenstein

Negenschöne

Kräuter verlesen, harte Stängel entfernen, waschen und grob hacken. 2 Essl. Butter zergehen lassen, tropfnasse Blätter darin weich dünsten. 1 Essl. Butter erhitzen und darin die kleingeschnittene Zwiebel gut glasig werden lassen. Zu den gedünsteten Kräutern geben. Mit den Gewürzen abschmecken. Mit der Crème fraîche etwas binden.

Bitte beachten: Die meisten Kräuter haben einen herben, ja zuweilen sogar leicht bitteren Geschmack. Diesen kann man mildern, indem man sie vorher blanchiert. Allerdings geht dadurch ein Gutteil ihrer wertvollen Inhaltsstoffe verloren. Ich schlage deshalb vor, zur Abmilderung etwas ganz jungen Spinat oder auch einige Salatblätter zuzugeben; außerdem wirkt die Sahne (Crème fraîche) besänftigend.

Beilagen: Neue Kartoffeln, Kochfleisch, Schweineschnitzel oder auch hartgekochte Eier.

Gut 700 g Kräuter (eine Auswahl aus Gartenmelde, Brennnessel, Löwenzahn – nur die weißen und hellgelben Blätter und Stiele, Blättchen von Kümmelpflanzen, Brunnenkresse, Gartenkresse, Kerbel, Petersilie und evtl. etwas Spinat)
3 Essl. Butter
1 kleine Zwiebel
Salz, Pfeffer aus der Mühle
1 kleine Prise Zucker
3 bis 4 Essl. Crème fraîche

Bärlauch

Dieses Würzkraut hat, wie auch sein schärferer Vetter der Knoblauch, eine wahrhaft bizarre Geschichte.
Er wurde jedoch nicht diskriminiert, sondern einfach ignoriert. Er war überall umsonst zu haben, trieb jedes Frühjahr auf feuchten Wiesen und in schütteren Hainen seine Sprossen und Blätter und bettelte mit aromatischem Signal geradezu darum, gepflückt und genossen zu werden. Spaziergänger schnupperten gelegentlich und meinten: »Es duftet fast wie Knoblauch« und wanderten unbekümmert weiter.
Erst das 21. Jahrhundert brachte die Wende. Bärlauchreviere sind unter Gourmets zu Geheimtipps geworden. Reiche Ernte wird heimgefahren und sorgfältig eingefroren, um fürs ganze Jahr köstliche Suppen, Saucen, Füllungen, Salate sowie Fleisch-, Fisch- und Eiergerichte damit zaubern zu können.
Ganz ungewöhnlich ist dabei, dass der Bärlauch volkstümlich geworden ist, durch Sterneköche, also die Top-Gastronomie. Dort herrscht harter Wettbewerb, ständig muss Neues aufgetischt werden. Die teuersten Exoten werden langsam zu alten Hüten. Da wurde das heimische Wiesenkraut zur Sensation. Ambitionierte ländliche Gasthäuser, die immer mehr Ehrgeiz entwickeln und gern einheimische Spezialitäten anbieten, folgten, und zu Mutters Küchen war's dann nur noch ein kleiner Schritt.
Eine Entdeckung steht noch aus, und hier kommt unser Geheimtipp: Nicht nur die Blätter des Bärlauchs sind essbar, sondern auch die Zwiebeln und jungen Triebe sind genießenswert. Wo man das Wort Bärlauch nicht versteht, kennt man vielleicht Knoblauchkraut oder Waldknoblauch.
Mir ist nur eine Region bekannt, in der »Bärenlauch« schon seit langem gegessen wurde, der Harz. Dort sind die Böden karg und das Klima rau, und die Waldbewohner konnten nie wählerisch sein. Sie lernten dieses Wildkraut zu schätzen.

Ein Gehäck aus Harzer Käse mit Sahne, Senf, Eigelb und Zwiebeln, gewürzt mit reichlich Bärlauch, wurde zum Festschmaus für Bergleute und Holzfäller.
Die folgenden Rezeptbeispiele sind für Bärlauchneulinge:

Bärlauchsuppe

Bärlauch entstielen, für zwei Minuten in kochendes Wasser stecken, abgießen und sofort in Eiswasser legen. So behält er seine kräftige Farbe.

Klein geschnittene Zwiebel in Butterfett anschwitzen, ohne dass sie Farbe nimmt. Mehl darüber stäuben verrühren und nach wenigen Minuten mit Brühe ablöschen.

Nach 5 Minuten saure Sahne und Bärlauch zugeben. Verrühren und weitere 10 Minuten köcheln lassen. Anschließend mit dem Mixstab pürieren und abschmecken mit Salz, weißem Pfeffer, Muskatblüte (oder Muskatnuss und Zucker).

Beim Servieren kann man noch je Teller 1 bis 2 Essl. geschlagene Sahne zu Streifen unterziehen oder gewürfelten Eierstich zufügen.

1 großes Bündel Bärlauch
2 kleine Zwiebeln
2 Essl. Butterfett
Gut 1/4 l Brühe
Gut 1/4 l saure Sahne oder Crème fraîche
Salz, weißer Pfeffer, Muskatblüte
1 Prise Zucker
8 Essl. geschlagene Sahne oder Eierstich

Bärlauchbutter

Butter mit Salz, Zucker, Koriander und den klein gehackten Blättern eines Bündels Bärlauch gut vermischen. Etwas kühlen, so dass man eine Rolle formen kann, die in Alufolie eingerollt im Kühlschrank fest werden muss.

Zum Gebrauch auswickeln und in Scheibchen schneiden. Zu Fisch oder Fleisch reichen oder dick auf Bauernschnitten streichen und dabei nachsalzen.

150 g Butter
Salz, wenig Zucker und 1 Prise gemahlener Koriander
1 kleines Bündel Bärlauch (Menge nach Geschmack)

Schnelle Bärlauchsauce

Sehr gut zu gekochtem Rindfleisch oder auch
zu hart gekochten Eiern.

Bärlauchblätter grob zerschneiden. Schnittlauch in Röllchen schneiden und Zwiebel sehr fein hacken oder durch die Knoblauchpresse drücken.

Ein Drittel des Bärlauchs beiseite stellen. Andere Zutaten mit dem Joghurt pürieren in der Küchenmaschine oder mit dem Mixstab.

Jetzt einrühren: Gehackte Bärlauchblätter, süße Sahne, Mayonnaise.

Sollte die Sauce zu dünn sein, Quark oder Frischkäse zugeben; im gegenteiligen Fall Sahne einrühren.

Abschmecken und servieren.

Knoblauch

Erst in der zweiten Hälfte des 20. Jahrhunderts wurde diese Würzknolle in Deutschland populär. Schon im Altertum war sie bekannt und bereits im Mittelalter drängte sie vom Süden her und noch stärker von Osten über die deutschen Grenzen. Ihr zweifelhafter Ruf stand der Einreise entgegen. Hier eine Bewertung aus dem Jahr 1773, veröffentlicht in Leipzig in einem »Frauenzimmer-Lexikon«:

„Knoblauch ist ein bekanntes Küchengewächs. ... er ist der schärffste unter den Lauchen, wird aber bei uns wegen des widrigen Geruchs von vornehmen Leuten wenig geachtet; dagegen er bey dem gemeinen Mann als das beste Gewürz und als eine allgemeine Arztney für Mensch und Vieh betrachtet wird."

Während der Nazizeit wurde Knoblauch als »artfremd« eingestuft, und sein Geruch als »Merkmal« von Juden und Zigeunern gebrandmarkt. Diese infame Propaganda wirkte zusammen mit jahrhundertealter Aversion noch lange nach. So schimpften in badischen Städtchen, in denen nach dem Krieg viele französische Familien einquartiert waren, brave Kleinbürger »dass der Knoblauchgestank« nicht mehr auszuhalten sei. Wobei natürlich auch der Unmut gegen eine Besatzungsmacht mitklang.

Jedenfalls vollzog sich bei den meisten Deutschen einige Jahre später ein erstaunlicher Sinneswandel. Auf Reisen ans Mittelmeer lernte man die kulinarischen Qualitäten des Knoblauchs zu schätzen. Mit der Abwandlung eines Werbeslogans für Zigaretten wurde er gerühmt als »der Duft der großen, feinen Welt«. Die sogenannte Gesundheitswelle kam noch dazu, und so ist heute Knoblauch in vielerlei Gestalt einbezogen in die Tradition der deutschen Küche.

Sauerampfer

Dieses wildwachsende Gemüse ist von der »Nouvelle Cuisine« nicht entdeckt, sondern nur wieder entdeckt worden. Überall in Deutschland nutzte man es seit Jahrhunderten in der bäuerlichen Küche zu Suppen, Saucen und als Gemüse. Die »Frankfurter Grüne Sauce« ist ohne Sauerampfer nicht denkbar. In Ostpreußen war »Sauerampfersuppe« besonders beliebt. Hier folgen zwei Gemüserezepte.

Sauerampfergemüse

- 750 g Sauerampfer
- Salz
- 1 Essl. Butter
- 1 Tee. Mehl
- 1 bis 2 Tassen kräftige Fleischbrühe
- Geriebene Muskatnuss
- 2–3 Essl. Sauerrahm

Sauerampfer gut verlesen und entstielen, waschen und in reichlich kochendem Salzwasser aufwellen lassen, vom Feuer nehmen und gut 5 Minuten beiseite stellen. Abgießen und ausdrücken. Fein verwiegen.

Aus Butter, Mehl und Fleischbrühe eine helle Sauce machen. Gewiegten Sauerampfer hineinschütten, verrühren, mit Salz und Muskatnuss vorsichtig würzen und gut 15 Minuten auf kleiner Hitze garen.

Vor dem Anrichten den Sauerrahm unterrühren.

Sauerampfer mit Rosinen

750 g Sauerampfer
Salz
Pfeffer, geriebene Muskatnuss
1 Tasse Rosinen
2 Essl. Butter

Sauerampfer gut verlesen, entstielen, waschen und in reichlich Salzwasser kurz aufkochen. Fünf Minuten ziehen lassen, abgießen und ausdrücken. Durch den Fleischwolf drehen. In wenig Wasser etwa 10 Minuten kochen. Würzen mit Salz, Pfeffer und Muskatnuss. Rosinen in der Zwischenzeit waschen und ebenfalls in wenig Wasser auf kleiner Hitze weich kochen. Abgießen und unter den gar gekochten Sauerampfer mischen.

Butter erhitzen und beim Servieren über das mit Rosinen vermischte Sauerampfergemüse gießen.

Bitte beachten: Unsere Vorfahren wussten bereits, dass Sauerampfer zwar ein gesundes Frühjahrsgemüse sein kann, dass sich aber Menschen, die an Rheumatismus oder Gicht erkrankt sind oder unter Nierenbeschwerden leiden, davor hüten müssen. Die moderne Medizin hat das nur bestätigen können.

Das Vorkochen der Sauerampferblätter laugt übermäßige Oxalsäure aus, ist deshalb – wie in den oben gegebenen Rezepten – immer zu empfehlen.

Sauerampfer wächst wild auf feuchten Wiesen. Er kann vom Frühling bis in den Frühherbst dort gesammelt werden. Zuweilen wird er auch in Hausgärten oder Gemüsegärtnereien angebaut.

(Siehe auch »Sauerampfersuppe«, S. 124)

Hohenstaufen und Rechberg

Pfifferlinge in Butter

750 g Pfifferlinge
3 Essl. Butter
1 bis 2 Zehen Knoblauch
2 bis 3 Essl. Petersilie
Salz
Weißer Pfeffer aus der Mühle

Pfifferlinge putzen, kleine ganz lassen, größere zerschneiden. Zwei Essl. Butter in einem Topf mit dickem Boden mit den Knoblauchzehen erhitzen; diese einige Minuten auf nicht zu starker Hitze in der Butter bewegen, damit sie ihr Aroma abgeben. Anschließend herausnehmen und wegwerfen.

Pilze in der aromatisierten Butter etwa 10 Minuten dünsten. Dabei mit Salz und Pfeffer würzen und gegen Ende gehackte Petersilie zufügen. Verrühren.

Sobald die Pilze gar, aber nicht zu weich sind, gibt man noch den restlichen Essl. Butter dazu und serviert.

Als Beilage zu Wild und Schlachtfleisch, aber auch besonders beliebt als »Voressen« mit Rührei oder Omelette.

Steinpilze Försterinart

Die im Rezepttitel angegebene Bezeichnung hat sich schon seit vielen Jahrzehnten für diese sehr volkstümliche bayrische Zubereitungsart in ganz Deutschland eingebürgert. In Bayern nennt man Steinpilze auch »Herrenpilze«; sie mussten früher vorzugsweise den Grundherren abgeliefert werden.

Steinpilze putzen und in nicht zu dünne Scheiben schneiden. Speck in kleine, dünne Streifchen schneiden. Diese zusammen mit den klein geschnittenen Schalotten in Butter glasig werden lassen. Pilze zugeben und dünsten. Dabei häufig wenden und Hitze nicht zu hoch einstellen. Sobald alle Flüssigkeit verdunstet ist, die Sahne einrühren. Petersilie einstreuen und abschmecken mit Salz, Pfeffer und – nach Geschmack – mit zerdrücktem Knoblauch.

Alles gut miteinander vermischen.

Als Beilage zu hellem Fleisch oder auch als kleines Zwischengericht mit Knödel oder als Vorspeise auf Toast servieren.

600 g Steinpilze
60 g geräucherter, durchwachsener Speck
1 Essl. Butter
2 Schalotten (oder 1 kleine Zwiebel)
1 Tasse süßer Rahm
2 bis 3 Essl. gehackte glattblättrige Petersilie
Salz, weißer Pfeffer
Eventuell 1 kleine Zehe Knoblauch

Sachsen

Pilzkoteletts

Ein sehr beliebtes Sommeressen.

Pilze gut putzen, zerschneiden und in 2 Essl. Butter etwa 5 Minuten dünsten.

In einer anderen Pfanne die kleingewürfelte Zwiebel in der restlichen Butter gut glasig werden lassen. Semmeln abreiben, in Scheiben schneiden, einweichen und wieder gut ausdrücken.

Semmeln und abgekühlte Pilze durch die Fleischmaschine drehen. Dann mit den Zwiebeln und ihrem Fett sowie Petersilie, Salz, Pfeffer und Eiern zu einem Bulettenteig verkneten.

600 g beliebige Waldpilze
3 Essl. Butter
1 Zwiebel
100 g Semmeln
1 Essl. gehackte Petersilie
Salz
Pfeffer aus der Mühle

- 3 Eier
- 3 Essl. Paniermehl
- 2 Essl. Butterschmalz zum Braten

Flache Fleischpfannkuchen formen, in Paniermehl wälzen und in Butterschmalz braten. Dazu isst man Salat.

Sachsen-Anhalt

Rotkraut mit Speckäpfeln

Ein bäuerliches Rezept aus Mitteldeutschland, das besonders bei kinderreichen Familien sehr beliebt war. Der Geschmack ist so gut, dass man es nicht nur während der Tage vor dem Monatsletzten auf den Tisch bringen sollte.

- 1 Kopf Rotkraut von etwa $1\frac{1}{2}$ Pfund
- 2 bis 3 Essl. Gänsefett oder Schweineschmalz
- 1 Tasse Rotwein oder Wasser
- 2 zerstoßene Nelken oder Nelkenpulver
- Salz, wenig Pfeffer
- 2 Teel. Zucker oder 3 Teel. Johannisbeergelee
- 3 Essl. Essig
- 4 große Äpfel
- 80 g durchwachsener geräucherter Speck
- 1 bis 2 Zwiebeln
- 70 g gewürfelter, gekochter Schinken

Rotkraut putzen und hobeln. Waschen, abtropfen, ausdrücken und im Fett in einem großen Topf mit dickem Boden unter Wenden andünsten.

Rotwein, Nelken, Salz, Pfeffer, Zucker (oder Johannisbeergelee) sowie Essig zufügen. Alles miteinander vermischen und auf kleiner Hitze gut eine Stunde dünsten.

Äpfel waschen und Kerngehäuse ausstechen. Speck in Würfelchen schneiden und auslassen. Herausnehmen und im verbleibenden Fett die klein geschnittene Zwiebel goldgelb – aber nicht braun – werden lassen. Speck- und Schinkenwürfelchen damit vermischen und in die Äpfel füllen. Gefüllte Äpfel auf das Rotkraut setzen und beides im Backofen bei etwa 175 °C ungefähr 25 Minuten garen, bis die Äpfel zu mürben Bratäpfeln geworden sind. Am besten füllt man für das abschließende Garen im Backofen das Rotkraut in eine feuerfeste Form, in der man es dann auch serviert. Eventuell im Backofen noch etwas Flüssigkeit nachfüllen, falls das Rotkraut zu trocken werden sollte.

Beilage: Salzkartoffeln.

Rotkraut bessere deutsche Art

Nach dem Rezept meiner Mutter aus Frankfurt am Main.

- 1 kg Rotkohl
- 4 kleine Zwiebeln
- 2 Essl. Gänseschmalz
- 1 Essl. Essig
- 4 Essl. Rotwein
- Eventuell noch einige Essl. Fleischbrühe
- Salz, Pfeffer aus der Mühle
- 1 Prise Nelkenpulver
- 1 Lorbeerblatt
- 1 großer säuerlicher Apfel
- 3 bis 5 Essl. Johannisbeergelee

Beschädigte Blätter vom Kraut entfernen und dieses vierteln. Strunk entfernen, dann die Blätter feinstreifig schneiden oder hobeln. Zwei Zwiebeln schälen, halbieren und in hauchdünne Scheibchen schneiden.

In einem großen Topf mit dickem Boden das Gänseschmalz erhitzen und darin zuerst die Zwiebeln, dann auch das Kraut andünsten, bis es glänzend ist. Restliche Zwiebeln ganz dazugeben; sie müssen vor dem Anrichten entfernt werden. Essig und Rotwein mit zunächst nur 2 Essl. Brühe verrühren und zu dem Kraut gießen.

Würzen mit Salz, Pfeffer, Nelkenpulver und dem Lorbeerblatt, das vor dem Anrichten herausgefischt wird.

Äpfel schälen, entkernen und grob reiben. Mit dem Kraut vermischen.

Eine gute Stunde unter zweimaligem Umrühren auf kleiner Hitze dünsten. Eventuell noch etwas Brühe zugießen.

Abschmecken mit dem Johannisbeergelee und sonstige Würzung prüfen. Noch eine weitere halbe Stunde garen; ohne Deckel, wenn zuviel Flüssigkeit vorhanden ist.

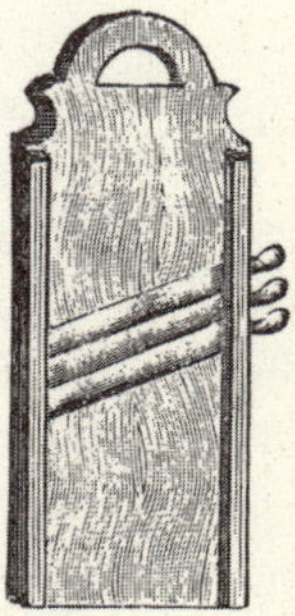

Glasierte Maronen

Eine beliebte Beilage zu Wild, Geflügel, Rosenkohl, Rot- und Sauerkraut.

500 g Esskastanien
Etwa 1/2 l leichte Fleischbrühe
1 großes Stück Sellerieknolle
2 bis 3 Essl. Butter
1 bis 2 Essl. Zucker, evtl. Puderzucker

Kastanien waschen, die Schale einer jeden einritzen und in Wasser knapp 10 Minuten wallend kochen. Abgießen, etwas auskühlen lassen und die Schalen einschließlich der Innenhaut ablösen. In der Fleischbrühe zusammen mit der geschälten und in Scheiben geschnittenen Sellerieknolle knapp 1/2 Stunde kochen; sie dürfen auf keinen Fall dabei zerbröckeln. Abseihen. In einer großen Pfanne die Butter erhitzen. Gut abgetropfte Kastanien – möglichst nicht mehr, als die Pfanne in einer Lage bequem fassen kann – in der Butter schwenken. Dabei Zucker darüber streuen, der dann beim Schwenken karamellisiert.

Heiß servieren. Meist werden Fleisch oder Gemüse damit umgelegt. Rosenkohl allerdings wird mit den glasierten Maronen vermischt aufgetragen.

Die Kartoffel

»Schön rötlich die Kartoffeln sind
und weiß wie Alabaster.
Sie däun sich lieblich und geschwind
und sind für Mann und Frau und Kind
ein wahres Magenpflaster.«

Matthias Claudius, 1740–1813

Sie wird in Deutschland sehr ernst genommen und sehr gern gegessen. Anderswo in Europa ist sie eines von vielen Gemüsen, bei uns eine eigenständige Beilage. Wir alle haben eine Ur-Erinnerung, eine Dankbarkeit im Unterbewusstsein, dass die Kartoffel unseren Kontinent von den einst ständigen Hungersnöten befreite. Das ist noch nicht einmal 300 Jahre her.

Innerhalb der Europäischen Union ist die Bundesrepublik Deutschland das Kartoffelland Nr. 1. Rund 11 Millionen Tonnen werden jährlich geerntet.

Dazu noch einige wenige Zahlen:
1913 wurden pro Jahr und Kopf 700 kg verbraucht
1945 waren es noch 224 kg
2002 nur noch 72 kg

Etwa 40 %, also bald die Hälfte aller Kartoffeln, werden heute nicht roh sondern als vorgefertigte Kartoffelprodukte gekauft, nachdem Anfang der 50er Jahre die ersten küchenfertigen Produkte auf den Markt gekommen waren.

Niedersachsen ist das größte Anbaugebiet Deutschlands. Was den Kartoffelverzehr und somit auch die Kartoffelvorliebe betrifft, liegen Nord-, Mittel- und Ostdeutschland eindeutig vor dem Süden und Südwesten.

Bedauerlich ist, dass zu viele Verkäufer, vor allem Supermärkte und Lebensmittel-Ketten, keine ausreichende Sortenauswahl bieten. Niemand verlangt, dass alle bei uns zugelassenen Sorten, nämlich gut 200, vorrätig sein sollen. Man sollte jedoch erwarten, dass die drei handelsüblichen Kategorien festkochend, vorwiegend festkochend und mehligkochend überall angeboten werden. Und wo sind eigentlich die köstlichen kleinen Salatkartöffelchen, wie die Bamberger Hörnle, geblieben?

Zwei Anregungen: Mütter, vergesst die Salzkartoffel nicht! In der Gastronomie ist sie – weil zu aufwendig – kaum noch zu finden. Väter, denkt doch beim Grillen einmal daran, Kartoffeln in der Glut zu garen, wie manche Großväter es noch bei der Ernte am Kartoffelfeuer genossen haben. Heute macht Alufolie die Sache leichter; und meine Enkel haben einen Heidenspaß dabei. Schwarze Finger muss man zwar in Kauf nehmen, soviel ist der Spaß jedoch wert.

Ein außergewöhnliches Kartoffelrezept soll noch folgen. Es ist das einzige, das der Dichter und Kabarettist Joachim Ringelnatz je geschrieben hat, und es ist Pellka, der Pellkartoffel, gewidmet.

Abschiedsworte an Pellka

»Du Gipfel meines Entzückens,
Jetzt kommt der Moment des Zerdrückens
Mit der Gabel! – Sei stark!
Ich will auch Butter und Salz und Quark
Oder Kümmel, auch Leberwurst in dich stampfen.
Musst nicht so ängstlich dampfen.
Ich möchte dich doch noch einmal erfreun,
Soll ich Schnittlauch über dich streun?
Oder ist Dir nach Hering zumut?
Du bist ein so rührend junges Blut. –
Wenn das auch egoistisch klingt,
So tröste dich damit, du wundervolle
Pellka, dass du eine Edelknolle
Warst, und dass dich ein Kenner verschlingt.«

Kartoffelgemüse

Eine recht eigenwillige Kartoffelzubereitung, die einem typischen deutschen Gemüse ähnelt. Sie ist in vielen Landschaften bekannt und hat dann zuweilen andere Bezeichnungen. Die Schwaben sagen dazu »Saure Rädle«. Weit verbreitet ist die Bezeichnung »Saure Kartoffeln«. Dazu gibt es entweder Fleisch oder Wurst, jedoch nie Gemüse oder Salat. Erfahrene Hausfrauen haben schon immer, wenn sie Kartoffelsalat machten, die Portion verdoppelt, weil die Überschussmenge hervorragend zum Kartoffelgemüse taugte – oder anderntags in der Eisenpfanne zu pikanten Bratkartoffeln wurde – besonders in Westfalen.

Mehl in Schmalz hellbraun rösten. Ablöschen mit kräftiger Fleischbrühe. Die glatt gerührte Sauce würzen mit Lorbeerblättern, einer mit 3 Nelken besteckten Zwiebel, Majoran und ½ Teel. Pfefferkörner.

Nach 10 Minuten Kochzeit Essig und Wein zugeben und weitere 10 Minuten garen.

Inzwischen Kartoffeln 15 Minuten kochen, noch warm schälen und in ganz dünne Scheibchen schneiden, zur Sauce geben und dann noch eine weitere halbe Stunde sachte kochen. Dabei eventuell nachwürzen. Diese Kartoffeln müssen angenehm sauer schmecken und die Schwitze gut gebunden sein. Vielleicht noch etwas Salz zufügen.

Als Samstagsessen beliebt; dazu aß man häufig Frikadellen (Buletten).

- 50 g Mehl
- 75 g Schmalz
- ¾ l Fleischbrühe (Würfelbrühe möglich)
- 3 Lorbeerblätter
- 1 Zwiebel, die ungeschält sein kann
- 3 Nelken
- 1 Prise gerebelter Majoran
- ½ Teel. Pfefferkörner
- ¼ l Weißwein
- Salz
- 1 kg Kartoffeln

Bratkartoffeln

Röstkartoffeln – Geröstete –
Gebrätelte – Scheibenkartoffeln

Das sind nur einige der bekanntesten Namen für eine der beliebtesten deutschen Kartoffelzubereitungen. Sie konnte in der Gastronomie den Kampf gegen die Pommes frites nur verlieren, weil jene schon lange vorgefertigt, tief gefroren angeboten werden und viel weniger Arbeit machen als die guten alten, ehrlichen Bratkartoffeln. Endlich ist es aber soweit, dass man die Güte eines Restaurants daran zu messen beginnt, ob es noch (oder wieder) Bratkartoffeln serviert und wie gut diese sind. Ein Sonderlob den Gasthäusern an der Waterkant! Dort pflegte man schon immer die echte Bratkartoffel-Kultur.

An Stelle eines Rezeptes folgen einige Bratkartoffelgrundsätze:

- nie aus Salzkartoffeln zubereiten
- werden Pellkartoffeln verwendet, so müssen sie gut abgekühlt, am besten vom Vortag sein
- Würfel oder Scheiben, das ist (fast) gleich
- klein geschnittene Zwiebeln erhöhen den Wohlgeschmack
- weitere Gewürze: Salz, Pfeffer, Majoran, Kümmel
- mögliche Zugaben: Speckwürfelchen, Wurststücke, Schinkenwürfelchen, Brat- oder Kochfleischreste
- Bratfett kann Schmalz sein (besonders kräftig), Wurstfett (sehr aromatisch, aber kaum noch zu haben), Butter (dann die Kartoffelstückchen möglichst klein oder in Scheiben schneiden)
- sehr vorsichtig müssen Bratkartoffeln aus rohen Kartoffeln zubereitet werden, wie etwa die westfälischen Scheibenkartoffeln; sie werden immer in dünne Scheiben geschnitten und sollen nicht vermanschen

Kartoffelkroketten

Dieses beliebte Kartoffelgericht gibt es schon lange industriell vorgefertigt in Paketen zu kaufen. Früher hat man Kroketten nur so gemacht:

- 1 kg gekochte Kartoffeln
- 1/4 l Milch
- 1 Ei
- 1 Essl. weiche Butter
- 1 Teel. Salz
- 1 bis 2 Essl. Mehl
- Etwas geriebene Muskatnuss
- 2 Essl. Mehl
- Butterfett

Kartoffeln noch heiß zerdrücken, am besten durch eine Kartoffelpresse. Etwas abkühlen lassen und dann mit Milch, Ei, Butter, Salz und so viel Mehl, wie die Masse aufnimmt, verkneten. Mit etwas Muskatnuss abschmecken.

Flache, ovale Küchlein formen, die etwa 2 cm dick sein dürfen. In Mehl wenden, etwas ruhen lassen und dann in nicht zu heißem Butterfett beidseitig kross braten.

Beilage: Grüner Salat.

Die Kroketten können auch als Beilage zu Fleischgerichten dienen.

Hinweis: Die runde Krokettenform und die Gewohnheit, die Kroketten in Bröseln zu panieren, sind neuere, durch Gewohnheiten der Gastronomie eingeführte Zubereitungsformen. In bürgerlichen Haushalten hat man die Kroketten auch kaum jemals in der Friteuse gebacken.

Worms, Stich von Joh. Poppel nach einer Zeichnung von L. Lange

Majorankartoffeln

In ihren Stammlanden nennt man sie auch »Majoran-Grumbiehre«.

1 kg Kartoffeln
2 bis 3 Essl. Schmalz
125 g durchwachsener, geräucherter Speck
Gerebelter Majoran
Salz
Schwarzer Pfeffer aus der Mühle
Evtl. Brühe oder/ und einen Schuss Weißwein

Die Kartoffeln – es sollen möglichst festkochende sein – schälen und in Würfel oder Scheiben schneiden.

Schmalz in einer großen Pfanne oder einem Topf mit dickem Boden erhitzen. Speck in kleine, dünne Streifchen schneiden und zusammen mit den Kartoffeln ins Schmalz geben. Beides unter häufigem Wenden gut 5 Minuten anbraten.

Reichlich Majoran, etwas Salz und Pfeffer über den Pfanneninhalt streuen, eine Tasse Wasser oder Brühe und evtl. Wein zugießen, nochmals wenden und dann zudecken und auf abgeschwächter Hitze noch eine knappe halbe Stunde garen; dabei nur ein- oder zweimal wenden.

Diese schmackhaften Kartoffeln werden zu Braten, aber auch zu Hausmacherwurst gegessen.

Kartoffelpfannkuchen

Ihretwegen sehen viele Ausländer die Deutschen als kulinarische Barbaren an. Diese aber lassen sich solcher Barbarei gern zeihen und verschmausen weiter ihre heißgeliebten Pfannkuchen aus Kartoffelteig. Daheim und überall in der Welt, wo sich Deutsche zusammenfinden, haben sie von Zeit zu Zeit den unstillbaren Drang, harmlose Orgien mit den knusprigen Puffern zu veranstalten.

Kartoffelpfannkuchen gelten oft als rheinische Spezialität; dort werden sie wohl nicht mehr und nicht lieber gegessen als anderswo, aber man verkauft sie von Buden aus; sie sind allgegenwärtig im Straßenbild.

Namen gibt es viele für diese Spezialität:
Reibekuchen (Rievkoke oder Rievekooche) – Rheinland
Reiberdatschi – Bayern
Kartoffelpfannkuchen (Tuffelpankok) – Norddeutschland
Aardappelklitscher – Vogtland
Rieverschnieden – Mosel/Eifel
Dotsch – Oberpfalz
Krebbelcher – Koblenz
Kartoffelplätzchen – Westfalen
Reibeplätzchen – Münsterland
Erappelspankauken (mit Speck und sehr groß) – Ruhrgebiet
Kartoffelwaffeln (im Waffeleisen gebacken) – Ruhrgebiet
Grumbiehr-Pannekuche (mit etwas Grieß und Schnittlauch, pikant) – Pfalz, Rheinhessen
Kartoffelkratzer – Schwaben
Kartoffelflinsen – Ostpreußen
Kartoffelpuffer – allgemein

Ebenso vielfältig sind die Beilagen und Verzehrformen: Immer und überall schmecken Kartoffelpfannkuchen frisch und heiß aus der Pfanne, wenn man sie ohne Zugaben aus der Hand isst. Allgemein ist auch Apfelkompott als Beilage anerkannt.

Die rheinischen »Rievekooche« verzehrt man dort gern auf Schwarzbrotscheiben mit oder ohne Butter; außerdem schätzt man dort auch »Knollekruk« (Rübenkraut) dazu. Auch zum Sauerbraten sind sie beliebt.

»Kartoffelplätzchen«, die in Westfalen auch mit Hefe zubereitet werden, schmecken gut mit Marmelade.
Münsterländische »Reibeplätzchen« werden zuweilen auch auf Stuten, einem süßen Hefeteigkuchen, gegessen.
Dotsch werden in Oberfranken am liebsten mit Waldpilzen genossen oder auch mit Sauerkraut. Im Ruhrgebiet und in Mitteldeutschland trinkt man Kaffee zu den Kartoffelpfannkuchen.
Die Ostpreußen nehmen zu ihren »Kartoffelflinsen« Zucker und Zimt oder auch Preiselbeeren; in einigen Gegenden aber auch Spirgel, also Speckgrieben. Aus Thüringen dürfte das Heidelbeerkompott als Beilage stammen.
Die Bayrischen »Reiberdatschi« werden sowohl mit Apfelmus als auch – man höre und staune – mit Sauerkraut gereicht.

Grundrezept für Kartoffelpfannkuchen

- 2 kg Kartoffeln
- 2 Zwiebeln
- 1 bis 2 Teel. Salz
- 3 Eier
- 2 bis 3 Essl. Mehl
- Fett zum Backen (Schmalz oder Pflanzenfett oder Öl)

Kartoffeln und Zwiebeln schälen und reiben, aber bitte nicht zu fein! Kurze, dünne Minispäne sind ideal. Mit Salz, Eiern und Mehl zu einem Teig verrühren.

Reichlich Fett in der Pfanne erhitzen und mit einem kleinen Schöpflöffel Teigkleckse hineinsetzen, auseinanderdrücken und auf beiden Seiten braten, bis sie knusprige Ränder haben. Die Experten streiten sich, ob Kartoffelpfannkuchen dick und saftig oder dünn und ganz kross sein sollen. Am besten bekommt sie jeder so, wie er sie persönlich mag, das kostet keine zusätzliche Mühe, sondern nur das vorherige Fragen.

Sehr heiß und möglichst frisch aus der Pfanne servieren.

Mir persönlich schmecken sie am besten, wenn der Rand kross und die Mitte saftig ist.

Topfkuchen

DÖBBEKOCHE

Links und rechts des Mittelrheins ziehen sich bis weit in die Randgebirge die Landschaften hin, in denen man den Kartoffel-Topfkuchen schätzt. Zunächst ein Rezept aus Koblenz. Dort sind die Novembertage um Martini die hohe Zeit des »Döbbekoche«. In Familien, Werkstätten und Büros veranstaltet man hoffentlich noch heute »Döbbekoche-Essen«. Gaststätten servieren ihren Stammgästen gratis eine Portion »Döbbekoche«. Dieser Brauch geht auf die Tatsache zurück, dass früher zu Martini die Pacht gezahlt werden musste (was in vielen Gemeinden heute noch üblich ist und in dieser Formulierung in den Verträgen steht). Gleichzeitig war es Sitte, dass die Herrschaft ihren »Leuten« eine Mahlzeit spendierte: »Döbbekoche«.

- 2 kg kleine mehlige Kartoffeln
- 500 g Zwiebeln
- Etwa 300 g Dörrfleisch (durchwachsener Räucherspeck)
- 1 Ei
- Salz
- Pfeffer aus der Mühle
- Geriebene Muskatnuss
- Öl

Kartoffeln und Zwiebeln schälen und reiben. Das sich absetzende Wasser ablaufen lassen. Den Teig kräftig würzen mit Salz, Pfeffer und etwas Muskatnuss und mit dem Ei verrühren. Dörrfleisch würfeln, kurz anbraten und mitsamt dem Bratfett in den Teig mischen.

Einen eisernen Bräter großzügig mit Öl bestreichen, und auf den Boden eine dünne Ölschicht gießen. Teig einfüllen. In die Oberfläche mit dem Finger einige Löcher bohren und da hinein etwas Öl füllen. Oberfläche mit Öl einpinseln. Im vorgeheizten Backofen bei etwa 200 °C zwei Stunden backen.

Andere Zubereitungsart:

Zu den geriebenen Kartoffeln gibt man keine Zwiebeln, dafür aber eingeweichte und wieder ausgedrückte Brötchen (3 bis 4 Brötchen auf 2 kg Kartoffeln), außerdem noch Milch (bis zu 1 l). Dieser »Döbbekoche« ist weniger massig.

Bitte umblättern.

Im Westerwald isst man zum »Döbbekoche«, der auch mit Dörrfleischscheiben oben und unten belegt werden kann, gern Pflaumenmus.

Zum rheinischen »Döbbekoche« gibt es Apfel- und/oder Dörrobstkompott.

In Nassau gibt es den »Dippekuche« und dazu Grieben. Etwas weiter östlich, ebenfalls in Hessen, liebt man den »Dulkes« oder »Dippedotz«.

In den Kartoffelteig kommen noch Stückchen von getrockneter Mettwurst und Apfel; manchmal auch Reste vom Braten oder Hausmacherwurst.

Beilage: Apfelbrei und Milchkaffee.

Eine Art Topfkuchen gibt es auch im Sauerland: »Potthucke«.

Zu den geriebenen rohen Kartoffeln kommen etwa $1/3$ gekochte Kartoffeln und Rauchfleisch. »Potthucke« lässt man erkalten und brät sie dann in Scheiben in Öl. Dazu isst man Butterbrot.

Es gibt sogar eigene »Potthucke-Clubs«.

»Dicker Pickert« wird zwar in Westfalen mit Mehlzusatz und Hefe gemacht, bleibt aber ein Kartoffelkuchen und wird mit Zucker und Zimt serviert.

Eine Thüringer Spezialität ist der »Aschkloß«, der aus rohen und gekochten Kartoffeln gemacht wird. Dazu isst man kräftige Wurst.

Alle Topfkuchen wurden früher im Backhaus oder beim Bäcker gebacken. Heute ist diese Sitte noch im Eifel-Vorland während der Weiberfastnacht (Donnerstag vor Fastnacht) lebendig. Die Frauen machen ihn am Vorabend und bringen ihn hin, die Männer holen ihn ab, und die Frauen können ungestört feiern.

Als Zeichen einer Topfkuchen-Renaissance ist die Tatsache zu werten, dass eine Keramikfabrik aus dem Kannebäckerland eine Spezialform dafür bundesweit vertreibt.

Buttermilchgötzen aus dem Erzgebirge

»Götzen«, »Getzen«, »Bambs« – das sind Namen, die in verschiedenen sächsischen Landschaften für das verwendet werden, was man im Rheinland als »Döppekoche« bezeichnet. Ein wesentliches Merkmal der sächsischen Rezepte ist die Verwendung von Buttermilch.

- 2 kg Kartoffeln
- 1 l Buttermilch
- 2 Eier
- Salz und wenig Kümmel
- 2 Zwiebeln
- 150 g fetter Räucherspeck in Scheiben

Kartoffeln schälen und in eine Schüssel mit Wasser reiben. Anschließend die Kartoffelmasse durch ein Leinentuch (Säckchen hat man dafür in Sachsen und Thüringen) ausdrücken. Das Wasser aus der Schüssel abgießen, den aus purer Kartoffelstärke bestehenden Bodensatz aufheben.

Die ausgedrückten Kartoffeln vermischen mit Buttermilch und den Eiern. Würzen mit Salz und Pfeffer sowie den ganz fein gewürfelten Zwiebeln. In einen eisernen Topf oder eine alte Eisenpfanne die Speckscheiben legen und darauf die Kartoffelmasse verteilen.

Im Backofen bei 215 °C ohne zu wenden zu goldbrauner Oberflächenfarbe backen. Breit soll der Getzen sein, aber nicht zu hoch.

Heiß aus der Pfanne servieren.

Meistens werden zum Verzehr die Götzenstücke mit Zucker und Zimt bestreut.

Zuweilen mischt man in den Götzenteig auch noch Heidelbeeren. Heidelbeerkompott schmeckt auch nicht schlecht als Beigabe.

Hinweis: Sollte der Kartoffel-Buttermilch-Teig sehr flüssig sein, kann man etwas von der Kartoffelstärke einarbeiten.

Pickert

Hier haben wir eine Großfamilie westfälischer Kartoffelgerichte. Die einzelnen fallen sehr unterschiedlich aus, einmal gehören sie zur Sippe der Kartoffelpfannkuchen, dann wieder zu den Kartoffelkuchen. Ich nenne sie hier wegen der Namensgleichheit und der gemeinsamen landsmannschaftlichen Herkunft zusammen. »Pickert«-Heimat ist der Teutoburger Wald nebst Umgebung.

Lappenpickert

Ein Rezept aus Bielefeld.

- 1 kg Kartoffeln
- 3 Essl. saure Sahne
- 3 Eier
- Gut 2 Essl. Mehl
- Salz
- Schmalz oder Speckschwarte zum Ausfetten der Form

Eigentlich müsste man eine Spezialpfanne aus Eisen und mit Handgriffen an zwei Seiten haben, denn darin kann man einen großen »Lappenpickert« backen. Man kann sich jedoch auch mit einer kleineren Pfanne behelfen, die allerdings aus Eisen sein sollte. Darin backt man den Teig portionenweise.

Kartoffeln schälen, waschen, auf einer Reibe mit der Hand reiben. Alle Flüssigkeit abgießen, Kartoffelmasse leicht ausdrücken. Sahne und Eier damit verrühren. Anschließend noch etwas Mehl in den Teig arbeiten und mit Salz würzen. In ausgefetteter Pfanne dicke Kuchen (ca. 2 cm hoch) backen, die auf beiden Seiten goldgelb und knusprig sind. Dabei darf die Hitze nicht zu stark sein, damit sie auch im Innern gut durchgaren.

Als Beilage hat man die Wahl zwischen Heringen oder Räucherfisch einerseits und Marmelade anderseits. Beides schmeckt gut dazu, nur darf man es natürlich nicht auf dem gleichen Pickert genießen wollen.

Hinweis: Für den »Lappenpickert« gilt, was Experten für jeden »Pickert« empfehlen: Aufgewärmt schmeckt er besser.

Pellkartoffeln mit Quark und Leinöl

Das Besondere an diesem deutschen Alltagsessen, das man schon zu Zeiten verzehrte – und sogar gern –, als noch kein Mensch das Wort Diätrezept kannte, ist Leinöl. In Schlesien wurde viel Lein angebaut, den man für das Textilgewerbe (Leinenweberei) brauchte. Das Öl wurde aus den Samen gepresst und ist sehr gesund. Wer es nach Schlesierart gekostet hat, wird sicher feststellen, dass es viel zu schade ist, um nur bei der Produktion von Farben und Linoleum verwendet zu werden. Man kann es heute in Naturkostläden kaufen; leider ist es sehr teuer geworden, unerschwinglich für arme Leinenweber, die es aßen, weil es so billig war.

Apropos: Ein Verwandter des Lein ist der Hanf, der ebenfalls ein hervorragendes Öl ergibt.

- 400 g Quark
- 1 große Zwiebel, klein geschnitten
- 1 kleine, durchgepresste Knoblauchzehe (nach Belieben)
- Salz nach Geschmack
- Gut 1/4 l Milch (je nach Feuchtigkeit des Quarks auch mehr oder weniger)
- 4–5 Essl. Leinöl

Pellkartoffeln, Leinöl und Quark sind auch ein klassisches Rezept aus dem Spreewald – getreu dem Motto:

Was macht den Spreewälder stark?
Pellkartoffeln, Leinöl und Quark!

Zu heißen Pellkartoffeln serviert man kalten Quark, der mit allen angegebenen Zutaten zu einer glatten Creme gerührt wurde. Einfacher geht es kaum, schmackhafter wohl, wenn man nämlich das Leinöl separat in einem kleinen Kännchen reicht, sodass jeder Gast es selbst über seine Quarkportion gießt.

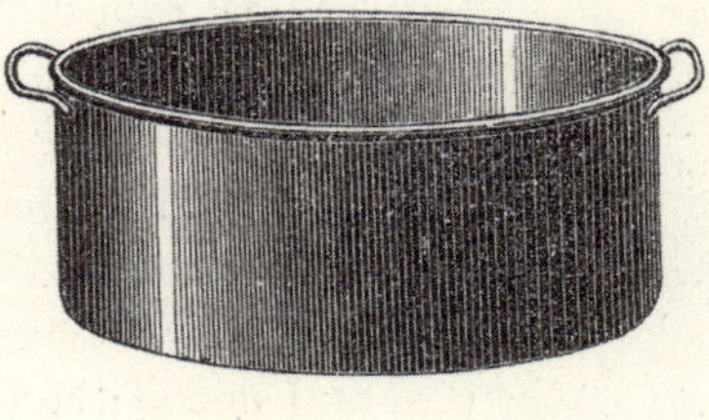

Labskaus-Geschichte

Labskaus ist die umstrittenste deutsche Spezialität:

- sie ist auf hoher See entstanden – der Ursprung des Namens ist noch immer ungewiss
- das Gericht ist wahrscheinlich englischer Herkunft, wird jedoch nur noch in Deutschland gegessen
- die Zutaten sind so vielfältig und unterschiedlich, wie es selbst bei alten, weit verbreiteten Spezialitäten selten ist
- mit diesem Eintopf wird in der deutschen Gastronomie arg Schindluder getrieben
- kein Matrose hat »Labskaus« während seiner Fahrenszeit gern gegessen – hängt dafür aber später mit rührender Liebe an diesem Gericht: keine Wiedersehensfeier ohne »Labskaus«.

Wer je sich mit der Zeit der großen Segelschiffe befasst hat, konnte in den Aufzeichnungen der Fahrensleute nie von Labskaus lesen. Er weiß jedoch, dass Kartoffeln schon nach kurzer Reisezeit an Bord zur Kostbarkeit wurden. So verwundert es nicht, dass alte Rezepte eingeweichten Schiffszwieback nennen, der mit Pökelfleisch zusammen gekocht wurde – zum »Labskaus«.
Im Ersten Weltkrieg gab es auf deutschen Marinestützpunkten nachweislich »Labskaus« mit Nudeln. Heute werden zwar Kartoffeln verwendet, aber auch Rote Bete und Heringe in den Brei gemischt; schon 1908 erklärte deshalb der berühmte Hapag-Direktor Albert Ballin bei einem Festessen: »Die deutsche Schifffahrt ist so gut ausgerüstet, dass sie es nicht nötig hat, Labskaus mit Fisch und Roten Beten anzureichern.« An Bord konnte »Labskaus« ein Sonntagsessen sein, allerdings für den Seemannssonntag, den Donnerstag.
Selbst namhafte und kenntnisreiche kulinarische Schriftsteller der Neuzeit schreiben hanebüchenen Blödsinn über »Labskaus«.

Noch grausliger sind die Rezepte, die sie geben, so grauslich, dass sich sogar der dümmste Segelschiffs-Smut ihrer geschämt hätte.
Die Geschichte des Labskaus ist so spannend, dass sich noch einige Überlegungen aufdrängen:
Das Wort »Labskaus« soll vom englischen »lobscouse« herkommen. Dieses ist jedoch in britischen Seefahrerkreisen heute fast so unbekannt wie der Eintopf.
Könnte die Wurzel nicht im Plattdeutschen liegen? Laps(ig) ist etwas Weiches und kaus könnte kraus, also durcheinander, meinen. Zu den Kartoffeln wäre anzumerken, dass etwa um 1910 die ersten Trockenkartoffeln auf den Markt kamen – ein empfehlenswerter Schiffsproviant, wenn der Geschmack nicht so scheußlich gewesen wäre. Könnte da nicht ein genialer Smut die Labskauszubereitung erfunden haben?

Cuxhaven

Labskaus

Das Originalrezept kann auch ich nicht nennen, ich gebe jedoch eines, das ich aus den Erfahrungen der eigenen Marinezeit und aus den Erzählungen vieler Segelschiffsleute zusammengetragen habe. Noch nie hat jemand, der es kostete, bestritten, dass es nach Meer und mehr schmeckt.

- 750 g gepökeltes Rindfleisch
- 1 Zwiebel
- 2 Lorbeerblätter
- 2 Nelken
- 1 kg Kartoffeln
- 4 große Zwiebeln
- 1 bis 2 Essl. Schmalz
- Weißer Pfeffer aus der Mühle
- Salz
- Eingelegte Rote Bete
- 4 Salzgurken
- 4 Matjesfilets oder Bismarckheringe oder Rollmöpse
- 4 Spiegeleier

Pökelfleisch zusammen mit der Zwiebel, den Lorbeerblättern und Nelken in reichlich Wasser etwa 1 Stunde kochen. Abgießen.

Kartoffeln schälen, in Stücke schneiden und in ungesalzenem Wasser gar kochen. Abgießen.

Zwiebeln schälen, klein schneiden und im Schmalz gut glasig werden lassen. Mit etwas Pökelbrühe ablöschen und noch eine Viertelstunde kochen, damit sie ganz weich werden. Pökelfleisch in Stücke schneiden und durch die Fleischmaschine (gröbste Scheibe) drehen. Kartoffeln zusammen mit dem durchgedrehten Fleisch und den Zwiebeln nebst ihrer Brühe zerstampfen, durcheinander mischen. Abschmecken mit reichlich Pfeffer und eventuell auch noch Salz (je nach Schärfe des Pökelfleisches). Schließlich noch so viel Pökelbrühe zugießen, dass ein dicker Brei entsteht, der von dem Pökelfleisch eine deutliche Rotfärbung bekommt.

Jede Portion mit Salzgurke, Heringsfilet und Roten Beten umlegen, mit einem Spiegelei krönen.

Über die Art der Heringszubereitung streiten sich die Gelehrten; an Bord gab es sicher Salzheringe, heute wird vielfach der feinere Geschmack des Bismarckherings oder Rollmopses vorgezogen. – Gewürzgurken sind ein billiger Ersatz, nur Salzgurken geben den wahren Geschmack. – Spiegeleier hat der Smut von einst allerhöchstens für den Kapitän darauf gegeben, jedoch schmecken sie auch den unteren Dienstgraden.

Kartoffelwurst

Kartoffelwurst ist eine Erfindung des berühmten Herrn Schmalhans, der auf den Hunsrückhöhen überall Küchenmeister war. Diese Zubereitungsart ist im Kreis Birkenfeld besonders beliebt. Das Rezept stammt von meinem verstorbenen Freund August Görg, dem besten Spießbrater, der jahrzehntelang in Idar-Oberstein seine Kunst ausübte.

Für 8 Portionen (entweder isst man Doppelportionen, oder man friert den Rest ein):

- 1 1/4 kg frischer Schweinebauch
- 250 g Rindfleisch, mager
- Gut 2 kg Kartoffeln
- 2 Brötchen
- Salz und Pfeffer
- Nelkenpulver
- Geriebene Muskatnuss
- Bohnenkraut und Thymian
- Kranzdarm

Fleisch in wenig Wasser kochen. Kartoffeln schälen und in kleine Schnitze schneiden. Brötchen in der Fleischbrühe einweichen. Alles durch die Fleischmaschine drehen, die man anschließend noch mit etwas Fleischbrühe ausspülen kann. Masse mit allen Gewürzen herzhaft abschmecken und kräftig durchkneten; eventuell mit etwas mehr Fleischbrühe geschmeidig machen. Gut ausgewaschene Kranzdärme nicht zu fest füllen und pro Person einen Ring abbinden.

Etwa 1 Stunde in schwach gesalzenem Wasser bei ca. 85 °C ziehen lassen.

Auf jeden Teller gibt man einen Ring Kartoffelwurst.

Beilage: Sauerkraut.

Brot oder Kartoffeln sind nicht nötig, da sie sich ja schon in der Wurst befinden.

Hinweis: Ähnliche Rezepte sind auch aus anderen kargen Landstrichen Deutschlands bekannt.

Eintopf

Es gibt noch immer Eintopfgerichte, doch sie haben deutlich an Popularität verloren. Bis zum 2. Weltkrieg waren sie willkommen, weil sie Aufwand sparten, auch wohlfeil waren und vor allem vorgekocht werden konnten und meistens aufgewärmt sogar besser schmeckten. Das alles waren Vorteile für viel geplagte Hausfrauen, die ihnen heute besser und einfacher von der Nahrungsmittelindustrie geliefert werden. Vorgefertigte Mahlzeiten werden in Hunderten von Variationen und immer besserer Qualität angeboten, wenngleich ihnen die persönliche Note fehlt. Hausgemacht ist immer noch ein Wertbegriff. Gott sei Dank!

Zwei tief sitzende Erinnerungen sind mit dem deutschen Eintopf verbunden. Die eine reicht in die Soldatenzeit der Väter und Großväter zurück und ist mit Gulaschkanone verbunden. Die Zeit war damals gewiss nicht schön, aber die Erbsensuppe schmeckte nie besser.

Zweite Erinnerung – auch diese für ältere Generationen: »Eintopfsonntag«. Die »Volksgemeinschaft« sollte beim Sonntagsessen geprägt werden. Sie wurde dazu in drei Klassen mit vorgeschriebenen Preisen eingeteilt: 60 Pfennige, 1 Reichsmark und unbegrenzter Preis pro Gedeck. Für alle Gaststätten war das verbindlich, »freiwillig« natürlich. Geschickte Propaganda – für die es ja einen eigenen Minister gab – überzeugte das deutsche Volk davon, welch ein Segen es doch war, dass sonntags die Küche einmal kalt bleiben konnte. Von jeder Eintopfportion musste als »freiwillige Spende« ein Teil an das »Winterhilfswerk« abgeführt werden. So wurde eine Steuererhöhung zu Gunsten des Sozialetats umgangen. Auch am »Eintopfsonntag« schmeckte manche Kartoffelsuppe ausgezeichnet – trotzdem bleibt er eine traurige Erinnerung an Zeiten, zu denen der Staat sogar bestimmte, was der Bürger zu essen hatte.

Backesgrumbeere

Der Wortteil »Backes« wird eher wie »Bagges« ausgesprochen, ist jedoch die mundartliche Bezeichnung für Bäcker. Also müsste man den herrlichen Eintopf auf hochdeutsch »Bäckerkartoffeln« nennen. Früher wurde er tatsächlich im Ofen des Bäckers gegart. Damals verwendete man auch noch Salzfleisch, das man inzwischen durch Bauch- und Dörrfleisch ersetzt hat. Das Weindorf Framersheim bei Alzey ist die engere Heimat dieses in ganz Rheinhessen beliebten Gerichtes; man nennt die Leute aus Framersheim auch scherzhaft »Backesgrumbeere«. Und aus Framersheim stammt auch unser Rezept; so wurden zur 1200-Jahr-Feier des Weinortes im Juni 1977 die »Backesgrumbeere« gekocht. Mitgeteilt von der Hausfrau des Weingutes Klenk.

Zutaten für 6 Personen (mit geringeren Mengen sollte man gar nicht erst anfangen):

350 g durchwachsener, geräucherter Speck (Dörrfleisch)
1 kg frischer Schweinebauch, möglichst mager
2 kg Kartoffeln
2 große Zwiebeln
Salz, Pfeffer aus der Mühle
3 bis 4 Lorbeerblätter
3 Nelken
Etwa 1/2 l trockener Weißwein
Gut 1/8 l Sahne
Etwas gemahlener Zimt
Einige Butterflöckchen

Dörrfleisch von der Schwarte befreien und in Scheiben schneiden, mit denen man den Boden eines Topfes bedeckt, der etwa 4 bis 5 l Inhalt und einen dicken Boden haben muss. Feuerfestes Keramikgeschirr ist auch geeignet.

Die Schwarte des frischen Schweinebauches in etwa 2 cm Abständen einschneiden. Mit Salz und Pfeffer kräftig einreiben.

Kartoffeln wie zu Salzkartoffeln vorbereiten. Zwiebeln vierteln und in feine Scheiben (die in Streifen zerfallen) schneiden. Zwiebeln und Kartoffelstücke vermischen und auf die Dörrfleischunterlage häufen. Dabei leicht salzen und etwas herzhafter pfeffern. Lorbeerblätter und Nelken zwischen die Kartoffeln stecken. Den Schweinebauch so in die Kartoffeln drücken, dass die Schwarte und deren Oberkante auf einer Höhe sind.

Erst Wein und dann die Sahne zugießen; der Topfinhalt muss gerade bedeckt sein. Wenig Zimt darüber streuen und einige Butterflöckchen aufsetzen.

In den auf etwa 200 °C vorgeheizten Backofen schieben und dort in ungefähr zwei Stunden garen, bis Kartoffeln und Fleisch weich sind.

Mainz, Stich von J. Barker nach einer Zeichnung von W. Tombleson

Nach einer halben Stunde kann man die Hitze auf 150 °C reduzieren und die Garzeit etwas verlängern, das bekommt dem abgerundeten Wohlgeschmack der »Backesgrumbeere« ausgezeichnet. Als Beilage isst man gern grünen Salat und eingelegte rote Rüben. Ein dickes Stück Bauernbrot als weitere Zukost schmeckt ausgezeichnet.

Im benachbarten Elsass ist dieses Gericht ebenfalls eine beliebte Spezialität mit einem ähnlichen Namen: »Bäckeofen«. Unter der Bezeichnung »Bäckeofe« (mit »o« wie in »oft») kennt man den Eintopf auch in Baden. Dort verwendet man gern mehrere Fleischsorten und schneidet sie in Stücke.

Rezeptvariation: Eine Anreicherung wird zuweilen vorgenommen, indem man noch ein Stück Schweinebraten (Kammbraten) in die Kartoffeln drückt und darin garen lässt.

Gern erhöht man dabei den Dörrfleischanteil und lässt den frischen Schweinebauch ganz weg.

Apropos: »Grumbeere«, die südwestdeutsche Dialektbezeichnung für Kartoffeln, bedeutet nicht »krumme Beeren«, sondern »Grundbirnen«, also Erdbirnen, was wiederum den andernorts bekannten »Erdäpfeln« entspricht.

Pichelsteiner

Auch Pickelsteiner, Püchelsteiner oder Büchelsteiner genannt. Dies ist einer der berühmtesten deutschen Eintöpfe, der leider in den letzten Jahrzehnten etwas an Popularität verloren hat. Über Güwetsch und Ratatouille hat man ihn fast vergessen. Dabei wage ich zu behaupten, dass er besser als die beiden genannten ist. Man sagt zum Pichelsteiner (-Fleisch) zuweilen auch »Bismarck-Ragout«, weil es der Kanzler während des Kuraufenthaltes in Bad Kissingen besonders gern gegessen haben soll. Gibt es eine bessere Empfehlung für einen Eintopf? Bismarck mag als politische Persönlichkeit umstritten sein, Esslust und guten Geschmack hat ihm noch niemand abgestritten.

Das Pichelsteiner stammt aus dem Bayerischen Wald, genauer gesagt aus der Gegend von Regen. Dort wird seit 1874 das Pichelsteiner-Fest gefeiert. Wo der Name herkommt, ist strittig: entweder vom nahe gelegenen Berg Büchelstein oder von dem großen Kochkessel, der an einem Haken über dem offenen Feuer hing und Pichel genannt wird. So sehr auch die Rezepte in den Zutaten variieren, immer werden mehrere Sorten Fleisch und Gemüse nebst Kartoffeln verwendet.

500 g Rind- und Schweinefleisch gemischt (auch Zugabe von Hammelfleisch ist möglich)
2 bis 3 Zwiebeln
500 g Kartoffeln
1 Essl. Schmalz
1 kleine Sellerieknolle
350 g Mohrrüben

Fleisch in Würfel von knapp 2 cm Kantenlänge schneiden. Zwiebeln schälen und in Würfelchen schneiden, die nicht zu fein sein sollten.

Schmalz in einem Topf mit dickem Boden oder in einer Jenaer Glasschüssel erhitzen und darin Zwiebeln und Fleisch leicht anbraten. Dabei beides durcheinander mischen und mit Salz, reichlich Pfeffer und Majoran würzen.

Zwei Drittel des angebratenen Fleisches mit den Zwiebeln aus dem Topf nehmen und beiseite stellen.

Kartoffeln schälen und in kleinere Würfel oder Scheibchen schneiden. Mohrrüben schrappen und in dünne Scheibchen schneiden. Das Weiße der Porreestange gut waschen und in Ringe schneiden. Sellerie schälen und klein würfeln. Alle Gemüse und die Kartoffeln miteinander vermischen. Ein Drittel davon auf die unterste Fleischschicht verteilen. Salzen und leicht pfeffern. Darüber dann noch zwei Lagen Fleisch und zwei Lagen Gemüse/Kartoffeln. Jeweils würzen. Gemüse und Kartoffeln müssen den Abschluss bilden. Fleischbrühe zugießen. Topf gut verschließen und auf milder Hitze knapp zwei Stunden garen. Dabei nicht umrühren. Topf nur ab und zu rütteln, damit nichts anbrennt.

Beim Servieren mit gehackter Petersilie bestreuen. Als Beilage gibt es höchstens kräftiges Bauernbrot. Ein Bier ist als begleitendes Getränk fast unerlässlich.

Abwandlungen: Sehr häufig fügt man den genannten Gemüsen noch Wirsing zu. Das schmeckt ausgezeichnet und sei wärmstens empfohlen.

Für ein besonders gutes Pichelsteiner nimmt man zu BSE-freien Zeiten noch 6 bis 8 Scheiben Mark, die man kurz mit den Zwiebeln andünstet, dann herausnimmt und auf die mittlere Fleischschicht verteilt. Neuerdings kommen auch Paprikaschoten und Tomaten zu Pichelsteiner-Ehren. Dem Waldgeist vom Büchelstein sollen darob die Tränen gekommen sein.

1–2 Stangen Porree (Lauch)
Etwa 1/2 l Fleischbrühe
Salz, Pfeffer aus der Mühle
Majoran
Gehackte Petersilie

Altes Pichelsteiner-Rezept

Aus »Regensburger Kochbuch« von Mari Schandri, 1890.

Büchelsteinerfleisch
(für 4 Personen)

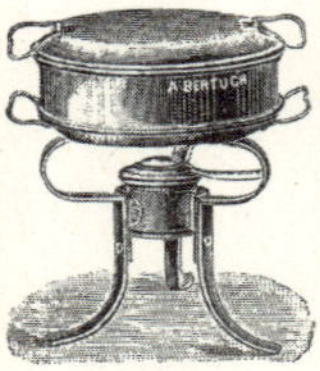

„Man nehme 2 Pfund Ochsenfleisch (Lende) und schneide dieses in ziemlich große Würfel, ferner 1/2 Pfund reingewaschenes Rindermark in ganz dünnen Scheiben, 6 rohe abgeschälte Kartoffeln in Scheiben, 2 Zwiebeln, 2 Petersilienwurzeln und Petersiliengrün und 2 gelbe Rüben, alles fein zusammen gewiegt. Die oben angegebenen Sachen thut man dann in eine eigens gefertigte Form[1], und zwar: als Unterlage einen Teil des geschnittenen Rindermarks, diesem lasse man das Fleisch, das vorher mit Salz und spanischem oder anderem Pfeffer bestreut wurde, folgen, dann die Wurzeln, eine Lage Kartoffeln, dann Fleisch, dann wieder Wurzeln und Kartoffeln, zuletzt Fleisch und dann zum Schlusse oben auf, den übrigen Teil des noch vorhandenen Rindermarks und etwas Fleischbrühe. Die Form wird nun fest verschlossen und der Inhalt über einer Spiritusflamme 12 Minuten lang gekocht, darauf wird die Form gewendet und das Ganze nochmals 12 Minuten lang gekocht. Das fertige Gericht wird in eine tiefe Schüssel gegeben und sogleich serviert.“

Anmerkung: Durch die reichliche Verwendung von Rindermark und die Petersilienwurzeln entsteht ein sehr voller Geschmack. Beide Zutaten sind auch für heutige Zubereitungen des Pichelsteiners zu empfehlen, jedoch wegen BSE zur Zeit mit Vorsicht zu genießen, obwohl besonders wohlschmeckend.

---

1 Hier ist eine Spezial-Pichelsteiner-Form gemeint, die es heute nur noch in Museen gibt. Damals war sie weithin in Gebrauch. Es handelte sich dabei, wie oben abgebildet, um ein Blech- oder Kupfergefäß, das aus zwei tiefen Schüsseln bestand, deren Ränder ineinander griffen und somit absolut dicht schlossen. Dadurch, dass man diese Form ohne Flüssigkeitsverlust wenden konnte, wurde ein optimales Garen von beiden Seiten erreicht. Die Hitze konnte größer sein. Trotzdem wage ich die zweimal 12 Minuten über Spiritusflamme anzuzweifeln. Wenn in dem Spezialgeschirr nicht ein Dampfdrucktopfeffekt entstand, konnten 24 Minuten nicht ausreichen. Heute leistet ein Römertopf gute Dienste.

Plockfinken

Wie bei allen Mischgerichten ist auch bei den »Plockfinken« die Zusammensetzung sehr unterschiedlich. Es gibt kein »richtiges« Rezept. Man nimmt, was man hat oder was einem besonders schmeckt. So gibt es Rezepte mit weißen und grünen Bohnen. Mir schmeckt folgende Mischung sehr gut, die ich bei Kieler Freunden kennen gelernt habe; in Kiel nennt man diesen Eintopf übrigens »Kurzes Gericht« (»Kort Recht«), wohl weil es der Hausfrau nicht viel Arbeit bereitet.

- 500 bis 750 g gemischtes Fleisch von Rind und Schwein (auch Reste und Innereien; unbedingt sollte etwa 1/3 Pökelfleisch sein)
- 3 große Zwiebeln
- 400 g Wurzeln (Mohrrüben)
- Salz
- Pfeffer aus der Mühle
- Zucker
- Essig
- 4 säuerliche Äpfel
- 1 Essl. Mehl
- 1 Essl. Schmalz
- Petersilie

Fleisch von allen Knorpeln und Hautstücken befreien und in mundgerechte Stücke schneiden. Zwiebeln schälen und in grobe Würfel zerteilen. Wurzeln schrappen und ebenfalls würfeln. Alles zusammen mit Wasser zum Kochen aufsetzen. Mit Salz, Pfeffer und einem Schuss Essig abschmecken.

Nach einer guten halben Stunde kommen noch die geschälten, entkernten und in Stücke geschnittenen Äpfel dazu. Durchmischen. Ist alles gar, so wird das Mehl separat in Schmalz hell angeschwitzt, mit etwas Kochwasser zur Sauce verrührt und diese in den Eintopf geschüttet, um ihn etwas zu binden. Nochmals abschmecken, wobei man den süß-sauren Charakter der Speise betont. Beim Anrichten Petersilie überstreuen.

Beilage: Salzkartoffeln.

Beetenbartsch

Das können Sie als Suppe, als Eintopf oder auch als ostpreußische Art des slawischen Borschts betrachten.

- 1 kg Suppenfleisch mit Knochen
- 1 Zwiebel mit 4 Nelken und 2 Lorbeerblättern besteckt
- 10 Pfefferkörner
- Salz
- 1 Bund Suppengrün
- 1 kg Rote Bete (Rüben)
- Essig
- 1 Essl. Zucker
- Gerebelter Majoran
- 1 Tasse Schmant (saure Sahne)
- 1 bis 2 Teel. Kartoffelmehl
- Salzkartoffeln

Suppenfleisch und Knochen gründlich waschen, zusammen mit der besteckten Zwiebel, Pfefferkörnern, Salz und Suppengrün, gut von Wasser bedeckt, etwa 1 1/2 Stunden kochen, bis das Fleisch gar ist.

Inzwischen die gebürsteten Rote Bete in Wasser gar kochen, etwas abkühlen lassen, schälen und durch die Maschine treiben. Mit einigen Essl. Essig und dem Zucker verrühren. Die Fleischbrühe durch ein Sieb abgießen. Rote-Bete-Mus darin verrühren. Abschmecken mit Salz, Pfeffer, Essig, Zucker und Majoran.

Kartoffelmehl im Schmant verrühren, in die Suppe quirlen und nochmals aufkochen.

Fleisch in Streifchen schneiden und in der Suppe nochmals erhitzen.

Salzkartoffeln werden getrennt gekocht und können dann ganz zum Schluss in die Suppe gegeben werden. Sehr gebräuchlich – und besser – ist es auch, dass man die Kartoffeln getrennt serviert; jeder nimmt sich selbst so viel davon in seine Suppe, wie er mag. Willkommen ist stets, wenn noch eine Schale mit Schmant auf dem Tisch steht, damit jeder nach Lust und Laune zulangen kann.

Niedersachsen

Selleriekartoffeln

- 1 kg Kartoffeln
- 800 g Sellerieknolle
- 400 g durchwachsener Speck
- 4 bis 5 Zwiebeln, Salz

Kartoffeln und Sellerieknolle schälen und in Würfel schneiden. In Salzwasser, das sie gerade bedecken soll, kochen, bis beide weich sind.

Speck in kleine Streifchen oder Würfelchen schneiden und zusammen mit den ebenfalls klein gewürfelten Zwiebeln in der Pfanne angehen lassen, bis die Zwiebeln goldgelb sind. Zum Anrichten gibt man auf jeden (tiefen) Teller von der Kartoffel-Sellerie-Brühe und darauf etwas von der Zwiebel-Speck-Sauce.

Mecklenburg-Vorpommern

Kohlrüben-Eintopf

Kohlrüben schälen, waschen und in Würfel oder kurze Streifen schneiden. Kleingeschnittene Zwiebel in Schmalz zusammen mit den Kohlrübenstücken andünsten. Dabei nach 2 bis 3 Minuten Zucker darüber streuen und verrühren. Wenn die Mischung beginnt Farbe zu bekommen, etwa 1/2 l kräftige Fleischbrühe zugießen, Schweinebauch leicht eindrücken und alles zusammen im geschlossenen Topf auf kleiner Flamme eine gute halbe Stunde kochen.

Dann vorgekochte Kartoffeln unterheben, mit wenig Pfeffer und etwas Muskatnuss abschmecken. Eine weitere halbe Stunde auf kleiner Hitze garen.

Die Kartoffeln sollten dabei zur leichten Bindung des Eintopfs verkochen.

Wer es wagen will, kann sich einer westfälischen Rezeptur bedienen und noch wenige Essl. Sahne zufügen.

Eine andere Zubereitungsart rät dazu, die Schmalzmenge zu erhöhen und anstatt Schweinebauch Hammelfleisch in Stücken mitzukochen.

- 1 kg Kohlrüben, geschnitten gewogen
- 50 g Schmalz
- 1 große oder 2 mittlere Zwiebeln
- 2 Essl. Zucker
- Kräftige Fleischbrühe
- 4 dicke Scheiben frischer Schweinebauch
- 750 g Kartoffeln, gut 10 Minuten vorgekocht und abgegossen
- Salz, Pfeffer und geriebene Muskatnuss
- Nach Belieben 2–3 Essl. Sahne

Blindhuhn

Weil dieser Gemüse-Eintopf schon so lange so außergewöhnlich beliebt ist, hat man ihn im Laufe der Zeit mit den verschiedensten Namen bedacht: Außer »Blindhuhn« noch »Gänsefutter«, »Nachlese« und »Husch und Susch«. Zubereitungsarten gibt es noch viel mehr. Um ganz sicher zu gehen, nenne ich die von Henriette Davidis, Altmeisterin der deutschen Kochbuchschreiberinnen und – Westfälin (Rezept von 1844).

„Es wird ein Stückchen Schinken oder Speck vorab gekocht, grüne Bohnen, welche ſchon etwas härtlich ſein können, tüchtig gewaſchen und auf einem Küchenbrettchen kleingeſchnitten, ausgeſchotete weiße Bohnen hinzugetan, reichlich halb ſo viel gelbe Wurzeln (Mohrrüben) wie grüne Bohnen und in kleine Würfel geſchnitten, alles geſpült und nach und nach bei jedesmaligem Durchkochen zu dem Schinken gegeben. Hat man Birnen, ſo gibt man einige geſchälte, in Viertel geſchnittene, und wenn das Gemüſe beinahe gar iſt, Kartoffeln mit dem nötigen Salz, nebſt geſchälten, in Stücke geſchnittenen Äpfeln hinzu und läßt es weich kochen. Darauf wird das Stück Schinken herausgenommen, etwas Pfeffer und Mehl mit wenig Waſſer angerührt hinzugefügt und das Gemüſe damit durchgeſchwenkt. Blindhuhn muß recht ſämig und ſaftig gekocht ſein und von den Äpfeln einen etwas ſäuerlichen Geſchmack erhalten. Wenn man zu wenig Äpfel oder keine hinzufügt, ſo wird das Mehl mit Eſſig angerührt. Zeit des Kochens 2 bis 2 1/2 Stunden."

Bitte, keine Panik! Wenn man das Rezept ein- oder zweimal nachliest, wird es verständlich. Zur weiteren Hilfe einige Mengenvorschläge von mir: Schinken oder (durchwachsener) Speck = 500 g; er wird natürlich – was H. Davidis vergaß zu erwähnen – zum Schluss und in Stücke geschnitten wieder in den Eintopf gegeben.

Weiße und grüne Bohnen = je 200 bis 250 g
(weiße vorher über Nacht einweichen)
Kartoffeln = 300 bis 500 g
Gelbe Wurzeln (Mohrrüben) = 200 g
2 Äpfel und 2 Birnen, eventuell noch etwas Zitronensaft

Birnen, Bohnen und Speck

Diese ungewöhnliche Zusammenstellung schreckt viele Leute ab, wer sie jedoch einmal gekostet hat, ist mindestens davon überzeugt, dass sie nicht schlecht schmeckt. Ich meine sogar, dass dies nicht nur ein origineller, sondern auch besonders schmackhafter Eintopf ist. – Und ich bin kein Norddeutscher!

- 4 Scheiben durchwachsener Räucherspeck zu je 150 g
- 600 g grüne Bohnen
- Wenig Bohnenkraut
- Salz
- Pfeffer aus der Mühle
- 8 kleine, harte Kochbirnen, an denen der Stiel noch dran ist
- 1 bis 2 Teel. Stärkemehl

Am besten benutzt man einen Schmortopf, den man nachher auch auf den Tisch stellen kann. Auf den Boden die Speckscheiben legen und mit den gewaschenen und gebrochenen Bohnen bedecken. Wasser bis knapp zur Höhe der Bohnen eingießen, würzen mit Salz und Pfeffer und wenig Bohnenkraut. Zugedeckt etwa 15 Minuten kochen. Dann die Birnen waschen, Blütenansatz entfernen, Stiele dranlassen und auf die Bohnen legen. Wieder zudecken und so lange auf kleiner Flamme kochen, bis die Birnen weich, aber noch nicht musig sind.

Das Wasser, welches ziemlich eingekocht sein dürfte, abgießen; in einem kleinen Stielpfännchen mit etwas kalt angerührtem Stärkemehl leicht binden und wieder zu Speck, Bohnen und Birnen gießen.

Damit es schöner aussieht, kann man die Speckscheiben herausfischen und obenauf zwischen die Birnen legen.

Dazu als Beilage Salzkartoffeln.

Hinweis: Oft werden auch die Kartoffeln mit in dem Eintopf gekocht. Ich finde jedoch, dass der Geschmack besser ist, wenn sie separat serviert werden.

Krautkrapfen

Während vieler Reisen kreuz und quer durch Bayern habe ich dieses uralte und sehr schmackhafte Sauerkrautgericht nur ein einziges Mal gefunden. Bayrische Freunde bestätigten mir, dass es tatsächlich immer seltener aufgetischt wird. Dabei hat man eigentlich nur Arbeit mit dem Nudelteig, den man selber machen muss.

- 400 g Mehl
- 2 bis 3 Eier
- 3 bis 5 Essl. kaltes Wasser
- 1 Prise Salz

- 500 g Sauerkraut
- 70 g durchwachsener Räucherspeck
- 1 kleiner Apfel
- 4 Essl. Schmalz
- Fleischbrühe

Aus Mehl, Eiern, Wasser und wenig Salz einen festen Nudelteig erst rühren, dann kneten. Je nach Feuchtigkeit eventuell etwas mehr Mehl oder Wasser verwenden. Den Teig auf bemehlter Unterlage zu dünnen Platten ausrollen und daraus Rechtecke schneiden. Etwas antrocknen lassen.

Den Speck in kleine Würfelchen schneiden und in 2 Essl. Schmalz glasig werden lassen. Sauerkraut auseinanderzupfen, mit dem grob geriebenen Apfel vermischt zugeben und im Fett unter gelegentlichem Wenden so lange anrösten, bis es gelb wird.

Das etwas abgekühlte Kraut auf die Teigplatten flach verteilen, diese dann zu Rollen wickeln. Aus den Rollen, mit einem Durchmesser von circa 5 cm, schneidet man 4 bis 5 cm breite Stücke.

In einen flachen Schmortopf oder in eine Eisenpfanne (auch ein feuerfestes Keramikgeschirr ist möglich) gibt man das restliche Schmalz, erhitzt es und setzt die Rollenstücke mit der Schnittfläche nach oben dicht nebeneinander; sie sollen Topf oder Pfanne ausfüllen. Fleischbrühe gut 1 cm hoch eingießen. Im Ofen bei 180 °C so lange backen, bis sich eine helle Kruste gebildet hat, was ungefähr 20 Minuten dauert. Eventuell noch etwas Brühe nachgießen und damit auch die Oberfläche benetzen. Wer keine Angst vor Kalorien hat, der kann auch noch etwas Schmalz oder Butter auf die Krautkrapfen setzen.

Grünkohl-Tradition

Grünkohlausläufer reichen tief nach Westfalen hinein. Auch in den südlicheren deutschen Landschaften, in denen er nicht heimisch ist, schätzen viele Kenner den Grünkohl. Im Oberbergischen Land wurde (wird?) er traditionsgemäß am zweiten Weihnachtsfeiertag aufgetischt (mit Bratwurst als Beilage).
Die vielen Namen, mit denen man dieses Wintergemüse belegt, beweisen, wie tief es in der Bevölkerung verwurzelt ist: Blatt-, Pflück- und Winterkohl. In Bremen sowie in Mecklenburg-Vorpommern und Sachsen-Anhalt, zwei weiteren Grünkohlgegenden, nennt man es Braunkohl. Früher gab es tatsächlich eine braunblättrige Grünkohlsorte. Sie soll sogar ausgezeichnet geschmeckt haben; wegen ihres geringeren Ertrags wird sie jedoch nicht mehr angebaut. Leider Gottes geht selbst bei Landesspezialitäten Quantität vor Qualität! Wenigstens dem alten Namen sind die Hanseaten von der Weser treu geblieben. Und – in Bremen ist der Braunkohl Traditionsgericht bei den zwei hanseatischen Staatsbanketten, der »Schaffermahlzeit« und der »Eiswette«. Hut ab vor soviel kulinarischem Heimatstolz! Ein gewisser Stolz klingt auch in einem weiteren Grünkohlnamen mit: Oldenburger Palme.
Ab November unternimmt man im Norden »Kohlpartien« oder »Kohlfahrten«. Früher waren das reine Herrenausflüge, inzwischen haben sich die Damen ihren Platz dabei erkämpft.
Am besten schmeckt der Grünkohl nach dem ersten Frost, weil dann sein etwas strenger Geschmack durch eine größere Zuckerkonzentration gemildert wird.
»Een beeten good un een beeten veel!« Diese alte Grünkohldevise sollte bei jedem Grünkohlrezept beherzigt werden. Schließlich wird er durchs Aufwärmen bestimmt nicht schlechter.

Grünkohl

(Braunkohl) mit Pinkel

- 1,5 kg Grünkohl[1]
- 2 Zwiebeln
- 1 bis 2 Essl. Schweineschmalz
- 1 Tasse Fleischbrühe
- Salz, weißer Pfeffer aus der Mühle
- 1 knapper Teel. Zucker
- 350 g »gestreifter« Speck (geräuchert und durchwachsen)
- 1 Ring Pinkel (Grützwurst)
- 350 g grobe, geräucherte Mettwurst
- Einige Teel. Haferflocken

Grünkohl von den Rippen streifen und waschen. War er noch nicht gefroren, so kocht man ihn kurz auf und schüttet das Wasser weg. Kohlblätter dann hacken (das gibt »langen Kohl«) oder durch den Fleischwolf treiben (das gibt »kurzen Kohl«). Ich ziehe das Hacken vor. Zwiebeln klein schneiden. Schmalz in einem großen Topf mit dickem Boden erhitzen. Zwiebeln darin einige Minuten glasig werden lassen. Kohl zufügen und unter Rühren zusammenfallen lassen. Brühe zugießen; so wenig wie möglich, lieber später noch nachgießen. Würzen und eine gute halbe Stunde köcheln lassen.

Danach Speck drauflegen und zugedeckt 25 Minuten weitergaren. Jetzt Pinkel und geräucherte Mettwurst auf den Kohl legen. Nochmals gut 25 Minuten auf kleiner Hitze schmoren.

Haferflocken einrühren und weitere 5 bis 10 Minuten auf dem Herd lassen, mehrmals umrühren, damit die Haferflocken alle Flüssigkeit binden können.

Fleisch und Wurst werden erst bei Tisch aufgeschnitten.

Ein Kranz von kross gebratenen kleinen Pellkartöffelchen ist die lieblichste Umrahmung für jede Grünkohlplatte.

Damit die ganzen Kartöffelchen schmackhafte Krusten bekommen, beträufelt man sie beim Anbraten mit etwas Sirup.

Rezeptvariationen: Bei den Fleisch- und Wurstbeilagen wird häufig variiert. Alles Pökelfleisch ist geeignet. Auch frischer Schweinebauch und andere Kochwürste passen zum Grünkohl. Schweinebacke, gepökelt oder scharf angebraten, schätzt man besonders in Holstein als Beilage. Möglich

1 Grünkohl wird heute meistens ohne Rippen verkauft; dann nur 1 kg.

sind auch Bratwürste, in Niedersachsen »Brägenwurst«.

In Schloss Lütetsburg (Ostfriesland bei Norden) lernte ich als sehr schmackhafte Grünkohlbeilage gepökelte Gänsekeulen kennen. Aus der Pökelbrühe wurde eine weiße Mehlsauce gekocht, die meiner Zunge nicht gerade Freudenschreie entlockte. Diese Grünkohlbeilage ist offensichtlich nicht typisch ostfriesisch; wahrscheinlich hat die Schlossherrenfamilie sie aus ihrer Heimat Pommern mitgebracht.

Nur besondere Fans werden sich aus der Zuckerdose bedienen, die man in manchen deutschen Küstenstrichen neben die Grünkohlterrine stellt.

Bitte beachten! Grünkohl immer sehr vorsichtig salzen, weil er durch die mitgekochten Beilagen leicht zu scharf werden kann.

Auch in Westfalen ist der Grünkohl heimisch. Seit 1590 feiern die Bewohner Herfords ihr Kohlfest. An jedem Donnerstag nach dem 1. Advent gibt es in jeder Familie mittags Grünkohl, in einem Vorort sogar noch abends dazu. Ich habe erlebt, dass die Kinder eigens schulfrei hatten und in aller Frühe durch die Straßen zogen und riefen: »Heut ham wir frei, das danken wir dem Grünkohl.« Sehr typisch, dass man in Westfalen die Fleischbeilage an erster Stelle nennt; es heißt dort: »Mettwurst und Grünkohl«.

Püree von Grünkohl und Wirsing

So wird aus dem derben Grünkohl ein zartes Gemüse, das auch für wählerische Feinschmecker ein angenehmer Genuss ist.

- 300 g Grünkohl ohne harte Rippen
- 500 g Wirsingblätter
- 2 Essl. Butter
- Salz
- Pfeffer und geriebene Muskatnuss
- 1/4 l süße Sahne
- 1 Prise Zucker
- 1 Tasse Schlagsahne

Beide Kohlarten in Stücke schneiden. In Salzwasser nicht ganz weich kochen. Das kann im gleichen Topf geschehen, wenn man den Grünkohl der längeren Garzeit wegen 15 Minuten früher einlegt.

Gekochten Kohl abgießen und so viel Kochwasser wie möglich herausdrücken. Anschließend mit einem schweren Küchenmesser noch etwas kleiner hacken.

In einem Topf mit dickem Boden die Butter schmelzen, den gut ausgedrückten Kohl darin unter Rühren angehen lassen. Würzen mit Salz, Pfeffer aus der Mühle, 1 Prise Zucker und reichlich Muskat. Mit der süßen Sahne verrühren. Nochmals durchkochen und dann mit einem Mixstab oder in der Küchenmaschine pürieren. Wieder gut erhitzen.

Unmittelbar vor dem Anrichten die geschlagene Sahne unterheben und nochmals die Würzung prüfen.

Dieses Gemüse schmeckt vorzüglich zu Bratwürsten, die jedoch aus grobem Brät bestehen sollten. Dazu werden Salz- oder Pellkartoffeln serviert.

Pinkel

Anhang zum Grünkohl

Für alle bedauernswerten Grünkohlfreunde, die in pinkellosen Gegenden ihr Leben fristen müssen, sei noch kurz ein Hausmacherrezept für diese Grützwurst gegeben.

100 g frischer Speck
150 g Flomen
2 bis 3 Zwiebeln
250 g Hafergrütze
Nach Geschmack Salz, Pfeffer aus der Mühle und Nelkenpfeffer (Piment)
Rindermastdarm (auch Pinkeldarm genannt) oder kräftiger Leinenbeutel

Speck grob würfeln, Flomen ebenso, Zwiebeln in Scheiben schneiden. Alles zusammen so lange auf kleiner Hitze rühren, bis die Zwiebeln gut glasig sind.

Etwas abkühlen lassen und dann durch die Fleischmaschine drehen. Mit der Hafergrütze und allem ausgetretenen Fett zu einem Teig verkneten. Würzen. In Därme oder Leinensäckchen füllen und auf dem Grünkohl garen.

Hinweis: Vielleicht muss mit der Grütze noch etwas Brühe zugefügt werden.

Weincräwes

Das ist ein Essen, welches man gern in die Weinberge trägt, wenn dort bei kaltem Wetter hart gearbeitet werden muss. Heute serviert man es auch in Touristenlokalen als beliebte Spezialität der Mittelmosel. Ich habe das Rezept in Traben-Trabach gefunden. Man nennt dieses Gericht auch ganz einfach nur »Stampes«.

- 1 kg Sauerkraut
- 1 klein geschnittene Zwiebel
- 2 Essl. Schmalz
- 2 Lorbeerblätter
- Einige Wacholderbeeren
- Gut 1/4 l herber Weißwein (Riesling)
- 4 Schweinerippchen, gepökelt
- 1 kg Kartoffeln
- Salz
- Etwas heiße Milch
- 150 g durchwachsener, geräucherter Speck
- 2 Zwiebeln
- 2 kleine Sellerieknollen (sie sind zarter als die großen)

Sauerkraut zerpflücken. Zwiebeln in einem großen Topf mit dickem Boden in heißem Schmalz hellgelb werden lassen. Kraut zugeben. Lorbeerblätter, Wacholderbeeren und Weißwein zufügen, leicht vermischen. Schweinerippchen auflegen. Alles zusammen zugedeckt garen.

Kartoffeln schälen, zerschneiden und zu Salzkartoffeln kochen. Abgießen, zerstampfen und mit der Milch verrühren. Speck in kleine Streifchen schneiden, auslassen und darin die geschälten, halbierten und in Scheibchen geschnittenen Zwiebeln braun braten.

Rippchen vom Kraut nehmen, sobald dieses gar ist. Kartoffelbrei unter das Kraut mischen. Rippchen wieder auflegen und das Gebrätsel aus Speck und Zwiebeln darüberlöffeln.

Sellerie im Hemd

In keinem anderen Land steht die Sellerieknolle in so hohem Ansehen wie in Deutschland. So verwundert es nicht, wenn aus der eher derben Knolle, die hauptsächlich Brühen aromatisiert, ein dezent schmeckendes Gemüse wird, das sogar als exquisite warme Vorspeise Furore machen kann.

- 1 Sellerieknolle
- Salz
- 2 Eigelbe
- 200 g Mehl
- 1 Prise Salz
- 1 kleine Prise Zucker
- Gut 1/8 l helles Bier
- 2 Essl. flüssige, nicht mehr heiße Butter
- 2 steif geschlagene Eiweiße
- 2 Essl. Mehl
- Fett oder Öl zum Ausbacken

Sellerieknollen schälen und in Scheiben von 1 cm Dicke schneiden. Im Salzwasser so lange kochen, bis sie gar sind, jedoch noch Biss haben. Abtropfen und abkühlen lassen.

Die gut trockenen Scheiben leicht in Mehl wenden und anschließend durch den Backteig ziehen. Im Fett schwimmend goldbraun backen.

Zubereitung des Backteigs: Eigelbe mit Mehl, Salz, Zucker und Bier verrühren. Zum Schluss Butter einrühren. Den nicht zu dünnen Teig mindestens eine halbe Stunde ruhen lassen. Ganz zum Schluss die Eiweiße unterheben.

Zu den ausgebackenen (und auf Küchenkrepp entfetteten Selleriescheiben), die möglichst heiß serviert werden sollen, reicht man Tatarsauce oder Crème fraîche, die mit etwas Salz und gehackten Kräutern verrührt wurde.

Anmerkung: Zwischen zwei Selleriescheiben kann man eine Schinkenscheibe legen. Diese Doppeldecker eventuell mit Rouladennadeln oder Zahnstochern zusammen stecken.

Krautwickel

- 1 Kopf Weißkraut
- Salz
- 400 g gemischtes Hackfleisch
- 1 altbackenes Brötchen
- 1 Ei
- Pfeffer aus der Mühle
- Etwas geriebene Muskatnuss
- 1 große Zwiebel
- 100 g Räucherspeck (fett)
- 4 Scheiben durchwachsener Räucherspeck
- 1 bis 2 Essl. Schmalz
- 1 Essl. Mehl
- 1 bis 2 Tassen Fleischbrühe

Blätter aus dem Weißkrautkopf lösen und im Salzwasser einige Minuten kochen. Herausnehmen, abtropfen lassen und die dicken Blattrippen flach schneiden.

Hackfleisch mit dem eingeweichten und wieder ausgedrückten Brötchen, Ei, Pfeffer, Muskatnuss und etwas Salz vermischen. Zwiebel in kleine Würfel schneiden und zusammen mit dem ebenfalls gewürfelten Speck andünsten, bis beide glasig sind. Zu dem Hackteig schütten und diesen kneten.

Den durchwachsenen Speck in der Pfanne kross anbraten und aufheben.

Krautblätter für die Wickel ausbreiten und eventuell auch zusammenlegen. Auf jede Portion einen großen Klecks Hackteig geben und einwickeln. Mit ungeleimtem Faden (Küchengarn oder auch Rouladenklammern) zusammenbinden.

In einem Schmortopf das ausgetretene Fett des durchwachsenen Specks mit Schmalz erhitzen und darin die Krautwickel auf allen Seiten anbraten. Zuletzt noch das Mehl in den Topf daneben streuen und braun rösten. Mit Fleischbrühe ablöschen und alles zusammen zugedeckt etwa eine Stunde schmoren.

Die Krautwickel sollen mindestens auf einer Seite schön dunkelbraun sein.

Mit Salzkartoffeln servieren, dabei mit Speckscheiben belegen.

Rotkohlrouladen

Reichlich Wasser mit Essig, Zwiebel, Nelken, Lorbeerblatt, Salz und Zucker zum Kochen bringen.

Vom Rotkohl soviel wie möglich ganze, schöne Blätter auslösen, Strunk entfernen. Die Blätter im kochenden Sud so lange ziehen lassen, bis sie anfangen weich zu werden. Herausnehmen und abtropfen lassen.

Hackfleisch mit eingeweichter und wieder ausgedrückter Semmel vermischen. Zwiebel in nicht zu kleine Würfelchen schneiden und diese im Schmalz glasig werden lassen. Samt ihrem Fett zum Hackfleisch geben. Eier unterkneten und mit Salz und Pfeffer abschmecken. Rotkohlblätter portionenweise ausbreiten, Hackmasse in die Mitte verteilen und jeweils zusammenrollen. Mit Klammern oder ungeleimtem Faden zusammenhalten.

Schmalz in einem Schmortopf erhitzen. Rouladen darin anbraten. Geschrappte Mohrrübe und geschälte Zwiebel grob zerschnitten samt dem Lorbeerblatt zugeben. Brühe und Rotwein nach und nach zugießen und zugedeckt auf kleiner Hitze gar schmoren. Rouladen dabei mindestens einmal wenden. Garzeit etwa 45 Minuten.

Zum Anrichten werden die Rotkohlrouladen herausgenommen und warm gestellt. Sauce passieren und mit etwas kalt angerührter Speisestärke binden. Abschmecken und extra servieren. Beilage Salzkartoffeln.

1 kräftiger Schuss Essig
1 Zwiebel
1 Nelke
1 Lorbeerblatt
1/2 Teel. Salz
1 bis 2 Essl. Zucker
1 Kopf Rotkohl
500 g Hackfleisch, halb vom Schwein, halb vom Rind
1 Semmel
2 Zwiebeln
1 Essl. Schmalz
2 Eier
Salz
Pfeffer aus der Mühle
2 Essl. Schmalz
1 Mohrrübe
1 Zwiebel
1 Lorbeerblatt
1 Tasse Fleischbrühe
1 Tasse Rotwein
Stärkemehl

Löffelerbsen mit Pökelfleisch

200 g gelbe Erbsen, ungeschält
400 bis 500 g Pökelfleisch (sehr beliebt: Schweinsohr zusammen mit ½ Schnauze oder auch nur gepökelter durchwachsener Speck)
1 Stange Lauch (Porree, nur das Weiße)
1 Zwiebel
1 Essl. Schmalz
1 Stück Sellerieknolle, geschält
1 Petersilienwurzel
1 bis 2 Lorbeerblätter
500 g Kartoffeln
Majoran
Salz und Pfeffer aus der Mühle

Erbsen über Nacht einweichen. Unter Hinzufügung von etwas mehr Wasser – es muss ein guter Liter Flüssigkeit sein – das in mundgerechte Stücke geschnittene Pökelfleisch zugeben und alles zusammen zum Kochen bringen. Lauchstange und Zwiebel in Stücke schneiden, im Schmalz glasig werden lassen und zusammen mit der klein gewürfelten Sellerieknolle und der geschnittenen Petersilienwurzel sowie den Lorbeerblättern zugeben. Alles zusammen muss eine gute Stunde kochen, damit das Pökelfleisch weich und die Erbsen nicht zu weich werden. Während der letzten 25 Minuten gibt man außerdem die geschälten, in kleine Würfelchen geschnittenen Kartoffeln zu.

Abschmecken mit Majoran und sehr vorsichtig mit Salz und Pfeffer.

In tiefen Tellern servieren und – um dem Namen gerecht zu werden – mit dem Löffel essen.

Apropos: »Die Hülsenfrüchte: Erbsen, Bohnen und Linsen, sind an Nahrungsgehalt dem Fleisch völlig gleich; mit ein wenig Speck gekocht, sättigen und nähren sie ebenso gut wie eine Portion Gemüse und Braten.«

So steht es in einem Kochbuch aus dem Jahre 1882. Außer acht gelassen wurden dabei allerdings die Kohlehydrate; deren hohe Konzentration in Hülsenfrüchten hätte damals jedoch zu erheblichen Pluspunkten geführt.

Hamburger Hafen

Erbsen mit Snuten und Poten

Diese Hamburger Spezialität wird nach den gleichen Rezeptgrundsätzen wie »Löffelerbsen mit Pökelfleisch« zubereitet. Anstatt beliebigen Pökelfleisches nimmt man lediglich Snuten (= Schnauze oder Schweinsrüssel) und Poten (= Pfoten oder Schweinsfüße). Beides kann gepökelt oder frisch sein. Es wird in den Erbsen gegart und dann herausgenommen und in Stücke geschnitten bzw. von den Knochen gelöst und zerteilt. Sonstige Zutaten sind die gleichen wie für »Löffelerbsen mit Pökelfleisch« (vorausgehendes Rezept).

»Ja, de schönste Tied von'n Sommer
Is de Grautebaunentied –
In de Grautebaunentied
Buk (Bauch), dann wär (werde) no mal so wied!«

So wird in einem alten münsterländischen Lied gejubelt. Die Großebohnenzeit wurde mit dem schönsten Sommerfest gefeiert. Und Mittelpunkt der Feier war das große Bohnen(fr)essen. Diese Spezialität wird geschmacklich nur vollkommen während der wenigen Wochen, in denen es junge, zarte große Bohnen (Saubohnen) gibt.

Dicke Bohnen mit Speck

- 1 1/2 kg dicke Bohnen (sind die Kerne klein, braucht man bis zu 3 kg)
- 1 Prise Salz
- 400 g durchwachsener Räucherspeck
- 2 Essl. Butter oder (echter) Schmalz
- 2 Essl. Mehl
- Weißer Pfeffer aus der Mühle
- 1 Prise gerebeltes Bohnenkraut

Bohnen enthülsen und mit einer Prise Salz und dem Speck in etwa 1/2 l Wasser schwach kochend garen, was etwa 1 Stunde dauern wird. Abgießen und Kochwasser aufheben.

Speck herausnehmen und in mundgerechte Scheiben schneiden. Butter oder Schmalz in einem anderen Topf erhitzen, Mehl darin hell anschwitzen und mit so viel Kochbrühe auffüllen, dass eine sämige Sauce entsteht. Abschmecken mit etwas Pfeffer und einer kleinen Prise Bohnenkraut. Unter gelegentlichem Umrührenn 1/4 Stunde schwach kochen. Bohnen und Speckstücke dazugeben und noch so lange auf dem Feuer lassen, bis alles gut heiß ist.

Beilage: Salzkartoffeln.

Schlesien

Schlesisches Himmelreich

Das schlesische Nationalgericht hat Kriege, Hungersnöte und Vertreibung überstanden, ja die Liebe zu ihm ist dadurch nur größer geworden. »Schlesisches Himmelreich« – darin steckt das ganze Herz der Schlesier. Muss es ja wohl, wenn man ein Essen Himmelreich nennt. Dabei ist es ein nach heutigen Begriffen einfaches Gericht, dessen Zusammenstellung nicht jedem behagen mag. Am besten schmeckt es, wenn man es mit Heimweh garniert nach dem »Schlesien hold in Wiesen«. Selbst Nicht-Schlesier werden dieses »Himmelreich« genießen, wenn sie dabei ein bisschen von dem schönen Land an der Oder zu träumen versuchen.

- 750 g geräucherter, durchwachsener Schweinebauch

Fleisch zusammen mit der Zwiebel, auf die das Lorbeerblatt mittels der Nelken gesteckt ist, und allen Gewürzen in möglichst wenig Wasser aufsetzen. Etwa eine Stunde köcheln lassen.

Alle Trockenfrüchte waschen und über Nacht in kaltem Wasser einweichen. Im selben Wasser dann unter Beigabe der Zitronenschale weich kochen. Etwas Fleisch-Kochbrühe zugießen, damit sich der Rauchgeschmack mit dem süß-säuerlichen Backobstaroma vereint. Abschmecken mit Zucker. Leicht mit angerührtem Stärkemehl binden und abrunden mit etwas Weinbrand und Zitronensaft.

»Die Hauptsach – doas soa ich Eich –
vun insem schläs'cha Himmelreich
doas sein do bluß de Kließla!«

Dieser Vers verrät es uns: die Klöße sind beim »Schlesischen Himmelreich« die Hauptsache. Aber welche der vielen schlesischen Klöße?

Meistens werden Semmelklöße als Beilage genannt. Zuweilen auch schlesische Kartoffelklöße. Da jedoch diese Beilage eine Hauptsache ist, habe ich umfangreiche Erkundigungen eingezogen. Viele meiner besonders feinschmeckerischen schlesischen Freunde statten ihr »Himmelreich« mit Hefeklößen aus, die sie im Mulltuch über dem kochenden Wasser garen, damit sie besonders locker werden.

Und noch eines haben mir diese Freunde verraten: Das Backobst schmeckt höchstens halb so gut, wenn die dazugehörenden Apfelstücke geschält sind. Soweit Sie in Süd- oder Südwestdeutschland leben, helfen Sie sich, indem Sie einige Birnenschnitze zugeben, die es mit Schale zu kaufen gibt. Oder Sie trocknen sich ihr eigenes Dörrobst, mit Schale und ohne Schwefel – so wie man es einst daheim machte.

Für gänzlich unkundige Landsleute, die auch einmal ein »Schlesisches Himmelreich« echt genießen wollen (wozu ihnen der Ortspfarrer wohl kaum Hilfe gewähren kann), sei angefügt, dass

(oder Kasseler Rippenspeer)
1 große Zwiebel
1 Lorbeerblatt
4 Nelken
8 Pfefferkörner
Wenig Salz

500 g gemischtes Backobst
2 Essl. Sultaninen
4 bis 6 getrocknete Feigen
1 Zitrone
4 bis 6 Essl. Zucker
1 bis 2 Teel. Stärkemehl
1 Gläschen Weinbrand (oder evtl. Waldbeerenschnaps)

man den gekochten Schweinebauch in Scheiben schneidet und neben Backobst und Klößen auf den Teller legt; die Backobstbrühe dient als Sauce für Fleisch und Klöße. Spätestens beim dritten Bissen wird die ausgefallene Geschmackskomposition auch bei Neulingen ihren vollen Reiz entfalten.

Wer Mut hat, versucht es einmal mit einem der schlesischen Waldbeeren-Schnäpse anstelle des Weinbrands.

Mecklenburg-Vorpommern

Bohnen und Äpfel

- 4 große säuerliche Äpfel
- 250 g weiße Bohnen (vorher über Nacht eingeweicht)
- 1 kleine, geriebene Zwiebel
- 1 kräftige Prise Salz
- 1 bis 3 Teel. Zucker
- 40 g Butter

Äpfel schälen, entkernen, vierteln und in Scheibchen schneiden. So viel Wasser zugießen, dass sie gut bedeckt sind. Auf kleiner Flamme gut weich kochen.

In einem zweiten Topf die Bohnen mit der geriebenen Zwiebel bissfest kochen. Dann ohne ihre Kochflüssigkeit zu den Äpfeln geben. Alles vermischen mit Salz, Zucker und der Butter.

Auf kleiner Hitze noch so lange kochen, bis die Äpfel musig sind und keine überschüssige Flüssigkeit mehr vorhanden ist. Schmeckt gut zu Schinken.

Breslau, Stich von Jos. Rybicka nach einer Zeichnung von Wilh. Kandler

Birnenbeschlag

Im Dialekt nennt man diese Zubereitungsart »Beerenbeslag«; allerdings hat sich in den letzten Jahren mehr und mehr die Bezeichnung »Birnen im Teig« eingebürgert. Auch in Schleswig-Holstein.

1	kg Birnen
	Saft und Schale einer Zitrone
1	Stück Zimtstange
2	Nelken
2	bis 3 Essl. Zucker
500	g Mehl
1	Päckchen Backpulver
4	Eier
Gut	1/4 l Milch
100	g Butter
2	bis 3 Essl. Zucker
1	kleine Prise Salz
400	g fetter Speck in Scheiben

Birnen schälen, halbieren und entkernen. In Wasser mit Saft und Schale (ohne weiße Teile) der Zitrone, Zimt, Nelken und Zucker etwa 10 Minuten kochen. Abkühlen lassen.

Aus Mehl, Backpulver, Eiern, Milch, weicher Butter, Zucker und Salz einen nicht zu weichen Rührteig machen.

Den Boden einer großen Auflaufform mit Speckscheiben belegen. Den Rand mit Speckscheiben etwas einreiben, so dass er gut fettig ist.

Auf den Speck die Birnen dicht an dicht legen. Einige Essl. Saft darüber träufeln. Mit Teig bedecken und bei etwa 175 °C im Ofen gut 1 1/2 Stunden backen. Mit Aluminiumfolie oder Pergamentpapier abdecken, damit die Oberfläche nicht verbrennt.

Die übrig gebliebenen Birnen ganz klein schneiden, mit dem Kochsaft erhitzen und als ziemlich flüssiges Kompott zu dem »Birnenschlag« heiß servieren. Man kann dieses Kompott auch mit etwas Stärkemehl leicht binden.

Nach älteren Rezepten kann man »Birnenbeschlag« auch mit Hefeteig zubereiten, was ausgezeichnet schmeckt. Es gibt eine Zubereitungsart, bei der Hefeteig vor dem Backen mit Wasser begossen werden muss, das fingerbreit darüber stehen bleibt und erst beim Backen verdampft.

Auf der Insel Fehmarn macht man einen Teig, der einem Semmelknödelteig ähnelt, und bedeckt damit die Birnen.

Linsengemüse mit Thüringer Rotwurst

Die herzhaft gewürzte Blutwurst, in Thüringen Rotwurst genannt, gibt diesem Linsentopf seinen einmaligen Geschmack.

500 g Linsen
1 Zwiebel
1 Essl. Schmalz
1 klein gewürfelte gelbe Rübe
Salz und Pfeffer aus der Mühle
Gut 1 Essl. Schmalz
Gut 1 Essl. Mehl
Einige Essl. Essig
Butter
400 g Thüringer Rotwurst

Linsen über Nacht einweichen. Am nächsten Tag mit frischem Wasser zusammen mit der klein geschnittenen Zwiebel, die im Schmalz glasig gedünstet wurde, sowie der gelben Rübe etwa eine Stunde kochen. Dabei mit Salz und Pfeffer kräftig würzen.

Aus Schmalz und Mehl eine braune Schwitze rühren. Mit Kochflüssigkeit der Linsen ablöschen. Zu den Linsen gießen und diese damit binden.

Gemüse pikant mit Essig abschmecken.

Die Rotwurst in 4 oder 8 Stücke schneiden und in sehr heißer Pfanne und wenig Butter kross braten. Auf den Linsen anrichten.

Wer die Wurst gern besonders kross haben will, kann die einzelnen Stücke vor dem Braten bemehlen.

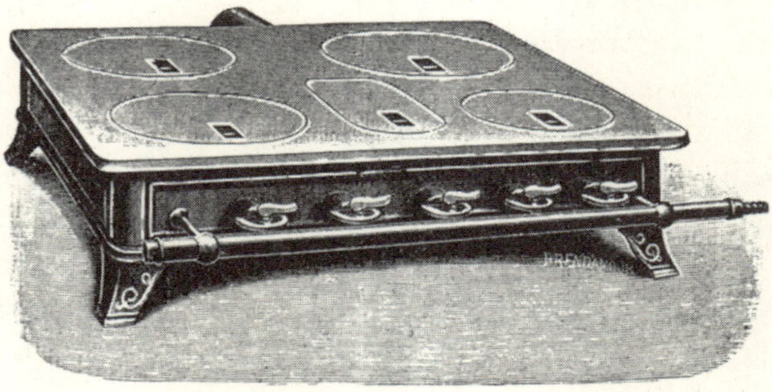

Erbspüree – Erbsenpüree

Beide Schreibweisen sind möglich und gebräuchlich. Es handelt sich um die berühmte Beilage zum Berliner Eisbein. Dabei bleibt unverständlich, dass sich dieses köstliche Püree nicht auf allen deutschen Schlachtplatten breit gemacht hat. Am Geschmack kann es nicht liegen, denn der ist unbestritten gut; wahrscheinlich lag es früher daran, dass es zur winterlichen Zeit der Schlachtfeste keine frischen Erbsen gab. Inzwischen hilft jedoch die Tiefkühltruhe dieses Problem zu lösen. Also ran, ihr treudeutschen Feinschmecker, ran ans Berliner Erbspüree, das eure Zungen wird glücklich schnalzen lassen!

- 1 kg frische grüne Erbsen (Rohgewicht)
- 40 g Butter
- 2 Schalotten
- Salz und weißer Pfeffer aus der Mühle
- 1 Teel. Zucker
- 1 Tasse Fleischbrühe (eventuell etwas mehr)
- 200 g geschälte und in Stücke geschnittene Kartoffeln
- 1/8 l süße Sahne
- Salz, kräftig geriebene Muskatnuss und wenig Zucker

Die Erbsen aushülsen, waschen und etwas abtropfen lassen. Die Butter im Topf zerlassen und darin die kleinwürfelig geschnittenen Schalotten kurz angehen lassen; sie dürfen dabei keine Farbe nehmen. Erbsen zugeben und verrühren. Salz, Pfeffer und Zucker beifügen. Die Brühe zugießen und die Erbsen weich kochen.

In einem anderen Topf die Kartoffeln sehr weich mit etwas Salz kochen. Noch warm durch eine Presse oder ein feines Sieb drücken, mit der Sahne verrühren und abschmecken mit Salz, Muskatnuss und etwas Zucker.

Sind die Erbsen gar, so werden sie püriert und anschließend mit dem Kartoffelbrei verrührt. Beides zusammen auf geringer Hitze gut warm halten und noch einmal abschmecken.

Erbswurst

Erbswurst ist eine Weltrekordwurst. Sie war die erste Trockenwurst, die je hergestellt wurde. Seit rund 150 Jahren ist sie auf dem Markt – immer noch. Der Absatz schleppt sich nur gerade so dahin. Es ist des höchsten Lobes wert, dass ein internationaler Lebensmittel-Konzern, der inzwischen mit vielen anderen Trocken- und Dosensuppen Millionen verdient, sein allererstes Produkt, die gute alte Erbswurst am Leben erhält.

Die Erbswurst wurde um die Mitte des vorvorigen Jahrhunderts erfunden von einem Koch namens Grünberg, von dem nur bekannt ist, dass er 1872 in Berlin verstarb. Er hatte also noch erleben können, wie seine Erbswurst ihre erste große Bewährungsprobe bestand als preußische Militärverpflegung im deutsch-französischen Krieg 1870/71. Militärproviant blieb die Wurst aus Erbsmehl, Fett und Gewürzen noch viele Jahrzehnte lang. Sie war immer schon gepresst in Form einer richtigen Wurst mit einer Hülle aus Pergamentpapier, das an den Enden wurstmäßig zusammengebunden war. Zum Gebrauch wurde ein Stück abgebrochen oder geschnitten und in kochendem Wasser aufgelöst. Zur Krönung des Geschmacks konnte man richtige Siedewürstchen darin heiß machen. So hielten es Generationen von deutschen Pfadfindern, wenn sie auf Fahrt gingen.

Die wahre Erfolgsgeschichte der Erbswurst begann, als die Fa. Knorr das Rezept erwarb. Bald sprach man nur noch von Knorrs Erbswurst. Die Grundzüge ihres Erscheinungsbildes sind gleich geblieben.

Abschließend zur Nostalgie kann eine moderne Nutzanwendung genannt werden:

Erbswurst gibt eine sehr gute und schmackhafte Bindung für viele Eintöpfe. Wer indisch kochen will, der braucht sie unbedingt, denn in Indien wird sehr oft mit Erbsmehl gebunden, das bei uns nicht überall zu finden ist, aber durch Erbswurst ersetzt werden kann. Bei anderen fernöstlichen Gerichten kann die ehemalige preußische Soldaten-Suppenwurst auch hilfreich sein. Ich persönlich binde Filet Stroganoff damit.

Linsen und Spätzle

Die Zusammenstellung dieses Gerichts bringt Landfremde zunächst einmal zum Naserümpfen. Aber gerade bei dieser Spezialität bewahrheitet sich die alte Weisheit: »Probieren geht über Studieren«. Außerdem bringt Linsenessen am Karfreitag Geldsegen fürs ganze Jahr. So wenigstens behaupten die Schwaben, die in Sachen Geld bekanntlich sehr genau sind.

- 400 g Linsen
- 500 g Rauchfleisch
- 1 Lorbeerblatt
- 1 Essl. Zwiebelwürfel
- 1 Möhre
- 2 Essl. Schmalz
- 2 Essl. Mehl
- Salz und Pfeffer aus der Mühle
- 2 bis 4 Essl. Essig
- 1 Rezept Spätzle (siehe S. 511)

Linsen verlesen, über Nacht einweichen und am folgenden Tag in frischem Wasser zusammen mit dem Rauchfleisch und der geschrappten, klein gewürfelten Möhre sowie Lorbeerblatt und Zwiebelwürfeln in ca. 45 Minuten gar kochen.

Inzwischen Schmalz erhitzen und darin das Mehl goldbraun rösten. Mit Kochsud der Linsen ablöschen. Kräftig mit Salz und Pfeffer abschmecken. Die Hälfte der Essigmenge zugießen und gut 10 Minuten köcheln. Linsen zugeben, Würzung prüfen und alles zusammen noch einige Minuten garen. Kurz vor dem Auftragen das Fleisch in Scheiben schneiden und noch einmal je nach Gusto mit Essig abschmecken. – Wer nicht sparsam mit Essig ist, fördert die Verdaulichkeit der Linsen und verringert deren Gas bildende Kräfte.

Als Beilage gibt es Spätzle.

Andere Zubereitungen verzichten auf das Rauchfleisch; dann isst man getrennt erhitzte Siedewürstchen dazu, die man in Schwaben »Saitenwürste« nennt. Sind heiße Würstchen anstelle von Rauchfleisch die Beilage, so kocht man die Linsen gern mit etwas klein geschnittenem, angebratenem, magerem, geräuchertem Bauchspeck. Der Geschmack der Linsen wird vorteilhaft abgerundet, wenn man eine klein geschnittene Zwiebel zusammen mit dem Speck glasig werden lässt.

Zum persönlichen Nachwürzen reiche man bei Tisch zusätzlich Weinessig.

Gaisburger Marsch

Ein Eintopf, der zaghaft anfängt, eine bundesweite Karriere zu machen. Man werfe uns deshalb keinen Militarismus vor! Der Name hat einen unverdächtigen Grund. Eine Wirtschaft in Gaisburg, einem heutigen Stadtteil von Stuttgart, der Anfang des Jahrhunderts noch ländlich war, bot als Spezialität einen Eintopf an, der ebenso sättigend wie gut war. So nahmen es die Soldaten einer recht entlegenen Kaserne immer wieder auf sich, den langen Marsch nach Gaisburg an Feierabenden anzutreten, um in den Genuss des Eintopfs zu kommen, den sie dann »Gaisburger Marsch« nannten. Im Sommer 2004 war die erste »Amtshandlung« des neugewählten deutschen Bundespräsidenten, Horst Köhler, ein großes Bürgeressen am Brandenburger Tor. Dazu kochte der berühmteste Küchenchef des Landes, Harald Wohlfahrt, das Lieblingsessen des Staatsoberhauptes, »Gaisburger Marsch«.

200 bis 500 g Rindfleisch, mager, zum Kochen
Reichlich Suppenknochen
1 Bund Suppengrün
Salz
Pfeffer aus der Mühle
Geriebene Muskatnuss
400 g Kartoffeln
1/2 Rezept Spätzle (siehe S. 511)
1 große Zwiebel
1 Essl. Butter

Rindfleisch und Knochen gut waschen und zusammen mit dem Suppengrün in kaltem Salzwasser aufsetzen und kochen, bis das Fleisch weich ist. Brühe abseihen. Fleisch und Suppengrün herausnehmen und beiseite stellen. Die Knochen wegwerfen

Kartoffeln schälen, in längliche, nicht zu große Schnitze schneiden und in der Brühe weich kochen.

Fleisch in Würfel schneiden und mit dem klein geschnittenen Suppengrün zugeben. Abschmecken mit Pfeffer und Salz.

Fertige, separat gekochte Spätzle zugeben. Alles miteinander vermischen.

Zwiebeln schälen, in Würfel oder halbe Scheiben schneiden und in der Butter bräunen. Mitsamt dem Fett über den Eintopf schütten. »Gaisburger Marsch« wird mit dem Löffel gegessen. Er ist ein vollständiges Essen.

Schinkennudeln

Einer der bekanntesten deutschen Aufläufe.
Vor allem südlich der Mainlinie sehr populär.

Nudeln in Salzwasser kochen und abtropfen lassen. Sie können auch vom Vortag sein. Eine Auflaufform abwechselnd mit Nudeln und dem in kleine Stücke geschnittenen Schinken auslegen. Dazwischen immer wieder etwas Rahm träufeln, auch leicht salzen und Reibkäse einstreuen.

Zu oberst soll eine Nudelschicht sein. Auf diese setzt man Butterflöckchen und streut Weckmehl. Im Backofen bei etwa 175 °C eine gute halbe Stunde garen.

Hinweis: Die Mengenangaben dieses schwäbischen Rezeptes sind das Minimum der benötigten Lebensmittel. Vor allem die Anteile von Schinken, saurem Rahm und Butter können erhöht werden, ohne dem Wohlgeschmack Abbruch zu tun.

Andere Zubereitungsmöglichkeit: Alle Zutaten miteinander und mit noch 2 bis 3 Eiern vermischen, dann die Form gut ausbuttern, einfüllen und weiter verfahren wie im Grundrezept.

300 g Nudeln
180 g Schinken
Knapp 1/4 l saurer Rahm
2 Essl. geriebener Emmentaler
Salz
1 bis 2 Essl. Butter
2 Essl. Weckmehl

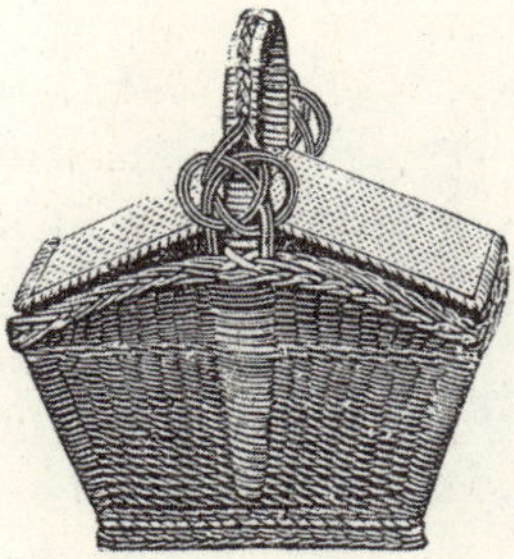

So stellte man früher Speiseeis her.

Nachspeisen

Diese Art kulinarischer Genüsse gehörte in weitesten Kreisen der Bevölkerung nie zum Alltagsessen. Allenfalls gibt es eine Reihe von Speisen, die wir heute zu den Nachtischen rechnen müssen und die früher so etwas wie Samstagsessen waren; es gab dann eine kräftige, meist dicke Suppe und danach eine Süßspeise oder sogar Kuchen. Der Zwetschgenkuchen ist ein bis in die heutigen Gewohnheiten reichendes Beispiel dafür.

Man kannte Nachspeisen vor allem in den herrschaftlichen und bürgerlichen Küchen; in bäuerlichen Familien waren sie den Festtagen vorbehalten.

Die nachfolgenden Rezepte kommen aus den Bereichen:

Puddings und puddingähnliche Speisen
Obstdesserts der verschiedensten Art
Süße Breie
Gebackene Nachspeisen
Pfannkuchen aller Art
Waffeln
Eis

Für Kuchen gibt es klassische Rezepte im Kapitel »Allerlei Backwerk« (Seite 663 ff.).

Rezepte, wie sie Großmutter aufschrieb …

Ordentlich, wie sie war, hatte Großmutter ein solides, in Leinen gebundenes Büchlein für ihre Rezepte. Manchmal glänzte es sogar durch Goldschnittkanten der einzelnen Blätter. Auch gab es früher besondere Bücher für handgeschriebene Rezepte, die meistens ein Register und illustrierte Titelseiten für die einzelnen Speisen aufwiesen. Solche Bücher waren um die Jahrhundertwende sehr populär. Eines davon aus dem Verlag von Moritz Schauenburg, Lahr, hat eine Art Vorwort, das zwar wenig poetisch ist, dafür aber von treuherzig gutem Gemüt zeugt.

»In dieses Büchlein, meine Lieben,
Findet Ihr säuberlich geschrieben,
Was eine Hausfrau wohlerfahren
Gesammelt hat in vielen Jahren:
Rezepte für manches gute Brätlein,
Für Suppe, Gemüse und manch Salätlein,
Für Fische und Klöße, für Obst und Kuchen,
Die möget Ihr nun getrost versuchen
Zu Eurem und Eurer Kinder Frommen
Hoff', es soll allen wohl bekommen!«

Und ohne den Schreibefleiß vieler Hausfrauen früherer Jahre, Jahrzehnte und Jahrhunderte wäre es nie möglich gewesen, ein Buch wie dieses hier zusammenzustellen.
Herzlichen Dank, Ihr Großmütter
und Urgroßmütter!

Großmutters Schokoladenspeise

Mein Freund Hans Buch gehört zu den führenden Chronisten der deutschen Hobbyköche. In seinem privaten Familienarchiv hütet er u. a. das Rezept einer Schokoladenspeise, das seine Großmutter aufschrieb, so wie sie es von ihrer Großmutter gelernt hatte. Schokoladenspeisen waren in der Vor-Puddingpulver-Zeit in allen gutbürgerlichen Haushalten Deutschlands eines der beliebtesten Sonntagsdesserts – bis sie von der Mousse au chocolat abgelöst wurden.

- 250 g Schokolade (je nach Geschmack Koch- oder Milchschokolade)
- 100 g Butter
- 70 g Zucker
- 6 Eier
- 1 Gläschen Kirschwasser

Schokolade in Stückchen schneiden und zusammen mit der Butter auf ganz kleiner Hitze schmelzen. Zucker darin auflösen. Vom Feuer nehmen und abkühlen lassen.

Eier trennen. Eidotter mit einem mehr oder weniger großen Gläschen Kirschwasser verkleppern und in die Schokoladencreme rühren. Eiweiße zu steifem Schnee schlagen und 1/4 davon mit der Schokoladenmasse gut verrühren, um sie leichter zu machen; restlichen Eischnee vorsichtig unterheben.

In Gläser füllen und kalt stellen. Beim Anrichten kann man jede Portion mit einer Makrone und/oder mit einem Klecks Schlagsahne garnieren.

Feine Kaffee-Creme

Aufgezeichnet in einer Kölner Patrizierfamilie
um 1820.

- 5 gehäufte Essl. Kaffeepulver
- 1/2 l Rahm
- 8 bis 10 Eigelbe
- Ca. 100 g Zucker

Man bereite mit so viel gemahlenem Kaffee, wie man gewöhnlich für einen Liter Flüssigkeit nimmt, einen Viertelliter Kaffee. In einen halben Liter warmen Rahm schlage man nacheinander 8–10 Eigelbe hinein. Auf gelindem Feuer schlage man dann so lange weiter, bis die Creme kurz vor dem Kochen dick wird. Nun süße man mit reichlich Zucker und fülle in Servierschälchen um. Nun sollte man des schönen Aussehens wegen nochmals Zucker darauf streuen und diesen mit einem glühenden Eisen (oder unter dem Grill) bräunen.

Pommern

Götterspeise

- 650 g Preiselbeeren aus der Dose
- 250 g Zucker
- 1 Teel. Zimtpulver
- Saft von 1 Zitrone
- 8 bis 10 Scheiben Schwarzbrot (oder Pumpernickel)
- 2 Essl. geriebene Blockschokolade
- 1/2 l süße Sahne
- 1 Päckchen Vanillinzucker
- 1 bis 2 Essl. Borkenschokolade

Preiselbeeren mit 200 g Zucker, dem Zimtpulver und dem Zitronensaft kurz kochen, verrühren und abkühlen lassen. Brot fein zerkrümeln und mit der geriebenen Schokolade mischen.

Sahne mit dem restlichen Zucker und dem Vanillinzucker sehr steif schlagen.

Einzelne Gläser oder eine große Glasschüssel schichtweise füllen mit Brotkrumen, Preiselbeeren und Sahne; diesen Vorgang ein- oder zweimal wiederholen. Die oberste Schicht muss Sahne sein. Sie wird mit Borkenschokolade bestreut.

Gut gekühlt servieren.

Bayrische Creme

Eine internationale Berühmtheit. Es sollte einen jedoch stutzig machen, dass sie meistens unter ihrem französischen Namen »Crème bavaroise« bekannt ist. Und in der Tat handelt es sich dabei um eine bayrische Creme aus – Paris. Bayrische Prinzen waren Anfang des 18. Jahrhunderts mehr Veranlasser als Urheber. Sie waren Stammgäste im damals schon berühmten »Café Procope« und bestellten regelmäßig eine Süßspeise, die nach ihnen benannt wurde, allerdings kaum etwas mit der heutigen »Bayrischen Creme« zu tun hatte. So ist es gekommen, dass die Bajuwaren neben ihrem Bier auch eine Dessert-Weltberühmtheit ihr eigen nennen.

- 200 g Zucker
- 6 Eigelbe
- 3/8 l Milch
- Mark von 1 Vanilleschote
- 1 Päckchen gemahlene Gelatine, weiß
- Gut 1/4 l Sahne
- 1 bis 2 Teel. Vanillezucker

Zucker mit den Eigelben schaumig schlagen. Die Milch mit dem Vanillemark bis fast zum Kochen bringen. Dann mit dem Schneebesen den gesüßten Eigelbschaum einrühren. Wenn sich die Eiermilch zusammenzuziehen beginnt, schnell vom Feuer nehmen. Gelatine, die man mit wenig Wasser 1/4 Stunde hat quellen lassen, mit der heißen Creme verrühren.

Die Sahne mit Vanillezucker steif schlagen und unter die abgekühlte Creme heben. In eine Schüssel oder in einzelne Schälchen (auch Gläser) füllen und erstarren lassen, indem man sie in den Kühlschrank stellt.

Wie alle Erfolgsrezepte hat auch dieses viele Abwandlungen erfahren. Die Konditoren der Welt kennen mehr als 100 Variationen. Am einfachsten ist es, eine beliebige Fruchtsauce anzugießen. Schokolade, Früchte, Nüsse und Liköre bereichern das Füllhorn süßer Köstlichkeiten, die alle »Crème (á la) Bavaroise« heißen.

Plettenpudding

Eine hanseatische Spezialität, die literarischen Weltruhm erlangt hat als Hausrezept der Buddenbrooks im gleichnamigen Roman von Thomas Mann. Heute wird sie vorwiegend bei Traditionseinladungen in Lübeck angeboten. Dieses ausgezeichnete Dessert konnte nicht populär werden, da die Herstellung einigen Aufwand erfordert.

- 1 l Milch
- 2 Vanillestangen
- 12 Eigelbe
- 250 g Zucker
- 12 Blatt Gelatine
- 1 Glas Himbeermark
- 6 Essl. gehacktes Orangeat
- 6–8 Essl. Biskuitgebäck (Löffelbiskuits), grob zerbröselt
- 1 Schuss Himbeergeist
- 1 l gesüßte Schlagsahne
- Kandierte Früchte nach eigener Wahl

Milch mit Vanille zum Kochen bringen. Eigelbe mit Zucker warm schaumig schlagen. Die Vanillestangen aus der heißen Milch herausfischen und diese, sobald sie etwas abgekühlt ist, in die Eigelbmischung rühren. 12 Blatt eingeweichte Gelatine in der immer noch heißen Masse auflösen und diese dann halbieren. In die erste Masse Himbeermark einrühren, in Portionsgläser füllen und im Kühlschrank leicht gelieren lassen. Orangeat, zerbröselte Kokosmakronen und einen kräftigen Schuss Himbeergeist miteinander vermischen, auf die Portionsgläser verteilen und diese wieder kühl stellen. Drei Viertel der steif geschlagenen Sahne auf die einzelnen Portionen verteilen. Mit Biskuitgebäck belegen. Abdecken mit der zweiten Hälfte der Eigelbcreme und wieder in den Kühlschrank stellen. Zum Servieren mit der restlichen Schlagsahne garnieren und mit kandierten Früchten oder Fruchtstücken verzieren.

Hinweis: Dieses ist kein Rezept für 4 Personen; es reicht bei Einladungen für 8 Personen.

»Errötendes Mädchen«

Eine altbekannte Süßspeise der gutbürgerlichen Küche, von der man nicht weiß, ob sie durch ihre Farbgebung oder durch ihren romantischen Namen mehr Aufmerksamkeit erweckt. Es gibt dafür zwei grundverschiedene Rezepte.

Errötendes Mädchen des 19. Jahrhunderts

Milch, Sahne und Zucker miteinander verrühren. Zusammen mit der aufgeschlitzten Vanilleschote aufkochen.

Vom Feuer nehmen, Vanilleschote entfernen, Kartoffelmehl mit ganz wenig Wasser zu einem Brei rühren und unter die Creme schlagen. Aufkochen, dann vom Feuer nehmen und die verquirlten Eigelbe unterrühren.

In vier Kelche oder in eine Glasschüssel schichtet man nun abwechselnd erkaltete Creme und Preiselbeerkompott mehrmals hintereinander und schließt mit einer Cremeschicht ab, die mit einigen Tupfern Preiselbeerkompott garniert wird.

Kalt stellen und servieren

- 1/4 l Milch
- 1/2 l süße Sahne
- 4 Essl. Zucker
- 1/2 Vanilleschote
- 4 Eigelbe
- 2 Essl. Stärkemehl
- 3 bis 4 Tassen gesüßtes Preiselbeerkompott

Errötendes Mädchen des 20. Jahrhunderts

- 1/2 l Sahne
- 4 Essl. Zucker
- 8 Blatt rote Gelatine
- 5 Essl. dunkelfarbiger, voller Rotwein
- Einige Tropfen Rum-Aroma
- 1 bis 2 Essl. geraspelte Schokolade

Sahne mit dem Zucker verrühren, dann so lange schlagen, bis sie gut schaumig ist.

Gelatine einweichen. Rotwein erhitzen und die Gelatine darin auflösen. Abkühlen und die schaumige Sahne unterheben. Zur Abrundung des Aromas noch etwas Rum-Aroma zugeben.

Die Creme in vier Gläser oder eine Glasschale füllen und, nachdem sie im Kühlschrank steif geworden ist, mit den Schokoladeraspeln bestreuen und servieren.

Hinweis: Man kann sowohl süße als auch saure Sahne für dieses Rezept verwenden. Mit saurer Sahne bekommt das Rezept einen aparteren Geschmack.

Berlin

Soufflé mit Aprikosen

Ein Originalrezept aus dem »Taschenbuch der Kochkunst«, das um 1890 in Berlin gedruckt wurde.

„10 bis 12 Stück Aprikoſen läßt man entſteint dick einköcheln, paſſiert ſie dann durch ein Haarſieb, mengt 90 Gramm ganz feinen Zucker darunter, ſchlägt das Weiß von 6 Eiern zu ſehr feſtem Schnee, miſcht ihn unter die Aprikoſen, füllt die Maſſe in eine Schale (Auflaufform), ſtreut etwas Zucker oben auf und backt es langſam. Bevor man es zu Tiſch giebt, nochmals mit Zucker beſtreuen."

Hinweise: Während 15 bis 20 Minuten bei etwa 180 °C backen.

Anschließend sofort auftragen. Wenn man nach dem Einfüllen der Masse mit einem befeuchteten Messer ringsum zwischen Rand der Form und Masse entlangfährt, erleichtert das ein gleichmäßiges Aufgehen des Soufflés.

Ich habe mir einmal erlaubt, auf den Boden der Auflaufform eine dicke Schicht zerbröckelter Löffelbiskuits zu legen und diese mit einem Aprikosenschnaps zu beträufeln, ehe ich die Soufflémasse einfüllte. Das Ergebnis hätte meinem Urgroßvater sicher auch sehr behagt. – Vielleicht sogar dermaßen, dass er das alte »Taschenbuch der Kochkunst« weggeworfen und nach diesem Kochbuch Ausschau gehalten hätte.

Westfalen

Pumpernickel Pudding

Hierzu braucht man eine verschließbare Puddingform, wie sie einst zur Grundausstattung jeder Küche gehörte, weil damals der bürgerliche Speiseplan gern mit süßem und auch herzhaftem Kochpudding angereichert wurde.

- 400 g Pumpernickel
- 1/4 l Milch
- 5 Eier getrennt
- 125 g Zucker
- 50 g Kochschokolade, gerieben
- 1 Teel. Zimtpulver
- 2 Schnapsgläschen Rum
- Abrieb und Saft von 1 Zitrone
- 100 g gemahlene Haselnüsse
- 125 g Rosinen
- Butter und Zwiebackbrösel für die Form

Pumpernickelscheiben zerbröseln, was am besten geht, wenn sie etwas angetrocknet sind. Milch einrühren und etwa 1 Stunde weichen lassen. Eigelb und Zucker schaumig rühren und dann Schokolade, Zimtpulver, Rum sowie Saft und Abrieb der Zitrone nebst den geriebenen Haselnüssen zufügen. Dann die heiß gewaschenen Rosinen, die sicher nichts dagegen haben, wenn sie auch noch einen Esslöffel Rum abbekommen. Alles – Eigelbmasse, eingeweichte Pumpernickel und Rosinen – gut miteinander vermischen. Und schließlich den steifen Eischnee unterheben, was ein leichtes Händchen verlangt, da ja die Luftbläschen beim gründlichen Einarbeiten nicht zerstört werden sollen. Die Puddingform, die gut ausgebuttert und großzügig mit Zwiebackbröseln ausgekleidet wurde, mit der Masse füllen. Sie soll jedoch nur bis zu dreiviertel der Formhöhe reichen, da sie beträchtlich aufgeht. Die gut verschlossene Form etwa eine Stunde im Topf mit kochendem Wasser (Wasserbad) garen. Vorsichtig öffnen, Pudding auf eine Platte stürzen und mit Vanillesauce servieren.

Apfelcreme

Dieses Rezept stammt aus einem Gutshaus. Es ist ein gutes Beispiel dafür, wie man es in jenen Häusern verstand, aus einfachen Zutaten Speisen zuzubereiten, die auch auf eleganten Festtafeln bestehen konnten.

6 große Äpfel
1 Ei
2 bis 4 Essl. Zucker
6 Blatt weiße Gelatine
1 Tasse Weißwein
1/2 l Sahne
1 kleine Prise Salz
2 Essl. mit Vanille Parfümierter Zucker
Einige Makronen und Löffelbiskuits
Einige kandierte Früchte

Äpfel in der Bratröhre zu Bratäpfeln garen. Das geht auch im Backofen sehr gut, wenn man sie in einen Römertopf setzt oder in Aluminiumfolie einschlägt.

Bratäpfel schälen und durch ein Haarsieb streichen.

Mit dem Eigelb und Zucker schaumig rühren.

Gelatine kalt einweichen und dann im heißen Wein auflösen. Mit dem Apfelschnee vermischen. Abkühlen lassen.

Kurz vor dem Stocken die Sahne mit Salz und Zucker sehr steif schlagen und unter den Schnee heben.

Eine Schale mit Makronen, Biskuits und kandierten Früchten auslegen. Den Apfelschnee vorsichtig darüber verteilen, Oberfläche glatt streichen und im Kühlschrank stocken lassen.

Zum Servieren auf eine Platte stürzen. Das geht am besten, wenn man die Schale kurz in heißes Wasser taucht oder mit einem feuchtheißen Tuch so lange belegt, bis sich der Inhalt löst.

Bratäpfel

Eine winterliche Wonne, deren wundersam heimeliger Reiz für immer verloren ist – weil es keine Kachelöfen oder Kohlenherde mehr gibt. In ihren Ofenrohren brutzelten früher die Äpfel ganz langsam vor sich hin, ließen ein geheimnisvolles Knistern hören und wundersamen Duft verströmen. Wir bereiten sie heute in Aluminiumfolie oder im Römertopf zu. Sie werden gut darin. Wir verbessern sie noch, indem wir sie mit Rosinen, Nüssen, Butter, Honig, Zimt und mancherlei Leckerem füllen. Das alte Bratäpfelerlebnis können wir nur unvollkommen nachahmen. Der schlesische Dichter Friedrich Bischoff, der mir nach dem Krieg verehrter, väterlicher Freund war, hat es in seinem »Apfellied« festgehalten:

»So ein Apfel, geschmort
Im Ofenrohr drin,
Ach, was für ein Labsal,
Das langte uns hin.
Dann schmolz er wie Honig,
Gewürzt mit Wein,
Und wir glaubten beim Schmausen
Im Himmel zu sein.«

(Friedrich Bischoff bezieht sich auf eine Apfelsorte namens »Weinling«, die »rotblütig, goldhäutig« beim elterlichen Haus des Dichters »in unserem Garten im schlesischen Land« reifte und besonders gut als Bratapfel schmeckte.)

Backobst - Dörrobst

Wer sich noch erinnern kann, was er vor dem Zweiten Weltkrieg bei Muttern oder auch beim Militär so alles gegessen hat, dem fallen garantiert die Trockenfrüchte ein. Wer nicht gerade in einer Millionärsvilla lebte, der fand sie so oft auf dem Mittagstisch, dass es ihm fast zuviel wurde. Dörrobst oder Backobst gehörte überall in Stadt und Land zum deutschen Küchenalltag. Frischobst gab es nur zur jeweiligen Erntezeit, Konserven waren rar und teuer, Tiefkühlkost war noch gar nicht erfunden, Einmachen war im Haushalt mit speziellen Gerätschaften verbunden und zeitraubend, während das Trocknen alt gewohnt war. Die erforderlichen Darren gehörten zu jedem Bauernhaus und spezielle Dörröfen in den Städten waren recht wohlfeil.

Apfel- und Birnschnitz, sowie entsteinte Pflaumen und Aprikosen gehörten zum getrockneten Mischobst. Sie wurden zu süßem Kompott gekocht und waren dann nicht nur Nachtisch, sondern mit Nudeln oder Hefeklößen auch das Hauptessen.

- 400 g Backobst
- 3–6 Essl. Zucker je nach eigenem Gusto oder Fruchtsäure
- 1/2 Zimtstange
- 2 breite Streifen Zitronenschale ohne weiße Innenhaut
- 1 bereits ausgekratzte Vanilleschote oder – gegen Ende zugefügt – Vanillezucker oder Vanilleextrakt

Backobst mehrmals hintereinander waschen, dann am besten noch einmal kurz in kochendem Wasser schwenken, da es heute meistens geschwefelt ist. Abtropfen lassen und in reichlich kaltem Wasser über Nacht vorweichen.

Am nächsten Tag im Einweichwasser zusammen mit Zucker, Zimtstange, Zitronenschale und Vanille(schote) auf kleiner Flamme weich kochen. Wenn die Flüssigkeit zu reichlich ist, zeitweise den Deckel abnehmen.

Vor dem Auftragen Zimtstange, Zitronenschale und Vanille herausfischen und abschmecken.

Als Beigabe heiß, als Dessert kalt reichen.

Hinweis: Getrocknetes Obst gibt es fast überall im Lebensmittelhandel oder Reformhaus zu kaufen. Oft firmiert es als Mischobst und enthält auch noch exotische Fruchtsorten wie Ananas, Feigen oder sogar Papaya. Man kann auch die einzelnen Backobstsorten einzeln kaufen und die Mischung selbst zusammenstellen.

Quittenschnee

Eines der vielen fast vergessenen Quittenrezepte.

Knapp 1 kg Quitten
Zucker
Abrieb von 1/2 Zitrone
6 Eiweiße
1 Essl. Butter

Quitten abreiben, schälen und Kerngehäuse entfernen.

Schalen und Kerngehäuse mit wenig Wasser weich kochen. Die Flüssigkeit dann durch ein Haarsieb gießen und darin die klein geschnittenen Quitten so weich kochen, dass man sie durch ein Haarsieb streichen und pürieren kann. Dieses Mus mit Zucker und abgeriebener Zitronenschale abschmecken. Etwas abkühlen lassen.

Eiweiße zu sehr steifem Schnee schlagen und unter das Quittenmus heben.

Eine Auflaufform ausbuttern, Quittenschnee einfüllen, glattstreichen und bei etwa 200 °C im Ofen backen, bis sich eine goldbraune Kruste gebildet hat. Sofort auftragen.

Rote Grütze

Auch in Dänemark gilt sie als Nationalgericht; aus welcher Landschaft sie nun wirklich stammt, ist kaum noch festzustellen. Es ist auch unerheblich, denn Lebensformen und Essgewohnheiten sind dauerhafter als Grenzpfähle. Die rote Grütze ist seit vielen Jahrzehnten auch in anderen Küstenlandschaften der Ost- und Nordsee heimisch geworden, bis nach Ostpreußen hin. In den siebziger Jahren des 20. Jahrhunderts hat sie die Menükarten der Nobelgastronomie ganz Deutschlands erobert. Grütze war Jahrhunderte lang eines der Hauptnahrungsmittel der bäuerlichen Bevölkerung. Sie wurde als Brei aus Getreideschrot gekocht. Als Flüssigkeit nahm man Wasser, Brühe, Milch oder – Fruchtsaft. Verfeinert wurde die Grütze, die man ursprünglich gemeinsam aus einer Schüssel (»Grapen«) löffelte, durch Butter oder Vollmilch. Rote Grütze ist die einzige Grützeform, die immer noch populär ist.

Das älteste mir bekannte Rezept stammt aus den ersten Jahren des 19. Jahrhunderts.

Rode Grütt

500 g entstielte rote Johannisbeeren
250 g Himbeeren
1 1/2 l Wasser
1/4 Vanillestange
Etwa 200 g Zucker (je nach Säuregehalt der Früchte und persönlichem Geschmack)
Gut 100 g Stärkemehl oder Sago

Gewaschene Früchte in der angegebenen Wassermenge so lange kochen, bis sie ganz weich sind. Durch ein feines Sieb passieren. Die dabei gewonnene Flüssigkeit mit der Vanille und dem Zucker nochmals kräftig durchkochen; dabei gut rühren.

Stärkemehl in 1 bis 2 Tassen kaltem Wasser anrühren und in den gesüßten Fruchtsaft einsprudeln. Nochmals aufkochen.

In eine mit kaltem Wasser ausgespülte Form füllen und kalt stellen.

Anrichten: »Rode Grütt« kam früher nur in der Schüssel auf den Tisch. Jeder bekam seine Portion in ein Schälchen oder einen tiefen Teller.

Heute gießt man die heiße rote Grütze gern gleich in Portionsschälchen.

Beilagen: Kalte Milch oder süße Sahne, ungeschlagen. Kalte Vanillesauce führt nicht unbedingt zum Geschmacksgipfel. Stets erst im letzten Augenblick, unmittelbar vor dem Verzehr, über die rote Grütze gießen.

Rezeptvariationen: Anstelle der Früchte oder eines Teils der Früchte kann man auch Fruchtsaft verwenden. Auch eingemachte oder tiefgefrorene Früchte sind möglich.

Es können auch zusätzliche Obstsorten verwendet werden. Sehr beliebt sind Kirschen, Sauerkirschen und schwarze Johannisbeeren. Viele Hausfrauen geben einen Teil der Früchte erst kurz vor Beendigung der Kochzeit zu, damit diese nicht zerkochen, sondern der Grütze einen gewissen »Biss« geben.

»Rodegrütt, Rodegrütt!
Kiek mol, wat lütt Hein
hüt itt,
Allns rundum het he
vergeeten.
Rodegrütt, dat is en Eten!«

Zur Bindung wird oft auch Sago verwendet; manche behaupten sogar, nur mit Sago sei die rote Grütze original. In Ostpreußen und Sachsen habe ich vor Jahrzehnten stets rote Grütze mit Grieß vorgesetzt bekommen. Eine derartige Bindung könnte die ursprüngliche sein, denn die Worte »Grütze« und »Grieß« gehören zur gleichen wortgeschichtlichen Gruppe.

Als Verfeinerung können Rotwein oder hochprozentige Spirituosen dienen.

Bitte beachten: Rote Grütze darf nie zu steif sein. Die richtige Konsistenz liegt zwischen Pudding und Brei. Beim Abschmecken kann die Speise ruhig etwas zu süß oder zu parfümiert schmecken, sie wird nämlich beim Abkühlen und durch Milch- oder Sahnebeigabe erheblich milder.

Berliner Luft

Paul Lincke hat sie durch sein Lied berühmt gemacht, die Berliner Luft. Man kann sie aber nicht nur einatmen, sondern auch als Nachspeise genüsslich verzehren. Mit dem nachfolgenden Rezept kann man echte Berliner Luft überall auf der Welt genießen.

- 3 Eigelbe
- 125 g Zucker
- 1 Zitrone
- 4 Blatt weiße Gelatine
- 1/4 l aromatischer Weißwein (Gewürztraminer oder Morio Muskat)
- 1 Päckchen Vanillinzucker
- 3 Eiweiße
- 1/8 l süße Sahne
- 4 Löffelbiskuits

Eigelbe mit Zucker schaumig schlagen, etwas von der Zitronenschale abreiben und mit deren Saft zugeben. Gelatine in Wasser gut 10 Minuten quellen lassen, dann ausdrücken und im erhitzten Wein auflösen. Durch ein feinmaschiges Kaffeesieb langsam in die Eigelbmasse gießen und dabei ständig rühren. Die Masse kalt stellen. Sobald sie etwas anzieht, also zu stocken beginnt, hebt man die mit dem Vanillinzucker zu Schnee geschlagenen Eiweiße unter die Masse.

In Glasschalen füllen, im Kühlschrank fest werden lassen. Mit der geschlagenen Sahne und den Löffelbiskuits garnieren und mit elegantem Schwung servieren: Voilà, echt Berliner Luft!

Schleswig-Holstein

Apfelgrütze

Eine wahrscheinlich sehr alte Form der Obstgrütze. Sie wurde in Schleswig-Holstein als Vorspeise gegessen.

- Äpfel
- Mehl
- Zucker

Äpfel achteln. Dabei Stiele, Blütenansatz und Kernhäuser entfernen, aber nicht schälen. In wenig Wasser weich kochen. Durch ein feines Sieb passieren oder durch die »Flotte Lotte« drehen, eine der ersten, handbetriebenen Küchenmaschinen.

Mehl kalt anrühren, zusammen mit dem Apfelmus aufkochen und mit Zucker nach Geschmack süßen.

Erkalten lassen und mit kalter Vollmilch übergossen servieren.

Anmerkung: Etwas Zitrone in Scheiben sowie Stärkemehl anstatt Mehl bekommen der Apfelgrütze bestimmt gut.

Stachelbeergrütze

Sehr alte norddeutsche Grützeform. Auch in Mitteldeutschland bekannt. Zubereitung wie Apfelgrütze.

Rhabarbergrütze

750 g Rhabarber
250 g Zucker
1/2 Zitrone in Scheiben
1 Stück Stangenzimt
1/2 l Wasser
1/4 l Weißwein
100 g Sago

Rhabarber abbürsten, nicht schälen und in kleine Stücke schneiden. Mit Zucker vermischen. Zitronenscheiben (ungespritzte) und Zimtstücke zugeben. Mit Wasser und Wein begießen. Sago einstreuen und verrühren.

Alles zusammen etwa 20 Minuten lang auf schwacher Hitze köcheln lassen. Nochmals abschmecken. Zitronenscheiben und Zimtstange herausfischen. Erkalten lassen.

Mit kalter Milch oder Sahne oder mit Vanillesauce servieren.

Anmerkung: In Mitteldeutschland wird Rhabarbergrütze sehr gern mit Grieß gebunden. Dabei rechnet man 125 g Grieß auf 3/4 l Kompott; zusätzlich etwa eine Tasse kaltes Wasser zum Anrühren des Grießes.

Man verfeinert gern mit einem Stück Butter, gehackten Walnüssen, Mandelsplittern oder Kirschen, wobei alles zusammen genommen werden kann oder auch nur eine oder zwei der angegebenen Verfeinerungen.

Der rosafarbene Rhabarber, den es im frühen Frühling gibt, ist der mildeste.

Hagebutten

»Grün das Mieder, rot der Rock,
Drunter rund die Hüften prallen,
Hüpft die Hagebutt' am Stock,
Uns zum Wohlgefallen.«

Hagebuttenlied von Friedrich Bischoff

Wilde Rosen blühen überall in Deutschland; im Herbst leuchten ihre roten Früchte. Einstmals bedeutete das wohlfeilen Erntesegen in Stadt und Land. Noch im ausgehenden 19. Jahrhundert findet man in einem Kochbuch für die »bürgerliche und feine Küche« 20 Hagebuttenrezepte, darunter Auflauf, Crème, Eis, Kompott, Likör, Makronen, Marmelade, Mus, Pudding, Paste, Salat, Sauce und Suppe. Wer sammelt heute noch Hagebutten!? In der vorigen Generation taten es noch böse Buben, um den getrockneten Samen als Juckpulver zu benutzen. Hagebutten sind mühsam zuzurichten, deshalb sollte jeder, der sich diesen gesunden Genuss verschaffen will, auf Wochenmärkten Ausschau halten, ob er Hagebuttenmark – Hägenmark – findet. Unbedingt zugreifen! Für weitere Aktivitäten geben die folgenden Rezeptbeispiele Anregungen.

Hagebuttensauce

3 Essl. Hägenmark (Hagebuttenmark, fertig gekauft)
Knapp 1/4 l Wasser
Knapp 1/4 l leichter Weißwein, der trocken oder lieblich sein kann
Einige Essl. Zucker
1 Teel. Stärkemehl

Hägenmark mit dem Wein-Wasser-Gemisch verrühren und zum Kochen bringen. Nach Geschmack zuckern. Stärkemehl in wenig kaltem Wasser auflösen, dann in die kochende Flüssigkeit quirlen und noch gut 10 Minuten köcheln lassen.

Diese Sauce kann warm oder kalt zu Puddings oder auch exotischen Fleischgerichten gegessen werden.

Hagebuttensuppe

Ein Rezept für Sammler, die sich auch noch
die Mühe machen die kleinen Früchte zu putzen,
vor allem die Kerne rauszukratzen.

150 g ausgekernte Hagebutten
3/4 l Wasser
1/2 l leichter Rotwein
1/2 Zimtstange
75 g Zucker
Bis zu 10 Zwiebäcke
Orangenschale

Hagebutten waschen und in kaltem Wasser-Wein-Gemisch zusammen mit einer Zimtstange aufsetzen und weich kochen, was mehr als 1/2 Stunde dauert. Tunlichst gibt man gleich von Anfang an 4–5 Zwiebäcke dazu, die verkochen sollen. Anschließend durch ein Haarsieb streichen oder mit dem Mixstab pürieren. Danach wieder aufsetzen, Zucker nach Geschmack zugeben sowie, falls gewünscht, die Suppe sämiger machen, indem man noch einige fein zerkrümelte Zwiebäcke einrührt.

Beim Servieren können Zwiebackstücke und feinstreifige Orangenschalen (mit dem Zestenreißer abgezogen und in Zuckerwasser aufgekocht) zugefügt werden.

Eine aparte Geschmacksnote wird mit einem Schuss Orangenlikör erreicht.

Hinweis: Hagebutten haben einen sehr hohen Gehalt an Vitamin C. Da sie zudem noch äußerst aromatisch sind, werden sie von Lebensmittelherstellern gerne getrocknet eingeführt. Auch für Hagebuttentee.

Kirschspeise mit Quark

- 1/2 l Milch
- 1 Prise Salz
- 75 g Zucker
- 150 g Honig
- 1/2 Teel. abgeriebene Zitronenschale
- 2 Essl. Butter
- 1/2 Päckchen Vanillinzucker
- 75 g Grieß
- 500 g durchpassierter Quark
- 2 Eier
- 1 Essl. Butter
- 400 g entkernte und gut abgetropfte Sauerkirschen aus dem Glas

Die Milch erhitzen und dabei alle folgenden Zutaten bis einschließlich Vanillinzucker einrühren. Sobald der Topfinhalt zum Kochen kommt, den Grieß unter ständigem Rühren einrieseln lassen. Bei ausreichender Hitze gut 15 Minuten ausquellen lassen.

Inzwischen Quark gründlich mit den beiden Eigelben verrühren. Die Eiweiße zu steifem Schnee schlagen. Die Quarkmischung mit dem etwas abgekühlten Grießbrei gründlich vermischen. Würzung prüfen. Abschließend den steifen Eischnee unterziehen.

Eine Auflaufform mit Butter ausstreichen und die Hälfte der Grieß-Quark-Masse einfüllen. Darauf die Kirschen verteilen und mit der restlichen Masse bedecken. Glattstreichen.

Im vorgeheizten Backofen bei 200 °C backen. Wenn die Oberfläche anfängt, Farbe zu nehmen, die Temperatur auf 225 °C heraufschalten und warten, bis die Oberseite des Auflaufs goldbraun ist.

Hinweis: Der Kirschsaft aus dem Glas kann mit etwas Himbeersaft vermischt und mit Speisestärke leicht gebunden werden. So hat man eine wohlschmeckende Sauce für den Auflauf, der am besten warm schmeckt.

Tuttifrutti

Manche Fernsehzuschauer werden in der Erinnerung an Tuttifrutti entweder die Nase rümpfen oder mit der Zunge schnalzen, weil sie an die Fernsehshow denken, mit der eine neue Ära begann, welche »süße Früchtchen« zeigte, die sich nicht durch Geschmack, sondern Freizügigkeit auszeichneten.
Bei unserem, dem Original-Tuttifrutti, handelt es sich um echte, schmackhafte Früchte in einem schon vor über hundert Jahren sehr beliebten und populären deutschen Fruchtdessert, das – was damals wichtig war – nicht nur zur Obstzeit zubereitet werden konnte.

- Gut 1 l eingemachtes und/oder frisches Obst, geschnitten gemessen
- Je 2 Essl. klein geschnittenes Orangeat und Zitronat
- Ca. 12 Löffelbiskuits und gleiche Menge Makronen
- 1 Glas aromatischer Wein
- 1/2 l Milch und 1 Päckchen Puddingpulver
- Einige Essl. Zucker
- 2–3 Eiweiß
- 1 Prise Salz
- 4 Essl. Puderzucker

Eingemachtes Obst abtropfen lassen und in etwa gleich große Stücke schneiden. Dabei ist die Auswahl variabel, sie muss nur aus mehreren Sorten bestehen, z. B. Kirschen, Pflaumen, Aprikosen, Birnen und Heidelbeeren. Auch frische Früchte dürfen dazu kommen, wie etwa Johannisbeeren, Himbeeren, Erdbeeren, Äpfel, Weintrauben oder Kürbis.

Alles Obst in eine ausreichend große, feuerfeste Schale füllen und nach Belieben mit klein geschnittenem Orangeat und/oder Zitronat bestreuen.

Löffelbiskuit und Makronen in etwa 3–4 cm große Stücke brechen, die mit aromatischem (Süd-)Wein und Einmachsaft der Früchte beträufelt wurden, und über das Obst verteilen.

Aus 1/2 l Milch einen Pudding kochen und über die Biskuit-Makronenschicht streichen. Erkalten lassen. Eiweiß mit Puderzucker zu steifem Schnee schlagen, als Deckschicht über den Pudding verteilen und kurz unter den gut vorgeheizten Grillstäben bräunen. Bitte umblättern.

Evtl. Weinbrand zum Flambieren

Besonders spektakulär wird Tuttifrutti, wenn man es beim Auftragen mit vorgewärmtem, brennendem Weinband flambiert.

Anmerkung: Früher hat man als Pudding eine Creme aus Milch, Sahne, Zucker. Vanillemark, Stärkemehl und Eigelb genommen, was noch besser schmeckte, allerdings auch aufwendiger war. Die Deckschicht aus Eischnee und das Flambieren können wegfallen.

Berlin

Hirsebrei

Dieses Rezept ist in heutige Speisepläne kaum einzuordnen. Es ist nicht unbedingt eine Nachspeise, passt jedoch in dieses Kapitel noch am besten hin.

Alle, die das Glück hatten, als Kinder noch von alten Märchen verzaubert zu werden, kennen Hirsebrei, aber kaum jemand hat ihn je gegessen. Einst Hauptspeise unserer bäuerlichen Vorfahren ist er von den Tischen der Neuzeit verschwunden.

Was Jahrhunderte lang Alltagskost war, kann doch nicht schlecht sein. Und das ist es auch nicht. Bei einem nationalen Rezeptwettbewerb wurde kürzlich ein Beitrag eingereicht, der einen Rahmkäse-Auflauf vorschlug, der auf Hirsebrei aufgebaut war. Alle Juroren waren erfahrene Köche, alle bekannten, sich diese Zubereitung nicht vorstellen zu können, weil ihnen Hirsebrei unbekannt sei.

Die Gerechtigkeit siegte, vor der Beurteilung wurde die Speise mit Hirsebrei nachgekocht – und errang einstimmig den ersten Preis.

Hirsebrei gehört also nicht nur als romantische Erinnerung in ein Buch über die deutsche Küche. Hier ist ein Rezept das vor weit über 100 Jahren den gutbürgerlichen Familien von einer erfahrenen Berliner Köchin vorgeschlagen wurde.

Hirse gut verlesen und dreimal hintereinander in kaltem Wasser aufsetzen, aufkochen und abgießen. Dann lässt man in einem Topf 40 g Butter zerschleichen, füllt die Hirse ein, lässt sie angehen, wobei sie gern blond werden darf. Dann 3/4 l Milch zugießen, salzen und unter öfterem Schütteln eine Stunde ausquellen lassen.

Will man den Brei recht üppig, so kann man vor dem Servieren noch 50 g gebräunte Butter darüber träufeln. – Ich würde vorher noch etwas Zucker in den Brei rühren, nicht zum Süßen, sondern nur des volleren Geschmacks wegen.

Hinweis: Hirse spielt in Afrika eine bedeutende Rolle für die Ernährung. In Deutschland wird sie nicht angebaut. Sie wird bei uns gern als Rispenfutter in Vogelkäfigen verwendet.

Einst waren herzhafte Eintöpfe mit Hirsebrei (evtl. mit Wasser gekocht) nicht unbekannt. Sie wurden mit vorgekochtem Ochsenherz (in Würfeln) oder mit Fleischwürfeln und Brühe angereichert.

200 g Hirse (gibt es im Reformhaus)
40 g Butter
3/4 l Milch
Salz
Evtl. noch 50 g braune Butter und 1 Essl. Zucker

Schaltenoses

Hinter dem lustigen Namen verbirgt sich eine noch lustigere deutsche Übersetzung: kalte Nasen. »Schaltenoses« dürfte als Name und Rezept aus dem Baltikum stammen. Aber so ganz genau kann heute niemand mehr sagen, wer wann bei wem »ab«gekocht hat. Außerdem gibt es, Gott sei Dank, keinen kriminellen Rezeptraub und auch keine Küchenspionage; wenn man irgendwo ein Gericht nachkocht, dann ist das die sympathischste Ehre, die man einem Nachbarn, ja einem fremden Volkstum erweisen kann. Mögen die Schaltenoses mit den slawischen Piroggen oder den schwäbischen Maultaschen verwandt sein, sie schmecken auf jeden Fall ausgezeichnet.

- 500 g Mehl
- 4 Eier
- 1 kleine Prise Salz
- 1 Essl. Zucker
- 125 g Rosinen
- 2 bis 3 Essl. Rum
- 500 g Glumse (Quark)
- 3 Essl. Butter
- 2 Eier
- Abrieb 1 Zitrone
- 3 Essl. Zucker
- 1 Prise Safran

Aus Mehl, 4 Eiern, wenig Salz und 1 Essl. Zucker zusammen mit etwas Wasser einen Nudelteig kneten.

Rosinen waschen und zwei Stunden in Rum einweichen.

Glumse (wie man in Ostpreußen den heiß geliebten Quark nennt) mit der weichen Butter und 2 Eigelben cremig rühren. Würzen mit Zitronenschale, Zucker, Safran (in wenig Zitronensaft angerührt) und den Rosinen nebst Einweich-Rum.

Nudelteig dünn ausrollen. Kreise von etwa 10 cm Durchmesser ausstechen. Auf jeden etwas Glumsecreme setzen, Ränder mit Eiweiß bestreichen und Halbmonde zusammendrücken.

In mild gesalzenem Wasser in 10 bis 15 Minuten gar ziehen lassen. Herausnehmen, abtropfen und servieren.

Bei Tisch werden die Schaltenoses mit zerlassener, brauner Butter begossen und mit Zimt und Zucker bestreut.

Apfelküchlein

Man verachte die Apfelküchlein nicht! Sie hätten beinahe die europäische Einigung verhindert. Und das schon Anno 1815. Auf einem der unzähligen Empfänge während des Wiener Kongresses beobachtete der Königl.-Sächsische Gesandte, wie der österreichische Staatskanzler Metternich und die Bevollmächtigten von Preußen, Russland und Frankreich die Köpfe zusammensteckten, gespannt lauschten und Metternichs Worten Zustimmung nickten. Unheil ahnend, pirschte sich der Sachse heran und erhaschte gerade noch, wie – Metternich das Rezept für Apfelküchlein aus dem heimischen Rheinland beendete.

Ein Apfelküchleinrezept aus jener Zeit und aus dem Rheinland konnte ich nicht entdecken. Ich hoffe, Sie sind auch mit einem aus Schwaben zufrieden!

- 500g säuerliche große Äpfel
- 1 bis 2 Essl. Zucker
- 1 bis 2 Gläschen Kirschwasser
- 125 g Mehl
- 2 Essl. Zucker
- Zimt
- 1 kleine Prise Salz
- Abrieb von 1/2 Zitrone
- 1/8 l Wein
- 1 Teel. Öl
- 3 Eier, getrennt
- Butter oder Butterschmalz zum Backen

Die Äpfel schälen, entkernen und in Scheiben schneiden. Mit Zucker und Kirschwasser vermischen und etwa 1/2 Stunde marinieren. Mehl mit Zucker, Salz, Zitronenschale, Wein, Eigelben und Öl zu einem klümpchenfreien Teig rühren und ebenfalls 1/2 Stunde ruhen lassen. Kurz vor dem Backen die steif geschlagenen Eiweiße unterheben. Apfelscheiben in den Teig tauchen und in heißem Fett schwimmend goldgelb backen. Auf Küchenkrepp entfetten.

Beim Anrichten überstreut man die Apfelküchlein mit Zucker und Zimt und genießt sie heiß.

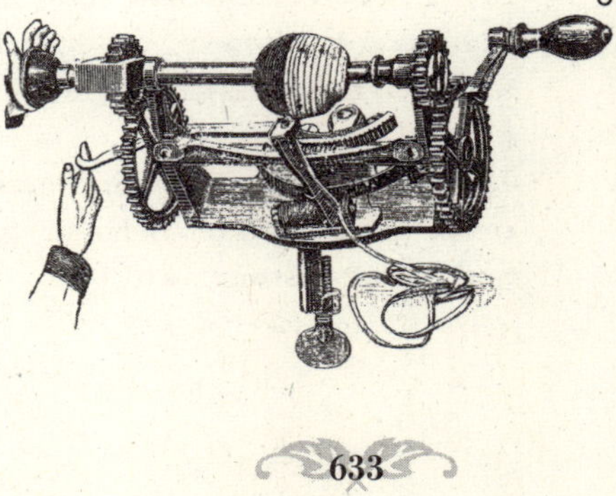

Dampfnudeln

Im allgemeinen schreibt man dieses köstliche Hefegebäck den Bayern zu. Ich missgönne ihnen die Urheberschaft nicht, trotzdem glaube ich, dass die »Dampfnudeln« allen Deutschen gehören. So hat z. B. die berühmte Henriette Davidis, eine Westfälin, schon 1844 drei verschiedene Rezepte dafür genannt. Ich als Frankfurter kann mir meine Jugend nicht ohne »Dampfnudeln« vorstellen; und ich bekam sie auch bei einer Tante im Rheinland. Dampfnudeln können Nachspeise sein; oft stellen sie zusammen mit einer Suppe eine ganze Mahlzeit dar, vor allem waren sie an Samstagen beliebt. Als Ausgleich für die nicht anerkannte Alleinurheberschaft der Bayern sei wenigstens ein bayerischer Kindervers zitiert:

»Dampfnudel hamma gestern g'habt,
Dampfnudel hamma heut,
Dampfnudel hamma alle Dag,
Weil's uns halt g'freut.«

Leider ist dieses altbeliebte Gericht arg in Vergessenheit geraten, obwohl es doch viel besser als all die Fertigpuddings schmeckt.

- 500 g Mehl
- 35 g Hefe (oder ein Päckchen Trockenhefe)
- Etwa 1 Tasse Milch
- 2 Eier
- 4 Essl. Zucker
- Etwas abgeriebene Zitronenschale
- 1 kleine Prise Salz
- 75 g zerlassene Butter
- 2 Essl. Butter

Mehl in eine Schüssel häufen und Trichter in die Mitte drücken.

Hefe mit einigen Essl. lauwarmer Milch und ganz wenig Zucker verrühren, in die Mitte des Mehls geben, mit wenig Mehl von den Rändern bepudern und aufgehen lassen. Dann erst mit restlichem Mehl, der Milch, den Eiern, Zucker, Zitronenschale und Salz vermischen. Zerlassene, abgekühlte Butter zugießen und einen Teig kneten. Zugedeckt aufgehen lassen. Durchkneten und nochmals aufgehen lassen.

In einem breiten Topf mit gut schließendem

Deckel 2 Essl. Butter in 1 Tasse Milch mit 1 Teel. Zucker und 1 kleinen Prise Salz verrühren und heiß werden lassen.

1 Tasse Milch
1 Teel. Zucker
1 kleine Prise Salz

Vom Teig kleine Ballen formen und nebeneinander in den Topf setzen. Zudecken; am besten mehrere Lagen Küchenkrepp zwischen Topf und Deckel legen und den Deckel beschweren, so kann kein Dampf entweichen, und beim Öffnen des Deckels können auch keine Wassertröpfchen auf die gebackenen »Dampfnudeln« tropfen. Bis es soweit ist, dauert es gut 20 Minuten auf mittlerer Hitze. Die »Dampfnudeln« verkünden selbst, wenn sie fertig sind, weil sie dann ein Knistern vernehmen lassen, das von der Bodenkruste herrührt. Erst kurz darauf – nie zwischendurch – Deckel öffnen und die »Dampfnudeln« mit einer Backschaufel herausheben.

Sofort servieren.

Für die Beilage gibt es verschiedene Möglichkeiten:

- beliebiges Kompott oder Fruchtsauce
- Vanillesauce
- Weinschaumsauce (gab es bei uns daheim, schmeckt mir am besten)
- Als bäuerliche bayerische Zusammenstellung ist auch angebratener, durchwachsener Speck möglich, den man mit seinem Bratfett in die oben aufgerissenen Dampfnudeln gießt; dazu gibt es dann als weitere Beilage gedünstete Pflaumen.

Andere Zubereitung: Dampfnudeln gleicher Art werden im Backofen bei Unterhitze ohne Deckel gegart. Dadurch bleiben sie oben nicht weiß, sondern bekommen auch da eine braune Kruste.

Rohrnudeln

Das sind »Dampfnudeln«, die ohne Deckel im Ofen gegart wurden. Vorher muss man allerdings noch jeden Teigballen mit etwas Pflaumenmus füllen. Zuweilen setzt man sie auch nur in eine gebutterte Form und gießt die gesüßte Milch erst nach 20 Minuten zu. Im Volksmund wird die Backröhre abgekürzt mit Rohr bezeichnet, so haben diese »Nudeln« ihren Namen bekommen.

Ausgebackene Holunderblüten

In Franken Hollerküchle

Holder-Küchlein (alter mitteldeutscher Ausdruck)

Heute gehen die Menschen meist achtlos an den flachen, weißen Dolden der Holunderblüten vorbei. Unsere Vorfahren wussten sie in vielerlei Form zu genießen. Nur wenn einen Gicht oder Rheuma gepackt haben, erinnert man sich an den Holunderblütentee. Vergessen sind die Saucen zu Gebratenem oder der Salat, den man daraus machte. Umso mehr sollten wir uns an den köstlichen kleinen Pfannkuchen erfreuen, die man hie und da noch immer mit den Holunderblüten backt. – Einer der schönsten frühsommerlichen Genüsse, der strikt an die Monate Mai und Juni gebunden ist. Und ans Selberpflücken.

Eine weitere Köstlichkeit, vielleicht eine noch köstlichere, ist der »Holunderblüten-Sorbet« auf Seite 644.

- 8 bis 12 frisch gepflückte Holunderblüten
- 250 g Mehl
- 1/2 Päckchen Backpulver
- 1 bis 2 Essl. Zucker
- 1 kleine Prise Muskatblüte

Die Holunderblüten kalt waschen und gut abtropfen lassen, dabei nachher noch auf dicke Lagen Küchenkrepp tupfen, damit sie richtig trocken werden. Die Stiele müssen an den Blüten bleiben, man braucht sie als Handgriffe.

Mehl mit Backpulver und Zucker vermischen, ganz wenig Muskatblüte zugeben (das muss nicht sein, aber meine Großmutter hat es gemacht, und allen Enkeln hat es geschmeckt) und dann mit Ei, Bier und Öl einen nicht zu dünnen Ausbackteig rühren. Diesen mindestens eine Stunde ruhen lassen.

Ausbackfett erhitzen, die einzelnen Blüten in den Teig tauchen und ins siedende Fett setzen; auch etwas unter die Oberfläche drücken, damit der Teig ringsum schön goldbraun und knusprig wird. Heiß in Puderzucker stupfen und verzehren.

1 Ei
1/8 l Bier
1 Teel. Öl
Ausbackfett
Butterschmalz

Pfitzauf

In allen guten Haushaltswarengeschäften Südwestdeutschlands kann man spezielle Pfitzauf-Formen kaufen. Man kann diesen alten schwäbisch-badischen Nachtisch auch sehr gut in Ragout-fin-Näpfchen zubereiten und notfalls sogar in Tassen, die allerdings nicht zu klein sein sollten.

Mehl mit der Milch verrühren, dann die Eier verkleppern und mit Salz, Zucker und Butter ebenfalls in den Teig rühren.

Förmchen gut ausbuttern und den Teig einfüllen, aber so, dass er nur bis zur halben Höhe reicht. Im vorgeheizten Backofen bei gut 200 °C in ungefähr 1/2 Stunde backen.

Danach sofort stürzen und mit Zucker bestreuen. Als Beilage gibt es ein beliebiges Kompott.

Hinweis: Bereitet man Pfitzauf ohne Zucker zu, so wird er mit grünem Salat zusammen gegessen.

350 g Mehl
1/2 l Milch
5 Eier
1 kleine Prise Salz und
1 Essl. Zucker
125 g zerlassene, abgekühlte Butter
1 bis 2 Essl. Butter für die Förmchen
Zucker zum Bestreuen

Auflauf mit Kirschwasser

Ein Rezept von Mitte des vorigen Jahrhunderts.

„Man schneidet von Milchbrod Schnitten nach beliebiger Dicke und backt sie in heißem Schmalz; wenn sie ein wenig erkaltet sind, taucht man sie in Kirschwasser, legt sie auf eine Platte und überstreut sie stark mit Zucker, dann röstet man 1/4 Pfund geschälte und fein gestoßene Mandeln mit 2 Eßlöffel voll Zucker halbgelb, thut sie in eine Schüssel, rührt sie, bis sie ein wenig erkaltet sind, schlägt von 8 Eiern einen Schnee und rührt ihn, nebst der fein zerschnittenen Schale von einer Citrone und dem Saft derselben, zu den Mandeln; dann legt man von den Schnitten auf eine mit Butter bestrichene Platte, thut von den zugerichteten Mandeln halb Finger dick darauf herum, legt wieder Schnitten hinein, und fährt so fort, bis alles zu Ende ist, dann stellt man es in einen Ofen und läßt sie schön aufgehen."

(Milchbrot. 1 cm dick, entrindet, Backofen bei 175 °C.)

Württemberg

Mostküchle

- 180 g Mehl
- 2 Eier
- Knapp 1/4 l Milch
- 1 Essl. Zucker
- 1 kleine Prise Salz
- 4 Wecken
- Ausbackfett
- 1/2 l Most (Apfel/Birnenmost, leicht alkoholisch; ersatzweise Apfelsaft mit einem Schuss Weißwein)
- 3 bis 5 Essl. Zucker
- 1 Stück Zimtstange

Aus Mehl, Eiern, Milch sowie etwas Zucker und ganz wenig Salz einen Pfannkuchenteig rühren und mindestens 1/2 Stunde ruhen lassen. Die Wecken in jeweils 4 bis 5 Scheiben schneiden. Diese durch den Teig ziehen und im heißen Fett auf beiden Seiten goldgelb ausbacken.

Auf Küchenkrepp entfetten, dann in eine Schale oder flache Schüssel legen, die gerade so groß sein sollte, dass alle nebeneinander Platz haben.

Most mit dem Zucker und der Zimtstange erhitzen, nicht kochen. Dann heiß über die Küchle gießen und warten, bis sie sich vollgesogen haben.

Möglichst warm servieren.

»A Schmarren!«

So überschreibt Carl Spitzweg, der Apotheker, der zum berühmten Maler wurde, sein Schmarrenrezept. Dieser »Schmarren« ist, auch wenn er kein österreichischer »Kaiserschmarren« ist, kein Schmarren, mit dem man in Bayern unzusammenhängende Dummheiten meint. »Schmarren« können aus Grieß, Mehl oder Brot bestehen. Rosinen, Mandeln, Zucker, Zimt, Marmeladen und Kompott dienen zur Verfeinerung. Die ältesten Rezepte, die immerhin schon vor rund 500 Jahren belegt sind, beziehen sich stets auf Brot. So bleiben wir bei dieser Art, die durchaus kein Arme-Leute-Essen war, sondern hohe und höchste Herrschaften erfreute. Hier ist das Spitzweg-Rezept im Originaltext!

„6 Semmeln werden klein geschnitten. Ein 1/2 Schoppen Milch mit 3 ganzen Eiern abgesprudelt, über die Semmeln gegossen, einige Zeit lang stehen gelassen, bis die Semmeln die Milch eingesogen haben; dann läßt man 1/4 Pfund Schmalz heiß werden u. gibt die geweichten Semmeln hinein u. beendet es wie den Eierhaber: dann ist der Schmarren fertig."

6 Semmeln (Brötchen)
1/4 l Milch
3 Eier
125 g Schmalz (oder Butterfett)
Zucker-Zimtmischung oder Kompott

Praktische Hinweise:

- »beendet es wie den Eierhaber« heißt, dass man die Masse unter häufigem Wenden anbrät, bis sie Krusten (bayer. »Ramerln«) hat; das geschieht mit einem Spezialinstrument, das »Scherrer« heißt (Kratzer, Pfannkuchenwender).
- Zum Schluss kann man noch etwas Butter auf den Schmarren geben, was den Geschmack abrundet.
- Streut man schon in der Pfanne Zucker darüber, bräunt er sehr schnell.
- Auf dem Teller wird der »Schmarren« mit Zucker oder Zimt-Zucker-Gemisch oder mit beliebigem Kompott versehen.

Bamser

Dieses Gebäck gilt als Schleizer Spezialität, die als Nachtisch gereicht wird und deftige Samstagssuppen zum beliebten Mittagessen abrundet. Als echt thüringische Speise muss sie natürlich »kartoffelig« sein.

- 750 Kartoffeln
- 500 g geschälte, entkernte Äpfel
- 4 Eier, getrennt
- 1 Prise Salz
- 50–100 g Zucker
- Gut 150 g Mehl
- 40 g Butterfett
- 30 g Butter
- Zimt/Zucker zum Bestreuen

Geschälte Kartoffeln noch warm zu Brei drücken, am besten durch eine Kartoffelpresse. Geschälte und entkernte Äpfel sehr grob reiben oder auch schnitzeln und mit den Kartoffeln vermischen. Eier mit dem Zucker und der Prise Salz schaumig rühren und dann nach und nach so viel Mehl zugeben, dass die Masse Bindung bekommt. Zum Schluss die steif geschlagenen Eiweiße unterheben. Aus diesem Teig fingerlange und etwa zweifingerdicke, krokettenförmige Küchlein drücken. In Butterfett in der Pfanne ringsum anbraten. Zur vollendeten Geschmacksabrundung träufelten großzügige Mütter dann noch etwas Butter darüber, ließen sie im Ofenrohr kurz überbacken, bestreuten sie mit Zucker und Zimt, um sie dann heiß zusammen mit einem Klecks Apfelmus zu servieren.

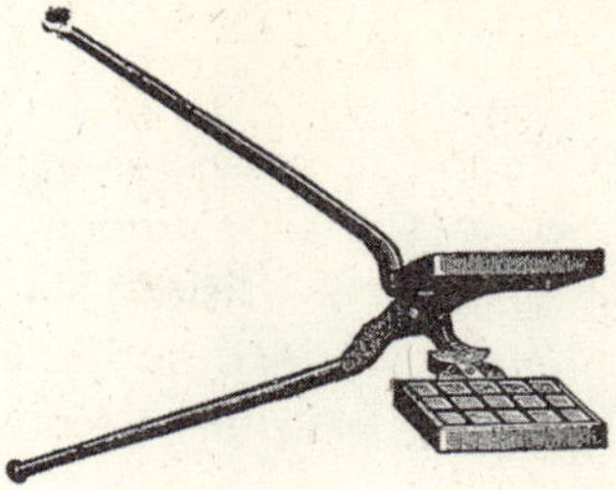

Freiburger Waffeln

Ein altes Familienrezept aus dem Breisgau.

Butter so lange rühren, bis sie zu einer weißen Creme wird. Dazu rührt man dann Mehl, Eier und saure Sahne derart, dass man von jeder Zutat jeweils einen Löffel zu der Butter gibt und damit verrührt. Ist alles verbraucht, so kommt noch der Zucker zu dem Teig sowie ganz wenig Salz und abgeriebene Zitronenschale.

Sollte der Teig zu dick geraten, wird er mit etwas saurer Sahne verdünnt. Er wird sofort auf das mit Speckschwarte bestrichene Waffeleisen gegossen, und so backt man eine Waffel nach der anderen goldbraun.

Vor dem Auftragen sollte man noch Puderzucker über die einzelnen Waffeln streuen.

- 100 g Butter
- 250 g Mehl
- 8 Eier
- 1/4 l saurer Rahm
- 1 Essl. Zucker
- 1/2 Teel. Salz
- Abrieb von 1/2 Zitrone
- Speckschwarte zum Einfetten des Waffeleisens
- Puderzucker zum Bestreuen

Freiburg im Breisgau

Bergische Kaffeetafel

Dies ist eine kulinarische Urvätersitte – und Urgroßmuttersitte natürlich auch –, die bis auf den heutigen Tag lebendig geblieben ist. Und jetzt ist sie sogar noch zu einer Touristenattraktion geworden. Wer im Bergischen Land »Kaffee mit Essen« bestellt, der bekommt eine Kanne (»Dröppelminna«) mit ausgezeichnetem Kaffee, natürlich mit Sahne und Zucker dazu, und Rosinenplatz, Korinthenstuten, Burger Brezeln, Zwiebäcke mit Guss, Schwarzbrot, einen kleinen Butterberg, Reisbrei, Apfelkraut, Klatschkäse und knusprige, warme Waffeln. Das nennt man schlicht und bescheiden bergische Kaffeetafel. Aus dieser gastlichen Fülle stammt das folgende alte bergische Rezept für etwa ein Dutzend Waffeln.

Waffeln

250 g Butter
4 Eier
4 Essl. Zucker
1/2 Teel. Salz
2 Essl. flüssiger Honig
500 g Mehl
1 Päckchen Vanillinzucker
1 Teel. Backpulver
Puderzucker zum Bestreuen

Aus allen Zutaten in der angegebenen Reihenfolge einen dickflüssigen Waffelteig mit etwas warmem Wasser anrühren; dabei Mehl mit Vanillinzucker und Backpulver vermischen.

Im gefetteten Waffeleisen goldbraune, knusprige Waffeln backen, mit Puderzucker bestreuen und möglichst warm servieren.

Apropos: Wussten Sie, wie man im Bergischen Land die Kaffeekanne nennt, die zur Kaffeetafel auf den Tisch kommt? – Dröppelminna.

Fürst-Pückler-Eis

Hermann Fürst von Pückler-Muskau (1785–1871) war ein berühmter Reisender, Schriftsteller und Gartenarchitekt. Unsterblich wurde er jedoch durch eine Eisbombe, die ein Lausitzer Konditor namens Schulz ihm zu Ehren erfand. Heute trägt jedes Eis, das aus Streifen mehrerer Sorten zusammengesetzt und recht bunt ist, den Namen des Fürsten. Die echte Zubereitung des Fürst-Pückler-Eises ist sehr viel aufwändiger. Sie war schon wenige Jahre nach dem Tode des Fürsten in Berlin sehr populär; ich gebe ein Rezept aus der damaligen Zeit wieder, welches so um 1880 herum aufgeschrieben worden sein dürfte.

„Hierzu bereitet man Vanille-Eis. Wenn es gefroren, theilt man es in drei Theile. Der erste bleibt gelb, den zweiten färbt man rosa und giebt etwas Marasquino hinein, unter den dritten Theil mischt man etwas geriebenen Chocolade. Bevor man das Eis abtheilt füllt man unter so viel Eismasse, wie man aus 1/2 Liter Sahne und 4 Eiern herstellt, 1/2 Liter geschlagene Sahne und mengt noch 1/4 Pfund bittere und gebröckelte Makronen darunter, füllt die Massen eine nach der anderen in eine Eisform, legt Papier darauf, schließt den Deckel fest darüber und legt sie in feingestoßenes Eis mit Salz untermengt. Vor dem Stürzen taucht man die Form in kaltes Wasser."

Hinweis: Wenn wir heute für die rote Eisschicht Himbeereis nehmen oder Erdbeereis, so ist das zweifellos ein Fortschritt. Vergessen sollten wir aus dem Originalrezept jedoch nicht die zerbröckelten Makronen und die Tatsache, dass es sich um ein durch Schlagsahne besonders leicht gehaltenes Eisparfait handelt.

Holunderblüten-Sorbet

Über einem der anmutigsten Weinorte Deutschlands,
Durbach bei Offenburg, ragt ein wehrhaftes, mittelalterliches
Schloss der einstigen Landesherren auf; unten im Dorf
gibt es einen kulinarisch berühmten Ritter, ein Hotel, dessen
Gasthof von Genießern von überall her besucht wird.
Der kürzlich leider verstorbene Seniorchef des Familienbetriebs,
Wilhelm Brunner, war ein Meister der badischen Küche,
der aus alten Traditionen heraus auch
neue Gerichte entwickelte.
Seine vielleicht köstlichste Kreation ist ein Dessert,
das er nur zubereiten konnte, weil er alljährlich im Frühling
mit der ganzen Familie nebst allen Beschäftigten
des Hauses zum Pflücken von Holunderblüten loszog.
Wenn unten im Tal längst keine mehr zu finden waren, ging
es hinauf in die raueren Höhen des Schwarzwalds, um
genügend Vorrat für das ganze Jahr zu sammeln.
Frau Brunner, die Witwe des Meisters, die heute
den »Ritter« führt, gab mir das Originalrezept, das längst
zum Weltschlager geworden wäre, wenn man Holunderblüten
einfach per Fax bestellen könnte.
Vorläufig bleibt dieser Genuss Durbachbesuchern
vorbehalten – und Lesern dieses Buches, die zum Selbst-
pflücken nicht zu bequem sind.

Holunderblüten
Traminer-Wein
Puderzucker

Holunderblüten vorsichtig waschen und dann in gutem Traminer-Wein (Clevener, wie man ihn in Durbach nennt, wo er zur Aromafülle reift) 3 Tage zusammen mit dem in Wasser aufgelösten Puderzucker ziehen lassen. Dann durch ein Sieb abgießen.

500 ml Holunderblütenfonds
150 ml Champagner
Saft einer ungespritzten Zitrone
3 aufgelöste Gelatineblätter

500 ml dieses Holunderblütenfonds zusätzlich aromatisieren mit 150 ml Champagner (darauf bestand Wilhelm Brunner) und dem Saft einer Zitrone. 3 aufgelöste Gelatineblätter untermischen und unter mehrmaligem Rühren gefrieren. In Sektkelchen servieren.

Mandelmilch

Die Mandelmilch mitsamt ihren Abwandlungen kommt aus Spanien, wo sie noch heute eine bedeutende Rolle spielt. In der feinen und bürgerlichen Küche unseres Landes war sie jedoch schon im 19. Jahrhundert allgegenwärtig, nicht nur bei der Zubereitung von Desserts, sondern auch für Saucen zu hellem Fleisch und sogar Fisch.
Die Mandelmilch ist so köstlich, dass eine Wiederbelebung des Rezeptes sich garantiert lohnt, vor allem auch, weil moderne Küchenmaschinen die Mandeln so viel schneller und müheloser zerreiben, als das einst im Mörser möglich war.

125 g Mandeln
1 l Wasser oder Milch
Einige Essl. Zucker
Bittermandelöl (früher wurden einige bittere Mandeln mit zerrieben)
Orangenblüten- oder Rosenwasser
Salz

Geschälte Mandeln in der Maschine zusammen mit einigen Esslöffeln heißem Wasser zur Creme zerreiben. Dann in 1 Liter warmes Wasser (oder Milch) einrühren. Mit einigen Esslöffeln Zucker, wenigen Tropfen Bittermandelöl und Orangenblüten- oder Rosenwasser aromatisieren. Eine ganz kleine Prise Salz ist angebracht.

Diese Mandelmilch wird gut gekühlt zum Sommerdrink oder kann mit 3–4 Eidottern und 2 Esslöffeln Stärkemehl zur Mandelcreme gekocht und kalt serviert werden. Ohne Zucker verfeinert sie helle Saucen für weißes Fleisch.

Hinweis: »Blancmanger« war früher auch in Deutschland eine geläufige Bezeichnung für Mandelcreme. Heute gehört sie zum Vokabular der internationalen Kochkunst.

Blancmanger wurde auch mit Gelatine gebunden und erkaltet gestürzt.

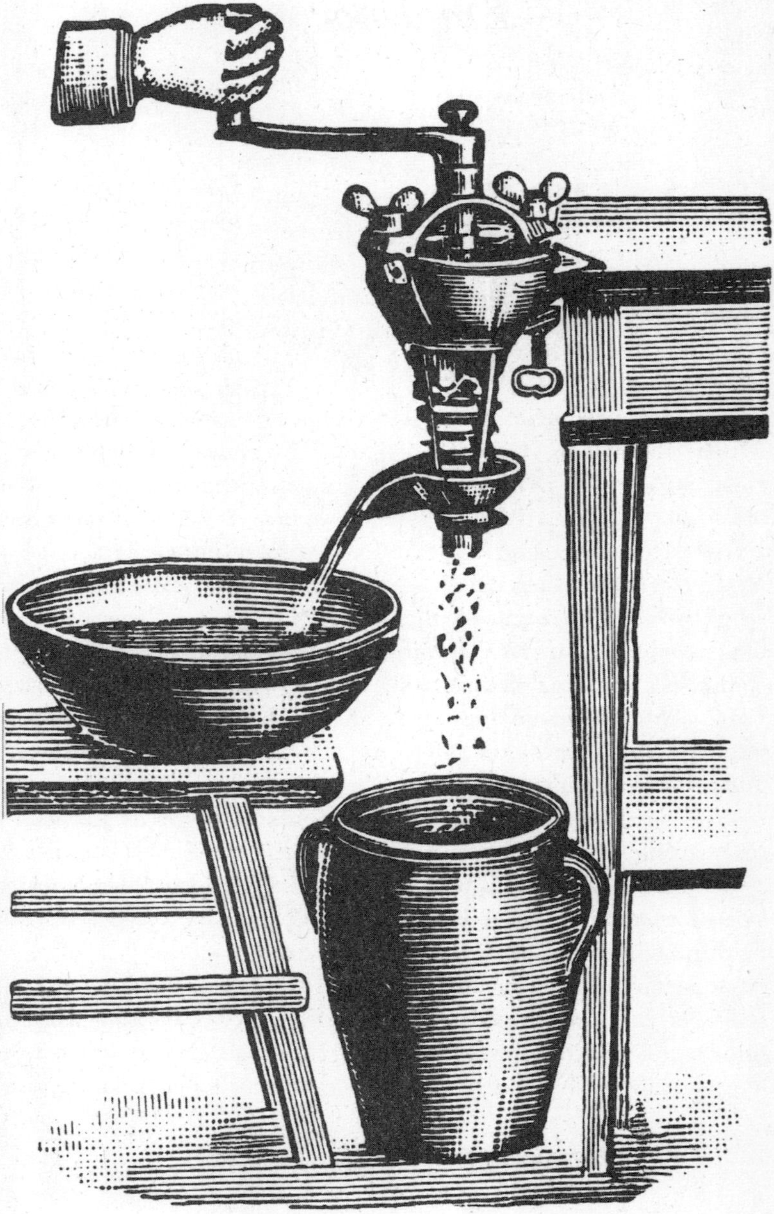

Eingemachtes

Es ist seit einigen Jahren wieder modern, selbst etwas einzumachen. Trotz des vielfältigen Konservenangebots aus aller Herren Ländern machen jedes Jahr wieder mehr deutsche Hausfrauen Marmelade, Gelees und Obststücke nach Großmutterart selbst ein.

Vielleicht ist das zum Teil eine Modeerscheinung; nostalgisch essen ist »in«. Sicher aber spielt auch der individuell zu verändernde Wohlgeschmack eine Rolle, man will »was Echtes« genießen. Außerdem ist Selbsteingemachtes ein beliebtes Mitbringsel, besonders wenn es attraktiv zugebunden und einfallsreich etikettiert ist.

Bei den Obststücken handelt es sich heute weniger um selbst gemachte Kompotte als vielmehr um süßsaure Würzbeilagen, die man selbst einkocht. Weitgehend hat natürlich die Tiefkühltruhe das Regal mit dem Eingemachten ersetzt. Auch das Trocknen ist als hausfrauliche Beschäftigung ganz in den Hintergrund getreten. Ich weiß aus alten Schwarzwaldhäusern, dass dort überall noch ein Raum mit Darren vorhanden war, der heute anderen Nutzungen zugeführt ist.

Eine sehr interessante Trockenobstspezialität gab es bis zum Ersten Weltkrieg in der Gegend von Kitzingen am Main: *Prünellen.* Sie wurden in mühsamer Heimarbeit erzeugt und brachten den Familien ein schönes Stück Geld. Pflaumen oder Zwetschgen wurden geschält, dann stieß man den Kern heraus und steckte sie auf Holzspieße. Diese wurden langsam im Kachelofen getrocknet. Die meisten gingen dann nach England, und sie brachten 2 Mark pro Kilo. Das war ein horrender Preis. – Prünellen sollen ursprünglich eine südfranzösische Spezialität gewesen sein, Jahrhunderte lang hat man besonders feine Suppen oder Torten daraus gemacht.

Köstlin, nach einer Zeichnung von Clerget

Kreude

Ein sehr alter Brotaufstrich, den Frau Gertrud Kulau anlässlich eines Wettbewerbs der »Gastronomischen Akademie Deutschlands« so schilderte:

»Zuckerrüben wurden gut gesäubert und weich gekocht. Dann in längliche Stücke geschnitten, in einen Sack gesteckt und ausgepresst. Die Presse dazu war von unserem Schmied und Stellmacher ganz besonders angefertigt. Der Saft kam in einen großen Kupferkessel, und das Kochen konnte beginnen. Mit dem Kochen färbte sich der Saft langsam dunkel. Er wurde auch dicker und musste dauernd gerührt werden; dazu hatte der Stellmacher einen Rührstab, genannt ›Pimpel‹, angefertigt. Hatte man einen 3/4 Tag gekocht, wurde ein klein geschnittener Kürbis dazugetan und etwa noch eine halbe Nacht gekocht und immer gut und gleichmäßig dabei gerührt.

Das Kochen der ›Kreude‹ war ein besonderes Fest, jeder blieb die Nacht gern auf. Dabei wurden Kartoffelkuchen gebacken und mit Apfelmus gegessen. Man machte Tellerproben und stellte so fest, ob die ›Kreude‹ gut und dick genug war. Man hob sie in Steintöpfen auf und verschloss diese mit Rindertalg.«

Quittenpaste

Das sind köstliche Geleefrüchte zum Selbermachen, ein altbeliebtes deutsches Konfekt.

1 kg Quitten
Zucker
Öl
Hagelzucker

Quitten sollen möglichst vollreif und quittengelb sein. Mit einem Tuch den weißen Flaum abreiben. Früher sagte man, Quitten dürften keinesfalls gewaschen werden; das entbehrt jeder Grundlage; allerdings genügt das Abreiben. Stiele und Blütenansätze entfernen, dann die ganzen Früchte mit Schale und Kernen in beliebige Stücke schneiden und gerade eben mit Wasser bedecken. Der Topf sollte einen möglichst dicken Boden haben. Auf mittlerer Hitze weich kochen. Wenn man nicht rührt, brennt auch nichts an – vorausgesetzt, die Hitze wird nicht zu intensiv. Anschließend den ganzen Topfinhalt durch ein Haarsieb streichen. Der entstandene Brei muss gewogen werden, weil man das gleiche Gewicht an Zucker zusetzen muss. Alles zusammen nochmals auf gelinder Hitze kochen, etwa 25 Minuten lang. Jetzt allerdings gelegentlich umrühren. Schließlich entsteht ein dicker rötlicher Brei.

Ein Backblech oder eine flache Schale gut einölen und dann darauf den Quittenbrei 1–2 cm dick ausstreichen. Jetzt muss er noch so lange trocknen, bis er zur schnittfesten Paste geworden ist. Dazu am besten locker mit einem Tuch bedecken und ihn dahin stellen, wo er nicht im Weg ist; oben auf dem Kleiderschrank ist traditionsgemäß ein beliebter Trocknungsort. Man muss mit 2 bis 3 Wochen rechnen, bis die Paste fertig ist.

In Würfel schneiden oder mit Förmchen ausstechen. In Hagelzucker wälzen, diesen leicht andrücken.

Zwischen Pergamentpapier kann man die Quittenpaste viele Wochen lang lagern. Besonders schön wirkt sie, wenn man die einzelnen Stückchen in Pralinenpapier legt. So werden sie in einer Spanschachtel zum beliebten Mitbringsel persönlicher Art.

Abwandlungen: Zusätzliche Aromatisierung der Quittenpaste kann man erreichen durch: Zitronensaft (zu 1 kg Brei Saft von 1 bis 2 Zitronen), Zitronen- oder Orangenschale, die hauchdünn abgeschält wurde und dann in nadelfeine kurze Streifen geschnitten ist, oder Rosenwasser (2 bis 3 Essl. pro Kilo Brei).

Hessen

Zwetschgenmus

Latwerge (oft Latwerje ausgesprochen)

Oft hört man auch den Namen Pflaumenmus, der jedoch falsch ist, weil dieses ohne Zucker zu kochende, köstlichste aller Fruchtmuse nur aus Zwetschgen – je später, desto besser – gekocht werden kann.

An Zutaten braucht man nur Zwetschgen und Geduld. Die Zwetschgen entsteinen und hacken oder durch die Fleischmaschine drehen.

Mitsamt allem Saft mit ganz wenig Wasser langsam zum Kochen bringen und auf schwacher Hitze mehrere Stunden eindicken lassen. Dabei auf keinen Fall umrühren, sonst brennt das Mus an.

Erst das gedickte Mus muss dann gerührt werden, und zwar so lange, bis buchstäblich »der Löffel drin stehen bleibt«. Dabei kann es spritzen.

Das Einkochen ohne Rühren dauert schon einige Stunden, und dann muss nochmals stundenlang gerührt werden.

Früher haben sich mehrere Familien zum Muskochen in einem Waschhaus zusammengefunden, sich die Zeit mit Geschichtenerzählen vertrieben und abwechselnd gerührt, ganz so wie beim Kreudekochen.

Das dicke Zwetschgenmus wird dann am besten in Steinguttöpfe gefüllt und bei kleiner Hitze so lange in den Backofen gestellt, bis sich eine getrocknete Kruste bildet. Zur besseren Haltbarkeit kann man dann noch ein Pergamentpapier auflegen, das in Rum oder in Zwetschgenwasser getränkt wurde. Danach erst mit Einmachpapier verschließen.

Marmelade von blauen Trauben

Nach einem handgeschriebenen Rezept um1840.

- 1,5 kg Traubenbeeren ohne Stiele (blaue Trauben)
- 1 l neuer süßer Wein (»von dem Vorlauf« heißt es in dem Rezept, also, wie er aus der Kelter kommt)
- 250 g Zucker (Gelierzucker in heutiger Zeit)
- 1 Teel. kristalline Zitronensäure oder abgepacktes Geliermittel

Zum Kochen schreibt das alte Rezept »eine neue messingene Pfanne« vor. Ein Edelstahltopf kann es heute sein. Abgezupfte Traubenbeeren einlegen, neuen Wein zufügen und eine 3/4 Stunde kochen lassen. Beim ersten Aufwallen muss mit einem feinen Schaumlöffel gerührt werden, dabei steigen die Kerne jeweils kurz hoch und können abgefischt werden. Ist dies geschehen, lässt man den Zucker einlaufen, gibt die Zitronensäure zu und lässt noch eine gute halbe Stunde unter fleißigem Rühren kochen. Etwas abkühlen lassen und in Gläser füllen.

Anmerkung: Mitte des vorigen Jahrhunderts brachten alle unsere Trauben so viel Säure mit, dass die Marmelade auch ohne Hilfsmittel gelierte.

Sachsen-Anhalt

Ingwerbirnen

Den Wohlgeschmack dieses selbst gemachten Kompotts erreicht keine der modernen Birnenkonserven.

- 2 kg Birnen, möglichst kleine, feste
- 2 kg Zucker
- 1/2 l Wasser
- 4 nicht zu kleine Stücke Ingwerwurzel, geschält und in dünne Scheiben geschnitten

Birnen schälen und entkernen; vierteln.

Zucker im Wasser so lange kochen und abschäumen, bis ein Tropfen, den man auf eine Untertasse bringt, nicht mehr zerfließt. Dann Ingwerstücke – eventuell in Scheiben geschnitten – einlegen und portionsweise die Birnen für einige Minuten vorkochen. Anschließend alle Birnen eine knappe Stunde kochen, bis sie weich sind; sie sollen jedoch nicht zu Mus werden.

In saubere Gläser füllen, erkalten lassen und gut mit Pergament oder Einmachhaut verschließen.

Chinois

Was für uns heute der Rumtopf ist, war für unsere Großeltern der »Chinois«. Sie hatten dabei den ursprünglich verwendeten Sake (Reisschnaps) durch Nordhäuser Korn ersetzt. Wie kommt ein China-Topf dazu, eine deutsche Spezialität zu werden? Sechzehn Jahre lang flatterte die Flagge Schwarz-Weiß-Rot über einem kleinen Zipfelchen Chinas. Tsingtau war von 1898 bis 1914 Hauptstadt des deutschen Pachtgebietes Kiautschou. Die dort stationierten Marineartilleristen brachten das »Chinois-Rezept« mit in die Heimat. Hier ist es in einem Originaltext aus dem Jahre 1902!

„Auf einen großen, leeren Ingwertopf[1] passe man einen Kork dicht auf und fülle ihn zur Hälfte mit bestem, altem Nordhäuser Korn.
Wie nun die Jahreszeit vorrückt, liest man fehlerfreie, schöne, reife Früchte aromatischer Sorten aus und legt sie in den Topf: Erdbeeren, Himbeeren, Brombeeren, grüne Nüsse, mit Näglein (Nelken) gespickt, Johannisbeeren, Aprikosen, Pfirsiche, Reineclauden, kleine süße Pomeranzen, Weinbeeren und andere mehr. Dem Ganzen fügt man nach Geschmack Zucker, eine Stange Zimt und ganz wenig Vanille hinzu und stellt es mehrere Wochen an einen nicht zu kalten Ort. Die Früchte werden in flachen Schalen von chinesischem Porzellan serviert und mit Eßstäbchen herausgegriffen, der kräftig aromatische Saft aus kleinen chinesischen Täßchen getrunken."

Liebe Leser, wollen Sie nicht einmal den Großvater unseres Rumtopfs probieren? Mit dem im Rezept vorgeschlagenen Zeremoniell würde er bestimmt zur Partysensation. Kleine Pomeranzen oder auch Zwergorangen, bzw. Kumquats sind das, was man früher Chinois nannte.

1 Wer keinen großen Ingwertopf findet, der kann eine chinesische Vase nehmen (sie muss ja nicht gerade aus der Ming-Zeit stammen) oder ganz einfach einen Rumtopf.

Salzgurken

Saure Gurken

Salzgurken wurden zwar überall in Deutschland hergestellt und gern gegessen, aber nirgendwo waren sie so zur Spezialität geworden wie im Spreewald, besonders in Lübbenau. Dort ist heute noch Salzgurkenland. Von Berlin aus fährt man heute wieder wie einst zu Ausflügen hin. Unvergesslich ist einer der ältesten Werbesprüche, der da lautet: »Was klärt den Kopp bei Mann und Frau? Saure Gurken aus Lübbenau.« Unsere deutschen Gurkenhersteller vernachlässigen die Salzgurken, weil die Gewürzgurken punkto Haltbarkeit problemloser sind. Grund genug, sich an Großmutters Rezept zu erinnern. Saftige Salzgurken sind eine wirklich einmalige Delikatesse.

Einleggurken von 10 bis 15 cm Länge, die schlank und nicht bauchig sein sollen
1 gehäufter Essl. Salz pro Liter kaltem Wasser

Eventuell:
Sauerkirschblätter
Dillzweige
Weinblätter
Frischer Meerrettich
Estragonblätter

Vergessen wir das hölzerne Gurkenfass, das in Großmutters Kochbuch anempfohlen wird; es ist viel zu schwer zu säubern und dicht zu bekommen. Große Steinzeugkrüge oder auch große Einmachgläser tun den gleichen Dienst.

Gurken mit viel kaltem Wasser sehr gründlich bürsten und anschließend mit Küchenkrepp gut abtrocknen.

Einmachgefäße mit Sauerkirschblättern auslegen – diese müssen jedoch vorher gründlich heiß gewaschen werden, was nicht in Großmutters Kochbuch steht, weil es damals noch nicht so viele chemische Schädlingsbekämpfungsmittel gab.

Gurken dicht nebeneinander einschichten. Dazwischen möglichst reichlich Dillzweige stecken und nach Belieben die anderen, bei den Zutaten angegebenen Aromaten.

Salz in frischem kaltem Wasser völlig auflösen und dann so viel über die Gurken gießen, dass sie ganz bedeckt sind. Einen Teller auflegen und diesen eventuell noch mit einem Stein beschweren, damit die Gurken nicht an die Luft steigen können. Mit einem Tuch zubinden, nie hermetisch verschließen, denn die Milchsäurebakterien, die sich jetzt bilden, brauchen Luft. Sie bewirken Haltbarkeit, guten Geschmack und die außergewöhnliche Bekömmlichkeit der Salzgurken.

Bildet sich eine weiße Schicht an der Oberfläche der Gurkengefäße, so schöpft man diese Schicht gründlich ab. Eventuell muss man mit neuer Salzlake nachfüllen.

Nach 10 bis 14 Tagen hat sich das Gärungswunder vollzogen: Die Gurken sind glasig und köstlich.

Sollten die Salzgurken während der ersten Tage bei Zimmertemperatur aufbewahrt werden, weil das die Gärung fördert, so halten sie sich anschließend um so besser. Aber in 1 bis 2 Monaten sollten sie halt doch aufgegessen sein. – Was bei dem ihnen eigenen Wohlgeschmack kein Problem sein dürfte.

Eingelegte grüne Nüsse

Diese köstliche »Einmacherei« kann man nur da herstellen, wo in deutschen Landen Nüsse reifen. Leider ist das nur in besonders klimagünstigen Landstrichen unserer Heimat der Fall. Eine so exquisite Beilage wie die »grünen Nüsse« herzustellen, ist ziemlich aufwendig. Entsprechend selten bekommt man sie.

1 kg unreife Walnüsse
Salz
Gut 1 kg Zucker
4 bis 5 Zimtstangen
Etwa 20 Nelken
Saft und Schale von 2 ungespritzten Zitronen

Die Walnüsse müssen Ende Juni gepflückt werden, wenn sie zwar völlig entwickelt, die Schalen aber noch weich sind. Die Schalen mehrmals mit einer Nadel aus Edelstahl oder Silber durchstechen. Dazu unbedingt Handschuhe anziehen, sonst werden die Finger schwarz!

Zwei Wochen lang die Nüsse in kaltes Wasser legen, das jeden Tag gewechselt wird. Sie werden schwarz.

Abgießen, in reichlich Salzwasser schütten und knapp 5 Minuten kochen. Wieder abgießen und in kaltes Wasser legen.

Am nächsten Morgen kocht man in genügend Wasser (für die Nüsse) Zucker, Zimt, Nelken sowie Zitronensaft und Zitronenschale (ohne weiße Innenhaut) so lange, bis der Zucker nicht nur in Lösung gegangen ist, sondern zwischen zwei Fingern einen Faden bildet.

Gewürze herausfischen. Nüsse in kleinen Portionen nacheinander in die kochende Zuckerlösung gleiten lassen. Nach dem Aufkochen mit einem Schaumlöffel herausnehmen und in angewärmte Einmachgläser oder auch Keramiktöpfchen legen. Saft nochmals aufkochen lassen und über die Nüsse gießen. Nach dem Abkühlen zubinden. Nach 2 Wochen Saft wieder abgießen, etwas einkochen lassen und sofort wieder über die Nüsse gießen, die gut bedeckt sein müssen. Nach dem Abkühlen zubinden. Nach 3 bis 4 Wochen sind die eingelegten Nüsse zum Verzehr fertig.

Sie sind eine köstliche Beilage zu gekochtem Fleisch, aber auch zu Braten und Wild. Wer sich einmal an dieser Beilage gütlich getan hat, wird auf viele der weit hergeholten »condiments« gerne verzichten.

Ganz Deutschland

Süß-saurer Kürbis

- 1 kg Kürbis-Fruchtfleisch
- 1/2 l Essig
- 600 g Zucker
- 15 Pfefferkörner
- 15 Nelken
- 10 g Zimtstange
- 30 g Ingwer in dünnen Scheiben

Kürbis in kleine Stückchen oder Würfel schneiden. Essig mit etwa der gleichen Menge Wasser vermischen und über die Kürbisstücke gießen. Einige Male umwenden. Essig abgießen und aufkochen, sofort über die Kürbisstücke gießen. Über Nacht stehen lassen.

Essig wieder abgießen. Mit Zucker, Pfefferkörnern, Nelken, Zimt und Ingwer etwa 1/4 Stunde kochen. Kürbisstücke einlegen und so lange kochen, bis sie gut glasig sind.

Schließlich die Kürbisstücke in Gläser oder Steintöpfe legen. Essig noch etwas einkochen lassen, durchseihen und über die Fruchtstücke gießen, wenn er abgekühlt ist. Mit Pergamentpapier zubinden. Diese Kürbisse sind nach wenigen Tagen zum Verzehr bereit; sie halten sich ein Jahr lang.

Man isst »süß-sauren Kürbis« vor allem zu gekochtem Fleisch. Er eignet sich auch als Beilage zu großen Braten.

Ingelheim

Süß-saure Gurken

Hier handelt es sich um ein urdeutsches Chutney. Es wird in den Familien selbst hergestellt und hält sich mindestens 2 Jahre. Deshalb empfehle ich, die unten angegebenen Mengen zu verdoppeln. Das Rezept stammt von der Winzerfamilie Klenk aus Framersheim bei Alzey.

- 1 1/2 Salatgurken, längs halbiert und Kerne ausgekratzt
- 400 g Zucker
- 1/4 l Essig
- 8 bis 10 Pfefferkörner
- 4 g Zimtstange
- 4 g Nelken
- 1/2 Essl. klein geschnittener Ingwer (frisch oder eingelegt, wenn nicht sehr scharf aromatisch, kann es auch mehr sein)

Gurkenhälften in dünne Scheiben schneiden.

Essig mit allen Gewürzen und dem Zucker zum Kochen bringen, umrühren, Gurkenstücke zugeben und alles zusammen etwa 5 Minuten lang kochen lassen.

Gurken dann mit dem Schaumlöffel herausnehmen und in einen irdenen Topf oder Einmachgläser schichten.

Essigsud mit den Gewürzen (die man entweder in ein Säckchen gebunden oder herausgefischt und zurückgegeben hat) auf gut die Hälfte einkochen. Etwas abkühlen lassen und über die Gurken gießen.

Nach 4 Tagen die Brühe nochmals abgießen, wieder etwas einkochen und erneut über die Gurken gießen.

Nach einer weiteren Woche wird diese Prozedur zum letzten Mal wiederholt; dabei muss der

Sud dicklich, sirupartig eingekocht werden. Jetzt beschwert man, nachdem der eingekochte Sud darüber gegossen wurde, die Gurken mit einem kleinen Teller und bindet die Gefäße mit Einmachhaut oder Pergamentpapier zu.

Dies ist eine köstliche Beilage zu gekochtem Fleisch, das man in Rheinhessen gern in der »Franzosesupp« (siehe S. 119) zubereitet.

Pilze in Essig

Früher wurden Pilze mit der ganzen Familie gesammelt. Bei guter Ernte bot sich das Einlegen als Verwendungsmöglichkeit an. Das Ergebnis war eine sehr beliebte, pikante Beilage zu Fleisch oder Fisch.

- 1 kg Pilze (nur ganz frische, gemischte Wildpilze)
- Etwa 1/2 l Essig
- 1 bis 2 Teel. Salz
- 1 Essl. Zucker
- 1 Prise gemahlener weißer Pfeffer
- 12 Pfefferkörner
- 12 Pimentkörner
- 1 Essl. Senfkörner
- 4 Lorbeerblätter
- 5 cm Zimtstange

Pilze sehr sorgfältig putzen und grob zerschneiden. Nach Sorten getrennt halten. Jede Sorte für sich in wenig Salzwasser etwa 1 Minute kochen und gut abtropfen lassen. Jetzt können die Pilze vermischt werden.

Aus allen aufgeführten Zutaten einen Sud knapp 10 Minuten kochen. Hitze ausschalten, Pilze in den Sud schütten und darin erkalten lassen.

Früher hat man nach dem Umfüllen die Gläser mit Wachs übergossen, um die Haltbarkeit zu verbessern. Heute kann man die Pilze in Schraubgläser füllen, die man vorher mit kochendem Wasser ausgespült hat. Sie halten sich, wenn der Sud kräftig genug ist, mehrere Monate. Kühl aufbewahren.

Hinweis: Man kann den Essigsud abseihen und nochmals erhitzen, ehe man die Pilze hineinschüttet. Voller wird ihr Geschmack jedoch, wenn man die Gewürze mit in die Gläser füllt.

Kräuteressig

Heute kann man aromatisierte Essigsorten in jedem Supermarkt kaufen. Großmutter musste ihren Kräuteressig selbst ansetzen. Das können wir auch heute noch tun, es macht wenig Arbeit, und wir haben dann einen Essig, der ganz nach persönlichem Geschmack aromatisiert ist. Solcher Essig, in eine hübsche Flasche gegossen, die mit einem handgemalten Etikett versehen ist, kann auch ein nettes kleines Geschenk sein.

Das Rezept soll nur als Anleitung für persönliche Kräutermischungen dienen.

4 l erstklassiger Weinessig (reiner Weinessig)
Etwas Salz
6 Schalotten
Estragonblätter
Bohnenkraut
Pimpinelle – von allen etwa 50 g
40 g Zitronenmelisse
10 g Pfefferminze

Essig mit etwas Salz vermischen.

Schalotten schälen und in dünne Scheiben schneiden.

Kräuter gut waschen, gut abtrocknen und grob hacken. Am besten dann noch einmal ausbreiten und trocknen lassen.

Alles in eine große Flasche oder einen kleinen Glasballon füllen, schütteln, mit Mull zubinden und für 2 bis 3 Wochen an die Sonne stellen – falls diese so lange scheint.

Abseihen und in einzelne Flaschen füllen, die man dann zukorkt oder durch Schraubverschluss abschließt.

Wer will, kann noch eines der frischen Kräuter als Zweiglein zur Dekoration in jede Flasche stecken.

Kirschen in Essig

3 kg Kirschen
1 1/2 kg Zucker
1 Flasche Essig (0,7 l)

Essig mit Zucker aufkochen, ständig abschäumen.

Inzwischen Kirschen waschen. Die Stängel halb abschneiden. Kirschen in irdene Gefäße – Hafen sagt man in Baden dazu – schichten.

Den lauwarmen Zuckeressig über die Kirschen gießen. In den folgenden Tagen gießt man täglich den Essigsaft ab, kocht ihn wieder auf und gießt ihn etwas abgekühlt über die Kirschen zurück. Beim letzten Mal schüttet man die Kirschen in den siedenden Essig, lässt sie einige Minuten sprudelnd kochen und füllt dann alles wieder in die Steintöpfe.

Nach dem Abkühlen wird mit Pergamentpapier oder Einmachhaut zugebunden.

Diese Kirschen sind eine hervorragende Beilage zu Wild.

Allerlei Backwerk

Backwerk ist in Deutschland vor allem Sonn- und Feiertagskost. Dabei haben sich im Lauf der Jahrhunderte besonders für die Weihnachtszeit und zu den Fastnachtstagen ganz bestimmte Backtraditionen herausgebildet.

Es ist kaum hundert Jahre her, dass man noch zwischen »Schwarzbäckern« (Brot) und »Weißbäckern« (Brötchen und anderes Backwerk aus Weizenmehl) unterschied. Nach dem Kirchgang bekamen Bauernkinder gelegentlich einen hellen Wecken, und das war dann eine besondere Sonntagsfreude. So beschreibt es Heinrich Hansjakob, Pfarrer, Politiker und Poet aus dem Schwarzwald.

Betrachtet man die Geschichte der traditionellen Bäckerei, so wird sie von Hausfrauen und professionellen Bäckern bestimmt. Einen großen Einfluss hatte die Tatsache, dass bis in dieses Jahrhundert hinein sehr viele Küchenherde reine Kochherde waren und keine Backröhre hatten. Während der langen Jahrhunderte, in denen an offenen Herdstellen gekocht wurde, fehlten im privaten Bereich die Backmöglichkeiten ganz. So ist es zu verstehen, dass viele alte Gebäcksorten früher im Gemeindebackofen am Brotbacktag zubereitet wurden. Oder dass sehr altes Backwerk Schmalzgebäck ist, zu dem man keinen Backofen braucht.

Auf die Backwaren, die heute weitgehend der Berufsbäckerei vorbehalten sind, habe ich bei der Rezeptauswahl verzichtet. So sind z. B. der »Dambedei« oder »Weckmann« (primitive Menschenfiguren aus süßem Hefeteig) ebenso wenig mit einer Zubereitungsanleitung bedacht wie die zu Ostern so beliebten Lämmlein aus Biskuitteig.

Bei der Zusammenstellung wird mit dem großen Gebäck begonnen. Weiter geht es von den Formkuchen zu den Torten und Blechkuchen. Kleingebäck für alle Jahreszeiten schließt sich an. Dann folgt traditionelles Feiertagsbackwerk zu Weihnachten und Neujahr und schließlich fastnächtliches Schmalzgebäck, dem ja ein eigener Tag geweiht ist, ein echter Schmalztag, genannt der »Schmutzige Donnerstag«. Aus der unendlichen Vielzahl des Kleingebäcks, der Plätzchen, konnte nur eine kleine Auswahl aufgenommen werden. Ein dreifach Hoch den Blechkuchen aus Sachsen und Thüringen! Ob mit frischem Obst oder anderem Belag – sie sind einmalig, nicht nur in Deutschland, nein, in der ganzen Welt. Gott sei Dank kann jeder wieder nach Mitteldeutschland reisen und sie in ihrer Heimat futtern.

Gugelhupf

Im Norden und im Osten Deutschlands ist dieser Kuchen ebenso populär, trägt jedoch dort den Namen »Napfkuchen«. Mit »Gugel« bezeichnete man früher eine Kapuze; die Form dieses Kuchens ist ähnlich. Österreich (Wien) und das Elsass beanspruchen Gugelhupf auch als einheimische Spezialität. Im Elsass und in Baden wird er oft mit ganz wenig Zucker gebacken; man isst ihn zum Wein oder sogar zu Fleisch. Es gibt dafür am Oberrhein auch sehr schöne Formen aus gebranntem Ton. Im »Oberrheinischen Kochbuch«, 1811 erstmals in Mülhausen (Elsass) gedruckt, finden sich nicht weniger als 8 Gugelhupf-Rezepte. Bei vielen steht ausdrücklich, dass man sie »wenn das Brot schon eine halbe Stunde im Ofen ist« zum Backen einschiebt. Gugelhupf wurde am Brotbacktag hergestellt. Sehr viele der Rezepte beschreiben Kuchen ohne Hefe.
Da Hefe-Gugelhupf und Napfkuchen allgemein bekannt sind, lasse ich ein altes Rezept aus dem eben erwähnten »Oberrheinischen Kochbuch« im Originaltext folgen.

„Ein Biscuit-Gugelhopf

Nimm ein Pfund fein gesiebten Zucker, schlage 10 ganze Eyer hinein, nimm von 8 Eyern das Gelbe dazu und rühre dieß eine gute halbe Stunde nach einander. Reibe auf einem Reibeisen das Gelbe von einer Zitrone dazu, und drücke den Saft auch darein. Nimm dann drei Viertelpfund vom schönsten Weißmehl und führe es ganz langsam darunter. Das Weiße von den 8 Eyern schwinge zu einem dicken Schnee und rühre es gleichfalls darunter. Bestreiche eine Gugelhopf-Form mit frischer Butter, thue das Gerührte hinein und laß es backen. Wenn der Teig fertig ist, muß der Gugelhopf gleich in den Ofen gestellt werden."

Hinweis: Ofen vorheizen auf etwa 180 °C und eine gute halbe bis zu einer dreiviertel Stunde backen. Anschließend mit Puderzucker bestreuen.

Napfkuchen

Die Form ist die gleiche wie die des »Gugelhupf«. In den Küstengebieten sagt man auch »Topfkuchen« dazu. Berlin hat eine besonders enge Verbindung zu diesem Gebäck, denn von dorther stammt der liebenswürdig-abschätzige Ausdruck »Napfkuchen«, mit dem man einen Zeitgenossen belegen kann, ohne ihn ausgesprochen zu beleidigen. Während der »Gugelhupf« meistens mit Hefe gebacken wird, macht man den »Napfkuchen« auch häufig aus einem gerührten Teig. Ein solches Rezept will ich geben (es wird sogar in einigen Kochbüchern als »Altdeutscher Napfkuchen« bezeichnet.)

- 250 g Butter
- 7 Eier
- 200 g Zucker
- 1 Prise Kardamompulver
- 75 g gehackte Mandeln
- 1 Essl. Rum
- 300 g Mehl
- 1 Essl. Butter
- Puderzucker

Butter sehr gut schaumig rühren. Eier trennen und Eigelbe einzeln und abwechselnd mit etwas Zucker mit der Butter verrühren. Kardamom auch dazu. Anschließend Mandelsplitter und Rum. Mehl mit diesem Vorteig zu einer glatten Masse verarbeiten. Eiweiße zu steifem Schnee schlagen; $1/3$ davon in den Teig rühren, um ihn leichter zu machen, den Rest nur unterheben.

Napfkuchenform (Gugelhupfform) mit Butter ausstreichen. Teig einfüllen, der aber nur zu etwa $2/3$ der Höhe der Form reichen darf. Bei etwa 180°C eine Stunde backen.

Anschließend stürzen und mit Puderzucker bestäuben.

Hinweis: Dieser Kuchen wird heute auch oft mit 1 Teel. Backpulver zubereitet. Um ihn zu verfeinern, kann man noch ca. 100 g kleine Schokoladebröckchen in den Teig mischen.

Marmorkuchen – Marmorkranz

Zu Beginn des 20. Jahrhunderts wurde er populär und spielt noch immer überall im Lande in der Hausbäckerei eine führende Rolle.

- 5 Eier, getrennt
- 250 g Butter
- 200 g Zucker
- Abrieb von 1 Zitrone
- 300 g Mehl
- 1 Teel. Backpulver
- Butter und Paniermehl für die Form
- 2 Essl. Kakaopulver
- 2–3 Essl. Schlagsahne
- Puderzucker zum Bestäuben

Eigelbe mit Butter, Zucker und Zitronenabrieb cremig rühren. Mehl und Backpulver mischen, Eiweiße steif schlagen und beides abwechselnd unter die Masse heben.

Gugelhupf- oder Kranzform gut fetten, mit Paniermehl ausstreuen und die Hälfte des Teigs einfüllen.

Restlichen Teig mit Kakao und Sahne verrühren und ebenfalls einfüllen. Mit Gabel, Löffel oder breitem Messer den hellen Teig an den Seiten über den dunklen ziehen oder beide spiralförmig miteinander zu vermischen, eben so, wie man sich später das Aussehen der fertigen Kuchenscheiben wünscht.

Bei 175 °C etwa 50 Minuten backen, kurz in der Form abkühlen lassen, auf ein Kuchengitter stürzen und später mit Puderzucker überstäuben.

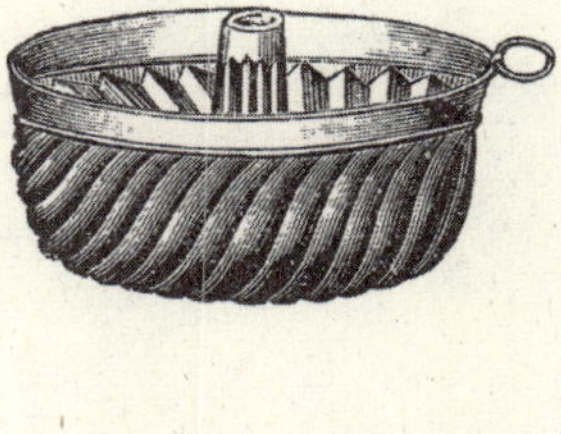

Königskuchen

Kaiser und Könige haben längst abgedankt, niemand weint ihnen eine Träne nach. Nur auf Speisekarten und in Kochbüchern blieb ihr Ruhm erhalten. Bei besonders guten oder aufwendigen Rezepturen fügt man dem Namen noch als Wortteil Kaiser oder König bei. Da gibt es Kaiserschoten, Königinpasteten, Kaiserschmarren oder eben Königskuchen.

- 250 g Butter
- 200 g Zucker
- 4 Eier
- 1 Päckchen Vanillezucker
- 1 Prise Salz
- Abrieb von 1 Zitrone
- 500 g Mehl
- 4 Teel. Backpulver
- Max. 1/4 l Milch
- 200 g gemischte kandierte Früchte
- 150 g Rosinen
- Butter für die Form
- 1 Packung Zitronenglasur

Butter und Zucker cremig rühren. Nach und nach Vanillezucker, Salz und Zitronenabrieb zufügen. Mehl mit Backpulver mischen und abwechselnd mit der Milch einarbeiten. Nur so viel Milch verwenden, dass der Teig schwer reißend am Löffel hängt. Kandierte Früchte klein schneiden und zusammen mit Rosinen und gehackten Mandeln dazu mischen.

Teig in eine gefettete Kastenform (die zuweilen Königskuchenform genannt wird) einfüllen und bei 150 °C eine gute Stunde backen.

Nach dem Stürzen und Abkühlen mit Zitronenguss überziehen.

Anhalterkuchen

Wer sich in der mitteldeutschen Geographie auskennt, wird mit Recht den Kopf schütteln: Anhalt liegt doch nicht in Ostpreußen! Stimmt. Aber dieser Kuchen hat nichts mit dem alten Askanier-Fürstentum rings um Dessau zu tun. Auch nichts mit den Däumchenwinkern am Straßenrand, die mitgenommen werden wollen. Besuchte in Ostpreußen ein junger Mann das Haus seiner Angebeteten mit der Absicht, um ihre Hand anzuhalten, so war er ein Anhalter. War er der Familie genehm, so wurde ihm zunächst einmal Kaffee und »Anhalterkuchen« vorgesetzt. War er nicht willkommen, so gab es keinen Kuchen, und er konnte sich dank dieses dezenten Winkes die Blamage einer Absage ersparen.

- 6 Eier (sind sie sehr klein, so nimmt man 2 mehr)
- 250 g weiche, nicht flüssige Butter
- 250 g Zucker
- 250 g Mehl
- 1/2 Päckchen Backpulver
- 2 Essl. Rum
- Abrieb einer Zitrone (ungespritzt)
- 1 Essl. Butter
- 2 Essl. Zwieback oder Paniermehl
- 1 kleine Prise Salz
- Einige Essl. Puderzucker

Eier trennen, Eiweiße beiseite stellen.

Butter schaumig rühren und abwechselnd Eigelb und Zucker zugeben. Mehl mit Backpulver vermischen sowie Rum und abgeriebene Zitronenschale zufügen und daraus einen Teig rühren.

Eiweiße mit wenig Salz zu steifem Schnee schlagen und unter den Teig heben.

Kastenform mit Butter ausstreichen und mit Zwiebackmehl ausstreuen. Teig einfüllen und im vorgeheizten Ofen bei etwa 180°C knapp eineinhalb Stunden backen.

Abgekühlt mit Puderzucker bestäuben.

Schietchen

In alten Kochbüchern habe ich auch die Schreibweise »Schüttchen« gefunden; diese entspricht jedoch keineswegs der mir bekannten Aussprache, die das »ie« nicht allzu lange dehnte und das »t« sehr weich formte.

»Schietchen« wurden von meiner Großmutter in Ilmenau jeden Monat einmal gebacken. Ich bin heute noch der Überzeugung, dass sie nur deshalb einen so riesigen Herd in ihrer Küche hatte, um genügend »Schietchen« backen zu können. Es gab sie morgens zum Frühstück und nachmittags zum Kaffee. Die Scheiben durften »geditscht« werden. Mein kindlicher Wunsch nach Butteraufstrich wurde jedoch strikte abgelehnt. Deshalb erfülle ich ihn mir heute um so lieber. Manchmal gebe ich dann sogar noch Gelee obenauf. Früher wäre das im Thüringer Wald als Prasserei betrachtet worden.

2 kg Mehl
1 1/4 l Milch
100 g Hefe
250 g Butter
175 g Zucker
1 kleine Prise Salz
100 bis 200 g Korinthen
50 g Mandelblättchen
Einige Essl. Butter zum Bestreichen

Mehl in eine große Schüssel sieben und Zimmertemperatur annehmen lassen. In der Mitte eine Kuhle drücken. Hefe mit einigen Essl. lauwarmer Milch verrühren und hineingießen, mit etwas Mehl von den Rändern bestäuben und das Hefestück aufgehen lassen. Weiche Butter sowie Zucker auf dem Mehl verteilen, wenig Salz zufügen und einen nicht zu weichen Hefeteig unter Hinzufügen der restlichen Milch kneten. Aufgehen lassen. Gewaschene und abgetropfte Korinthen in den aufgegangenen Teig kneten, nochmals kurz ruhen lassen und drei Stollen daraus formen. Nochmals 20 Minuten gehen lassen und mit Wasser bestreichen. Mandelblättchen darüber verteilen und im vorgeheizten Ofen bei etwa 180 °C goldbraun backen.

Herausnehmen und noch warm mit etwas Butter bestreichen, was Geschmack und Haltbarkeit verbessert.

Anstelle der teuren Mandeln hat man oft auch nur Streuzucker oder Hagelzucker verwendet; der wurde sofort nach dem Bestreichen mit Butter auf die »Schietchen« gestreut.

Kartoffeltorte

Kartoffeln statt Mehl – das ist kein Ersatz, sondern eher eine Reverenz an die geliebte Knolle, die es dadurch dankt, dass sie die Torte besonders wohlschmeckend und saftig macht.

- 7 Eier getrennt
- 175 g Zucker
- 125 g geriebene Mandeln
- Einige Tropfen Bittermandelöl (früher zerrieb man 4 bittere Mandeln)
- 500 g kalte, gekochte Kartoffeln, fein gerieben
- Je 1 Prise Zimtpulver und gemahlene Nelke
- Abrieb von 1 kleinen Zitrone
- Butter für die Form
- Puderzucker

Eigelbe mit dem Zucker schaumig rühren, was heute mit Maschinenhilfe mühelos ist. Geriebene Mandeln plus Bittermandelöl zufügen und gründlich einarbeiten. Geriebene Kartoffeln mitsamt der Würzung – Zimt, Nelkenpulver, Zitronenabrieb – sowie Backpulver ebenfalls gut einrühren. Zum Schluss den Eischnee unterheben.

Die Masse in eine gebutterte Springform füllen, glatt streichen und im vorgeheizten Ofen etwa 1 Stunde bei 180 °C backen. Stäbchenprobe.

Nach dem Abkühlen dick mit Puderzucker überstäuben. Legt man dabei selbst ausgeschnittene Papierschablonen auf (z. B. Stern), so wirkt diese Torte besonders attraktiv.

Baden

Schwarzwälder Kirschtorte

Wer alte Kochbücher sammelt, wird überrascht sein, weil er nirgends ein Rezept dafür findet. Kein Wunder, denn diese opulente Torte ist jüngeren Ursprungs.
Man kann bezweifeln, ob sie überhaupt als deutsche Spezialität betrachtet werden soll. Ihr mangelt es an Tradition – wenn man Tradition erst mit 100 Jahren beginnen lässt.
Andererseits ist die Schwarzwälder Kirschtorte weltweit ein Symbol ihrer Heimat, gleichrangig mit Brezeln, Frankfurter Würstchen und Sauerbraten. Nur Bayerisches Bier und Sauerkraut dürften international noch bekannter sein.

Schwarzwälder Kirschtorte ist ein kulinarischer Star unbekannter Herkunft. Im Schwarzwald und drumherum habe ich Dutzende von Konditoren, Bäckern und Feinschmeckern nach dem Woher und Seit-wann gefragt, doch keiner wusste die Antwort. Fündig wurde ich schließlich in Bad Krozingen beim Kurdirektor. Der hatte gerade eine Kirschtorten-Ausstellung nebst Backdemonstration organisiert und hatte den Ursprung gefunden, der nicht im Schwarzwald lag, sondern am Bodensee in Radolfzell. Dort hatte ein Konditor namens Josef Keller das Meisterwerk nach eigenem Rezept im Jahre 1915 erstmals – gebacken ist ein zu banales Wort dafür, sagen wir ehrfurchtsvoller »kreiert«. Alle Fremdenverkehrsämter des Schwarzwalds sollten sich zusammentun, das schönste Fleckchen in ihrem Gebirge suchen und dem Meister Josef Keller ein Tortendenkmal errichten.

Ein verbindliches Rezept für diese Spezialität gibt es nicht, jeder hat einen gewissen Spielraum bei der Gestaltung des süßen Kunstwerks. Vorgeschrieben sind nur Böden aus Schokoladenbiskuit, Sauerkirschen mit Saft, reichlich Kirschwasser und viel Schlagsahne.

Als Garnierung sind fast immer zu finden Späne oder Röllchen aus Schokolade nebst etwas Puderzucker.

Auf ein Rezept für den Hausgebrauch wird hier bewusst verzichtet, denn die Schwarzwälder Kirschtorte stammt aus einer Konditorei, und da sie überall in Baden (und oft auch anderswo) von Konditoren und Patissiers als deren Spezialität angeboten wird, sollte es auch künftig so bleiben.

Baumkuchen

Das ist zweifelsohne eines der großartigsten Erzeugnisse deutscher Backkunst, eine Spezialität mit Weltgeltung. Es tut ihr keinen Abbruch, wenn Kulturhistoriker nachweisen, dass riesige Baumkuchen schon in der Frühzeit des alten Griechenland als Phallussymbole gebacken und in feierlichen Prozessionen zum Tempel getragen wurden.
Lebendig geblieben ist dieser seltsam geformte Kuchen in unserem Land. Ausländischen Freunden kann man eine angenehme Überraschung bereiten, wenn man ihnen einen Baumkuchen oder Baumkuchenspitzen zum Geschenk macht.

Wo er in Deutschland beheimatet ist, lässt sich nicht einwandfrei feststellen. Der Berliner Baumkuchen des Hofkonditors Jaedicke war in ganz Europa berühmt. Weithin gilt Salzwedel in der Altmark (nördliches Sachsen-Anhalt) als Heimat des Baumkuchens. Dort wurde er ab 1820 gewerblich hergestellt … nach einem alten Familienrezept. Die deutschen Konditoren kennen heute verschiedene Baumkuchenarten, die sich vor allem durch die Teigzubereitung unterscheiden: Cottbuser Art, Dresdner Art, Magdeburger Art und Salzwedeler Art. Womit sich die Herkunft des Baumkuchens auf Mitteldeutschland zu konzentrieren scheint. Im deutschen Brauchtum spielte meines Wissens jedoch der Baumkuchen nur in Pommern eine Rolle, wo er Hochzeitskuchen war.
Stettin ist hier speziell zu erwähnen, weil die Konditoren dieses Ostseehafens für die Güte ihrer Baumkuchen weithin berühmt waren. In Berlin wurden Baumkuchen schon zur Zeit des Großen Kurfürsten schriftlich erwähnt, sollen damals jedoch bereits einige Jahrhunderte alt gewesen sein. In vielen Haushalten backt man jetzt Baumkuchen in runden oder länglichen Formen, wobei man Schicht nach Schicht des Teiges unter dem Grill bräunt. Das Geschmacksergebnis ist ausgezeichnet, leider muss man auf die spezielle Baumform verzichten. Die echte Baumkuchenmaschine, die heute nur noch Konditoren haben, gab es früher auch in Patrizierhäusern.
So beschreibt Theodor Fontane das Baumkuchenbacken in seinem Elternhaus in Swinemünde (um 1830).

Hauptperson ist die eigens dafür engagierte Witwe Gaster:
»Als die Gaster, die darüber Buch führte, den tausendsten fertig hatte,
gaben ihr die Swinemünder Hausfrauen ein wohlverdientes Fest.
Es gibt auch heute noch Baumkuchen, gewiss: Aber die jetzigen sind
Entartungen, schwächliche, schwammartige Bleichenwangs,
während die damaligen eine glückliche Festigkeit hatten, die sich
an den gelungensten Exemplaren bis zu Knusprigkeit steigerte,
begleitet von einer vom dunkelsten Ocker bis zum hellsten
Gelb reichenden Farbenskala. Ich war immer glücklich, dem Werde-
prozess solchen Baumkuchens zusehen zu können.
Auf dem riesigen Herd befand sich nach der Wand hin ein
aus Ziegelsteinen aufgemauertes, niedriges Halbgewölbe, das,
nach oben zu dachartig vorspringend, nach unten zu schräg zurücktrat.
An dieser zurücktretenden Stelle zog sich ein wohl vier Fuß langes
schmales Kohlenfeuer hin, an das nun zwei kleine Eisenständer
mit aufgelegtem Bratspieß und Drehvorrichtung herangerückt wurden.
Der auf diesen Ständern ruhende Spieß aber gab sich nicht einfach
als solcher, vielmehr war ihm ein seiner ganzen Länge nach ausgehöhlter
und nach außen hin mit gefettetem Papier überzogener Holzkegel
aufgeschoben, der bestimmt war, die Seele des herzustellenden
Baumkuchens zu bilden. Und nun, mit Hilfe eines an einem
langen Stock steckenden Blechlöffels, begann das Aufgießen eines
dünnflüssigen, anfangs immer wieder herabtröpfelnden Teiges,
so dass das eingeschlagene Verfahren eine ganze Zeit lang
wie vergeblich erschien. Von dem Augenblick an aber, wo die
Teigflüssigkeit konsistenter und das Abtropfen langsamer wurde, regten
sich auch die Hoffnungen wieder, und ehe
ein paar Stunden um waren, konnte der
prachtvoll gebräunte, zugleich zackenreiche
Baumkuchen von dem Holzkegel herunter-
genommen werden. Alles dabei war
von symbolischer Bedeutung. An das volle
Gelingen dieses Prachts- und
Schaustücks knüpfte sich das Ver-
trauen auf das Gelingen des Festes
überhaupt. Der Baumkuchen stellte
dem Ganzen das Horoskop.«

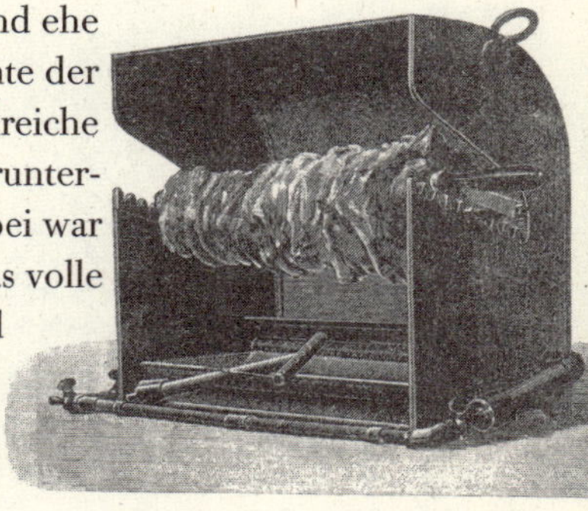

Baumkuchenmaschine, Museumsstück

Baumkuchen als Torte gebacken

Schon sehr früh interessierten sich auch bürgerliche Hausmütter, die keine aufwendigen Geräte in ihren Küchen hatten, für die köstliche Kreation der Konditoren ihres Landes. Die Lösung lag in der Formveränderung: aus dem wohlschmeckenden Baumstamm wurde eine nicht minder delikate Torte, eine Schichttorte aus dem gleichen Teig, der – wie auch beim Baumkuchen – Lage nach Lage gebacken wurde. Frau Sophie Wilhelmine Scheibler hat schon 1839 in ihrem Berliner Kochbuch eine Anweisung gegeben, »wie man ohne Vorkenntnisse auf die wohlfeilste und schmackhafteste Art eine Baumtorte« zubereiten kann.

Entweder war die Dame am Schreibpult weniger gewandt als in der Küche, oder heutige Hausfrauen besitzen geringere »Vorkenntnisse« als damals üblich – jedenfalls ist ihr Rezept so kompliziert dargestellt, dass ich es vereinfachend, nach eigenen Erfahrungen, umformuliert habe. Die Grundzutaten sind weitgehend geblieben, wenn man von wenigen Details absieht, wie etwa die 16–18 Eier. Und natürlich hat sich die Backtechnik vereinfacht. Auch wird vorgeschrieben »3/4 Stunden fleißig zu rühren, weil diese Arbeit hauptsächlich zum Gelingen beiträgt«; heute machen das elektrische Küchenhelfer ein bisschen schneller.

- 250 g Butter
- 180 g Zucker
- Vanille: entweder Mark einer Schote oder 1 Päckchen Vanillezucker oder 1 Teel. Extrakt
- 1–2 Essl. Rum (Arrak)
- Gemahlene Gewürze nach Geschmack (Zimt, Nelken, Muskatblüte, Koriander)

Weiche Butter mit Zucker in einer genügend großen Schüssel so lange rühren, bis eine glatte Creme entstanden ist. Dann Vanille (Mark, Konzentrat oder Vanillezucker), Rum, sowie nach Geschmack etwas Nelke, Zimt, Muskatblume sowie Koriander (alles gemahlen) zufügen und einarbeiten. Eier trennen und die Eigelbe mit einer kräftigen Prise Salz verkleppern, zu der Buttermasse geben und ebenfalls einarbeiten.

Marzipanrohmasse mit einigen Löffeln warmer Sahne über geringer Hitze zerdrücken, zu einer glatten, halb flüssigen Creme schlagen. Nach kurzem Abkühlen ebenfalls in die Buttermasse einrühren.

7 Eier
Salz
100 g Marzipanrohmasse
Einige Essl. Sahne
150 g Mehl
100 g Speisestärke
50 g Puderzucker
1–2 Teel. Zitronensaft
Backpapier

Tortenguss:
Zucker, Schokolade oder Zitrone nach Geschmack

Mehl mit Speisestärke vermischen und ein Drittel davon ebenfalls einrühren.

Eiweiße mit Puderzucker und Zitronensaft zu Schnee schlagen, auch davon ein Drittel einrühren.

Restliche Mengen Mehl/Stärkemehl sowie Eischnee abwechselnd esslöffelweise in die Masse einarbeiten. Die letzte Portion Eischnee nur unterheben.

Die fertige Masse soll streichfähig sein, denn sie muss nun messerrückendick auf dem Boden einer großen Springform, die mit Backpapier ausgelegt wurde, verstrichen werden. Bei Oberhitze im vorgeheizten Ofen zu goldbrauner Kruste backen.

Dann eine Schicht nach der anderen aufstreichen und backen, bis die gesamte Masse verbraucht ist.

Nach dem Abkühlen wird die Baumkuchentorte nach Belieben mit Zucker-, Schokoladen- oder Zitronenguss überzogen. Zum Servieren kann sie in schmale Tortenstücke oder auch quer in dünne Steifen geschnitten werden; diese kann man dann in jede gewünschte Länge schneiden.

Anmerkungen: Die Gewürze wurden immer schon nach Geschmack ausgewählt und portioniert und so sollte es auch bleiben.

Marzipanrohmasse kann durch gemahlene Mandeln ersetzt werden.

Beim Backen ist ein gewisses Maß an Erfahrung und viel Aufmerksamkeit erforderlich. In jedem Herd müssen Temperatur und Einschubhöhe ausprobiert werden. Vielleicht sind sie während des Backvorgangs zu ändern. Damit der Boden nicht zu viel Hitze bekommt, muss eventuell eine doppelte Alufolienlage unter die Form geschoben werden.

Keine Angst vor großen Kuchen! Keine Anstrengung ist zu viel für diese Köstlichkeit.

Butterkuchen

Ein sehr urtümlicher Blechkuchen,
der im Lauf der Jahrhunderte nichts an Anziehungskraft
eingebüßt hat.

40 g Hefe
1/4 l Milch
100 g Zucker
500 g Mehl
1 Ei
80 g Butter
1 Prise Salz
150 g Butter
1 bis 2 Teel. gemahlener Zimt
125 g Zucker

Hefe mit etwas lauwarmer Milch und einigen Körnchen Zucker anrühren und aufgehen lassen. Anschließend mit Mehl, einem Ei, weicher Butter und wenig Salz zu einem glatten Teig verarbeiten, der nicht mehr an der Schüssel hängt. Gut aufgehen lassen, dann auf einem eingefetteten Backblech ausrollen. Oberfläche mit einer Gabel vielfach einstechen.

Butter für den Belag sahnig rühren und auf den Teig streichen. Mit Zimt und Zucker bestreuen.

Im vorgeheizten Ofen bei etwa 200 °C in ungefähr einer halben Stunde goldbraun backen.

Rezeptvariation: In alten Backanweisungen findet man oft den Hinweis auf Verbesserung des Butterkuchens dadurch, dass man zum Guss noch Mandelblättchen und etwas Rosenwasser gibt.

Gern werden auch Dellen in die Oberfläche des Kuchens gedrückt, in die man Butter verteilt.

Zittau, Stich von Johann Poppel nach einer Zeichnung von L. Rohbock

Käsekuchen vom Blech

Wir leben im Zeitalter der Käsesahnetorten. Wer diese Schaumgebilde ohne Käsearoma für einen Fortschritt hält, der hat nie einen ehrlichen Käsekuchen nach Großmutters Rezept gekostet. Da war die Auflage zwar nur ein Viertel so hoch, schmeckte dafür aber viermal so gut. In der Röhn habe ich den Namen »Bätscher« für diesen Kuchen gehört.

500 g Mehl
30 g Hefe
200 g Zucker
1 Prise Salz
1/8 l lauwarme Milch
100 g Butter

Belag:
500 g Quark (40 %)
1/8 l Sahne
2 bis 3 Eier
180 g Zucker
1 Päckchen Vanillinzucker
Abrieb einer Zitrone
125 g Korinthen

Mehl in eine Rührschüssel sieben und in die Mitte eine Vertiefung drücken. Hefe zerkrümeln und mit ganz wenig Milch und einigen Körnchen Zucker verrühren. In die Vertiefung füllen und aufgehen lassen. Anschließend mit den restlichen Teigzutaten verarbeiten. Den Hefeteig zugedeckt aufgehen lassen.

Inzwischen den Quark mit allen Belagzutaten zu einem Brei verrühren. Die Korinthen selbstverständlich vorher gut waschen. Aufgegangenen Teig auf ein gefettetes Blech (oder auch zwei kleine Bleche) ausrollen, einen kleinen Rand dabei hoch drücken. Teigplatte überall mit einer Gabel einstechen und den Belag daraufstreichen.

Im Ofen bei vorgeheizten 220 °C in etwa einer 1/2 Stunde backen.

Rahmkuchen

In östlichen deutschen Gefilden war dieser Kuchen auch als Schmantkuchen bekannt. Jetzt ist er zu einem französischen Geschenk geworden. Erstaunlich? Ganz einfach, zu diesem alten Rezept benötigte man dicke, saure Sahne, die es einst auf den Bauernhöfen gab. Unserer hochwohllöbliche Milchwirtschaft, die auf die Erhöhung des Butterbergs fixiert schien, stellte sie jedoch nicht mehr her. Dann lieferten die Franzosen ihre »Creme fraîche«, die unserem guten alten Schmant entsprach. Inzwischen ist Schmant wieder überall im Lebensmittelhandel erhältlich.

500 g Mehl
30 g Hefe
1 Tasse Milch
150 g Zucker
1 kleine Prise Salz

1/4 l Milch
2 Essl. Grieß
1 Prise Salz
1 Essl. Zucker
3 Essl. Rosinen
3 Essl. Sultaninen
2 bis 3 Becher Crème fraîche oder Schmant
1 bis 2 Eier
1 Essl. Zucker
Zucker zum Bestreuen

Mehl in eine Schüssel sieben und Vertiefung in die Mitte drücken. Zerbröckelte und mit wenig lauwarmer Milch sowie etwas Zucker angerührte Hefe hineinfüllen und aufgehen lassen. Mit den restlichen Zutaten verarbeiten, bis der Teig sich von der Schüssel löst. Zugedeckt aufgehen lassen. Inzwischen 1/4 l Milch erhitzen, Grieß, etwas Salz und Zucker zufügen und einen Brei rühren.

Rosinen und Sultaninen waschen – abtrocknen.

Teig ausrollen auf einem gebutterten Blech (oder zwei kleinen Blechen), kleinen Rand hoch drücken und die Fläche einstechen. Abgekühlten Grießbrei darauf streichen.

Crème fraîche mit Ei(ern) und Zucker gut verrühren. Rosinen und Sultaninen auf dem Grießbrei verteilen, etwas andrücken und darüber dann die gewürzte Crème fraîche verstreichen.

Bei gut 200 °C im vorgeheizten Ofen etwa eine halbe Stunde backen. Noch warm mit reichlich Zucker bestreuen.

Rezeptveränderung: In alten Backanweisungen findet man nicht selten den Rat, zu der sauren Sahne etwas Muskatblüte zu geben, was dem Kuchen eine sehr pikante Note verleiht.

Streuselkuchen

Daheim in Frankfurt sagten wir liebevoll »Krümmelkuche« dazu. Ihn auf runden Tortenblechen zu backen ist geradezu eine Perversion; die Bleche müssen viereckig und können nicht groß genug sein.

500 g Mehl
30 g Hefe
1/4 l lauwarme Milch
100 g Zucker
60 g Butter
1 Ei

Mehl in eine Schüssel sieben, Vertiefung in die Mitte drücken. Hefe zerkrümeln und mit wenig Milch und Zucker verrühren. In die Vertiefung füllen. Sobald dieses Hefestück aufgegangen ist, vermischt man es mit den übrigen Zutaten zu einem Hefeteig, der sich beim Kneten von der Schüssel löst und gut aufgehen muss.

Streusel:
150 g Mehl
75 g Zucker
1 Essl. geriebene Mandeln
1/2 Teel. Zimtpulver
80 g Butter
Zucker zum Bestreuen

Zu den Streuseln werden Mehl, Zucker, Mandeln und Zimt vermischt. Dann träufelt man die flüssige, aber ja nicht heiße Butter darüber und verreibt alles zwischen den bemehlten Händen, damit es Klümpchen, Streusel, gibt. Teig nach dem Aufgehen auf einem gefetteten Blech ausrollen, mit den Streuseln belegen und im vorgeheizten Ofen bei gut 200 °C backen. Noch warm mit Zucker bestreuen.

Hinweis: Streuselkuchen schmeckt am besten ganz frisch; er kann sogar noch ein bisschen warm sein. Am nächsten Tag »ditscht« man ihn am besten in Milchkaffee. Berliner »stippen« ihn; vornehme Leute – wenn sie so was überhaupt tun »tunken« – ihn ein.

Bienenstichkuchen

Sehr alt ist dieser Kuchen noch nicht, wahrscheinlich erst zu Beginn des 20. Jahrhunderts entstanden. Dafür ist er jedoch äußerst beliebt und schmackhaft – eine vorzügliche Spezialität, die möglicherweise in Dresden entstanden ist.

Für eine Tortenform von ca. 24 cm Durchmesser:

25 g Hefe
Gut 1/8 l Milch
350 g Mehl
75 g Butter
1 Ei
1 kleine Prise Salz
60 g Zucker

100 g Butter
10 g Zucker
100 g Mandelstifte
1 Messerspitze Zimt
3 Essl. Milch

80 g Zucker
1/2 Teel. Vanillinzucker
3 Eigelbe
1 Essl. Stärkemehl
1/4 l Milch
80 g Butter

Aus der ersten Gruppe der Zutaten einen Hefeteig zubereiten.

Für den Mandelbelag lässt man die Butter in nicht zu heißer Pfanne schmelzen, gibt Zucker dazu, den man gut verrührt, und fügt die Mandelstifte bei sowie Zimt und Milch. Unter ständigem Rühren lässt man die Masse schmierig werden. Sie darf nicht braun werden.

In eine gebutterte Tortenform (Springform) legt man den Teig und drückt ihn platt. Abgekühlte Mandelmasse aufbringen und gleichmäßig ausstreichen. Bei etwa 180 bis 200 °C in ungefähr 45 Minuten goldbraun backen.

Inzwischen verrührt man zur Füllung den Zucker, der mit Vanillinzucker gemischt wurde, mit den Eigelben, bis sie schäumen und der Zucker sich aufgelöst hat. Stärkemehl und Milch zugeben, alles zusammen aufs Feuer setzen und unter ständigem Rühren bis kurz vors Kochen kommen lassen. Wegsetzen und erkalten lassen, während man in kurzen Zeitabständen kräftig durchrührt. – Gleichzeitig die Butter schaumig rühren und schließlich mit der abgekühlten Creme verarbeiten.

Torte nach dem Erkalten einmal quer durchschneiden und mit der Creme füllen.

Verdoppelt man die Menge der Zutaten, so kann man den »Bienenstich« auch auf einem Blech backen. Anschließend wird er in rechteckige Stücke geschnitten.

Mohnkuchen

Dieser Kuchen ist so köstlich, dass es wie ein Wunder erscheint, dass er sich nicht die westdeutschen Familien erobert hat. Rezept einer Hauswirtschaftslehrerin aus Erfurt, die zu Anfang des Jahrhunderts auch in Sachsen tätig war.

Aus der ersten Gruppe der Zutaten einen Hefeteig herstellen und aufgehen lassen.

Den Mohn wäscht man einige Stunden vor dem Gebrauch und brüht ihn mit kochendem Wasser, dann gießt man ihn in ein feines Sieb und lässt ihn ablaufen. Er wird zweimal durch den Fleischwolf gedreht, oder man reibt ihn mit einer Reibkeule in einer Schüssel, bis er fein ist, jedes Mal 250 g mit einem Ei und einem Teil des Zuckers. Aus Milch, Butter und Grieß kocht man einen Brei, vermischt ihn mit dem mit Ei und Zucker verrührten Mohn sowie Zitronat, Mandeln und gewaschenen Rosinen.

Man rollt den aufgegangenen Teig auf dem Backblech dünn aus, lässt ihn nochmals kurz gehen, streicht den Brei darauf aus und bäckt ihn bei guter Hitze.

Dieses Rezept zeigt, in welchen Mengen man seinerzeit Mohnkuchen gebacken (und gegessen) hat.

Die angegebenen Mengen waren nur auf einem der großen Bleche unterzubringen, die beim Bäcker oder im Backhaus gebacken wurden.

Heute muss man die Mengen dritteln. Oder aber man nutzt die Vorteile eines modernen Umluftherdes, richtet drei Kuchenbleche und backt sie gleichzeitig. Was nicht gleich gegessen wird, lässt sich ausgezeichnet einfrieren.

Vorschlag: Den Mohn gemahlen kaufen, was Brühen, Fleischwolf und Reibekeule erspart.

- 1 1/2 kg Mehl
- 1 l Milch
- 100 g Butter
- 150 g Zucker
- 75 g Hefe

- 780 g Mohn
- 500 g Zucker
- 3 Eier
- 500 g Grieß
- 3 l Milch
- 50 g Butter
- 100 g Zitronat in Würfeln, die weiter zerkleinert werden
- 100 g grob gehackte oder gestiftelte Mandeln
- 100 g Rosinen

Kirschenmichel

In der Pfalz und in Baden »Kerscheplotzer«

- 125 g Butter
- 125 g Zucker
- 6 Eier
- 1 Gläschen Kirschwasser (wird in der Pfalz durch Hefeschnaps ersetzt)
- 6 Brötchen
- Gut 1 Tasse Milch
- 700 g entsteinte Kirschen (süße oder saure oder gemischt; auch eingemachte möglich)
- 1 kleine Prise Salz
- 1 Essl. Butter und
- 2 Essl. Paniermehl

Butter mit Zucker schaumig rühren. Eier trennen und nacheinander die Eigelbe in die gezuckerte Butter rühren, bis eine glatte Creme entsteht. Kirschwasser dazu.

Brötchen in Scheibchen schneiden, in der Milch einweichen und dann mit der Creme verrühren.

Abgetropfte Kirschen mit dem Teig vermischen.

Eiweiße mit wenig Salz zu steifem Schnee schlagen und zum Schluss unter den Teig heben.

Eine runde Auflaufform oder eine Springform kräftig ausbuttern und mit dem Paniermehl ausstreuen.

Teig einfüllen und bei 180 °C in etwa 1 Stunde goldbraun backen.

Dieser »Kirschenmichel« schmeckt am besten, wenn er noch warm ist. Er lässt sich ausgezeichnet einfrieren und wieder aufwärmen.

»Kirschenmichel« war lange ein beliebtes Freitags- oder Samstagsessen. Davor gab es nur eine Kartoffel- oder Kerbelsuppe.

Schlagsahne zum »Kirschenmichel« wird zwar heute zuweilen in Restaurants gereicht, ist jedoch eine etwas zweifelhafte Neuerung.

Bettelmann – Apfelbettelmann

Kirschenmichels etwas derberer Vetter. Bei der Brotauswahl kann man von fein weiß bis grob schwarz oder jede beliebige Mischung wählen, muss allerdings die Zuckermengen entsprechend anpassen.

Äpfel schälen, entkernen und in flache Stücke schneiden. Im Wein unter Zusatz von Zucker und einigen Zitronenscheiben auf Mittelhitze kochen, bis sie gerade weich sind, jedoch noch ihre Form halten.

Das grob geschrotete Brot in einer schweren Pfanne in Butter leicht anrösten. Eine flache Auflaufform aus Glas oder Keramik ausbuttern und eine Lage Brot einstreuen. Darauf eine Lage der vorgekochten Apfelstücke schichten, von denen man vorher den Saft abgegossen hat. Zitrone entfernen. Weiter abwechselnd mit Brot und Äpfeln belegen, evtl. vorgeweichte Rosinen dazwischen streuen und mit Brot als oberster Schicht enden.

Den Apfelsud darüber gießen, Butterflöckchen aufsetzen und den »Bettelmann« eine gute halbe Stunde bei 130 °C backen, bis er eine schöne Kruste hat.

Wer das einfache Mahl opulenter gestalten will, kann Weinsauce dazu reichen.

5–7 Äpfel
1/4 l Weißwein oder herber Most
100–150 g Zucker (nach Geschmack und Säure der Äpfel)
4 Zitronenscheiben
2 Essl. Butter zum Anrösten
1 Essl. Butter in Flöckchen

Evtl. zur Verfeinerung:
1/2 Zimtstange mitkochen
Einige Essl. vorgeweichte Rosinen zum Einschichten

Zwetschgenkuchen

In Norddeutschland Pflaumenkuchen
In Bayern Zwetschgendatschi

Das ist der deutsche Obstkuchen Nr. 1. Die Bezeichnung »Pflaumenkuchen« ist irreführend, denn gut kann er nie mit Pflaumen, sondern nur mit Zwetschgen werden, die, je später gereift, um so besser sind, weil sie keinen Saft mehr ziehen. Dieser Kuchen wird traditionell immer nur auf Blechen gebacken, die so groß wie möglich sein sollten. Runde Formen sind eine bedauerliche Neuzeit-Entwicklung.
In Frankfurt zog man jeden Herbst in die Vororte Seckbach oder Bergen – zum »Quetschekuche-Esse«. An großen Tischen fanden sich befreundete Familien mit Kind und Kegel zusammen. Man saß in der letzten warmen Herbstsonne. Kaffee wurde nur in großen Kannen und der »Quetschekuche« zu Bergen getürmt auf Platten serviert. Man musste ihn gegen Bienen und Wespen verteidigen. Das gehörte auch zum Spaß der Fresserei (die es tatsächlich war – seligen Angedenkens!).

- 500 g Mehl
- 1/4 l Milch
- 30 g Hefe
- 1 Teel. Zucker
- 1 Prise Salz
- 125 g Zucker
- 1 gestrichener Teel. Backpulver
- 125 g Butter
- 2 Eier
- 1,5 bis 2,5 kg Zwetschgen

Mehl in eine Schüssel sieben, Vertiefung in die Mitte drücken. Hefe mit wenigen Essl. lauwarmer Milch und etwas Zucker zerreiben. In die Vertiefung füllen und mit etwas Mehl vom Rand bestäuben. Zudecken und Vorteig aufgehen lassen. Dann restliche lauwarme Milch, Salz, Zucker mit Backpulver sowie die ganz weiche Butter in den Teig arbeiten. Anschließend noch die Eier dazu. Gut kneten, bis sich der Teig von der Schüssel löst. Zugedeckt an warmem Ort aufgehen lassen.

Anschließend auf einem gebutterten und leicht bemehlten Blech platt drücken und ausrollen; Ränder ganz wenig hoch drücken. Der Teig soll dünn sein. Handtuch darüber legen und noch etwa 10 Minuten ruhen lassen.

Mit Zwetschgen vollstellen; die Zwetschgen wurden vorher entkernt, aufgeklappt und jede Hälfte nochmals eingeschnitten (maschinelle Entkerner machen das selbsttätig). Die auseinander geklappten Zwetschgen dürfen nicht auf den Teig gelegt, sondern müssen tatsächlich in Reihen gestellt werden. Andernfalls wird der Belag zu dünn.

Im vorgeheizten Ofen bei etwa 200 °C in etwa 35 Minuten backen. Man erkennt den Garzustand an der goldgelben Farbe der zu Wulsten aufgegangenen Ränder.

Dieser Zwetschgenkuchen schmeckt am besten, wenn er noch ein kleines bisschen ofenwarm ist. Nie zu früh mit Zucker überstreuen, weil er dann u. U. zuviel Saft zieht.

Zwetschgenkuchen ist zusammen mit einer Kartoffelsuppe ein beliebtes Samstagsessen.

Hinweise:

- Zwetschgenkuchen immer nur mit Hefeteig backen.
- Die angegebene kleine Backpulverzugabe ist ein Trick, der dem Teig einen angenehmeren Biss gibt.
- Muss man befürchten, dass die Zwetschgen zuviel Saft ziehen, weil man sich von seiner Ungeduld hat hinreißen lassen, den Kuchen zu früh in der Jahreszeit zu machen, so kann man den Teig vor dem Belegen mit Zwiebackmehl oder Haferflocken bestreuen, die beide eine Menge Saft aufsaugen.
- Streusel oder Mandelsplitter sind moderne Zutaten, deren ein so ausgezeichneter Kuchen nicht bedarf.
- Schlagsahne auf Zwetschgenkuchen ist durch Konditoreien in Mode gekommen; ich halte es für eine Sünde wider den alten, ehrlichen Zwetschgenkuchengeist.
- Zwetschgenkuchen lassen sich ausgezeichnet tiefgefrieren. Im nächsten Jahr schmeckt zur frühen Pflaumen- oder Zwetschgenzeit der eingefrorene Kuchen immer noch besser als ein voreilig gebackener frischer.

Ofenschlupfer

Altbackenes Brot kann immer anfallen, es ist jedoch viel zu schade zum Wegwerfen. Mit dem folgenden Rezept wird es so wohlschmeckend, dass es einen beliebten Nachtisch oder sogar eine selbstständige Mahlzeit darstellt. Eine Meisterleistung fürsorglicher Hausmütter.

500–600 g Äpfel
4–6 Essl. Zucker
5–6 Essl. Zucker
Saft von 1 Zitrone
50 g Butter
3–4 Essl. Zucker
5 Eier, getrennt
Zitronenabrieb
Butter für die Form
Einige Essl. Semmelbrösel (auch Mutschelmehl oder zerriebener Zwieback)
Butterflöckchen

Äpfel schälen, halbieren und in Blättchen schneiden. Diese mit Zucker und Zitronensaft vermengen.

Brötchen abreiben, in dünne Scheiben schneiden und in der Milch einweichen.

Die Butter mit 3–4 Esslöffeln Zucker verreiben, dann Eigelbe und abgeriebene Zitronenschale zufügen und alles zusammen schaumig rühren. Eiweiß zu Schnee schlagen und zusammen mit den Äpfeln unter die Eigelbmasse heben.

Eine feuerfeste Glas- oder Keramikform gut ausbuttern, mit Semmelbröseln (Mutschelmehl oder zerriebenem Zwieback) ausstreuen, mit eingeweichten Brötchen bedecken und dann lagenweise abwechselnd mit der Apfelmasse auffüllen. Die oberste Schicht bilden Brötchen. Butterflöckchen aufsetzen. Bei 180 °C solange backen, bis die Oberfläche goldbraun ist, was etwa eine dreiviertel Stunde dauern dürfte.

Hinweis: Wer es sich leisten konnte, hat schon immer gern diesen Ofenschlupfer noch weiter aufgebessert. Dazu werden geriebene oder gestiftelte Mandeln, sowie vielleicht auch etwa Zimt in die Eigelbmasse gegeben. Die Apfelmasse kann angereichert werden mit in Kirschwasser oder Rum oder Arrak eingeweichten Rosinen.

Dresdner Eierschecke

Dies ist eine der besten deutschen Gebäckkreationen. Sie ist aufwendig in der Herstellung und wird leider landauf, landab in sehr unterschiedlicher Qualität angeboten. Hier ist ein Rezept für den Hausgebrauch, das etwas vereinfacht ist, jedoch ein sehr wohlschmeckendes Ergebnis liefert. Es ergibt 20 kleine Stücke.

Hefeteig auf einem gefetteten Blech ausrollen und kleine Ränder dabei hochdrücken. Nochmals kurz gehen lassen.

Zur Quarkmasse alle angegebenen Zutaten außer Korinthen miteinander verrühren und auf den Teig streichen. Korinthen darüber streuen.

Zur oberen Scheckenmasse den Pudding gut glattrühren und dabei die flüssige Butter und das flüssige Aroma einarbeiten. Anschließend die gut verklepperten Eigelbe einrühren. Es muss eine glatte, homogene Creme entstehen. Unter die hebt man zum Schluss noch den Eischnee, der mit Zucker und Salz sehr fest geschlagen wurde. Die Scheckenmasse auf die Quarklage streichen.

Im vorgeheizten Backofen bei 200°C gut 45 Minuten backen. Vorsicht: Die Scheckenmasse kann plötzlich stark bräunen, also beobachten und rechtzeitig eine Folie auflegen.

Hefeteig:
- 125 g Mehl
- 10 g Hefe
- 20 g Zucker
- 75 ml Wasser
- 20 g Butterschmalz
- 1 Prise Salz

Quarkmasse:
- 300 g Quark (20% Fett)
- 30 g Stärkemehl
- 1 Ei
- Einige Essl. Vollmilch
- 50 g Korinthen oder Rosinen

Scheckenmasse:
- 300 g Vanillepudding, fertig aus Pulver zubereitet
- 120 g Butter
- Je 2 g Zitronen- und Vanillearoma
- 3 Eigelbe
- 4 Eiweiß
- 50 g Zucker
- 1 kleine Prise Salz
- Fett für das Blech

Kalter Hund – Schwarzer Peter

In den ersten Jahrzehnten nach dem 1. Weltkrieg war dieser geradezu revolutionäre Kuchen überall im Land beliebt, und nicht nur in Haushalten mit Kindern. Wahrscheinliche Gründe: Freude am süßen Schlemmen nach Notzeiten und die Sensation, einen Kuchen ohne Backofen auf den Tisch zu zaubern. Vermutlich stammt das Rezept von einem der großen Kekshersteller, der damit seinen Absatz explosionsartig steigerte. Er war es auch, der viele Jahrzehnte später den reichlich brutalen Namen änderte und den Kalten Hund als Schwarzen Peter wieder auferstehen ließ.

3 Essl. Puderzucker
3 Essl. Kakaopulver
2 Essl. Vollmilch
1 Ei
125 g Kokosfett
1 Paket Butterkeks, ca. 20 Stück
Mögliche Garnierung mit Schlagsahne, Mandelsplittern oder gespritzten Ornamenten aus Zuckerglasur

Zucker, Kakaopulver, Milch und Ei zusammen verrühren. Kokosfett zerlassen und lauwarm langsam untermischen. Besondere Würzung wird nach persönlichem Gusto durch Zugabe von Rum oder Weinbrand und Vanillezucker erreicht. Eine Kastenform mit Alu-Folie auskleiden und den Boden mit einer dünnen Schicht der Kakaomasse bedecken. Darauf abwechselnd Lagen aus rechteckigen Butterkeksen und Kakaomasse schichten. Obenauf muss Kakaomasse kommen. Im Kühlschrank erstarren lassen, dann stürzen, eventuell garnieren und in Scheiben schneiden.

Hinweis: Die Kekslagen sollten von allen Seitenwänden der Form jeweils ca. 2 mm Abstand haben, damit die Kakaomasse einfließen und einen Mantel um das Gebäckstück bilden kann.

Heidesand

Das ist noch immer ein beliebtes Gebäck fürs ganze Jahr. Ich gebe ein altes Rezept aus dem vorigen Jahrhundert, das mir handschriftlich vorliegt.

»1 Pfund Butter läßt man auf dem Feuer goldbraun werden und rührt sie dann kalt. 1 Pfund Zucker und 1½ Pfund Mehl, etwas Vanille und zuletzt einen kleinen Löffel Hirschhornsalz tut man nach und nach dazu und verknetet die Masse. Auf ein Blech setzt man mit dem Löffel kleine Klümpchen, die man etwas drückt und goldbraun backen läßt.«

Hinweis: Im vorgeheizten Backofen bei 180 °C 10 bis 15 Minuten backen.

- 500 g Butter
- 500 g Zucker
- 750 g Mehl
- ½ Teel. Hirschhornsalz (heute auch 2 Teel. Backpulver möglich)
- Mark einer Vanillestange

Einfacher Honigkuchen

Nach handschriftlichen Aufzeichnungen der Familie Seidel aus Baden-Baden. Das Rezept ist aber in allen deutschen Landesteilen in Gebrauch gewesen und heute noch bekannt.

Alle Zutaten zu einem dickflüssigen Teig verarbeiten. In einer gut gefetteten Kastenform bei etwa 170 °C backen. Stäbchenprobe!

Hinweis: Anstelle von Sirup kann auch flüssiger, dunkler Honig oder Rübenkraut verwendet werden.

- 500 g Mehl
- 1 Päckchen Backpulver
- 1 Zitrone, Schale und Saft
- 100 g brauner Zucker
- 250 g Sirup
- 4 Essl. Öl
- Etwa 1 Tasse Malzkaffee
- 1 Messerspitze gemahlener Ingwer
- 1 gehäufter Teel. Anis
- 2 Essl. feingehacktes Zitronat

Brenten

Ein sehr altes Konfekt, eine echte Frankfurter Spezialität, die allerdings immer den vornehmen Patrizierfamilien vorbehalten blieb. Für die Masse der Frankfurter Bürger oder gar für die Bauern des umliegenden Landes waren sie zu teuer in der Herstellung.

Trotzdem – oder gerade deswegen – haben die »Frankfurter Brenten« zwei berühmte Dichter inspiriert: Goethe war der eine, der seine Mutter in rührenden Bettelbriefen bat, sie ihm nach Weimar zu schicken; der andere lebte in Schwaben, hieß Eduard Mörike und machte aus dem Rezept ein Gedicht. Diesen seltenen Fall einer poetischen Backanweisung wollen wir uns natürlich nicht entgehen lassen:

Mandeln erstlich, rat' ich dir,
Nimm drei Pfunde, besser vier
(im Verhältnis nach Belieben).[1]
Diese werden nun gestoßen
Und mit ordinärem Rosen-
Wasser feinstens abgerieben.
Je aufs Pfund Mandeln akkurat
Drei Vierling[2] Zucker ohne Gnad',
Denselben in den Mörsel bring',
Hierauf ihn durch ein Haarsieb schwing!
Von deinen irdenen Gefäßen
Sollst du mir dann ein Ding erlesen,
Was man sonst eine Kachel[3] nennt;
Doch sei sie neu zu diesem End'!
Drein füllen wir den ganzen Plunder
und legen frische Kohlen unter.
Jetzt rühr' und rühr' ohn' Unterlass,
Bis sich verdicken will die Mass',

Und rührst du eine Stunde voll:
Am eingetauchten Finger soll
Das Kleinste nicht mehr hängen bleiben;
So lange müssen wir es treiben.
Nun aber bringe das Gebrodel
In eine Schüssel (der Poet,
Weil ihm der Reim vor allem geht,
Will schlechterdings hier einen Model,[4]
Indes der Koch auf ersterer besteht)!
Darinnen drück's zusammen gut;
Und hat es über Nacht geruht,
Sollst du's durchkneten Stück für Stück,
Auswellen messerrückendick
(Je weniger Mehl du streuest ein,
Um desto besser wird es sein).
Alsdann in Formen sei's geprägt,[5]
Wie man bei Weingebacknem pflegt;
Zuletzt – das wird der Sache frommen,
Den Bäcker scharf in Pflicht genommen,
Dass sie schön gelb vom Ofen kommen!

Erklärungen:

1 Gemeint ist das Verhältnis von süßen zu bitteren Mandeln, von denen man nur 5 oder 6 nehmen sollte; man kann sie heute auch durch einige Tropfen Bittermandelöl ersetzen.

2 Ein Vierling war zur Zeit Mörikes ein Viertelpfund, also 125 g.

3 Kachel, damit bezeichnet man heute noch in Südwestdeutschland einen feuerfesten, irdenen Topf.

4 Model ist eine geschnitzte Holzform, mit der figürliche oder ornamentale Verzierungen auf den Teig gedrückt werden; Mörike meint hier eine Schüssel und macht sich über den von ihm verschuldeten falschen Gebrauch des Wortes »Model« lustig.

5 Das bedeutet, dass mit Modeln Verzierungen auf die Brenten gedrückt werden sollen. Früher stellte man riesige Kuchen auf über einen Meter langen Backblechen als Brenten her, von denen dann verzierte Einzelstücke abgeschnitten wurden. Gebacken wurden die Brenten auf einem mit Wachs bestrichenen Blech; heute nimmt man Backtrennpapier. Am besten die Brenten vorher über Nacht trocknen lassen, dann bei 140 °C etwa 20 Minuten backen; sie sollen nur gelb werden.

Aachener Printen

Napoleon ist sicherlich nicht an allem schuld, die Entdeckung des berühmten Aachener Gebäcks wird ihm jedoch indirekt in die Schuhe geschoben. Durch seine Kontinentalsperre konnte kein Zucker mehr aus Übersee nach Deutschland kommen, und so seien die Aachener Konditoren gezwungen gewesen, mit Honig und Sirup zu backen. Mit dem Ergebnis seien sie so zufrieden gewesen, dass sie es beibehielten – eben die Printen. Da die Kontinentalsperre inzwischen aufgehoben wurde, verwendet man auch wieder Zucker dafür.

- 125 g Honig
- 100 g Zucker
- 30 g Butter
- 1 Teel. gemahlener Zimt
- 1 Prise gemahlene Nelke
- Abrieb 1/2 Zitrone
- 30 g Zitronat, ganz fein gehackt
- 30 g Orangeat, ganz fein gehackt
- 75 g gemahlene Haselnusskerne
- 4 g Pottasche
- 3 Essl. Rum
- 250 g Mehl
- 1 Essl. Butter für das Blech
- 1 Teel. Stärkemehl
- 5 Essl. Wasser

Honig mit Zucker und Butter unter Rühren so lange erhitzen, bis eine glatte Flüssigkeit entstanden ist. Abkühlen lassen und vermischen mit allen Zutaten bis einschließlich gemahlene Haselnusskerne. Alles gut verrühren. Pottasche in Rum auflösen und ebenfalls zugeben. Etwa 150 g Mehl in den Teig rühren. Das restliche Mehl einkneten. Der Teig, der nicht mehr kleben darf, muss nun 1 bis 2 Stunden ruhen. Dann dünn (etwa 1/2 cm) ausrollen und daraus Rechtecke schneiden, die etwa 8 cm lang und 3 cm breit sind.

Auf ein gefettetes Blech setzen.

Stärkemehl mit wenig Wasser verrühren, einmal aufkochen und die Printen vor dem Backen dünn damit bestreichen. Im vorgeheizten Ofen bei etwa 200 °C in 10 Minuten backen.

Diese Printen sind ein ausgezeichnetes Teegebäck fürs ganze Jahr.

Thorner Kathrinche

Hierbei handelt es sich um das wohl berühmteste ostdeutsche Lebkuchengebäck, das heute überall in deutschen Landen geschätzt wird. Die alte Universitätsstadt an der Weichsel, die vom Deutschen Orden gegründet wurde, zur Hanse gehörte, aber auch Jahrhunderte lang polnisch war, gehört seit 1918 wieder zu Polen. Die Weihnachtslebkuchen, in Katzenzungenform ausgestochen, eben die »Thorner Kathrinchen«, sind als kleines deutsches Andenken erhalten geblieben. Landesspezialitäten kulinarischer Art sind halt dauerhafter als politische Landesgrenzen.

- 50 g Butter
- 100 g Zucker
- 200 g Honig
- 1 Päckchen Lebkuchengewürz
- 1 kleine Prise Salz
- Abgeriebene Schale einer Zitrone (ungespritzt)
- 2 Essl. Zucker
- 1 Eigelb
- 15 g Pottasche
- 2 Essl. Rosenwasser
- 500 g Mehl
- 2 Essl. Butter zum Einfetten des Backblechs

Butter mit Zucker und Honig vermischen und auf kleiner Hitze schmelzen lassen. Abkühlen.

Lebkuchengewürz, Salz, Zitronenschale, 2 Essl. Zucker und das Eigelb miteinander schaumig rühren. Pottasche in Rosenwasser verrühren und zur Schaummasse geben. Diese dann zusammen mit der Honigmasse zu Teig kneten. Über Nacht ruhen lassen. Halbzentimeterdick auswallen und mit Kathrinchenformen Gebäck ausstechen oder längliche Vierecke ausschneiden. Auf gebuttertem Blech bei etwa 200 °C in 15 bis 20 Minuten backen.

Man kann das Gebäck dann auch noch mit Zucker- oder Schokoladenguss überziehen.

Apropos: Pottasche (zum Teil tatsächlich aus Asche gewonnen) und Hirschhornsalz (aus Horn, Geweihen und Knochen hergestellt) waren gängige Treibmittel, bevor der Chemiker v. Liebig das Backpulver erfand. Sie sind heute noch zu haben, werden aber nur noch für flaches Kleingebäck verwendet.

Schmalzplätzchen

Nach handschriftlichen Aufzeichnungen von
Frau Höhner aus Offenburg.

750 g Schweineschmalz
625 g Mehl
375 g Zucker
1/2 Teel. Hirschhornsalz
Etwas ausgekratzte Vanille (oder Vanillinzucker)
Gemahlener Kardamom nach Geschmack

Alle Zutaten kalt zusammenkneten, bis ein glatter Teig entsteht. Daraus walnussgroße Kugeln formen. Mit gehörigem Abstand auf ein Backblech setzen; sie laufen breit auseinander. Bei 170 °C zu heller Farbe backen.

Der Wasserfall bei Triberg

Bethmännchen

In ihrer Geburtsstadt nennt man sie »Betmännscher«. Sie sind das wahrscheinlich köstlichste Feingebäck aus deutschen Landen. Ursprünglich wurden sie in Frankfurt als Weihnachtsgebäck betrachtet, heute genießt man sie das ganze Jahr über.
Einige besonders fromme Frankfurter leiten den Namen des Konfekts von Beten her, Bet-Männchen. Die Mehrzahl aber hält sich an die eingesessene Bankiersfamilie Bethmann. Das von ihrem Koch (oder war es eine Köchin?) erfundene Marzipankonfekt soll 1840 erstmals bei den Bethmanns gereicht worden sein. Damals wurde es noch von vier Mandelhälften geziert, die die vier Söhne des Hauses symbolisierten; als einer der hoffnungsvollen jungen Herren starb, garnierte man nur noch mit drei Mandelhälften – bis auf den heutigen Tag.
Gegen die Annahme, dass »Bethmännchen« eine ältere Spezialität sind, spricht die Tatsache, dass Goethe, der doch ein arges Leckermaul war und seine Mama ständig in Jammerbriefen um einheimische Spezialitäten bat, niemals »Bethmännchen« erwähnte.

200 g Marzipanrohmasse (gibt es fertig zu kaufen)
150 g Puderzucker
Einige Essl. Rosenwasser
100 g Mandeln
1 Ei
1 Teel. Zucker

Marzipanrohmasse mit Puderzucker und Rosenwasser zu einer glatten Paste verkneten. Daraus Kugeln von etwa 2 cm Durchmesser formen und diese oben etwas spitz zusammendrücken. Jeweils drei halbe, geschälte Mandeln an diese Kegelspitzen drücken, Mandelspitzen nach oben.

Über Nacht in einem gut geheizten Raum trocknen lassen. Auf Backtrennpapier im auf 250 °C vorgeheizten Ofen mit Oberhitze 2 bis 3 Minuten erwärmen. Das Ei mit Zucker verrühren. Bethmännchen aus dem Ofen nehmen, mit gezuckertem Ei dünn bestreichen, und bei reduzierter Hitze goldgelb werden lassen – die Ränder leicht gebräunt.

Laut Originalrezept werden Bethmännchen mit Gummiarabicum überglänzt. Diese Prozedur ist kompliziert und heute ungewohnt. Wer historisch genau sein will, kann Gummiarabicum in der Apotheke bekommer.

Omas Schlosserbuben

Nach einem schwäbischen Familienrezept

12 große Backpflaumen ohne Stein (Kurpflaumen)
12 geschälte Mandeln

Backteig aus:
100 g Mehl
$^1/_8$ l Weißwein
2 Essl. Zucker
1 Prise Salz
1 Eigelb
1 Eiweiß, zu steifem Schnee geschlagen

Ausbackfett
4 bis 5 gehäufte Essl. geriebene Schokolade
2 Essl. Zucker

Backpflaumen in wenig Wasser nicht zu weich kochen. Abtropfen lassen und abgekühlt mit je einer Mandel füllen. Durch einen Backteig ziehen, der aus den angegebenen Zutaten gerührt wurde. Im siedenden Fett sogleich schwimmend ausbacken

Noch heiß in der geriebenen Schokolade wälzen, die man vorher mit dem Zucker vermischt hat.

Ostpreussen

Königsberger Marzipan

Ob man »Lübecker Marzipan« oder dem aus Ostpreußen den Vorzug gibt, ist Geschmackssache. Wichtig ist nur, dass man »Königsberger Marzipan« – das im heutigen Kaliningrad nicht mehr hergestellt wird – immer sofort erkennen kann: Mit den Augen, weil es überflämmt ist, also braune Ränder hat, und mit der Zunge, weil es etwas weniger süß schmeckt.

500 g Mandeln
Einige bittere Mandeln
350 g Puderzucker
2 bis 3 Essl. Rosenwasser (in Drogerien oder Apotheken erhältlich)
2 bis 3 Eiweiße, ungeschlagen

Mandeln nach Überbrühen abziehen und gut trocknen lassen. Sehr fein mahlen; von der ganz feinen Körnung hängt der Erfolg ab. In erwärmter Schüssel mit dem Puderzucker und Rosenwasser sehr gut verkneten. Zu einer Rolle formen und über Nacht kühl stellen.

Einen halben Zentimeter dick ausrollen und daraus mit Modeln oder auch nur mit Ausstechern verschiedene Gebäckstückchen formen. Eventuell noch mit einer Messerspitze ziselieren. Bei Oberhitze oder unter dem Elektrogrill so lange backen, bis sich braune Ränder bilden.

Herausnehmen und mit Eiweiß bestreichen.

Bitte beachten: Heutzutage gibt es überall Rohmarzipan zu kaufen, das so fein gemahlen ist, wie man es daheim nie hinbekommt. Dieses Rohmarzipan ist besonders geschmeidig. Man verknetet es mit relativ wenig Zucker, auf 100 g etwa 4 Essl. Puderzucker und 1 Essl. Rosenwasser. Sonst bleibt die Zubereitung gleich.

Unbedingt sollte man sich ein wenig Mühe beim Dekorieren des »Königsberger Marzipans« machen; die Dichterin Agnes Miegel hat es schließlich bezeichnet als »unser schönstes Stilleben«. Früher wurde dieses Marzipan in allen ostpreußischen Familien zu Weihnachten selbst angefertigt, und jede Hausfrau setzte natürlich ihre Ehre darein, dass es besonders gut und besonders schön war, vielleicht auch verziert mit kleinen Splittern kandierter Früchte.

Rumkugeln

Keine anderen Pralinen wurden in Privathäusern so viel hergestellt wie diese »Rumkugeln«.

75 g Sultaninen
5 Essl. Rum
150 g geriebene Schokolade
150 g Puderzucker
75 g Pflanzenfett
150 g Schokoladenstreusel

Sultaninen gut in heißem Wasser waschen, abtropfen und mit Küchenkrepp gründlich abtrocknen. Auf einem Brett mit dem Wiegemesser fein zerhacken. Rum damit verrühren. Mindestens eine Stunde so stehen lassen.

Schokolade mit Puderzucker vermischen.

Pflanzenfett auf schwacher Hitze schmelzen lassen, etwas abkühlen und dann mit dem Zucker-Schokoladen-Gemisch verrühren. Sobald die Masse weiter abkühlt und anfängt fester zu werden, verknetet man die eingeweichten Sultaninen damit.

Kurz ruhen lassen, dann aus der Masse Kugeln von 3 bis 4 cm Durchmesser rollen, in den Schokoladenstreuseln gründlich wälzen; die Streusel leicht andrücken. Im Kühlschrank vollends fest werden lassen.

In Schalen zu Kaffee oder Tee servieren.

Fischla-Tunke

Dieses ungewöhnliche Rezept wurde von mehreren alten Schlesiern als nostalgische Weihnachtserinnerung mitgeteilt. Die leicht süß-saure Tunke wurde zusammen mit dem Christstollen gegessen. Woher der Name stammt, war nicht zu erfahren.

- 1/2 Sellerieknolle
- 2–3 Petersilienwurzeln
- 3 Pastinakenwurzeln
- 1 Mohrrüben
- 1 1/2 l Wasser
- Je 1 Tasse Rosinen, entsteinte Backpflaumen und getrocknete Aprikosen
- 1–2 Essl. Butter
- 1–2 Essl. Mehl
- 1 kleine Prise Salz
- Zucker nach Geschmack
- 1 Schuss Weinessig

Alle Gemüse putzen, waschen, grob zerschneiden und in Wasser weich kochen. In diesen Würzsud Rosinen, Backpflaumen und Aprikosen geben und auf kleiner Hitze weich kochen. Bei Bedarf Flüssigkeit nachgießen – ein Gläschen Südwein war zwar in Schlesien nicht allgemein üblich, hat jedoch den Geschmack gehoben. In einem genügend großen Topf wird dann aus Butter und Mehl eine dunkle Einbrenne gemacht, die mit dem Obst-Wurzel-Sud abgelöscht und dann gut durchgekocht wird. Abschmecken mit Salz, Zucker und etwas Essig.

Wurzeln und Obst wieder in den nun angedickten Sud geben und alles zusammen über Nacht durchziehen lassen.

Beim Servieren streut man noch reichlich gestiftelte Mandeln und blättrig geschnittene Haselnüsse darüber.

Zusammen mit Christstollen oder trockenem Kuchen auftragen.

Dies ist eine ziemlich ungewöhnliche Zusammenstellung. Nur Mut! Einfach versuchen – und sich überraschen lassen.

Meißen, Stich von Johann Poppel nach einer Zeichnung von L. Rohbock

Stollenrezept von einst

Wer ein gutes Gedächtnis hat und nicht allzu jung ist, der erinnert sich noch an die großen Mengen von Stollen, die man früher und vor allem in Mitteldeutschland im Haushalt und ohne jede Maschinenhilfe herstellte. Wie es damals war, geht aus einem handgeschriebenen Rezept der Großmutter Schönfelder hervor, das mir ihr Enkel Fritz zur Verfügung stellte.

- 16 Pfund Mehl
- 4 Pfund Butter
- 2 Pfund Zucker
- 4 Pfund Sultaninen – Rosinen
- 1 Pfund Zitronat
- Schale und Saft von 2 Zitronen
- 20 g Vanillepulver
- 2 Gläschen Rum
- 400 g Hefe

Ergibt 8 bis 9 Stollen

Ans Hefestück kommt erst die Butter. Dann Milch, Mehl und Zucker. Wieder Milch, Mehl. Erst gut verarbeiten. Dann erst die Rosinenmischung dazu und das Zitronat.

Anmerkung: Wie bei vielen handschriftlichen Rezepten werden Arbeiten, die für die betreffende Hausfrau selbstverständlich waren, nicht erwähnt. So z. B., dass die Hefe zerkrümelt und mit lauwarmer Milch zu einem Hefestück angesetzt wird. Auch ist die Zugabe einzelner Zutaten nicht bei der Arbeitsanweisung erwähnt (sie kommen mit dem Zitronat an den Teig); ebenso selbstverständlich ist, dass der Teig ausdauernd geknetet wurde und aufgehen musste. – Meine Großmutter zwang sich selbst zu diesem enormen

Kraftaufwand, indem sie ein kleines Stück weißen Wollfaden in den Teig gab und beim Kneten nicht eher ruhte, bis sie ihn zwei- oder dreimal gefunden hatte.

Zutaten heute:
Mengen halbieren oder vierteln.

Ich erinnere mich auch noch gut, wie in den zwanziger Jahren selbst in Frankfurt Stollen in Mengen gemacht und beim Bäcker gebacken wurden. Mittags brachte man sie hin. Dann stand am Abend bei unserem Bäcker Geißhäcker die ganze Treppe, die zur Backstube hinunterführte, voller Frauen mit Anhang. Ein herrlicher Kuchenduft strömte verheißungsvoll aus der Tiefe herauf. Wir Kinder wurden ganz kribbelig. Die Frauen waren es schon längst. Wie würden ihre Stollen ausgefallen sein? Wenn sie aus dem großen Ofen kamen, entzifferte der Bäcker die Namen, die auf eingesteckten Pergamentstreifen standen. Dann wurden stolz die hohen Prachtexemplare in Empfang genommen. Die auseinander gelaufenen lösten Schreckschreie aus, denen tiefe Scham folgte. Ich vergesse nie, wie eine Nachbarin einmal ganz entsetzt aufschrie: »Ei, du liewer Himmel, des sin ja Pannekuche!«

Auch das gehörte zu den Weihnachtsvorfreuden der guten alten Zeit. Die, waren sie recht geraten, dann allerdings auch bis Ostern vorhielten, denn dann wurde traditionsgemäß der letzte Christstollen angeschnitten. Und er war noch immer gut und saftig.

Stollen müssen, wenn sie noch ofenheiß sind, mehrmals mit Butter bestrichen und dick mit Puderzucker überstreut werden.

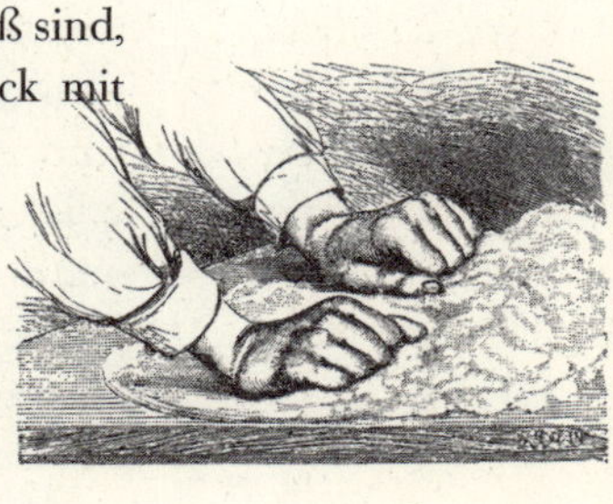

Liegnitzer Bombe

Dieses alte deutsche Weihnachtsgebäck ist leider weitgehend in Vergessenheit geraten. Dabei kann es sich an Wohlgeschmack und Haltbarkeit durchaus mit den »Dresdner Christstollen« messen. – Vielleicht haben wir Deutschen so viel kriegerische Vergangenheit zu bewältigen, dass uns zum Christfest die Unbefangenheit fehlt, selbst süße Bomben zu bewältigen.

Liegnitz ist die Hauptstadt eines der vier schlesischen Fürstentümer, auf die Friedrich der Große Erbansprüche geltend machte, was schließlich zu den Schlesischen Kriegen führte. Damit aber haben die »Liegnitzer Bomben«, Gott sei Dank, nichts zu tun. Der Name bezieht sich nur auf die Bombenform, stumpfe Kegel von 8 bis 12 cm Durchmesser und etwa 10 cm Höhe. Das folgende Rezept stammt wieder von meinem schlesischen Freund Heinz Schwarz. Seit vielen Jahren backe ich danach jedes Jahr Anfang Dezember viele »Liegnitzer Bomben«, die ich als Weihnachtsgrüße an meine Freunde verschicke – eine kleine Erinnerung an die schlesische Urheimat der Scharfenbergs.

- 400 g Honig (auch Kunsthonig möglich)
- 125 g Butter
- 4 Eier
- 250 g Zucker
- 500 g Mehl
- 1 Päckchen Backpulver
- 50 g Kakaopulver
- 1/2 Teel. gemahlener Kardamom
- 1 Prise gestoßene Nelke

Bewahren Sie bitte Ruhe! Geraten Sie ob der vielen Zutaten nicht in Panik! Die Zubereitung ist keine Hexerei; mit Hilfe einer Küchenmaschine ist sie sogar recht einfach.

Honig mit Butter auf kleiner Flamme zergehen und dann abkühlen lassen.

Eier mit Zucker gut schaumig rühren. Honig-Butter-Mischung zugeben. Mehl mit Backpulver dazusieben. Würzen mit den angegebenen Gewürzen (die auch durch Lebkuchengewürzmischung für 500 g Mehl ersetzt werden können) sowie dem Abrieb von Zitrone und Apfelsine. Teig gut rühren. Zum Schluss noch folgende Zutaten damit vermengen: gewaschene Korinthen, Mandeln und Zitronat.

½ Teel. Zimtpulver
1 Prise Salz
Abrieb von ½ Zitrone
Abrieb von ½ Orange (beide natürlich ungespritzt)
125 g Korinthen
125 g gestiftelte Mandeln
150 g Zitronat in kleinen Würfelchen
1 bis 2 Essl. Butter zum Ausfetten

Zum Füllen:
250 g Aprikosenmarmelade
2 bis 3 Essl. Aprikosenschnaps (nach Belieben)
250 g Marzipanrohmasse
150 g Puderzucker
4 Essl. Rosenwasser oder Rum

Überzug:
100 g Kochschokolade
1 Teel. Kakaopulver
250 g Puderzucker
Etwa 10 g geschälte Mandeln

Formen ausfetten (Springformen oder mehrere kleine Kastenformen oder auch – um annähernd echte »Bomben« zu bekommen – große Weißblechdosen, deren Deckel sauber abgeschnitten wurden). Teig nur bis gut zur halben Höhe einfüllen; er geht stark auf.

Bei Mittelhitze je nach Formgröße 30 bis 60 Minuten backen. Stäbchenprobe rechtzeitig machen! Inzwischen Aprikosenmarmelade auf geringer Hitze mit dem Aprikosenschnaps (oder Aprikosenlikör) glatt rühren; eventuell durch ein Haarsieb passieren.

Marzipanrohmasse mit Rosenwasser und dem Puderzucker gut verkneten und zu Platten drücken, die etwa 1 bis 2 mm dick sind. Ausgekühlte Bombe(n) waagrecht zweimal durchschneiden, so dass drei Platten entstehen. Unterste mit Marzipan belegen, zweite auflegen, diese dick mit Aprikosenmarmelade bestreichen und dritte aufdrücken.

Schokolade mit Kakaopulver und Puderzucker in wenig Wasser auf kleiner Hitze schmelzen und zu Glasur verrühren. Damit die Bombe(n) allseitig überziehen. Mit Mandeln garnieren. Diese »Liegnitzer Bombe« hält sich im Keller und in Aluminiumfolie eingeschlagen gut ein bis zwei Monate. Man sollte sie auf keinen Fall vor einer Lagerzeit von zwei Wochen verzehren.

Beim Teig kann man Rosinen und Zitronat weglassen oder auch nur eines von beiden. Sehr gut schmeckt es, wenn man den Korinthenanteil um die Hälfte erhöht.

Ebenfalls kann man die Füllung zwischen den einzelnen Schichten verändern. Auch Sauerkirschmarmelade und Nougat schmecken gut darin.

Bitte darauf achten, dass auch der Boden der Bombe(n) mit Schokoladenguss überzogen ist, damit das Gebäck nicht austrocknet.

Hutzelbrot

Schnitzbrot, Kletzenbrot, Bierewecke

Überall in Süddeutschland, wo dieses Gebäck zum bäuerlichen Küchenrepertoire zählt, belegt man es mit einem der oben genannten Namen. »Bierewecke« ist dabei rein alemannisch; es hat nichts mit Bier zu tun, sondern mit Birnen. Auch Hutzel, Schnitz oder Kletzen sind mundartliche Bezeichnungen für getrocknete Birnen. In Baden-Württemberg bekommt man sie heute noch ab Herbst überall in den Lebensmittelgeschäften zu kaufen. Wer etwas auf seine Kochkunst hält, der trocknet natürlich selbst und sucht sich genau die Birnensorten aus. In allen Gegenden, in denen dieses Gebäck kein Heimatrecht genießt, nennt man es »Früchtebrot«. Auch in Baden-Württemberg hat man schon immer andere Trockenfrüchte ins »Hutzelbrot« gemischt. Ich gebe deshalb eines der verfeinerten Rezepte. Dieses Gebäck stellt man auf Vorrat her. Es reicht dann normalerweise bis Lichtmess (2. Februar), entsprechend groß sind auch die angegebenen Mengen.

- 1,5 kg getrocknete Birnen (gemischt mit beliebigen Anteilen von Dörrpflaumen ohne Stein und/oder Feigen)
- 1 kg Mehl
- 50 g Hefe
- 250 g Zucker
- 1 Prise Salz
- 200 g Sultaninen
- 500 g Hasel- oder Walnüsse ohne Schale
- Je 50 g Orangeat und Zitronat in Würfelchen

Birnen entstielen, entkernen und mit den anderen Trockenfrüchten gründlich waschen. In frischem Wasser, das sie gut bedecken soll, einige Stunden einweichen. Alle grob zerschneiden. Mit dem Einweichwasser etwa 30 Minuten lang kochen. Über Nacht zugedeckt stehen lassen. Am nächsten Tag das Mehl in eine große Schüssel sieben. Hefe zerbröckeln und mit einigen Essl. lauwarmem Wasser verrühren. Aufgehen lassen und dann in eine Vertiefung in die Mitte des Mehls geben. Zucker, Salz und Trockenfrüchte mit ein wenig von ihrer Kochbrühe zugeben und einen Teig kneten. In diesen arbeitet man nun noch die gewaschenen und gut abgetropften Sultaninen, die grob gehackten Nüsse, Orangeat und Zitronat sowie die Gewürze und das Kirschwasser ein. Da-

Je 1/2 Teel. Zimt und Nelkenpulver
1 Essl. Fenchelsamen
1 Gläschen Kirschwasser
2 Essl. Zucker
1 Essl. Stärkemehl

bei sollte man nicht zu kräftig kneten, weil dadurch der Teig leicht breiig wird.

Eine andere Schüssel mit Mehl dick ausstreuen, Teigkloß hineinlegen und so lange hin und her bewegen, bis er nicht mehr festklebt. Dabei eventuell noch etwas mehr Mehl einstreuen, zudecken und so lange gehen lassen, bis er Risse zeigt.

Jetzt mehrere kleine Laibe daraus formen, diese auf ein gefettetes Blech setzen, kurz ruhen lassen und bei 180 °C etwa 1 Stunde backen.

Einen Viertelliter der Trockenobstkochbrühe mit Zucker aufkochen, Stärkemehl darin verrühren. Damit die noch warmen Hutzelbrote bestreichen und auskühlen lassen. Nach Belieben kann man die einzelnen Brote noch mit halben Mandeln verzieren, die auf der warmen Glasur festgedrückt werden.

Es ist auch möglich, etwas Kirschwasser mit der Kochbrühe zu vermischen, was den Hutzelbroten einen zusätzlichen Geschmack nach Schwarzwald gibt.

Diese Brote kann man in dünne Scheiben schneiden und zu Kaffee oder Tee oder auch zum Frühstück servieren. Sehr gut schmecken sie, wenn man sie mit frischer Butter bestreicht.

Apropos: Heutzutage wachsen die Hutzelbrote nicht mehr nach wie weiland das des Schustergesellen Seppe, von dem der Schwabe Eduard Mörike in seinem »Stuttgarter Hutzelmännlein« dichtete.

Klaben

Das ist der hanseatische Weihnachtsstollen. Er ist meistens noch schwerer von Korinthen, Rosinen und Mandeln als das berühmte Dresdner Gebäck. Man genießt ihn ganzjährig. Das folgende Rezept stammt von einer alten Bremer Familie

1 kg Mehl
100 g Hefe
1/4 l Milch
150 g Zucker
400 g Butter
1 Teel. Salz
Abrieb von 1 Zitrone
250 g Rosinen
250 g Korinthen
125 g Mandeln
100 g Orangeat
50 g Zitronat
2 Essl. Butter zum Bestreichen

Mehl in eine Teigschüssel sieben, in die Mitte eine Vertiefung machen. Hefe zerkrümeln und mit einigen Essl. lauwarmer Milch und 1/2 Teel. Zucker gut verrühren. Den so entstandenen Brei in die Mehlvertiefung füllen und mit wenig Mehl abdecken. Aufgehen lassen, dann mit Mehl, Milch, Zucker, Butter und Salz zu einem Teig verarbeiten, bis er Blasen wirft. Sämtliche Zutaten müsse gleiche Zimmertemperatur haben, sonst gelingt der Teig nicht. Abgedeckt aufgehen lassen.

Alle anderen Zutaten, von denen die Trockenfrüchte gewaschen und gut abgetrocknet und die Mandeln geschält und gehackt sind, in den Teig kneten. Nochmals gehen lassen.

Dann auf einem gefetteten Blech einen Klaben formen, nochmals gehen lassen und bei etwa 200 °C in ungefähr einer Stunde goldbraun backen. Stäbchenprobe. Mit Butter bestreichen.

Bedenken Sie immer, dass »Klaben« mit dem Wort kloben, Klotz, verwandt ist. So soll der Klaben auch aussehen, aber so soll er nicht im Magen liegen.

Mohnstriezel

»Striezel« ist die schlesische Bezeichnung für Christstollen. Während »Mohnstriezel« die echt schlesische Form des Stollens ist, den man zu Weihnachten backt. Weil man ihn sehr gern isst, bereitet man ihn auch schon mal zwischendurch zu.

Aus der ersten Gruppe der Zutaten einen Hefeteig wie im vorherigen Rezept herstellen. Aufgehen lassen.

Gemahlenen Mohn mit kochendheißer Milch übergießen.

Butter zerlassen und zusammen mit dem Zucker in den Mohnbrei rühren. Je nachdem, wie flüssig oder fest dieser ist, etwas Zwiebackmehl zufügen. Mandeln, gewaschene Rosinen, Ei, Zimt mit dem Mohnbrei verrühren.

Den aufgegangenen Hefeteig zu einer rechteckigen Platte knapp fingerdick ausrollen. Mit Mohnbrei bestreichen, Rand dabei ringsum frei lassen. Aufrollen.

Mit der Naht nach unten auf ein leicht gebuttertes Blech setzen. Zudecken und nochmals gehen lassen.

Mit wenig zerlassener Butter bestreichen und bei etwa 180 °C in ungefähr einer Stunde goldbraun backen.

Heraus nehmen und noch warm mit reichlich zerlassener Butter bestreichen. Sofort dick mit Puderzucker bestäuben. Nach dem Abkühlen nochmals etwas Puderzucker darüber stäuben.

40 g Hefe
1 Tasse lauwarme Milch
500 g Mehl
75 g Butter
75 g Zucker
1 Ei
Abrieb einer Zitrone
1 kleine Prise Salz

250 g gemahlener Mohn
1/4 l Milch
2 Essl. Butter
175 g Zucker
1 bis 2 Essl. Zwiebackmehl (zerdrückte Zwiebäcke)
40 grob gehackte Mandeln
75 g Rosinen oder Korinthen
1 Ei
1/2 Teel. gemahlener Zimt
Einige Essl. Butter
Puderzucker

Knusperhäuschen

Eine der gemütvollsten deutschen Weihnachtsspezialitäten ist das »Knusperhäuschen», auch »Lebkuchenhaus« oder »Hexenhäusle« genannt. Natürlich kann man es überall fertig kaufen. Es wäre jedoch schade, wenn eine so weihnächtliche Gebäckbastelei aus den Familien verschwinden würde. Meine Eltern haben mir ein »Knusperhäuschen« hergerichtet, so wie sie es bei ihren jeweiligen Eltern gelernt hatten Da meine Frau aus dem Ausland stammt, habe ich allein die Tradition weitergegeben, und ich hoffe, dass meine Enkel sich an »Knusperhäuschen« ebenso erfreuen werden, wie es meine Kinder taten. Knusperhäuschen zu bauen ist eine Familienarbeit und gehört zu den schönsten Advents-beschäftigungen.

- 500 g Mehl
- 2 Päckchen Backpulver
- 1 Prise Salz
- Etwas gemahlene Muskatnuss
- 1 Teel. gemahlener Zimt
- 1/2 Teel. gemahlener Kardamom
- 2 Messerspitzen Nelkenpulver
- 1 Tasse Honig
- 350 g Zucker
- Abrieb von 1 bis 2 Zitronen
- 1 Eigelb
- 1 Ei
- Mehl und Butter für das Blech

Wer große Gefäße hat und sich Arbeit sparen will, der verdreifacht die Menge der oben angegebenen Zutaten. In normal kleinen Küchen backt man hingegen besser dreimal dieses Rezept, um genügend Lebkuchen für den Knusperhausbau zu haben. Mehl mit Backpulver und allen Gewürzen vermischen. Honig, Zucker und Butter erhitzen und miteinander verrühren. Etwas auskühlen lassen, dann zu dem Mehl gießen und damit verarbeiten. Teig noch mit dem Abrieb der Zitronenschale würzen und das mit dem Eigelb verklepperte Ei ebenfalls in den Teig kneten. Der Teig bleibt klebrig.

Auf einem gebutterten und mit Mehl bestäubten Blech den Teig ausrollen. Im vorgeheizten Backofen bei etwa 175 °C ungefähr 35 Minuten backen. Nachdem der Teig einige Minuten abgekühlt ist, kann man bereits die einzelnen Teile des Knusperhäuschens ausschneiden.

Montage des Hauses: Für Seitenwände und Dachteile unbedingt Schablonen schneiden, damit die Lebkuchenstücke passgerecht werden. Eine Lebkuchenplatte wird als Unterlage benötigt. Lebkuchenreste kann man zu Zäunen, Schornsteinen oder Tannen schneiden.

Für die Glasur Eiweiße zu sehr steifem Schnee schlagen, nach und nach den Puderzucker damit verrühren, bis eine dicke Glasur entsteht.

Die einzelne Bauelemente aus Lebkuchen kann man mit der Glasur zusammenkleben; besser ist es, wenn man ihnen durch Einziehen von Holzzahnstochern festeren Halt gibt. So steckt man z. B. Zahnstocher senkrecht in die Grundplatte und setzt die Wände darauf, wobei die Zahnstocher 2 bis 3 cm in die Wände hineinragen. Ähnlich verfährt man bei allen anderen Verbindungen.

Die Glasur verwendet man zum Festkleben der Dekorationen auf Dächern und Wänden. Außerdem spritzt man sie als Rauhreif auf.

Die Fenster hinterklebt man mit roter Blattgelatine. Besonders schön ist es, wenn man Hänsel-und-Gretel-Figuren kauft und um das Knusperhäuschen herum postiert.

Dieses Knusperhäuschen hält, wenn man es sorgfaltig lagert, mehrere Jahre.

Um dem Namen gerecht zu werden, sollte den Kindern erlaubt sein, die Dekorationen abzuknabbern. Sie werden im nächsten Jahr durch neue, frische ersetzt.

Hinweis: Bei allen Rezepten, jedoch bei Honigkuchen ganz besonders, ist Abschmecken wichtiger als die Maßangaben. Gemahlene Gewürze sind von sehr unterschiedlicher Geschmacksintensität.

Als Mörtel und zur Dekoration benötigt man eine süße Masse aus:

3 Eiweiß
300 g Puderzucker

Zur weiteren Dekoration benötigt man eine Auswahl aus folgenden Dingen:

Kleine Schokoladenfiguren
Schokoladenplätzchen
Geleefrüchte
Pralinen
Bonbons
Mandeln
kleines Marzipankonfekt
rote Blattgelatine
hölzerne Zahnstocher

Ausgezogene Küchle

Andere Namen für dieses Schmalzgebäck sind »Pfosen«, »Aus'zogne« oder »Gezogene Küchle«, die vor allem im Schwäbischen gebräuchlich sind. Im Fränkischen heißen sie »Knieküchle«, weil die Hausfrauen sie über dem Knie auseinander ziehen.

500 g Mehl
20 g Hefe
1/4 l Milch
100 g Zucker
50 g Butterschmalz
2 Eier
1 Prise Salz
Einige Essl. Zucker zum Bestreuen

Aus den angegebenen Zutaten einen Hefeteig zubereiten, aufgehen lassen, eigroße Stücke daraus rollen und nochmals kurz gehen lassen. Dann unter ständigem Drehen die einzelnen Teigkugeln von der Mitte nach außen mehr drücken als ziehen. Der innerste Teigkreis soll ganz dünn sein, während der Rand als Wulst stehen bleibt.

Ausbackfett erhitzen und die Küchle darin beidseitig goldgelb backen; das dünne Innenstück bleibt viel heller. Noch warm mit Zucker bestreuen.

Ganz Deutschland

Christbaumkonfekt

Jüngeren Mitbürgern muss wohl erklärt werden, dass man bis in die erste Hälfte des vorigen Jahrhunderts den Christbaum weitgehend nur mit Äpfeln, Nüssen und Konfekt schmückte. Das war nicht nur billig, sondern es schenkte auch allen Kindern die unersetzliche Freude, davon stiebitzen zu können, was natürlich viel größeren Genuss bereitete als die schließlich erteilte Erlaubnis zum Abpflücken des Christbaumschmuckes.

Es folgt ein Rezept aus einem Familienblatt vom 17. Dezember 1904:

„1 kg Zucker wird geläutert und zum Flug gekocht; unterdessen werden 10 Eiweiß zu festem Schnee geschlagen. Dann wird der Zucker heiß unter den Schnee geschlagen und nun langsam kalt gerührt. Wünscht man die Sache leichter, so kann man 12 Eiweiß nehmen. Nun gibt man Farbe und Geschmack dazu. Farben: Kochenillefarbe, Safran, Kakao oder Zimmet. Gewürz je nach Belieben: zu einer Safranfärbung gibt man zum Beispiel Citronentgeschmack u. s. w. Nun werden auf Wachsblech ganz beliebige Formen gemacht, ovale, runde Ringe, Herzen u. s. w. Die Formen werden mit Zucker bestreut. Das Blech wird ebenfalls mit farbigem Zucker bestreut, damit das Konfekt auf beiden Seiten hübsch aussieht. Der Ofen darf beim Backen nicht zu heiß sein, damit die Farben nicht leiden. Das Konfekt wird doppelt so hoch als es war.“

Praktischer Hinweis: In vielen alten Rezepten wird eine bestimmte Vorbehandlung des Zuckers empfohlen, wie hier »geläutert und zum Flug gekocht«. Das Läutern geschah einmal, um den Zucker zu reinigen (was heute nicht mehr nötig ist) und weil man ihn in flüssigem Zustand besser verwenden kann. Normalerweise werden 500 g Zucker in 1/4 l Wasser gelöst und aufgekocht. Sobald er anfing zu schäumen, hat man ihn früher für 2 bis 3 Minuten auf kleine Hitze gesetzt, damit sich alle Kristalle auflösten. Dann kam er wieder auf größeres Feuer, und man schöpfte beim Weiterkochen allen grauen Schaum von der Oberfläche ab. Dann wurde weitergekocht bis zu dem gewünschten Grad. »Zum Flug« war der 4. Grad; steckte man eine Drahtschlinge hinein, so musste er dazwischen ein Häutchen bilden, das beim Blasen in kleinen Bläschen davonflog.

Springerle

In anderen Gegenden kennt man dieses aromatische Gebäck auch; man nennt es dort meistens »Anisgebäck«.

- 4 Eier
- 500 g Zucker
- 500 g Mehl
- 1 Prise Hirschhornsalz
- 1/2 Teel. geriebene Zitronenschale
- Reichlich Aniskörner
- Butter fürs Blech

Dieses Gebäck erfordert schon ein bisschen Backkunst und vor allem Aufmerksamkeit. Man benötigt geschnitzte Model zum Formen der Plätzchen.

Eier trennen. Eiweiße zu sehr steifem Schnee schlagen und dann mit den Eigelben und dem Zucker kräftig verrühren. Alte Rezepte schreiben eine dreiviertel Stunde dafür vor; mit elektrischen Geräten kann man die Zeit verkürzen. Dann erst Mehl und geriebene Zitronenschale (die man auf Papier vorher zum Trocknen ausgebreitet hatte) zugeben und den Teig nochmals kräftig bearbeiten, bis er ganz zart ist.

Gut eine Stunde in einem kühlen Raum oder dem Kühlschrank ruhen lassen. Ausrollen. Model mit Mehl bestäuben und damit Figürchen auf die Oberfläche drücken; gemäß den eingedrückten Figuren den Teig zu Plätzchen ausschneiden.

Backblech einfetten und mit Anis bestreuen. Die Plätzchen darauf setzen und über Nacht trocknen lassen; ihre Oberfläche muss dabei trocken, etwas hart werden. Eventuell noch länger trocknen lassen. Wer besonders gute Ergebnisse wünscht, der sollte sich die Arbeit machen und die Plätzchen einzeln anheben, um die Unterseite mit einem Pinsel mit Wasser zu befeuchten; Vorsicht, die Oberseite darf kein Tröpfchen abbekommen!

Den Ofen zunächst nur auf gut 150 °C vorheizen und während der ersten 20 Minuten die Backofentür einen breiten Spalt geöffnet halten. Dann erst die Tür schließen, die Hitze auf etwa 180 °C erhöhen und noch weitere 20 Minuten backen.

Die »Springerle« sollen oben fast weiß bleiben und ein so genanntes »Füßchen« bekommen, weil unter der getrockneten Oberfläche der Teig beim Backen nur unten aufgehen kann und einen Sockel bildet.

Mit einem Pinsel kann man nach dem Backen das Mehl (welches von den Modeln stammt und beim Backen darauf bleiben muss) abbürsten.

Ganz Deutschland

Falscher Ingwer

Bei der Entstehung dieses Rezeptes, das wahrscheinlich schon sehr alt ist und sich überall in deutschen Landen ausgebreitet hat – oder soll ich besser sagen »hatte»? –, stand neben dem teuren Preis echten Ingwers sicher auch die Notwendigkeit Pate, die reichlich anfallenden Kürbisfrüchte zu nutzen.
Ich habe diesen »Falschen Ingwer« schon als kleiner Bub in bäuerlichen und kleinstädtischen Familien als Weihnachtskonfekt kennen gelernt.

- 500 g reifer Kürbis ohne Schale und Kerne
- 2 Essl. Wasser
- 500 g Zucker
- 3 bis 4 Teel. Ingwerpulver
- 1 bis 2 Essl. Öl
- Schokoladeglasur

Kürbis durch den Fleischwolf drehen und mit ganz wenig Wasser und dem Zucker auf kleinem Feuer zu einer dicken Marmelade kochen. Das kann einige Stunden dauern.

Vom Feuer nehmen und Ingwerpulver damit vermischen. Möglichst große Porzellanplatten mit Öl bestreichen und darauf die Masse etwa 1 ist 2 cm dick ausbringen. Über Nacht erstarren lassen. In Würfel oder Streifchen schneiden, diese mit Schokoladeglasur dick überziehen. Auf geöltem Porzellan erkalten lassen.

Berliner Pfannkuchen

Dieses Gebäck ist in ganz Deutschland daheim. Früher einmal war es zwei Feiertagen vorbehalten: Neujahr und Fastnacht. Heute findet man es das ganze Jahr über in den Bäckereien. Es hat viele Namen: »Berliner», »Krapfen«, »Krebbel« oder auch »Fastnachtsküchle« und »Ballen«. Nach dem berühmten »Mainzer Rosenmontagszug« z. B. lädt noch heute der Oberbürgermeister der Stadt traditionsgemäß die einheimische und angereiste Prominenz zum festlichen »Krebbel-Kaffee« ein. Die Berliner erzählen gern eine rührende Geschichte von einem wehruntauglichen Artilleristen, der zur Zeit des Siebenjährigen Krieges nur in der Backstube arbeiten konnte, jedoch seine nationale Aufgabe erfüllte, indem er den »Berliner Pfannkuchen« erfand und – ihm die Form einer Kanonenkugel gab. Damit ist jedoch das Erstgeburtsrecht nicht zu reklamieren, denn es ist nachzuweisen, dass es solches Gebäck schon viel früher und vielerorts gab, wahrscheinlich sogar schon im alten Rom. Und heute finden wir es im jungen Amerika. Was die Amerikaner als Nationalgebäck essen und heute »doughnuts« nennen, hieß bis vor wenigen Jahrzehnten noch »Fastnachts«. Es stammte aus den deutsch besiedelten Landschaften Pennsylvaniens und hatte sich über das ganze Land ausgebreitet. In älteren amerikanischen Kochbüchern firmieren die Rezepte stets unter »Fastnachts«. Was wir Fastnachtsküchle nennen, wurde dort »fästnäkts« ausgesprochen. Als das vormals ballrunde Gebäck ein Loch bekommen hatte, gab man den zungenbrecherischen Namen auf und nannte es Doughnuts.

30 g Hefe
Etwa 1 Tasse Milch
70 g Zucker
400 g Mehl
2 Eier
65 g Butter

Hefe zerbröckeln und mit einigen Essl. lauwarmer Milch und einer Prise Zucker anrühren.

Mehl in eine Rührschüssel sieben, in die Mitte eine Mulde drücken und die Hefemasse einfüllen; mit wenig Mehl bestäuben. Wenn das Mehl Risse zeigt, vermengt man das Hefestück mit dem Mehl, den Eiern, der weichen Butter, geriebener Zitronenschale, Salz, dem restlichen Zucker und so viel lauwarmer Milch, wie der Teig aufnimmt. Kräftig kneten, bis sich der Teig von der Schüssel löst. Mit einem Tuch bedeckt aufgehen lassen. Nochmals durchkneten, auf bemehltem Blech etwa 1 cm dick ausrollen, runde Plätzchen von etwa 8 cm Durchmesser ausstechen. Auf die Hälfte davon jeweils einen kleinen Klecks Marmelade in die Mitte setzen, Ränder mit Wasser bestreichen, zweites Plätzchen aufsetzen und die Ränder festdrücken. Wieder mit einem Tuch bedecken und nochmals aufgehen lassen.

Abrieb von 1/2 Zitrone
1 Prise Salz
Marmelade
Ausbackfett
Feiner Zucker

Ausbackfett auf etwa 180 °C erhitzen. Die aufgegangenen Gebäckstücke darin mit einmaligem Wenden goldbraun backen. Immer nur zwei oder drei einlegen, damit die Temperatur des Fettes nicht absinkt.

Herausnehmen, auf Küchenkrepp entfetten und mit feinem Zucker bestreuen.

Man kann die »Berliner Pfannkuchen« auch mit einer Zucker-Wasser-Glasur überziehen.

Früher wurden die meisten »Krebbel« ohne Füllung gebacken, wie die schwäbischen »Fasnetsküchle« noch heute. Man sticht dazu ebenfalls runde Plätzchen aus, nur ist der Teig dicker ausgerollt.

Hofkonditor im alten Burgverlies des Kaiserlichen Schlosses zu Berlin

Pfefferkuchenmann »Gotthold Ephraim Lessing«

So um 1765 herum gab es solche »Pfefferkuchenmänner« in der Schweidnitzer Straße zu Breslau zu kaufen. Diese Kenntnis verdanken wir dem weiland Theaterdirektor Karl von Holtei, der in der schlesischen Metropole zu jener Zeit wirkte. Bei dem Lebküchler in der Schweidnitzer Straße wohnte nämlich Lessing, der Sekretär des Stadtkommandanten war. Und unsolide soll der junge Herr auch gewesen sein. So jedenfalls behauptete der brave Lebküchler, der ihm mittels »Lebkuchenmännern« eins auswischen wollte. Ob deren Teig wohl besonders schlecht war? Oder die Form liederlich ausgestochen? Das Rezept ist leider verloren gegangen. Ich gebe dafür eines der für Schlesien typischen Pfefferkuchenrezepte. Wer es heute ausführt und »Pfefferkuchenmänner« dabei formt, der erweist dem Gebäck eine hohe Ehre, wenn er es nach dem berühmten Dichter nennt. – Das konnte aber jener Lebküchler damals noch nicht ahnen.

300 g Honig
200 g Zucker
50 g Butter
Etwa 750 g Mehl
150 g Mandeln
75 g Zitronat
1/2 Teel. Zimt
1 Teel. Kardamom
1 Messerspitze Nelkenpulver
1 Messerspitze Pfeffer
1 Ei
10 g Pottasche (heute auch 1 bis 1 1/2 Päckchen Backpulver möglich)

Honig mit Zucker und Butter zusammen erhitzen. So lange rühren, bis eine glatte Masse entstanden ist. Abkühlen lassen.

500 g Mehl in eine Teigschüssel füllen. Mandeln abziehen und etwa 1 Dutzend besonders schöne beiseite legen, den Rest klein hacken. Zitronat ebenfalls ganz klein schneiden. Beides zusammen mit Zimt, Kardamom, Nelkenpulver und Pfeffer mit dem Mehl vermischen. Das Ei zugeben und kräftig unterrühren. Abgekühltes Honiggemisch mit der Mehlmischung verarbeiten.

Pottasche in 1 bis 2 Essl. lauwarmem Wasser auflösen und zum Teig gießen. (Backpulver wird mit dem Mehl natürlich trocken vermischt.)

Nach und nach so viel Mehl zugeben, wie der Teig aufnimmt und bis er sich gut von der Schüssel löst.

Auf bemehlter Unterlage knapp 2 cm dick ausrollen. Männchen ausschneiden, wozu man eine Schablone aus Pappe verwenden kann. Auf gefettetem und leicht bemehltem Blech bei ungefähr 170 °C etwa 15 Minuten backen.

100 g Puderzucker
1 Teel. Zitronensaft

Inzwischen Puderzucker mit Zitronensaft und etwa 1 Essl. heißem Wasser anrühren. Mit diesem Guss die »Pfefferkuchenmännchen« bestreichen und mit Mandelhälften verzieren.

Hinweis: Diese Pfefferkuchen schmecken natürlich ebenso gut, wenn man sie mit beliebigen Förmchen aussticht. Sie werden dann allerdings keine Gotthold Ephraim Lessings mehr.

Anmerkung: Die heute häufiger angebotenen Honigkuchen in Nikolausform sind junge Enkel der alten Gebildebrote, zu denen der schlesische »Pfefferkuchenmann« gehört. Aus Hefeteig bestehen die »Weckmänner« und auch die »Dambeideis«, die in Baden-Württemberg von Nikolaus bis zur Jahreswende die Bäckereien bevölkern.

Scherben

Ein typisches Schmalzgebäck, wie man es vielerorts zur Fastnacht backt. Nach einem alten Familienrezept vom Hochrhein.

Alle Zutaten von Mehl bis Eigelbe zu einem glatten Teig verarbeiten. Eine Viertelstunde ruhen lassen.

Auf bemehltem Brett dünn ausrollen und mit der Rückseite eines Messers oder – besser – dem Kuchenrädchen Rechtecke von knapp Handgröße ausschneiden. Man kann auch Ovale ähnlicher Größe schneiden.

Im heißen Fett beidseitig goldgelb ausbacken. Noch warm mit Zucker bestreuen.

- 500 g Mehl
- 150 g Butter
- 3 Essl. saurer Rahm
- 2 Essl. Zucker
- 2 bis 3 Essl. Rosenwasser
- 1 Prise Salz
- 2 Eier
- 3 Eigelbe
- Etwas Mehl zum Ausrollen
- Schmalz oder ein anderes Ausbackfett
- Einige Essl. feiner Zucker

Ganz Deutschland

Marzipankartoffeln

Dies ist ein Kriegsrezept. Es wurde im Ersten Weltkrieg aufgeschrieben. Da es sehr schnell und in verschiedenen Landesteilen erschien, muss man annehmen, dass es bereits in vorhergegangenen Notzeiten entwickelt worden war.

Alle Zutaten bis Bittermandelöl gut miteinander vermischen. Kräftig kneten und dann die Masse zwei Stunden ruhen lassen. Sie wird besonders gut, wenn man den Zucker im Mörser sehr fein zerreibt. Aus der Masse kleine Bällchen formen, in Kakaopulver wälzen und nebeneinander einige Tage trocknen lassen. Anschließend kann man sie oben noch ein bisschen einschneiden, um ihnen ein schöneres Aussehen zu geben.

- 1 Tasse Grieß
- 1 Tasse Zucker
- 2 Päckchen Vanillinzucker
- 2 bis 3 Essl. Milch
- Einige Spritzer Rosenwasser und Bittermandelöl
- Einige Essl. Kakaopulver

Nürnberger Eierzucker

Früher gehörte dieses Gebäck zu den Attraktionen des berühmten Christkindlmarktes, heute muss man lange danach suchen oder – es selber backen. Bitte aber schon drei bis vier Wochen vor Weihnachten, damit die »Eierzucker« zum Fest ihren vollen Wohlgeschmack entwickelt haben. Oder besteht der Wohlgeschmack mehr in der Einbildung? In den Vorweihnachtswochen werden alte Blechdosen zu wahren Schatzkisten. Nicht nur kindliche Phantasie malt sich immer wieder die Köstlichkeit ihres Plätzcheninhalts aus. Kein Wunder, dass er dann, wenn er endlich auf den Teller kommt, ein Aroma entwickelt, das geradewegs aus dem Himmel zu kommen scheint!

- 4 bis 5 Eier
- 1 kleine Prise Salz
- 500 g Zucker
- 1 Päckchen Vanillinzucker
- Gut 500 g Mehl
- 2 bis 3 Teel. Arrak
- 1 Essl. Butter
- Speisefarben

Eier mit Salz, Zucker und Vanillinzucker schaumig rühren, was am besten mit den Rührbesen eines Elektrogerätes geht. Mehl sieben und nach und nach in die Masse mischen. Auch Arrak dazu. Gründlich verkneten, bis ein glatter Teig entstanden ist. Mindestens zwei Stunden stehen lassen.

Auf bemehltem Brett ca. 3 mm dick ausrollen. In geschnitzte Holzmodel drücken, Ränder abschneiden und ausgeformte Teilstücke im warmen Zimmer etwa zwei Tage trocknen lassen. Auf gebuttertem Backblech dann bei etwa 140 °C sehr hell backen.

Am nächsten Tag mit Speisefarben die aufgeprägten Muster bunt bemalen.

In Blechdosen einige Wochen aufheben.

Nürnberger Lebkuchen

Seit über 600 Jahren werden an der Pegnitz nachweislich Lebkuchen gebacken, nicht etwa nur von Hausfrauen oder Bäckern, sondern von Spezialisten, den Lebküchlern, die ihre eigene, exklusive Zunft hatten. Begonnen hatte alles vor knapp 700 Jahren in einem Neu-Ulmer Kloster. Aus dem glücklichen Zusammentreffen vom Gewürzhandel der Nürnberger Pfeffersäcke (mittelalterliche Kaufleute) und der fränkischen Honigproduktion entstanden die Lebkuchen. Sie gehören heute zu den berühmtesten deutschen Spezialitäten. In Nord- und Ostdeutschland nennt man ähnliches Gebäck »Pfefferkuchen« oder »Honigkuchen«. Eine andere große Lebkuchentradition gibt es in Pulsnitz in Sachsen. Seit 1558 ist dort die Pfefferkuchenherstellung belegt. Die ausgezeichneten Pulnitzer Lebkuchen werden heute meistens mit Bitterschokolade überzogen; einige Sorten haben aromatische Fruchtfüllungen. Hier folgt nun keines der weltweit erfolgreichen Rezepte der Nürnberger Lebkuchenfabrikation, sondern eine Backanweisung, wie sie seit Generationen in einer aus der Lebkuchenstadt stammenden Familie weitergegeben wird.

„1 Pfund Mandeln feinwürfelig schneiden mit dem Wiegemesser, auf dem Backblech dunkelgelb rösten. 1 Pfund feinen Zucker mit 6 bis 8 Dottern 1/4 Stunde rühren, dazu den Schnee noch 1/4 Stunde rühren. Dazu: 1/4 Pfund Orangeat, 1/4 Pfund Citronat, 7 g Zimt, 8 g Nelken, 1 Teel. Kardamom, 1 Citronenschale, 1/4 Teel. weißen Pfeffer, etwas Muskatblüte, 1 Pfund Mehl gut vermischen. 1 Nacht stehenlassen. And.(ern) Tags mit 1 Messerspitze Hirschhornsalz u. Mehl durchkneten, der Teig ist etwas schmierig. Mit in Wasser getauchtem Messer auf Oblaten streichen (kl. Rand stehenlassen). Belegt mit halben Mandeln oder Citronat, bestaubt mit Puderzucker, sofort bei mäßiger Hitze backen."

Backen bei etwa 175 °C etwa 20 Minuten.

Erfahrene »Hobbylebküchler« werden gemerkt haben, dass dieses Rezept eine Art der berühmten Elisenlebkuchen beschreibt.

Lebkuchenauflauf

Die Kunst der Lebzelter und Lebküchler wurde ergänzt durch den Einfallsreichtum von Hausfrauen und Köchen, die mit Lebkuchen neue Rezepte entwickelten, die der deutschen Küche wahrlich zur Ehre gereichen.

2 große runde Oblatenlebkuchen ohne Glasur (zusammen rund 100 g)
3 Eier
75 g Zucker
100 g Sahnequark
Etwas abgeriebene Orangenschale
Butter und Zucker für die Förmchen
Puderzucker zum Bestreuen.

Die Lebkuchen fein reiben, am besten im elektrischen Zerkleinerer. Eier trennen. Eigelb mit Zucker, Sahnequark und Orangenschale glatt rühren. Mit den Lebkuchenbröseln vermengen und zum Schluss die steif geschlagenen Eiweiße unterheben.

Vier Soufflé-Förmchen ausbuttern und mit Zucker ausstreuen. Masse einfüllen. In ein mit Wasser gefülltes Gefäß stellen, dessen Flüssigkeitsspiegel bis auf zwei Drittel der Förmchenwände reicht.

Im vorgeheizten Backofen bei 200 °C knapp eine halbe Stunde garen. Etwas abgekühlt können die Soufflés gestürzt werden. Mit Puderzucker bestreuen und servieren.

Als Beigabe eignet sich Sauerkirschkompott oder Weinschaumsauce.

Bratäpfel mit Lebkuchenfüllung

Für 6 Äpfel:
2 Elisenlebkuchen à 50 g (mit Schokoladenglasur)
3 Essl. Rosinen
3 Essl. flüssiger Honig
2 Essl. grob gehackte Mandeln oder Walnüsse, 50 g Butter

Alle Zutaten miteinander vermischen, dabei natürlich die Lebkuchen (grob) zerbröckeln. In die ausgehöhlten (säuerlichen) Äpfel füllen und im vorgeheizten Backofen garen. Träufelt man dabei etwas Apfelsaft (den man mit Kirschwasser oder Apfelschnaps parfümieren kann) über die Äpfel, so werden sie besonders saftig und wohlschmeckend.

Eberswalder Spritzkuchen

Einer der Klassiker unter den deutschen Gebäcksorten. Der Name ist allgemein bekannt, nur mit der Zubereitung hapert es oft. Wie wäre es mit diesem – problemlosen – Rezept?

- 1/4 l Wasser
- 50 g Butter
- 1/2 Teel. Salz
- 150 g Mehl
- 1/2 Teel. Backpulver
- 3 bis 4 Eier
- Fett zum Ausbacken

Zum Guss:

- 200 g Puderzucker
- 3 Essl. Wasser
- 1 Essl. Zitronensaft

Wasser, Butter und Salz zum Kochen bringen. Mehl auf einmal hineinschütten und ständig rühren, bis sich ein Kloß zu bilden beginnt. Dann von der Kochplatte nehmen und weiterrühren, bis auf dem Topfboden ein weißer Film entsteht und sich der Teig vom Boden gelöst hat.

Nach kurzer Abkühlzeit Backpulver und Eier nacheinander in den immer noch heißen Teig rühren. Jedes Ei muss völlig vom Teig aufgenommen sein, ehe man das nächste einrührt, bis er glänzt und schwer reißend vom Löffel fällt.

In einen Spritzbeutel füllen und auf ein gefettetes Pergamentpapier Kringel spritzen, die man ins siedende Fett (175 °C) gleiten lässt. Wenden, sobald die Spritzkuchen auf der einen Seite goldbraun sind.

Fertige Kuchen auf Küchenpapier entfetten.

Guss aus den angegebenen Zutaten rühren und damit die Spritzkuchen überglänzen.

W. ILLNE

Getränke

Wer von deutschen Getränken spricht, denkt sofort an Bier. Und wer an Bier denkt, meint vor allem Bayern. Aber dort werden lediglich ein paar Liter mehr gebraut als in Nordrhein-Westfalen. In einer Pressenotiz des deutschen Brauerbundes aber steht, dass »Bier nach Kaffee das wichtigste Getränk der Deutschen ist«.

Vom Kaffee hätte wohl niemand diese Spitzenstellung erwartet. Dabei sind die so typisch deutschen Kaffeekränzchen der Damen aus Bierkränzchen hervorgegangen. Es ist genau nachzuweisen, wie sich die Frauen in Schleswig-Holstein gern da zusammenfanden, wo gerade frisches Bier gebraut worden war, um es zu probieren und ein Kaffeekränzchen abzuhalten. Richtiger natürlich ein Bierkränzchen, denn das geschah bereits, ehe man Kaffee in deutschen Landen kannte.

Heute trinken die Deutschen mehr Bier als jedes andere Volk. Der Weinkonsum ist beträchtlich gestiegen. Weltmeister sind wir im Schaumweinverzehr. Die Vielfalt der Spirituosen ist kaum noch zu überschauen. Mineralwässer und Obstsäfte beherrschen die Sommermonate. Auch die Milch und ihre Produkte behaupten sich noch …, aber von allen diesen Produkten soll in diesem Kapitel nicht die Rede sein, sondern von den zubereiteten Getränken, die oft sehr typisch für verschiedene Landschhaften sind. Auch werden einige Getränkespezialitäten erwähnt, die langsam der Vergessenheit anheim zu fallen drohen. Die Zusammenstellung umfasst alkoholische und alkoholfreie Getränke, ebenso heiße und kalte und auch einige alte Gesundheitstränklein.

Die traditionellen Grundgetränke sind in Geschmack und bei den Verzehrsgewohnheiten ständigen Schwankungen unterworfen. Hier ein paar Beispiele.

Bier: Über 5000 Sorten gibt es davon. Das Reinheitsgebot von 1516 als ältestes Lebensmittelgesetz der Welt gilt noch immer. Im Norden liebt man den Geschmack mehr hopfenherb als im Süden. Leichtbiere werden beliebter – so kommt auch das lange fast vergessene »Lager« langsam wieder zu Ehren. Dunkle Biere, die einst den Markt, vor allem in Bayern, beherrschten, spielen nur noch eine untergeordnete Rolle.

Wein: Die Geschmacksvorlieben gehen hin zu trocken, was nicht sauer bedeuten darf. Der Riesling kommt wieder mehr und mehr zu Ansehen. Eine Renaissance erleben auch die edelsüßen Weine, Beeren- und Trockenbeerenauslesen sowie die Eisweine (vor allem Rieslingsorten). Sie haben einst den Weltruhm deutscher Weine begründet. Als teure Spezialitäten erobern sie wieder Auslandsmärkte, im Land selbst trinkt man sie immer häufiger als Aperitif.

Edelbrände: Die Italiener haben es mit ihrer Grappa vorgemacht, und so wird in Deutschland auch der einst bäuerliche Tresterschnaps zum Edelgetränk. Ihm folgt der »Hefe», der sortenrein aus den besten Rebsortenrückständen destilliert und oft in Holz gelagert wird; dies ist eine hervorragende deutsche Spezialität, die auf der Welt ihresgleichen sucht. – Eine andere Spezialität bleiben die Bitter-, Halbbitter- und Kräuterliköre. – Spitzenreiter ist nach wie vor der Weinbrand, gefolgt vom Kornbranntwein, der durch mitteldeutsche Hersteller weiteren Auftrieb bekommen hat. In Westfalen mausert sich der mit Wacholder aromatisierte Steinhäger langsam zum Nobelgetränk; vor allem jener im Steinkrug hat gewaltig an Prestige gewonnen.

Mineralwässer: Man kann einen Trend zu feinerer, weniger brutaler Kohlensäureperlung feststellen. Es gibt immer mehr Spezialwässer.

Deutscher Rum aus Übersee

Rum wird auf den Inseln der Karibik destilliert, dann nach Deutschland verschifft, hier aufbereitet, abgefüllt und als deutsches Markengetränk verkauft. Darauf steht aber »Original-Rum«. Auf dem Etikett kann aber auch stehen »Echter Rum«, der sehr hochprozentig eingeführt und dann mit deutschem Wasser verdünnt wurde, wobei man sich vornehmer ausdrückt, nämlich »auf Trinkstärke herabgesetzt«. Allerdings muss immer auch der Herkunftsname genannt werden: Übersee oder Westindien oder ein Inselname.

An der Namensmisere sind – wie an so vielen anderen schlimmeren Miseren – die Steuergesetze schuld. Sie setzten schon zur Bismarckzeit den Zoll gemäß der Menge fest, wodurch derjenige sparte, der Hochprozentiges importierte und dann durch inländisches Wasser die Menge verdoppelte.

Deutschlands Rumstadt war 200 Jahre lang Flensburg. Im dortigen Hafen luden die Schiffe ihre Rumfässer aus. Große Handelshäuser konfektionierten das Getränk und brachten es an den Mann.

Diese Zeiten sind vorbei. Im Zug der modernen Wirtschaftsordnung wurde fusioniert oder umgeschichtet, und in Flensburg blieb nur noch eine einzige kleine Firma und mit ihr die Erinnerung, die weiterhin in einem hochinteressanten Rum-Museum gepflegt wird.

Nach wie vor ist der Norden Heimat der Rumtrinker, in den Süden hat sich die westindische Spirituose nur in den Rumtopf eingeschlichen.

Angler Muck

Genau gesagt stammt dieses Getränk aus der Landschaft zwischen Schlei und der Flensburger Förde, die man Angeln nennt (nach dem Volksstamm, der nach Britannien auswanderte, um berühmt zu werden, weil es von da an England = Angelnland hieß).

Für 4 Personen:
- 1/4 l Rum
- 1/4 l Wasser
- Saft von 2 bis 3 Zitronen
- 2 bis 4 Essl. Zucker

Rum und Wasser mischen, bis gerade vors Kochen bringen und dann mit Zitronensaft und Zucker abschmecken.

Heiß trinken. In Schleswig-Holstein kennt man spezielle kleine Gläser dafür.

Angler Muck kalt

- 1 kleine Flasche Zitronensprudel, süß
- 1/4 l Rum

Beide Getränke gut kühlen und miteinander mischen. Das kann in der Flasche geschehen oder auch in einzelnen Gläsern, in die man dann im Sommer gern noch Eiswürfel gibt.

Apropos: Früher müsste dieses Getränk eigentlich in Tassen serviert worden sein, denn »Muck« ist das niederdeutsche Wort für eine große Tasse; auf Segeljachten spricht man noch heute von den Mucken oder Muggen. Englisch: mug = Becher, Krug.

Niedersachsen

Grog

Dafür gibt es eine ganz simple Grundregel: Rum muss, Zucker kann, Wasser braucht nicht. Auf Schiffen und Halligen gilt das noch immer. Im Binnenland allerdings kann sich niemand den Grog ohne Wasser vorstellen – und das ist bestimmt kein Fehler. Wer den Grog erfunden hat, bleibe dahingestellt. Zweifellos ist sein Name englisch: »Grog«

war der Spitzname eines britischen Admirals, der seinen Seeleuten erstmals Rum mit Wasser verabreichen ließ. Was damals – es war in Westindien – fast zu einer Meuterei geführt hätte, ist an Deutschlands Küsten seit über 100 Jahren heißgeliebtes Kaltwettergetränk.

Zucker in ein Glas legen, mit heißem Wasser begießen und umrühren, bis sich der Zucker aufgelöst hat. Rum zugießen. Nochmals kurz umrühren.

- 1/3 bis 1/2 Rum
- 1/2 bis 2/3 kochend heißes Wasser
- 1 bis 3 Stück Würfelzucker

HANSESTÄDTE

Eiergrog

Zubereitung wie Grog. Es wird zusätzlich ein Eigelb mit Zucker verquirlt, dann im Rumglas zusammen mit dem Rum verrührt und mit heißem Wasser aufgegossen. Dabei reduziert man gern den Wasseranteil, weil ja durch das Eigelb ein weiteres abschwächendes Element ins Glas kommt.

Hinweis: An der Küste hat man früher zuweilen den Rum durch Arrak ersetzt. Das ist möglich. Unmöglich ist jedoch, was findige Gastronomen zuweilen im Binnenland versuchen, den Übersee-Rum durch österreichischen Stroh-Rum zu ersetzen; das ergibt nämlich einen abscheulichen Geschmack.

HANSESTÄDTE

Eierbier

Kandiszucker in einem Mörser zerreiben, dann ins Bier schütten und dieses zusammen mit dem Zimt erhitzen. So lange rühren, bis der Zucker aufgelöst ist.

Die ganzen Eier zusammen mit den Eigelben schaumig schlagen. Unter ständigem Rühren in das Bier gießen. So lange weiterrühren, bis das Eierbier sehr heiß ist, und gleich servieren. Dabei Zimt herausfischen.

- 3/4 l Bier
- 125 g weißer Kandiszucker
- 1 Stück Zimtstange
- 2 ganze Eier
- 2 Eigelb

Braunschweiger Mumme

In einem alten Rezept steht: »Dieses Getränk ist ebenso angenehm wie stärkend, besonders wenn es nüchtern getrunken wird.« »Braunschweiger Mumme», das Ausgangsgetränk, war früher nur ein dunkles, hopfenreiches Bier, das in Braunschweig gebraut wurde; heute bezeichnet man damit auch unvergorenen Malzextrakt.

Für 2 Personen:
- 1/2 l starke Mumme oder Malzbier
- 2 Teel. gestoßener Kandiszucker, weiß
- 2 bis 3 Eidotter

Das Bier langsam mit dem fein gestoßenen Kandiszucker, der weiß sein soll, erhitzen, umrühren und so lange kochen, bis der Zucker gelöst ist. Vom Feuer nehmen. Eidotter verkleppern und kurz mit einem Rührbesen in das heiße Getränk quirlen.

Apropos: In anderen Landschaften ist dieses Getränk auch einfach als »Eierbier« bekannt. Es wird gern zimmerwarm getrunken.

Sachsen / Sachsen-Anhalt

Gose

Gose ist eine uralte deutsche Bierspezialität, die auch heute noch gebraut wird, jedoch kein Bier mehr ist. Neugierig geworden?

Des Rätsels Lösung liegt in der Geschichte dieses fast schon sagenhaft gewordenen Getränkes. Seine Beliebtheit bewegt sich wie eine Achterbahn durch sieben Jahrhunderte. Seit der Gründung des Deutschen Reiches verbietet das Reinheitsgebot, es Bier zu nennen. Gose enthält nämlich Zusätze, vor allem Milchsäure. Sie wurde nie trinkreif aus der Brauerei geliefert, der jeweilige Wirt musste sie ausbauen und abfüllen, was kenntnisreichen Arbeitsaufwand erforderte. So konnte sie nur in bestimmten Gaststätten ausgeschenkt werden, in sogenannten Gosen-Stuben oder -Schenken, seit über hundert Jahren vor allem in Leipzig und Halle. Ein deutsches Nationalgetränk wurde sie nie.

Die Heimat der Gose ist Goslar; das dortige Flüsschen Gose gab dem Getränk den Namen. Das geschah schon im 14. Jahrhundert. Bald wurde Gose zum gewinnträchtigen Exportartikel. Der in Preußen als Feldmarschall berühmt gewordene Fürst Leopold I., der »Alte Dessauer«, holte sie in seine anhaltinische Residenz und sorgte für weitere Brauereien bis nach Sachsen hinein. Als nur halbfertiges Produkt, musste Gose mit Pferdefuhrwerken zu den Schankstätten gebracht werden, konnte also nicht über weite Entfernungen transportiert werden. Kein Wunder also, dass die Gose-Brauereien immer Kleinbetriebe waren .

Während und nach Kriegen und ihren Wirren litten sie besonders, viele verschwanden. So ging es vom Dreißigjährigen über die napoleonischen bis zu den beiden Weltkriegen. Die Gose war zwar klein zu kriegen, aber nicht auszurotten. Nachdem sie schon der Studiosus Goethe in Leipzig genossen hatte, wurde sie dort nach 1900 zum Modegetränk. Für Messebesucher gehörte sie zum Pflichtprogramm. Nach der Flaute im Ersten Weltkrieg folgte eine Zwischenblüte, die durch den Zweiten wieder zerstört wurde. Viele Versuche zur Wiederbelebung während der DDR-Zeit scheiterten. Erst 1985 hatte eine Leipziger Brauerei Erfolg. Ihre Gose setzte sich langsam durch und kann wieder in ihrer Brauereigaststätte am Bayerischen Bahnhof bestellt werden.

Jedem kulinarisch Interessierten sei ein Besuch gern empfohlen, wenngleich eine kleine Warnung angebracht erscheint. Der Gosegeschmack ist anders als normaler Biergeschmack, er ist eigenartig säuerlich und leicht salzig, sein prickelndes Schäumen macht ihn zum erfrischenden Genuss – kann ihn dazu machen.

Abgefüllt wird Gose seit eh und je in langhalsigen, bocksbeutelähnlichen Flaschen und dem Gast vorgesetzt in speziellen schlanken Stangengläsern.

Beim Trinken sollte man an ein sächsisches Dialektgedicht denken:

»Wenste drinkst der Gose Saft,
wappne dich mit Heldenkraft,
denn de weeßt nicht, wärd der Magen
ja und Amen dazu sagen.«

Sinbohntjesopp

Man nennt sie auch vereinfacht nur »Bohntjesopp», was soviel wie Bohnensuppe bedeutet. Es ist kein Ostfriesenwitz, dass dort Bohnensuppe ein äußerst beliebtes Getränk ist. Wo es noch ganz stilecht zugeht, wird sie in einer speziellen Zinnschüssel angeboten, und jeder Gast bedient sich daraus mit dem Löffel. Der »echte« Anlass ist die Geburt eines Kindes, zu dem die Gratulanten kommen und mit dem Getränk bewirtet werden.
Ein traditionsbewusster Ostfriesenvater setzt die »Bohntjesopp« schon gut zwei Monate vorher an.

300 g große Rosinen oder Sultaninen
50 bis 100 g Kandiszucker
1 Flasche Kornbranntwein

Rosinen waschen, sehr gut abtropfen lassen, damit später kein Wasser den guten Korn verdünnt. Kandiszucker fein zerstoßen.

Rosinen in den Branntwein schütten, so viel Zucker wie gewünscht zugeben. Gefäß verschließen und einige Wochen ziehen lassen.

Man kann die »Sinbohntjesopp« auch in Tassen servieren oder in Gläsern; immer aber gehört ein Löffel(chen) dazu.

In einem der schönsten Barockhäuser Ostfrieslands, das in der Rathausstraße in Leer steht, kann man die »Sinbohntjesopp« auch fix und fertig kaufen, besonders schön sind die Glasgefäße, die mit kariertem blauen Bauernleinen zugebunden sind.

Berlin

Knickebein

Eine spirituöse Spielerei, die bis in die goldenen zwanziger Jahre sehr beliebt war, vor allem in den Salons und Bars der Hauptstadt.

1/3 Maraschino
1 frisches Eigelb
1/3 Crème de Vanille (Likör)

Unbedingt ein schmales »Knickebein«-Glas nehmen, ersatzweise ein Sherryglas. Die Zutaten in der nebenstehend angegebenen Reihenfolge einfüllen, dabei aber so vorsichtig zu Werke gehen, dass alle drei getrennt voneinander als süße alkoholische Trikolore im Glas stehen. Das ist die deutsche Version des französischen »Pousse-Café«.

Rheinland

Türkenblut

Eine Mischung, die in der zweiten Hälfte des 19. Jahrhunderts auch in bürgerlichen Gaststätten populär wurde.

In ein großes Weinglas (Bordeauxglas) füllt man zuerst den Rotwein und gießt mit dem Schaumwein auf.

- 1/3 dunkler Rotwein (Burgunder)
- 2/3 Sekt oder Champagner

Berlin

Weiße mit Schuss

Hamburg hat schon im 16. Jahrhundert dieses Bier »erfunden», zu einem weltberühmten Getränk aber wurde es in Berlin. Immerhin auch schon im 17. Jahrhundert. Es ist ein Bier aus Weizenmalz, das – so sagen die Genießer – vor allem durch das Berliner Wasser seinen Wohlgeschmack bekommt. Zusammen mit Sirup wird es zu einem unvergleichlich erfrischenden Sommergetränk. Was passte besser zu den fröhlichen Gesellschaften in den Grunewald-Gartenlokalen oder auf die sommerlich eleganten Café-Terrassen des Kurfürstendamms als »Weiße mit Schuss« in Rosa oder Zartgrün!? Wie die Mode der Damen, so wechselten die traditionellen Weiße-Gläser. Um 1850 herum trank man sie aus hohen Gläsern mit Klappdeckel. Dann kamen die Weißbierwannen, wahre Beidhänder mit einem Fassungsvermögen von 2/3 Liter. In der ersten Hälfte des 20. Jahrhunderts fand man überall die großen, schalenförmigen Weißbierkelche. Jetzt gibt es die kleineren Weiße-Gläser, die wie eine Faust auf kurzem Glaswulst stehen.

Berliner Weißbier
Himbeersirup oder
Waldmeistersirup

Weiße gut kühlen. Sirup 1 cm hoch auf den Boden des Glases gießen. Mit »Weiße« auffüllen. Es gibt sehr viel Schaum. Mit nicht zu dünnem Strohhalm gut gekühlt servieren. – Man kann natürlich auch ohne Strohhalm trinken, vor allem, wenn sich der Schaum etwas gesetzt hat.

Niedersachsen

Karsenbranntwein

So sehr die Ostfriesen ihren »Landwein« auch pur lieben, sie verwenden ihn zu einer ganzen Reihe von Spezialgetränken. Meistens sind das »Aufgesetzte», also Früchte mit Branntwein angesetzt. Dieses Getränk müsste auf hochdeutsch »Kirschbranntwein« heißen.

Reichlich 500 g saftige Sauerkirschen
1 l Kornbranntwein
400 bis 500 g Kandiszucker

Kirschen entsteinen, allen dabei austretenden Saft sorgfältig auffangen. Kirschen in eine große weithalsige Karaffe oder Flasche füllen und den Branntwein zugießen. Verschließen und 3 bis 4 Wochen an einem nicht zu kühlen Ort stehen lassen. Gelegentlicher Sonnenschein schadet dem Gebräu nichts.

Kandiszucker grob zerkleinern, mit möglichst wenig kochendem Wasser übergießen und so lange stehen lassen, bis der Zucker aufgelöst und die Flüssigkeit abgekühlt ist.

Branntwein von den Sauerkirschen abgießen, diese leicht ausdrücken, dann wegwerfen. Den nun aromatisierten Branntwein mit dem Kandiswasser nach Geschmack süßen. Wieder verschließen und nach einigen Ruhetagen genießen.

Hinweis: Andere Früchte können auf ähnliche Art mit Branntwein als »Aufgesetzte« zubereitet werden. Die Ostfriesen nehmen dabei gern Johannisbeeren, bei denen immer möglichst viel schwarze sein sollten.

Norderney

Ratafia

Ratafia war bis gegen Ende des 19. Jahrhunderts ein in weiten Teilen Europas sehr beliebtes, likörartiges Getränk. Das Rezept ist etwa 150 Jahre alt und wurde einst auch »Ratavia« geschrieben. Ich habe die Mengen halbiert und in moderne Maße übertragen.

- 4 Flaschen Branntwein
- 1 l ausgepresster Himbeersaft (kein Sirup)
- 1/4 l reiner Kirschsaft
- 1 kg Zucker

»Zum Ratafia nehme vier Bouteillen guten Branntwein, 1 l Himbeersaft, 1/4 l Kirschsaft und 1 kg Zucker.

Nachdem der Zucker in dem Saft gut aufgelöst ist, gieße den Branntwein dazu, und wenn er in einem dazu passenden Geschirr oder einer großen Flasche gut zugebunden geruht hat und schön hell geworden ist, dann binde ihn wieder auf, gieße ihn in einzelne Flaschen; diese werden zugepfropft und aufbewahrt.«

Ratafia von Sellerie

Originalrezept aus „Frauenzimmer-Lexikon",
Leipzig ,1773.

„Dazu nimmt man Sellerie-Saamen und etwas von den Wurzeln, wovon man den Salat macht, thut auf ein Pfund ein Maaß Branndtwein, und ein Viertelpfund Zucker dazu, läßt es in gelinder Wärme acht bis zehn Tage stehen, schüttelt das Gefäß, worinnen es steht, alle Tage um, filtriert es durch Löschpapier und verwahrt es in Flaschen."

Erklärungen:
- Maaß Brandtwein = 1 Liter
- gelinde Wärme = geheizter Raum, etwa Küche
- Heute filtern wir nicht mehr durch Löschpapier, sondern nehmen eine Filtertüte.

Ostpreussen

Ostpreußische Getränke

Mein erstes Erlebnis mit ihnen ist bezeichnend.
Ich war damals noch Pennäler und wunderte mich,
dass man den Schnaps in ziemlich großen Gläsern servierte,
für das Bier jedoch relativ kleine Gefäße verwendete.
Das erklärte man mir so: »Ja, Jungchen, wir wolln nich
so viel Flissigkeit in'n Bauch kriejen.«
Keine Landschaft hat für die deutsche Getränkekarte
einen so vielfältigen, hochprozentigen Beitrag geliefert
wie Ostpreußen.
Die kommerziell hergestellten ostpreußischen
Getränkespezialitäten sind bei der Beschreibung der Küche
Ostpreußens erwähnt. Hier folgen jedoch einige
Sonderzubereitungen.

Nikolaschka

Auch das ist eine der genialen Trink-Erfindungen unserer Landsleute in Masuren. Die Zitrone wirkt dem Alkohol entgegen und verlängert den Trinkgenuss, womit der Hauptzweck der Erfindung (für die Erfinder) erreicht war. Da der »Nikolaschka« außerdem noch vorzüglich schmeckt, hat er es bald zu nationalem und internationalem Ansehen gebracht.

Pro Person:

- 2 bis 4 cl Weinbrand
- 1 Scheibe Zitrone (ungespritzt, quer geschnitten, Kerne entfernt, Schale nicht entfernt)
- 1 Teel. Zucker

Bei diesem Weinbrandgenuss verzichte man tunlichst auf ein dickbauchiges Schwenkglas und bediene sich eines schmaleren Schnapsgläschens. Weinbrand einfüllen, Zitronenscheibe auflegen und darauf den Zucker platzieren.

Zum Verzehr fasse man die Zitrone und befördere sie nebst Zuckerhäufchen in den Mund. Durchkauen und Weinbrand genüsslich darüber laufen lassen. – Ob man die Zitronenschale anschließend schluckt oder sie diskret aus dem Mund und auf ein Tellerchen praktiziert, bleibt dem Genießer überlassen. Wer diese Abfallbeseitigung unschicklich findet, der klappt die Zitronenscheibe zusammen und schiebt den so entstandenen Halbmond mit Zuckerfüllung so in den Mund, dass er den Innenteil abbeißen kann, während die Schale zwischen den Fingern zurückbleibt.

Abwandlung des Rezeptes: Auf den Zucker werden einige Körnchen grob gemahlenen Bohnenkaffees gestreut.

Pillkaller

Das ist sicher die bekömmlichste Art, klare Schnäpse zu trinken. Das Fett erhöht die Standfestigkeit gegenüber dem Alkohol, der Alkohol verbessert die Verträglichkeit des Fettes, und der Senf schließlich macht immer wieder Appetit auf mehr von beidem. Eine Trinkform, die auf Luxusdampfern wie in Vorstadtkneipen gern praktiziert wurde. Mitte des 20. Jahrhunderts erlebte der Pillkaller als »Kurzer mit Biss« eine vorübergehende Renaissance. Inzwischen ist er nur noch bei Kennern oder als Party-Gag beliebt.

- 4 cl Kornbranntwein
- 1 dicke Scheibe fette Leberwurst
- 1 Klacks Mostrich (Senf)

Dazu ein Schnapsglas mit möglichst engem Durchmesser; es darf dafür aber etwas höher sein. Korn einfüllen, Wurstscheibe ohne Pelle auflegen und mit dem Mostrich nicht zu sparsam garnieren.

Beim Verzehr dieses Aufbaus angelt man sich mit spitzen Lippen zunächst die Leberwurst nebst Mostrich vom Glas, kaut einmal leicht durch, lässt dann den Schnaps darüber laufen, schluckt ihn und kaut die Wurst genüsslich zu Ende.

Ungeübte brauchen eine Papierserviette, denn sie fassen die Wurstscheibe mit spitzen Fingern, um sie in den Mund zu schieben. Weiterer Ablauf wie oben beschrieben.

Apropos: Pillkallen war ehemals eine Kreisstadt nordöstlich von Gumbinnen; sie ist durch »ihren« Schnaps unsterblich.

Bärenfang – Meschkinnes

Beide Namen bezeichnen das gleiche Getränk, der erste ist bekannter (bei uns), der zweite ist ostpreußischer. »Bärenfang« gibt es heute unter dem Handelsnamen »Bärenjäger« fertig zu kaufen. In Ostpreußen wurde er in jedem Haus selbst gebraut

Für 1 Flasche:
- 1 Tasse Wasser
- 1 Stück Zimtstange
- 1 Stück Vanilleschote, aufgeschlitzt
- 350 g flüssiger Honig
- 1/2 l Alkohol (96%iger, unvergällter Weingeist aus der Apotheke)

Wasser mit den Gewürzen kurz aufkochen, dann abseihen.

Honig zugießen und auf kleinem Feuer so lange rühren, bis er gut gelöst ist. Etwas abkühlen lassen, Weingeist zugießen. Gut verrühren und in eine Flasche füllen. Verkorken und etwa zwei Wochen ruhen lassen, bevor man ihn genießt.

Eine Verfeinerung des Rezeptes ist möglich, wenn man das Wasser durch einen herben Weißwein ersetzt. Je aromatischer der Honig ist, um so besser wird natürlich der »Bärenfang«.

Rußer Milchpunsch

Mit diesem »Rußer« Punsch wurde niemand angeschwärzt, es konnte unerfahrenen Fremden nach diesem weißfarbenen Getränk höchstens gelegentlich schwarz vor Augen werden. Ruß ist der Name eines Flüsschens im Memelland.

Für 4 Ostpreußen oder 8 Westdeutsche:
- 1/4 l Arrak
- 1/2 l Rum
- 300 g Zucker
- Schale einer Zitrone
- 1 Vanillestange, aufgeschlitzt
- 1/2 l Milch

Arrak, Rum und Zucker mit Zitronenschale und Vanille langsam bis kurz vor den Siedepunkt erhitzen.

Von der Feuerstelle nehmen und die separat erhitzte Milch allmählich zugießen. Dabei mit dem Schneebesen schlagen, bis das Getränk schaumig wird. Zitronenschale und Vanille herausnehmen.

Dieser »Milchpunsch« schmeckt auch eisgekühlt sehr gut.

Vorpommerscher Umtrunk

Dieses Getränk gehört zur einstmals sehr beliebten Gruppe der Pomeranzenbowlen. Heute ist der Name »Pomeranze« nur noch Kennern geläufig. Es handelt sich dabei um eine Bitterorange, die früher hauptsächlich aus Spanien eingeführt wurde und deshalb auch Sevilla-Orange hieß. Heute kennt man sie nur noch in verarbeiteter Form, z. B. in Orangenmarmelade, Curaçao-Likör oder als Orangeat. Essbar ist die Frucht nicht. Nur mit Mühe kann man heute die getrockneten Schalen bekommen, die man für dieses Rezept braucht. Früher verwendete man frische Früchte, die man selbst schälte.

Gesellschaftliche Mittelpunkte waren in Pommern die Offizierscasinos der dort garnisonierten Regimenter. Außer Ähäh-Witzen haben sie eine ganze Reihe von Getränkerezepten hinterlassen. So auch dieses aus dem Büchlein »Bowlen und Pünsche zum Manöver- und Feldgebrauch der deutschen Armee«, gesammelt aus den Kursen der Schießschule zu Jüterbog.

„Man lasse feingeschälte Schale einer frischen grünen Pomeranze in einem Glase Rotwein etwa eine halbe Stunde ziehen. Auf zwei Flaschen leichten, guten Rotspon eine Flasche herben Sekt und von der Pomeranzenessenz so viel hinzugethan, daß der Pomeranzengeschmack leicht durchkommt. – Die Bowle stärkt nicht nur die Leber, sondern auch Herz und Nieren und ist deshalb dem sonst üblichen Leberthran vorzuziehen."

Dreimal kurz gelacht! Ha, ha, ha!

Pommern

Kardinal und Bischof

Zwei einstmals berühmte Getränke, Zubereitung wie vorhergehendes Rezept, jedoch ohne Pomeranze. »Bischof« mit Weißwein.

Königsberg

Ostpreußischer Maitrank

Das Rezept stammt aus dem Getränkerezeptbuch des Offizierscasinos eines Feldartillerieregiments; veröffentlicht 1905.

Alles miteinander in einer großen Karaffe vermischen. Kalt zu trinken und mit Eis servieren.

1 Flasche Burgunder
2 Flaschen leichter Sekt
2 Flaschen Porter (englisches Bier, Export)
5 Glas Arrak
Geläuterter Zucker nach Belieben

Deputatchen

Deputate an Naturalien spielten auf den großen Gütern eine wichtige Rolle. »Deputatchen« gab es im Dorfkrug.

Beides ist hintereinander zu trinken.

Pro Person:
1 Glas klarer Schnaps
1 (kleines) Glas Bier

Klarer mit Punkt

In den klaren Schnaps gießt man den roten Himbeersirup, sozusagen als i-Tüpfelchen des Genusses.

1 möglichst breites Glas mit klarem Kornschnaps
knapp 1 Teel. Himbeersirup

»Trink Wasser wie das liebe Vieh
und denk' es sei Krambambuli.«

Krambambuli

Das ist sozusagen ein klassisches deutsches Getränk. Zumindest war es eines, als die Kommersbücher noch stärker im Gebrauch waren, woraus jeder Herr Studiosus eingehende Kenntnisse über »Krambambuli« bezog.

Die Ostpreußen belegen dieses Getränk mit ihrem Ursprungszeichen. Diese Ursprungsangabe stimmt. In alten Lexika steht tatsächlich: »Crambambuli, eine Gattung Danziger Aquavits, die sehr stark und gut ist.«
Allerdings hat sich mit der Schreibweise so manches an diesem Getränk gewandelt. Wo sich die einzelnen Wandlungen vollzogen, bleibe dahingestellt. Selbst die frühen Angaben über den »Krambambuli« deuten darauf hin, dass es ein süßer Kräuterlikör war. Und der wiederum soll aus Polen stammen. In den letzten hundert Jahren jedenfalls wurde »Krambambuli« vorwiegend in die große Familie der Feuerzangenbowlen eingereiht. Zangen und kleine Zuckerhüte gibt es im Fachhandel.
Hier ist ein Rezept, das gegen Ende des 19. Jahrhunderts vom Casino des Kürassierregiments von Seydlitz mitgeteilt wurde:

„In ein blankes Metallgefäß gieße man nach Belieben Rotwein. Quer über das Gefäß lege man zwei silberne Löffel so, daß sie ein großes, voll mit Kognak oder gutem Rum getränktes Stück ausgehöhlten Hutzucker tragen können. Man zündet den Zucker an und läßt ihn herabtropfen, immer wieder mit einem Löffel (nicht mit der Flasche) Kognak und Rum daraufgießend, bis die Bowle süß genug bzw. der Zucker ganz geschmolzen ist. Der Kognak oder Rum muß, wenn auch in größerer Qualität verwendet, abbrennen und darf nicht ungebrannt in die Bowle tropfen. Vor dem Trinken füllt man noch einige Flaschen Sekt zu und serviert kalt."

Wässer und Geiste

Beide sind wasserhell und auch in der Geschmacksrichtung gleich, nämlich Obstaroma.

Der Star unter ihnen ist das Schwarzwälder Kirschwasser, dessen Name geschützt ist. Kirschbrände aus anderen Landschaften heißen nur Kirschwasser.

Zwetsch(g)enwasser ist die andere weit verbreitete Spezialität. Der Geheimtipp aber ist Zibärtle. Kein Ortsfremder braucht sich zu schämen, wenn er das Wort nicht kennt. Selbst die meisten Badener haben die Frucht, die Zibarte, noch nie gesehen. Es ist die älteste einheimische Frucht, eine Wildpflaume, die es nur noch hier und da im Schwarzwald gibt. Die kleinen Früchte sind mühsam zu pflücken und die Zweige haben auch noch spitze Dornen. So köstlich der Zibartenbrand ist, so rar ist er auch. Es lohnt sich einen höheren Preis dafür zu bezahlen.

Andere Obstbrände, wie z. B. Himbeeren, werden zu fruchtigen Destillaten, dürfen jedoch nicht Wässer genannt werden. Sie sind Geiste. Mangelt es Früchten an Zucker, der zur Gärung nötig ist, so muss er zugesetzt werden. Das Destillat ist dann ein Geist. Erst seit Kurzem gibt es für Birnen eine Ausnahme. Um der Schweizer Konkurrenz zu begegnen, darf auch in der Bundesrepublik wenig Zucker verwendet werden, was den Birnenbrand, den Williams weicher und runder macht.

Es ist nicht recht verständlich und ehrlich zu bedauern, dass der Absatz der Obstbrände deutlich zurückgeht. Geben wir tatsächlich eine unserer köstlichen Spezialitäten auf? Noch besteht Hoffnung. Emil Scheibel aus Kappelrodeck, einer der großen Schwarzwälder Obstbrenner, bestätigte im Sommer 2003, dass, trotz allgemeiner Rezession und Flaute bei den einfachen Sorten, die Edelbrände zweistellige Zuwachsraten erreichten.

Bowlen

Sie sind das deutsche Sommergetränk schlechthin und werden mit Früchten, Gemüsen und Blüten aromatisiert. Früher wurden sie sehr viel häufiger getrunken als heute. Damals waren eben die Weine auch noch saurer. In Nord-, Mittel- und Ostdeutschland lagen die hauptsächlichen Bowlenlandschaften; wobei es kein Zufall ist, dass gerade dort kein Wein wächst. Ich werde trotz der Bedeutung der Bowlen nur drei Einzelrezepte geben, danach aber eine Anleitung, die für alle Bowlen gilt. Sie stammt von einem langjährigen Casino-Offizier in einem preußischen Garderegiment und wurde 1889 verfasst – trifft jedoch heute noch bis aufs letzte Komma zu.

Maibowle / Waldmeisterbowle

Beide Namen stehen gleichberechtigt für eine Bowle, die man als eine Art Frühlingsgruß betrachtete. Noch heute kann man das »Maikraut« oder »Waldmeister« kaufen – ab April. Im April ist die Maibowle am besten, weil das Kraut dann noch nicht blüht.

- 1 Bündel Maikraut (Waldmeister)
- 2 bis 3 Flaschen Weißwein, halbtrocken

Maikraut darf noch keine aufgegangenen Blüten haben. Es muss am Vortag gepflückt sein, damit die Blätter beim Gebrauch schon leicht welk sind und dadurch ihr volles Aroma besser entfalten. Maikrautbündel mit einem Zwirnfaden an den Stielen zusammenbinden und mit den Blättern nach unten so in ein Glasgefäß mit 1/2 l Weißwein hängen, dass die Stiele nicht in der Flüssigkeit sind. Nach 10 bis 15 Minuten das Kraut herausnehmen und wegwerfen. Den aromatisierten Wein mit dem gut gekühlten Rest des Weines auffüllen. Servieren.

Da diese Bowle sehr leicht durch den Zusatz von Zucker verhunzt wird, kann man einen leicht süßen Wein dafür verwenden. Lässt man das

»Maikraut« zu lange auslaugen, so kann das Getränk Schwindel und/oder Kopfschmerzen verursachen. Zur Abwandlung der Maibowle – und zur Verbesserung, wie manche behaupten – kann man noch einige Scheiben Apfelsine mit ungespritzter Schale hineinlegen.

Für Kinder bereitet man Maibowle auch mit Apfelsaft zu; oder »Waldmeister-Milch« nach dem gleichen Rezept.

Holunderwein

Im alten, handgeschriebenen Rezept steht noch »Hollunderwein« oder »Hollbeeren« .

10 kg Holunderbeeren
Etwa 2 kg Zucker
100 g Ingwer
20 g Nelken

Holunderbeeren abstreifen und mit 10 l Wasser etwa 1/2 Stunde kochen. In eine Saftpresse oder einen Durchlaufsack geben. Den Saft klären, indem man ihn, nachdem er sich gesetzt hat, durch ein feines, mit Mull ausgelegtes Sieb gießt.

Pro Liter Saft setzt man nun 300 g Zucker zu, gibt zur Gesamtmenge den Ingwer und die Nelken und lässt gut 15 Minuten kochen.

Abgekühlt, wird die Flüssigkeit im Glasballon oder Fass zum Gären gebracht. Dabei muss die Öffnung offen bleiben. Nach 6 bis 8 Wochen kann man den Wein vorsichtig vom Bodensatz abziehen (oder abgießen) und auf Flaschen füllen, die man verschließt.

Der Geschmack dieses oder anderer Obstweine ist bei sachgerechter Herstellung so gut, dass darunter die Bekömmlichkeit etwas leidet, was man aber meist erst am nächsten Morgen feststellt.

Grundregeln zur Bowlenbereitung

1. Lass dir nicht von guten Freunden und getreuen Nachbarn hineinreden, sondern braue deine Bowle allein. Denn stets gibt es einen, dem sie zu sauer, einen andern, dem sie zu süß wurde; einem dritten hat sie zu wenig gezogen, und wieder einem ist sie zu stark geworden. Hört man auf solche Einrede, so wird gekünstelt, nachgezuckert, womöglich gar Madeira oder Kognak hinzugefügt, dass das Resultat schlimmer ist als der Bomster Wein[1] in seinen schlechtesten Jahrgängen.
2. Man nehme im allgemeinen nur leichte und reine Weine, da ja mehr als gewöhnlich getrunken werden soll, und prüfe jede Flasche, damit kein Wein in die Bowle kommt, der nach Pfropfen schmeckt.
3. Wenn man überhaupt Zucker verwendet, so löse man Stückenzucker in klarem Brunnenwasser auf und versüße mit dieser Zuckerlösung; es kann nämlich leicht vorkommen, dass die Bowle trübe wird, wenn man gestoßenen Zucker verwendet.
4. Alle Zutaten, welche das Aroma geben sollen, nehme man nicht zu reichlich; die Bowle soll immer noch Wein bleiben, und das Maß des Duftes muss so erhalten sein wie bei einer vornehmen Dame die Parfümierung. Besonders sollen Erdbeer- und Pfirsichbowlen klare Getränke bleiben, nicht aber das Aussehen von Spülwasser bekommen.
5. Hält man die Bowle nach leichtem Umrühren für genügend durchzogen, so gießt man bei Damenbowlen zur Regelung der Süßigkeit Zucker zu und stellt sie kalt. Man vermeidet das Hineinwerfen von Eisstückchen und kühlt lieber in einem Eisbad oder durch die Verdunstungskälte eines nassen, um die Bowle gewickelten Tuches. Zur Abkühlung einer größeren Bowle[2] bedient man sich eines umfangreicheren Gefäßes als die Bowle selbst. In dieses stelle man die Bowle und fülle den Zwischenraum mit zerschlagenem Eis.

---

1 »Bomster Wein« war ein schlesisches Gewächs und wegen seiner Säure berühmt-berüchtigt. Im Jahr, als das Bowlentraktat geschrieben wurde, war er besonders schlimm, so dass Johannes Trojan von ihm schrieb: »Diamanten werden sogleich, in ihn hineingelegt, pflaumenweich. Dieses vergiss nicht, falls du kommst in diesem Winter einmal nach Bomst.«

2 »Kühlung der Bowle« ist immer noch ein Problem, weil die großen Gefäße nicht in den Kühlschrank passen. Allerdings gibt es heute kleine, eingeschweißte Kühlelemente, die man bedenkenlos als Einlage verwenden kann.

Kalte Ente

Seit vielen Jahrzehnten ein sehr beliebtes Sommergetränk.

- 1 Flasche herber Weißwein
- 1 Flasche trockener Sekt (was bedeutet, dass er immer noch eine dezente Süße hat)
- Schale einer Zitrone (ungespritzt)

Den gekühlten Weißwein in eine hohe, schlanke Weinkanne aus Glas füllen. Sekt weiter sehr gut kühlen. Zitronenschale zu einer Spirale abschneiden und diese in den Wein hängen. Nach 10 bis 15 Minuten abschmecken, ob der Wein bereits genügend Zitronenaroma aufgenommen hat. Entweder noch etwas ziehen lassen oder gleich mit dem eiskalten Sekt auffüllen.

In Bowlen- oder Weingläsern servieren.

Es gab schon immer Leute, die dem Wein noch etwas Läuterzucker zugefügt haben. Diesen sei empfohlen, lieber einen lieblichen Weißwein und auch noch einen »trockenen« Sekt zu nehmen, dann bekommen sie ein Getränk, das trotz der Zitrone noch immer süß genug ist.

Hinweis: Die Glaskanne mit dem ziehenden Weißwein stellt man gern in eine Schüssel mit Eiswürfeln, damit das Getränk kalt bleibt.

Apropos: Die »Kalte Ente« soll in Koblenz von einem General namens von Pape erfunden worden sein. Besagter Herr gehörte zur Tafelrunde Kaiser Wilhelms I., die häufig im Schloss tagte. Wenn alle anderen nach dem Dessert einen Mokka tranken, bereitete sich der General das Getränk zu, das wir heute als »Kalte Ente« kennen. Nach dem Grund für diese damals absonderliche Sitte gefragt, soll er geantwortet haben: »Nach einem warmen Essen liebe ich ein kaltes Ende.« Den Rest erledigte der Volksmund und prägte einen Namen für das Getränk.

Pharisäer

In Norddeutschland standen die Pastoren in hohem Ansehen. Das konnte aber nicht verhindern, dass es auch bittere Fehden mit Fischern und Bauern gab. Die braven Landleute meinten: »Beeter en lüttjen Seever (Rausch) as en lütt Fever.« – Viele Pastoren kämpften gegen übermäßigen Schnapskonsum. So um die Mitte des 19. Jahrhunderts gab es auf Nordstrand, einer der Nordfriesischen Inseln, einen sehr alkoholfeindlichen Pastor, der alles Hochprozentige, dessen er habhaft werden konnte, eigenhändig ausgoss. Ansonsten war der geistliche Herr recht leutselig und setzte sich gern zu seinen Pfarrkindern in den Krug. Dabei bereitete es ihm großes Wohlbehagen, dass alle brav nur Kaffee tranken. Eines schönen Abends jedoch hatte sich der Pastor so in Eifer geredet, dass er versehentlich seines Nachbarn Kaffeetasse ergriff. Und da merkte er, dass sich im Kaffee und unter der Sahnehaube Rum verbarg. Empört blickte er in die Runde und jammerte: »O ihr Pharisäer!«

Pro Person:

- Gut 1/2 Tasse Bohnenkaffee, heiß
- 2 bis 4 cl Rum
- 1 bis 3 Teel. Zucker
- 1 bis 2 Essl. steif geschlagene Sahne

Bohnenkaffee in die Tasse gießen. Angewärmten Rum und Zucker dazu, kurz umrühren. Schlagsahnehaube aufsetzen.

Um den rechten Genuss zu haben, wird nach der Sahnezugabe nicht mehr umgerührt; man schlürft das Getränk durch die Sahne.

Muckefuck

Dieses Getränk aus geröstetem Gerstenmalz, auch »Spitzbohnen« genannt, wurde natürlich nicht nur in Berlin getrunken. Die Bewohner dieser Stadt haben nur den schönen Namen erfunden, welcher eine Verballhornung des französischen »mocca faux« = »falscher Mokka« ist.

Wer »Muckefuck« probieren will, der kann ihn heute als sofortlöslichen Extrakt kaufen. Früher wurden die Körner nicht zu fein gemahlen und mit kochendem Wasser überbrüht. Dazu Zucker und Milch nach Geschmack.

Herzklopfen bekommt man nach »Muckefuck« bestimmt nicht, und auch die Nachtruhe beeinträchtigt er nie.

Hoppelpoppel

Ein Kräftigungsmittel, das Großmutters Opa bekam, wenn ihn eine Krankheit geschwächt hatte. Wie jedoch dieses Hausmittel und die Berliner Kartoffelpfanne zu dem gleichen Namen kamen, das hat keine unserer Großmütter je verraten.

- 1/2 l starker heißer Tee
- 75 g weißer Kandiszucker
- 1/2 l süße Sahne
- 4 Eigelbe
- knapp 1/4 l Arrak oder Rum

Den Tee mit Kandis süßen, wobei man eine ganze Weile umrühren muss, bis sich der Kandis auflöst.

Die Sahne mit den Eigelben und dem Arrak (oder Rum) mit dem Schneebesen gut verrühren. Den Tee dazugeben und alles unter ständigem Schlagen im Wasserbad erhitzen. So heiß wie möglich trinken.

Hinweis: So süß und angenehm diese Medizin auch war, sie durfte natürlich nicht auf einmal geschluckt werden. Entweder machte die ganze Familie die Kur freiwillig mit, oder Opa hatte den ganzen Tag und die halbe Nacht daran zu schlürfen.

Ostfriesentee

Es gibt in Ostfriesland eine echte Teezeremonie, deren Ritus man unter den riesigen Reetdächern der Bauernhäuser ebenso beachtet wie in Stadtwohnungen, Wasserburgen oder guten Restaurants. Mir ist das Ergebnis dieser ostfriesischen Zeremonie viel lieber als die berühmte japanische Teezeremonie, die allenfalls durch ihre Fremdartigkeit beeindruckt. Lernen wir von den vielgeschmähten Ostfriesen Teekultur!

Dazu braucht man:

- kräftige ostfriesische Teemischung
- weiches Wasser ohne Chlor (evtl. aus Flaschen)
- Porzellan-Teekanne
- dünnwandige Teetassen aus Porzellan
- ein »Teestowke», also einen kleinen, mit einer Kerze beheizten Wärmeuntersatz
- weißen Kandiszucker in möglichst großen Klumpen
- ein kleines Schälchen für die Sahne
- einen speziellen Sahnelöffel, der flach und rund ist

Teekanne mit heißem Wasser vorwärmen, dieses wegschütten und die gehörige Menge Teeblätter in die Kanne geben.

Mit kochendem Wasser übergießen. Kanne zudecken und auf das »Stowke« stellen. Tee etwa 4 Minuten ziehen lassen.

In jede Tasse ein »Kluntje», ein großes Stück Kandiszucker, legen (oder mehrere kleine), heißen Tee darüber gießen. Dabei muss man ein zartes Knistern hören. Mit dem Sahnelöffel ein kleines »Wulkje« (Wölkchen) Sahne einsetzen; auf keinen Fall umrühren.

Auf diese Art und Weise hat man drei verschiedene Teegenüsse aus derselben Tasse: zuerst den etwas bitteren, reinen Tee, dann die Sahne, die sich ganz sacht wie ein neues Thema durch die Geschmackskomposition zieht, und drittens kommt dann noch die zurückhaltende Süße des Kandiszuckers hinzu.

Natürlich wird zum ostfriesischen Tee auch ein Löffel serviert, der jedoch nur einen Zweck hat: Man stellt ihn in die Tasse, wenn man andeuten will, dass man keinen Tee mehr möchte.

Die Kandiszuckerstücke sollen so groß sein, dass eines für mindestens zwei, besser noch für drei Tassen reicht. Brauner Kandis hat zuviel Karamelgeschmack und würde die Reinheit des

Tees beeinträchtigen, deshalb kommt nur weißer in Frage. Früher gab es in Ostfriesland den Kandiszucker vorwiegend in einer heute unbekannten Handelsform: Er war um einen Faden herum erstarrt und kam als eine dünne Girlande in den Handel. Die Kolonialwarenhändler zwickten je nach Wunsch ein kürzeres oder längeres Stück ab.

Man konnte buchstäblich Kandiszucker am laufenden Meter kaufen. Die Kolonialwarenhändler nannte man noch bis in die Zeit zwischen den beiden Kriegen in ländlichen Gegenden Ostfrieslands »Kluntjeskniper«, also »Kandiszuckerabzwicker«.

Pro Tasse Tee:
- 1 Teel. ostfriesische Teemischung plus einen Extra-Teel. »für die Kanne«
- weißer Kandiszucker
- frische süße Sahne

Hessen, Rheinland, Württemberg

Apfelweine

Es gibt drei verschiedene Arten von deutschem Apfelwein:
Frankfurter Äppelwoi, Schwäbischer Most,
Trierer Viez

Am bekanntesten ist der »Äppelwoi«, der am Main auch liebevoll »Stöffche« oder »Hohenastheimer« genannt wird. Seit Jahrhunderten war er in Frankfurt und weiten Teilen Hessens volkstümliches Lieblingsgetränk, dann kam das Fernsehen und machte ihn zur nationalen Berühmtheit. Viele Jahre lang kamen via Bildschirm Millionen von Zuschauern in den »Blauen Bock«. Zuweilen hatte ich das Glück, dort mit Heinz Schenk agieren zu dürfen, wofür es jedes Mal einen bauchigen, blauverzierten Tonkrug gab, einen »Bembel«, aus dem traditionsgemäß der Äppelwoi in die gerippten Spezialgläser gefüllt wird.

Merkwürdigerweise hat das Fernsehen keine nationale Apfelwein-Trinkwelle ausgelöst, obwohl es inzwischen einige hessische Keltereien gibt, die ihn in Flaschen überall anbieten. Vielleicht ist er zu herb, denn gleichzeitig findet der französische »Cidre«, der deutlich süßer ist, in vielen Supermärkten guten Absatz.

Auch in seinen Stammlanden ist die Zahl der regelmäßigen Äppelwoitrinker zurück gegangen. Bis in die dreißiger Jahre hatten viele Wirte noch selbst gekeltert. Im Herbst häuften sich dann vor ihren Häusern die Tresterberge und verströmten selbst in der Großstadt einen herrlich ländlichen Duft. Gott sei Dank gibt es noch echte Äppelwoiwirtschaften, vor allem im Frankfurter Stadtteil Sachsenhauen.

Dort lagert das »Stöffchen« in Holzfässern im Keller und wird aus Bembeln ausgeschenkt. Es ist klar, kann aber auch naturtrüb sein. Als Schorle – im Sommer sehr beliebt – heißt es »Gespritzter«. Im Herbst gibt es den meist rostroten Neuen, den »Süßen« – von Kindern heiß geliebt. Während des Gärens schäumt er gelblich im Glas und heißt dann »Rauscher«. Unter den fertigen Apfelweinen, die immer ganz durchgegoren sind, ist der »Speierling« eine rare Spezialität. Ihm wurde ganz wenig Schlehen- oder Quittenmost (1–3 %) zugesetzt, wodurch die Haltbarkeit steigt – und auch die Säure. Wer den Speierling schätzt, rühmt sich ein wahrer Kenner zu sein. Auch beim normalen Äppelwoi ist die Säure deutlich schmeckbar. Sie ist sein Charakteristikum, wenn sie auch in den letzten Jahrzehnten schwächer wurde, weil es immer weniger der einfachen, unveredelten Äpfel, »Krotzeäppel«, gibt und mehr und mehr zuckerreicheres Edelobst in die Keltern kommt.

Eine besonders ansprechende Gepflogenheit hat sich in den Sachsenhäuser Wirtschaften erhalten, die »Brezelbuben«. Sie sind unterschiedlichen Alters, ziehen von Kneipe zu Kneipe und verkaufen aus großen Henkelkörben Brezeln, Salzstangen und Hartekuchen (eine trockene Gebäckspezialität), und kein Wirt beklagt sich wegen der Umsatzeinbuße, denn Brezelbuben gehören zum Lokalkolorit. Dieses wurde allerdings in den 50er Jahren um ein Gästeprivileg ärmer, die Wurstpakete. Gäste kauften sich beim Metzger Schwartenmagen oder auch heiße Fleisch- und Gelbwurst, legten sie dann säuberlich eingepackt auf den Wirtshaustisch, und der Kellner brachte ihnen ohne Murren oder Berechnung Teller und Besteck. Das war selbstverständlicher Service, als man dieses Fremdwort noch kaum kannte.

Der schwäbische *Most* ist fast gänzlich aus den Gasthäusern verschwunden, nur in ländlichen Familien wird er immer noch gekeltert – oft in der örtlichen Mosterei – und gern getrunken. Er ist meist milder als der hessische Apfelwein, denn man mischt die Äpfel mit beträchtlichen Mengen anderen Kelterobstes, vor allem Birnen.

Bei kulinarischen Gewohnheiten zeichnen sich die Schwaben durch große Beharrlichkeit aus, so dass es verwundert, wie der Most aus der Gastronomie verschwinden konnte. Auch das hat jedoch mit einer schwäbischen Eigenart zu tun, dem Geschäftssinn. Die Wirte wollten sich nicht länger von den Gästen aus der Nachbarschaft wegen ihrer Mostpreise anmosern lassen, die jenen immer zu hoch erschienen, da sie ja daheim dasselbe Getränk quasi umsonst hatten. Also wurde der Most auf den Getränkekarten durch Cola, Fanta oder andere Softdrinks ersetzt, die noch den zusätzlichen Vorteil hatten, dass sie hohe Gewinnspannen einbrachten, über die sich niemand beschwerte, weil es keinen Vergleich mit Eigenproduktionen gab.

Viez ist der Name für den Apfelwein von der Obermosel, den der Fremde wahrscheinlich zum ersten Mal in Trier findet, wenn er dort in einen der Hinterhöfe des Tourismus vordringt. Dort kann man gelegentlich noch kross ausgebackene, kleine Moselfische genießen und einen Becher Viez dazu trinken. Was ist Viez, und warum aus Bechern, weißen Steinguttassen?

Viez wird noch immer aus Äpfeln von den Streuobstwiesen der Eifel gekeltert. Seinen absonderlichen Namen verdankt er dem französischen Militär. Das hatte nämlich im 19. Jahrhundert wieder einmal das Land besetzt und verlangte, wie das so üblich war, von den deutschen Bewohnern Kontributionen, zu denen auch Wein gehörte. Über den mokierten sich die Soldaten ständig, er war ihnen zu sauer. Das ärgerte die Moselwinzer so sehr, dass sie sich sagten, »wenn schon, denn schon«, und ihren billigeren und noch saureren Apfelwein ablieferten. Über den schimpften die Franzosen natürlich auch – aber sie akzeptierten ihn, den Stellvertreter-Wein. Damals war die Vorsilbe Vize noch viel gebräuchlicher als heute und so hatte der örtliche Apfelwein schnell seinen Namen weg: Viez, also Vize-Wein. Ihn in Steingutbechern zu servieren, war eine andere kleine Mogelei, die nicht erkennen ließ, wenn er zuweilen trüb war. Inzwischen lernte man, ihn besser zu klären; auch gingen einige Wirte dazu über, Viez mit Kohlensäuredruck auszuschenken, was dann so etwas wie einen Apfelwein-Secco ergab.

Apfelwein ist auch in Frankreich, vor allem in der Normandie beliebt. Der »Cidre« ist dort neben dem Calvados ein Kultgetränk. In seiner süßen Version wurde er zum Exporterfolg. In der Normandie wie auch in Hessen benutzt man ihn häufig zum Kochen. Durch seine stärkere Säure gibt er vor allem Saucen und Marinaden eine ganz eigene, pikante Note.

In England und den USA firmiert der Apfelwein als Cider (gesprochen »seider«).

Ein echtes Volksgetränk ist er aber auch dort nicht mehr, wenn er auch in England noch immer seine Anhänger findet. In den USA kann man ihn in fast allen Getränkemärkten für teures Geld in kleinen Flaschen kaufen. Allerdings wirkt der Geschmack reichlich karamellisiert. Außerdem muss man als Ausländer aufpassen, weil nämlich auch Apfelsaft zuweilen als Cider angeboten wird.

Der Vollständigkeit halber sei noch erwähnt, dass schon die meisten Völker der Antike Apfelwein kannten. Deutsche Freunde von Äppelwein, Most oder Viez befinden sich also in guter Gesellschaft.

Heißer Äppelwoi

Was so ein echter Frankfurter von altem Schrot und Korn ist, für den gibt es gegen Erkältung nur ein Mittel, das zudem noch den Vorteil hat, gut zu schmecken.

Pro Portion:
- Ein knapper halber Liter Apfelwein
- 2 bis 3 cm Zimtstange
- 1 Nelke
- 1 Scheibe Zitrone mit ungespritzter Schale
- 1 bis 3 Essl. Zucker

Apfelwein mit Zimt, Nelke und Zitronenscheibe langsam erhitzen. Nicht kochen, sondern nur etwa 5 Minuten ziehen lassen. Mit Zucker nach persönlichem Gusto abschmecken. Durch ein Sieb ins Glas gießen und so heiß wie möglich trinken.

Diese Kur kann mehrmals wiederholt werden. Allerdings sollte man ein schönes Rippchen oder einen Haspel zwischendurch essen. Für alle, die es noch nicht wissen: Haspel ist die Frankfurter Form des Eisbeins.

Apropos: Mit jedem schwäbischen Most oder auch herben Weißwein lässt sich dieses Getränk ebenfalls zubereiten.

Serviettenfalten – Serviettenbrechen

An Feiertagen und wenn Gäste kamen, setzten (und setzen immer noch) die Gastgeber ihre Ehre darein, den Tisch, die Tafel festlich zu gestalten. In keinem Haushaltungsbuch fehlten deshalb Anleitungen zum kunstvollen Falten (Brechen) der Servietten. Solche Fertigkeiten gehörten zur Ausbildung der »höheren Töchter«. Nicht selten schickten Bauern ihre Töchter in die Stadt »zum Dienst«, damit sie die feine Lebensart erlernten. Auch das gehört zur kulinarischen Tradition.

B. A.

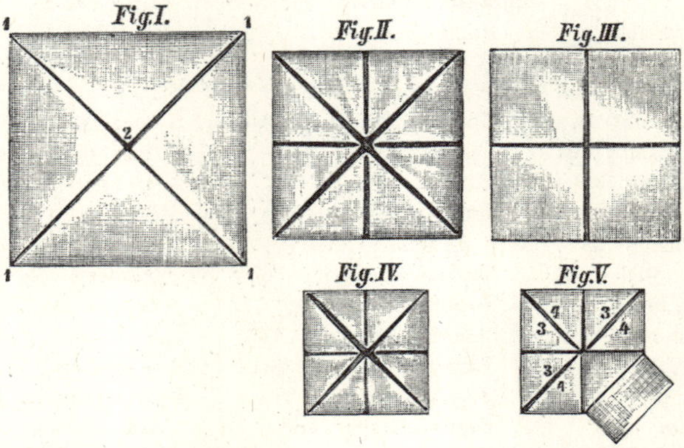

Man breitet die Serviette aus und schlägt die vier Ecken nach der Mitte ein, so entsteht **Fig. I**.
Nun schlägt man wieder die Ecken 1 nach der Mitte 2, und es ergibt sich **Fig. II**.
Darauf wendet man die Serviette um und wiederholt das Umklappen mit den Ecken nach der Mitte, so erhält man **Fig. III**.
Diese Figur wendet man wieder um und schlägt dann, wie in voriger Weise, die Ecken nach der Mitte, so entsteht **Fig. IV**.
Diese Figur wird ebenfalls gewendet, bei den Nummern 3, 4 gefasst, in die Höhe gezogen und breit gelegt, wie an der einen Ecke gezeigt ist.
So erhält man die **Form B**.
Wendet man nun die Form B um, so erhält man die **Form A**.

Gesamtverzeichnis in alphabetischer Reihenfolge

A Schmarren! 639
Aachener Printen 694
Aal grün 261
Aal in Gelee 263
Aalsuppe, Hamburger 120, 121
Aalsuppe, verlorene 124
Alemannische Schnecken genüsse 184
Allgäuer Kässpätzle 516
Altberliner Fischgericht 266
Alt-Hamburgische Aalsuppe 121
Amarellen Salsen 449
Angler Muck 730
Angler Muck, kalt 730
Anhalterkuchen 669
Anisgebäck 714
Apfelbettelmann 685
Apfelcreme 618
Apfelfüllung für Gänsebraten 301
Apfelgrütze 624
Apfelkren 450
Apfelküchlein 633
Apfel-Maronen-Füllung 301
Apfelmeerrettich 450
Apfelweine 753
Äppelwoi 753
Äppelwoi, heiß 757
Aprikosen-Soufflé 616
Aschermittwoch-Stockfisch 254
Auerhahn, gebraten 442
Auflauf mit Kirschwasser 638
Ausgezogene Küchle 712
Austern 274
Austern, falsche 275
Austernragout mit Sauerkraut 275
Austernsuppe, Sylter 123

Backesgrumbeere 576
Backobst 620
Bambs 567
Bamser 640
Bärenfang 741
Bärlauch 546
Bärlauchbutter 547
Bärlauchsauce, schnelle 548
Bärlauchsuppe 547
Bauernfrühstück 216
Bauernknödel 488
Baumkuchen 674
Baumkuchen, als Torte gebacken 676
Baumwollne Klöße 476
Baumwollsuppe 147
Bauren-Knöpflein 490
Bayreuther Klöße 481
Bayrische Creme 613
Beamtenstippe 188
Beetenbartsch 582
Berliner Luft 624
Bergische Kaffeetafel 641
Berliner Hühnerfrikassee 295
Berliner Pfannkuchen 716
Berliner Weiße mit Schuss 735
Bethmännchen 697
Bettelmann 685
Beulches 484
Bienenstichkuchen 682
Bierewecke 706
Bierkarpfen 269
Biersuppen 154
Bifflamott 324
Birnen im Teig 601
Birnen, Bohnen und Speck 585
Birnenbeschlag 601
Birnenklöße, Halberstädter 499
Bischof 742
Biscuit-Gugelhopf 665
Blaubeer-Kaltschale 152
Blaue Zipfel 179
Blindhuhn 584
Bœuf à la mode 325
Bohnen und Äpfel 600
Bohnen, dicke, mit Speck 598
Bohnen, grüne 532
Bohnen, grüne (Schnippelbohnen) 538
Bohnen, sauer 528
Bohntjesopp 734
Bollenfleisch 537
Bookweetenschubber 221
Bookweten-Janhinnerk 223
Bookwetepfannekoke 222
Bornaer Zwiebelsuppe 149
Bowlen 746
Bowlenzubereitung, Grundregeln 748
Braden Maischull 234
Brägelte Spätzle 514
Bratäpfel 619
Bratäpfel mit Lebkuchenfüllung 724
Bratheringe 245

Brathuhn, gefüllt 292
Bratkartoffeln 560
Bratwurst in Biersauce 379
Bratwürste mit Champagnerwein 383
Braunbiersuppe 154
Braunschweiger Mumme 732
Bremer Kükenragout 293
Brenten 692
Brot-Enden 494
Brotklias mit Pilzen 491
Brotsuppe, feine 117
Buchweizenpfannkuchen 221
Bücklingspfannkuchen 219
Buletten 411
Butterkuchen 678
Buttermilchbrei 158
Buttermilchgötzen aus dem Erzgebirge 567
Buttermilchsuppe mit Graupen 158
Buttermilchsuppe, herzhafte 158
Buwespitz 479

Chinois 652
Chokoladesauce 463
Christbaumkonfekt 712
Christstollen 702, 708
Currywurst 225

Dampfnudeln 634
Delikatessbrot 224
Deputatchen 743
Dicke Bohnen mit Speck 598
Diebchen 483
Diebichen 502
Dillklump 536
Dippehas 431
Dippekuche, Dippedotz 566
Döbbekoche 565
Doppelkienzle 191
Dörrobst 620
Dorsch in Kohlrouladen 240
Dotsch 563
Dradiwix Pfeiferl 479
Dresdner Eierschecke 689
Dummiß 520
Durnand 520

Eberswalder Spritzkuchen 725
Egli Reichenauer Art 276
Eglifilets in Sahne 277
Eier mit Sauerampfer 210
Eier, marinierte 214
Eier, saure, mit Specksauce 212
Eierbier 731
Eiergrog 731
Eierkuchen zum Rinderbraten 516
Eierpfannkuchen, einfach 218
Eierpfannkuchen, fein 219
Eierschecke, Dresdner 689
Eierzucker, Nürnberger 722
Eingelegte grüne Nüsse 655
Eingemachter Haas 434
Eingemachtes Kalbfleisch 347
Einlaufsuppe 147
Eintopf 575
Eisbein, Erbsbrei und Sauerkohl 366
Endiviengemüse 543
Ente in Wirsing 315
Ente mit Pomeranzensaft 316
Ente mit Rüben 314
Enten, wilde 439
Erbsen mit Snuten und Poten 597
Erbsensuppe 130
Erbspüree – Erbsenpüree 603
Erbswurst 131, 604
Errötendes Mädchen des 19. Jahrhunderts 615
Errötendes Mädchen des 20. Jahrhunderts 616
Erzgebirgische Klöße 486

Falscher Hase 409
Fasan, Markgräfler 440
Feine Kaffee-Creme 612
Felchen Müllerinart 273
Feldkieker 178
Fisch-Blumenkohl-Auflauf 242
Fischgericht, Altberliner 266
Fischklopse, gebraten 238
Fischla-Tunke 701
Fisch-Pichelsteiner 241
Fischpudding, bürgerlich 239
Fischsauce, Holsteiner 461
Flädlesuppe 145
Fleisch, am Holzfeuer gebraten 351
Fliederbeersuppe 153
Flomen 182
Flundern, geräuchert 258
Forelle blau 272
Forellensüpple 144
Frankfurter Grüne Sauce (modernes Rezept) 452
Fränkische Klöße 481
Fränkisches Majoranfilet 357
Franzosesupp 119
Freiburger Waffeln 641
Frikassee von Kaninchen 394
Frische Suppe 116
Frischlingsrücken Schorfheide 419
Fürst-Pückler-Eis 643

G'schwänzte Küchle 518
Gaisburger Marsch 606
Gamsrückenbraten 424
Gans mit Graupen 298
Gänsebraten 299, 301
Gänsebratenfüllung, Steinbacher 302
Gänsebrust, geräuchert 309
Gänsehals, gefüllt 310
Gänseleber, falsche 180
Gänseleberwurst 313
Gänsemagen-Spezialitäten 311
Gänseschwarzsauer 306
Gänse-Spielzeug 312
Gänsesülze oder Gänseweißsauer 304
Gänsezungen-Imbiss 308
Gefillte Knepp 485
Geflügel braten 287
Geflügelragout, braunes 297
Gefüllte Kalbsbrust 343, 344
Geiste 745
Geriebener Kartoffelsalat 171
Geröstete Grieß-Suppe 134
Gerstengrütze 201
Gespickter Hecht 264
Glitscher 482
Glumse 189
Glumskeilchen 507
Gose 732
Götterspeise 612
Götzen 567
Grammeln 181
Granatschnitte 255
Grieben 181
Grieh Soos 451
Grießköße 503
Grieß-Suppe, geröstete 134
Grog 730
Großer Hans 495
Großmutters Schokoladenspeise 611
Grüne Bohnen 532
Grüne Sauce 451
Grünkernsuppe 135
Grünkohl 587 ff.
Grünkohl-Wirsing-Püree 590
Grütze 200
Gubener Klöße 483
Gugelhupf 665
Gurken, saure 653
Gurken, süß-sauer 657

Haas, eingemachter 434
Hackbraten 409
Hackepeter 408
Hagebutten 626
Hagebuttensauce 626
Hagebuttensuppe 627
Halberstädter Birnenklöße 499
Halbseidene Klöße 481
Hamburger Aalsuppe 120, 121
Hamburger Stubenküken 296
Hammelfleisch mit Grünen Bohnen 393
Handkäs mit Musik 199
Handkäse, eingelegt 198
Hanfsuppe 137
Häringsauce 461
Harzer Schwärchen 379
Haschee von Rindfleisch 340
Hasenkuchen 438
Hasenpastete 435
Hasenpfeffer 431
Hasenrücken, kalt 433
Hasentopf auf deutsche Art 430
Hecht, gebacken 265
Hecht, gespickt 264
Heensch-Kuchen 223
Hefeklöße 500
Heidegrütze 201
Heidelbeer-Kaltschale 152
Heidesand 691
Heidschnuckenbraten 391
Hering 244
Hering Hausfrauenart 247
Hering in Sahnestipp 249
Heringe, gebraten, zum Marinieren 245
Heringsfrikadellen 246
Heringshäckerle 188
Heringskoteletts 246
Heringssalat 187
Heringsstippe 188
Herrensalat mit Brombeeren 174
Hessisches Füllsel für Gänsebraten 303
Himmel on Aed met Blootwosch 382
Himmel und Erde 382, 383
Hirsch-Ragout 421
Hirschrücken, krustiert 423
Hirsebrei 522, 630
Hochzeitsknödel 492
Hochzeitssuppe 136
Hollerküchle 636
Holsteiner Fischsauce 461
Holunderbeersuppe 153
Holunderblüten, ausgebacken 636
Holunderblüten-Sorbet 644
Holunderwein 747
Honigkuchen 691
Hopfensprossen 534
Hoppelpoppel 751
Hoppe-Poppel 216
Hügelsheimer Pfannkuchen 521
Huhn mit Reis 290

Hühnerfrikassee, Berliner 293
Hütes 470
Hutzelbrot 706

Ingwer, falscher 715

Jagdpastete, Kurpfälzer 436
Jan im Hemd 497
Janhinnerk 223
Johannisbeersauce, kalt 464

Kabeljau in Senfsauce 237
Kaffee-Creme 612
Kalbfleisch, eingemachtes 347
Kalbfleisch, gekocht (Schwarzwälder Hochzeitsfleisch) 341
Kalbsbrust, gefüllte 343, 344
Kalbsfüße, gebacken, in Teig 348
Kalbshaxn 349
Kalbsschulter auf Hannoversche Art 342
Kalte Ente 749
Kalter Hund 690
Kaltes Rehfilet 418
Kaninchen, eingemacht 434
Kaninchen-Frikassee 394
Kapernsauce 456
Kardinal 742
Karmelkbree 158
Karpfen 267
Karpfen blau, sächsische Art 270
Karpfen in Biersauce 269
Karpfen in Essig 268
Karpfen, gebacken 267
Karpfensuppe 126
Karsenbranntwein 736
Kartäuserklöße 493
Kartäuserklöße, gefüllte 493
Kartoffel 557
Kartoffelfüllung für Gänsebraten 301
Kartoffelgemüse 559
Kartoffelkeilchen 474
Kartoffelklöße aus dem Vogtland 480
Kartoffelklöße halb und halb 482 ff.
Kartoffelklöße, erzgebirgische 486
Kartoffelklöße, feinere 480
Kartoffelklöße, gefüllt 485
Kartoffelkroketten 561
Kartoffeln, Majoran- 562
Kartoffelnudeln 477
Kartoffelpfannkuchen 563
Kartoffelpuffer 563
Kartoffelsäck 484
Kartoffelsalat 169
Kartoffelsalat mit Speck 172
Kartoffelsalat Walterspiel 170
Kartoffelsalat, angebratener 173
Kartoffelsalat, geriebener 171
Kartoffelsalat, Mayonnaise- 172
Kartoffelsalat, Schwäbischer 171
Kartoffelspatzen 479
Kartoffelsuppe 127
Kartoffelsuppe, badische Art 128
Kartoffelsuppe mit Fisch 129
Kartoffelsuppe mit heißer Wurst 128
Kartoffeltorte 672
Kartoffelwurst 573
Käse, angemacht 195, 196
Käse, sauer 202
Käsekuchen vom Blech 679
Käsepfannkuchen 219
Käsespätzle 202
Kässpätzle, Allgäuer 516
Käsesuppe 140
Käse-Wurstsalat 177
Kastanien, glasiert 556
Kaviar, pommerscher 183
Kehdinger Klöße 504
Kerscheplotzer 684
Kiebitzeier 217
Kirschen in Essig 660
Kirschenmichel 684
Kirschspeise mit Quark 628
Kirschtorte, Schwarzwälder 672
Klaben 708
Klarer mit Punkt 743
Kletzenbrot 706
Klopfschinken 375
Klopse, sächsische 408
Klopse, saure 407
Kloß- und Knödelknigge 475
Klößchensuppe (Mutschelmehlklöße) 146
Klöße, fränkische 481
Klump 482
Klütje 498
Knickebein 734
Knieküchle 712
Knoblauch 549
Knöpf, Knöpfle 514
Knusperhäuschen 710
Kochkäse heute 194
Kochkäse nach Henriette Davidis 193
Kohlklöße 510
Kohlrabi Hausfrauenart 539
Kohlrouladen 595
Kohlrouladen mit Dorsch 240
Kohlrüben-Eintopf 583

Konfettisalat 187
Königin-Luise-Suppe 142
Königinsuppe 138
Königsberger Fleck 404
Königsberger Klopse 406
Königsberger Marzipan 698
Königskuchen 668
Krabbenbrot 255
Krambambuli 744
Krappen 181
Kratzete 520
Kräuteressig 659
Kräuterpfannkuchen 219
Kräutersauce (Grüne Sauce) 451, 452
Krautklump 376, 482
Krautkrapfen 586
Krautsalat 163
Krautsalat, gebrüht 164
Krautsalat, roh 163
Krautwickel 594
Krebsbutter 281
Krebse 280
Krebse kochen, Grundrezept 280
Krebssuppe 143
Krebssuppe, einfach aber fein 282
Kretzer, Reichenauer Art 276
Kreude 648
Krümmelkuche 681
Kükenragout, Bremer 293
Kümmelsauce 455
Kürbis, süß-sauer 656
Kürbisgemüse, pikant 529
Kurländer Speckkuchen 203
Kurpfälzer Jagdpastete 436
Kutteln, Königsberger 404
Kutteln, sauer 406

Labskaus 570, 572
Lappenpickert 568
Latwerge 650
Leber, Berliner Art 401
Leberklöße, pommersche 403
Leberknödel 402
Leberragout mit Kräutern 400
Leberspätzle 515
Leberwurst, Gänse- 313
Leberwurst, Niederrheinische, nach von Rumohr 385
Leberwurst, Thüringer 387
Lebkuchen 723
Lebkuchenauflauf 724
Lebkuchenhaus 710
Leipziger Allerlei 540
Lewerknepp 403
Liegnitzer Bombe 704
Linsen und Spätzle 605
Linsengemüse mit Thüringer Rotwurst 602
Linsensuppe 132
Liptauer 195
Löffelerbsen 596
Löwenzahnsalat 167
Züngerl 397

Magenspielereien für verwöhnte Zungen 311
Maibowle 746
Mainfische 279
Maischollen 233, 234
Maitrank, Ostpreußischer 743
Majorankartoffeln 562
Mandelmilch 645
Maränen 259
Markgräfler Fasan 440
Markklößchen 148
Markklößchen-Suppe 148
Marmorkuchen – Marmorkranz 667
Maronen, glasiert 556
Marzipan 698
Marzipankartoffeln 721
Matjesfilets mit grünen Bohnen 250
Maultaschen 204
Maultaschen-Variationen 205
Mäus 518
Mayonnaise-Kartoffelsalat 172
Meefischle 279
Meerrettichsauce, warme 450
Mehlbeutel oder Großer Hans 495
Mehlklöße/knödel 495 ff.
Mehlkratzete 520
Mehlpütt 497
Meschkinnes 741
Mett 409
Milchpunsch, Rußer 741
Milchsuppe 157
Milzschnittensuppe 141
Milzschöberlsuppe 141
Modespeisen 224
Mohkließla 506
Mohnklöße 506
Mohnkuchen 683
Mohnspielen 506
Mohnstriezel 709
Morchelsauce 460
Moritzburger Karpfensuppe 126
Moselaal in Weinsauce 262
Most, schwäbischer 755
Mostküchle 638
Muckefuck 751
Mürbbraten auf teutsch 332
Muscheln in Weißwein 256
Mutschelmehlköße 147
Muultäschli 206

Napfkuchen 666
Negenschöne 545
Neunaugen 259
Niederrheinische Leberwurst nach von Rumohr 385

Nieren, sauer 398
Nikolaschka 739
Nitzle 191
Nudeln, hausgemacht 517
Nürnberger Eierzucker 722
Nürnberger Lebkuchen 723
Nüsse, grüne, eingelegt 655

Obatzter 196
Obstwässer und -geiste 745
Ochsenfleisch in Bier 333
Ochsenfleisch sehr saftig zu kochen 339
Ochsenmaulsalat 175
Ochsenmaulsalat, Fränkischer 175
Ofenschlupfer 688
Osterlamm 390
Ostfriesentee 752
Ostpreußische Getränke 738
Ostpreußischer Maitrank 743

Panhas 362
Pellkartoffeln mit Quark und Leinöl 569
Pfälzer Saumagen 372
Pfannfisch 235
Pfannkuchen, gefüllt 220
Pfannkuchen, Hügelsheimer 521
Pfefferkuchenmann »Gotthold Ephraim Lessing« 718
Pfeffer-Potthast 330
Pfifferlinge in Butter 552
Pfitzauf 637
Pflaumenkeilchen 150
Pflaumenkuchen 686
Pflaumensuppe mit Keilchen 150
Pfosen 712
Pharisäer 750
Pichelsteiner 578
Pichelsteiner, Fisch- 241
Pichelsteiner-Rezept, alt 580
Pickert 568
Pillkaller 740
Pilze in Essig 658
Pilzkoteletts 553
Pinkel 591
Pinkel zu Grünkohl 591
Plettenpudding 614
Plockfinken 581
Pökelfleisch 378
Polnischer Salat 187
Pomeranzenbowle 742
Pommersche Leberklöße 403
Pommerscher Kaviar 183, 311
Potaknspatzen 479
Potthucke 565
Pulsnitzer Lebkuchen 723
Pumpernickel Pudding 617

Quark 189
Quarkkeulchen 507
Quark-Kirschspeise 628
Quellende Küchle 519
Quittenpaste 649
Quittenschnee 621
Quittensuppe 150

Ragout von Hirschfleisch 424
Rahmkuchen 680
Ranzenstecher 479
Ratafia 737
Ratafia von Sellerie 738
Räucherfische aus Ostpreußen 257
Rebhühner in Linsen 441
Rehfleisch-Sülze 418
Rehleberspätzle 516
Rehpfeffer 420
Rehrücken Baden-Baden 416
Reibekuchen 563
Reiberdatschi 563
Reistopf, bunter 365
Rettichsalat 168
Rhabarbergrütze 625
Rheinische Muscheln 256
Rheinischer Sauerbraten 326
Rievekooche 563
Rinderfleck 404
Rindersteaks, geschmort, mit Garnitur 337
Rindfleisch un Plummen 334
Rindfleisch-Haschee 340
Rindfleischsalat 174
Rindsrouladen 335
Rode Grütt 622
Roher Krautsalat 163
Rohrnudeln 636
Röschele 395
Rosinensauce zu Rindfleisch und Zunge 459
Rostbraten, Schwäbischer 338
Rostbratwurst, Thüringer 388
Röstkartoffeln 560
Rote Grütze 622
Roter Salat 187
Rotkohlrouladen 595
Rotkraut bessere deutsche Art 555
Rotkraut mit Speckäpfeln 554
Rotkrautsalat, gebrühter 164
Rührei mit Bückling 215
Rührei mit Krabben 216
Rum 729
Rumford-Suppe 133
Rumkugeln 700
Rußer Milchpunsch 741

Sächsische Klopse 408
Sächsischer Sauerbraten 328
Sahnensauce 453
Salatgemüse 543

Salbey zu backen 518
Salzgurken 653
Sauerampfer mit Rosinen 551
Sauerampfergemüse 550
Sauerampfersauce 454
Sauerampfersuppe 124
Sauerampfersuppe, gekühlte 125
Sauerbraten, Rheinischer 326
Sauerbraten, Sächsischer 328
Sauerkirschsauce 449
Sauerkraut mit Austern 275
Saure Kutteln 406
Saure Nierle 398
Saure Spätzle 513
Saurer Käse 202
Schälklöße 505
Schaltenoses 632
Schäufele 369
Schellfisch in Senfsauce 237
Scherben 721
Schietchen 671
Schinkenknödel 488
Schinkennudeln 607
Schlachtplatte 360
Schlitzchen 505
Schlosserbuben 698
Schmalzplätzchen 696
Schmant mit Glumse 192
Schmantheringe 248
Schmantschinken 374
Schmarren 639
Schmorfleisch in Bier 333
Schmorgurke 533
Schnecken aus dem Schweinefutter 185
Schnecken in Brotteig 184
Schnecken in Kräuterbutter 184
Schneckengenüsse, Alemannische 184
Schneckenmaultaschen 184
Schneckensalat 185
Schneckensüpple 139
Schnippelbohnen 538
Schnittbohnen 532
Schnittlauchsauce 457
Schnitzbrot 706
Schnitzel Holstein 346
Schnüsch 118
Schokoladensauce 463
Schokoladenspeise, Großmutters 611
Schollen, gebraten, Finkenwerder Art 233
Schriewen 181
Schtorzenärla-Salat 173
Schupfnudeln, Schupfwärgele 479
Schüsselhecht 265
Schusterpastete 186
Schusterpastete, Sächsische Art 185
Schwäbischer Kartoffelsalat 171
Schwäbischer Rostbraten 338
Schwärtelbraten 350
Schwarze Mehlbeutel 497
Schwarzer Peter 690
Schwarzsauer 364
Schwarzwälder Hochzeitsfleisch 341
Schwarzwälder Kirschtorte 672
Schwarzwurzel dermaleinst 528
Schwarzwurzeln 526
Schwarzwurzeln mit Fleischklößchen 527
Schwarzwurzel-Salat 173
Schweinebauch, Altsächsisch 358
Schweinefilet, Majoran- 357
Schweinefleisch in Schwarz gekocht 373
Schweinekarree, gefüllt 359
Schweinekotelett, paniert 356
Schweinsfüße mit Speck und Thymian 368
Schweinshaxe, gebraten 370
Schweinshaxen mit Kraut 368
Schwenkbraten 353
Seicher 167
Sellerie im Hemd 593
Selleriekartoffeln 582
Selleriesalat 166
Semmelknödel 487
Senfsauce 454
Serviettenfalten / Serviettenbrechen 758
Serviettenkloß (Hochzeitsknödel) 492
Sinbohntjesopp 734
Snusch 118
Soleier 212
Soufflé mit Aprikosen 616
Spaltaal 257
Spanferkel 354
Spargelgemüse 535
Spätzle 511
Spätzle in der Brühe 514
Spätzle, abgeschmälzte 514
Spätzle, Brägelte 514
Spätzle, handgeschabt 512
Spätzle, saure 513
Speckendicken 222
Speckklöße 478
Speckknödel 488
Speckkuchen, Kurländer 203
Speckpfannkuchen 219
Specksauce, deftige 457
Specksuppe 124
Speisemoden 224
Spickgans 309
Spießbraten Idar-Oberstein 351

Spießbraten nach August Görg 353
Spießbraten, moderner 352
Spirkeln 181
Springerle 714
Spundekäs 197
Stachelbeergrütze 625
Stachelbeersauce zu Huhn 459
Steak nach Un-Art des Hauses 336
Steckerlfisch 277
Steinbacher Füllung 302
Steinbutt mit jungen Gemüsen 236
Steinpilze Försterinart 553
Stielmus 533
Stippe 188
Stipp-Grütze 363
Stockfisch 252
Stockfisch zum Kochen 252
Stockfisch, Aschermittwoch- 254
Stollenrezept von einst 702
Stolzer Heinrich 379
Stoppelgänschen 298
Stör, gedünstet 243
Störe, geräuchert 258
Straßburger Wurstsalat 176
Stremellachs 257
Streuselkuchen 681
Striezel 709
Stubenküken, Hamburger 296
Sülzkotelett 380
Sure Wälschbauna 528
Sylter Austernsuppe 123

Täubchen, geschmort 317
Teig mit Fischen und Blumenkohl 242
Tellersulz 384
Teltower Rübchen 530
Terrine, Wild- (Hasenkuchen) 438
Testament (Gänsebratenfüllung) 302
Thorner Kathrinche 695
Thüringer Klöße 470
Thüringer Leberwurst 387
Thüringer Rostbratwurst 388
Thüringer Zwiebelsauce 458
Toast Hawaii 227
Tollatschen 508
Topfbraten 377
Topfen 189
Topfkuchen 565, 666
Töttchen 396
Traubenmarmelade 651
Türkenblut 735
Tuttifrutti 629

Veitsbohnen 532
Verlorene Aalsuppe 124
Viez, Trierer 755
Vorpommerscher Umtrunk 742

Wacholdersauce 456
Waffeln 641, 642
Waldmeisterbowle 746
Waldorfsalat 167
Waller 271
Wässer 745
Wassersuppe 134
Weckeweck 363
Weckklöß 491
Weihnachtsstollen, Hanseatisch 708
Weincräwes 592
Weinsauce, einfache 462
Weinschaumsauce 462
Weinsuppe 156
Weißbiersuppe 155
Weiße mit Schuss 735
Weißkrautsalat, gebrüht 164
Wels 271
Westfälisches Blindhuhn 584
Wickelklöße 478
Wilde Enten 439
Wildkräuter-Gemüse 544
Wildpastete, Kurpfälzer 437
Wildschweinkeule 428
Wildschweinkopf, gefüllt 426
Wirsing-Grünkohl-Püree 590
Wurstbrötchen 201
Würste 177
Wurstsalat, Straßburger 176
Wurstsalat-Variationen 176

Zibärtle 745
Ziegenlamm 390
Zieger 189
Zitronensuppe 151
Zwetschgenknödel 509
Zwetschgenkuchen 686
Zwetschgenmus 650
Zwiebeldünne 209
Zwiebelfleisch (Bollenfleisch) 537
Zwiebelkuchen 207, 208
Zwiebelsauce, Thüringer 458
Zwiebelsuppe, Bornaer 149
Zwiwlwähe 209

Rezeptverzeichnis nach der Speisefolge

Suppen

Aalsuppe, Hamburger 120, 121
Aalsuppe, verlorene 124
Alt-Hamburgische Aalsuppe 121
Austernsuppe, Sylter 123
Baumwollsuppe 147
Biersuppen 154
Blaubeer-Kaltschale 152
Bornaer Zwiebelsuppe 149
Braunbiersuppe 154
Brotsuppe, feine 117
Buttermilchbrei 158
Buttermilchsuppe mit Graupen 158
Buttermilchsuppe, herzhafte 158
Einlaufsuppe 147
Erbsensuppe 130
Flädlesuppe 145
Fliederbeersuppe 153
Forellensüpple 144
Franzosesupp 119
Frische Suppe 116
Geröstete Grieß-Suppe 134
Grieß-Suppe, geröstete 134
Grünkernsuppe 135
Hamburger Aalsuppe 120, 121
Hanfsuppe 137
Heidelbeer-Kaltschale 152
Hochzeitssuppe 136
Holunderbeersuppe 153
Karmelkbree 158
Karpfensuppe 126
Kartoffelsuppe 127
Kartoffelsuppe, badische Art 128
Kartoffelsuppe mit Fisch 129
Kartoffelsuppe mit heißer Wurst 128
Käsesuppe 140
Klößchensuppe (Mutschelmehlklöße) 146
Königin-Luise-Suppe 142
Königinsuppe 138
Krebssuppe 143, 282
Linsensuppe 132
Markklößchen-Suppe 148
Milchsuppe 157
Milzschnittensuppe 141
Milzschöberlsuppe 141
Moritzburger Karpfensuppe 126
Pflaumensuppe mit Keilchen 150
Quittensuppe 150
Rumford-Suppe 133
Sauerampfersuppe 124
Sauerampfersuppe, gekühlte 125
Schneckensüpple 139
Schnüsch 118
Snusch 118
Specksuppe 124
Sylter Austernsuppe 123
Verlorene Aalsuppe 124
Wassersuppe 134
Weinsuppe 156
Weißbiersuppe 155
Zitronensuppe 151
Zwiebelsuppe, Bornaer 149

Salate und kleine Gerichte

Alemannische Schneckengenüsse 184
Bauernfrühstück 216
Beamtenstippe 188
Blaue Zipfel 179
Bookweetenschubber 221
Bookweten-Janhinnerk 223
Bookwetepfannekoke 222
Buchweizenpfannkuchen 221
Bücklingspfannkuchen 219
Currywurst 225
Delikatessbrot 224
Doppelkienzle 191
Eier, marinierte 214
Eier mit Sauerampfer 210
Eier, saure, mit Specksauce 212
Eierpfannkuchen, einfach 218
Eierpfannkuchen, fein 219
Feldkieker 178
Flomen 182
Gänseleber, falsche 180
Geriebener Kartoffelsalat 171
Gerstengrütze 201

Glumse 189
Grammeln 181
Grieben 181
Grütze 200
Handkäs mit Musik 199
Handkäse, eingelegt 198
Heensch-Kuchen 223
Heidegrütze 201
Heringshäckerle 188
Heringssalat 187
Heringsstippe 188
Herrensalat mit Brombeeren 174
Hoppe-Poppel 216
Janhinnerk 223
Kartoffelsalat 169
Kartoffelsalat mit Speck 172
Kartoffelsalat Walterspiel 170
Kartoffelsalat, angebratener 173
Kartoffelsalat, geriebener 171
Kartoffelsalat, Mayonnaise- 172
Kartoffelsalat, Schwäbischer 171
Käse, angemacht 195, 196
Käse, sauer 202
Käsepfannkuchen 219
Kässpätzle 202
Käse-Wurstsalat 177
Kaviar, pommerscher 183
Kiebitzeier 217
Kochkäse heute 194
Kochkäse nach Henriette Davidis 193
Konfettisalat 187
Krappen 181
Kräuterpfannkuchen 219
Krautsalat 163
Krautsalat, gebrüht 164
Krautsalat, roh 163
Kurländer Speckkuchen 203
Liptauer 195
Löwenzahnsalat 167
Maultaschen 204
Maultaschen-Variationen 205
Mayonnaise-Kartoffelsalat 172
Muultäschli 206
Nitzle 191
Obatzter 196
Ochsenmaulsalat 175
Ochsenmaulsalat, Fränkischer 175
Pfannkuchen, gefüllt 220
Polnischer Salat 187
Pommerscher Kaviar 183
Quark 189
Rettichsalat 168
Rindfleischsalat 174
Roher Krautsalat 163
Roter Salat 187
Rotkrautsalat, gebrüht 164
Rührei mit Bückling 215
Rührei mit Krabben 216
Saurer Käse 202
Schmant mit Glumse 192
Schnecken aus dem Schweinefutter 185
Schnecken in Brotteig 184
Schnecken in Kräuterbutter 184
Schneckengenüsse, alemannische 184
Schneckenmaultaschen 184
Schneckensalat 185
Schriewen 181
Schtorzenärla-Salat 173
Schusterpastete 186
Schusterpastete, Sächsische Art 185
Schwäbischer Kartoffelsalat 171
Schwarzwurzel-Salat 173
Seicher 167
Selleriesalat 166
Soleier 212
Speckendicken 222
Speckkuchen, Kurländer 203
Speckpfannkuchen 219
Spirkeln 181
Spundekäs 197
Stippe 188
Straßburger Wurstsalat 176
Toast Hawaii 227
Topfen 189
Waldorfsalat 167
Weißkrautsalat, gebrüht 164
Wurstbrötchen 201
Würste 177
Wurstsalat, Straßburger 176
Wurstsalat-Variationen 176
Zieger 189
Zwiebeldünne 209
Zwiebelkuchen 207, 208
Zwiwlwähe 209

Fisch

Aal grün 261
Aal in Gelee 263
Altberliner Fischgericht 266
Aschermittwoch-Stockfisch 254
Austern 274
Austern, falsche 275
Austernragout mit Sauerkraut 275

Bierkarpfen 269
Braden Maischull 234
Bratheringe 245
Dorsch in Kohlrouladen 240
Egli Reichenauer Art 276
Eglifilets in Sahne 277
Felchen Müllerinart 273
Fisch-Blumenkohl-Auflauf 242
Fischgericht, Altberliner 266
Fischklopse, gebraten 238
Fisch-Pichelsteiner 241
Fischpudding, bürgerlich 239
Flundern, geräuchert 258
Forelle blau 272
Granatschnitte 255
Hecht, gebacken 265
Hecht, gespickt 264
Hering 244
Hering Hausfrauenart 247
Hering in Sahnestipp 249
Heringe, gebraten, zum Marinieren 245
Heringsfrikadellen 246
Heringskoteletts 246
Kabeljau in Senfsauce 237
Karpfen 267
Karpfen blau, sächsische Art 270
Karpfen in Biersauce 269
Karpfen in Essig 268
Karpfen, gebacken 267
Kohlrouladen mit Dorsch 240
Krabbenbrot 255
Krebsbutter 281
Krebse 280
Krebse kochen, Grundrezept 280
Krebssuppe, einfach aber fein 282
Kretzer, Reichenauer Art 276
Mainfische 279
Maischollen 233, 234
Maränen 259
Matjesfilets mit grünen Bohnen 250
Meefischle 279
Moselaal in Weinsauce 262
Muscheln in Weißwein 256
Neunaugen 259
Pfannfisch 235
Pichelsteiner, Fisch- 241
Räucherfische aus Ostpreußen 257
Rheinische Muscheln 256
Sauerkraut mit Austern 275
Schellfisch in Senfsauce 237
Schmantheringe 248
Schollen, gebraten, Finkenwerder Art 233
Schüsselhecht 265
Spaltaal 257
Steckerlfisch 277
Steinbutt mit jungen Gemüsen 236
Stockfisch 252
Stockfisch zum Kochen 252
Stockfisch, Aschermittwoch- 254
Stör, gedünstet 243
Störe, geräuchert 258
Stremellachs 257
Teig mit Fischen und Blumenkohl 242
Waller, Wels 271

Geflügel

Apfelfüllung für Gänsebraten 301
Apfel-Maronen-Füllung 301
Berliner Hühnerfrikassee 295
Brathuhn, gefüllt 292
Bremer Kükenragout 293
Ente in Wirsing 315
Ente mit Pomeranzensaft 316
Ente mit Rüben 314
Gans mit Graupen 298
Gänsebraten 299, 301
Gänsebratenfüllung, Steinbacher 302
Gänsebrust, geräuchert 309
Gänsehals, gefüllt 310
Gänseleberwurst 313
Gänsemagen-Spezialitäten 311
Gänseschwarzsauer 306
Gänse-Spielzeug 312
Gänsesülze oder Gänseweißsauer 304
Gänsezungen-Imbiss 308
Geflügel braten 287
Geflügelragout, braunes 297
Hamburger Stubenküken 296
Hessisches Füllsel für Gänsebraten 303
Huhn mit Reis 290
Hühnerfrikassee, Berliner 293

Kartoffelfüllung für Gänsebraten 301
Kükenragout, Bremer 293
Leberwurst, Gänse- 313
Magenspielereien für verwöhnte Zungen 311
Pommerscher Kaviar 311
Spickgans 309
Steinbacher Füllung (für Gänsebraten) 302
Stoppelgänschen 298
Stubenküken, Hamburger 296
Täubchen, geschmort 317
Testament (Gänsebratenfüllung) 302

Schlachtfleisch

Bifflamott 324
Bœuf à la mode 325
Bratwurst in Biersauce 379
Bratwürste mit Champagnerwein 383
Buletten 411
Eingemachtes Kalbfleisch 347
Eisbein, Erbsbrei und Sauerkohl 366
Falscher Hase 409
Fleisch, am Holzfeuer gebraten 351
Fränkisches Majoranfilet 357
Frikassee von Kaninchen 394
Gefüllte Kalbsbrust 343, 344
Hackbraten 409
Hackepeter 408
Hammelfleisch mit Grünen Bohnen 393
Harzer Schwärchen 379
Haschee von Rindfleisch 340
Heidschnuckenbraten 391
Himmel on Aed met Blootwosch 382
Himmel und Erde 382, 383
Kalbfleisch, eingemachtes 347
Kalbfleisch, gekocht (Schwarzwälder Hochzeitsfleisch) 341
Kalbsbrust, gefüllte 343, 344
Kalbsfüße, gebacken, in Teig 348
Kalbshaxn 349
Kalbsschulter auf Hannoversche Art 342
Kaninchen-Frikassee 394
Klopfschinken 375
Klopse, sächsische 408
Klopse, saure 407
Königsberger Fleck 404
Königsberger Klopse 406
Krautklump 376
Kutteln, Königsberger 404
Kutteln, sauer 406
Leber, Berliner Art 401
Leberklöße, pommersche 403
Leberknödel 402
Leberragout mit Kräutern 400
Leberwurst, Niederrheinische, nach von Rumohr 385
Leberwurst, Thüringer 387
Lewerknepp 403
Züngerl 397
Mett 409
Mürbbraten auf teutsch 332
Nieren, sauer 398
Ochsenfleisch in Bier 333
Ochsenfleisch sehr saftig zu kochen 339
Osterlamm 390
Panhas 362
Pfälzer Saumagen 372
Pfeffer-Potthast 330
Pinkel 591
Pökelfleisch 378
Pommersche Leberklöße 403
Reistopf, bunter 365
Rheinischer Sauerbraten 326
Rinderfleck 404
Rindersteaks, geschmort, mit Garnitur 337
Rindfleisch un Plummen 334
Rindfleisch-Haschee 340
Rindsrouladen 335
Röschele 395
Rostbraten, Schwäbischer 338
Rostbratwurst, Thüringer 388
Sächsische Klopse 408
Sächsischer Sauerbraten 328
Sauerbraten, Rheinischer 326
Sauerbraten, Sächsischer 328
Saure Kutteln 406
Saure Nierle 398
Schäufele 369
Schlachtplatte 360
Schmantschinken 374
Schmorfleisch in Bier 333
Schnitzel Holstein 346

Schwäbischer Rostbraten 338
Schwärtelbraten 350
Schwarzsauer 364
Schwarzwälder Hochzeitsfleisch 341
Schweinebauch, Altsächsisch 358
Schweinefilet, Majoran- 357
Schweinefleisch in Schwarz gekocht 373
Schweinekarree, gefüllt 359
Schweinekotelett, paniert 356
Schweinsfüße mit Speck und Thymian 368
Schweinshaxe, gebraten 370
Schweinshaxen mit Kraut 368
Schwenkbraten 353
Spanferkel 354
Spießbraten Idar-Oberstein 351
Spießbraten nach August Görg 353
Spießbraten, moderner 352
Steak nach Un-Art des Hauses 336
Stipp-Grütze 363
Stolzer Heinrich 379
Sülzkotelett 380
Tellersulz 384
Thüringer Leberwurst 387
Thüringer Rostbratwurst 388
Topfbraten 377
Töttchen 396
Weckeweck 363
Ziegenlamm 390

Wild

Auerhahn, gebraten 442
Dippehas 431
Eingemachter Haas 434
Enten, wilde 439
Fasan, Markgräfler 440
Frischlingsrücken Schorfheide 419
Gamsrückenbraten 424
Haas, eingemachter 434
Hasenkuchen 438
Hasenpastete 435
Hasenpfeffer 431
Hasenrücken, kalt 433
Hasentopf auf deutsche Art 430
Hirsch-Ragout 421
Hirschrücken, krustiert 423
Jagdpastete, Kurpfälzer 436
Kaltes Rehfilet 418
Kaninchen, eingemacht 434
Kurpfälzer Jagdpastete 436
Markgräfler Fasan 440
Ragout von Hirschfleisch 424
Rebhühner in Linsen 441
Rehfleisch-Sülze 418
Rehpfeffer 420
Rehrücken Baden-Baden 416
Terrine, Wild- (Hasenkuchen) 438
Wilde Enten 439
Wildpastete, Kurpfälzer 437
Wildschweinkeule 428
Wildschweinkopf, gefüllt 426

Saucen

Amarellen Salsen 449
Apfelkren 450
Apfelmeerrettich 450
Chokoladesauce 463
Fischsauce, Holsteiner 461
Frankfurter Grüne Sauce (modernes Rezept) 452
Grieh Soos 451
Grüne Sauce 451
Häringsauce 461
Holsteiner Fischsauce 461
Johannisbeersauce, kalt 464
Kapernsauce 456
Kräutersauce (Grüne Sauce) 451, 452
Kümmelsauce 455
Meerrettichsauce, warme 450
Morchelsauce 460
Rosinensauce zu Rindfleisch und Zunge 459
Sahnensauce 453
Sauerampfersauce 454
Sauerkirschsauce 449
Schnittlauchsauce 457
Schokoladensauce 463
Senfsauce 454
Specksauce, deftige 457
Stachelbeersauce zu Huhn 459
Thüringer Zwiebelsauce 458
Wacholdersauce 456
Weinsauce, einfache 462
Weinschaumsauce 462
Zwiebelsauce, Thüringer 458

Klöße, Knödel und andere Beilagen

Allgäuer Kässpätzle 516
Bauernknödel 488
Baumwollne Klöße 476
Bauren-Knöpflein 490
Bayreuther Klöße 481
Beulches 484
Birnenklöße, Halberstädter 499
Brägelte Spätzle 514
Brotklias mit Pilzen 491
Buwespitz 479
Diebchen 483
Diebichen 502
Dradiwix Pfeiferl 479
Dummiß 520
Durnand 520
Eierkuchen zum Rinderbraten 516
Erzgebirgische Klöße 486
Fränkische Klöße 481
G'schwänzte Küchle 518
Gefillte Knepp 485
Glitscher 482
Glumskeilchen 507
Grießköße 503
Gubener Klöße 483
Halberstädter Birnenklöße 499
Halbseidene Klöße 481
Hefeklöße 500
Hirsebrei 522
Hochzeitsknödel 492
Hügelsheimer Pfannkuchen 521
Hütes 470
Jan im Hemd 497
Kartäuserklöße 493
Kartäuserklöße, gefüllte 493
Kartoffelkeilchen 474
Kartoffelklöße aus dem Vogtland 480
Kartoffelklöße halb und halb 482 ff.
Kartoffelklöße, erzgebirgische 486
Kartoffelklöße, feinere 480
Kartoffelklöße, gefüllt 485
Kartoffelnudeln 477
Kartoffelsäck 484
Kartoffelspatzen 479
Kässpätzle, Allgäuer 516
Kehdinger Klöße 504
Klöße, fränkische 481
Klump 482
Klütje 498
Knöpf, Knöpfle 514
Kohlklöße 510
Kratzete 520
Krautklump 482
Leberspätzle 515
Markklößchen 148
Mäus 518
Mehlbeutel oder Großer Hans 495
Mehlklöße/knödel 495 ff.
Mehlkratzete 520
Mehlpütt 497
Mohkließla 506
Mohnklöße 506
Mohnspielen 506
Mutschelmehlköße 147
Nudeln, hausgemacht 517
Pfannkuchen, Hügelsheimer 521
Pflaumenkeilchen 150
Potaknspatzen 479
Quarkkeulchen 507
Quellende Küchle 519
Ranzenstecher 479
Rehleberspätzle 516
Salbey zu backen 518
Saure Spätzle 513
Schälklöße 505
Schinkenknödel 488
Schlitzchen 505
Schupfnudeln, Schupfwärgele 479
Schwarze Mehlbeutel 497
Semmelknödel 487
Serviettenkloß (Hochzeitsknödel) 492
Spätzle 511
Spätzle in der Brühe 514
Spätzle, abgeschmälzte 514
Spätzle, Brägelte 514
Spätzle, handgeschabt 512
Spätzle, saure 513
Speckklöße 478
Speckknödel 488
Thüringer Klöße 470
Tollatschen 508
Weckklöß 491
Wickelklöße 478
Zwetschgenknödel 509

Gemüse, Kartoffeln und Eintöpfe

Backesgrumbeere 576
Bambs 567
Bärlauchbutter 547
Bärlauchsauce, schnelle 548
Bärlauchsuppe 547
Beetenbartsch 582
Birnen im Teig 601
Birnen, Bohnen und Speck 585
Birnenbeschlag 601
Blindhuhn 584
Bohnen und Äpfel 600
Bohnen, dicke, mit Speck 598
Bohnen, grüne 532

Bohnen, grüne (Schnippelbohnen) 538
Bohnen, sauer 528
Bollenfleisch 537
Bratkartoffeln 560
Buttermilchgötzen aus dem Erzgebirge 567
Dicke Bohnen mit Speck 598
Dillklump 536
Dippekuche, Dippedotz 566
Döbbekoche 565
Dotsch 563
Endiviengemüse 543
Erbsen mit Snuten und Poten 597
Erbspüree – Erbsenpüree 603
Gaisburger Marsch 606
Götzen 567
Grüne Bohnen 532
Grünkohl 587 ff.
Grünkohl-Wirsing-Püree 590
Hopfensprossen 534
Kartoffelgemüse 559
Kartoffelkroketten 561
Kartoffeln, Majoran- 562
Kartoffelpfannkuchen 563
Kartoffelpuffer 563
Kartoffelwurst 573
Kastanien, glasiert 556
Kohlrabi, Hausfrauenart 539
Kohlrouladen 595
Kohlrüben-Eintopf 583
Krautkrapfen 586
Krautwickel 594
Kürbisgemüse, pikant 529
Labskaus 570, 572
Lappenpickert 568
Leipziger Allerlei 540
Linsen und Spätzle 605
Linsengemüse mit Thüringer Rotwurst 602
Löffelerbsen 596
Majorankartoffeln 562
Maronen, glasiert 556
Negenschöne 545
Pellkartoffeln mit Quark und Leinöl 569
Pfifferlinge in Butter 552
Pichelsteiner 578
Pichelsteiner-Rezept, alt 580
Pickert 568
Pilzkoteletts 553
Pinkel zu Grünkohl 591
Plockfinken 581
Potthucke 565
Reibekuchen 563
Reiberdatschi 563
Rievekooche 563
Röstkartoffeln 560
Rotkohlrouladen 595
Rotkraut bessere deutsche Art 555
Rotkraut mit Speckäpfeln 554
Salatgemüse 543
Sauerampfer mit Rosinen 551
Sauerampfergemüse 550
Schinkennudeln 607
Schmorgurke 533
Schnippelbohnen 538
Schnittbohnen 532
Schwarzwurzel dermaleinst 528
Schwarzwurzeln 526
Schwarzwurzeln mit Fleischklößchen 527
Sellerie im Hemd 593
Selleriekartoffeln 582
Spargelgemüse 535
Steinpilze Försterinart 553
Stielmus 533
Sure Wälschbauna 528
Teltower Rübchen 530
Topfkuchen 565
Veitsbohnen 532
Weincräwes 592
Westfälisches Blindhuhn 584
Wildkräuter-Gemüse 544
Wirsing-Grünkohl-Püree 590
Zwiebelfleisch (Bollenfleisch) 537

Nachspeisen

A Schmarren! 639
Apfelcreme 618
Apfelgrütze 624
Apfelküchlein 633
Aprikosen-Soufflé 616
Auflauf mit Kirschwasser 638
Backobst 620
Bamser 640
Bayrische Creme 613
Berliner Luft 624
Bratäpfel 619
Dampfnudeln 634
Dörrobst 620
Errötendes Mädchen des 19. Jahrhunderts 615
Errötendes Mädchen des 20. Jahrhunderts 616
Feine Kaffee-Creme 612
Freiburger Waffeln 641
Fürst-Pückler-Eis 643
Götterspeise 612
Großmutters Schokoladenspeise 611
Hagebuttensauce 626
Hagebuttensuppe 627
Hirsebrei 630
Hollerküchle 636

Holunderblüten, ausgebacken 636
Holunderblüten-Sorbet 644
Kaffee-Creme 612
Kirschspeise mit Quark 628
Mandelmilch 645
Mostküchle 638
Pfitzauf 637
Plettenpudding 614
Pumpernickel-Pudding 617
Quark-Kirschspeise 628
Quittenschnee 621
Rhabarbergrütze 625
Rode Grütt 622
Rohrnudeln 636
Rote Grütze 622
Schaltenoses 632
Schmarren 639
Schokoladenspeise, Großmutters 611
Soufflé mit Aprikosen 616
Stachelbeergrütze 625
Tuttifrutti 629
Waffeln 641, 642

Eingemachtes

Chinois 652
Gurken, saure 653
Gurken, süß-sauer 657
Ingwerbirnen 651
Kirschen in Essig 660
Kräuteressig 659
Kreude 648
Kürbis, süß-sauer 656
Latwerge 650
Nüsse, grüne, eingelegt 655
Pilze in Essig 658
Quittenpaste 649
Salzgurken 653
Traubenmarmelade 651
Zwetschgenmus 650

Allerlei Backwerk

Aachener Printen 694
Anhalterkuchen 669
Anisgebäck 714
Apfelbettelmann 685
Ausgezogene Küchle 712
Baumkuchen 674
Baumkuchen, als Torte gebacken 676
Berliner Pfannkuchen 716
Bethmännchen 697
Bettelmann 685
Bienenstichkuchen 682
Bierewecke 706
Biscuit-Gugelhopf 665
Bratäpfel mit Lebkuchenfüllung 724
Brenten 692
Butterkuchen 678
Christbaumkonfekt 712
Christstollen 702, 708
Eberswalder Spritzkuchen 725
Eierschecke, Dresdner 689
Eierzucker, Nürnberger 722
Fischla-Tunke 701
Gugelhupf 665
Heidesand 691
Honigkuchen 691
Hutzelbrot 706
Ingwer, falscher 715
Kalter Hund 690
Kartoffeltorte 672
Käsekuchen vom Blech 679
Kerscheplotzer 684
Kirschenmichel 684
Kirschtorte, Schwarzwälder 672
Klaben 708
Kletzenbrot 706
Knieküchle 712
Knusperhäuschen 710
Königsberger Marzipan 698
Königskuchen 668
Krümmelkuche 681
Lebkuchen 723
Lebkuchenauflauf 724
Lebkuchenhaus 710
Liegnitzer Bombe 704
Marmorkuchen – Marmorkranz 667
Marzipan 698
Marzipankartoffeln 721
Mohnkuchen 683
Mohnstriezel 709
Napfkuchen 666
Nürnberger Eierzucker 722
Nürnberger Lebkuchen 723
Ofenschlupfer 688
Pfefferkuchenmann »Gotthold Ephraim Lessing« 718
Pflaumenkuchen 686
Pfosen 712
Pulsnitzer Lebkuchen 723
Rahmkuchen 680
Rumkugeln 700
Scherben 721
Schietchen 671
Schlosserbuben 698
Schmalzplätzchen 696
Schnitzbrot 706
Schwarzer Peter 690
Schwarzwälder Kirschtorte 672
Springerle 714
Stollenrezept von einst 702

Streuselkuchen 681
Striezel 709
Thorner Kathrinche 695
Topfkuchen 666
Weihnachtsstollen, Hanseatisch 708
Zwetschgenkuchen 686

Getränke

Angler Muck 730
Angler Muck, kalt 730
Äppelwoi, heiß 757
Bärenfang 741
Berliner Weiße mit Schuss 735
Bischof 742
Bohntjesopp 734
Bowlenzubereitung, Grundregeln 748
Braunschweiger Mumme 732
Deputatchen 743
Eierbier 731
Eiergrog 731
Gose 732
Grog 730
Holunderwein 747
Hoppelpoppel 751
Kalte Ente 749
Kardinal 742
Karsenbranntwein 736
Klarer mit Punkt 743
Knickebein 734
Krambambuli 744
Maibowle 746
Maitrank, Ostpreußischer 743
Meschkinnes 741
Milchpunsch, Rußer 741
Nikolaschka 739
Ostfriesentee 752
Ostpreußischer Maitrank 743
Pharisäer 750
Pillkaller 740
Pomeranzenbowle 742
Ratafia 737
Ratafia von Sellerie 738
Rußer Milchpunsch 741
Sinbohntjesopp 734
Türkenblut 735
Vorpommerscher Umtrunk 742
Waldmeisterbowle 746
Weiße mit Schuss 735